A^tV

MARTIN WEIN, 1925 im oberschlesischen Beuthen geboren, studierte Mathematik, Physik und Volkswirtschaft in Halle und Erlangen. Ab 1954 arbeitete er als Redakteur für verschiedene Tageszeitungen und Illustrierte, war von 1966 bis 1976 Autor des »Stern« sowie Ressortchef anderer Zeitschriften und leitete dann die Redaktion der »Lübecker Nachrichten«. Seit 1985 ist er als freier Autor tätig. Zahlreiche historische Publikationen, u.a. über Martin Luther und die Familie Weizsäcker.

Willy Brandt wurde 1913 als unehelicher Sohn der Verkäuferin Martha Frahm geboren. Seine Kindheit in Lübeck, die von ihm selbst im dunkeln belassene Identität des Vaters sowie die Jahre seines Exils in Skandinavien haben immer wieder Fragen nach den Wurzeln und Motiven seiner späteren politischen Karriere aufgeworfen. Bereits mit 16 Jahren begann er, sich als Mitglied der Sozialistischen Arbeiterjugend (SAJ) in Lübeck politisch zu engagieren, ein Jahr später trat er der SPD bei. 1933, nach Hitlers Machtantritt, emigrierte er im Auftrag einer linken Splitterpartei nach Norwegen, von wo aus er seine politischen Aktivitäten u.a. als Beobachter im Spanischen Bürgerkrieg fortsetzte. Anhand zum Teil bislang unbekannter Quellen sowie Aussagen von Jugendfreunden und der Tochter Willy Brandts beleuchtet der Journalist Martin Wein detailliert und farbig die Kindheit, Jugend und Exilzeit, über die Brandt selbst häufig unklare Auskunft gab und die deshalb in anderen Biographien falsch dargestellt werden. So wird der Weg bis zu seinem Einsatz für die SPD in Berlin 1948 in den Mittelpunkt dieser Biographie gerückt. Es erweist sich, daß gerade zahlreiche Umwege und persönliche Schwierigkeiten für die später und oft bewunderte Haltung Brandts, Kontroversen stets mit der Suche nach einem Modus vivendi zu begegnen, prägend waren.

Ergänzt wird der Lebensbericht durch teilweise unveröffentlichte Schriften Willy Brandts, u.a. Artikel, die er zwischen 1927 und 1930 für den »Lübecker Volksboten« verfaßte.

Martin Wein

Willy Brandt

Das Werden
eines Staatsmannes

Aufbau Taschenbuch Verlag

Mit 16 Abbildungen

ISBN 3-7466-1992-0

1. Auflage 2003
© Aufbau Taschenbuch Verlag GmbH, Berlin 2003
Einbandgestaltung Preuße & Hülpüsch Grafik Design
unter Verwendung eines Fotos von Interfoto
Druck Ebner & Spiegel, Ulm
Printed in Germany

www.aufbau-taschenbuch.de

Inhalt

Vorwort 7

1. Kapitel. An den Wurzeln
Familie, Kindheit und geistige Umwelt 9

2. Kapitel. Ein junges Vorbild
In der Schule und bei den Roten Falken 31

3. Kapitel. Politischer Prolog
Karriere in der linken Jugendbewegung 49

4. Kapitel. Dreierlei Trennung
Abschied von SPD, Gymnasium und Heimat 67

5. Kapitel. Feuerprobe im Exil
Viel Wohlwollen und viel Ärger in Norwegen 95

6. Kapitel. Jahre voller Unrast
Ein Antifaschist zwischen allen Stühlen 117

7. Kapitel. In vorderster Front
Arbeit für die Partei und gegen Hitler 136

8. Kapitel. Blutiges Intermezzo
Vier Monate lang im Spanischen Bürgerkrieg 153

9. Kapitel. Zeiten des Wandels
Erneute Annäherung an die Sozialdemokratie 175

10. Kapitel. Vom Krieg eingeholt
Adolf Hitler überfällt das Land der Fjorde 193

11. Kapitel. Kein Risiko gescheut
Von Schweden aus Einsatz für zwei Völker 207

12. Kapitel. Ringen um die Freiheit
Zwischen Arbeitsrausch und Ehekrise 223

13. Kapitel. Pläne für den Frieden
Die Visionen der »Kleinen Internationale« 237

14. Kapitel. Licht und Schatten
Kontakte mit Alliierten und Verschwörern 253

15. Kapitel. Vor dem Ende des Exils
Zurück zu der Partei Bebels und nach Oslo 275

16. Kapitel. Heimkehr auf Zeit
Wehmütiges Wiedersehen mit Deutschland 295

17. Kapitel. Lehren der Historie
Als Reporter beim großen Nürnberger Prozeß 310

18. Kapitel. Zeuge einer Tragödie
Zwischen Kurt Schumacher und Einheitspartei 329

19. Kapitel. Suche nach Aufgaben
Viele Angebote und ein zögernder Bewerber 347

20. Kapitel. Neue Perspektiven
Aus Norwegens Militärmission ins SPD-Büro 367

Der weitere Lebensweg 391

Dokumente 398

Anhang
Abkürzungsverzeichnis 436
Anmerkungen 438
Archive 477
Bibliographie 479
Personenregister 499
Bildnachweis 509

Vorwort

In einer Zeit, da Wirtschaftslage, Nützlichkeitsdenken und Populismus die Politik immer stärker beeinflussen, ist es gut, sich darauf zu besinnen, daß vor allem Visionen Geschichte machen. Andernfalls droht die kreativste Form der Staatskunst zu verkommen. Willy Brandt war – gleichgültig, was man sonst von ihm halten mag – ein Visionär. Bei Interviews mit ihm konnte ich mich davon selbst überzeugen. Sein Eintreten für mehr Demokratie und soziale Gerechtigkeit, seine Ost- und Deutschlandpolitik, sein Engagement für Europa und die Dritte Welt wiesen weit über seine Zeit hinaus.

Doch sind das nicht überholte Anliegen, nachdem sich die Sozialisten heute in der Mitte des Parteienspektrums positionieren und die Teilung des Abendlandes überwunden ist? Was hat uns der erste Bundeskanzler aus den Reihen der SPD, eine ebenso charismatische wie widerspruchsvolle Persönlichkeit, heute noch zu sagen? Welche Erkenntnisse kann ganz und gar ein Buch vermitteln, das sich mit den ersten dreieinhalb Jahrzehnten seines Lebens befaßt?

Die Erinnerung an Staatsmänner von Willy Brandts Format ist prinzipiell keine Sache der Mode. Fragen nach den Grundlagen ihres Handelns bleiben stets aktuell – Fragen nach ihrer Wesensart und den Umständen, unter denen sich ihre Ideen, Gefühle und Verhaltensmuster entwickelt haben. Besonders klare Aufschlüsse aber über das personale Fundament historischer Leistungen liefern die ersten Lebensphasen eines später bedeutenden Menschen. Denn in jungen

Jahren, bei der Eingliederung in die Gesellschaft und ihre Institutionen, treten spezifische Charaktereigenschaften und Ansichten hervor, die dann bei der Suche nach Selbstverwirklichung geformt werden.

Gerade bei Willy Brandt verschafft die Untersuchung seiner frühen Jahre eine Fülle neuer Einsichten. Er selbst hat über seine Kindheit nur wenig mitgeteilt und wichtige Ereignisse der Jugend- und Exilzeit beschönigt oder verschwiegen. Wohlmeinende Biographen sind ihm darin gefolgt. Widersacher von rechts und ultralinks haben ihn andererseits gar als Verräter und Mörder diffamiert, indem sie Vorgänge aus dürftig belegten frühen Lebensabschnitten verfälschten. Viele Publikationen sowohl seiner Anhänger als auch seiner Gegner enthalten außerdem eine Fülle sachlicher Fehler. Die Polarisierung, die Brandt einst in der Bundesrepublik auslöste, gehört zwar der Vergangenheit an. Irrtümer über sein Denken und Handeln in frühen Jahren existieren jedoch in vielen Köpfen und Büchern fort.

Ich war bemüht, ein detailgetreues Porträt des jungen Willy Brandt zu schaffen. Dabei habe ich die Biographie in die Zeitumstände eingebettet, weil erst auf diese Weise Verhalten und Aufstieg des Proletarierkindes aus Lübeck transparent werden. In Zitaten aus Publikationen und Briefen der Jahre 1927 bis 1947 kommt Brandt anschließend selbst zu Wort.

Den Archiven, Bibliotheken und Informanten, die in den Quellenhinweisen genannt werden, bin ich für ihre Hilfe sehr verbunden. Vor allem habe ich aber meiner Frau für ihre Geduld mit meiner Arbeit und für gute Anregungen zu danken. Ihr widme ich dieses Buch.

Lübeck, im Herbst 2003 Martin Wein

1. Kapitel
An den Wurzeln
Familie, Kindheit und geistige Heimat

Deutschland im Jahr 1913. Bei der Hochzeit der Kaisertochter Viktoria Luise mit Herzog Ernst August von Braunschweig führen am Abend des 24. Mai im Berliner Schloß Zar Nikolaus II. und König Georg V. von Großbritannien die 21jährige Braut im Fackelschein zum Tanz. Ein Bild des Friedens. Im Rüstungswettlauf mit England und Rußland sind zur gleichen Zeit auf Werften zwischen Wilhelmshaven und Danzig 22 Schlachtschiffe im Bau, und die Regierung in Berlin bereitet die Verstärkung des Heeres um 132 000 Mann vor.

Am 18. Oktober 1913 wird in Leipzig zur Erinnerung an den Sieg über Napoleon I. vor einhundert Jahren das Völkerschlachtdenkmal eingeweiht, in dessen Kuppelhalle vier Plastiken Opferbereitschaft und Glaubensstärke, Tapferkeit und Volkskraft als deutsche Tugenden verkörpern. Drei Wochen später verurteilt ein Gericht in Berlin leitende Angestellte der Essener Waffenschmiede Krupp, wie davor neun Komplizen aus der Militärverwaltung, zu Gefängnis- oder Geldstrafen, weil sie im Kriegsministerium für Geld 1500 Geheimpapiere stehlen ließen, um mit deren Inhalt in Paris antideutsche Emotionen zu schüren und dann die Aufrüstung des Kaiserreichs profitbringend anzuheizen.

In der Garnison Zabern, im 1871 von Frankreich abgetrennten Elsaß, weist am 28. Oktober 1913 Leutnant Günter von Forstner Rekruten an, bei jeder Pöbelei frankophiler Zivilisten sofort das Bajonett zu ziehen: »Und wenn Sie einen Wackes niederstechen«, fügt er unter Gebrauch des

Schimpfwortes für Elsässer hinzu, »bekommen Sie von mir zehn Mark.« Bei der Debatte über diese Infamie im Reichstag scheut die Sozialdemokratische Partei Deutschlands, deren charismatischer Führer August Bebel im August verstorben war, die Kraftprobe mit der Armee und kuscht vor ihr wie das Bürgertum, obwohl sie mit 983 000 Mitgliedern die größte politische Organisation Mitteleuropas ist.

1913, in einem Jahr voller Widersprüche, kam am Donnerstag, dem 18. Dezember, um 12.45 Uhr in Lübeck Herbert Ernst Karl Frahm zur Welt. Unter dem Namen Willy Brandt wurde er Bebels späterer Nachfolger und als Regierender Bürgermeister von Berlin, deutscher Bundeskanzler und Friedens-Nobelpreisträger von 1971 weltberühmt. Er vollbrachte historische Großtaten und mußte bittere Niederlagen einstecken.

Herbert Frahm wurde an jenem milden und nebligen, sonst aber trockenen Vorwintertag am damaligen Rand der Hansestadt im Arbeiterviertel St. Lorenz geboren. Seine Mutter, die unverheiratete 19jährige Verkäuferin Martha Frahm, lebte im Obergeschoß des Hauses Meierstraße 16 bei ihrem Stiefvater, dem 38 Jahre alten Witwer Ludwig Frahm, in der zum Hof gelegenen Zweizimmerwohnung. Die Familien eines Postbeamten im Parterre und eines Schneidergesellen quer über den Flur waren die Nachbarn.[1] »Fräulein Frahm« brachte ihr Kind mit Hilfe der Hebamme Luise Lotzow daheim zur Welt. Zwei Tage später meldete die Geburtshelferin das Ereignis dem Standesamt. Über den Vater schwieg sie. Gemäß Bürgerlichem Gesetzbuch und neuem Staatsangehörigkeitsrecht bekam das Kind den Zunamen der Mutter und ihre deutsche Nationalität.

Die Taufe – Gegner Willy Brandts bezweifelten sie später – empfing Herbert Ernst Karl Frahm am 26. Februar 1914 im Pastorat II der evangelisch-lutherischen Gemeinde Lübeck-St. Lorenz von Pfarrer Alfred Stülcken. »Großvater« Ludwig

Frahm, der 17jährige Onkel Ernst Frahm und Nachbarin Anna Alshut, die Schneidersfrau, waren die Paten.² Ein Taufspruch fehlt im Kirchenbuch. Daß die Zeremonie im Pastorat und nicht im Gotteshaus stattfand, geschah damals häufig, wenn Eltern keine festliche Kleidung besaßen oder die Mutter des Täuflings ledig war. Und Herbert Frahm hatte, so 1972 der Nobelpreisträger Heinrich Böll, »diesen von der bürgerlichen Gesellschaft mitgegebenen Urmakel, diese Idioten-Erbsünde« der unehelichen Geburt.³

Doch wer war sein Vater? Diese Frage hat Willy Brandt selbst offenbar nicht sonderlich beschäftigt. »Den Vater hat er nie gekannt, er wußte nicht einmal, wer er war. Und wollte es auch nie wissen«, teilte er 1960 mit, indem er über sich als Kind wie über einen Fremden in der dritten Person schrieb. »Er trug den Namen der Mutter, vom Vater wurde daheim nie gesprochen.«⁴ 1927 hatte er den Namen eines Mannes aufgeschnappt, »der sein Vater sein sollte. Der Name konnte auf Hamburg hindeuten oder auf den skandinavischen Norden. Aber das interessierte den Jungen nicht.« 1973 indes gestand Brandt der italienischen Publizistin Oriana Fallaci, er wisse seit langem, wer sein Vater ist: »Nach dem Krieg lebte er noch, aber auch dann hatte ich kein Interesse an einer Begegnung.«⁵ Meist jedoch vermied er dieses Thema.

Kein Wunder, daß über Willy Brandts Herkunft Gerüchte aufkamen, als er politisch hervortrat. Eine deutsche Nationalbibliographie merkte noch 1979 zu einem seiner Bücher an, eigentlich heiße er Wladimir Pogoreloff – eine Verwechslung mit einem Bulgaren, der 1931 die Schrift *Die Weltmacht der Parteilosen* unter dem Pseudonym W. Brandt publiziert hatte. In der Lübecker SPD dagegen kursierte die Fama, der im Tierkreis des Schützen Geborene stamme von Julius Leber ab, von dem Anfang 1945 durch das NS-Regime hingerichteten Widerstandskämpfer aus der Hansestadt. Zu diesem Gerücht hatte Brandts Bemerkung über ein Vater-Sohn-Verhältnis zwischen ihnen beigetragen, das aber »in Bindungen und Spannungen« rein geistig-politischer Art gewesen war; Leber hatte übrigens 1913 noch in Freiburg (Breisgau) studiert. Die rechtsextreme *Deutsche National-Zeitung* gab 1973 Brandt als Sohn eines »reichen jüdischen Getreidehändlers« aus. Der konservative Agitator Joachim Siegerist präsentierte den 1930 verstorbenen Amtsgerichtsrat Otto Carstens aus Bad Schwartau bei Lübeck aufgrund von Behauptungen der Witwe als Vater des SPD-Chefs.[6] Andere meinten der Ähnlichkeit wegen, Brandt sei ein Sproß des Dirigenten Hermann Abendroth,[7] der indes bereits 1911 von Lübeck nach Essen übergesiedelt war. Die Publizistin Ingelore Winter endlich behauptete 1981, der Sozialdemokrat sei »nach Angaben aus Adelskreisen (...) ein natürlicher Sohn des Grafen von Plessen«, zumal die Mutter »auf einem großen gräflichen Gut in Mecklenburg großgeworden« sei.[8] Doch Martha Frahm wuchs nicht in einem Besitz der Plessen, sondern der Grafen Bothmer auf und kam noch als Kind nach Lübeck.

Willy Brandt bezeichnete diese Spekulationen als »Blödsinn«. Er selbst wollte erst 1948, im Zusammenhang mit seiner Wiedereinbürgerung als Deutscher, von seiner Mutter erfahren haben, wer sein Vater war, und der Kaufmann Gerd André Rank, ein Neffe jenes Mannes, bestätigte ihm 1961 die Auskunft. Dennoch schwieg er jahrzehntelang über seine Abstammung, obwohl er ihretwegen verleumdet wurde. »Warum habe ich auch dann nicht zurückgeschlagen, die banale Personalie auf den Tisch legend, als Adenauer einen halben Wahlkampf mit meiner Herkunft bestreiten ließ«, fragte sich der Staatsmann im Alter. Sein Schweigen begründete er mit emotionalen Hemmungen. Angesichts der Persönlichkeit des Vaters bleibt sein Verhalten dennoch rätselhaft.

Erst 1989 enthüllte Brandt in seinen *Erinnerungen*, daß er vom Hamburger »Buchhalter« John Möller abstamme, einem Mann, der »eine außergewöhnliche menschliche Tiefe besessen« habe. Durch eine Kriegsverletzung sei dessen Gedächtnis getrübt worden, weshalb er den Sohn niemals besucht habe. Diese Erklärung war nobel, aber falsch.

John Heinrich Möller kam am 20. Juli 1887 im Hamburger Arbeiterviertel Eimsbüttel zur Welt.[9] Vater Jochim und Mutter Marie hatten in der Innenstadt einen Gemüseladen. John ging in Altona aufs Gymnasium, brachte gute Zeugnisse heim und wurde Realschullehrer. Der mittelgroße, untersetzte Mann mit braunem Haar und grauen Augen galt als ruhig, belesen und wie sein Vater als »Roter«. Etwa ab 1910 stand er der Sozialdemokratie nahe (die formale Mitgliedschaft von Pädagogen in der SPD wurde damals in Hamburg mit Entlassung geahndet) und engagierte sich in linken Kulturorganisationen wie dem Touristenverein »Die Naturfreunde«, einer 1895 in Wien gegründeten Organisation, die 1913 in Deutschland über 10 000 Mitglieder hatte.

Am Ersten Weltkrieg nahm John Möller zwar teil, eine Gehirnverletzung ist indes in den Akten des Krankenbuchlagers der deutschen Streitkräfte nicht vermerkt, und Erinnerungsdefizite stellte bei dem Heimkehrer außer besagtem Neffen niemand fest. Vielmehr begann der Pädagoge in Hamburg wieder zu unterrichten. Mitte Mai 1919 heiratete er die viereinhalb Jahre jüngere Helene Matz, die fünf Monate danach den gemeinsamen Sohn Heinz gebar. Sie sorgte geraume Zeit dafür, daß ihr Mann für sein uneheliches Kind in Lübeck wenigstens geringe Alimente überwies. Einen Besuch schob er jedoch nach Aussage des Neffen immer wieder hinaus. Nun aktives SPD-Mitglied, wurde der Lehrer bald nach Hitlers Machtantritt entlassen. Erst von da an hat er in einer Kohlenhandlung »sein Leben als Buchhalter hingebracht«. Während des Zweiten Weltkriegs wurde die

Familie ausgebombt. 1944 fiel Sohn Heinz in der Ukraine. Im Alter Willy Brandt auffallend ähnlich, wie Verwandte fanden, starb John Möller am 4. September 1958. Daß sein unehelicher Sohn Herbert Frahm einen anderen Namen angenommen hatte und seit Herbst 1957 West-Berlin regierte, war ihm verborgen geblieben.

Wie aber hatten sich John Möller aus Hamburg und Martha Frahm aus Lübeck kennengelernt? Die Antwort mag ein Inserat geben, das am Ostersonnabend 1913, am 22. März, im sozialdemokratischen *Lübecker Volksboten* erschien: »Touristen-Verein ›Die Naturfreunde‹: Ostertour Lübeck-Wismar-Poel. Ankunft der Hamburger am ersten, morgens 7.18 Uhr.« John Möller nahm an Wanderungen der »Naturfreunde« aus der Elbmetropole teil, und Martha Frahm war der Ortsgruppe an der Trave »eng verbunden«. »Auf diese Weise«, meinte Willy Brandt, »gehörte sie, das einfache Arbeitermädchen zu so etwas wie einer Vorläufergruppierung der heutigen Ökologen.« Es ist deshalb wahrscheinlich, daß 1913 der 25jährige Lehrer am ersten Ostertag in der Frühe mit »den Hamburgern« nach Lübeck fuhr, bei mildem Wetter am Ausflug des dortigen Touristenvereins zur 60 Kilometer entfernten Ostseeinsel Poel teilnahm und hierbei die 19 Jahre alte Martha Frahm traf. Wie dem auch sei: 270 Tage, neun Monate, nach Ostern 1913 gebar die ledige Lübecker Arbeiterin einen Sohn: Herbert.

Martha Frahm hatte es nicht leicht

Von dieser Frau, ihrer Familie und ihrer Heimat muß nun die Rede sein. Denn sie haben Willy Brandts Persönlichkeit mitgeformt, haben ihm Tatkraft, Ausdauer und Reformwillen, aber auch die Neigung zu Verschlossenheit und Schwermut mitgegeben. »Ein Einsamer, ein Einzelgänger. Wenn er einem Gegenüber noch so offen in die Augen schaut, sind die seinen von innen bewacht«, meinte die Schriftstellerin Luise Rinser.[10] Der Literatur-Nobelpreisträger Günter Grass schrieb über ihn, er sei »jemand, der seiner Melancholie Termine einräumt«.[11] Brandt selbst gestand: »Wie die meisten Leute aus dem Norden bin ich im Grunde sentimental. Romantisch, wenn Sie wollen. Gefühl ist mir nicht fremd. Aber ich versuche immer, es zu verbergen. Oder zu kontrollieren.«[12]

Martha Luise Wilhelmine Frahm, seine Mutter, wurde unter dem Namen Ewert am 16. März 1894 in Kalkhorst, einem Kirchdorf in Nordmecklenburg, geboren. Die Verhältnisse waren trist. Ihre engere Heimat, der Klützer Winkel an der Ostsee zwischen Lübeck und Wismar, war zwar eine Kornkammer des Deutschen Reiches. Marthas Vorfahren mütterlicherseits gehörten außerdem zu den Hoftagelöhnern, die im Unterschied zu den Knechten für die Knochenarbeit auf den Rittergütern selbst Geräte besaßen und deshalb von den Grundherren Vergünstigungen erhielten – eine Wohnung, ein Stück Land oder das Weiderecht für eigenes Vieh. Der in Geld ausgezahlte Lohn aber war dürftig. Überdies verschlechterte sich die Situation der Tagelöhner seit etwa 1880 durch den Einsatz von Saisonarbeitern und von Maschinen der Gutsbesitzer. Bei der Familie Hans Ewert in Kalkhorst machten zwei Ereignisse alles noch schlimmer: 1889 der Tod des Ernährers aufgrund einer Rippenfellentzündung und fünf Jahre danach Marthas Geburt. Denn mit ihr kam eine der vier Halbwaisen, die 19jährige Wilhelmine Ewert, unehelich nieder.[13] »Im alten Mecklenburg«, munkelte Willy Brandt, »wäre es nicht das erstemal gewesen, daß eine Landarbeiterin dem gutsherrlichen Recht der ersten Nacht zu gehorchen hatte.« Was ist an dieser Vermutung dran?

Der Klützer Winkel, ein 150 Quadratkilometer großes Gebiet um den Ort Klütz, hatte seit dem 14. Jahrhundert den Rittern von Plessen gehört. Es waren rauhe Patrone. Zwei von ihnen gingen im Dorf Damshagen bei Gottesdiensten auf standhafte Pfarrer mit dem Degen los. 1715 begannen die aus niedersächsischem Uradel stammenden Grafen von Bothmer den von Plessen 7000 Hektar Land abzukaufen. Sie bauten in Klütz ein Schloß und verwalteten das Gebiet nach britischem Vorbild. 1820 endete in den Großherzogtümern Mecklenburg-Schwerin und Mecklenburg-Strelitz offiziell die Leibeigenschaft. Es besserte sich aber nicht viel. Gutsherren verdrängten weiterhin selbständige Landwirte und geboten nach wie vor fast unumschränkt über »ihre Leute«. Zudem galt weiterhin die mittelalterliche landständische Verfassung.

Daß dort aber Adlige das Recht der ersten Nacht, der Defloration der Braut eines Untertans, beanspruchten wie Graf Almaviva in Beaumarchais' Lustspiel »Der tolle Tag oder Figaros Hochzeit«, ist nirgends belegt. Überhaupt scheint der Topos vom Ius primae noctis ein »gelehrter Aberglaube« zu sein.[14] Im übrigen wollte Brandts Großmutter Mitte 1893 gar nicht heiraten, und ihr 58 Jahre alter Grundherr Ludwig Graf Bothmer litt an hochgradiger Herzverfettung. Er verließ Schloß Klütz kaum noch[15] und starb im März des folgenden Jahres. Ein Gerücht, das in Kalkhorst umlief, besagte denn auch, daß kein Adliger, sondern ein verheirateter Gutsinspektor Martha Ewert gezeugt habe.

Nach Martha gebar Wilhelmine Ewert Ende 1896 ebenfalls unehelich in Goldbeck bei Klütz den Sohn Ernst. Doch diesmal bekannte sich der 21jährige ledige Landarbeiter Ludwig Frahm zur Vaterschaft.[16] Zwei Jahre später heiratete er die Mutter des Kindes, das dadurch legitimiert wurde und den Namen des Vaters erhielt. Dieser Ablauf war in Mecklenburg auf dem Lande keineswegs selten. Die bald ausgelaugten Tagelöhner und Knechte mußten mangels Rente frühzeitig durch Kinder fürs Alter vorsorgen, während die Grundherren, auch wegen fehlender Unterkünfte, Männern die Ehe häufig erst ab 29 und Frauen ab 24 Jahren gestatteten.

Bei Brandts Mutter verliefen die Dinge anders. Martha Ewert bekam mit sechs Jahren nicht durch Legitimation, sondern durch »Einbenennung« einen anderen Zunamen, nämlich denjenigen des Ehemanns ihrer Mutter. »Laut Bescheinigung des Großherzogl. Justizministeriums vom 29. April 1900«, notierte Pastor Heinrich Krüger im Kalkhorster Kirchenbuch, »hat der Arbeiter Ludwig Frahm die Erklärung abgegeben, daß er dem von seiner Ehefrau Wilhelmine Ewert am 16. März 1894 außer der Ehe in Kalkhorst geborenen Kind Martha Luise Wilhelmine Ewert seinen Namen Frahm erteile.«[17] Willy Brandt kam somit nicht als Herbert Ewert zur Welt, sondern unter dem Namen des Stiefvaters seiner Mutter, mit dem er nicht blutsverwandt war.

Martha Frahm ging sieben Jahre lang in Klütz zur Volksschule. 1907 siedelte sie mit den Eltern und Stiefbruder Ernst in das vierzig Kilometer entfernte Lübeck über. Im Stadtteil St. Lorenz fand die Familie eine Bleibe. Nach zwei Umzügen mietete Ludwig Frahm 1909 von Witwe Anna Kleibömer in ihrem Haus Meierstraße 16 die Wohnung, in der 1913 seine Ehefrau Wilhelmine starb und bald danach Stiefenkel Herbert zur Welt kam.

Martha Frahm galt damals als attraktive junge Frau, als »ländliche Schönheit«. Sie war mittelgroß und etwas mollig. In ihrem Gesicht fielen hohe »slawische« Backenknochen, eine breite Nase und ein sinnlicher Mund auf. Ihr dunkelblondes, lockig die Ohren bedeckendes Haar trug sie zurückgekämmt. Die breitkrempigen, mit künstlichen Blumen aufgeputzten Hüte, die um 1912 in Mode waren, liebte sie und setzte sie kokett auf, wenn sie ausging, was sie gern und oft tat. Sie benahm sich überhaupt ungezwungen und lachte viel, tanzte und flirtete, war hilfsbereit, konnte aber auch kräftig zupacken und eigene Interessen resolut vertreten.

Brandt erinnerte sich an seine Mutter als an eine schlichte, »aber durchaus nicht anspruchslose Frau«. Sie habe sich »auf einfachem Hintergrund« um Allgemeinwissen bemüht. Anders als ihr Stiefvater sprach sie statt des heimischen Platt lieber hochdeutsch, und zwar fehlerfrei. Sie gehörte dem Arbeiterbildungsverein an und hatte zeitweise ein Abonnement des Besucherringes Volksbühne. Im Proletarischen Sprechchor wirkte Martha Frahm bei Aufführungen linker Agitationsstücke mit. Kurze Sommerurlaube verbrachte sie an der Ostsee im Haus der »Naturfreunde« bei Travemünde, fuhr mit ihnen aber auch in die Alpen. »Meine Mutter«, schrieb Willy Brandt stolz, »war in der Tat eine Frau, vor der man großen Respekt haben mußte. Sie hat sich auf eine imponierende Weise durchgesetzt.«

Welche Eigenschaften er von ihr zu besitzen glaubte? »Die Beharrlichkeit«, meinte er, oder: »Die Nächstenliebe.« Und noch ein weiteres Erbteil erwähnte er: »Ich möchte den Sinn für Anständigkeit nennen, (...) einer von manchen für altmodisch gehaltenen, doch unerläßlichen Anständigkeit.«

Martha Frahms Berufsleben liegt teilweise im dunkeln. »Die Mutter war noch sehr jung, eine tüchtige kleine Verkäuferin im Konsumverein«, vermerkte Brandt. Nach der Schulzeit hatte sie zunächst in fremden Haushalten saubergemacht. Im Frühjahr 1913 wurde die Stieftochter des SPD-Mitglieds Ludwig Frahm vom Konsumverein Lübeck für zwanzig Mark Wochenlohn als Verkäuferin eingestellt. (In Schulpapieren des Sohnes figurierte sie auch als Lageristin.) Martha Frahm arbeitete zwei Kilometer von ihrer Wohnung entfernt mit drei anderen Frauen in der Filiale Drögestraße 9. Der Laden war werktags, außer einer kurzen Mittagspause, von 8 bis 19 Uhr, am Sonnabend sogar bis 20 Uhr geöffnet. Als Martha Frahm nach dem Krieg in die Lübecker Altstadt umzog, wurde der Arbeitsweg etwas kürzer. Der Konsum-»Warenabgabestelle Nr. 14« in der Drögestraße blieb sie treu, bis sie 1927 heiratete. Sie und ihr Mann Emil Kuhlmann wohnten von nun an im Neubau Hansestraße 136. Im Parterre befand sich seit 1929 eine Filiale des Konsumvereins. Gearbeitet hat Brandts Mutter dort aber nie. Sie konnte den Filialleiter nicht leiden.

Kindheit in einer schlimmen Zeit

Im Winter 1913/14 ging Martha Frahm bald nach der Entbindung wieder zur Arbeit. Sie mußte jetzt zusätzlich für den Unterhalt des Kindes sorgen. In ihrer Abwesenheit kümmerten sich zunächst Nachbarinnen, die Tochter der Familie Alshut oder Halbbruder Ernst um das Baby. Doch das war kein Dauerzustand. Eine Bekannte der knapp Volljährigen, die Schneiderin Paula Heine, die unweit der Konsumfiliale Drögestraße wohnte, erklärte sich schließlich gegen ein Entgelt bereit, den kleinen Herbert in der Woche tagsüber und notfalls auch ununterbrochen zu betreuen. Für die übrige Zeit holte ihn seine Mutter nach Hause und verwöhnte ihn, soweit es ihr Lohn und die Ernährungslage zuließen. Denn am 1. August 1914 brach der Erste Weltkrieg aus, und Lebensmittel wurden alsbald rationiert. Damit hing offenbar Willy Brandts früheste Erinnerung zusammen: Er sah sich daheim als Knirps hungrig die Küche betreten, in der auf dem Tisch Eßwaren lagen.[18]

Die Probleme für »Fräulein Frahm« wuchsen noch, als ihr Stiefvater Ende 1915 in den Krieg ziehen mußte. Sie hatte nun auch für Kosten in der Meierstraße 16 aufzukommen, die bisher von ihm beglichen worden waren. Da Kriegerfamilien nur eine karge Beihilfe erhielten, die Preise aber stiegen, war Martha Frahm erst recht gezwungen, Geld zu verdienen. Trotz der finanziellen Schwierigkeiten achtete sie darauf, daß ihr Sohn gut angezogen war. Er habe, erzählte Brandt, nie wie die meisten Kinder aus der Meierstraße

Holzpantinen tragen müssen. Fotografien zeigen bereits den kaum Dreijährigen in adretter Kinderkleidung und später vor allem in Matrosenkluft. Überhaupt der »Kieler Anzug«! Ihn scheint Martha Frahm für ihren Sohn besonders schick gefunden zu haben. Bis weit in die Schulzeit hinein trug Herbert diese Montur während des Winters in Blau, im Sommer in Weiß oder gestreift.

An die Kriegszeit 1914/18 konnte sich Willy Brandt natürlich kaum noch erinnern. Überhaupt hänge für ihn über der Kindheit »ein undurchsichtiger Schleier, grau wie der Nebel über dem Lübecker Hafen«, gestand er. »Schattenhaft sind Gestalten und Gesichter, sie tauchen auf, um gleich wieder zu verschwinden, wie Strandgut auf den Wellen der nordischen See. Es ist schwer für mich, zu glauben, daß der Knabe Herbert Frahm ich selber war.« Ein elegisches Bild.

Den Grund hierfür deutete Brandt 1960 auf dem SPD-Parteitag in Hannover an, als er von »Erinnerungen an eine nicht ganz leichte Kindheit« sprach. Später schwächte er diesen Satz ab: Seine Mutter und er hätten es nicht einfach gehabt.[19] Zwar sei sie in »elementarsten Dingen« um sein Wohl bemüht gewesen, habe sich aber um ihn nur wenig kümmern können. Ihre Wohnung sei für ihn kein Heim gewesen, und bei Paula Heine habe er selten Spielkameraden gehabt, sei »viel allein, lange Stunden sich selbst überlassen« geblieben. Lag hier die Ursache dafür, daß sich Brandt als Erwachsener der Mutter gegenüber freundlich, aber kaum herzlich verhielt und daß auch in den Briefen an sie Distanz spürbar ist? Jedenfalls gab er noch 1989 in seinen *Erinnerungen* dem Kapitel über die frühen Jahre die Überschrift »Eine unbehauste Jugend«.

Der kleine Herbert Frahm war meist ein artiges, in sich gekehrtes Kind, reagierte manchmal jedoch um so überraschender für seine Umgebung. Ein lieber Sohn sei er gewesen, versicherte seine Mutter im Alter. Frau Heine meinte indes: »Er war ein richtiger Junge, der sich nicht die Butter vom Brot nehmen ließ und einen eigenen Kopf hatte.«[20] Zu einem Zwischenfall kam es, als Herbert drei Jahre alt war: Er biß der gleichaltrigen Tochter einer Nachbarfamilie beim Spielen plötzlich so fest in die Backe, daß das Mädchen schrie und weinte. Mutter Frahm sah in dem Affekt ein Zeichen der Zuneigung.[21] Die Attacke kann freilich auch als Ausbruch unterschwelligen Neids gedeutet werden.

Willy Brandt betonte, er sei nie bei einem Psychoanalytiker gewesen: »Es interessiert mich nicht, in meinem Unterbewußtsein herumzuwühlen.«[22] Allerdings hätte er dabei Zusammenhänge zwischen erster Lebensphase und späterem Naturell entdecken können. Denn nach den Erkenntnissen der Seelenforscher werden die Verhaltensmuster eines Menschen in dessen ersten drei Jahren geprägt. Der ständige Wechsel zwischen Verwöhnen durch die Mutter und der Gleichmut anderer Bezugspersonen dürfte auch bei Herbert Frahm das Entstehen des »Urvertrauens« vor dem zwölften Lebensmonat gestört haben. Als sich dann vom dritten bis fünften Jahr das Ich, die Identität, entwickelte, fehlte überdies im Erfahrungskreis des Knaben die Vaterfigur.

Die Annahme, das Fehlen einer intakten Familie und Gefühlsdefizite im ersten Lebensabschnitt hätten Brandt bleibend geprägt, kann seinen später oft schwierigen Charakter erklären. Der Sehnsucht nach Harmonie, die sich politisch im Wunsch nach Einheit der Linken, der Nation und Europas zeigte, standen frappante Sprödigkeit im persönlichen Bereich und tiefe Verbitterung bei einer Enttäuschung dieses Harmoniestrebens gegenüber. Neben dem Hang zu Selbstzweifeln waren dem Politiker leichte Verletzlichkeit und nachtragende Härte eigen, sobald andere ihn kritisierten. Er suchte körperlich und seelisch die Nähe von Frauen, fügte ihnen aber bei der Trennung mehr Schmerz als nötig zu. Das galt für den Abschied von seiner Jugendliebe Gertrud Meyer wie für die Brüche mit seinen ersten beiden Ehefrauen Carlota und Rut. Letztere, 32 Jahre lang seine Gefährtin, erwähnte er nach der von ihm verursachten Scheidung in seinen *Erinnerungen* mit keinem Wort.

Im Herbst 1918 änderte sich die Situation im ersten Stock der Lübecker Meierstraße 16. An der Westfront verwundet, bekam Martha Frahms Stiefvater nach dem Lazarettaufenthalt Genesungsurlaub. Der Landsturmmann Ludwig Frahm, 43 Jahre alt, stämmig, kahlköpfig, schnurrbärtig, mit einer Nickelbrille auf der Nase, »roch nach Schweiß, nassem Leder, Pulver und Öl«, erinnerte sich Brandt. »Dieser Geruch faszinierte Herbert ebenso wie der rauhe Stoff des schweren Mantels, der Ledergürtel, das lange Bajonett. Er kletterte schnell auf den Schoß des Mannes, den er Papa nannte.« Das stoppelige Gesicht des Heimkehrers, den er nur vom Hörensagen kannte, küßte der knapp Fünfjährige und »war dem Soldaten sofort zugetan«. Die schlichte Wohnung wurde ihm heimelig. Wenn aber der Stiefgroßvater in breitem Mecklenburger Platt »vom Krieg erzählte und davon, daß es keine Kriege mehr geben sollte«, hörte ihm das Kind gebannt zu. Zum Militär mußte der »Papa« nicht mehr zurück: Am 5. November 1918 ergriff die Revolution auch Lübeck. Sie verlief hier friedlich.

Wer aber war die Familie Frahm, deren Namen der kleine Herbert trug, ohne von ihr abzustammen? Ursprünglich im Dorf Schwansee am Westrand des Klützer Winkels seßhaft, schufteten im 19. Jahrhundert ihre Angehörigen überall in diesem Landstrich als Gesinde auf Rittergütern; einige brachten es zum Gastwirt, Briefträger und sogar zum Amtsvogt. Gottlieb Frahm, Ludwigs 1829 geborener Vater, war dem Vernehmen nach noch in den fünfziger Jahren wegen einer Nichtigkeit auf Geheiß eines Gutsinspektors wie ein Leibeigener über einen Holzbock gelegt und durchgeprügelt worden. Später hatte er mit Ehefrau Sophia, geborene Meyer, im russischen Livland vergebens eine bessere Zukunft gesucht. Zurück im Klützer Winkel, bekam das Paar am 31. Oktober 1875 in Arpshagen als vorletztes von sieben Kindern den Sohn Ludwig Heinrich Karl.

Nach der Dorfschule und nach dem Wehrdienst in der Kreisstadt Grevesmühlen arbeitete er als Knecht auf Gütern derer von Bothmer. Mit 19 Jahren wurde er wegen Sachbeschädigung, Ruhestörung oder Körperverletzung viermal zu Geld- oder mehrwöchigen Haftstrafen verurteilt.[23] Das Verhältnis mit Wilhelmine Ewert, die von ihm schwanger war, scheint Ludwig Frahm dann besänftigt zu haben. Am 12. Dezember 1899 heirateten die beiden auf dem Standesamt in Klütz.

Er rackerte noch acht Jahre lang auf Bothmerschen Höfen, ehe er mit seiner Frau und den Kindern Martha und Ernst nach Lübeck zog, um den von der Technisierung und den Saisonkräften ausgelösten Existenzsorgen zu entkommen. In der Hafenstadt gab es dank des blühenden Welthandels und der wachsenden Industrie eine Fülle zukunftsträchtiger Arbeitsplätze. Willy Brandt nannte den Umzug aus dem Klützer Winkel an die Trave einen »Riesensprung«. Der Gutsknecht Ludwig Frahm fand in der Hansestadt zunächst einen Broterwerb als Kutscher und wurde dann in einer Fabrik Hilfsarbeiter. Er erwarb technische Fertigkeiten und als einer der ersten in Lübeck den Lkw-Führerschein. Das Drägerwerk, das von Bierzapfautomaten über Beatmungsgeräte bis Taucherausrüstungen gastechnische Apparate fertigte, stellte ihn im September 1910 als »Lastautofahrer in der Expedition« ein.[24] Mit dem ersten Motorfahrzeug des Betriebs, einem 1,5-Tonner, transportierte er für dreißig Mark Wochenlohn Rohmaterial und Fabrikate zwischen Werk und Güterbahnhof.

Bei Kriegsausbruch 1914 empfand der 38jährige keinen Hurrapatriotismus. Anfang Dezember 1915 eingezogen, kam er zunächst in die Festung Metz und 1916 mit dem Infanterieregiment 477 bei Reims an die Front. Er kränkelte und lag dreimal wochenlang in Lazaretten.[25] Bei einem Trommelfeuer wurde er schließlich gegen Ende des Krieges verschüttet und verwundet.

Kaum daß die Waffen ruhten, fand Frahm im Drägerwerk als Lkw-Fahrer wieder Arbeit, obwohl wegen Fortfalls der Rüstungsaufträge 80 Prozent der Belegschaft entlassen wurden.[26] Der Witwer lebte erneut mit seiner Stieftochter und deren Sohn zusammen. Doch als ihm 1919 die Firma eine Wohnung über der Werksgarage anbot, griff er zu. Nun konnte er erneut heiraten, und zwar die zehn Jahre jüngere Kutschertochter Dora Sahlmann, eine wortkarge, zierliche Frau mit strenger Miene. Seinen »Enkel« Herbert nahm er nach der Hochzeit zu sich, da Martha Frahm Geld verdienen mußte. Sie mietete sich in der Innenstadt eine Wohnung und genoß das Leben nach dem Krieg ein wenig. Ihren Sohn sah sie noch ein-, zweimal in der Woche und verwöhnte ihn weiterhin. »Papas« zweite Frau, die Herbert »Tante Dora« nannte, mochte er nicht. Sie sei ihm fremd geblieben, meinte er später. Ludwig Frahm aber sorgte rührend für den Jungen. Sein Wunsch war, daß der es »weiterbringen möge als er selbst und Martha«.

Der Stiefgroßvater, »ein sehr einfacher, aber echter, großartiger Mensch« und »treu wie Gold«, den der Ehrgeiz »weit über seine Klasse emporhob«, wurde zur dominanten Person in Herbert Frahms Kindheit. Er erzählte ihm nicht nur von Krieg und Not, sondern vor allem »mit einem erheblichen Schuß Naivität« vom Sozialismus. Nach dessen Verwirklichung würden alle Menschen gleiche Rechte haben; jeder müsse an Werktagen lediglich zwei, drei Stunden arbeiten; statt Geld gebe es im »Zukunftsstaat« alles Nötige auf Bezugscheine; und immerzu herrsche Friede. Diese Vision hatte der Lkw-Fahrer aus August Bebels Bestseller *Die Frau und der Sozialismus* herausgelesen. »Ganz stark« aber schlug Herberts Herz, wenn ihm der Ziehvater sozialistische Lieder vorsang, die »Internationale« etwa oder die »Arbeiter-Marseillaise« von 1864. Neben die Helden der Sagen und Märchen traten für das »unbehauste« Proletarierkind die Sozialisten Bebel und Lassalle als reale Lichtgestalten im Ringen um eine bessere Welt.

Von der Philosophie zur Revolution

Die alte Idee, durch Beseitigung des Privateigentums eine gerechte Gesellschaft zu schaffen, hatten 1848 der Redakteur Karl Marx und der Kaufmann Friedrich Engels im *Manifest der Kommunistischen Partei* zur revolutionären Ideologie geformt: Das Großbürgertum habe durch sein Sach- und Geldkapital alle Menschen ohne Besitz, die zum Überleben ihre Arbeitskraft verkaufen müssen, zur Ware »entfremdet« und beute sie aus. Nach der Lehre des Philosophen Georg Friedrich Wilhelm Hegel, wonach jede »These« durch die ihr innewohnenden Widersprüche eine »Antithese« erzeuge und beide in einer höheren »Synthese« aufgehoben würden, führe der Kampf zwischen den Klassen der kapitalistischen Bourgeoisie und des verarmten Proletariats zwangsläufig zur Abschaffung des Privateigentums und zur klassenlosen Gesellschaft, zu Gerechtigkeit und Freiheit. »In der Frühzeit der sozialistischen Bewegung wurde da und dort geglaubt, man verfüge über letzte Wahrheiten«, sagte 1970 Willy Brandt. Aber »die Vorstellung vom Kirchenersatz, die Idee, man verfüge über eine eigene Philosophie, ist nie unbestritten gewesen.«[27]

Tatsächlich blieb der »Marxismus« zunächst weitgehend

unbeachtet. Der Allgemeine Deutsche Arbeiterverein, der sich 1863 konstituierte, wollte den Kapitalismus nicht revolutionär, sondern durch profitlos produzierende Genossenschaften unterminieren und bei Wahlen die Macht erobern. Den Vordenker der Organisation, Ferdinand Lassalle, stellte Brandt »in die Reihe der wirklich bedeutenden Persönlichkeiten der neueren deutschen Geschichte«, obwohl es dessen autoritären Allüren wegen falsch wäre, »daß man sich unkritisch mit ihm identifiziert«.[28] 1869 vereinigten der Journalist Wilhelm Liebknecht und der Drechsler August Bebel die »Marxisten« zur Sozialdemokratischen Partei, die sechs Jahre danach, 8500 Mitglieder stark, in Gotha mit den 17200 »Lassalleanern« zur Sozialistischen Arbeiterpartei fusionierte. Kanzler Otto von Bismarck zählte die erstarkte Linke bald zu den »Reichsfeinden« und bekämpfte sie zwölf Jahre lang durch ein Sondergesetz. Die Folge war, so Brandt, »daß sich der demokratische Durchbruch (in Deutschland) so sehr verzögerte«.[29]

Nach Ende der Verfolgung nannte sich die Organisation seit 1890 Sozialdemokratische Partei Deutschlands (SPD). Abermals sieben Jahre später – viele Voraussagen von Marx und Engels waren nicht eingetreten – verkündete der Publizist Eduard Bernstein den Revisionismus, der die Bourgeoisie auf parlamentarischem Wege durch Reformen entmachten wollte. Mit der Zeit ließ die SPD auch andere Thesen des revolutionären Marxismus fallen. Auf orthodoxe Art folgte ihm dagegen die Ende 1918 von Rosa Luxemburg und Karl Liebknecht gegründete Kommunistische Partei Deutschlands (KPD).

Ludwig Frahm fühlte sich zur Sozialdemokratie hingezogen. Dem »Großvater« war Sozialismus »mehr als ein politisches Programm, es war ihm eine Art Religion«, beteuerte Brandt. In Moor bei Klütz sei der Landarbeiter »einer der ersten ›Roten‹« gewesen, ein »Agitator«. Bei einer Reichstagswahl – vermutlich im Juni 1903 – habe er den sonst üblichen Bruch des Wahlgeheimnisses verhindert. Tagelöhner und Knechte mußten ihre ausgefüllten Stimmzettel stets beim Gutsinspektor in einer Suppenschüssel aufschichten, während der Verwalter ihre Namen in derselben Reihenfolge notierte. Danach konnte festgestellt werden, wie jeder gewählt hatte. Der »Opa« aber habe, berichtete Brandt, die Terrine umgestoßen und so die Schnüffelei vereitelt. Nach 1918 sei Ludwig Frahm in Lübeck an der Internierung arbeiterfeindlicher Polizisten beteiligt gewesen und wegen seines Einsatzes für die Gewerkschaft vom Unternehmer entlassen worden. Was geschah da wirklich?

In die Hansestadt umgezogen, trat Brandts Stiefgroßvater der SPD bei, die dort 3100 Mitglieder hatte. Frahm fühlte sich in der Partei geborgen, machte aber kaum von sich reden. Er habe stets als »treue und genügsame Seele« in der Sozialdemokratie agiert, heißt es in Brandts *Erinnerungen*. Bei ihm daheim sei »etwas vom Vermächtnis des großen Arbeiterführers August Bebel lebendig« gewesen: »Über ›Meister August‹ oder ›den Alten‹ wurde viel geredet, als ich klein war, öfter bei Bier und Schnaps als bei Kaffee und Kuchen.« Revolution und Republik, neue Bürgerrechte und den Achtstundentag habe der Lkw-Fahrer, »klassenbewußt und reformistisch zugleich«, als enorme Fortschritte angesehen und sei auf sie stolz gewesen. »Daß die Wirklichkeit anders aussah, stand auf einem anderen Blatt. Man schrieb es einer höheren Gewalt zu oder dem Klassenfeind, was ungefähr als das gleiche galt, und wartete, daß es sich richten würde.«

Die Lübecker SPD-Ortsgruppe Holstentor-Süd wählte den 44jährigen Ludwig Frahm 1920 zum Vertrauensmann. Im Jahr darauf gehörte er überdies dem 28köpfigen Zentralmieterrat an, der die Wohnungsnot in der Hansestadt lindern sollte. Auch der zum Schutz der Weimarer Demokratie entstandenen Vereinigung Republik und dem 1924 gegründeten überparteilichen Reichsbanner Schwarz-Rot-Gold (Bund republikanischer Frontsoldaten) schloß sich Frahm an. Als die linken Kriegsveteranen am 24. November 1924 eine Veranstaltung rechtsextremer »Völkischer« sprengen wollten, geriet er in eine Saalschlacht, kam aber glimpflich davon.[30] Zwei Jahre darauf wie auch 1929 stand sein Name ganz unten, also erfolglos, auf der SPD-Liste für die Wahl zum Lübecker Stadtparlament, der Bürgerschaft.

Am Arbeitsplatz im Drägerwerk enthielt sich »Ludden«, wie ihn die Kollegen auf platt beim Vornamen nannten, fast jeder politischen Äußerung. Daß er der SPD angehörte, war bekannt. »Man hat das im Gespräch bei einem Bier gemerkt, im Werk hat er davon nicht gesprochen«, sagte Pförtner Jonny Edler. Bei Mitarbeitern und Vorgesetzten galt Frahm als »annehmbarer Mensch mit guten Umgangsformen«.[31] Mitglied des Betriebsrats war er nie.[32] Weihnachten 1919 und 1920 erhielt er je 23 Mark Gratifikation, davon drei Mark »für ein Kind«, für Stiefenkel Herbert. Im übrigen stellte ihm 1922 das Unternehmen eine bessere Bleibe zur Verfügung – im Parterre eines Zweifamilienhauses, in dem auch der Dräger-Patentanwalt wohnte. Herbert bekam dort eine eigene Kammer.

Später wurde Ludwig Frahm mit »seinem« Lkw in zwei tödliche Verkehrsunfälle verwickelt. Obwohl schuldlos, bewegten ihn und seinen Stiefenkel die Unglücke tief. Daß Willy Brandt nie einen Führerschein erwarb, führte er auf den damaligen Schock zurück.[33]

Zwei Lektionen für den kleinen Herbert

Bei seinen beiden wichtigsten Kindheitserlebnissen spielte der »Großvater« die Hauptrolle. 1923 drohte in Deutschland ein Bürgerkrieg, Frankreich und Belgien besetzten das

Ruhrgebiet, die Erwerbslosigkeit und die Inflation stiegen, Streiks brachen aus. Auch in Lübeck legten Anfang Juni 1923 mehr als 3700 »Metaller« die Arbeit nieder. »Auf einmal stand der Hunger leibhaftig in der Küche«, erinnerte sich Brandt.

Während des Ausstands begegnet Herbert Frahm eines Tages dem Dräger-Direktor Oskar Schweichler vor der Fabrik. Der Boß fragt das Kind aus der Werkswohnung, ob die Familie genug zu essen habe. Als der Neunjährige den Kopf schüttelt, kauft Schweichler dem Jungen in der nahen Bäckerei Hinrichs zwei Brotlaibe. Freudig trägt Herbert sie heim. Als Ludwig Frahm erfährt, wem die Brote zu verdanken sind, verlangt er, daß sie das Kind, »alt genug, um den Unterschied von arm und reich zu begreifen«, in die Bäckerei zurückbringt. Ein klassenbewußter Proletarier nehme vom Arbeitgeber keine Almosen an, sondern fordere von ihm sein Recht. »Jetzt gab es natürlich nichts anderes, als dem Befehl Folge zu leisten«, erzählt Brandt wieder in der dritten Person. »Wie ein Soldat fühlte er sich, der mit einer Botschaft ins Lager des Feindes geschickt wird. Trotzig legte er die Brote auf den Ladentisch. Der Triumph, den er empfand, ließ ihn den Hunger vergessen.« Nach zwei Wochen endet der Streik. Von einer Entlassung Frahms ist keine Rede.

Zwei Monate darauf[34] lernt der kleine Herbert eine weitere Lektion über proletarisches Selbstbewußtsein. Am 11. August, dem Verfassungstag der Weimarer Republik, werden vor dem Lübecker Rathaus zwölf Personen verletzt, als Polizisten nach einem Mißverständnis auf Demonstranten schießen; zwei der Verwundeten sterben später. In der Hansestadt flammt ein Generalstreik auf. SPD-Innensenator Fritz Mehrlein ordnet den Rückzug der Polizei an und überläßt den Dienst in den Revierwachen der Vereinigung Republik. Brandt erklärt das später zur »Internierung« von Polizisten durch Arbeiter, unter Beteiligung seines Ziehvaters.

In Wahrheit erledigt Ludwig Frahm im Polizeirevier 2 nahe seiner Wohnung Schreibarbeiten. Herbert bringt ihm von daheim das Essen im Henkelmann und beobachtet, wie ein Arbeiter auf der Wache Prügel bekommt, weil er öffentlich uriniert hat. »Ordnung muß sein, unbürokratisch war das gewiß«, meint dazu Brandt lakonisch im Alter. Selbst Gegner zollen 1923 der Vereinigung Republik Anerkennung. Nach drei Tagen ebbt die Unruhe ab. Frahm kehrt auf den Lkw des Drägerwerks zurück. Entlassen wird er auch jetzt nicht.

Eine Kündigung erhält Ludwig Frahm am 26. Oktober 1923 – aber nicht aus politischen Gründen, sondern, wie alle Mitarbeiter des Drägerwerks,[35] weil die Reichsregierung ihre Reparationsaufträge nicht bezahlen kann. Drei Wochen später endet die Inflation, es fließt wieder Geld in die Industrie, und Frahm wird an seinem alten Arbeitsplatz weiterbeschäftigt. Hier ist er bis zum 30. Januar 1926 tätig. Dann wechselt er zum Konsumverein Lübeck und fährt dort für 55 Reichsmark Wochenlohn ebenfalls einen Lastwagen. In der Drägerschen Werkswohnung darf er mit Ehefrau Dora und Stiefenkel Herbert noch drei Jahre lang bleiben. Eine Kündigung wegen gewerkschaftlicher Aktivitäten hat Willy Brandts Stiefgroßvater nie erhalten.

Der Begriff Inflation ist für den kaum zehnjährigen Herbert Frahm gleichbedeutend mit hastigem Einkaufen unmittelbar nach den Lohnzahlungen, um der Geldentwertung zu entrinnen. Als vom 15. November 1923 an eine Billion Papiermark in eine Rentenmark umgetauscht wird, sammelt er wie alle Schulkinder in Lübeck wertlos gewordene Banknoten ein, um sie körbeweise als Altpapier zugunsten der Lehranstalten zu verkaufen. Gleich anderen zweigt Herbert Frahm, »von Schuldgefühl nicht ganz frei«, 10 Milliarden Mark in die eigene Tasche ab und ersteht dafür ein Stück Lakritze. Es scheint seine letzte ausgefallene Handlung aus rein kindlicher Regung gewesen zu sein.

2. Kapitel
Ein junges Vorbild
In der Schule und bei den Roten Falken

Am Dienstag, dem 13. April 1920, beginnt für Herbert Frahm der Ernst des Lebens: Er geht erstmals zur Schule – von seiner Mutter natürlich mit einem blauen Matrosenanzug ausstaffiert, je drei silberne Zierknöpfe beiderseits an der knielangen Hose, die bebänderte Mütze keck auf dem Kopf. Er besucht keine Volksschule. Bis 1925 besitzt jede Schulform eine eigene Grundstufe. Ein späterer Wechsel von der Volksschule auf eine höhere Lehranstalt ist dem damaligen Erziehungssystem zufolge unzulässig. Ludwig Frahm, der den Aufstieg des Stiefenkels wünscht, hat deshalb den Sechsjährigen mit Billigung der Mutter in der Mittelschule angemeldet. Die bereitet junge Menschen in neun Jahren »für das werktätige Leben« vor. Von ihr aus ist ein Übergang auf eine höhere Schule möglich.

Herbert Frahm geht in die St. Lorenz-Knaben-Mittelschule am Lübecker Marquardplatz, zwölf Minuten zu Fuß von daheim entfernt. In dieser Anstalt wird Pädagogik noch mit dem Rohrstock praktiziert. Herbert ist jedoch, wie Luise Flagel, eine Kusine seiner Mutter, versichert, »von Anfang an ein sehr guter Schüler«.[1] Schon in der dreiklassigen Grundstufe gilt er als Jahrgangsbester. Vor allem übt er sich in Hochdeutsch, denn bisher hat er wie Ludwig Frahm nur Platt gesprochen.[2] Mit zehn Jahren macht ihn einseitige Ernährung krank. Eine wochenlange Magermilchdiät »tut ihm gut«. Die Sommerferien verbringt der Schüler mit seiner Mutter im schlichten »Naturfreunde«-Heim an der Ostsee bei Travemünde; Urlauber schlafen hier am Dachboden auf

Stroh und unter mitgebrachten Decken. Tagsüber spielt Herbert Frahm an der Trave, streift durch den nahen Wald oder beobachtet das Training auf einer Pferderennbahn. Anderen Jungen macht er beim Umhertollen gern »ein langes Bein« und läßt sie hinfallen. Mitte 1926 nimmt er anläßlich der 700jährigen Lübecker Reichsunmittelbarkeit mit seiner Schule an einem Jugendfest teil, das indes ein Unwetter jäh beendet.

Gewitter und Sturm zogen damals auch über der jungen deutschen Republik auf, während internationale Aussöhnung, Kulturblüte und Vergnügungsrausch nach der Inflation »goldene zwanziger Jahre« vorgaukelten. Kommunisten sahen im Staat von Weimar die westliche Basis einer Weltrevolution. Nationalisten verbreiteten die »Dolchstoßlegende«, wonach »die Roten« im Krieg der »an der Front unbesiegten Armee« in den Rücken gefallen seien, und diffamierten Staatsmänner als »Erfüllungspolitiker«, weil von ihnen unter dem Zwang der Niederlage der harte Versailler Friedensvertrag akzeptiert worden war. Zum Generalangriff auf die deutsche Demokratie aber traten die Nationalsozialisten an, deren Führer Adolf Hitler Diktatur, Judenfeindschaft und Revanchismus zu einem unheilvollen Programm gebündelt hatte. In Lübeck, erinnerte sich Brandt, sprachen Ludwig Frahm und seine politischen Freunde »immer wieder davon, das Rad der Geschichte könnte zurückgedreht werden. Diese Sorge wurden sie nicht los.«

Stiefenkel Herbert hatte inzwischen in der linken Jugendbewegung Fuß gefaßt. Er sei, betonte er 1960, in den Sozialismus gewissermaßen hineingeboren worden und in ihm »mit sehr festen Wurzeln« aufgewachsen. Im Arbeiterviertel St. Lorenz habe »von Hause aus« festgestanden, daß die Menschen gleichberechtigt seien. Das habe sein Verantwortungsgefühl und den Gerechtigkeitssinn gestärkt. Später sei ihm deshalb »das Verständnis für die Schwierigkeiten anderer nicht schwergefallen«.[3] »Starke Eindrücke« wie 1922 die Trauer von Zehntausenden Lübecker Arbeitern beim Tode des einstigen SPD-Reichstagsabgeordneten Theodor Schwartz kamen für das nach Zuneigung suchende Kind hinzu. Vor allem aber wurde Herbert Frahms Entwicklung in der linken Szene dadurch gefördert, daß sein »Opa« und die Mutter sich »in der Bewegung« heimisch fühlten: »Hier suchten sie ihre Chance, anerkannt zu werden und sich zu entfalten.« Ludwig Frahm war »mehr als nur nominelles Mitglied« der SPD, der Gewerkschaft und der Konsumgenossenschaft; Martha Frahm gehörte außerdem sozialistischen Kulturzirkeln, den »Naturfreunden« und der Arbeiterwohlfahrt an: »Sie interessierte sich für die Dinge, die um sie herum vorgingen, und achtete darauf, daß auch ich diese Dinge sah.«

Im ersten Drittel des 20. Jahrhunderts existierten innerhalb des linken Spektrums nicht nur Parteien, Gewerkschaften und Genossenschaften, sondern auch viele eigenständige kulturelle und soziale Organisationen sowie Sport- und Technikverbände. Diese »Arbeiterkultur« war aus frühen lokalen Zusammenschlüssen der Werktätigen zur Pflege des Wissens oder der Geselligkeit hervorgegangen. Allein in Lübeck gab es während der Weimarer Zeit rund 75 entsprechende Gruppen, vom Deutschen Arbeiter-Keglerbund über den Gesangverein »Einigkeit« bis zum Radiozirkel. »Materiell arm, aber politisch voller Zuversicht, und geistig waren wir wie ein Schwamm. (...) Uns interessierte alles«, erzählte Brandt. Mancher Arbeiter habe sich in Schillers Dramen so gut ausgekannt, daß er daraus lange Passagen frei zitieren konnte. Daß die Linke ein separates Universum in der deutschen Gesellschaft bildete, hatte indes einen großen Nachteil: Sie drohte sich abzukapseln. »Arbeiterfunktionäre hatten Selbstbewußtsein in aller Regel nur im eigenen Kreis zu entwickeln«, fand Willy Brandt. Vor dem Bürgertum scheuten sie zurück. Daß das Vereinsleben der Proletarier 1945 nicht wieder auflebte, registrierte er deswegen »ohne eigentliches Bedauern«.

Mäßiger Sportler, guter Mandolinenspieler

Die Arbeiterkulturbewegung ließ Herbert Frahm offenbar ahnen, daß die Linke »nicht nur darum kämpfte, politisch einen Platz im Staat einzunehmen. Sie stellte gesellschaftliche und kulturelle Ansprüche, wollte im ganzen nicht zurückstehen.« Mit acht Jahren – also nicht in einem Alter, »kaum daß ich laufen konnte«, wie Brandt schrieb – meldeten ihn die »Eltern« in der Kindergruppe des Lübecker Arbeiter-Turn- und Sportvereins an. Herbert erwies sich als guter Läufer und Schwimmer. Sportlicher Ehrgeiz war ihm jedoch fremd. Seine Schulnote in Leibesübungen blieb »genügend« und fiel vor dem Abitur noch auf »mangelhaft«.[4] 1960 scherzte Brandt, er habe einmal sogar einen 5000-Meter-Lauf gewonnen – als einziger Teilnehmer.

Dauerhaften Eindruck hinterließ ein Ausflug, den der Neunjährige im Mai 1923 mit der Sportgruppe nach Hamburg unternahm. Die 1889 gegründete Zweite Internationale der Linken war durch den Krieg und die Russische Revolution defekt. An der Alster erneuerten Delegierte aus dreißig Ländern den Weltbund unter dem Namen Sozialistische Arbeiterinternationale (SAI). Sie sollte der 1920 konstituierten Dritten (kommunistischen) Internationale, der Komintern und dem italienischen Faschismus Paroli bieten. Noch 1989 meinte Brandt, er habe einst im Hamburger Gewerkschaftshaus Vorkämpfer des Sozialismus wie die deutschen Theoretiker Karl Kautsky und Eduard Bernstein, den Belgier Émile Vandervelde und den Schweden Hjalmar Branting gesehen und sei »auf diese Weise mit der guten alten Zeit der europäischen Arbeiterbewegung verbunden gewesen«.

In jenen Monaten trat Herbert Frahm in Lübeck außerdem einem linken Mandolinenklub bei. »Musikalisch kam dabei nicht viel heraus, wir klimperten bloß so herum«, fand Brandt.[5] Übrigens hörte er als Kind Militärmärsche besonders gern.[6] Seine Schulnoten in Musik waren immerhin besser als die in Sport. Dennoch wählte er das musische Fach 1928 am Gymnasium ab. Ein Hang zum Mandolinenspiel überdauerte aber die Zeiten. Noch in den siebziger Jahren griff Brandt zuweilen auf Wanderungen in die Saiten eines Zupfinstruments, wobei im Teutoburger Wald ein Foto entstand, das 1977 als Plakat zehntausendfach verkauft wurde.

Seit Herbst 1925 trug Herbert Frahm den blauen Kittel der »Kinderfreunde« und rief ihren Gruß »Freundschaft!«. Der sozialdemokratischen Nachwuchsorganisation, die der Reichstagsabgeordnete Kurt Löwenstein leitete, gehörten in 800 Orten 120 000 Jungen und Mädchen von 8 bis 14 Jahren an. In gemischten, von älteren Genossen betreuten Gruppen wurden die Mitglieder, »Falken« genannt, mit den Ideen der Arbeiterbewegung vertraut gemacht und zum Lesen und Diskutieren sowie zu Probevorträgen angeregt. Löwenstein wollte »Köpfe revolutionieren, nicht nur sie aufklären«, und in den Kindern »Tatkraft für den Sozialismus« wecken.[7]

In Lübeck, wo es unter Führung des Lehrers Hans Otto zunächst vier »Kinderfreunde«-Gruppen gab, unterstützte Herbert Frahm dieses Ziel voll und ganz. »Falken« sollen sich, forderte er mit 15 Jahren pathetisch in einem Artikel, »abseits von Alkohol und Nikotin, von Schundliteratur und Kinokitsch für den geistigen Kampf der Arbeiter erziehen (und), wenn sie selbst im Kampfe stehen, die rote Fackel in die schwarze Masse des Unverstandes schleudern, um dann, mit der roten Fahne in der Hand, vorwärts zu stürmen auf dem Wege zur sozialistischen Republik.«[8] Neben so hehren

Zielen begeisterten den »unbehausten« Schüler an der linken Jugendbewegung »die Gemeinschaft der Heimabende und die Romantik der Fahrten. (...) Ich liebte die Natur, das Leben in Zelten, die Lieder am offenen Lagerfeuer.« Frahm gehörte zur Gruppe »Stadt«, die sich allwöchentlich im kommunalen Jugendheim traf. Er galt als guter Redner und »bereicherte das einschlägige Bühnen- und Puppenspiel« als Akteur. 1927 übernahm er mit dem sechs Monate älteren Rudolf Wilken die Gruppenleitung. Der Einsatz bei den »Kinderfreunden« stärkte seinen Sinn für Disziplin, Verantwortung und Demokratie. »Mir hat die Jugendbewegung viel bedeutet: durch die Gemeinschaftserlebnisse, wohl auch als Familienersatz und gewiß als Boden persönlicher Erprobung«, betonte Brandt. Doch er fragte auch: »Konnte einem wie mir, dem Entfaltungsdrang in die Wiege gelegt war, genügen, was hier zu finden war?«

Auf der Mittelschule geriet Herbert Frahm ab 1925 in pädagogische Reformen. In Lübeck wurde die Fusion der Volks- und Mittelschulen erwogen. Um die Abiturchance zu wahren, meldete Ludwig Frahm den Dreizehnjährigen in eine höhere Lehranstalt um: Am 26. April 1927 trat Herbert in die Obertertia A der staatlichen Von Großheimschen Realschule ein. Das Unterrichtsgeld wurde ihm wegen der bisher ausgezeichneten Leistungen erlassen. Und die Schulnoten blieben exzellent: Im nächsten Versetzungszeugnis standen sieben »sehr gut«, neun »gut« und nur drei »genügend«.[9]

Als junger Mensch schwer zurückgesetzt

Das Schuljahr 1927/28 war für Herbert Frahm voller bemerkenswerter Ereignisse. Nach einer Klassenreise ins Weserbergland fuhr er im Sommer erstmals ins Ausland. Bei einem deutsch-dänischen Schüleraustausch erlebte er im Industrieort Vejle »die Eigenheit jütischen Volkslebens« und wurde von der 42jährigen Hausfrau Marie Nielsen bemuttert. Noch 35 Jahre danach schickte ihr Willy Brandt als Regierender Bürgermeister von Berlin zum Dank eine weiße Porzellanvase, darauf das Bärenwappen der einstigen Reichshauptstadt und seine in Gold geprägte Unterschrift.[10]

Zum Sommerende 1927 lockerten sich erneut Herbert Frahms familiäre Bande. Am 17. September heiratete seine Mutter den 47jährigen Maurerpolier Emil Kuhlmann, einen baumlangen Mecklenburger und überzeugten Sozialdemokraten. Der Stiefsohn mochte ihn, nannte ihn aber immer nur »Onkel«. Das Ehepaar zog in die bereits erwähnte Wohnung im zweiten Stock des Konsumverein-Neubaus Hansestraße 136. Mitte Februar 1928 kam Sohn Günter zur Welt, der bald den Kosenamen »Stummeli« erhielt. Herbert Frahm fand in der neuen Familie keinen Platz, sondern blieb beim Stiefgroßvater und der ungeliebten »Tante Dora«. Die Kuhlmanns nahmen vielmehr für Geld ein Baby in Pflege und zogen die kleine Waltraud, die viele Sorgen bereitete, bis zur Volljährigkeit auf.[11] Seine Äußerungen aus jener Zeit lassen erkennen, daß er sich schmerzlich zurückgesetzt fühlte und nach Zuneigung sehnte. »Der Jugendliche aus dem vollproletarischen Haushalt sucht Anlehnung. Und das ist leicht erklärlich, denn im Elternhaus wird er sie meistens nicht finden«, schrieb Herbert Frahm im *Lübecker Volksboten*, der regionalen SPD-Zeitung (siehe Dokument S. 402 ff.).

Ein anderer Teil seines Innenlebens trat am 1. April 1928 hervor. Wie hundert seiner Altersgefährten in Lübeck ging der 14jährige an diesem Sonntag nicht zur Konfirmation in die Kirche, sondern zur sozialistischen Jugendweihe in die Stadthalle. Während der ersten Schuljahre hatte er den evangelischen Kindergottesdienst gern besucht. Im »Jungfalken« erwachten dann »eigene Vorbehalte« wegen der Haltung der Kirche gegenüber den Begüterten, und er hatte nichts dagegen, daß ihn sein Stiefgroßvater aus dem Religionsunterricht abmeldete. Bei der Jugendweihe legte er zwischen Lortzings Festouvertüre und einer blumigen Ansprache des ehemaligen Lübecker SPD-Funktionärs und Reichswirtschaftsministers Rudolf Wissell das Versprechen ab, »ein wahrer, edler Mensch werden zu wollen«.[12] Aus der Kirche ist Willy Brandt übrigens nie ausgetreten. Zwar stand er dem »organisierten Religionsbetrieb« fern und verabscheute Frömmelei. Gegenüber Fürsprechern des Atheismus war er jedoch mißtrauisch. 1961 bekannte er sogar, »Fragen des Glaubens nun ernster zu nehmen als in meiner frühen Jugend. Ich habe auch gelernt, was christliche Ethik für das praktisch-politische Handeln bedeuten kann.«

Das vierte gravierende Ereignis im Schuljahr 1927/28 bestand für Herbert Frahm darin, daß er nach zwölf Monaten wieder die Lehranstalt wechseln mußte. Denn unerwartet sollte die Von Großheimsche Realschule im Zuge der Bildungsreform geschlossen werden (was 1931 geschah).[13] Außerdem hatte sich Ludwig Frahm wegen der stets guten Zensuren seines Stiefenkels entschlossen, den Jungen an einem neusprachlichen Gymnasium das Abitur machen zu lassen. Um aber dort den Beginn des Lateinunterrichts nicht zu versäumen, mußte der Wechsel vor der sechsten Klasse erfolgen.

Durch die Straßen pfiff eisiger Wind und wirbelten Schneeflocken, als Herbert Frahm am 17. April 1928 zum ersten Mal das vom Lübecker Doppeladler-Wappen gekrönte Portal des staatlichen Reformrealgymnasiums Johanneum passierte. Der große Junge mit braunem Haar, offenem Blick und vollen Lippen meldete sich bei Oberstudiendirektor Hermann Stodte, dem Schulleiter, als »der Neue für die Untersekunda B«. Das Klassenzimmer lag im ersten Stock des Backsteingebäudes. Auf einer der hinteren Bänke nahm Frahm junior Platz.

Auch wenn die Lehrer des Johanneums der Weimarer Republik meist fernstanden, verhielten sie sich verfassungskonform und liberal. Den Rat der Schulbehörde, an Wandertagen vormilitärische Übungen abzuhalten, ignorierten sie in der Regel. Ein Studienrat, der über einen jüdischen Gymnasiasten »Er mogelte rassegemäß« im Klassenbuch vermerkte, mußte die Anstalt verlassen.[14] Die Meinungen der Pennäler akzeptierten die Lehrer weitgehend. »Es wäre niemandem in den Sinn gekommen, einen Schüler wegen seiner politischen Gesinnung zu tadeln oder zu belächeln«, beteuerte der »Johanniter« Friedrich Scharmer.[15] Willy Brandt war noch nach vierzig Jahren »über das Maß an Toleranz erstaunt, das es an unserer Schule gab. Dies entsprach ja durchaus nicht der gesellschaftlichen Realität.«[16]

»Eintracht im Innern, Friede nach außen« steht auf lateinisch am Lübecker Wahrzeichen, dem Holstentor. Für die 1143 gegründete Stadt an der Trave war dieses Motto freilich allemal eher Wunsch als Tatsache. Die »Königin der Hanse«, der Vorort des nordeuropäischen Handels- und Schutzbundes, wurde immer wieder durch Aufstände der Handwerker gegen das harte Regiment reicher Kaufmannsfamilien erschüttert und in Kriege verwickelt. Das Patriziat aber klammerte sich an die Tradition. In der Bürgerschaft, dem Parlament der eigenstaatlichen Freien Hansestadt, wurden bis 1918 die Wohlhabenderen von 105, die ärmeren drei Fünftel der Einwohner aber nur von 15 Abgeordneten vertreten. Durch seinen Geburtsort, dieses »merkwürdige Nest«, schleiche »etwas Spukhaftes, allzu Altes, Erblasthaftes«, konstatierte Thomas Mann[17], und dessen Bruder Heinrich meinte, die Stadt an der Trave »riecht wahrhaft wohlhabend, stinkt sozusagen behäbig«.[18]

Und Willy Brandt? Seine »lübschen Wurzeln (steckten) eindeutig im Milieu der Arbeiterbewegung, nicht in der Tradition der alten Familien«, hob er wiederholt hervor. Er sei

»nur mit Abstrichen Hanseat«. Ebenso bestimmt äußerte er jedoch, Lübecks Fluidum habe ihn »gewiß geformt«, und »Erinnerungen an lübschen Bürgerstolz« seien für ihn unvergeßlich. Mit den Jahren wurde ihm außerdem die Schönheit seines Geburtsortes bewußt. »Als Lübecker«, versicherte Brandt 1986, »bin ich heute noch stolz auf die hansische Tradition und was damit nicht nur wirtschaftlich und politisch, sondern auch kulturell verbunden war.« Selbst im Exil von 1933 bis 1945 sei die Heimatliebe nicht erkaltet: Er habe »ein Stück von Lübeck mit hinausgetragen« und stets in sich gehabt, sei »damals aber auch fast überall einem Stück Lübeck begegnet«.[19] Als 1937 das NS-Regime der Hansestadt die Eigenstaatlichkeit nahm – sie wurde preußisch –, konnte er sich damit in Norwegen zum Erstaunen seiner Umgebung lange nicht abfinden.

Für immer aber prägte sich ihm die Inschrift des Holstentors ein, die er täglich auf dem Schulweg sah: »Concordia domi, foris pax«. 1960 als Kanzlerkandidat der SPD und neun Jahre danach in seiner ersten Regierungserklärung griff er diese Devise auf. »Eintracht im Innern, Friede nach außen« sollte nunmehr für die Bundesrepublik »Ansprüche an die Zukunft« anmelden.

Die Wahrheit über den Schüler Herbert Frahm

In der Geschichtsschreibung ist die Schilderung der Kindheit und Jugend bedeutender Personen ein Kapitel für sich. Auch um Herbert Frahms Zeit auf dem Johanneum – er besuchte es von 1928 bis 1932 – ranken sich irrige Legenden. Daheim habe damals »materielle Beengtheit« geherrscht, teilte er selbst mit. Und: Auf dem Realgymnasium sei »ein zweiter Arbeiterjunge nicht zu finden« gewesen. Der Autor Peter Koch behauptete, zeitweise »fühlte sich der Junge aus

St. Lorenz (im Johanneum) wie in einer feindlichen Umwelt«.[20] Die Bürgersöhne hätten ihn wegen seiner sozialen Herkunft gehänselt, und »in den großen Pausen (stand er) im Schulhof allein herum«, heißt es bei anderen.[21] Allerdings sei er »sicherlich aus einer Trotzhaltung heraus« in der Uniform der sozialdemokratischen Jugendbewegung, in blauem Hemd mit rotem Halstuch, zum Unterricht erschienen[22] und habe »so manchen konservativen Studienrat gnadenlos in die Enge getrieben«.[23]

Doch verhielt sich die Umwelt am Johanneum Herbert Frahm gegenüber wirklich ablehnend, gar feindselig? Natürlich wurde der Proletarierjunge in der höheren Schule mit ihm bisher fremden Normen und Zielen des Bürgertums konfrontiert. Daß man ihn am Johanneum aber abgelehnt oder feindselig behandelt habe, erwähnte er selbst nirgendwo. Im Gegenteil hob er hervor, die Atmosphäre im Gymnasium habe er nicht als bösartig empfunden: »In meiner Schulzeit hatte ich mich über Zurücksetzungen nicht zu beklagen.« Schulgeld, 72 Reichsmark pro Jahr, mußte sein »Papa« nach wie vor nicht zahlen. Herbert war, »wenn's hoch kommt bis Obersekunda, wohl das, was man einen Musterschüler nennt, ohne daß ich darauf furchtbar stolz bin«. Mit den Lehrern stand er sich gut »und auch mit den Klassenkameraden, wie sich heute noch aus der Korrespondenz mit manchen ergibt«, sagte Brandt 1959.[24]

An Schulfesten nahm Herbert Frahm natürlich teil, und die Pausen verbrachte er keineswegs einsam, sondern beteiligte sich an politischen Debatten, die meist im kleinen Kreis am Brunnen auf dem Schulhof stattfanden; manchmal wurden sie nach dem Unterricht in der Eisdiele »Nantrini« fortgesetzt. Einer seiner Kontrahenten bei den Disputen, die laut dem »Johanniter« Louis-Ferdinand Wentz »immer sachlich und fair verliefen«,[25] war der Lübecker Hitlerjugendführer Horst Wegner. Weil Frahm seine Ansichten geschickt verfocht – nach Meinung des Klassenkameraden Scharmer war er damals ein besserer Redner als später[26] –, hieß er bald allgemein »der Politiker«. Das Gymnasium vermittelte ihm, wie er im Alter erkannte, neben einer soliden Bildung auch Sicherheit im Umgang mit Andersdenkenden. Übrigens gab es am Johanneum außer Frahm, im Gegensatz zu seiner späteren Behauptung, zumindest drei Jungen aus der linken Szene. Sein »Falken«-Genosse Rudolf Wilken saß sogar in derselben Klasse.

Daß aber Herbert Frahm auf dem Gymnasium wie auch bei der Arbeiterjugend keinen echten Freund hatte, schrieb er sich selbst zu: »Es lag wohl daran, daß ich mich nur schwer anderen Menschen eröffnete. Aus meinen frühen Jahren hatte ich mir diese Scheu bewahrt. Lange Jahre gewohnt, mit mir allein auszukommen, fiel es mir nicht leicht, meine Gefühle und inneren Gedanken mit anderen zu teilen.« Auf Mitschüler wirkte er verschlossen, mimosenhaft und mitunter egozentrisch. »Herbert Frahm konnte kein Freund sein, sondern höchstens Partner im Wettstreit«, fand Rudolf Wilken. Daß er ein Einzelgänger blieb, bedrückte den Aufsteiger aus St. Lorenz nicht. »Einsamkeit hat mich nie als etwas Belastendes beschäftigt«, gestand er. Selbst vor Einzelhaft hatte er keine Angst. »Manchmal habe ich gedacht, so schlecht wäre das gar nicht, ein paar Jahre nichts anderes tun zu müssen als zu lesen.«

Herbert Frahms Lieblingslehrer war Professor Eilhard Erich Pauls, der Deutsch und Geschichte unterrichtete. Noch Jahrzehnte später rühmte er ihn als »großartigen Konservativen« und »tolerant-anregenden Pädagogen«. Der lange hagere Mann mit rotblondem Haar, Kneifer und Schnauzbart, der nebenbei historische Romane und launige Erzählungen schrieb, dozierte nicht vom Katheder herab, sondern erörterte, im Klassenzimmer umhergehend oder auf einem Pult hockend, mit den Pennälern vor allem Hintergründe des Lehrstoffs. Zu Beginn jeder Deutschstunde aber mußte ein Schüler ein selbst ausgewähltes Gedicht aufsagen. Manchen Gymnasiasten genierte die Gefühlsoffenbarung. Nicht so Herbert Frahm, obwohl ihm Rhythmus und Melodie der Gedichte egal waren. Ihm ging es um die Aussage. »Frahm hatte dann seinen großen Auftritt«, erzählte der ehemalige Klassenkamerad Friedrich Scharmer. »Er trug sozialkritische Gedichte vor und ließ die Stimme vom Pianissimo bis zum Fortissimo anschwellen. Da wackelte jedesmal die Wand. Das Merkwürdige war, daß niemand über ihn lachte. Wir waren einfach beeindruckt.«[27] In der Unterprima übernahm Frahm deshalb eines Tages gern die Rezitation für den sich zierenden Hans Dreyer: »Als Pauls in die Klasse kam, sprang er auf und donnerte ein Gedicht von Richard Dehmel in die Klasse.« Das von Frahm bezeichnenderweise deklamierte »Erntelied« des antibürgerlichen Lyrikers endet mit den Strophen:

>»Es kommt ein dunkles Abendrot,
>viel arme Leute schrein nach Brot.
>Mahle, Mühle, mahle!
>Es hält die Nacht den Sturm im Schoß,
>und morgen geht die Arbeit los.
>Mahle, Mühle, mahle!
>Es fegt der Sturm die Felder rein,
>es wird kein Mensch mehr Hunger schrein.
>Mahle, Mühle, mahle!«[28]

Der konservative Professor Eilhard Erich Pauls, der für den Jungen aus dem Arbeitermilieu Sympathie hegte, war mit dem Vortrag des Dehmel-Gedichtes vollauf zufrieden und gab dem linken Gymnasiasten eine Eins.

Wesenszüge, die oft verschwiegen werden

Bewunderer Willy Brandts stellen ihn vielfach schon in der Jugend als perfekten Sozialisten dar. Gegenteilige Indizien werden dabei meist unterschlagen. So ließ sich Herbert Frahm zum Beispiel wie die bürgerlichen Gymnasiasten zu Beginn jedes Schuljahrs von Angehörigen eine Schülermütze in der Farbe der jeweiligen Klasse schenken, die er dann »nicht oft, doch auch nicht mit schlechtem Gewissen« trug. Seine Familie sah darin stolz den Beweis dafür, daß einer der Ihren das Bildungsmonopol der Bourgeoisie durchbrochen hatte. Am Religionsunterricht – über die Kirchengeschichte – nahm der Arbeiterjunge wieder teil, fühlte sich aber als »Freidenker«. Seine Zensur in diesem Fach verbesserte sich bis zum Abitur von »noch gut« auf »sehr gut«.[29] Außerdem benahm sich der junge Frahm »ein bißchen deutschtümelnd«:[30] Er vermied Fremdwörter – der »Journalist« etwa hieß bei ihm »Zeitungsschreiber« –, und er sammelte mit dem Völkischen Verein für das Deutschtum im Ausland über ein Jahr lang Geld zugunsten einer Minderheitenschule in Süddänemark.

Eine erstaunliche Verehrung entwickelte der engagierte Jungproletarier für Reichskanzler Otto Fürst Bismarck, den einstigen Erzfeind der deutschen Sozialisten. Er las dessen *Gedanken und Erinnerungen* und fuhr mehrmals zu dem Mausoleum bei Hamburg, in dem der Begründer des deutschen Kaiserreichs bestattet ist. »Keiner kann an Bismarck mit seiner großen staatsmännischen Leistung vorbei«, erwiderte der neuernannte Bundeskanzler Brandt, als er Ende 1969 nach dem Motiv seiner frühen Exkursionen zu dieser deutschnationalen Gedenkstätte gefragt wurde. Bismarcks Außenpolitik hielt er für maßvoll und erfolgreich, seine Innenpolitik für »unglaublich geschickt«. Den Kampf gegen die Arbeiterbewegung sah er ihm nach.[31]

Doch zurück zu Herbert Frahms Lebensverhältnissen. Natürlich wuchs er unter bescheideneren Umständen auf als die Mehrzahl der bürgerlichen Mitschüler. Im Gegensatz zu Millionen anderen Arbeitnehmern war aber »Papa« Frahm seit 1918 nie wirklich erwerbslos. Fotos aus jener Zeit zeigen den Gymnasiasten aus St. Lorenz als adrett gekleideten, stattlichen Jugendlichen. Mancher Junggenosse beneidete ihn um die sechs Quadratmeter große Dachkammer, die er für sich im Neubau Trappenstraße 11a bekam, als sein Stiefgroßvater und »Tante Dora« 1929 aus der Drägerschen Werkswohnung dorthin umzogen, in zwei Zimmer, Küche und Bad. »Ich fand, daß es ihm besser ging als mir«, gestand noch nach Jahrzehnten der Briefträgersohn und »Falken«-Genosse Wilken. »Er war das einzige Kind, ich hatte drei Geschwister. Bei ihm gab es Wassersuppe, bei uns verdünnte Wassersuppe, bildlich gesprochen. Er hatte sogar ein eigenes kleines Zimmer.«[32]

Auch wenn Herbert Frahm die Nestwärme eines intakten Elternhauses vermißte, rebellierte er kaum gegen »die Alten«. Der Generationenkonflikt, deutete Brandt seine Fügsamkeit in der Jugend, sei »wahrscheinlich überspielt worden dadurch, daß das Unterschiedensein von der Umwelt noch bedeutsamer war«.

Dieser große Kontrast wurde durch seine uneheliche Geburt geschaffen – ein Schicksal, das davon Betroffene und ihre Mütter noch während der ersten Hälfte des 20. Jahrhunderts in einem heute unvorstellbaren Maße als Schande empfanden. Freilich wurden sie auch nicht selten verächtlich oder hämisch behandelt. Vor allem jenes Minderwertigkeitsgefühl quälte Herbert Frahm. »Ich würde das nicht ganz verneinen wollen«, gestand Willy Brandt 1964 auffallend gewunden. »Ich will es nicht dramatisieren, das mit der schwierigen Kindheit. (...) Man hat gut für mich gesorgt. Das war es nicht. Aber es ist wahr, man unterschied sich von anderen.« Er habe das nicht gerade schmerzlich, doch

»manchmal drückend« empfunden.[34] Deutlicher wurde Brandt in seinen *Erinnerungen*: Durch seine Abkunft sei ihm »ein Stachel eingepflanzt« worden. Kein Zweifel, der »Geburtsmakel« machte ihn dünnhäutig.

Zum anderen existierte, auch ohne offene Konflikte, ein elementarer Gegensatz zwischen Herbert Frahm aus dem Arbeiterquartier St. Lorenz, wo seit 1928 die Erwerbslosigkeit stieg, und den bürgerlichen Schülern, die sich vorwiegend für Autos und Fußball, den Rudersport und die zu jener Zeit populäre Segelfliegerei interessierten. Hier ständig drohende Not, aber auch Solidarität, dort Wohlstandsdenken und Eigennutz. Der Unterschied in Gesinnung und Auftreten machte Herbert Frahm laut seiner Mutter besonders in der ersten Zeit an der höheren Schule zu schaffen.[35] Er schwankte zwischen Zweifeln und dem Selbstbewußtsein »derer, die neu ankamen, die aufsteigen wollten und in dem Gefühl lebten: Wir übernehmen das schon.« Das Erleben der sozialen Kluft bestätigte ihm die Grundthesen des Marxismus. Diese Phase seiner Entwicklung markierte Willy Brandt in seiner ersten Autobiographie *Mein Weg nach Berlin* durch einen eigentümlichen Kniff: Von nun an berichtete er über sich nicht mehr in der dritten Person Singular, sondern in der Ich-Form.

Wenn auch keine Freundschaft, so fand Herbert Frahm bei Gleichaltrigen im Johanneum doch Respekt wegen des mutigen Eintretens für seine politischen Ansichten. Über die Wortgefechte auf dem Schulhof hinaus begann er nämlich, sich öffentlich gegen Hitler und für den Sozialismus zu engagieren. »Wir haben uns nie verleugnet, weder als Linke auf dem Gymnasium noch als Gymnasiasten bei der Arbeiterjugend«, versicherte Wilken.[36] In der »Falken«-Kluft saßen die beiden indes nie im Unterricht. An Schulen herrschte striktes Uniformverbot. Nur ab und zu, wenn die übrige Oberbekleidung daheim in der Wäsche war, trugen sie im Johanneum das Blauhemd, doch ohne rotes Halstuch und ohne Hintergedanken.[37] Im Frühsommer 1930 äußerten Herbert Frahm und Rudolf Wilken allerdings die Absicht, zum Schulfest in der Arbeiterjugenduniform zu erscheinen, nachdem im Vorjahr rechtsstehende Pennäler bei derselben Festivität mit schwarzweißroten Bändchen, mit den Farben des alten Reichs am Anzug gegen die Republik demonstriert hatten. Die beiden wurden zu Schulleiter Stodte zitiert, »und der«, erzählte Wilken, »unterhielt sich so gepflegt mit uns, daß wir uns sagten: Den können wir nicht verärgern. So ließen wir es bleiben.«[38] Ein andermal zog Herbert Frahm tatsächlich die blau-rote Montur ins Gymnasium an, um zu vereiteln, daß er wider Willen in der Aula zum Gedenken an die Reichsgründung von 1871 ein Gedicht aufsagen mußte. Er wurde prompt nach Hause geschickt. Bei Mai-Umzügen setzte er andererseits demonstrativ zur »Falken«-Kluft seine Schülermütze auf. All das hatte für ihn jedoch keine nachteiligen Folgen.

Auch offene Kritik an Klassenlehrer Walter Kramer, der Englisch und Französisch gab, blieb für Herbert Frahm ohne unmittelbar negative Auswirkung. Als der Studienrat eines Morgens vor den Schülern meinte, bei einer von ihm am Vorabend besuchten Arbeitslosenkundgebung habe man Brot gefordert, aber Wurst aufs Brot gemeint, rief der junge »Politiker« dazwischen: »Warum auch nicht? Warum sollen die ohne eigene Schuld erwerbslosen Arbeiter trocken Brot essen?« Der Philologe, ein parteiloser überzeugter Demokrat, nahm die Widerrede hin. Er warnte Frahm aber mehrfach, daß eine »bewußt enge parteipolitische Einstellung ihn geistig verarmen würde«.[39] Während einer Elternsprechstunde riet er dessen Mutter: »Halten Sie Ihren Sohn von der Politik fern! Der Junge hat gute Anlagen. Die Politik wird ihn ruinieren.« Tragische Pointe: Nicht Herbert Frahm, der es zum Parteiführer, Regierungschef und Friedens-Nobelpreisträger brachte, sondern Studienrat Kramer wurde durch die Politik zugrunde gerichtet. Kurz nach Hitlers Machtübernahme wegen abfälliger Äußerungen über den Nationalsozialismus denunziert, sollte er aus dem Schuldienst entlassen werden. Mitte 1933 nahm er sich das Leben, angeblich um für seine Familie die Pension zu retten.

Die Mahnung des Klassenlehrers hatte einen triftigen Anlaß: Seit Herbst 1929 verschlechterten sich Frahms Zeugnisse, weil er »der Politik« immer mehr Zeit opferte. Mit der von ihm zuletzt allein geführten Lübecker Rote-Falken-Gruppe »Stadt« – sein früherer Partner Wilken mußte für die Schule büffeln – war er nämlich in die Sozialistische Arbeiterjugend (SAJ) überführt worden, in die Organisation der SPD für 14- bis 18jährige. Zugunsten der dortigen Aktivitäten schwänzte er am Johanneum den Unterricht und stellte sich selber Entschuldigungen aus. Die Fälschungen wurden nicht entdeckt. »Das Glück war mir (...) hold und die Gunst der Lehrer nahezu unerschöpflich«, bemerkte Willy Brandt in seinen *Erinnerungen*. Den Zensuren aber schadete das politische Engagement erheblich.

Das Wahlfach Spanisch hatte Frahm junior am Gymnasium schon nach einem Jahr aufgegeben. Nun sanken die Zensuren in Erdkunde, Geometrie, Physik und den Sprachfächern. Das letzte Zeugnis vor dem Abitur enthielt die Bemerkung, Frahm müsse seine Leistungen in Latein und Englisch »bessern, damit er zum Examen zugelassen werden kann«[40] – was er dann gerade noch schaffte. »Wenn man nach den Zeugnissen allein gegangen wäre, würde man mir keine große Zukunft vorausgesagt haben«, meinte 1959 Willy Brandt in einem Interview. »Darauf bin ich nicht stolz, sondern ich würde gewünscht haben, daß ich ein vernünftigeres Gleichgewicht entwickelt hätte zwischen der Arbeit in der Schule und den Interessen, die sich aus meiner Betätigung in der politischen Jugendbewegung ergaben.« Noch lange nach dem Abitur quälten ihn nächtliche Alpträume, daß er die Prüfung nicht bestehen werde.[41]

3. Kapitel
Politischer Prolog
Karriere in der linken Jugendbewegung

War Herbert Frahm durch und durch Marxist? Der Gymnasiast glaubte es zu sein und im linken Lager zu den Radikalen zu gehören. »Aber ich weiß nicht«, meinte 1973 Willy Brandt, »ob ich hart genug daran gearbeitet habe. Schade«, fügte der SPD-Vorsitzende leicht selbstironisch hinzu, »denn in jungen Jahren Marxist gewesen zu sein, ist eine ausgezeichnete Vorbereitung dafür, im Alter ein guter Sozialist zu werden.«[1] Worauf beruhte also die Weltanschauung des Herbert Frahm?

Als Kind hatte er im Lübecker Arbeiterviertel St. Lorenz Erfahrungen gesammelt und Ansichten des Stiefgroßvaters sowie der Mutter übernommen. Auf dem Johanneum fand er die Spaltung der Gesellschaft in soziale Klassen bestätigt. In der Arbeiterbewegung traf er auf Kampfgefährten und Vorbilder. Eigentlich sei aber sein Leben »mehr vom Lesen beeinflußt worden (...) als von Menschen«, behauptete Brandt.[2]

Während der Schulzeit schmökerte er viel, wofür ihn die Lehrer lobten. Zu seiner Lektüre gehörten Biographien, sozialkritische Reportagen und Romane, die ihm »etwas zu sagen hatten« – Werke von Remarque und Andersen-Nexö, von Jack London und dem rätselhaften B. Traven.[3] In einem Café vertiefte sich der rote »Johanniter« in die *Weltbühne*, eine radikaldemokratische, pazifistische Wochenschrift, in der Chefredakteur Carl von Ossietzky und der Satiriker Kurt Tucholsky die Zeitläufte sezierten. Eine ähnlich frappante Bewunderung wie für Bismarck zeigte Frahm für den

Patrizierssproß Thomas Mann, den Epiker eines morbiden Bürgertums. Dessen Lübecker Familiensaga *Buddenbrooks* las er mit 17 Jahren und war beeindruckt. Im übrigen durfte er sich durch den Nobelpreisträger politisch bestätigt fühlen. »Fort mit dem landfremden und abstoßenden Schlagwort ›demokratisch‹!« hatte Mann zwar 1918 verlangt,[4] zehn Jahre danach aber trotz Ablehnung marxistischer Dogmen bekannt: »Eine antisozialistische Haltung ist heute atavistisch.«[5] 1944 war Brandt im Exil der Meinung, nach Hitlers Ende solle Thomas Mann Reichspräsident werden, und in seiner Autobiographie *Links und frei* widmete er dem großbürgerlichen Landsmann, dem er nie begegnete, vier ganze Seiten.

Eine Bekräftigung seiner Ansichten fand der Gymnasiast freilich vor allem in den Schriften von Sozialisten der Tat. Nach Bebels Werken bei seinem Stiefgroßvater las er Bücher der 1871 geborenen Revolutionärin Rosa Luxemburg, der Mitbegründerin der Kommunistischen Partei Deutschlands (KPD). Als Sozialdemokratin hatte sie den Revisionismus bekämpft, hatte aber das Rätesystem konträr zu den Bolschewisten als »Diktatur einer Klasse, nicht einer Partei« propagiert. Ihre Devise: »Freiheit ist immer nur Freiheit des anders Denkenden.«[6] Ebenso verschlang Frahm junior die Publikationen des Reichstagsabgeordneten Paul Levi,[7] des früheren Geliebten und geistigen Erben der »roten Rosa«, der 1921 im Streit mit der Komintern aus der KPD verstoßen worden war und nun am linken Flügel der SPD den Ton angab. Die Ideen Rosa Luxemburgs und Paul Levis begleiteten Herbert Frahm fast ein Jahrzehnt lang.

Rein theoretische Werke, etwa *Das Kapital* von Marx, interessierten den jungen »Politiker« wenig. Die Schlüssigkeit des »wissenschaftlichen Sozialismus« beeindruckte ihn, über das abstrakte Fundament zerbrach er sich aber kaum den Kopf. Ideologische Formeln benutzte er stereotyp, wenn auch überzeugt. Als er sich 1934 mit philosophischen Prinzipien des Marxismus befaßte, fand er: »Alles andere erdrückend waren sie nicht.« Später blieben Reden des SPD-Chefs Brandt über linke Denker oft oberflächlich und enthielten mehr Zitate als eigene Wertungen.[8] »Die alles in Dogmen und Theorien einordnen wollen«, lehnte er ab. Sozialdemokratische Politik habe »den Menschen als Maß«, verfechte »also nicht die Reinheit einer Lehre«.[9]

Die Weltanschauung des jungen Herbert Frahm war kein Produkt tiefgründiger Reflexionen wie bei bürgerlichen Linken, sondern eine Folge seiner Herkunft und wurde von ihm ethisch motiviert: »Für uns war Sozialismus gleichbedeutend mit Kampf gegen Unrecht und Ausbeutung, Unterdrückung und Krieg.« Das Endziel dieses Ringens bildete zwar auch für ihn die Beseitigung des Kapitalismus. Die Verwirklichung der Gleichheit, die Gerechtigkeit und Freiheit schaffen sollte, die Beseitigung aller Geburts-, Besitz- und Bildungsprivilegien hatte aber für den Sohn einer ledigen Arbeiterin Vorrang vor ökonomischen Theorien. »Inhalte von Politik, die mir das A und O zu sein schienen«, und die Gemeinschaft mit Geistesverwandten waren ihm wichtiger als Thesen zur Deutung des Weltgeschehens. Nein, Herbert Frahm war kein marxistischer Doktrinär.

Die SPD hatte 1922 für 14- bis 18jährige die zunächst autonome Sozialistische Arbeiterjugend Deutschlands (SAJ) gegründet. Äußerlich ähnelte sie zunächst der locker auftretenden »Wandervogel«-Bewegung und nicht der völkisch-militanten »Bündischen Jugend«. 1928 gehörten ihr 49000 Jungen und Mädchen an, von denen das Gros nicht primär an gesellschaftlichen Veränderungen, sondern an Freizeitvergnügen interessiert war, um die meist triste eigene Lage zeitweise zu vergessen. Die SAJ versuchte deshalb unter der Leitung Erich Ollenhauers, eines farblosen, aber beliebten SPD-Funktionärs, den Spagat zwischen Politik und Zeitvertreib.

Sie förderte Sport und Reisen, Zeltlager und für Ältere den Tanz. Zugleich verstärkte die Sozialdemokratie ihren Einfluß auf die Jugendorganisation und ordnete eine gründliche Schulung an. Kritik an der Partei wurde eingedämmt und notfalls durch Ausschluß geahndet. Wie verhielt sich dabei in Lübeck Herbert Frahm?

Der »Hecht im Karpfenteich« und die »Mädelfrage«

Anfang April 1929 wird die von dem »Johanniter« geführte Rote-Falken-Gruppe altershalber geschlossen aus der »Kinderfreunde«-Bewegung in die Sozialistische Arbeiterjugend überführt. Schon zwei Tage danach, beim ersten Heimabend mit der Lübecker SAJ, entpuppt sich der junge Frahm als Hecht im Karpfenteich: Er fordert für seine Einheit den Status der Roten Pioniere.[10] Diese Variante der linken Jugendbewegung hat 1927 Heinrich Braune in Hamburg nach Pfadfinder-Vorbild konzipiert, um durch strenge Disziplin die Gemeinsamkeit zu stärken.[11] Rote Pioniere haben Befehle ihrer Gruppenleiter blindlings auszuführen, das von einem regionalen »Führerrat« festgelegte Arbeitsprogramm zu erfüllen und Kritik auf seltene »Zausestunden« zu beschränken. Im Dienst tragen sie Uniform – Blauhemd, rotes Halstuch, spezielles Armabzeichen – und demonstrieren bei Fanfarenklang in geschlossener Formation.

Die SAJ-Spitze lehnt Braunes »Hamburger Modell« als undemokratisch ab. Dagegen rechtfertigt Herbert Frahm die autoritäre Struktur der Roten Pioniere: »Das Proletariat kann nur siegen, wenn wir alle auf dem Posten sind und jeder sich freiwillig unterordnet.«[12] Sie seien »straff marschierende jüngste Truppen, die sich schulen für den Kampf, den die Arbeiterklasse führt«.[13] Eine Woche nach seinem Vorstoß in der Lübecker SAJ hält er eine »Hordenzusammenkunft« ab, bei der nach Braunes Konzept Arbeitspläne erstellt und Funktionen verteilt werden. Damit existiert in der Hansestadt eine Formation der Roten Pioniere. Sie heißt »Karl Marx«. Weitere Gruppen entstehen im Nu und nennen sich auch meist nach Wegbereitern des Sozialismus.

Zwei Richtlinien, die die Partei- und die SAJ-Führung zur Gängelung der jungen Basis erlassen haben, ignoriert Herbert Frahm von Anfang an: In seiner Gruppe wird kritisch über die Politik der Sozialdemokratie debattiert, und er tritt für die organisatorische Unabhängigkeit von der SPD ein. »Meines Erachtens ist die Selbstverwaltung eines der wichtigsten Momente der sozialistischen Jugendbewegung«, findet er Ende 1929. »Wir wollen nicht, wenn wir schon den ganzen Tag vor Vorgesetzten gekuscht haben, in der Jugendgruppe ebenfalls noch eine Autorität vor uns haben.«[14]

Auch bei den Roten Pionieren erweist sich der Gymnasiast als exzellenter Redner. »Er war der Mann, wenn es bei uns etwas zu sagen gab«, entsinnt sich sein einstiger Genosse August Kutz.[15] Politisch steuert Frahm 1929/30 einen radikalen Kurs. »Wir im Jugendverband waren – natürlich – Linke«, gesteht er später. Zu den Vorkämpfern des revolutionären Sozialismus, die die rechte Soldateska der SPD-Volkskommissare Friedrich Ebert und Gustav Noske Anfang 1919 meuchelte, bekennt er sich offen: »Karl Liebknecht und Rosa Luxemburg (...) sind unser Vorbild, und wir halten ihnen die Treue, die sie dem Sozialismus stets gehalten haben. Und Rache allen, die die Mordtat ausgeführt haben oder beschönigen!«[16] Max Seydewitz, vor 1933 linksaußen und nach dem Krieg SED-Ministerpräsident in Sachsen, erinnert sich, daß ihn Herbert Frahm 1930 bei einer Versammlung der Lübecker Sozialdemokraten an Radikalität noch übertroffen hat: Der Pennäler »kritisierte in einer Diskussionsrede unsere Opposition gegen die Tolerierungspolitik (der SPD-Spitze) als zu schlapp«.[17] Zu bremsen, meint Rudolf Wilken, war sein Schulkamerad Frahm damals kaum. Der sei davon überzeugt gewesen, »daß nur die Linke innerhalb der Linken in der Tradition Bebels steht«.

Daß das Innenleben der SAJ-Gruppen oft »ziemlich verkrampft« war, erkannte Herbert Frahm 1933 aus der Distanz des Exils. Von Frühjahr 1929 bis Sommer 1931 aber leitete er in Lübeck allwöchentlich mit Hingabe Heimabende, bei denen für ihn neben Spiel und Gesang, trotz eigener ideologischer Defizite, die »Bildungsarbeit« in Form von Vorträgen und Diskussionen im Vordergrund stand. »Eins dürfen wir nicht vergessen, daß wir als junge Sozialisten uns vorbereiten müssen für den politischen Kampf«, schärfte Frahm im August 1929 seinen SAJ-Genossen ein (siehe Dokument S. 399f.) . Die Aktivitäten ließ er reihum von Teilnehmern in einem Arbeitsheft festhalten. Bei Aufmärschen und Kundgebungen, am 1. Mai etwa, zog er in der Rote-Pioniere-Uniform durch Lübeck oder machte bei Proletarischen Morgenfeiern mit. Er nahm an Wochenendlagern, Funktionärsschulungen und SAJ-Bezirkskonferenzen teil. Das seien, hieß es, Aktionen »von Pionieren der Gemeinschaft, von Pionieren des erlösenden Sozialismus«.[18] Auch Herbert Frahm glaubte fest daran.

Höhepunkte des kollektiven Erlebens waren Zeltlager in den Sommerferien. Eines von ihnen bildete seit 1927 alljährlich mit Zeltältesten, »Bürgermeister« und Lagerparlament irgendwo in Deutschland eine »Kinderrepublik«, in der unter Mithilfe älterer SAJ-Kader demokratisches Verhalten geprobt wurde. Das erste Sommerlager, an dem Frahm noch mit den »Kinderfreunden« teilnahm, fand 1928 in der Lüneburger Heide statt. Eines Tages hatte er vor versammelter Mannschaft den 43jährigen Reichsvorsitzenden Kurt Löwenstein zu begrüßen, was so steif geschah, daß ihm der Gast zu weniger Feierlichkeit riet. Im nächsten Jahr fuhr Frahm für vier Wochen als Helfer mit 84 Lübecker »Falken« zur Kinderrepublik auf die Rheininsel Namedy bei Andernach.[19] Vor Lagerinsassen spielte er Puppentheater und gab sein erstes Rundfunkinterview, als der norddeutsche Senderverbund Norag über die Zeltstadt berichtete. Bei einem Ausflug in das nahe Koblenz sah der Gymnasiast französische Besatzungssoldaten und fand, »sie gehörten dort nicht hin«. Die vierte Kinderrepublik bereitete Herbert Frahm Mitte 1930 allerlei Scherereien. Denn sie wurde mit 2300 Teilnehmern einen Monat lang vor den Toren von Lübeck an der Ostsee abgehalten, er aber wollte den Internationalen Arbeiterjugendtag in Kopenhagen besuchen.[20] In dem zu Beginn des Zeltlagers aufgeführten Bühnenstück »Hans Urian geht nach Brot« von Béla Belasz mimte der Oberschüler die Titelrolle, hatte aber seinen Text nicht gelernt und wurde allein durch die Souffleuse vor einer Blamage gerettet. Vier Tage später fuhr er für eine Woche in die dänische Hauptstadt. Währenddessen brachen in der Kinderrepublik an der Ostsee Diphtherie und Scharlach aus, ein Mädchen starb,[21] und Bauern protestierten wegen Flurschäden, die durch das Zeltlager angerichtet worden waren. Als Frahm heimkehrte, hatte er alle Hände voll zu tun. Im Sommer des folgenden Jahres ging der nun 17jährige eigene Wege.

Neben der Selbstbestimmung sorgten in der SAJ um 1930 auch die Beteiligung von Mädchen sowie das Rauchen und Alkohol für Diskussionsstoff. Tabak, Bier und Hochprozentiges wurden, auch außerhalb des Dienstes, verboten. »Ich selber stimmte für den Ausschluß von Sündern, die eine Zigarette geraucht hatten«, berichtete Brandt. In der »Mädelfrage« – der weibliche Anteil in der Sozialistischen Arbeiterjugend lag unter 36, im Funktionärskader sogar nur bei 25 Prozent – vertrat Frahm das Vorurteil von der männlichen Überlegenheit. Im übrigen wollten die Jungen der Lübecker SAJ-Gruppe »Karl Marx« am liebsten unter sich bleiben.

Privat interessierte sich Herbert Frahm freilich intensiv für das andere Geschlecht. »Ich war ein wilder Jüngling«, gab er später zu.[22] Nach ihm, einem viril wirkenden Typ mit braunen Locken und Wangengrübchen, drehten sich in Lübeck viele Mädchen um. Er andererseits spielte seinen etwas linkischen Charme aus und suchte die erotische Eroberung – unterschwellig vielleicht auch zur Selbstbestätigung, um den Mangel an Liebe in der Kindheit zu kompensieren.[23] Frahm habe mehrere kurze Affären gehabt, erinnerten sich Gefährten von einst. Derart im siebten Himmel schwebend, nahm der 16jährige selbst von Hitlers Wahlsieg im September 1930 wenig Notiz. Eine seiner Liebeleien verursachte sogar Ärger, weil er als Ort intimer Begegnungen das städtische Jugendheim am Sportplatz im Vorort Moisling gewählt hatte. Nach einer Verwarnung durch SAJ-Genossen mied er jedoch bei seinen Romanzen öffentliche Einrichtungen.

Mitte 1931 lernte er »bei einer Balgerei, in die ihre und meine (SAJ-)Gruppe gerieten«, eine sieben Monate jüngere, aparte Handelsschülerin kennen. Noch in seinem Rückblick *Mein Weg nach Berlin* gedachte er ihrer: »Da war auch ein Mädchen, mit dem ich mich eng verbunden fühlte« – eine für Willy Brandt ungewöhnliche Reverenz coram publico vor einer Frau. Ihre Personalien:[24] Gertrud Christine Meyer, geboren am 14. Juli 1914 in Lübeck, Tochter des Schlossers Friedrich Meyer und einer Näherin, beide parteilos, wohnhaft in einem der ärmlichen »Gänge« der Altstadt. Das brünette, fröhliche Mädchen gehörte der SAJ-Gruppe »Ferdinand Lassalle« an. Es erwiderte Herbert Frahms Gefühle alsbald leidenschaftlich. Mal glücklich, mal leidvoll, blieb Gertrud Meyer ihm acht Jahre lang treu.

Bald nach seinem 16. Geburtstag war Frahm in der Lübecker SAJ aufgestiegen: Der Verband, zweihundert Jungen und Mädchen stark, hatte ihn an die Spitze des fünfköpfigen Kreisvorstandes gewählt. Die Einheit in der Hansestadt gehörte wie die Gruppen im Umland zum Unterbezirk Lübeck; ihm übergeordnet waren die Bezirksleitung Mecklenburg-Lübeck in Rostock und der Hauptvorstand der SAJ in Berlin. Herbert Frahm brillierte in Lübeck mehr denn je als Redner. Die Arbeit in der Geschäftsstelle, zu der er wenig Lust hatte, überließ er Stellvertreter Bruno Römer.[25] Sein Einsatz für das Rote-Pioniere-Konzept führte indes zu Krach mit Unterbezirksleiter Konrad Scharp, einem acht Jahre älteren kaufmännischen Lehrling, der wie die SAJ-Spitze jede Sonderbündelei als Zersplitterung der Kräfte ablehnte. Da aber Scharp im Februar 1930 zurücktrat und Nachfolger Christian Häuer sich lieber mit organisatorischen als mit politischen Fragen befaßte, konnte sich Frahm in der Hansestadt noch stärker profilieren.

Sein markiges Auftreten erregte freilich auch Unwillen. In die Defensive geraten, mußte er im Herbst 1930 aus Übereifer begangene Fehler sogar öffentlich im *Lübecker Volksboten* zugeben. »Seid kameradschaftlich!« bat er die Mitglieder der Mutterpartei SPD (siehe Dokument S. 405 f.) . Die Redaktion fügte dem Artikel eine Anmerkung hinzu, in der sie der Jugend das Recht auf Kameradschaft zubilligte, doch zugleich »gewisse Pflichten den ›Alten‹ gegenüber« anmahnte.[26] Im Jahr darauf löste Frahm durch arrogantes Auftreten in der Gruppe »Karl Marx« ein Zerwürfnis aus, bei dem er als Leiter abgewählt und »aus dem Tagungsraum gedrängt« wurde.[27] Danach führte er am Altstadtrand die Einheit »Paul Levi«, benannt nach Rosa Luxemburgs kurz davor tödlich verunglücktem Gefährten. Rudolf Wilken, der Frahm kritisiert hatte, wurde von ihm seither ignoriert und »rosaroter Faschist« geschimpft.

Die Position des 17jährigen änderte sich nicht, als die Lübecker SAJ im Frühjahr 1931 umorganisiert wurde. Ein weiterer Aufstieg ergab sich aber, als der inzwischen zum zweiten Bezirksvorsitzenden avancierte Christian Häuer im

Sommer aus Enttäuschung über die kraftlose SPD und zugunsten seiner Ausbildung zum Landmaschinenhändler alle politischen Ämter niederlegte. Frahm wurde sein Nachfolger. Besondere Taten vollbrachte er als stellvertretender SAJ-Bezirksvorsitzender allerdings nicht. Denn er geriet immer tiefer in einen Zwiespalt. Doch davon später.

Artikel für eine angriffslustige Zeitung

Was in der Sozialistischen Arbeiterjugend an der Trave geschah, schilderte Herbert Frahm in der regionalen Tageszeitung der SPD, im *Lübecker Volksboten*. Seine dortige Mitarbeit hatte sich Ende 1926 angebahnt. Für die neu eingeführte Kinderseite sollten Jungen und Mädchen Erlebnisberichte einsenden; bei Abdruck wurden sie mit »prächtigen Büchern« prämiert. Der 13jährige schilderte eine Tageswanderung, die er in den Osterferien mit drei Gleichaltrigen zur Travequelle – von Lübeck hin und zurück 52 Kilometer – unternommen hatte. »Die Fröhlichkeit verging uns nicht«, schrieb er, trotz Strapazen. Die Redaktion schickte ihm »ein schönes Exemplar des ›Lederstrumpf‹« von James Fenimore Cooper und veröffentlichte seinen Beitrag samt zweier Zeichnungen (siehe Dokument, S. 398 f.) .

Daß Herbert Frahm »von da ab immer wieder Artikel für das Blatt« schrieb, wie es oft heißt, ist falsch. Erst zwei Jahre später suchte er erneut Kontakt zum *Volksboten*, was um so leichter fiel, als sein Stiefgroßvater den Chefredakteur ab und zu mit einem Konsum-Auto zu Kundgebungen fuhr. Am 12. Dezember 1928 rief der junge Frahm in der Zeitung Gleichaltrige dazu auf, den Roten Falken beizutreten. Über die Kinderrepublik Namedy berichtete er Mitte des nächsten Jahres ausgiebig. Zur ständigen Mitarbeit kam es aber erst Ende August 1929 nach dem erwähnten Beitrag über die

Aufgaben der SAJ, der oft irrtümlich als »Willy Brandts erster Artikel« bezeichnet wird. Das Schreiben besserte sein Taschengeld auf: Für einen Bericht von hundert Druckzeilen gab es von Redaktionssekretärin Magda Sickert fünf Mark auf die Hand.[28] Nebenbei lernte Frahm junior die ältere linke Lokalprominenz kennen. Größte Bedeutung gewann für ihn die Begegnung mit Chefredakteur Julius Leber, der »konkurrenzlosen Führungspersönlichkeit der Lübecker Sozialdemokraten«.[29] Dieser Mann habe ihn »entscheidend beeinflußt«, bekannte Brandt. Leber habe ihn für voll genommen und Minderwertigkeitsgefühle zerstreut: »Rückblickend erscheint es mir, als hätte ich, der ich vaterlos aufgewachsen war, in Bindungen und Spannungen zu ihm gestanden wie ein Sohn zu seinem Vater.«

Julius Leber, 1891 im Elsaß geboren, war ein kraftvoller Mann mit markantem Kopf und dunkler, manchmal dröhnender Stimme. Wo er auftauchte, »füllte er mit seiner Persönlichkeit den Raum«.[30] Widerspruch ließ er kaum gelten. Er konnte überzeugen und, »wenn's nicht anders ging, auch dazwischenhauen«. Bei einer Saalschlacht von Hitler-Anhängern umzingelt, habe er sich mit abgebrochenen Stuhlbeinen in den Händen »einigermaßen heil durch die mordlüsterne Menge ins Freie« geschlagen. Der 22 Jahre Ältere besaß laut Brandt »Anlagen eines großen Volkstribuns«. Für den Liberalen Theodor Heuss, den späteren Bundespräsidenten, der seit 1932 mit Leber befreundet war, schien er »aus dem Holz (zu sein), aus dem Napoleon Marschälle geschnitzt hat«[31] – eine Wertung, die der Sozialist mit gefälligem Lachen quittierte, bewunderte er doch die Französische Revolution und den Kaiser, von dessen Totenmaske eine Kopie im Herrenzimmer seiner Wohnung hing.[32]

Die Kindheit des Elsässers wies zu Herbert Frahms frühen Jahren frappante Parallelen auf. Er war der uneheliche Sohn einer Kleinbäuerin, auch ihn hatte ein Großvater stark beeinflußt, und er war ebenfalls ein guter Schüler gewesen. Schon als Primaner hatte er sich der SPD angeschlossen. Im Weltkrieg Leutnant, dreimal verwundet und hoch dekoriert, kam der promovierte Volkswirt im März 1921 als Redakteur zum *Lübecker Volksboten*. In der Hansestadt wurde er zum Mitglied der Bürgerschaft und 1924 zum Reichstagsabgeordneten gewählt. Seit 1929 führte er außerdem die Sozialdemokraten an der Trave.

Politische Gegner, »aufgeblasene Machthaber« und das »ebenso denkfaule wie gefräßige Bürgertum«[33] attackierte Leber in Artikeln und Reden mal geistreich, mal rabiat, wobei er sie gern der Lächerlichkeit preisgab. Er trat für eine wehrhafte soziale Demokratie ein. Die eigene Partei schonte er bei seiner Kritik nicht. »Er war von der Überzeugung beherrscht, daß die Macht der Persönlichkeit, starker Wille und starke Herzen schwerer wiegen als das Gewicht von Apparaten«, meinte Brandt. »Er kritisierte die Zaghaftigkeit und die Einfallsarmut der Parteiführung.« Kein Pardon aber kannte Julius Leber im Kampf gegen Nationalsozialismus und Kommunismus. Immer wieder warnte er vor der Gefahr einer Diktatur. Hitler unterschätzte er freilich, er hielt ihn noch im Herbst 1932 für »die große Mode von gestern«.[34] Im selben Jahr drohte die Führung der Lübecker NSDAP: »Zwei Stunden nach unserem Sieg hängt Dr. Leber auf dem Marktplatz.«[35]

Redaktion und Druckerei des *Lübecker Volksboten*, der um 1930 eine Auflage von 10 400 Exemplaren hatte, lagen wenige Schritte von Frahms Schule entfernt, im Rückgebäude des Gewerkschaftshauses. Der »Johanniter« schrieb als freier Mitarbeiter für den Lokalteil und vor allem, wie die SAJ-Genossen Häuer und Römer, für die zweiwöchentliche Sonderseite »Die Stimme der Jugend«. Ab und zu durfte er deren Inhalt, von Politikredakteur Fritz Solmitz angeleitet, aus Originalbeiträgen, Material der SAJ-Führung und anderswo entdeckten Artikeln »zusammenschnippeln«.[36] Unter vollem Namen, seinen Initialen oder dem Pseudonym »Felix« (der Glückliche) erschienen drei-, viermal im Monat Berichte und Glossen aus seiner Feder. Kulturredakteur Erich Gottgetreu erinnerte sich noch lange »an die gelegentlichen Besuche Herbert Frahms«, auf den »Dr. Solmitz und unser Chefredakteur große Stücke hielten«, der als »vielversprechender Nachwuchs« galt.[37]

In puncto Meinungsfreiheit statuierte Leber im Sommer 1930 ein Exempel. In der linken Zeitschrift *Das freie Wort* war der 1919 ermordete Karl Liebknecht von dem einflußreichen SPD-Funktionär Ernst Heilmann als »ausgesprochener Feind der Sozialdemokratischen Partei« mit Adolf Hitler gleichgesetzt worden.[38] Herbert Frahm hatte daraufhin im gleichen Blatt den Mitbegründer der KPD als »wahren Klassenkämpfer« gefeiert. Die Jugend behalte sich vor, »alle Handlungen und Beschlüsse der Partei kritisch zu betrachten« (Siehe Dokument, S. 404 f.). In das Zimmer des Chefredakteurs zitiert, wurde der »Grünschnabel« wegen dieses Artikels vom Lübecker SPD-Sekretär Alfred Weiss abgekanzelt. Leber schwieg. Anschließend gab er jedoch dem Jüngeren, obwohl er dessen Meinung nicht teilte, unter vier Augen einen guten Rat: »Sie können im Grunde schreiben. Aber wenn Sie etwas geschrieben haben, legen Sie es in die Schublade und gucken es sich am nächsten Tag an und schreiben es, wenn's möglich ist, noch mal um. Dann wird es besser.« Frahm verließ den Raum weniger selbstsicher, als er ihn betreten hatte. »Ich muß zu meiner Schande gestehen«, gab Willy Brandt 1959 zu, »daß ich Lebers Rat sehr viel weniger befolgt habe, als ich es hätte tun sollen«.[39]

Im *Lübecker Volksboten* behandelte Herbert Frahm eine Fülle von Themen. Meist ging es dabei um Veranstaltungen, Aktionspläne und Strukturfragen der Sozialistischen Arbeiterjugend. Er berichtete in einer Mischung aus Sachlichkeit und Pathos von Funktionärskursen, SAJ-Sportfesten und Wahlkundgebungen, wobei er gern – wie auch später – wichtigen Aussagen durch das Vorziehen aller verbalen Satzteile vor das Objekt einen energischen Akzent gab: »Wir müssen sprechen über die Geschichte der Arbeiterbewegung.« Er schrieb ebenfalls über den Ferienbeginn und Weihnachtsfeiern, blickte auf Revolutionen oder Erdbeben zurück und schilderte die kommunistische Unterwanderung der SAJ oder das damals übliche Singen um Geld in Hinterhöfen: »Von einem Fenster in der vierten Etage winken freudig erregt über den unerwarteten Besuch frisch gewaschene Unterhöschen ein Willkomm. Zwei immergrüne Tomaten nicken apathisch von einem Fensterbrett. Wie ein Zwerg steht man unter den Wänden, ameisenhaft.« Doch statt Geld gab es Schmähungen.[40] Ein ausgesprochen negatives Echo fand Mitte 1931 seine Glosse »Anglers Freud und Leid« über das Fangen von Barschen im Lübecker Stadtgraben. In einem Leserbrief putzte ihn sofort der Gauleiter der Arbeiter-Anglersportvereine wegen seines unprofessionellen Vorgehens herunter.[41] Da sei es ihm ratsam erschienen, sich journalistisch »mehr auf die Politik zu verlegen«, meinte Brandt später. Ein Irrtum. Nach jener Lokalglosse schrieb er für den *Volksboten* keinen einzigen politischen Beitrag mehr. Zwei Monate später endete seine Mitarbeit.

Angeklagt nach einer politischen Schlägerei

Als Erlebnis »nie mehr auslöschbar« war für Herbert Frahm die »Machteroberung derer, die das mörderische Naziregime errichteten«, und das »Scheitern derer, die zusahen, wie die Republik von Weimar verendete«. An der Trave hatte sich im April 1925 eine Ortsgruppe der Nationalsozialistischen Deutschen Arbeiterpartei (NSDAP) gebildet. Noch bei der

Reichstagswahl 1928 holten hier Hitlers Braunhemden nur 1,7 Prozent der Stimmen. »In Lübeck gebärdeten sich die Nazis nicht so laut, sie waren auch nicht so viele«, berichtete Willy Brandt. Den Durchbruch erzielte die NSDAP erst während der Weltwirtschaftskrise 1929. »Sie sprachen Gefühlsschichten an, die mit einer rationalen Argumentation nicht zu erreichen waren«, erläuterte der SPD-Chef. »Und das Gros der Linken war schrecklich vernünftig.«

Herbert Frahm dachte nie daran, sich den Braunen anzuschließen. »In ihnen konnte ich weder das Nationale noch das Sozialistische erkennen«, heißt es in Brandts *Erinnerungen*. Für Hitler als Person interessierte er sich in jungen Jahren ebensowenig wie für Schriften von NS-Autoren.[42] »Die Jungens vom Hakenkreuz« nannte er im *Volksboten* »aufgeputscht« und »benebelt«. (Siehe Dokument S. 401 f.) Mit dem sechseinhalb Jahre älteren Emil Peters, der in Hamburg Jura studierte, besuchte er öffentliche Veranstaltungen der NSDAP und meldete sich in der Diskussion zu Wort, was damals möglich war. Im Lübecker Konzerthaus zum Beispiel zerpflückten sie zehn Minuten lang die Rede des Gauleiters Friedrich Hildebrandt. Die Kundgebung endete im Tumult. Der 32jährige NS-Funktionär glaubte, die beiden seien angetrunken. »Fiete« Hildebrandt irrte sich: Frahm und Peters waren Antialkoholiker.[43]

Mit 15, 16 Jahren erwartete Frahm, das am besten organisierte Proletariat Europas werde den Faschismus »ausschwitzen«: »Deutschland ist nicht Italien.« 1930 aber änderte er seine Meinung, obwohl noch viele Linke in der Hansestadt den Braunhemden keine Chance gaben. »Wir Jungen wußten besser Bescheid«, beteuerte Brandt. Man habe sich nämlich mit Hitlerjungen getroffen, gestritten und bei Dunkelheit auch geprügelt. Nicht wenige seiner Biographen munkelten deshalb von Herbert Frahms »schweren Straßenschlachten mit Nazitrupps bis in die

Nacht«.⁴⁴ Brandt selbst äußerte, Lübecks Rote Pioniere hätten nach Versammlungen »vielleicht ein bißchen über Gebühr Räuber und Soldat gespielt«.⁴⁵ Juristische Folgen zeitigte indes eine Schlägerei, die sich zwischen HJ und SAJ am Abend des 5. August 1930 zutrug. Sechs linke Jugendliche, darunter Herbert Frahm, wurden wegen Körperverletzung angeklagt, jedoch im November von einem Lübecker Schöffengericht freigesprochen.⁴⁶ Der Gymnasiast war nachweislich nicht am Tatort gewesen.

Hitlers Bewegung bekämpfte der Rote Pionier total, den Kommunismus lehnte er auf differenziertere Weise ab. Revolutionäre Marxisten waren für ihn ebenso »Nachkommen der alten Arbeiterbewegung« wie die Sozialdemokraten. Radikalität fand er »gar nicht so unrecht: Unter einer proletarischen Diktatur konnten die Arbeiter vielleicht hoffen, ihre Existenz zu sichern und Feinde des Volkes unschädlich zu machen«. Der KPD aber beizutreten, war für ihn »ein abwegiger Gedanke«. Frahm sah die Ultralinken auf einem Irrweg, auf dem sie dem Moskauer Politbüro unter Josef Stalin immer höriger wurden. »Für junge Typen wie mich (...) war der Gedanke unerträglich, daß eine Arbeiterpartei, eine deutsche Partei ferngesteuert würde«, betonte Brandt. Außerdem stießen ihn um 1930 in der KPD »bürokratische, autoritäre Tendenzen«, die Gründung einer separaten Gewerkschaft und kleinkarierte Funktionäre ab. Leo Trotzki dagegen, der aus der UdSSR verbannte Widersacher der Stalinschen These vom »Sozialismus in einem Land«, dessen Autobiographie er 1931 las, übte eine gewisse Faszination auf ihn aus.

Wenn auch nicht einer Fusion der SPD mit der KPD, so war der junge Frahm doch »dem Gedanken der Einheitsfront, des Zusammengehens der Arbeiterparteien und Gewerkschaften, durchaus zugetan«. Es war die politische Idee, die seinem schicksalsbedingten Wunsch nach Harmonie entsprach und die ihn fast zwei Jahrzehnte lang erfüllen sollte. »Das Sehnen nach der Einheit der Arbeiterklasse war Leitsatz der Ausführungen«, hieß es denn auch eines Wintertages 1931 im *Lübecker Volksboten* über seinen Diskussionsbeitrag bei einer Versammlung der KPD.[47] In Wirklichkeit wurde freilich die Front der Linken gegen Hitler immer mehr zur Illusion. Wie Stalin[48] verleumdeten die Kominternkommunisten SPD-Mitglieder als »Sozialfaschisten« und »Handlanger des Kapitalismus«; die Kontroverse mit ihnen werde »vor Tribunalen der deutschen Räterepublik enden«.[49] Umgekehrt nannten Sozialdemokraten die Ultralinken »Abschaum der Arbeiterschaft« und »Mörder«.[50] Einheitsfront-Fürsprecher Herbert Frahm selbst war im Frühjahr 1931 der von der kommunistischen *Norddeutschen Zeitung* am häufigsten angegriffene Rote in Lübeck. Er wurde »Verräter am Jungproletariat« geschimpft, der im *Volksboten* »elende Machwerke« verbreite, um beim SPD-Organ *Vorwärts* angestellt zu werden.[51] Trotz dieser linksextremen Difamierungen bezichtigten im NS-Reich die Geheime Staatspolizei und nach 1945 politische Gegner Willy Brandt der früheren Mitgliedschaft in der KPD oder deren Jugendverband.

»Großartig« blieb für Herbert Frahm, trotz Vorbehalten gegenüber der aktuellen Politik der SPD, »das Erbe der Bebelschen Partei.« Er glaubte fest an die baldige Verwirklichung des im 19. Jahrhundert erdachten »Zukunftsstaates« voller Gleichheit und Gerechtigkeit. Mitte 1930 wurde er mit 16 Jahren Mitglied der Sozialdemokratischen Partei. Das Organisationsstatut der SAJ verlangte dies von Funktionären, obwohl das Mindestalter für den Eintritt eigentlich 18 Jahre betrug. Im übrigen bürgte Julius Leber für seinen Schützling.

Lübeck war seit Bismarcks Zeiten eine rote Hochburg. In den zwanziger Jahren sanken jedoch die Mitgliederzahlen und die Wahlresultate der Sozialdemokratie. Denn Bebels »Enkel« enttäuschten viele Anhänger im Stadtstaat wie im Reich durch eine schwache Politik. Laut Brandt war die SPD-Führung damals »keineswegs immer auf der Höhe der Aufgaben«. Nicht nur das Bürgertum, auch die Arbeiterbewegung sei vor Hitlers Machtantritt der Lage nicht gewachsen gewesen.

Gravierende Folgen für das Ansehen der Sozialdemokratie wie für Herbert Frahms politischen Weg hatte das Fiasko der im Mai 1928 gebildeten Koalitionsregierung des SPD-Vorsitzenden Hermann Müller-Franken. Inklusive der linken Minister billigte sie den Bau eines Panzerkreuzers, den die SPD im Wahlkampf strikt abgelehnt hatte. Bei den Sozialisten brach ein Entrüstungssturm los. Aus Fraktionsdisziplin mußten Müller-Franken und die SPD-Minister im Reichstag gegen den eigenen Beschluß stimmen. Ein Blutbad am 1. Mai 1929 in Berlin, bei dem die einem Sozialdemokraten unterstehende Polizei 33 kommunistische Demonstranten und unbeteiligte Bürger erschoß, die Bestechung etlicher linker Amtsträger an der Spree durch die Textilfabrikanten Gebrüder Sklarek und der Rücktritt von Finanzminister Rudolf Hilferding (SPD) im Dauergerangel um den Staatsetat untergruben das Prestige der Partei Bebels weiter. Die von ihr geleitete Regierung Müller-Franken scheiterte bei dem damals unerläßlichen Versuch, den Beitrag zur Arbeitslosenversicherung um ein halbes auf vier Prozent der Löhne und Gehälter zu erhöhen. Am 27. März 1930 dankte sie ab. Durch Staatschef von Hindenburg unterstützt und von der Sozialdemokratie toleriert, begann eine Politik der Notverordnungen und damit der Weg in die braune Diktatur. Eine Regierung unter Führung der SPD gab es erst wieder 39 Jahre später. An ihrer Spitze: Willy Brandt.

4. Kapitel
Dreierlei Trennung
Abschied von SPD, Gymnasium und Heimat

1930 meinte Herbert Frahm, die deutsche Sozialdemokratie gebe Bebels Vermächtnis preis.[1] Er polemisierte gegen die Annäherung der SPD ans Militär, den Bau von Panzerkreuzern und die Ablehnung einer antifaschistischen Einheitsfront mit den Kommunisten. Der »vergreisten« Parteiführung warf er Mangel an Tatkraft vor und bezweifelte, daß ihre »Politik des Tolerierens und Schlitternlassens« sowie bloße Resolutionen Hitlers Sieg verhindern. Darin stimmte der rote »Johanniter« mit großen Teilen der Sozialistischen Arbeiterjugend und der 18- bis 25jährigen Jungsozialisten überein, die den wachsenden braunen Terror durch »militanten Einsatz für die Demokratie« abwehren wollten. Die Spitzen der SPD und der SAJ waren besorgt. Sie fürchteten das Entstehen einer Bürgerkriegsromantik. Mitte 1931 wurde die Jungsozialisten-Gliederung aufgelöst, und die Funktionäre der Arbeiterjugend waren von nun an »vom Vertrauen der Partei« abhängig.

Mit dem Unmut über die Sozialdemokratie wuchs auch Frahms Abneigung gegen die Weimarer Republik. Er sah in ihr einen kapitalistischen Klassenstaat und fand, daß sie in der Not »nicht fähig war, einen Ausweg zu zeigen«. Am 1. Mai 1931 demonstrierte der SAJ-Funktionär unter einem Transparent mit der damals gängigsten Losung junger Radikaler: »Republik, das ist nicht viel, Sozialismus ist das Ziel!« Sein »Stief-Opa« war verärgert. »Wie könnt ihr so undankbar sein«, grollte er und wies auf Errungenschaften seit 1918 hin. »Er fühlte, daß er dabei war in dieser Republik, von der wir sagten, sie sei nicht viel«, erkannte Brandt später.

Spannungen innerhalb der Lübecker SPD entluden sich bei Versammlungen im Saal des Gewerkschaftshauses. »Unter den Debattenrednern war regelmäßig auch Herbert Frahm. Er schreckte vor keiner Kontroverse zurück«, erzählte Paul Bromme, der Sohn eines linken Senators der Hansestadt.² Seinem Genossen Karl Albrecht zufolge hatte der Gymnasiast »ungeheuren Mut«: »Wenn Leber fertig war, meldete sich Frahm zu Wort und redete aus dem Stegreif gegen den Mann, den wir alle verehrten. Es kam vor, daß die Leute ihn niederschrien, aber er ließ sich nicht aus dem Konzept bringen. Wenn es sein mußte, verschaffte er sich mit der Faust Gehör.« Böse Zurufe älterer Zuhörer parierte Frahm offensiv: »Ich erwiderte frech, alt werden könne jeder Esel, oder: Das Alter kommt von selbst, nicht der Verstand.« Nachdem im Juni 1931 Delegierte über den Leipziger Parteitag und die damalige Schlappe des linken Flügels berichtet hatten, rügte Frahm die Intoleranz der sozialdemokratischen Führer und schwieg demonstrativ mit anderen SAJ-Mitgliedern, als Leber zum Schluß ein dreifaches Hoch auf die Partei ausbrachte.³

Der Lübecker SPD-Vorsitzende und -Chefredakteur andererseits hatte den Kreisvorstand der Nachwuchsformation schon längst aufs Korn genommen. So stand Anfang 1931 im *Lübecker Volksboten*: »Die Sozialistische Arbeiterjugend in Lübeck hat sich leider nicht sehr günstig entwickelt und bedarf einer dringenden Umorganisation.«⁴ Herbert Frahm schrieb seit Juni 1931 für das Parteiblatt immer weniger und kaum noch über politische Themen. Am 7. Oktober erschien, wieder unter dem Pseudonym »Felix«, sein letzter Artikel im *Volksboten*, eine Lokalglosse mit dem bezeichnenden Titel »Herbst in uns«: »Träume werden ausgeträumt, aber neue Bilder entstehen.« (Siehe Dokument S. 407f.)

Zuvor war der 17jährige in den Sommerferien allem

Verdruß für drei Wochen entronnen. Einen neuen Paß, aber wenig Geld in der Tasche, bereiste er ab 4. Juli mit einem Bekannten Skandinavien. In Kopenhagen verliebte er sich für drei Tage. Von Bergen aus trampten die beiden bei Regen und Nebel zu Fuß und per Anhalter 470 Kilometer über das norwegische Hochgebirge nach Oslo und kehrten durch Südschweden heim.[5] »Die Schönheit nordischer Natur und das Besondere nordischen Volkstums«, die »wortkarg-verschlossene Freundlichkeit der Menschen«, die »Teilnahme des einzelnen am öffentlichen Leben« beeindruckten Frahm.[6] Außerdem lernte er auf der Reise ein wenig Norwegisch.

In Deutschland hatten am 20. März 1931 im Reichstag neun Sozialdemokraten die Fraktionsorder zur Stimmenthaltung mißachtet und mit den Kommunisten gegen den Bau eines zweiten Panzerkreuzers votiert. Zwölf Wochen später wurden sie auf dem SPD-Parteitag in Leipzig gerügt. Die linke Fronde scharte sich um zwei Parlamentarier, den 38jährigen Drucker Max Seydewitz und den 16 Jahre älteren Anwalt Kurt Rosenfeld. Als die Rebellen trotz Verbots ihre »sonderorganisatorische Bestrebung« samt der eigenen Zeitung nicht aufgaben, wurden sie Ende September aus der SPD verbannt.

Am 4. Oktober 1931 gründeten in Berlin 215 Dissidenten die Sozialistische Arbeiterpartei Deutschlands (SAP) – benannt nach dem Vorbild des Gothaer Bündnisses von 1875 und mit dem Nahziel, die damalige Einheit des Proletariats wiederherzustellen. Ob die SAP dafür die Basis bilden oder als »Brücke« im linken Lager vermitteln sollte, blieb umstritten. Ihr Programm enthielt Leitgedanken Rosa Luxemburgs sowie Wladimir Iljitsch Lenins, des Begründers des Bolschewismus. Es sprach sich für den Klassenkampf, das Rätesystem und die Planwirtschaft aus – für eine autonome Verwirklichung des revolutionären Marxismus. Vom

Reformismus der SPD grenzte sich die SAP ebenso ab wie gegenüber dem Stalinismus, gelobte aber, die Sowjetunion zu unterstützen.[7] Ebenfalls am 4. Oktober 1931 entstand in Berlin als Nachwuchsorganisation der neuen Partei der Sozialistische Jugendverband Deutschlands (SJV). Vier Wochen später erschien das Tageblatt der SAP, die *Sozialistische Arbeiter-Zeitung*.

Frahm hatte für die SPD-Abweichler aus dem Reichstag Sympathie empfunden. Auch er wollte »ein Aufbegehren gegen die Kraftlosigkeit der Kräfte, die damals führten«. Die Gründung einer unabhängigen linksradikalen Partei hielt er für »ein wichtiges politisches Geschehen«: Sozialdemokraten und Kommunisten würden »von ihren Irrtümern befreit werden; die eine und einheitliche Arbeiterbewegung, von der wir träumten, sahen wir am Horizont schon heraufziehen«. Von der Größe der Aufgabe durchdrungen, erschien ihm das Dabeisein als »das Natürlichste von der Welt«.

Die Kritik des Oberprimaners an der Sozialdemokratie wurde immer heftiger. Sein Stiefgroßvater schwieg dazu »in einer Mischung aus Resignation und Respekt«. Julius Leber aber bestellte den aufmüpfigen SAJ-Funktionär und Reporter in sein Büro. »Jüngere und Ältere«, sinnierte 1982 der SPD-Vorsitzende Brandt, »haben es in der Politik schwer miteinander, auch im linken Spektrum – dies bleibt bis heute wahr.« Im Oktober 1931 kam ihm Leber nicht mit politischen Argumenten, sondern »von einer Seite, von der ich in jenen Jahren so gar nicht genommen werden wollte«. Sein Gönner fragte ihn, ob er von allen guten Geistern verlassen sei. Die SAP bilde »einen halben Krüppelverein« – eine Anspielung auf den buckligen Max Seydewitz. Ihre Anführer seien »Impotente (...), die aus der Erkenntnis ihrer physischen oder sonstigen Unzulänglichkeit in den Radikalismus flüchten«. Dann wollte Leber den 17jährigen bei der Eitelkeit packen: »Sie wissen doch ein gutes Buch, einen guten

Tropfen und, wie ich höre, die Gunst eines schönen Mädchens zu schätzen. Sie sind auch sonst ganz normal. Sie gehören nicht zu diesen Sektierern.« Frahm fand diese Worte »flapsig« und unpassend: »Ich (...) protestierte schärfer, als ich es jemals vorher gewagt hatte. Wir schieden in Bitternis.«

Bruch mit Julius Leber und der SPD

Die Differenzen zwischen der Lübecker Sozialdemokratie und ihrem Nachwuchs will Leber am 20. Oktober 1931 bei einer Aussprache leitender Funktionäre beilegen. Doch die vier Anführer der SAJ, darunter Frahm, treten vorher zurück und bleiben dem Treffen fern. Darauf läßt Leber die Kasse der Jugendgruppe prüfen. Es fehlen 1 283 Reichsmark. Das sei das Ergebnis, wenn man sich »an wilden Phrasen berauscht«, wütet der SPD-Chef im *Volksboten*.[8] Damalige linke Jugendführer aus der Hansestadt indes beteuern seither, Leber habe seine Anwürfe »aus den Fingern gesogen«, das Defizit sei in der Wirtschaftskrise durch ausstehende Mitgliedsbeiträge entstanden.

Für den Abend des 22. Oktober beruft Lübecks SPD eine SAJ-Versammlung in den Saal des Gewerkschaftshauses ein, auf der der Parteivorsitzende reden will. Junge Radikale planen, die Veranstaltung zu sprengen. Es kreuzen etwa zweihundert Jugendliche, teils in geschlossenen Formationen, vor dem Saal auf. Ordner kontrollieren streng: »Wer nicht zur SPD und SAJ hält, hat keinen Zutritt!«[9] Junge Linke protestieren laut. »Es standen als Anführer inmitten des wilden Haufens der Student Peters und der Schüler Frahm, die beide zu den Spaltern gehören«, berichtet Julius Leber persönlich am nächsten Tag unter der Überschrift »Skandal in der Lübecker Arbeiter-Jugend!« auf Seite 1 im *Volksboten*. »All das nützte der Brüllgarde nicht das Geringste. Einige

Reichsbannerleute schafften Ordnung.«[10] Dazu Heinrich Bruhn, Frahms Vertrauter: »Wir wurden vom Saalschutz rausgeboxt und rausgeprügelt.« Während die eingelassenen Jugendlichen der SPD Treue geloben und Konrad Scharp, den Widersacher des Gymnasiasten, zum Kreisvorsitzenden wählen, beschließen im nahen Lokal »Arbeiter-Sportheim« die Ausgesperrten, eine Ortsgruppe der SAP zu gründen.

Das geschieht schon am nächsten Sonntag in derselben Gaststätte durch 180 enttäuschte Sozialdemokraten und SAJ-Mitglieder. Der Hamburger SPD-Dissident Willi Elsner, ein 35jähriger Sozialpädagoge, hält zuvor eine Rede, und Herbert Frahm greift in einem Appell an die Lübecker Arbeiter die Sozialdemokratische wie die Kommunistische Partei massiv an. Die Leitung der SAP in der Hansestadt übernimmt der Schneider Fritz Natzke. Bald spielen aber Frahm und der Drogist Bruhn in der Gruppe die tonangebende Rolle.[11] Ersterer führt den Sozialistischen Jugendverband; ferner ist er für die Agitation der Partei, letzterer für deren Kasse zuständig.

Die SPD und die SAJ hatte Herbert Frahm nach dem Krawall verlassen. Der Kontakt mit Julius Leber brach ab, was beide bedauerten. Materiell ergaben sich für den 17jährigen »schwerwiegende Folgen«: Die Honorare des *Lübecker Volksboten* und das von Leber verheißene Parteistipendium für ein Studium fielen fort. Zwar beteuerte Brandt im Alter: »Mein Austritt aus der Sozialdemokratischen Partei im Jahre 1931 war kein sehr tiefer Einschnitt in meinem Leben. Ich fühlte mich in jeder Hinsicht als Teil der (sozialistischen) Bewegung.« Dem widersprechen jedoch seine damaligen Ausfälle gegen die SPD. In der *Sozialistischen Arbeiter-Zeitung* beschuldigte er ihre Führung, sie verbreite »das Gift der Kampflosigkeit« und lasse beim Freiwilligen Arbeitsdienst »kalt faschistische Methoden« zu.[12] Anfang 1932 schrieb er sogar, die abtrünnigen Sozialdemokraten stünden nun der SPD ideologisch nicht mehr näher als anderen linken Parteien: »Vielleicht stehen wir der SPD am wenigsten nahe.« (Siehe Dokument S. 408 f.)

Im Exil erkannte Brandt, daß der Mißmut über den Weimarer Staat nicht durch den Mangel an Sozialismus, sondern durch die »zu wenig kämpferische Demokratie« verursacht worden war, »daß aktivistische ›Rechte‹ vom Typ Lebers und jugendlich-ungeduldige ›Linke‹ in der SPD einander viel näher standen«, als sie erkannt hatten: Beide rieben sich am Parteiapparat und wollten, »als das Unheil heraufzog, Kampf und nicht sinnlosen Untergang«.[13] Leber habe ihm 1931 mit harten Worten »Gunst entgegengebracht«. Doch sei es ihm – Brandt – nicht erspart geblieben, »über Irrungen und Wirrungen hinweg den mir gemäßen Standort zu finden«.

Die Gründung der SAP erwies sich bald als Irrtum. Beifall erhielt sie zwar von Linksintellektuellen wie dem Physik-Nobelpreisträger Albert Einstein und dem Autor Lion Feuchtwanger, der Grafikerin Käthe Kollwitz und dem *Weltbühne*-Chefredakteur Carl von Ossietzky. Der Theaterkritiker Alfred Kerr aber reimte als Realist:

»Und steht die halbe Welt in Flammen,
Wir spalten fest und treu zusammen!«[14]

Der erhoffte Zustrom zur SAP blieb aus. Die meisten unzufriedenen Sozialdemokraten wollten doch lieber in ihrer Partei die »Revolutionierung des Bewußtseins der Massen betreiben« und warfen der neuen Organisation vor, das Proletariat zu Hitlers Vorteil zu schwächen. Auch Kommunisten wechselten kaum über. So zählte die SAP nie mehr als 25 000 Parteigenossen.[15]

Ebenso enttäuschend entwickelte sich der Sozialistische Jugendverband, dessen Führung die SAJ-Funktionärin Edith Baumann übernahm, eine 22jährige Stenotypistin aus

Berlin (und von 1949 bis 1955 Erich Honeckers zweite Ehefrau[16]). Der SJV hatte maximal nur 8 000 Mitglieder.[17] Daß in Lübeck mit Herbert Frahm »weit mehr als die Hälfte der (SPD-)Jugendorganisation« übergewechselt, daß deren Arbeit zusammengebrochen sei,[18] ist übertrieben. Damalige Abtrünnige wissen lediglich von »einigen Dutzend« Gleichgesinnten.

Die Sozialistische Arbeiterpartei wurde keine »Plattform zur Einigung des gesamten Proletariats«. Sie blieb eine Splittergruppe wie 17 andere linke Gliederungen. Da gab es zum Beispiel die 500 Mitglieder starke leninistische Organisation, später »Neu Beginnen« genannt, den militanten, ethisch motivierten Internationalen Sozialistischen Kampfbund (ISK) mit 800 Anhängern und etliche religiös-sozialistische Sekten. Im kommunistischen Lager existierten unter anderen die 600 Personen zählende Linke Opposition, Trotzkis deutscher Ableger, und 3 500 KPD-Oppositionelle, die vorhatten, die kremlhörige Partei »zu retten«. Jeder dieser Zirkel beanspruchte alleiniger Hüter des Sozialismus zu sein und vergeudete dabei viel Energie. »Linke sind per se Weltverbesserer«, konstatierte Willy Brandt 1982. »Sie haben gegen die Gewalt des Faktischen meist nur die Kraft der eigenen ›Sache‹ zu setzen (...). Doch aus Machtlosigkeit erwächst die Neigung zur Abstraktion, zum Erstarren in der Doktrin, von der um kein Jota abgewichen werden darf. Aber wer sagt, wie die Doktrin im einzelnen auszulegen ist? Unsicherheit übersetzt sich in Splitterrichterei und Ketzerverfolgung.«

Kritik an der Schule im Abituraufsatz

Daß Herbert Frahm die Reifeprüfung nie abgelegt habe, behaupteten vor 1933 die Kommunisten und nach 1945 Willy Brandts rechte Gegner. Tatsächlich hat er aber das Abitur im

Johanneum zu Lübeck am 18. Februar 1932 bestanden.[19] In den Berichten örtlicher Zeitungen über die 49 damaligen Absolventen des Reformrealgymnasiums tauchte denn auch sein Name auf.

Säuberlich in Sütterlinschrift hatte Frahm junior am 6. Dezember 1931 ein »Gesuch um Zulassung zur Reifeprüfung« geschrieben. Er widme, hieß es darin, »einen großen Teil (seiner) Freizeit der Mitarbeit in der sozialistischen Jugendbewegung«, was ihm »Freude und viele ernste Erfahrungen« gebracht habe; am liebsten lese er aber Bücher. Als Berufsziel – im Kindesalter hatte er Marineoffizier werden wollen – gab er Journalist an. Zu den Pflichtprüfungen in Deutsch, Latein und Mathematik wählte Frahm im schriftlichen Abitur Französisch hinzu sowie, bei Lieblingslehrer Pauls, Geschichte, und dieses Fach auch im mündlichen Examen.

Für den Deutschaufsatz standen drei Themen zur Auswahl: der Sinn von Gedenktagen, ein Goethe-Zitat und die Rede eines Berliner Abiturienten, der erklärt hatte, Schulwissen sei nutzlos. Herbert Frahm entschied sich für den dritten Vorschlag. Er verteilte in seinem 19 Halbseiten langen Traktat Seitenhiebe auf Abiturfeiern voller Phrasen, stufte selbsterworbenes Wissen hoch ein und äußerte sich über den Wert des Reifezeugnisses skeptisch: »Vielleicht kann ich ja Konditor mit Abitur werden.« Die sowjetische Pädagogik lobte er als »Erziehung für den planmäßigen Aufbau« und warf dem Johanneum »schwankenden Liberalismus« sowie eine halbherzige Demokratisierung vor. Dieses Manko sei indes nicht dem Gymnasium »besonders anzukreiden«, sondern den Parteien, die glaubten, 1919 mit dem Parlamentarismus allüberall Demokratie eingeführt zu haben. Politische Demokratie allein genüge aber nicht, »soziale und kulturelle Demokratie gehören hinzu«.[20] Maximen seines späteren Denkens klangen an. Professor Dr. Pauls billigte Frahm logisches Denken zu, obwohl er »sich und alle

Welt (...) sehr gewollt in eine einseitige Enge gestellt« habe. Dem Aufsatz gab er »trotz einiger Anstände« die Note »Sehr gut«. Klassenlehrer Kramer als Korreferent erteilte bloß ein »Gut«, denn er konstatierte wegen der »engen parteipolitischen Einstellung« des Kandidaten »geistige Armut«, vor der er ihn schon »aus Anlässen des Unterrichts gewarnt« habe.[21]

Bei der Prüfung in Geschichte durfte der linke Abiturient seine Überzeugung breit vortragen. Im mündlichen Teil hatte er den Unterschied zwischen Ursache und Anlaß eines Krieges darzulegen und in der schriftlichen Klausur Leben sowie Bedeutung August Bebels zu untersuchen. Den Mann »mit dem guten Blick und dem väterlichen weißen Bart«, dem es stets um die Sache gegangen sei, stellte Frahm als musterhaften Demokraten hin. Die reformistische SPD aber kritisierte er ebenso wie die Kommunisten, die das sowjetische Modell starr auf Deutschland übertragen wollten. Nötig sei »die Synthese des revolutionären Sozialismus aus der These des Reformismus und der Antithese des Bolschewismus«. Der konservative Studienrat Professor Dr. Pauls bewertete auch diese Abhandlung mit »sehr gut«.[22]

Einen Hang zur Geschichte besaß Willy Brandt sein Leben lang. Um so befremdlicher wirken in seinen Büchern Irrtümer historischer Art. Seinen Geburtsort Lübeck ließ er »im 13. Jahrhundert« von dem schon 1190 gestorbenen Kaiser Friedrich I. Barbarossa zur Freien Reichsstadt erheben und nicht korrekterweise von dessen Enkel Friedrich II. August Bebel starb 1913 keineswegs, wie Brandt behauptete, »im Sommerhaus am Zürichsee, das ihm ein deutscher Offizier geschenkt hatte«, sondern im Kurhotel von Passugg; die Villa bei Küsnacht war dem Arbeiterführer nicht zugewendet, sondern von ihm aus Buchhonoraren gekauft und schon 1894 wieder veräußert worden.[23] Das Scheitern der Regierung Müller-Franken von 1930 legte Brandt primär der SPD statt ihrem störrischen Koalitionspartner, der Deutschen Volkspartei, zur Last. Auch mit Fakten der Verschwörung gegen Hitler ging er 1944 im Exil leichtfertig um, was noch zu erörtern sein wird.[24]

Herbert Frahms Reifezeugnis, in dem »Stief-Opa« Ludwig als Vater figurierte, enthielt in Geschichte und Religion zwei »Sehr gut«, aber auch zwei »Mangelhaft« in Latein und

Turnen; ferner standen sechs »Gut« und drei »Genügend« darin. An ein Studium war aus Geldmangel nicht zu denken.

Das Lübecker Arbeitsamt vermittelte dem Abiturienten ab Mai 1932 ein Volontariat bei der Schiffsmaklerfirma, Reederei und Spedition F. H. Bertling KG. Im Stadthafen hatte Frahm für dreißig Reichsmark Monatslohn Kapitänen Zollformalitäten abzunehmen, Gewichtsangaben zu kontrollieren und Ladegut anzubieten. Die Arbeit fand er interessant. Noch als Bundeskanzler erwähnte Willy Brandt gern, daß er in jungen Jahren »mit einem Ausschnitt wirtschaftlicher Tätigkeit eng vertraut gewesen« sei.[25] Weil Firmeninhaber Wilhelm Heinemeier norwegischer Wahlkonsul war, hatte Frahm besonders viel mit Skandinaviern zu tun und konnte die auf der Nordlandreise erworbenen Sprachkenntnisse verbessern. Auch aus einem anderen Grund gefiel ihm die Lehre im Reedereibüro: Sie ließ ihm Zeit und Kraft für politische Aktivitäten.

1932 herrschte in Deutschland ständig Wahlkampf. So wurde der 84 Jahre alte Paul von Hindenburg in zwei Anläufen als Reichspräsident bestätigt und über den Reichstag ebenfalls zweimal abgestimmt. Außerdem waren neun Landtage und, wie in Lübeck, diverse Stadtparlamente zu wählen. Dabei erlitten die SPD und bürgerliche Parteien zugunsten der NSDAP (und oft auch der KPD) Verluste. Die Weltwirtschaftskrise dauerte an. 5,7 Millionen Deutsche waren ohne Arbeit.

Politische Hektik und soziale Not schürten Haß und Terror. Den »Blutsonntag« im damals preußischen Altona, an dem Mitte Juli 1932 bei einer NS-Demonstration 18 Menschen starben, nutzte der konservative Reichskanzler Franz von Papen, um in Preußen die sozialdemokratische Regierung Otto Braun abzusetzen. Weder die SPD noch die Gewerkschaften leisteten gegen die Beseitigung ihrer letzten staatlichen Bastion Widerstand. »Daß der Glaube seinen tödlichen Stoß bekommen hatte, der Glaube an die Gegenwehr, spürte man, wohin man kam«, registrierte Herbert Frahm. »In offenem Kampf zu unterliegen ist tragisch«, fügte er später hinzu, »kampflos zu kapitulieren, macht die Tragödie zur Farce. Sie nimmt dem Geschlagenen das Letzte, das er besitzt, das Kostbarste: seine Selbstachtung.« Auch in Lübeck ereignete sich ein politischer Mord: Der 26jährige Verkäufer Wilhelm Meinen, der in der Nacht zum 31. Juli in einem Reichsbanner-Lokal mit dem NS-Abzeichen am Revers provoziert hatte, wurde nach Verlassen der Gaststätte von zwei SPD-Leuten erstochen.

In diesen Monaten wurde der junge Frahm »zum Parteiführer im kleinen«. Neben dem Beruf war er in Lübeck für die SAP und ihre Jugendorganisation »Tag und Nacht auf den Beinen«. Überdies gehörte er dem Zentralverband der Angestellten, einer Gewerkschaft, an. Der stämmige Reedereivolontär, dessen Gesicht derbere Züge angenommen hatte und der sich durch Knickerbocker nebst Skimütze gern ein forsches Aussehen gab, verfaßte als ehrenamtlicher Agitprop-Leiter Handzettel und verteilte sie in der Stadt. Er holte Parteizeitungen bündelweise am Bahnhof ab und stellte sie Abonnenten zu; Freundin Gertrud Meyer, die mit ihm zur SAP gewechselt war, aber keine Funktion übernommen hatte, sowie diverse Junggenossen halfen dabei. In Hinterzimmern von Lokalen hielt er Ansprachen und sagte Gegnern bei deren Kundgebungen die Meinung. Das Reden fiel ihm leicht, erinnerte er sich 1989: »Kein Thema, über das ich nicht frei hätte reden können; später tat ich mich damit schwerer.« Andererseits holte er prominente Redner wie die Parteivorsitzenden Seydewitz und Rosenfeld oder den seinerzeit populären Berliner Sexualpädagogen Max Hodann nach Lübeck; zu Vorgesprächen fuhr er per Rad, hin und zurück 130 Kilometer, zu ihren Veranstaltungen nach Hamburg.

Die Bitte mecklenburgischer SAP-Genossen, bei der Landtagswahl im Juni 1932 zu kandidieren, mußte Frahm jedoch ablehnen: Er war dafür laut Wahlgesetz 18 Monate zu jung. Sein Einsatz hätte auch wenig bewirkt. Dort wie anderswo wurden 1932 die Wahlen für die SAP, so Brandt, »zu einer Kette bitterer Enttäuschungen«. Nur in Hessen errang sie ein Mandat.

Nach außen belanglos, wurde die SAP intern durch Richtungskämpfe gelähmt. Einverleibte Sekten trugen sie mit »vergifteter Heftigkeit« aus. Eine Stabilisierung schien möglich, als ihr im März 1932 nach einer Spaltung der KPD-Opposition (KPO) rund 1 000 »rechte« Kommunisten beitraten. Zu ihnen gehörten Vorkämpfer der Weltrevolution wie der 44jährige Schwabe Jacob Walcher, ein Mitbegründer der KPD, der vor 1926 zeitweise in Moskau gewirkt hatte, sein Mitstreiter Max Köhler sowie der Publizist und frühere Reichstagsabgeordnete Paul Frölich, während der Unruhen von 1923 in Deutschland Adlatus des Kremlagenten Karl Radek und danach Herausgeber der Werke Rosa Luxemburgs. Mit dabei waren auch das dynamische Journalistenehepaar August und Irmgard Enderle sowie der Bombenwerfer und Lenin-Vertraute James Thomas alias Gordon, Rubinstein oder Reich, der einst in Mitteleuropa die Juwelenbeute der Bolschewiki für harte Währung verkauft hatte.[26] Die neuen Mitglieder wollten die SAP mit »echten Prinzipien des Kommunismus« im Sinne Rosa Luxemburgs erfüllen und zur Kaderorganisation ausbauen. Gleich beim ersten Parteitag der SAP an Ostern 1932 wurden Max Seydewitz und Kurt Rosenfeld isoliert.

Die KPO-Zuzügler imponierten vielen. »Uns beeindruckte«, erklärte Brandt, »daß sie nicht nur den schwächlichen Reformismus der Sozialdemokratie geißelten, sondern auch mit dem ultralinken Kurs von KPD und Komintern hart ins Gericht gingen.« Mehr Radikalität fordernd, schloß sich Frahm der Gruppe um Jacob Walcher an. Innerlich näherte er sich auch wieder Julius Leber, dem er Anfang 1933 bei einer SPD-Versammlung »am liebsten die Hand gedrückt« hätte. Rückblickend hielt Willy Brandt den Wechsel von der Sozialdemokratie zur Sozialistischen Arbeiterpartei zwar »nicht für eine sehr gescheite Sache«, wobei »die Gesinnung, aus der heraus ich entschied, keiner Entschuldigung bedarf«. Doch seien die Jahre bei der SAP »keine schlechte Lernzeit« gewesen: »Der Zwang, an sich selbst zu arbeiten, war in einer kleinen Organisation stärker, als er es in einer großen Partei sein konnte.« Für Brandt stand fest: »Ohne Umweg über den Linkssozialismus wäre ich kaum der geworden, der ich bin.«

Eine Bluttat und ihre späten Folgen

Am 30. Januar 1933 berief Staatsoberhaupt von Hindenburg Adolf Hitler zum Reichskanzler. Statt sofort energisch zu reagieren, gab sich die Linke Illusionen hin: Die KPD glaubte eine Revolution nahe, die SPD hoffte auf die Reichstagswahl im März, und die SAP sah sich schon an der Spitze einer Erneuerungsbewegung. In Lübeck endete der Versuch eines Schulterschlusses der Roten im Streit. Herbert Frahm und sein Kreis blieben an jenem Tag untätig.[27] »Die Nazis würden sich unfähig erweisen, ihre Versprechen einzulösen, sie würden bald abwirtschaften«, glaubte er.

Indirekt und mit Verzug wurde Frahm durch ein Ereignis betroffen, das sich am 1. Februar um 3.15 Uhr zutrug. Am Vorabend waren Hitler-Anhänger triumphierend durch Lübeck gezogen. SPD-Chef Leber, der nach eigener Angabe »wegen einer Erkältung« in der Redaktion sechs Grog und in einer Kneipe noch fünf Bier getrunken hatte,[28] verlangte auf dem Heimweg im Schutze zweier Reichsbannerleute von einem Passanten den Sozialistengruß »Freiheit!« Der Behelligte, ein ehemaliger SA-Mann, rief aber »Heil Hitler!« und rannte in ein Stammlokal der Braunhemden. Mit vier von ihnen verfolgte er die Linken. Am Lübecker Gerichtsgebäude kam es zum Handgemenge. Nach dem Schrei »Stich zu!« – der Leber angelastet wurde – verwundete einer der Leibwächter, der 21jährige Willi Rath, mit seinem Taschenmesser den zwei Jahre älteren, einen Revolver tragenden SA-Mann Rudolf Brügmann tödlich. Am Kopf verletzt, meldete der Politiker den Vorfall auf der nächsten Polizeiwache. Als dort der Urheber der Verfolgung auftauchte, randalierte Leber und zertrümmerte, anderthalb Stunden eingesperrt, das Zellenmobiliar. Am Nachmittag kam er unter Bruch seiner Abgeordnetenimmunität für zwei Wochen in Untersuchungshaft.

39 Jahre später bezichtigte der frühere Kriminalobersekretär und Gestapomann August Naujock aus Hamburg Bundeskanzler Willy Brandt in einem Offenen Brief, er sei als 19jähriger am Abend des 31. Januar 1933 mit einem Schlägertrupp durch Lübeck gezogen. »Auf einen Zivilisten stürzten Sie sich und jagten ihm ein Klappmesser in den Rücken. Der Ermordete hieß Meinen«, zitierte Naujock angeblich dänische Akten. Dieses Delikt sei »der wahre Grund Ihrer (Brandts) Flucht aus Deutschland«. Obwohl Naujock die Lübecker Bluttaten von 1932 vor einer Kneipe und von 1933 nahe dem Gericht verwechselte und 1932/33 bei den Ermittlungen der Name Frahm nie gefallen war, obwohl ein Psychiater den Beamten 1961 für geistesgestört erklärt und das Landgericht Hamburg ihn drei Jahre darauf bis 1966 in eine Heilanstalt eingewiesen hatte[29], hielten sich im Wahlkampf 1972 die Mordgerüchte um Brandt. Die CDU distanzierte sich davon. Rechte Verleumder beriefen sich aber auf eine Bemerkung in der ersten Autobiographie des Sozialdemokraten, er habe Deutschland einst verlassen, weil

er »auf Grund lokaler Gegebenheiten mit dem Schlimmsten rechnen« mußte.

Im Februar 1933 setzte sich Herbert Frahm trotz des Bruchs mit Leber für dessen Freilassung ein. Mit anderen suchte er den örtlichen Gewerkschaftsvorsitzenden auf und forderte einen Proteststreik. »Nehmt den Antrag von meinem Schreibtisch! Damit will ich nichts zu tun haben!« erwiderte der Funktionär. Die Regierung Hitler bestrafe Streiks. Wenn aber etwas geschehen solle, werde es der Vorstand in Berlin wissen lassen. »Das Element der Spontaneität ist in der besonderen Entwicklung der deutschen Arbeiterbewegung erheblich zurückgeblieben gegenüber der Disziplin«, meinte 1986 Brandt. Immerhin kam es am 3. Februar in Lübeck zu einem einstündigen wilden Generalstreik, und 16 Tage danach begrüßten bei einer Demonstration 15 000 Menschen, darunter Frahm, den aus der Haft entlassenen Julius Leber, der ihnen »Freiheit!« zurief, wegen seiner Verletzung aber keine Rede halten konnte.

Der junge SAP-Funktionär Frahm sah die eigene Zukunft immer düsterer. Jahrelang hatte er die NS-Bewegung bekämpft und noch am 6. Februar 1933 8000 Besucher einer von der KPD initiierten Kundgebung aufgerufen, »dem Faschismus die geballte Kraft des Proletariats entgegenzusetzen«.[30] Die Beseitigung demokratischer Rechte durch die »Verordnung zum Schutz von Volk und Staat« sowie das »Ermächtigungsgesetz«, die haßerfüllte Propaganda und der Terror der Nationalsozialisten weckten das Gefühl persönlicher Bedrohung. *Volksbote*-Redakteur Solmitz wurde mit dem Schild »Jude« am Hals durch Lübeck gekarrt und der »Kinderfreunde«-Leiter Löwenstein in Berlin von SA-Leuten zusammengeschlagen. Am 23. März kam Julius Leber erneut in Haft. (Wegen Raufhandels erhielt er zwanzig, Messerstecher Willi Rath zwölf Monate Gefängnis. Danach blieb Leber bis Mai 1937 in den KZ Esterwegen und Sachsenhausen eingekerkert. Die NS-Rabauken kamen straffrei davon; ihr Anstifter wurde wieder in die SA, ja sogar in Hitlers Leibwache aufgenommen.[31])

Eine andere Entwicklung alarmierte Herbert Frahm ebenfalls: »das allgemeine Sich-Ergeben, das Sich-Anpassen. Der Umschwung hinterließ tiefe Wunden, auch weil der Riß zwischen Mutigen und Feiglingen durch den größten Teil von uns allen ging.« In Scharen traten Deutsche der NSDAP bei, und linke Funktionäre besänftigten kampfbereite Arbeiter. Selbst Leber, der hinter Gittern in der Denkschrift *Die Todesursachen der deutschen Sozialdemokratie* das Versagen der SPD analysierte, hoffte, daß das »gewaltige nationalsozialistische Experiment« und »der rücksichtslose Wille starker Persönlichkeiten« den Kapitalismus überwinden.[32]

Derweilen wurden in der Sozialistischen Arbeiterpartei Flügelkämpfe ausgetragen, als sei nichts geschehen. Die Vorsitzenden Seydewitz und Rosenfeld befürchteten, von den ehemaligen KPD-Oppositionellen abgewählt zu werden. Inmitten politischer Turbulenzen lösten sie Ende Februar kurzerhand die SAP auf, die deshalb vom NS-Regime nie offiziell verboten wurde. Seydewitz empfahl den Übertritt zur SPD, Rosenfeld zur KPD. Ihre Widersacher und der Jugendverband riefen zu einem Parteitag am 11./12. März auf. »Die Führung geriet in die Hände von ›rechten‹ Exkommunisten im Bund mit uns Jungen«, schrieb Willy Brandt 1989.

Die SAP hatte sich seit Mitte 1932 auf die Illegalität vorbereitet, für die sie gute Voraussetzungen besaß: In ihre kleinen Einheiten konnten nur schwer Spitzel eindringen, ihr gehörten viele mutige junge Leute an, und die Funktionäre aus der KPD-Opposition waren erfahrene Verschwörer. Paul Frölich hatte kurz vor Hitlers Machtantritt Lübeck besucht und bei einem SAP-Treffen am Dachboden über der Gaststätte »Zur alten Post« im Stadtteil Moisling nicht nur eine braune Diktatur prophezeit. Die Anwesenden, darunter Herbert Frahm, waren von dem 48jährigen auch mit konspirativen Praktiken vertraut gemacht worden, mit Fünf-Mann-Zellen, Tarnnamen und Geheimtinten. Tatsächlich traf sich Frahms Schar, ein gutes Dutzend Jugendliche, nach Beginn des Dritten Reichs nicht mehr in Lokalen, sondern in der Wohnung der Konsum-Lageristin Lilly Seemann im Arbeiterviertel St. Lorenz und agierte nur noch in Kleingruppen. Bruhns Vater versteckte die Mitgliederliste der Lübecker SAP daheim unter dem Holzfußboden und vergrub sie später unter einem Baum.

Bei der Untergrundarbeit ging es vor allem um Flugblätter zur Reichstagswahl im März 1933, auf denen die Sozialistische Arbeiterpartei »Wer Hitler wählt, der wählt den Krieg!« warnte und das Foltern von »Schutzhäftlingen« anprangerte. Die von Herbert Frahm, Gertrud Meyer und Emil Peters verfaßten Texte tippte eine Genossin auf Wachsmatritzen, die sie unter einem Teppich versteckte, bis in der Karl Häuer Kunsthonig GmbH heimlich Abzüge angefertigt werden konnten. Dort stiegen dann Frahm und er, erzählte Peters, »bei Nacht über den Dachboden ein, um an das Vervielfältigungsgerät heranzukommen«. Dabei stand ihnen mit Rat und Tat Werner Häuer bei, der ältere Sohn des Firmeninhabers und Bruder des einstigen SAJ-Vizebezirksvorsitzenden. Er war in Peters' Schwester verliebt ...

Der zweite Reichsparteitag der SAP fand konspirativ in ihrer bisherigen Hochburg Dresden statt. Frahm junior nahm als Lübecker Vorstandsmitglied teil. Durch die gelbe Oberprimanermütze als Schüler »getarnt«, was er später als »nicht sehr intelligent« und »einem Steckbrief nahe« bezeichnete, fuhr er auf eigene Kosten am Sonnabend, dem 11. März 1933, mit der Bahn über Berlin in die sächsische Hauptstadt.

Damals habe er, so behauptete er später, »nach Absprache mit engsten Freunden« erstmals den Decknamen »Willy

Brandt« benutzt, was ihm seine Biographen meist abnahmen. Gefährte Heinrich Bruhn bestritt 1995 diese Behauptung. Was sollte auch dem 19jährigen ein Pseudonym nützen? Sein Ausweis legitimierte ihn bei Kontrollen als Herbert Frahm, und in der SAP machte ein falscher Name keinen Sinn. Das Protokoll des Parteitags erwähnte ihn denn auch unter dem Kürzel »Fr.«.[34] Plausibler erscheint seine Version von 1961:[35] Er habe den »Allerweltsnamen« Willy Brandt gewählt, als er vor der Emigration den Genossen in Norwegen avisiert werden mußte. Möglicherweise wurde der Reedereivolontär dabei durch den Namen der Lübecker Schiffsausrüsterfirma William Brandt Wwe. inspiriert. Übrigens unterschrieb er 1933 in Oslo selbst geheime Post noch monatelang mit »Frahm« oder »Herbert«.[36]

Die Reichshauptstadt, die der Lübecker damals zum ersten Mal sah, durchstreifte er kurz »mit gemischten Gefühlen«: Die Friedrichstraße voller Hakenkreuzfahnen kam ihm »wie ein Rummelplatz«, der Kurfürstendamm »protzig wie eine allzu stark geschminkte und aufgeputzte Kriegsgewinnlerin« vor, der einst rote Wedding dagegen mit »trauernden Mietskasernen« wie ein stummer Protest gegen Hitler. »Hier wurde mir der Umfang der Katastrophe voll bewußt.« Am Bahnhof in Dresden erwartete ihn, als Erkennungszeichen eine bestimmte Zeitung in der Hand, der gleichaltrige Schriftsetzer Arno Behrisch, der ihn auch beherbergte.

Der SAP-Parteitag wurde am selben Tag um 18.15 Uhr im Hinterzimmer eines Lokals in einem Vorort der sächsischen Hauptstadt eröffnet.[37] 60 Delegierte aus 23 der 27 Bezirke vertraten 15600 Mitglieder; nur 1500 waren Seydewitz und Rosenfeld gefolgt.[38] Reden und Debatten bekräftigten das »völlige Versagen der politischen Führung der Arbeiterklasse«. Die SAP müsse nun »ehrliche revolutionäre Elemente« sammeln. Walcher, Frölich und Enderle hatten

Frahm mit ihren Referaten »viel zu sagen«. Daß sie rechthaberische Sektierer waren, erkannte er erst viel später. In Dresden schwieg er während der Diskussion und berichtete lediglich über seinen Parteibezirk: Seydewitz habe an der Ostsee keine Anhänger mehr. Die Gruppe Lübeck mit nur 75 Genossen sei dort jedoch die einzige, »die etwas taugt«. Dann riet Frahm, nach Verhaftung der KPD-Spitze »die Führung der Kommunisten zu übernehmen«.[39] Bei der Wahl einer neuen Parteispitze entstanden zwei Gremien. Von Berlin aus sollte eine geheime Reichsleitung, bestehend aus dem Altkommunisten Max Köhler, den früheren Sozialdemokraten Klaus Zweiling und Walter Fabian sowie Edith Baumann für den Jugendverband, den Widerstand gegen das NS-Regime organisieren. Eine Auslandsstelle unter Jacob Walcher und James Thomas hatte aus der Fremde den Kampf mit Agitationsmaterial, weltweiter Aufklärung über Hitler und gesammeltem Geld zu unterstützen. Zum Schluß des Treffens am nächsten Tag, am 12. März, gelobten die Versammelten, »das rote Banner der Arbeiterklasse auch in der Zeit tiefster Erniedrigung und schärfsten Terrors hochzuhalten«.[40]

Die Teilnehmer des SAP-Parteitags schockierte »eine einzige Serie von Hiobsbotschaften« über Festnahmen, Torturen und Morde durch Hitlers Schergen. Im kleinen Kreis wurde das Schreiben von Geheimbotschaften mit chemischer Tinte und das Sichtbarmachen mit blutstillender Watte geübt. »Auf dem Weg zu unseren Sitzungen (...) fühlten wir uns, als wären wir auf gefährlicher Patrouille. Unsere Heimat wurde zum Feindesland«, empfand Frahm. Mißtrauen war angebracht: Die Staatspolizei wurde durch einen Verräter über den Tagungsverlauf und die Beschlüsse gut informiert.[41]

»Beim höchst geheimen Gespräch in einer Privatwohnung fiel mir die Aufgabe zu, einem führenden Mitglied unserer Gruppe – dem Publizisten Paul Frölich – nach Dänemark entkommen zu helfen«, erzählte Willy Brandt. Der Funktionär sollte in Oslo zu Det norske Arbeiderparti (DNA) Verbindung halten und bei dieser internationalen Partnerin der SAP Geld lockermachen. Wieder in Lübeck, traf Herbert Frahm »gute Vorbereitungen«. Der Kommunist Hans Bruhn versprach, ein ihm bekannter Fischer werde den Politiker von Fehmarn aus zur dänischen Nachbarinsel Lolland übersetzen. Als aber Frölich in Begleitung Bruhns am 21. März 1933 auf dem deutschen Eiland ankam, lehnte der Fischer die riskante Fahrt ab.[42] Dem SAP-Funktionär wurde nun keineswegs zum Verhängnis, daß, wie Brandt schrieb, »seine Aufmachung als Fischer (...) nicht sehr überzeugend« wirkte – er war gar nicht verkleidet. Vielmehr wurde der Kommunist Bruhn, als er im Dorf Lemkenhafen einen neuen Helfer suchte, von einem zur SA übergetretenen Genossen erkannt, der die Polizei alarmierte. Parteimann und Begleiter flohen querfeldein, wurden aber bald festgenommen. Der Paß im Strumpf des Politikers verriet seine Identität.[43] Während Hans Bruhn im Herbst 1933 freikam, war Paul Frölich bis Jahresende im Konzentrationslager Lichtenburg bei Torgau inhaftiert. Seine Geheimmission verriet er mit keiner Silbe.

War es Flucht oder Emigration?

Bei seinem Doppelleben als Reedereivolontär und illegaler SAP-Funktionär überschlugen sich für Herbert Frahm in der letzten Märzwoche 1933 die Ereignisse. Nach Frölichs Verhaftung – der *Lübecker General-Anzeiger* meldete sie am 24. März – wuchs natürlich seine Furcht. War Verrat mit im Spiel? Was hatte Frölich unter Druck preisgegeben? Erst recht fühlte er sich nicht mehr sicher, als ihm Emil Peters, in Lübeck jetzt Gerichtsreferendar, mitteilte, daß aufgrund von Aussagen verhafteter Linker wieder eine Razzia bevorstehe.⁴⁴ Anderswo unterzutauchen war sinnlos: »Ich hatte keinen Beruf, der mir eine Deckung versprach.«

Da traf die Weisung der illegalen SAP-Reichsleitung ein, an Frölichs Stelle in Oslo einen Stützpunkt zu errichten. Daß die Ortsgruppe Lübeck insgesamt, wie es manchmal heißt, diese Order erhalten und Frahm, weil unverheiratet, nach Norwegen geschickt habe, ist zweifelhaft. Die Zentrale dürfte die Personalentscheidung bei einem so geheimen Vorhaben kaum Provinzfunktionären überlassen haben, die das Konzept der Führung nicht kannten. Näher liegt, daß der Auftrag dem 19jährigen direkt erteilt wurde. Er wußte seit dem Dresdner Parteitag über die Pläne der SAP-Spitze Bescheid und sprach etwas Norwegisch. Seine Zusage samt Tarnname teilte Frahm sofort verschlüsselt in einem Brief der Reichsleitung mit, die der Norwegischen Arbeiterpartei den Genossen »Willy Brandt« ankündigte.⁴⁵

»Ich war vor meiner unmittelbar bevorstehenden Verhaftung gewarnt worden«, erläuterte Willy Brandt 1960 seine Entscheidung von 1933 und meinte offenbar Emil Peters' Hinweis auf eine drohende Razzia. Er sei als politisch Verfolgter aus dem Dritten Reich geflohen, betonten er und die meisten seiner Biographen immer wieder. Noch 1991 hieß es, Peters habe ihn 1933 wissen lassen, »der Name ›Herbert Frahm‹ stünde auf einer geheimen Liste ›politisch subversiver Elemente‹«.⁴⁶ In seinen *Erinnerungen* fügte Brandt hinzu: »Eine Pflicht zu bleiben und sich womöglich umbringen zu lassen, konnte es nicht geben.« Doch im *Handbuch des Deutschen Bundestages* hatte er 1952 seinen Fortgang nach Norwegen als »Emigration« bezeichnet und fünf Jahre danach eingeräumt, er wisse nicht, »ob meine Flucht aus Lübeck im Jahr 1933 unbedingt nötig war oder nicht«.⁴⁷ War er also geflohen oder emigriert? Die Antwort gab 1972 Emil Peters: Beim Lesen der Vernehmungsprotokolle vor der Razzia habe er »erleichtert gesehen, daß mein Name nicht auftauchte, auch nicht der Herbert Frahms«.[48] Objektiv bestand, wie auch der Bonner Politologe Hans Georg Lehmann in den Akten eruierte,[49] für den Lübecker SJV-Führer im März 1933 keine akute Gefahr. Noch 1938 bekundete die Gestapo, sein Fehlen in der Hansestadt sei erst am 14. Juni 1933 festgestellt worden, denn »nach der Machtübernahme (Hitlers) betätigte sich Frahm in Lübeck nicht mehr im politischen Sinne«.[50] Es war in dieser Sache freilich nicht der einzige Irrtum des Terrorregimes.

Die Passivität der Politischen Polizei von 1933 gegenüber Herbert Frahm entkräftet sowohl die Annahme von Brandt-Verehrern, ihr Idol sei Hitlers Schergen nur mit knapper Not entronnen, als auch die Verleumdung der Gegner vom Schlage Naujocks. Daß Frahm trotz seiner Sorgen vor April 1933 nichts tat, um der Gefahr zu entrinnen, stellt die Fluchtversion ebenfalls in Frage. Erst als ihn die SAP nach Oslo schickte, verließ er Deutschland, wobei wohl die Verlockung des Abenteuers mitspielte. Sein Fortgang war, wie auch Lehmann betonte, objektiv keine Flucht, sondern eine Emigration, um Hitlers Regime vom Ausland aus zu bekämpfen.

Bei der Vorbereitung seiner Abreise geriet Herbert Frahm unter Zeitdruck, was später bösen Gerüchten Auftrieb gab. Am 31. März 1933 meldete der Rundfunk, ab 4. April benötigten Deutsche für Fahrten ins Ausland eine Erlaubnis der Polizei, einen Sichtvermerk.[51] Das bedeutete auch eine verschärfte Überwachung der Reichsgrenze und Ärger in der Fremde, falls dieser Stempel im Paß fehlte. Eile tat also not. Für Frahms Ausreise noch vor dem 4. April wurde die Route Lübeck-Lolland festgelegt. Zwei ins Vertrauen gezogene Genossen, Emil Peters und Hermann Reimann, stellten Kontakte zum Travemünder Fischer und Sozialdemokraten Johannes Johannsen her. Mit dessen Motorkutter »TRA 10« fuhr, kaum kontrolliert, der 36jährige Stiefsohn

Paul Stooß, ebenfalls ein Linker, jede Nacht zum Fang auf die Ostsee hinaus in Richtung Dänemark.[52]

Der Abschied fiel dem 19jährigen nicht leicht. Seine Mutter »versteckte ihre Sorgen nicht und äußerte doch Verständnis«. Der Stiefgroßvater hob 100 Reichsmark von Herberts Sparkonto ab. Gertrud Meyer »fühlte sich in der Pflicht für ›die Sache‹«, machte dem Freund Mut und versprach, ihm bald nach Oslo zu folgen. Bei Frahms Lebewohl von den Genossen, erzählte Heinrich Wigger, gelobten sie sich: »Wenn einer von uns überlebt, soll er an unseren Idealen festhalten.«[53] Mit ins Exil zu gehen, lehnte der SAP-Kassierer Heinrich Bruhn ab: »Wir können doch nicht alle das Land verlassen.« Er hoffte noch auf Gelegenheiten zum Widerstand.

Die neuen Herren bewiesen indes ihre Brutalität: Wegen angeblicher »semitischer Greuelhetze« gegen das Dritte Reich im Ausland blockierten die Braunhemden am 1. April 1933 jüdische Geschäfte, Arztpraxen und Anwaltskanzleien. Die NS-Rassenlehre hatte Frahm als »Hitlerschwindel« betrachtet. Nun erlebte er, daß die Deutschen den Wahnwitz duldeten. 18 Tage danach wurden in Lübeck, wie Peters gewarnt hatte, 15 Funktionäre der illegalen SAP festgenommen. Nach qualvoller »Schutzhaft« erhielten mehrere von ihnen monatelange Haftstrafen. Willy Brandts Anhänger waren überzeugt, daß auch er zu den Opfern gehört hätte, wäre er nicht emigriert. In den Akten findet sich dafür aber ebensowenig eine Bestätigung wie für seine Behauptung, die damals Verurteilten »kamen glimpflich davon, weil sie fast alles auf mich abwälzen konnten«.

Der »Judenboykott« war Frahms »letzter unmittelbarer Eindruck in Lübeck«. Wann er Deutschland verließ, ist umstritten. Brandt selbst konnte sich an das Datum nicht erinnern. Hinweise von Beteiligten, Wetterberichte und die Fakten seiner Weiterfahrt legen aber die Nacht zum 3. April 1933 als Abreisetermin nahe.

Stunden davor, es ist Sonntag, begibt sich Herbert Frahm nach Travemünde, wo er im Hause des Fischers Johannsen auf das Auslaufen des Kutters warten soll. Er trägt lange Hose, Rollkragenpullover und Windjacke, darin sein vom Polizeiamt Mecklenburg-Schwerin ausgestellter, bis Mitte 1936 gültiger Reisepaß Nr. 472, in der Geldbörse die 100 Reichsmark vom Sparbuch und in der Hand eine Aktentasche mit Hemden, Unterwäsche sowie dem ersten Band des *Kapitals* von Karl Marx – was ihm nach eigenem Bekunden aber nicht dazu verhilft, »je ein geeichter Marxist zu werden«. Bootseigner Johannsen informiert Stiefsohn Stooß, daß er bei Nacht »einen von Lübeck, hinter dem sie her sind«, nach Dänemark bringen soll: »Laß niemand in die Kajüte sehen. Mehr brauchst du nicht zu wissen.«[54] Derweil macht Frahm einen Fehler, der ihm beinahe zum Verhängnis wird. Er geht auf ein Bier in ein Lokal. Dort begegnet er einem einstigen Arbeiterjugend-Funktionär, der nun Nationalsozialist ist. Herbert Frahm begrüßt ihn aber gleichmütig, plaudert mit ihm und verabschiedet sich wie sonst. Sein Gesprächspartner schöpft keinen Verdacht.

Der junge Emigrant atmet freilich erst auf, nachdem ihn Johannes Johannsen bei Dunkelheit an Bord des Kutters »TRA 10« gebracht hat, Fischer Stooß samt einem Jungmann eingetroffen ist und der Bootsmotor tuckert. Er habe sich »hinter Kisten und Tauwerk« verborgen, teilt Brandt 1960 mit, was seine Biographen meist aufgreifen; später schreibt er selbst nur von »einem Versteck«. Laut Stooß befindet sich der ihm Unbekannte aber schon vor dem Ablegen um 0.30 Uhr und während der Tour in der Kajüte unter Deck: »Ich weiß nicht, ob er geschlafen hat. Aber er verhielt sich in meiner Koje still.« Die sechseinhalbstündige Passage zum dänischen Rødbyhavn verläuft nach Aussage des Fischers ohne Grenzkontrolle und ruhig. Für Willy Brandt bleibt sie »die schlimmste Fahrt, die ich je mitgemacht habe. Das Wetter war fürchterlich, die Qualen der Seekrankheit erschienen mir unerträglich.« Tatsächlich dürfte die Überfahrt unangenehm gewesen sein. Das Wetteramt registriert für jene Nacht über der Ostsee ein Tief mit starken Winden, Kaltluft und Regen.[55] Auch Stooß, ein bulliger Seebär, räumt ein: »Ich glaube, ich habe zwischendurch das Segel gesetzt. Der Kutter liegt dann ruhiger.«[56]

Als »TRA 10« am 3. April kurz vor 7 Uhr an der Langen Mole von Rødbyhavn anlegt, öffnet sich die Kajütenklappe und »ein ganz junger Kerl« klettert heraus – Herbert Frahm. Er wolle zum Bahnhof, zum Zug nach Kopenhagen, sagt er Stooß. An Polizei und Zoll vorbei gehen die beiden an Land. In der Bahnhofsrestauration trinken sie mit Einheimischen Kaffeepunsch und unterhalten sich, ohne ihre Namen auszutauschen. Dann gibt Frahm dem Fischer die Hand, dankt ihm und sagt »Auf Wiedersehen!«[91] Der Emigrant fährt in ein neues Leben und Paul Stooß zurück auf die Ostsee.

Den geheimnisvollen Passagier sah der Schiffer tatsächlich, wenn auch unbewußt, 14 Jahre später wieder, als er in Travemünde eine SPD-Kundgebung mit Willy Brandt besuchte, der seinerseits nicht ahnte, daß der Mann anwesend war, den er als »prächtigen Kerl« bezeichnete: »Wenn ich jemandem zu Dank verpflichtet bin, dann ihm.«[58] Später kam eine Begegnung nie zustande. Paul Stooß folgte Einladungen nicht: »Habe ich ihn nach drüben gebracht oder er mich? Ich laufe ihm doch nicht nach!«[59] Der Politiker wiederum besuchte nie seinen Retter. Um 1970 war Stooß so »sauer auf den Kanzler«, daß er die SPD verließ. »Ich bin sicher«, meditierte Willy Brandt über den Umgang mit Helfern aus früheren Jahren, »daß ich mich von Versäumnissen nicht freisprechen kann. Oft mag die erwartete Aufmerksamkeit an meiner Abneigung gescheitert sein, vor allem aus der persönlichen Vergangenheit zu leben. (…) Dennoch hätte ich Anlaß, darüber nachzudenken, ob Politiker – nicht viel anders als Künstler – von einer besonderen Egomanie heimgesucht werden: Die ›Aufgabe‹, die natürlich vom Ausdruck der eigenen Persönlichkeit nicht zu trennen ist, drängt oft die Teilnahme am Geschick von Gefährten und Bekannten beiseite.«

5. Kapitel
Feuerprobe im Exil
Viel Wohlwollen und viel Ärger in Norwegen

Herbert Frahms Anlaufadresse in Kopenhagen war am 3. April 1933 die Zentrale des dänischen Sozialistischen Jugendverbandes. Ihre Hilfsbereitschaft hatte er seit seiner Nordlandreise vor zwei Jahren in bester Erinnerung. Tatsächlich sorgte sie nun dafür, daß er, bis ein Passagierschiff nach Oslo abging, bei einem überzeugten Linken unterkam, beim Arbeiterdichter und Redakteur Oskar Hansen im Stadtteil Brønshøj. Gespräche mit dem 37jährigen Barden des Sowjetsystems zeigten ihm, daß Adolf Hitler im Ausland unterschätzt wurde.[1]

Am Nachmittag des 6. April ging der 19jährige an Bord des aus Stettin eingetroffenen dänischen Dampfers »Dronning Maud«, auf dem er für 35 Reichsmark einen Decksplatz gebucht hatte. In der I. Klasse kehrten der deutsche Gesandte in Norwegen, Ernst von Weizsäcker, und seine Frau nach Oslo zurück. Mit ihnen reiste ihr 13jähriger Sohn Richard, den sie nebst künftigem Hauslehrer aus Berlin abgeholt hatten, wo er aufs Gymnasium gegangen war.[2] Die beiden damals Minderjährigen, die Bundeskanzler respektive Bundespräsident werden sollten, kamen an Bord nie zusammen. Welten trennten sie. Während Herbert Frahm mit einer jungen Norwegerin anbändelte, beobachtete Richard von Weizsäcker, wie sein Vater kritische Gedanken über den im Reich erlebten Judenboykott und die deutsche Außenpolitik niederschrieb. Am Morgen des 7. April legte die »Dronning Maud« in Oslo an. Bei der Grenzkontrolle gab sich Frahm, neun Tage vor Ostern, als Tourist aus. Das Fehlen des inzwischen obligatorischen deutschen Ausreisevisums im Paß bemängelten die norwegischen Beamten noch nicht.

Für den jungen Sozialisten begann an diesem Freitag eine Lebensphase, an die er später mit einem »Gefühl der Dankbarkeit« gegenüber Norwegen zurückdachte. Die dortigen Erfahrungen hätten ihn »als politischen Menschen und auch sonst« geformt. »Das Land, das mich zum Mann werden ließ«, sei ihm zur zweiten Heimat geworden und die Bevölkerung »im Guten und Bösen« ans Herz gewachsen. Viele Seiten könne er »vollschreiben, um (...) der Hilfsbereitschaft einfacher Arbeiter und renommierter Akademiker zu gedenken«.[3]

Bis Ostern kam Herbert Frahm in Oslo bei der Familie seiner Bekannten von der »Dronning Maud« unter. Beistand fand er aber in erster Linie bei Det norske Arbeiderparti (DNA), der Norwegischen Arbeiterpartei. Am Tag nach seiner Ankunft in Oslo meldete er sich in deren Pressestelle bei Finn Moe, dem außenpolitischen Redakteur des Zentralorgans *Arbeiderbladet*, der auch zweiter Vorsitzender des Arbeidernes Ungdomsfylking (AUF), des Arbeiterjugendverbandes, war. Der damals Dreißigjährige war von 1927 bis 1929 in Berlin als Zeitungskorrespondent tätig gewesen und kannte seither alle namhaften deutschen Sozialisten. Deshalb hatte auch die SAP-Führung »Willy Brandt« bei ihm angemeldet. Moe sagte dem Ankömmling sofort Hilfe zu.

Er machte Frahm mit Chefredakteur Martin Tranmæl, dem 63jährigen Vordenker der DNA, sowie mit Oscar Torp, dem 24 Jahre jüngeren Parteivorsitzenden, bekannt und verhalf ihm zu einer billigen Bleibe in einem »blitzblanken Arbeiterhaushalt«. Vor allem aber sorgte er dafür, daß Frahm, der kaum noch fünfzig Mark in der Tasche und von der SAP nichts zu erwarten hatte, zu Geld kam. Schon am 11. und 20. April erschienen im *Arbeiderbladet*, mit »Willy Brandt« unterzeichnet und für Honorar, Artikel über die Gründe für den Sieg des Nationalsozialismus und die Situation in Hitler-Deutschland – Analysen des Versagens der Linken und Warnungen vor dem NS-Führer. Außerdem verschaffte Moe dem Emigranten eine ständige Unterstützung aus dem Justizfonds, aus dem Gewerkschaften eigentlich den Rechtsschutz ihrer Mitglieder finanzierten.

Frahm erhielt wöchentlich 15 Kronen und ab Mitte 1933, wegen seiner Mitarbeit bei der DNA, 30 Kronen, rund 22 Reichsmark. Davon gab er zwei Drittel für Nahrung und Heizung aus, obwohl er anfangs am Morgen oft trocken Brot und zu Mittag für 80 Øre in der Volksküche aß.[4] Ferner bekam er monatlich 50 Kronen Mietbeihilfe sowie Zuschüsse zu Arztkosten und Kleidungskäufen. In vier Wochen kamen so knapp 180 Kronen zusammen. »Dieser Betrag ermöglichte mir nur ein sehr bescheidenes Leben, aber ich fand es keineswegs bedrückend«, entsann sich Brandt später. Außerdem kassierte er ab und zu »bescheidene, doch willkommene Honorare« für Artikel oder Vorträge; ein längerer Bericht brachte ihm immerhin soviel wie der Justizfonds in zwei Wochen. Gelegentlich gab Frahm auch Deutschunterricht. Sozialbeihilfen bezog er übrigens nicht »nur in den ersten Wochen all meiner Auslandsjahre«, wie er 1947 dem SPD-Vorsitzenden Kurt Schumacher beteuerte. Nach Recherchen des Historikers Einhart Lorenz bezog er vom Justizfonds noch Mitte 1936 »reguläre wöchentliche Unterstützung«.[5] Diese Zahlungen wurden allerdings in jedem Quartal überprüft. Denn die Lage in Norwegen war alles andere als rosig.

Im Land der Fjorde, das nach 455 Jahren dänischer und schwedischer Oberhoheit 1905 souverän geworden war, hatten von 1918 bis 1932 zwölf Regierungen versucht, die nach Ende der Kriegskonjunktur und durch die Weltwirtschaftskrise entstandene Not zu beheben. Als Frahm in das 2,8 Millionen Einwohner zählende Königreich kam, lebten dort 20 Prozent der Bevölkerung von öffentlicher Hilfe. Zugleich breiteten sich völkische Ideen aus. Das Ausmerzen dänischer Lehnwörter – die Hauptstadt Kristiania hieß nun Oslo – war ebenso gang und gäbe wie eine reaktionäre Gesetzgebung und der Ruf nach dem »starken Mann«. Vidkun Quisling, von 1931 bis 1933 Kriegsminister, mischte Nationalismus, Marxistenhaß, Rassenvorurteile und Zivilisationskritik zu einer faschistischen Ideologie. Im Mai 1933 gründete der 45jährige die Nasjonal Samling (Nationale Sammlung). Hitler fand in Norwegens bürgerlicher Presse meist Wohlwollen, Emigranten konnten dagegen nur begrenzt Verständnis und Hilfe erwarten.

Die gewährten vor allem die norwegischen Gewerkschaften und die DNA. *Arbeiderbladet* rief im März 1933 zum Schulterschluß »mit den unterdrückten deutschen Genossen« auf. Spendensammlungen begannen. Zur Prüfung im Einzelfall wurde Ende April 1933 ein Flüchtlingskomitee gegründet. Frahm beriet dieses Gremium von Sommer 1933 an. »Die Norweger mit ihrer Gutherzigkeit (...) unterstuetzen jeden, der sich als Fluechtling ausgibt«, beobachtete er. »Praktisch ist es ja so, dass heute jeder Tippelbruder seine Tippelei irgendwie in Zusammenhang mit der Hitlerei bringt.«[6]

Allerdings errichtete das norwegische Fremdengesetz von 1927 für Einwanderer hohe Hürden. Sie mußten einen gültigen Paß vorweisen, einen Bürgen stellen und eine Beschäftigungserlaubnis haben; Einheimischen durften sie keinesfalls Arbeit wegnehmen. Die Einhaltung dieses Gesetzes wurde durch das Zentralpaßbüro mit Hilfe der Fremdenpolizei restriktiv überwacht. Der deutschen Gesandtschaft aber versprach die Behörde Anfang April 1933 Informationen über Immigranten,[7] und das übergeordnete Justizministerium erwog sogar, antifaschistische Flüchtlinge in Hitlers Machtbereich abzuschieben. Dabei gab es im ganzen Land nur sechs politische Emigranten mit Asylrecht und etwa drei Dutzend illegale Einwanderer.[8] »Norwegen (war) nicht so flüchtlingsfreundlich, wie später dann und wann behauptet wurde«, hielt Willy Brandt im Jahr 1982 fest.

Hin und Her um die Aufenthaltserlaubnis

Als Tourist eingereist, blieb Herbert Frahm den norwegischen Behörden zunächst fern. Als aber das liberale *Dagblad* die Ankunft »eines jungen deutschen Flüchtlings« meldete und die Polizei bei dem seit 1932 legal in Oslo ansässigen, zwanzigjährigen SAP-Mitglied Kurt Jonas nachfragte, beantragte der Lübecker am 27. April 1933 eine Erlaubnis für die Tätigkeit in der Pressestelle der Arbeiterpartei. Deren Chef Oscar Torp bestätigte, daß Frahm in Hitler-Deutschland »sicherlich politischer Verfolgung ausgesetzt« wäre, der DNA jedoch als Experte nützlich und durch einen Norweger nicht zu ersetzen sei. Als das »Centralpasskontor« den 19jährigen dennoch ersuchte, das Land bis zum 20. Mai zu verlassen, trat Torp in einem Brief an das Justizministerium erneut für seinen Schützling ein. Mit Erfolg. Mitte Juni gewährte die liberale Regierung Mowinckel Herbert Frahm bis 1. September Aufenthalt unter der Auflage, sich »jeder politischen Propaganda zu enthalten«.

Die Verbote, zu agitieren und Geld zu verdienen, umging der junge Emigrant durch einen Trick: Bei Behörden trat er seinem Paß gemäß als Herbert Frahm auf, im politischen Bereich und beim Broterwerb gebrauchte er den Decknamen Willy Brandt.[9] Das diente zugleich der Irreführung von Spitzeln und zum Schutz der Angehörigen in Deutschland. Ab November 1933 zeichnete er seine Publikationen überwiegend mit dem Pseudonym »Willy Brandt«. Es wird von nun an auch hier allein verwendet. Unter diesem Namen habe er geschrieben und gesprochen, erwiderte später der SPD-Chef auf die Frage, warum er bei »Brandt« geblieben sei: »Man sagt, ›man macht sich einen Namen‹. Ich habe im eigentlichen Sinne des Wortes mir diesen Namen gemacht.«[10] Mit einem Vorbehalt: Von Herbst 1937 bis immerhin Mitte 1942 signierte er Artikel kaum mit Willy Brandt, sondern mit »Felix Franke« oder »Ole Haugen«.

Emotional fand sich der Lübecker in Norwegen rasch zurecht. Schon seit seiner Reise von 1931 mochte er die wortkargen freundlichen Menschen und die imposanten Landschaften. In Oslo mit damals 260 000 Einwohnern hatte er keine Beklemmungen wie in den Häusermeeren von Berlin, Paris oder London. Im übrigen kam dem sympathisch wirkenden Willy Brandt die norwegische Eigenheit der »Seilschaften« zugute – der Beziehungsgeflechte von Gleichgesinnten quer durch die Volksschichten, um einander beizustehen. Der Politiker Halvard Lange und der Künstler Paul René Gauguin, die Parteifrau Aase Lionæs und der Journalist Per Monsen sowie deren Freunde haben Brandt oft geholfen, wie auch umgekehrt. *Arbeiderbladet*-Chef Martin Tranmæl mit seinem stechenden Blick, einem »verqueren Verhältnis zu Frauen« und einem missionarischen Antialkoholismus war ihm dagegen anfangs unheimlich. Politisch hielt er ihn für eine »hoffnungslose Mischung aus Reformismus, Pazifismus und revolutionären Phrasen«. Später durfte er ihn als Freund betrachten.

In Oslo wollte Brandt »Exilarbeit leisten, aber nicht als Emigrant leben«. Er vermied es, »eigene Wunden zu lecken«, und bemühte sich, heimisch zu werden: »In vielem (...) lebte und dachte ich wie die jungen norwegischen Arbeiter und Studenten, bei denen ich nun zu Hause war.« Trotz mäßiger Schulnoten in den Sprachfächern beherrschte er das Norwegische bald. »Ich hatte die Begabung eines Papageis, ich lernte mit den Ohren«, meinte der SPD-Vorsitzende. Zweifellos halfen ihm dabei das Plattdeutsch des Elternhauses sowie die Vorkenntnisse seit seiner Skandinavienreise und der Tätigkeit im Lübecker Hafen. Allerdings sprach er einen Akzent, der einen »Agenten« noch 1939 in einem Osloer Lokal hellhörig werden ließ. Brandt machte ihm weis, er rede ein Dialektgemisch, weil sein Vater als Postmeister oft versetzt worden sei.

Andere politische Emigranten unterließen, auf Hitlers baldigen Sturz hoffend, die Anpassung in der Fremde und scheiterten. Zwar glaubte 1933 auch Brandt an eine schnelle Heimkehr. Nach einer Rede im Industrieort Høyanger den Aurlandsfjord entlangwandernd, übte er laut die Rede, »die ich bei meiner Rückkehr nach Lübeck halten wollte«. Ab 1934 sagte er aber wie der SAP-Vordenker Fritz Sternberg voraus, das Exil werde »so lange dauern wie der Weltkrieg« 1914/18. Manche sahen darin eine »verderbliche Ausgabe von Pessimismus«. Daß er Deutschland schließlich ganze zwölf Jahre fernbleiben mußte, konnte auch er nicht ahnen.

In Oslo hatte Willy Brandt eine Fülle von Aufgaben zu bewältigen. Ihn motivierten dabei die strikte Gegnerschaft zum Nationalsozialismus und das Streben nach Einheit der Arbeiterbewegung. Beide Anliegen waren nach seiner Überzeugung Prämissen, um das Versagen der deutschen Linken von 1933 wiedergutzumachen und akute Probleme zu lösen. Nur wenn diese Beweggründe berücksichtigt werden, ist sein – manchmal zweifelhaftes – Verhalten im Exil zu verstehen.

Zur illegalen SAP in Deutschland bekam Brandt bald wieder Verbindung. Mit der Reichsleitung in Berlin konnte er unter Deckadressen korrespondieren, da die braune Postzensur erst in den Anfängen steckte. Ende Mai 1933 reiste zudem der Bibliothekar Henrik Hjartøy, ein DNA-Mitglied aus Rjukan, zu Studien an die Spree und nahm für die Untergrund-SAP im doppelten Boden eines präparierten Koffers Agitationsmaterial sowie 200 Reichsmark mit.

Einen Schwerpunkt der Arbeit Willy Brandts bildete die Abwehr der braunen Propaganda. Über die Lage in Deutschland hielt er schon bald in der Arbeiterhochschule auf der Insel Malmøya im Oslofjord einen Vortrag auf deutsch, den die Volkswirtin und Parteisekretärin Aase Lionæs, die 26jährige Freundin des SAP-Mitglieds Jonas, in die Landessprache übersetzte (1971 leitete sie das Komitee, das Brandt den Friedensnobelpreis verlieh). Unter den Zuhörern auf Malmøya saß Trygve Bratteli, der spätere Ministerpräsident. Einen Monat danach konnte Brandt bereits auf norwegisch vom Blatt reden. Doch merkte er, daß er auf Fragen »nicht genug antworten« konnte. Er hatte sich bisher zuwenig mit der NS-Ideologie befaßt.

In *Arbeiderbladet*, linken Jugendzeitschriften und Gewerkschaftsorganen erschienen bis Juli 1933 auf norwegisch acht mit »Willy Brandt« signierte Artikel sowie diverse anonyme Texte, die die DNA-Pressestelle auch in anderen der vierzig Parteiblätter im Land unterbrachte. In seiner Muttersprache behandelte der SAP-Emigrant ferner Ende April im Organ der DNA-Gymnasiastengruppe das Thema »Was hat die deutsche Jugend vom Faschismus zu erwarten?« (Siehe Dokument S. 411f.) »Ich schrieb viel«, meinte Brandt 1982. »Weniger wäre mehr gewesen. Zeilenhonorar (oder ähnliches) erzieht nicht zur Qualität.« Nebenbei gab er den Pressedienst *Skandinavien-Korrespondenz* heraus, verfaßte die 24-Seiten-Broschüre *Warum hat Hitler in Deutschland gesiegt?*, die erste längere Studie in Norwegen über das Ende der Weimarer Republik, und schrieb ein Kapitel des Sammelbandes *Deutschland unter dem Hakenkreuz*. Dieser Beitrag strotzte vor Angriffen auf die Sozialdemokratie. In der DNA fanden ihn einige »wertvoll«, andere, wie sein späterer Freund Halvard Lange, »einseitig« kommunistisch. Die Stalinisten in Oslo aber schmähten den Autor als »Abenteurer, Salonradikalen und intellektuellen Bohemien«, der »durch moralische Konterrevolution die politische vorbereitet«.[11]

Außer der Agitation gegen das NS-Regime hatte Willy Brandt nach Norwegen emigrierte SAP-Mitglieder zu leiten. Im April 1933 war dort die Sozialistische Arbeiterpartei nur durch ihn und Kurt Jonas vertreten. Doch ab Sommer trafen der 25jährige Tischler Herbert Noack, Deckname »Tarzan«, der in Stavanger eine Zeitlang Schwimmunterricht gab, der 1934 wieder abgeschobene Walter Klaus und der 30 Jahre alte, seinen Genossen höchst suspekte Schriftsetzer Georg Angerer ein.[12] Für die SAP-Gruppe Oslo war bis 1937 typisch, daß sie aus relativ jungen, in der Partei bisher lediglich lokal hervorgetretenen Mitgliedern bestand.

Menschlich und politisch wichtig für Willy Brandt wurde Anfang Juli 1933 die Ankunft seiner Freundin Gertrud Meyer. »Sie brachte Ordnung in mein ziemlich unregelmäßiges Leben«, gab er zu. »Trudel« war nach der Handelsschule in einer Lübecker Großrösterei als Stenotypistin angestellt, im Mai aber bei der Verbreitung antifaschistischer Flugblätter ertappt und fünf Wochen lang in »Schutzhaft« festgehalten worden. Daß sie Post aus Oslo weiterbefördert hatte, blieb unentdeckt; einen Brief Willy Brandts in ihrer Handtasche hatte sie auf der Fahrt ins Untersuchungsgefängnis gerade noch zerreißen und verschlucken können.[14] Von der Firma entlassen, transportierte Gertrud Meyer nach der Haft zum Beispiel in den Reifen ihres Fahrrads Agitationsmaterial.[13] In Norwegen, wo »Trudel« zunächst höchstens sechs Wochen bleiben wollte, erreichte sie die Warnung, daß sie bei der Rückkehr nach Lübeck als marxistische Kurierin verhaftet werden würde. So blieb sie bei ihrem Geliebten in Oslo.

Nicht zuletzt ihr hatte die SAP eine intakte Exilorganisation in Norwegen zu verdanken. Die 19jährige erledigte unentgeltlich die Alltagsarbeit im »Büro« – in dem möblierten

Zimmer, das Brandt und sie bewohnten. Sie tippte für ihren Freund Manuskripte und Briefe, wertete mit ihm Zeitungen aus, bereitete Schulungsabende vor, leitete regionale Spendensammlungen für deutsche NS-Opfer und suchte mit Aase Lionæs' Unterstützung neue Kontakte zu Norwegern. Beim Justizfonds beantragte »Trudel« für sich kein Geld. Zum gemeinsamen Lebensunterhalt trug sie bei, indem sie putzen ging.

Machenschaften gegen die Schwesterpartei

Der heikelste Teil des Auftrags für Willy Brandt betraf Det norske Arbeiderparti. Er sollte sie zur finanziellen »Milchkuh« der SAP machen[14] und vor allem auf einen revolutionären Kurs bringen. SAP und DNA waren Mitglieder der Internationalen Arbeitsgemeinschaft (IAG). Diesem 1930 gegründeten Dachverband unter Leitung des Briten Archibald Fenner Brockway gehörten bis zu 14 linkssozialistische Parteien »unterschiedlichen, meist geringen Gewichts« an, die sich weder der reformistischen Zweiten Internationale noch der Komintern angeschlossen hatten. Aus der Vereinigung, die auch spöttisch »Zweieinhalbte Internationale« oder nach dem Sitz ihrer Zentrale »Londoner Büro« genannt wurde, sollte ein autonomer revolutionärer Weltbund entstehen. Die SAP aber wollte die IAG und eines Tages die neue Internationale dominieren – mit dem Gewicht der gleichgeschalteten Norske Arbeiderparti.

Ein irrealer Plan. Denn nicht nur, daß Streit die Arbeitsgemeinschaft lähmte. »Ich erlebte Gezänk, das mit proletarischem Bewußtsein so wenig zu tun hatte wie mit Pflichten gegenüber der Arbeiterklasse«, erinnerte sich Brandt, der an vier IAG-Tagungen teilnahm. Hinzu kam, daß die SAP und die 1887 gegründete Norwegische Arbeiterpartei kaum noch etwas gemein hatten. Die DNA, die von 1919 bis 1923

Teil der Komintern gewesen war, trat seit Anfang der dreißiger Jahre für einen pragmatischen Kurs und soziale Reformen ein. 1933 war sie eine Volkspartei mit 87000 Mitgliedern. »Ein Gramm Macht wiegt mehr als eine Tonne Programme und Resolutionen«, hieß es.[15] Die SAP dagegen blieb, nicht nur wegen des braunen Terrors, eine in sich uneinige Splittergruppe, die den Umsturz anstrebte.

Willy Brandt scheint in Oslo die Tiefe der Kluft zwischen den beiden Parteien zunächst verkannt zu haben. Vermutlich wurde er durch die ihm als Person erwiesene Hilfe geblendet. Überdies nahm ihn der DNA-Nachwuchs als »assoziiertes Mitglied« auf, wodurch er auch der Partei angehörte; seine Post durfte er durch die Adressen des Jugendbüros oder führender linker Gymnasiasten tarnen. Unter Genossen galt er als »ernster junger Mann mit guten Prinzipien«, der mit Menschen »phantastisch umgehen« konnte, erinnerte sich sein damaliger Gefährte Torolf Elster. Ende Mai 1933 nahm Brandt als Gastdelegierter am DNA-Parteitag teil. Er verlas Grüße seiner Organisation und sammelte 324 Kronen für ihren Hilfsfonds, kritisierte aber ideologische Unklarheiten im Programm der Arbeiderparti und das Fehlen eines starken linken Flügels.[16]

Ständige Zahlungen an die SAP lehnte die norwegische Schwesterpartei bald ab und verbot außerdem fremde Spendenaktionen in ihren Reihen. Willy Brandt führte das anfangs darauf zurück, daß sie »nicht nur schrecklich gleichgueltig und behæbig, sondern auch peinlich formell« seien, und meinte: »Die meisten Leute in ihrer Führung glauben nicht an unsere Partei.«[17] Er bat deshalb die SAP-Spitze: »Wenn man sie von Vorstandsseite aus eingehend unterrichtet, ist es für mich leichter, etwas für die Partei herauszuholen.«

Brandt glaubte, die DNA von innen radikalisieren zu können. Dafür schien ihm die Nachwuchsorganisation geeignet zu sein, denn viele ihrer Mitglieder lehnten den Reformkurs der Partei ab. »Verwandte Seelen« traf er vor allem in der Osloer AUF-Gruppe »Frihet« (Freiheit) und ließ sich »in die halbkonspirativen Zirkel dieser Jugendopposition stärker hineinziehen, als es Vernunft und Takt geboten hätten«. Die Strategie, Norwegens Arbeiterpartei von außen zu revolutionieren, verfolgte dagegen Jacob Walcher alias »Jim Schwab«, der 46jährige Leiter der SAP-Auslandszentrale in Paris, der 170 Exilanten in neun Ländern vorstand. Er wollte den Kurswechsel mit Hilfe der selbständigen linksorthodoxen Gemeinschaft »Mot Dag« (Dem Tag entgegen) erreichen, die der SAP Geld gespendet hatte.

1922 als DNA-Gliederung für Intellektuelle gegründet, war sie drei Jahre später nach extremistischen Kapriolen aus der Partei verbannt worden. Seither bildete sie laut Brandt eine »elitebewußte, ordensähnliche Gruppe«, eine Art Kommune von rund 100 Akademikern mit gemeinsamen Mahlzeiten und Freizeitaktivitäten, mit Arbeits- und Abgabepflicht zugunsten der Organisation. Sie besaß einen Verlag und eine Abendschule. DNA, AUF-Jugend und Gewerkschaften verboten ihren Mitgliedern jede Zusammenarbeit mit Mot Dag. Deren »Hoherpriester« war der 1887 geborene Redakteur Erling Falk. »Er verstand zu analysieren, zu hypnotisieren und zu bezaubern. Er wußte seine Jünger anzuspornen oder mit Worten zu züchtigen«, charakterisierte ihn Brandt. »Ich stellte damals (...) fest, wie in einer politischen Gemeinschaft sadistische Neigungen sublimiert ausgelebt und masochistische Bedürfnisse anderer befriedigt werden können.« Falk beeinflußte Brandt zwei Jahre lang. Der SPD-Politiker aber schilderte diese Phase nur als »Gastspiel« voller Heimlichtuerei, und die meisten seiner Biographen erwähnten sie kaum.

Am 7. Juli 1933 kommt Jacob Walcher auf einer Inspektionstour durch Westeuropa für zwei Wochen nach Oslo.

Obwohl er die DNA einen Teil seiner Reisekosten bezahlen läßt,[18] ist sein Verhalten ihr gegenüber ein einziger Affront. Gleich nach der Ankunft konferiert er mit ihrem Erzfeind Falk und fordert dann in der Sommerschule von Mot Dag in Minnesund sowie in einem Zeltlager der AUF die Radikalisierung der Arbeiterpartei. Bitten um ständige Subventionen und die Zustimmung zur Aufnahme ausgerechnet der Akademikersekte ins Londoner Büro lehnen daraufhin die Spitzen der DNA und der Gewerkschaften endgültig ab.

Nach dieser Schlappe zieht sich Walcher mit Brandt und Gertrud Meyer, für Außenstehende damals »Frau Frahm«, in die Mot-Dag-Schule zurück. Als DNA-Mitglied verletzt der 19jährige dadurch Parteidirektiven. Noch schlimmer: Nach einem Gespräch mit Walcher ist er bereit, die Unterminierung der Norske Arbeiderparti von außen, durch die Intellektuellengruppe, zu steuern. Sein Auslandschef stellt darauf den Kontakt zwischen ihm und Falk her. Bei der DNA wächst derweil die Auffassung, Asylanten seien Intriganten. Oscar Torp äußert sich »außerordentlich kühl« über die »deutschen Freunde« und findet ihre Wünsche »bald læstig«. Von Willy Brandt spricht er nur noch »halb ablehnend«. Das Verhältnis zur SAP trübt sich völlig ein, als das Parteiblatt *Die neue Front* im Spätsommer in einem irrtümlich dem Lübecker zugeschriebenen Artikel DNA-Interna durchhechelt. Es sei »keine Freude, in Oslo zu sitzen«, seufzt Brandt in einem Brief an Walcher.

Freilich tut er auch nichts, um die Spannung zu verringern. Auf Walchers Wunsch sammelt er »Belastungsmaterial« über die Arbeiterpartei seines Gastlandes und über die KPD, »da wir späterhin doch mit Auseinandersetzungen zu rechnen haben« (siehe Dokumente S. 412 ff.). Im September hält er sich erneut eine Woche lang im Mot-Dag-Heim Minnesund auf und drängt zur Revolutionierung der DNA. Vier Wochen danach wird er als Herbert Frahm Mitglied

Nr. 96 der Akademikersekte und nimmt bald an Vorstandssitzungen teil,[19] bleibt aber in der DNA. Brandt konspiriert mit dem fünfzigjährigen Tranmæl-Gegner Olav Scheflo, der in Kristiansand eine Parteizeitung leitet (und Brandt nebenbei das Angeln beibringt). Anfang Dezember gründet er in Oslo ein sechsköpfiges Komitee zur Radikalisierung der Arbeiderparti. Auf zwei Reisen schafft er auch »in der Provinz« ein Netz von Komplizen für die Zeit, »wo wir offiziell mit der DNA fertig sind«.[20] (Siehe Dokument S. 415f.)

Weil Willy Brandt damals dem subversiven Kurs seines Auslandsleiters blind folgte, hieß es später, nach Leber sei Walcher sein »geistiger Vater« gewesen. Das dürfte übertrieben sein. »Jim Schwab«, ein kraftvoll-fröhlicher Mann, war für Brandt »einer der kernigsten Repräsentanten der alten deutschen Arbeiterbewegung«. Sicher hielt er ihn auch für den Richtigen an der SAP-Spitze, nachdem in Berlin Max Köhler, Klaus Zweiling und andere aus der Untergrund-Reichsleitung sowie Edith Baumann vom Sozialistischen Jugendverband am 22. August 1933 verhaftet worden waren. Die meist große räumliche Entfernung zwischen den beiden setzte aber dem Gedankenaustausch Grenzen und verhinderte ein echtes geistiges »Vater-Sohn-Verhältnis«.

Die Intrigen des 19jährigen gegen die Norwegische Arbeiterpartei wurmten deren Vorsitzenden Oscar Torp. Er hielt ihm aber Unerfahrenheit zugute und stand ihm in Gefahr weiterhin zur Seite. Damit sein Asylantrag besser begründet werden konnte, riet er ihm zur Immatrikulation an der Universität Oslo und bewog einen Professor, für Brandt bei den Behörden zu bürgen. Es drohte nämlich Unheil. Rechte Zeitungen forderten massiv die Abschiebung deutscher Emigranten. Das *Morgenblad* prangerte speziell Willy Brandt als »Agitator Frahn« an, der das Land längst verlassen haben müßte: »Die Person treibt hier weiter ihr Spiel und wühlt in den kommunistischen Zellen.«[21] Obwohl die deutsche Gesandtschaft den Artikel samt Namensfehler nach Berlin meldete, flog Brandts Tarnung nicht auf.

Die Osloer Fremdenpolizei kam indes bei Frahm zu dem Schluß: »Streng genommen sollte man sich von ihm trennen«[22] und beendete das Bleiberecht zum 1. September. Torp trat nun jedoch erneut im Justizministerium für den Emigranten ein, der damals aus Vorsicht nicht daheim übernachtete. Da die Regierung Mowinckel Adolf Hitler mittlerweile als Despoten ansah, verlängerte sie Brandts Aufenthaltserlaubnis. »Hätte nicht Oscar Torp seine schützende Hand über mich gestreckt (...), ich wäre verloren gewesen«, gab er 1989 zu.

Allerdings war er im Herbst 1933 noch nicht außer Gefahr. Gegen einen mit »Felix« signierten *Dagbladet*-Artikel über Hitlers Rüstungspläne protestierte die deutsche Gesandtschaft, was in Norwegen meist Repressalien gegen den Autor auslöste. Doch die Behörden entdeckten nicht, wer »Felix« war. Ende Oktober wurde Brandt mit Kurt Jonas und anderen aufgrund amtlicher Angaben in *Dagbladet* verdächtigt, einem sowjetischen Spionagering anzugehören.[23] Der SAP-Emissär verbarg sich vorsorglich in einem Hotel bei Sandefjord, etwa 120 Kilometer südlich von Oslo, bis die Polizei nach einigen Tagen ihre Beschuldigung zurückzog.

Trotz der heiklen Lage entfaltete Willy Brandt erstaunlich viel Selbstbewußtsein. »Fester auftreten«, hatte Walcher ihn Mitte 1933 brieflich ermuntert. »Du sollst nicht den Leuten als Schnorrer, sondern als Vertreter einer tapferen respektablen Partei gegenübertreten.«[24] Seine Berichte seien für ihn »sehr wichtig«, hatte der SAP-Auslandschef dem 19jährigen geschmeichelt und in einem Rundbrief dessen »Geschick und nimmermüde Aktivität« gelobt. Brandts Rat war auch gefragt, als Jacob Walcher und Leo Trotzki, zwei alte Bekannte aus der Frühzeit der Komintern, Mitte 1933 im französischen Atlantikbad St.-Palais über die Fusion ihrer

Splitterparteien und eine Vierte Internationale diskutierten. Ein Umsturz in Norwegen wurde dabei zur Kernfrage. Das Konzept des verbannten Bolschewiki – nicht Benutzung der DNA, sondern Revolte gegen sie – lehnte Brandt von Oslo aus ab.[25] Trotzki weigerte sich künftig, ihn zu treffen. Er warf ihm eine »opportunistische Haltung in der ›Norwegischen Frage‹« vor.

Am 7. November 1933 ließ Willy Brandt die Exilführung in Paris wissen, er wolle anstelle ihres offenbar überforderten Mitglieds Siegfried Pfeffer die Zentrale Auslandsstelle der Parteijugend, des SJV, übernehmen[26] – wegen der vielen jungen SAP-Emigranten eine wichtige Funktion. Walcher stimmte zu. Brandt begann sofort, ein Netz von Kontaktleuten aufzubauen. Doch die Aufgaben wuchsen ihm über den Kopf. »Alles lastet auf einem, ich mache es, so gut ich kann«, hatte er schon im Oktober geklagt. Nun stöhnte er: »Das Ganze ist eine furchtbare Arbeit, und ich bedaure fast, dass ich es uebernommen habe.«[27] Andererseits wurde er arrogant. Das dürftige Ergebnis einer Schweden-Reise stellte er der Schaltstelle in Paris als Riesenerfolg dar: »Das ist positive Haltung, Genossen!« Franz Bobzien, den 26jährigen SAP-Sprecher in Kopenhagen, schwärzte er bei Walcher wegen angeblich »fehlender Organisationsfæhigkeit« an,[28] und die neue illegale Reichsleitung in Berlin unter dem 30 Jahre alten Journalisten Walter Fabian schulmeisterte er auf überhebliche Art.

Der SAP-Exilchef, der Brandt zu mehr Rückgrat geraten hatte, mußte ihn Mitte November 1933 bremsen: »Du setzt Dich ein bischen zu sehr aufs hohe Roß.« Vier Wochen später warnte Walcher: »Mein lieber Willy, Du beginnst Dich zu übernehmen. Weniger wäre entschieden mehr.« Anfang 1934 mahnte er schließlich seinen Emissär in Oslo: »Wenn Du Dir zu viel vornimmst, kann es leicht geschehen, dass Du Dich übernimmst und so letzten Endes die Entwicklung nicht förderst, sondern hemmst.«[29] Brandt räumte Mißverständnisse ein. Den menschlichen Aspekt von Walchers Rügen überging er.

Immer wieder Risiken und Probleme

Ende 1933 laden junge holländische Linke ihnen Gleichgesinnte zur Gründung einer – dem Londoner Büro angelehnten – Jugendinternationale ein. Das Treffen soll im Februar in dem Ort Laren stattfinden, 127 Kilometer von der deutschen Grenze entfernt bei Amsterdam.[30] Um auch die SAP-Auslandszentrale an der Seine besuchen zu können, erfindet der Lübecker für den französischen Visumsantrag einen Onkel im Elsaß. Mit Schiff und Bahn fährt er in drei Tagen über Kopenhagen, Esbjerg und Dünkirchen nach Paris, wo gerade ein Generalstreik stattfindet. Länger als eine Woche berät er dann mit der Exilleitung über die Jugendinternationale. Dabei sieht er Paul Frölich wieder, der ursprünglich die SAP in Oslo vertreten sollte und nach der KZ-Haft mit seiner Lebensgefährtin Rose Wolfstein in Walchers Kreis aufgenommen worden ist.

Am Abend des 24. Februar 1934, einem Samstag, kommen in der Larener Jugendherberge »De Toorts« (Die Fackel) zwanzig junge linke Funktionäre aus neun Nationen zusammen, darunter fünf Delegierte des SJV, Finn Moe für den norwegischen AUF und der 34jährige Anwalt Aake Anker Ording für Mot Dag (den Brandt in seinen Memoiren mit dem Historiker Arne Ording verwechselt[31]). Kaum sind die Begrüßungsreden gehalten, dringen gegen 22 Uhr Polizisten in die Unterkunft ein. Sie nehmen 16 Ausländer fest, weil sie sich trotz Verbots in den Niederlanden politisch betätigt haben.[32] Auf der Polizeiwache müssen sich die Deutschen separat aufstellen. Moe und Ording können gerade noch verhindern, daß Brandt sich zu seinen SJV-Genossen Franz Bobzien, Kurt Liebermann, Hans Goldstein und Heinz Hoose gesellt. Sie überreden ihn, entsinnt sich Brandt, »daß ich meinen deutschen Paß (...) in der Tasche ließ und das Dokument über meine norwegische Aufenthaltserlaubnis vorzeigte«. Moe und Ording halten sich dicht neben ihm, um ihn als ihren Landsmann erscheinen zu lassen. Nach Verhören werden die Festgenommenen außer den vier Deutschen auf einem Lkw nach Amsterdam geschafft, wo sie, die Internationale singend, ins Polizeigefängnis einziehen.

Dort stellt sich Brandts wahre Identität bald heraus, ohne daß dies für ihn Nachteile hat. Wie bei Eskapaden am Gymnasium oder in der Politik – und wie noch oft im Leben – bleibt ihm das Glück treu. Nach zwei Tagen, so erinnert sich Ording, werden die in Amsterdam Inhaftierten in den Zug nach Brüssel gesetzt und verlassen dank ihrer Pässe ohne Probleme die Niederlande. Brandt dagegen kolportiert, sie seien tagelang festgehalten, dann unter Bewachung mit der Bahn »bis kurz vor die belgische Grenze gebracht« und »auf einem Schleichweg« aus Holland ausgewiesen worden.

Am ausgemachten Treffpunkt, einer Schule in Brüssel, deren Hausmeister Trotzkist war, wartete die Gruppe auf die in Laren zurückgehaltenen SJV-Genossen. Doch vergebens. Nach dreißig Stunden Einzelhaft waren die vier in Handschellen an die deutsche Grenze transportiert und den Büttteln des Dritten Reichs übergeben worden. Proteste in den Demokratien nutzten nichts. Franz Bobzien wurde 1934 wegen Hochverrats zu vier Jahren Zuchthaus verurteilt, kam anschließend ins KZ Sachsenhausen und starb 1941 beim Bombenräumen in Berlin. Die anderen drei überlebten trotz Verfolgung die NS-Zeit. Wie schon bei Verhaftungen in Lübeck[33] behauptete Brandt in seinen Autobiographien: »Die ausgelieferten Kameraden luden auf mich ab, was sich an belastendem Material nur abladen ließ. So wuchs mein Schuldkonto bei der Gestapo.« In den Akten seiner Ausbürgerung steht davon nichts.[34]

Die nach Brüssel gelangten Jugendfunktionäre setzten im Keller jener Schule das nun zur Tarnung »Liller Konferenz« genannte Treffen mit Tätigkeitsberichten fort. Über die geplante Internationale brach Streit aus. Brandt forderte die Einbeziehung junger oppositioneller Sozialdemokraten und für den SJV die führende Rolle, was Finn Moe und Trotzkis Anhänger ablehnten. Um den Weltbund vorzubereiten, wurde letztlich ein »Büro der revolutionären Jugendorganisationen« konstituiert.

Nach der turbulenten Tagung nahm Willy Brandt vom 4. bis 9. März in Paris an der erster Sitzung der SAP-Auslandszentrale teil. »Tage- und nächtelange Debatten um die ›Perspektive‹ – wie lange würde Hitler sich halten? – mündeten immer wieder in die Suche nach der einen und reinen sozialistischen Lehre«, erinnerte er sich später. Mit den 14 anderen Teilnehmern war er für die Revolutionierung der Zweiten Internationale. Wie das aber geschehen sollte, blieb unklar.

Am 18. März wieder in Oslo, schlug Brandt heftige Antipathie entgegen, als er bei einer Sitzung des AUF-Vorstandes reden wollte. »Die ganze Sippschaft der Partei- und Jugendleitung geriet in Raserei und lud all ihre Wut und ihren Geifer über die Opposition und über mich als den hinter ihr stehenden Teufel aus«, meldete er nach Paris.[35] Weshalb die Aversion? Nicht nur, daß die Norweger durch Finn Moe über Brandts Querschüsse gegen ihren Kurs während der »Liller Konferenz« informiert worden waren, im SAP-Blatt *Die neue Front* hatte der Lübecker der DNA auch eine arbeiterfeindliche Politik und »Zugeständnisse an die faschistische Ideologie« vorgeworfen.

Drei Wochen später, am 10. April 1934, stellte Torp Willy

Brandt zur Rede. Der DNA-Vorsitzende habe sich besänftigen lassen, bemäntelte später der Deutsche den Disput. Tatsächlich ging es dabei aber heftig zu, wie Brandts (hier gekürzter) Bericht an Walcher beweist.[3]

Torp: »Ich habe volles Verständnis für radikale Strömungen innerhalb der Bewegung. Nicht dulden können wir aber, daß jemand, den wir als einen der unsrigen betrachten, eine fraktionelle Tätigkeit in Zusammenarbeit mit einer gegnerischen Gruppe betreibt. (...) Feste Unterstützung können wir nur an Leute zahlen, die sich loyal gegenüber der Partei benehmen.«

Brandt: »Mir sind viele Genossen bekannt, die wie ich Verbindungen zu Mot Dag haben. (...) So möchte ich von Dir wissen, was erlaubt und was verboten ist.«

Torp: »Die Grenze liegt bei einem selbst. Du lässt Dich mißbrauchen. Bist Du Mitglied bei Mot Dag?«

Brandt: »Ich gehöre der Gruppe Mot Dag nicht an, denn ich bin ja Mitglied Eures Jugendverbandes und damit der Partei. (...) Meine Tätigkeit lasse ich aber nur davon leiten, was ich für das Beste der Bewegung halte. Es ist dabei sicher nicht selten der Fall, daß meine politischen Auffassungen nahezu mit denen von Mot Dag zusammenfallen. (...) Schließlich bin ich Vertreter meiner deutschen Organisation und habe auch den Auftrag, mit Mot Dag Fühlung zu halten.«

Willy Brandt war gewiß davon überzeugt, daß sein Kampf gegen den Reformismus der DNA »das Beste« für die Arbeiterbewegung sei. Doch die Beteuerung, er gehöre Mot Dag nicht an, entsprach nicht der Wahrheit. Das Dementi scheint Torp indes akzeptiert zu haben. Der SAP-Repräsentant erhielt weiter 50 Kronen Mietzuschuß pro Monat; auf die übrige Beihilfe hatte er zuvor verzichtet. Außerdem bewirkte der DNA-Chef erneut eine Verlängerung der Aufenthaltserlaubnis für Brandt. Nun bis Spätherbst 1934, zur Aufnahme eines Studiums.

Torps Hilfe verblüffte den jungen Emigranten. Erst später erkannte er, daß in Skandinavien politische Differenzen Solidarität nicht ausschließen. 1982 rechnete Brandt es dem DNA-Vormann »hoch an, daß er mich den Ärger, den ich ihm anfangs in der Partei bereitete, nicht vergelten ließ«. Im Frühjahr 1934 jedoch glaubte der Zwanzigjährige, der Norweger habe ihm aus »einem gewissen Respekt vor der Opposition« verziehen,[37] und verstärkte sogar seine Attacken. Er warf »fast allen kleinen und großen Bonzen Kapitulationstendenzen« vor Hitlers Ideen vor und meinte, daß »Typen vom Schlage Finn Moes faschistische Ideologien in die Bewegung hineintragen«.[38] Bei der Jahresversammlung des AUF im Mai 1934 wurde er deswegen als »Spion« und »Fraktionsschieber« beschimpft, und ein Funktionär rief, ihm mit der Faust drohend: »Dich, Willy Brandt, werden wir aus dem Land jagen!«[39] Mit 102 zu 63 Stimmen wurde ihm das Rederecht verweigert.

Den Schwerpunkt seiner Tätigkeit verlegte der Leiter der Osloer SAP-Zelle nun zu Mot Dag. Er wurde dessen Geschäftsführer, schrieb für das von den DNA-Gegnern publizierte *Arbeidernes Leksikon* (Arbeiterlexikon) und wirkte an der ersten norwegischen Ausgabe des *Kapitals* von Karl Marx mit. Die Behauptung in seinen Memoiren, er habe die Zusammenarbeit mit Mot Dag »relativ rasch« beendet, ist falsch. Willy Brandt gehörte der Intellektuellengruppe fast zwei Jahre lang aktiv in prominenter Position an. Das hatte übrigens einen Nebeneffekt, den er auch später anderwärts schätzte: Er verkehrte mit Literaten und Künstlern, mit dem Dichter Arnulf Øverland etwa oder dem Erzähler Sigurd Hoel.

In finanzieller Hinsicht freilich war der Akademikerzirkel für die SAP eine Enttäuschung. Außer den Portokosten der Osloer Gruppe konnte Mot Dag kaum eine Krone zahlen, da die Sekte praktisch bankrott war.[40] Eine

Wohltat bedeutete es für die SAP, als ihr der Justizfonds trotz aller Differenzen Ende 1934 auf Antrag des Lübeckers 2000 Kronen bewilligte. Das geschah unter dem Eindruck der Verfolgung von SAP-Genossen im Dritten Reich. Norwegens Sozialisten unterschieden tatsächlich genau zwischen Trotz und Solidarität.

6. Kapitel
Jahre voller Unrast
Ein Antifaschist zwischen allen Stühlen

Das Büro der revolutionären Jugendorganisationen, das auf der »Liller Konferenz« gegründet worden war, eröffnete am 1. Juni 1934 in Oslo sein Sekretariat. Ihm gehörten Willy Brandt als »korrespondierender Sekretär«, der Trotzkist Heinz Epe und Aake Anker Ording von Mot Dag an. Die Akademikergruppe gewährte der Schaltstelle des Jugendbüros in ihrem Hauptquartier Obdach. Bei den Treffen der drei ging es aber oft so laut zu, daß die Hausherren ihnen schließlich verboten, ihre Konflikte dort auszutragen.¹

Das Gezänk setzte den Streit zwischen Trotzki und Walcher über eine Vierte Internationale fort. Epe schimpfte Brandt einen Betrüger und Opportunisten, Ording einen Dilettanten² und warf beiden vor, die Beschlüsse von »Lille« zu sabotieren. Der SAP-Vertreter andererseits versuchte im August 1934 gleich bei der ersten Sitzung des Dachverbandes, den Trotzkisten aus dem Sekretariat zu drängen.³ Sieben Monate später verwarf er bei einer Tagung der Internationalen Arbeitsgemeinschaft den Plan eines vierten roten Weltbundes, für den Epe in Oslo eintrat. Leo Trotzki attackierte nun Brandt direkt: »Auf die Pariser Konferenz (der IAG) kommt der junge Mann der SAP, um uns anzugreifen. (...) Unsere jungen Sektionen müssen klar und unbarmherzig über sein Verhalten urteilen. Es ist nötig, ihn zu verdammen und zu dementieren.«⁴ Zwar gab das Sekretariat monatlich ein *Internationales Jugend-Bulletin* heraus. Die Kommunikation mit den Mitgliedsverbänden klappte jedoch ebensowenig wie die Finanzierung, und politische Aktionen blieben aus.

»Die Kontakte mit den linkssozialistischen Jugendgruppen waren nicht sehr ergiebig«, heißt es bagatellisierend in Willy Brandts Autobiographie *Mein Weg nach Berlin*. »Den Freunden und mir lag das Sektiererische nicht, und so suchten wir die Zusammenarbeit mit den uns nahestehenden sozialdemokratischen Jugendverbänden. Das brachte mich auch in Verbindung mit Erich Ollenhauer.«[5] Tatsächlich spielte er aber in dem »blutleeren Gebilde« von maximal 14 meist kleinen marxistischen Nachwuchsgliederungen immerhin 24 Monate lang die führende Rolle. Ollenhauer traf er erst Mitte 1938, nachdem er sich davon jahrelang »keinen Erfolg« versprochen und die Säuberung der SPD von reformistischen »unverbesserlichen Schädlingen durch sozusagen operative Eingriffe« propagiert hatte.[6]

Als Auslandschef des Sozialistischen Jugendverbandes und damit als Mitglied der erweiterten SAP-Exilzentrale stemmte sich Willy Brandt innerhalb seiner Partei gegen die Vernachlässigung der jungen Generation. »Wenn wir (Hitler) eine lange Perspektive stellen und ziehen die Jugend nicht in Rechnung, bauen wir auf falschem Grund. Denn es sind dann die 15jährigen von heute, die die Revolution durchführen müssen«, mahnte er.[7] Nach außen bekam die subversive Arbeit ins Dritte Reich hinein für den Lübecker einen höheren Stellenwert, zumal sich die Auslandszentrale in Paris mehr und mehr auf internationaler Ebene betätigte. Der SAP-Resident in Oslo erstellte Schulungsmaterial für »Illegale«, gab seit März 1935 die Zeitschrift *Kampfbereit* im Kleinformat heraus und schrieb zahllose verschlüsselte Briefe. Die in der SAP übliche Codierung war indes simpel: Paris etwa wurde mit AdS (An der Seine), Prag mit AdM (An der Moldau), ein Ausweis mit »Wäsche« und dessen Fälscher mit »Schneider« bezeichnet.

Agitationsmittel der SAP gelangten teils durch tschechoslowakische Diplomaten,[8] teils durch linke Eisenbahner und

Seeleute ins Dritte Reich. Auch Norweger stellten sich bei Deutschland-Reisen Willy Brandt als Boten zur Verfügung. Der Geodät Nils Kåre Dahl zum Beispiel, ein Hauptmann der Reserve und Mot-Dag-Mitglied, verbarg im doppelten Boden seines Koffers SAP-Drucksachen und legte auf die eigene Habe seine Offiziersjacke. Aus Respekt vor Uniformen durchsuchte, wie erwartet, die deutsche Grenzpolizei das Gepäck nicht. Vor allem aber schmuggelte die Sozialistische Arbeiterpartei Material durch ihre Kuriere mit Hilfe ortskundiger »Grenzsekretäre« ins Dritte Reich. Auf diese Weise ließ Brandt zum Beispiel eine in Oslo gedruckte Programmschrift mit dem falschen Titel *Die Aufgaben der Deutschen Arbeitsfront* und der Verfasserangabe »Dr. Völtzer« nach Deutschland bringen.[9] Die Arbeitsfront gängelte im braunen Staat alle Berufstätigen, und Friedrich Völtzer war der NS-Reichskommissar im Stadtstaat Lübeck.

Umgekehrt diskutierte Willy Brandt in Dänemark mit deutschen »Illegalen«, zum Beispiel auch mit seinem einstigen Gefährten Emil Peters. Bei Wochenendfahrten mit dem Schiff nach Kopenhagen verließen dort diese »Ausflügler« die Reisegesellschaft, gingen zu einem Treffpunkt und wurden von dänischen Genossen in eine Wohnung gebracht, »in der man ohne Gefahr miteinander reden konnte, meist bis in die Nacht, mit Fortsetzung am nächsten Morgen«. Den Ehrgeiz der SAP fürchtete sogar die Gestapo: »Es ist die einzige Partei, bei der immer wieder festzustellen ist, daß sich Mitglieder untereinander weiterschulen.«[10]

Nebenbei mühte sich Brandt, die Kommunikation technisch zu verbessern. Um das Gewicht von Druckschriftensendungen zu verringern, besorgte er preiswert dünnes »Bibelpapier«. Er regte 1933 an, Rundschreiben durch mehrfaches Ablichten in Paßbildkabinen herzustellen.[11] Zu weiteren Experimenten mit der Kamera ermunterte er den 28jährigen Adam Harth, einen 1935 von Berlin nach Oslo emigrierten Genossen, der in einem Fotogeschäft arbeitete. Dessen Versuche scheiterten aber ebenso wie das Projekt eines Kurzwellensenders.

Hilfe für Genossen vor dem Volksgerichtshof

In Deutschland stärkte Adolf Hitler durch Terror und scheinbar legale Maßnahmen, durch Abbau der Arbeitslosigkeit und skrupellose Propaganda seine Macht. Als Reichspräsident von Hindenburg Anfang August 1934 im Sterben lag, machte sich der Partei- und Regierungschef auch zum Staatsoberhaupt. Die Alleinherrschaft festigte die braune Tyrannei endgültig. Um so bedeutsamer war ein Coup Willy Brandts für Genossen in Not.

Die Verfahren gegen Max Köhler, Klaus Zweiling, Edith Baumann und 22 andere Mitglieder der illegalen SAP, die im August 1933 und im Februar/März 1934 verhaftet worden waren, hatte der neugeschaffene Volksgerichtshof in Berlin übernommen, dessen Urteile nicht angefochten werden konnten. Es war sein erster Monsterprozeß. Die Anklagen lauteten auf Vorbereitung oder Aufforderung zum Hochverrat und auf Fortführung einer verbotenen Partei; der 33jährige staatenlose Redakteur Stefan Szende aber, ein gebürtiger Ungar, wurde des Hochverrats zugunsten eines ausländischen Staates beschuldigt, worauf die Todesstrafe stand.

Die Anklageschrift von 73 Seiten und Berichte über Folterungen der Häftlinge gelangten ins Ausland. Ein Redakteur der *Berner Tagwacht* startete eine Pressekampagne. Die Schriftsteller Romain Rolland, André Gide und André Malraux schickten Hitler ein Protesttelegramm, und Norwegens Arbeiterpartei spendete für die Verfolgten die schon erwähnten 2000 Kronen.

Willy Brandt aber veranlaßt mit Hilfe des Mot-Dag-Gefährten Aake Anker Ording 19 norwegische Rechtsanwälte, darunter der spätere erste UNO-Generalsekretär Trygve Lie, sowie drei Jurastudenten zu gemeinsamen Eingaben beim Justiz- und beim Außenministerium in Berlin. Auf Briefbögen der Kanzlei Aake Ording/Brynjulf Bull protestieren sie am 22. Oktober 1934 schärfstens gegen die Mißhandlung von Inhaftierten und die Anwendung nachträglich erlassener Gesetze, gegen »grobe Verletzungen der allgemeinen strafrechtlichen und prozessualen Regeln, die sonst in allen zivilisierten Staaten gelten«.[12] Im Reichsjustizministerium wird die Zuschrift offenbar fälschlich als formelle Resolution des norwegischen Juristenverbandes angesehen.

Vom 26. November an stehen 24 SAP-Mitglieder vor dem 2. Senat des Volksgerichtshofs (das Verfahren gegen den von Holland ausgelieferten Kurt Liebermann ist wegen eines Formfehlers abgetrennt worden). Als das Tribunal den Sitzungssaal betritt, grüßen Zweiling, Edith Baumann und zwei andere Angeklagte wie Nationalsozialisten mit erhobenem rechtem Arm.[13] Überhaupt tritt die SJV-Vorsitzende, nach 1946 Spitzenfunktionärin der SED und FDJ, als »kleines, unschuldiges, irregeführtes Mädchen« auf. »Ich konnte gut verstehen, daß sie es aufs Überleben anlegte«, meint Brandt im Alter. 1934 macht der Volksgerichtshof wegen der weltweiten Aufmerksamkeit Konzessionen. Der Vorsitzende, Landgerichtsdirektor Walter Hartmann, seit Mai 1933 NSDAP-Mitglied, verliest neben anderen Protestbriefen auch das von Brandt initiierte Schreiben. »In den Augen der Angeklagten spiegelten sich Stolz, Angst und Bestürzung«, berichtet Stefan Szende. Sie dürfen Narben aus Verhören vorweisen, wegen Amtsmißbrauchs wird im Zeugenstand ein Gestapobeamter verhaftet, durch Folter erpreßte Aussagen bleiben unberücksichtigt; den Vorwurf des Hochverrats gegen Szende zieht der Reichsanwalt zurück. Die

Urteile fallen am 1. Dezember relativ milde aus: Köhler, Zweiling und Edith Baumann werden mit je drei Jahren Gefängnis, Szende und drei weitere Funktionäre mit zwei Jahren Zuchthaus sowie zwölf Angeklagte mit bis zu 30 Monaten Haft bestraft; außerdem gibt es fünf Freisprüche.

»Für einen kleinen ›Emigranten‹ in Oslo war es das Zeichen, Rettungsaktionen auch dann nicht abzubrechen, wenn sie aussichtslos schienen«, zieht Willy Brandt Bilanz. Die gelinden Urteile gegen »Köhler und Genossen« bleiben indes Ausnahmen, die vermutlich Hitlers Sondergericht Reputation verschaffen sollen. Kurt Liebermann kommt 1935 für sechs Jahre ins Zuchthaus. Die Hauptangeklagten der Premiere des Volksgerichtshofs überleben übrigens das Dritte Reich – Köhler in Paris und Kopenhagen, Zweiling in einem Strafbataillon, Edith Baumann als Stenotypistin in Berlin und der nach der Haft abgeschobene staatenlose Szende in Prag und Stockholm, wo er Brandts Weg kreuzt.

Zur Zeit jenes Coups besserte sich für den Lübecker die Situation in Norwegen. Eine Ausweisung mußte er nicht mehr befürchten, da sein Gönner Torp nach Wahlsiegen der DNA Bürgermeister von Oslo und Ende 1935 Verteidigungsminister wurde. Außerdem stiegen die Honorareinkünfte. »Mir ging es in meinen norwegischen Jahren nicht schlecht«, schrieb er später. »Meine materielle Existenz war, nach einem etwas harten Beginn, sorgenfreier als die der meisten Schicksalsgefährten.« Im Dezember 1935 zogen er und »Trudel« aus einer »möblierten Bude« in eine Vier-Zimmer-Wohnung nahe dem Osloer Ostbahnhof um. Hier wurden auch politische Dispute abgehalten und durchreisende Genossen beherbergt. In der zweiten Hälfte 1937 bekam »Herbert Frahm aus Lübeck« einen Fremdenpaß.[14] Norwegen hatte ein Völkerbundsstatut ratifiziert, wonach Emigranten Ausweise ihrer Asylländer auszustellen waren.

Auf Anraten Oscar Torps hatte sich Brandt an der Universität immatrikuliert. Bei der Aufnahmeprüfung im September 1934 durfte er Auguste Comtes Soziologie auf deutsch behandeln, erhielt die Note »gut« und hörte dann Geschichtsvorlesungen. Walcher, der ihn in Deutschland einsetzen wollte, sah diesen Plan nun gefährdet. »Du willst also zu den Quellen der Philosophie steigen. Glückliches Land, wo Emigranten sich solche Aufgaben stellen können«, schrieb er maliziös.[15] Für Willy Brandt blieb indes »jede Tätigkeit der antinazistischen Aufgabe untergeordnet«. Seine Universitätsausbildung blieb deshalb ein Torso. »Meine politischen Aufgaben und der Krieg hinderten mich leider daran, das Studium zu einem organischen Abschluß zu bringen«, erklärte er später. Was nur zur Hälfte stimmt. Denn bis zum Krieg vergingen noch zehn Semester.

Willy Brandts Tageslauf begann in jener Zeit gegen zehn Uhr. Nach dem Frühstück holte er die Post aus einem vorsichtshalber von Gertrud Meyer gemieteten Schließfach oder bei seinem Vertrauten Gunnar Nielsen ab. Wieder daheim, brachte er nach der Post- und Zeitungslektüre am Schreibtisch in einer Wohnzimmerecke, Pfeife rauchend, Briefe oder einen Artikel zu Papier, die »Trudel« abtippte. Am Nachmittag verschickte Brandt die Schriftsachen oder trug sie zur DNA-Pressestelle. Seine Freundin kassierte Tage später die Honorare. »Wenn man sein Brot eine Reihe von Jahren dadurch verdient, daß man schreibt, prägt einen das für den Rest des Lebens«, fand Willy Brandt.[16]

In der Freizeit spielte er dann und wann mit norwegischen Freunden Fußball. An Wochenenden und langen Sommerabenden »boten Fjord und Wald viele Möglichkeiten der Freude und Erholung«, erinnerte er sich 1982. Der 16 Monate jüngere SAP-Genosse Walter Michaelis alias »Sverre«, der kurz vor Weihnachten 1934 aus Berlin nach Oslo kam, brachte ihm überdies die klassische Musik nahe. Alkohol verschmähte der Lübecker in geselliger Runde nicht mehr, bekundete sein DNA-Kumpan Torolf Elster. 1934 verbrachten Brandt und seine Freundin den Sommerurlaub in einem Mot-Dag-Heim am Oslofjord und in den Jahren danach recht bescheiden an der westnorwegischen Küste.

Die Ansichten über den jungen Deutschen mit dem lockigen Haar und den markanten Backenknochen waren in Oslo gespalten. Brandt sei »eine sehr anziehende Persönlichkeit« gewesen, beteuerte der britische Sozialist Walter Padley. »Er zeigte eine Mischung von echter Schüchternheit und unbeirrbarer Entschlossenheit.«[17] Der Historiker Edvard Bull jun. und die Sozialministerin Rakel Seweriin hoben später seine Verdienste um die Aufklärung der Norweger über den Nationalsozialismus hervor;[18] auch der Diplomat Johan Cappelen lobte die weltoffenen Diskussionsbeiträge des Lübeckers im »etwas begrenzten außenpolitischen Milieu Oslos«.[19] Mit Brandt trafen sich der aus Deutschland emigrierte Mathematiker und Radikaldemokrat Emil Gumbel, der Arzt und Dramatiker Friedrich Wolf und der russische Schriftsteller Ilja Ehrenburg. Der Sexualaufklärer Max Hodann, den er einst zu einem Vortrag nach Lübeck geholt hatte, und der Psychoanalytiker Wilhelm Reich, der 1931 in Berlin den Verband für Proletarische Sexualpolitik (Sexpol) gegründet hatte, führten mit ihm ebenfalls »anregende und phantasievolle« Gespräche.[20] Andere hingegen wie Torp, Moe, Epe und sogar Walcher hielten den jungen Emigranten zuweilen für opportunistisch, hinterlistig oder überheblich. Manch einer brach den Kontakt mit ihm bald nach dem Kennenlernen wieder ab.

Über die Vorgänge in Lübeck war Willy Brandt durch verschlüsselte Briefe dortiger Genossen und durch Gespräche mit linken »Ausflüglern« in Kopenhagen informiert. Den nächsten Angehörigen sandte er bisweilen ein kaschiertes Lebenszeichen, und sie schrieben ihm an eine norwegische

Deckadresse. Mitte 1934 traf er in der dänischen Hauptstadt Onkel Ernst, den 37jährigen Halbbruder seiner Mutter. Von ihm erfuhr er andeutungsweise, daß er mit »Großvater« Ludwig Frahm nicht blutsverwandt sei. Zwölf Monate danach sahen Brandt und Gertrud Meyer ihre Mütter wieder, die ebenfalls per Schiff einen Abstecher nach Kopenhagen machten. Der Anlaß war traurig. Kränkelnd und als Sozialist verzweifelt, weil »alles dahin« war,[21] hatte sich Ludwig Frahm, 59 Jahre alt, am 15. Juni daheim im Badezimmer erschossen. Brandt war erschüttert. Er fühlte sich sowieso »sehr viel älter geworden«, und nun dieser Verlust: »Mit der Lübecker Kindheit verband mich nur noch wenig.« 1937 schließlich wurde der 23jährige in Oslo von seinem Stiefvater Emil Kuhlmann besucht, der mit der braunen Freizeitorganisation »Kraft durch Freude« auf Nordlandreise war. »Wir brauchten uns nicht gegenseitig zu erklären, wie wir zueinander standen; da war das starke Gefühl einer inneren Verbundenheit – es hatte etwas Tröstliches und Stärkendes.«

Not und Gefahr, Enttäuschung und Streit

Willy Brandt betrachtete es im Exil zwar »als einen Vorzug, auch als ein Vorrecht, nicht mit dem Verderben paktieren zu müssen«. Doch den Alltag der Emigranten erfüllten nicht erhabene Gedanken, sondern meist Not und Streit, Enttäuschung und Gefahr. Frustrierend war für sie, daß die Hetze des NS-Regimes sie zu Verbrechern stempelte, daß demokratische Staatsmänner das Gespräch mit Hitler suchten und daß sie auch in der Fremde ihres Lebens nicht sicher sein konnten. In der Tschechoslowakei ermordeten braune Schergen den emigrierten Kulturphilosophen Theodor Lessing, und aus der Schweiz entführten sie den Journalisten Berthold Jacob. Brandt wurde in Norwegen von Rechten als

»Agent« denunziert und von ihnen, wie er Walcher meldete, »immer schlimmer« überwacht.[22]

Trotz der Bedrohung durch den Faschismus und seine Helfer befehdeten sich die rund dreißig linken Emigrantenorganisationen fast ständig und waren oft auch in sich uneins. Brandt beobachtete Rechthaberei, Mißtrauen und schwindende Solidarität. »Da man an der Entfaltung in der Heimat gehindert ist, sucht man Kompensation in gruppenpolitischen Disputen, die leicht den Boden der Realität verlieren oder gar in Boshaftigkeiten abgleiten«, erläuterte er später den Hader.[23]

Linksradikale stritten damals vor allem über drei Themen. Bei den »Kriegsthesen« ging es darum, wie sich Marxisten im Kriegsfall in einem mit der Sowjetunion verbündeten Land zu verhalten hätten: Sollten sie trotz des Paktes, ihrer Ideologie gemäß, gegen die heimische Großbourgeoisie revoltieren oder aber mit ihr, dem Kreml zuliebe, einen Burgfrieden schließen? Anders als Walcher war Brandt für die »Verwandlung des imperialistischen Krieges in einen Bürgerkrieg« (siehe Dokument S. 418 ff.) . Das ebenfalls viel diskutierte Generationsproblem glaubte er durch die Empfehlung zu lösen, die »Einheitlichkeit der Jugend im Streben nach Freiheit« müsse in eine »Front der jungen Generation« verwandelt und revolutionär genutzt werden.[24] Drittens die Sexualpolitik. Hier befürwortete der SJV »natürliche Beziehungen zwischen Jungen und Mädel«, die deshalb im Elternhaus eigene Zimmer haben sollten. Brandt besuchte in Oslo zwar einen Kursus des Wiener Psychoanalytikers Otto Fenichel, lehnte aber dabei vertretene Theorien ab: »Wir wünschen nicht, dass die sogenannte marxistische Psychoanalyse – analysieren gleich zerlegen – die Festigkeit der proletarischen Partei und die Klarheit ihrer Politik zerlegt.«[25] Für ihn war das Thema Sexualpolitik damit erledigt, für seine Freundin jedoch nicht, wie sich zeigen sollte.

In der Osloer SAP verschärften persönliche Aversionen den Disput über diese Themen. Die 1935 eintreffenden Emigranten waren meist älter und kampferprobter als Willy Brandt und fügten sich ihm nicht blindlings. Walter Michaelis und der Schiffsbauer Emil Dinkla kritisierten ihn wochenlang scharf »von links«. Die junge Margot Schäfer zog sich bald aus der Parteiarbeit zurück. Auch der Schauspieler und KZ-Häftling Peter Blachstein aus Dresden, der im Internationalen Jugendbüro Brandts Stellvertreter wurde, trennte sich nach 14 Monaten von ihm. »Meine Zusammenarbeit mit dem leitenden Genossen hatte sich aus sachlichen Differenzen ziemlich gespannt«, ließ er wissen.[26]

Unterdessen trübte sich das Verhältnis des SAP-Residenten zu Mot Dag ein. Er fühlte sich ausgenutzt. Außerdem konstatierte er bei dem Akademikerzirkel, in dessen Vorstand er saß, Hochmut, ein Sinken des Niveaus und mangelnde Tatkraft. Er zweifelte, ob die Gruppe zur Revolutionierung der DNA tauge.

Mitte Februar 1935 nahm Willy Brandt in Paris als Vertreter des Jugendbüros an einer dreitägigen Konferenz der Internationalen Arbeitsgemeinschaft (IAG) teil. Dabei lernte er Linke kennen, die noch Schlagzeilen machen sollten – den späteren belgischen Ministerpräsidenten und Nato-Generalsekretär Paul-Henri Spaak etwa, den Franco-Gegner Julián Gorkin, den nachmaligen französischen Faschisten Jacques Doriot, der ihn »großartig bewirtete«. Der von Mot Dag beantragten Aufnahme in die IAG als Vollmitglied widersprach er mit Erfolg »aus Gruenden, die im Aufbau der Gruppe liegen«,[27] und billigte ihr nur den Status einer Sympathisantin mit minderen Rechten zu. Bei einer Sitzung der SAP-Exilleitung sagte er der Sekte zudem Fehler über Fehler nach: »Deshalb ist es nötig, sich mehr von ihr zu distanzieren und sich der Arbeiterschaft, der DNA-Opposition, zuzuwenden.«[28] Die Auslandszentrale, die damals formal zur

Parteiführung wurde, mit Jacob Walcher und dem aus Berlin geflohenen Walter Fabian an der Spitze, stimmte Brandt zu. Doch als er die Norske Arbeiderparti lobte und ihren Zickzackkurs zwischen Radikalität und Reformen mit einem Bergsteiger verglich, der auch nicht geradewegs zum Gipfel aufsteige, rief jemand: »Aber der Genosse Brandt wird nie dort hinkommen, denn er hat die DNA im Rucksack!«

Mit leichter Grippe am 11. März 1935 wieder in Oslo, merkte Brandt, daß er zwischen allen Stühlen saß. Mot Dag war bereits aus Paris über seine Querschüsse informiert. Als Brandt zudem die Mitarbeit einschränkte, wurde »eine sehr kuehle Haltung der Gruppe uns gegenueber« spürbar.[29] Doch auch die Arbeiderparti grollte, da er und die SAP die Aufnahme von Mot Dag und Trotzkis Vierter Internationale in der IAG nicht konsequent abgelehnt hatten.

Zwei Monate danach kam es zwischen Brandt und dem Akademikerbund zum Bruch (siehe Dokument S. 416 f.). Bei einem Treffen der »Mot-Dagisten« zerpflückte er einen Zeitschriftenkommentar Erling Falks zum 1. Mai. Daraufhin verlangte der Sektenführer von dem SAP-Emissär und dessen Gefolgschaft, sich strikt an die Statuten der Intellektuellen zu halten. Als der Deutsche das ablehnte, verbot Falk ihm samt Anhang die Teilnahme an Veranstaltungen der Gruppe und kündigte die Mitarbeit im Internationalen Jugendbüro auf.

Der »Freund am Nordpol«, so nannte sich Brandt bisweilen in Briefen an Walcher, schickte acht Seiten voller Vorwürfe gegen Mot Dag nach Paris. Ohne sich mit ihm abzustimmen, bedauerte aber Jacob Walcher in einem Brief an Falk das Geschehen. Brandt fühlte sich kompromittiert und rügte »Jim Schwab«: »Wir erfüllen ebenso wie Ihr unsere Pflicht der Partei gegenüber. Ich verlange darum, dass man uns entweder in der Partei desavouiert, sonst uns aber andern gegenüber (und gerade diesen Strolchen von Mot Dag gegenüber) deckt.«³⁰ Der SAP-Vorsitzende sicherte Brandt umgehend seine Solidarität zu. Doch weiter denn je zuvor war der Lübecker von Walcher abgerückt.

Erling Falk, der an einer Mißbildung der Hypophyse litt, legte Ende 1935 die Führung von Mot Dag nieder. Sechs Monate danach löste sich die Gruppe auf. Falk starb 1940, nach der Invasion Norwegens. An seinem Sterbebett im Stockholmer Serafimerlazarett fanden sich Willy Brandt und auch Martin Tranmæl ein.

Im März 1935 stürzten die Arbeiter- und die Bauernpartei in Oslo bei anhaltender Not im Land das liberale Kabinett Mowinckel und bildeten eine Minderheitsregierung. Ministerpräsident wurde der 55jährige DNA-Funktionär Johan Nygaardsvold, laut Brandt ein »nicht gerade brillierender, doch instinktsicherer, Vertrauen und Ruhe ausstrahlender Mann«. Viele Linke lehnten die Koalition ab. Brandt dagegen begrüßte den Griff der DNA nach der Macht im Parteiorgan *Neue Front*³¹ und verteidigte die Entwicklung eine Woche später bei der Osterkonferenz skandinavischer SAP-Auslandsgruppen in Stockholm. August Enderle, der Parteiobmann in Schweden, bezichtigte ihn »taktischer Erwägungen, die zu grundsätzlichen Abweichungen führen können«.³²

Hatte Willy Brandt revolutionären Zielen abgeschworen? Begann seine Metamorphose zum demokratischen Sozialisten, wie der Historiker Hans Georg Lehmann meint?³³ Verursachte »Torps väterlich-großzügige Haltung«, so die Engländerin Barbara Marshall,³⁴ den Sinneswandel? Brandt selbst erklärte 1989, der Machtantritt der DNA habe bei ihm den Wunsch geweckt, »Denken und Trachten nicht mehr auf Minderheiten auszurichten, sondern darauf, Mehrheiten zu gewinnen«.

Nichts von all dem war jedoch im Frühjahr 1935 der Grund für das veränderte Verhalten des SAP-Residenten.

Vielmehr steckte ein Bluff dahinter. Als sich das Kabinett Nygaardsvold bildete, meinte er, nun könne »eine Situation kommen, wo die wirklich Linken um Tranmæl gegen die Regierung gehen muessen«.[35] Auf der Tagung in Stockholm hoffte er: »Die Regierungspolitik wird schnell zur Stärkung der Linken fuehren.«[36] Er erwartete also, daß absehbar faule Koalitionskompromisse in der Arbeiderparti Empörung auslösen werden. Um nach der Trennung von Mot Dag eine feste Position in der DNA zu besetzen und den Mißmut insgeheim im Sinne einer Revolutionierung steuern zu können, versuchte er mit den Artikeln, sich bei der Parteispitze als linientreuen Anhänger auszuweisen.

Tatsächlich meldete er aber der SAP-Zentrale zur selben Zeit, die Kooperation mit dem linksoppositionellen Chefredakteur Olav Scheflo sei im Zuge der »Frontveränderung unserer Arbeit wieder richtig aufgefrischt« worden.[37] Für Angriffe auf den Rechten Finn Moe habe er dessen Gegner mit Argumenten versorgt. Nach späterem Geständnis trieb er damals »eine Art ›Doppeldenken‹«. Die meisten seiner Parteifreunde durchschauten das nicht. Torsten Nilsson aber, der Leiter des Schwedischen Sozialistischen Jugendverbandes, gewann im Frühling 1935 in Oslo von dem acht Jahre jüngeren SAP-Residenten einen bezeichnenden Eindruck: »Sein Norwegisch tendierte zum Reformismus, während er als Deutscher weiterhin revolutionärer Sozialist war.«

Die DNA mit Hilfe der neuen Methode zu radikalisieren, versuchte Willy Brandt neun Monate lang vergebens. Ende 1935 wurde ihre Umwandlung zur Stütze der SAP im Londoner Büro hinfällig, da die IAG die Norwegische Arbeiterpartei wegen Rechtsabweichung ausschloß. Noch ein halbes Jahr danach registrierte aber der Emigrant Bernhard Taurer, ein Mitglied der Gruppe Neu Beginnen, Brandt sei bei der DNA »vollkommen unten durch«,[38] und Anfang 1937 nahm

Gertrud Meyer in Oscar Torps Umkreis tiefes Mißtrauen gegenüber deutschen Linksradikalen wahr: »Unsere Arbeit wird offiziell in keiner Weise begünstigt, speziell wahrscheinlich auf Grund der Erfahrung, als Willy sich in der norw(egischen) Bewegung gegen die Leitung exponierte.«[39]

Eine moralische Schlappe für das NS-Regime

Bald nachdem Willy Brandt seine Taktik gegenüber der DNA geändert hatte, engagierte er sich bei einer Aktion, die »ein Opfer des NS-Terrors retten, den Nazismus verurteilen und das andere Deutschland ehren« sollte. Er fand dadurch »Trost in trostloser Zeit«.

Seit April 1934 hatte der nach Frankreich emigrierte Journalist Berthold Jacob in verschiedenen Artikeln gefordert, dem im Dritten Reich inhaftierten einstigen Mitherausgeber und Chefredakteur der *Weltbühne*, dem Pazifisten Carl von Ossietzky, noch im selben Jahr den Friedensnobelpreis zu verleihen. Das Wochenblatt hatte im März 1929 geheime, den Versailler Vertrag verletzende Vorarbeiten für eine deutsche Luftwaffe enthüllt. Von Ossietzky wurde wegen Landesverrats zu 18 Monaten Gefängnis verurteilt. Ende 1932 kam er frei. Sofort nach dem Reichstagsbrand am 27. Februar 1933 nahm aber das NS-Regime den 43jährigen Antifaschisten in »Schutzhaft« und kerkerte ihn erst im KZ Sonnenburg, dann im berüchtigten »Moorlager« Esterwegen ein.

Berthold Jacob war indes als von Ossietzkys Beistand umstritten. Er und der *Weltbühne*-Chef hatten sich lange vor 1933 entzweit, und Jacobs Presseagentur wurde laut Willy Brandt »gerüchteweise mit einem französischen Geheimdienst in Verbindung gebracht«. Überdies ließ Jacob die Nominierung für den in Oslo vergebenen Preis verspätet und von Unbefugten vornehmen. Der Antrag wurde prompt abgelehnt. Jetzt erst bat SAP-Mitglied Jacob seinen Genossen Brandt, die entsprechende Satzung an der Quelle zu eruieren. Der Lübecker hatte als Schüler und Volontär die ziegelrot eingebundenen *Weltbühne*-Hefte im Café verschlungen. Natürlich unterstützte er nun die Kampagne zugunsten des geschundenen Publizisten. Er fand heraus, daß Kandidaten für den Friedensnobelpreis jeweils bis Ende Januar einem vom norwegischen Parlament berufenen Komitee zu benennen sind, wobei nur dessen fünf Mitglieder, ehemalige Preisträger, Professoren der Rechts- und Staatswissenschaften, der Geschichte und Philosophie sowie Abgeordnete aus aller Welt Vorschläge machen können.

Eine neue Initiative für von Ossietzky leitete in Paris rechtzeitig für 1935 der Pazifist Hellmut von Gerlach ein. Doch nur fünf dazu Befugte nominierten den deutschen Publizisten für den Preis. Der zermürbte Häftling selbst bat den englischen Quäker Corder Catchpool bei dessen Besuch im KZ für ein Ende der Kampagne zu sorgen;[40] ein Anwalt solle seinen Fall beobachten.

Mitte 1935 wurde jedoch in Paris ein »Freundeskreis Carl von Ossietzky« erst recht aktiv. Ihn leitete die aus Berlin emigrierte Journalistin Hilde Walter. (Berthold Jacob hatten braune Agenten aus der Schweiz entführt, und Hellmut von Gerlach war gestorben.) Ihr Mitarbeiter Konrad Reisner, ein SAP-Mitglied aus Breslau, ermunterte Parteifreund Brandt brieflich, in der norwegischen Arbeiterbewegung für von Ossietzkys Kandidatur zu werben. 14 Tage später sandte ihm der 21jährige einige erbetene Informationen, fügte aber hinzu: »Eines scheint mir festzustehen: dass O. den Nobelpreis nicht bekommt. Das sagt natuerlich nicht, dass man nicht kraeftig dafuer eintreten soll.« Er selbst begann, DNA-Zeitungen zugunsten von Ossietzky »laufend zu bearbeiten«, so daß ihn am 7. November Hilde Walter lobte: »Ihre

Presse-Erfolge finde ich bewundernswert.« Da trat ein Rückschlag ein. Nach einer Intervention des Hitlerreichs vergab 1935 das Nobelkomitee keinen Friedenspreis, für Brandt eine »feige Entscheidung«.[41]

Zu einem Helfer wider Willen für von Ossietzky wurde jäh der 76jährige norwegische Literaturnobelpreisträger Knut Hamsun, ein Sympathisant des Nationalsozialismus. Er richtete Ende November 1935 in rechten Osloer Blättern einen schäbigen Angriff gegen den ehemaligen *Weltbühne*-Publizisten. Ein »Aufschrei der Empörung« ging durch Norwegen. »Damit duerfte der Sache angesichts der traurigen Gesamtlage doch noch gedient sein«, hoffte Brandt.[42] Wie die Osloer Lehrerin Mimi Sverdrup Lunden lieferte er nun dem »Freundeskreis« in Paris verstärkt Informationen. Vor allem aber wirkte er auf Norwegens Arbeiterpartei ein. »Ich lief herum und korrespondierte in alle Welt«, heißt es in seinen *Erinnerungen*. Bis 31. Januar 1936 benannten 560 Gelehrte und Parlamentarier, darunter alle 69 Abgeordneten der DNA, Carl von Ossietzky für den Nobelpreis.

Die »Friedenspreiskampagne gegen Hitler«, so Brandt, ist damit nicht zu Ende. Da es außer von Ossietzky noch vier andere Anwärter gibt, müssen die Juroren in Oslo diskret beeinflußt werden. Brandt beispielsweise wendet sich im März 1936 an das Komiteemitglied Christian Lange, den Preisträger von 1921, dessen Sohn Halvard er gut kennt. Er habe den parteilosen Politiker »ein wenig mit Argumenten versorgen« können, heißt es in seinem Buch *Links und frei*.

Im Mai führt der Einsatz für Carl von Ossietzky zu einem ersten Erfolg. Nachdem Reichspropagandaminister Joseph Goebbels eben erst gedroht hat, auch für »Landesverräter mit Nobelpreis« gelte: »Kopf ab!«,[43] wird der Kandidat, der in der Haft an Tuberkulose erkrankt ist, aus dem KZ Esterwegen in die Gefangenenabteilung des Berliner Virchow-Krankenhauses verlegt. Dort versucht Hitlers

Paladin Hermann Göring im Herbst, ihn im voraus zum Verzicht auf den Nobelpreis zu bewegen.⁴⁴ Von Ossietzky lehnt ab. Am 23. November 1936 spricht ihm das norwegische Nobelkomitee – der Rechtsgelehrte Fredrik Stang als Vorsitzender, Reeder Cornelius Hanssen, Christian Lange, Bankier Axel Thallaug und Chefredakteur Martin Tranmæl – rückwirkend für 1935 den Friedenspreis zu. »Er ist nicht nur ein Symbol des Pazifismus. Er ist etwas anderes: Er ist eine Tat. Und er ist ein ganzer Mann«, sagt Stang bei der Verleihungsfeier über Carl von Ossietzky,⁴⁵ den die NS-Herrscher nicht nach Oslo reisen ließen. Ende Januar 1937 stiftet Hitler einen Nationalpreis und verbietet Deutschen »für alle Zukunft« die Annahme eines Nobelpreises.

Für das NS-Regime ist die Ehrung des Antifaschisten von Ossietzky nach einer Serie von Triumphen die erste schwere Schlappe. Das deutsche Exil aber darf sie »zu seinen wenigen Erfolgen zählen«, meint Willy Brandt. Hilde Walter zufolge hat daran die SAP hohen Anteil: Sie sei »die einzige Organisation gewesen, die sich vorbehaltlos in den Dienst der Sache stellte«, und zwar »vor allen Dingen die SAP-Freunde in Oslo«;⁴⁶ Brandt habe »in seiner Art etwas Geniales« gehabt.⁴⁷ Der Lübecker selbst beurteilt 1960 seine Rolle bescheidener: Er habe »gerne mitgeholfen, dem Hitleropfer, Antimilitaristen und ›Gentleman der deutschen Presse‹ den Nobelpreis zu verschaffen«. Eine entscheidende Rolle könne er kaum gespielt haben, »aber der Zufall wollte, daß ich gut placiert war: Oslo war mein Wohnort.« Freilich befindet er sich ab September 1936 gar nicht mehr dort, sondern in Berlin, im Untergrund.

Carl von Ossietzky bringt das Preisgeld – 99 857 Reichsmark – kein Glück. Auf Drängen seiner Frau überträgt er die Finanztransaktion einem ihrer Bekannten, dem vorbestraften Juristen Kurt Wannow,⁴⁸ der das Geld binnen vier Monaten durchbringt. Er wird zu zwei Jahren Zuchthaus verurteilt. Kurz darauf, am 4. Mai 1938, stirbt Carl von Ossietzky, 48 Jahre alt, in einer Berliner Klinik an Tuberkulose. Über seinem Totenbett hängt der Spruch: »Durch alle Niederlagen und alles Unglück leuchtet doch die Hoffnung wie ein ewiger Leitstern.«

7. Kapitel
In vorderster Front
Arbeit für die Partei und gegen Hitler

Glanzvolle Olympische Spiele in Berlin und Konzentrationslager im Dritten Reich, Appelle des Moskauer Kreml zum Kampf gegen Hitlers Despotie und Terror im eigenen Land, technische Triumphe und Ächtung von Menschen aufgrund dumpfer Vorurteile – die Welt war Mitte der dreißiger Jahre voller Widersprüche. Ist es da erstaunlich, daß, besonders unter dem Druck des Exils, manchmal auch die Privatsphäre aus den Fugen geriet?

SAP-Mitglied Peter Blachstein zum Beispiel trat 1935 vor einem Prager Gericht als »Walter Pöppel« auf und akzeptierte für einen Genossen dieses Namens, der in Berlin insgeheim das Hitlerregime bekämpfte, eine uneheliche Vaterschaft.[1] Gertrud Meyer heiratete im Februar 1936 in Oslo den 22jährigen Studenten und Mot-Dag-Anhänger Gunnar Gaasland, wurde so Norwegerin, bekam eine Arbeitserlaubnis und – lebte weiterhin mit Willy Brandt zusammen. Er wiederum war ihr häufig aus politischen Gründen fern – in Schweden oder Dänemark und ein-, zweimal im Jahr bis zu fünf Wochen bei der SAP-Führung und der Internationalen Arbeitsgemeinschaft in Paris. Dort begann er ein Verhältnis mit einer jungen Emigrantin. Diesmal versagte jedoch, was ein Gefährte als Erfolgsrezept des Lübeckers bei Frauen ansah: Geduld.[2] Als Brandt seine Geliebte bat, zu ihm nach Oslo zu ziehen, »sagte sie mir«, erzählte er später, »sie würde mir nur dann nach Norwegen folgen, wenn ich ihr verspräche, dort König zu werden«.[3] Eine nette Abfuhr. Auch anderwärts betätigte sich der attraktive Linke als Herzens-

brecher, und als er Mitte 1937 an einer Tagung in England teilnahm, mahnte ihn Jacob Walcher: »Ich hoffe, dass die schönen Frauen, die es dort möglicherweise gibt, Dich nicht allzusehr an der Erfüllung der Parteipflichten behindern.«[4]
Was für Pflichten? Nachdem es der SAP nicht gelungen war, Det norske Arbeiderparti gleichzuschalten, drohte ihr die Isolation. Sie trat deshalb seit Herbst 1935 wieder verstärkt für die Einheit der deutschen Linken ein. Die Voraussetzungen schienen dafür günstiger denn je. Der Antifaschismus, ursprünglich der Sammelbegriff für die Opposition gegen Mussolini, hatte sich angesichts der braunen Gefahr und gefördert von der Komintern zu einer gemeinsamen Basis, sogar zu einer Art Lebensgefühl der Hitler-Gegner entwickelt. Vier Bündnisformen von politischen Gruppen gab es:
– die zeitweise Aktionseinheit um eines Nahziels willen,
– die langfristige Einheitsfront autonomer Verbände,
– die Einheitspartei als Fusion linker Gliederungen und
– die Volksfront, in der Marxisten aller Art und »fortschrittliche Teile des Bürgertums« zusammenwirkten. Stets erstrebten kremlhörige Kommunisten die Führung.
Als Stalins Hoffnung auf eine Verständigung mit Hitler 1934 durch dessen Annäherung an Polen und Japan scheiterte, befahl er eine globale Offensive gegen den Rechtsextremismus. In einer Zirkusatmosphäre – die fortwährenden Huldigungen des Diktators in den Reden unterstrich eine Kapelle durch Tuschs – machte im August 1935 der VII. Weltkongreß der Komintern in Moskau »die antifaschistische Volksfront unter Führung der Einheitsfront des Proletariats« zur taktischen Leitidee der Dritten Internationale. Statt der Weltrevolution wurde scheinbar der Schutz der Demokratie vor den Gefahren von rechts zum Anliegen der Kommunisten. Zugleich beendeten sie die Diffamierung der Sozialdemokratie als »gemäßigter Flügel des Faschismus«.

Am 26. September kamen im Pariser Hotel »Lutetia« auf Einladung des Verlegers und Kominternagitators Willi Münzenberg 51 deutsche Emigranten zusammen. Die Schriftsteller und Kirchenmänner, KPD-Funktionäre, linken Sozialdemokraten und bürgerlichen Politiker wählten ein achtköpfiges Komitee, das unter Leitung des Romanciers Heinrich Mann für eine deutsche Volksfront Vorarbeit leisten sollte.[5] Es fehlte die 1933 nach Prag geflohene SPD-Führung. An der Plenarsitzung des »Lutetia-Kreises« im November durfte auch die SAP teilnehmen, wobei Paul Frölich und Münzenberg sofort in Streit gerieten.[6] Überhaupt war die Haltung der Sozialistischen Arbeiterpartei zur Volksfront zwiespältig. Sie begrüßte eine gemeinsame Bekämpfung des Nationalsozialismus, verlangte aber, daß auch gegen die bürgerlichen Bündnispartner »rücksichtslos Waffen des Klassenkampfes gebraucht« werden.[7] Am 2. Februar 1936 schuf der nun 118 Mitglieder starke »Lutetia-Kreis« einen Ausschuß zur Vorbereitung einer deutschen Volksfront und bekannte sich in einem Aufruf *An alle!* zur parlamentarischen Demokratie. Der Appell war unter anderen von Heinrich Mann, Arnold Zweig sowie KPD-Kaderleuten unterzeichnet – und von Willy Brandt.

Seine Rolle in der Volksfrontbewegung ist von ihm selbst bagatellisiert und von Gegnern übertrieben worden. Die SAP-Spitze habe, heißt es in den *Erinnerungen*, aufgrund einer Blankovollmacht entsprechende Manifeste mit seinem Namen unterzeichnet – Manifeste, »die sich schön lasen, aber doch Papier blieben«. Kommunistische Apparatschiks wie Walter Ulbricht und Herbert Wehner alias Kurt Funk, die die neue Kremltaktik in Westeuropa exekutierten, habe er damals nicht kennengelernt. Die Gestapo dagegen machte »Brand« 1936 neben Walcher und Fabian zum SAP-Herold einer »breiten Volksfront«.[8] Noch 1972 wurde in einem Wahlkampfpamphlet der Christlich-Sozialen Union behauptet, der Lübecker sei am 21. Dezember 1936 in Paris bei einer Tagung des kommunistisch dominierten Bündnisses Anführer der SAP-Delegation gewesen.[9] Was stimmt?

Zweifellos entsprach die Volksfrontidee unterschwellig Willy Brandts Wunsch nach Einheit, dem linken Antifaschismus und seinem nationalen Empfinden. Aber obwohl sein Name unter der Proklamation *An alle!* und danach unter zwei ähnlichen Aufrufen der Sammlungsbewegung stand, gehörte er nicht zu ihren Wegbereitern. Vielmehr scheint er, anders als von derartigen Allianzen in Spanien und Frankreich, von einer deutschen Volksfront keine hohe Meinung gehabt zu haben. Daran beteiligten sich zu viele Leute ohne Rückhalt in der Bevölkerung, bemängelte er. Vor 1938 nahm er jedenfalls an keiner Sitzung des »Lutetia-Kreises« teil und sah keines der besagten Schriftstücke im Original; die SAP-Führung benutzte tatsächlich automatisch seinen Namen. Er hätte aber die Deklaration *Für Frieden, Freiheit und Brot* Ende 1936 persönlich unterschrieben, falls es möglich gewesen wäre, betonte er später. Herbert Wehner bestätigte zudem, den Lübecker in Paris nur »am Horizont gesehen« zu haben.[10] Die Behauptungen der Gestapo und der erwähnten CSU-Broschüre werden durch die Fakten widerlegt. Übrigens: Eine deutsche Volksfront wurde nie gegründet.

Bei anderen Anlässen hatte Willy Brandt im Exil sehr wohl engen Kontakt mit eingefleischten Kommunisten. Ihm das vorzuwerfen bedeutet, die Situation nach 1933 zu verkennen. Daß sich Sozialisten im Elend der Emigration an Illusionen wie die linke Einheit oder die UdSSR als »Bollwerk des Proletariats« klammerten, ist begreiflich. Die Splitterpartei SAP mußte sich zudem von Fall zu Fall Verbündete suchen. Beides tat Brandt. Darüber zu schweigen ist jedoch ebenfalls verkehrt. Denn sonst bliebe sein damaliges Verhalten großenteils rätselhaft. Ab November 1935 leitete er in Oslo die Antifaschistische Emigrantengemeinschaft, mit einem Kominternlinken als Stellvertreter.[11] Das Verhältnis zwischen SAP und KPD sei in Norwegen »ein recht gutes und ein äusserst kameradschaftliches«, beteuerte der 22jährige[12] und plädierte für eine linke Einheitspartei als »entwickelte Einheitsfront«: Marxistische Formationen sollten bei voller Meinungsfreiheit in einem »historischen Prozeß« – im gemeinsamen Kampf gegen Hitler – allmählich verschmelzen.[13] Doch wie diese Idee kam auch eine internationale Einheitsfront von SAP-Nachwuchs und Kommunistischem Jugendverband (KJV) über Ansätze nie hinaus. Im November 1935 von Brandt vereinbart, torpedierte das Basler Kominternorgan *Rundschau über Politik, Wirtschaft und Arbeiterbewegung* das Bündnis schon nach vier Wochen durch Falschmeldungen über die Sozialistische Arbeiterpartei. Monatelang schwelte Streit. Mitte 1936 redete von einer Einheitsfront der linksradikalen Jugend niemand mehr.

In der SAP war Willy Brandts Verhalten umstritten. »Freund Günter (Hopffe) brüllte mich an, er wisse ja, dass wir zur KI (Komintern) zurückwollten, wir sollten ehrlich sein und kein Theater spielen«, notierte er im Januar 1937 nach einem Streit mit seinem Pendant in Kopenhagen.[14] Für den Anthropologen Erwin Ackerknecht, ein eigenwilliges Mitglied der SAP-Führung, stand Brandt den Kommunisten um Wilhelm Pieck »sehr nahe«.[15] Der Lübecker bezeichnete solche Verdächtigungen als Symptome einer »Krankheit der Partei«.

Ein Blutbad in Moskau, bei dem Josef Stalin im August 1936 Grigori Sinowjew, Lew Kamenew und 14 andere Gefährten Lenins nach fünftägigem Schauprozeß als »trotzkistische Terroristen« erschießen ließ, änderte zwar Brandts Einstellung zum gegenwärtigen Kremlregime, nicht aber zum Sowjetsystem an sich. Er war erschüttert. Trotzdem forderte er: »Jetzt erst recht müssen wir zum vordersten Bannerträger der Einheit werden.« Er hoffte, Kommunisten außerhalb der UdSSR würden in Scharen die Partei wechseln (siehe Dokument S. 419f.). 14 Monate danach räumte er ein, die Komintern und die KPD »zu blauäugig« beurteilt zu haben.[16]

Wenig Elan bei deutschen Emigranten

1936 verbrachte Willy Brandt fünf turbulente Wochen in Paris. Ende April eingetroffen, war er vor Ort, als die Front Populaire aus Linken und bürgerlichen Radikalen bei einer Parlamentswahl siegte. Er erlebte, wie Arbeiter Fabriken stürmten, um Forderungen durchzusetzen. Noch vor seiner Abreise verfolgte er die Bildung einer Volksfrontregierung durch den französischen Sozialistenchef Léon Blum. Er meinte, daß »ein frischer Wind durch die Straßen von Paris fegte«.

Bei den Tagungen, an denen der 22jährige damals teilnahm, war indes von Elan wenig zu spüren. Einen von Walcher und ihm gestellten Antrag, mit Stalinisten und Sozialdemokraten ein Friedenstreffen zu veranstalten, lehnte die Zweieinhalbte Internationale ebenso ab wie die Mitarbeit in der Volksfront.[17] Im Jugendbüro wurde vor bürgerlichen Einflüssen des »Lutetia-Kreises« gewarnt. Die SAP schwankte bei Beratungen zwischen einer eigenständigen revolutionären Rolle, wofür Fabian sowie Ackerknecht waren, und der Teilnahme an Sammlungsbewegungen, was Walcher und Brandt guthießen. Für den Sozialistischen Jugendverband – also für sich selbst – verlangte Brandt vergebens mehr Autonomie und einen Sitz in der SAP-Führungsriege.[18]

Ein Lichtblick für Brandt war in Paris die Begegnung mit dem sechs Jahre älteren Soziologen Richard Löwenthal, dem Theoretiker der kämpferischen Gruppe Neu Beginnen.

»Der Norweger« diskutierte mit deren Nachwuchs einen Abend lang. »Nach ein paar Minuten beherrschte er die Sitzung« und entwarf eine gemeinsame Zeitschrift *Freie deutsche Jugend*, berichtete Teilnehmer Günter Markscheffel.[19] Löwenthal sah in Brandt einen »Walcher-Jünger, mit dem man eng zusammenarbeiten konnte. Er war vernünftig und weder ein Sektierer noch naiv. Walcher glaubte, Stalin könne nichts Unrechtes tun, Brandt glaubte es nicht.«[20]

Wie in anderen Weltstädten so fühlte sich der Lübecker auch in Paris erst allmählich wohl. Doch im Mai 1936 lernte er die französische Metropole bei prächtigem Wetter gründlich kennen. Er wohnte zwei Wochen lang in einem kleinen Hotel im Quartier Latin und dann bei Walcher und dessen Lebensgefährtin Hertha Osterloh in der Neubausiedlung Plessis-Robinson südlich der Stadt. Die Abende verbrachte Brandt, »meist eifrig diskutierend, nicht selten auch fröhlich«, in Bistros am Boulevard Saint-Michel oder am Montparnasse. An Sonntagen besuchte er historische Stätten oder machte Ausflüge in die Umgebung. Außerdem las er eifrig französische Literatur. »Die lateinische Komponente bei mir ist häufig verkannt worden«, betonte er später.

Zu der Zeit, als Brandt 1936 in Paris war, begann es in Berlin – Codename »Metro« – bei der SAP zu gären. Den restlichen 200 »Illegalen« fehlte nach erneuten Zugriffen der Gestapo die politische Führung. Außerdem versuchte Jacob Walcher, den Ablauf des künftigen Parteitags, des »Familienfestes«, zugunsten des Exils zu manipulieren. »Vorgeschlagene Stimmenverteilung auf Fest lehnen wir ab. Gegenteil von Demokratie«, rüffelte die Gruppe »Metro« den Parteichef in Zeilen, die mit Geheimtinte geschrieben waren. »Wir ersuchen dringend um Entsendung einer qualifizierten Kraft aus Eurer Mitte zwecks Vorbereitung zum Familienfest.«[21]

Am 8. August 1936 ersuchte Walcher brieflich den nach Oslo zurückgekehrten Willy Brandt, sich auf eine sechsmonatige Untergrundtätigkeit in Berlin vorzubereiten. Für den Unterhalt werde die Partei »in sehr bescheidenen Grenzen« sorgen. Der Lübecker antwortete, er wolle sich »allen vernünftigen Entscheidungen über Verwendung beugen«, bezweifelte aber, daß er für die illegale Arbeit geeignet sei.[22] Trotzdem traf er Vorbereitungen. Da er keinen gültigen Ausweis mehr besaß, ließ er sich von Gunnar Gaasland, dem Pseudoehemann seiner Freundin Gertrud, den Reisepaß geben, in den ein verschwiegener Grafiker Brandts Foto samt Stempel einfügte. Der SAP-Funktionär, der in Berlin zum Schein Studien betreiben wollte, lernte Gaaslands Lebenslauf auswendig und übte dessen Unterschrift. Am 28. August bekam er von Walcher den Auftrag, die politische Leitung der Gruppe »Metro« zu übernehmen. Ihr wurde er als Genosse mit »politischen Qualitäten« und »wertvollen menschlichen Eigenschaften« avisiert.[23]

»Deutschland wiederzusehen, reizte mich natürlich sehr«, beteuerte Willy Brandt 1960 in *Mein Weg nach Berlin*. 22 Jahre später gestand er, der »Marschbefehl« sei von ihm »nicht mit Begeisterung« aufgenommen worden. Ähnliche Widersprüche über den Auftakt seiner Untergrundtätigkeit finden sich in den Memoiren zuhauf. »Die zweite Hälfte des Jahres 1936 verbrachte ich in Berlin«, behauptete er in der Dokumentation *Draußen*, obwohl er erst kurz vor Herbstanfang von Oslo nach Paris fuhr und sich dort noch vier Wochen lang auf den Einsatz vorbereitete.[24] Nicht weniger verwirrend sind Brandts Auskünfte über seine Reiseroute. Er sei per Eisenbahn durch das Dritte Reich nach Paris und von dort nach Berlin gefahren, heißt es da; ein andermal wird die abenteuerliche Strecke Kopenhagen–Warnemünde–Lübeck–Berlin (mit Übernachtung) –Lüttich–Paris und wieder zurück nach Berlin angegeben. Aus damaligen Briefen geht jedoch hervor, daß er von Oslo über die Nordsee und Paris an die Spree gelangte. In Norwegen verbreiteten derweil im Herbst 1936 seine Genossen, er halte sich in Spanien auf.

Streitigkeiten, die »der Norweger« in der Parteiführung an der Seine miterlebte, stürzten ihn in eine Krise: »Wie nichtig waren diese Zänkereien, wie bedrückend dies Bild menschlicher Unzulänglichkeit. Und dafür sollte man seinen Kopf riskieren?« Er wollte schon den Einsatz in Berlin verweigern. Der 28jährige Max Diamant, einst SAP-Chef in Baden und nun Mitglied der Exilführung, brachte ihn kurz vor dem Abreisetermin in einem Gespräch unter vier Augen und bei etlichen Gläsern Obstschnaps wieder zur Parteiräson. Wie dann die nächtliche Bahnfahrt in die Reichshauptstadt verlief, ist unklar. Sämtliche Gedanken hätten um die neue Aufgabe gekreist, steht in *Mein Weg nach Berlin*. In seinen *Erinnerungen* hingegen behauptete Brandt: »Die Grenzkontrollen nahm ich nur unterschwellig wahr.«

Als »politisch naiver Student« in Berlin

Am Tag nach seiner Ankunft an der Spree, am 22. Oktober 1936, trifft sich der Lübecker, wie von Paris aus vorbereitet, mit dem örtlichen SAP-Organisationsleiter »Heinz Horn« am Kaufhaus Wertheim in der Leipziger Straße. »Schon fühlte ich mich nicht mehr fremd und verloren«, erinnert sich Brandt 1960. Den konspirativen Regeln gemäß kennen die beiden voneinander nur die Tarnnamen. Der Ankömmling nennt sich innerhalb der Partei »Martin« und in Briefen auch »Marianne«, hinter »Horn« verbirgt sich der zwölf Jahre ältere Lehrer Werner Buchheister aus Braunschweig.

Ein preiswertes möbliertes Zimmer mit Frühstück hat »Gunnar Gaasland« im ersten Stock des Hauses Kurfürstendamm 20/21 bei Paula Hamel gemietet. Die nette ältere Dame, eine frühere Sekretärin, schimpft ab und zu auf das

Hitlerregime. Brandt geht darauf nicht ein und spielt den bildungshungrigen, politisch naiven ausländischen Studenten. Er spricht Deutsch mit skandinavischem Akzent, lebt zurückgezogen und meidet außer einem Glas Bier zum Mittagessen jeden Alkohol, »um nicht kontaktfreudig zu werden«. Die polizeiliche Anmeldung verläuft glatt. Auch eine Benutzerkarte der Preußischen Staatsbibliothek bekommt er anstandslos.

In deren Lesesaal verbringt Willy Brandt während der nächsten Wochen werktags jeden Vormittag. Neben Büchern zur europäischen Geschichte des 19. Jahrhunderts ackert er Hitlers *Mein Kampf*, Rosenbergs *Der Mythus des 20. Jahrhunderts* und Darrés *Blut und Boden* durch, Hauptwerke des NS-Schrifttums, mit dem er sich zuvor nur flüchtig befaßt hat. Bald weiß er, daß ihm bisher »nichts Wichtiges entgangen« ist.[25]

Anschließend und an Sonntagen führt Willy Brandt den Parteiauftrag aus oder berichtet der Auslandsleitung, einige Male verhüllt auf französisch, meist aber mit Geheimtinte auf deutsch zwischen den Zeilen eines banalen Briefes. Organisationsleiter »Horn« trifft er mehrmals in der Woche. Mit den Obleuten der Fünferzellen, in die der SAP-Bezirk aufgeteilt worden ist, um Folgen böser Ereignisse zu minimieren, kommt er nach und nach in kleinen Gruppen zusammen. Das geschieht im Trubel der Großstadt, am Kino »Camera« Unter den Linden und in U-Bahnhöfen, oder bei Spaziergängen in der Mark Brandenburg nahe Schmöckwitz und Schulzendorf. Dabei wird über ideologische Fragen, den Zusammenhalt und das Schüren von Mißmut in der Bevölkerung geredet. Brandt gibt ferner Tips und für den Fluchtfall Kontaktadressen in Norwegen.[26]

Ab und zu sucht Brandt musische Ablenkung, vor allem – seine »eigentliche Entdeckung« – bei Konzerten der Berliner Philharmoniker unter Wilhelm Furtwängler, von denen sein Genosse Michaelis in Oslo geschwärmt hatte. »Die Musik entrückte mich meinen Sorgen und Depressionen; das Gefühl der inneren Befreiung, des Losgelöstseins, das ich sonst nur auf Wanderungen in der Natur empfunden hatte, hier im Konzertsaal fand ich es wieder«, erinnert er sich später.

Daß der falsche Gunnar Gaasland im Dritten Reich in heikle Situationen gerät, kann nicht ausbleiben. Als er bei der Reichsbankfiliale, an die die SAP über eine Osloer Deckadresse seinen Unterhalt überweist, die Kronen erstmals in günstige »Studentenmark« wechselt, macht ihn der Kassierer mit einem schon länger in Berlin lebenden norwegischen Jungakademiker bekannt. Brandt gibt, Gaaslands Lebenslauf entsprechend, dem neugierigen »Landsmann« auf norwegisch knappe Antworten nebst seiner Adresse. Bald danach will ihn der neue Bekannte zweimal zu Treffen nordischer Hitleranhänger abholen. Zum Glück ist Brandt nicht daheim. Um dieselbe Zeit sieht er im Café »Moka Efti« in der Friedrichstraße 49 den ehemaligen Vorsitzenden der Lübecker »Kinderfreunde«, den suspendierten Lehrer Hans Otto, der ihn anstarrt und mit leichtem Kopfschütteln davor warnt, sich zu ihm zu setzen. »Vielleicht fühlte er sich beschattet?« grübelte Brandt im Alter.[27] Ein andermal wird der verkappte SAP-Funktionär zur Polizei vorgeladen, die ihm ohne Begründung den Paß abnimmt. Tage voller Angst folgen. Dann bekommt er den gefälschten Ausweis zurück: »Der Osloer Paßkünstler hatte wirklich gute Arbeit geleistet.«

Bei einer Festnahme durch die Gestapo sich das Leben zu nehmen, lehnte Brandt ab. Man könne nie wissen, »welcher Ausweg sich plötzlich eröffne«. Mit diesem Argument brachte er 18 Monate später auch Walter Michaelis von dem Vorsatz ab, sich im Notfall umzubringen. »Sverre« legte daraufhin ein fingiertes Tagebuch »seiner Bekehrung« vom Marxisten zum Hitlersympathisanten an. Als er 1938 im

Berliner Untergrund verhaftet wurde, verhalf ihm dieses »Beweisstück« nebst völkischen Tiraden vor Gericht zu der milden Strafe von nur einem Jahr Gefängnis auf Bewährung.

Politischer Leiter der SAP in Berlin blieb Willy Brandt nicht ein halbes Jahr, wie vorgesehen, sondern lediglich zwei Monate. Kurz vor Weihnachten 1936 bestieg »Gunnar Gaasland« am Anhalter Bahnhof den Schnellzug nach Prag. »Ich war unendlich froh und fühlte mich erleichtert, als ich (...) drei Stunden später die Grenzkontrollen überstand«, gab Brandt 1989 zu. Die Illegalität hatte ihm zugesetzt. Zwar erlebte er in Berlin starke »Beispiele von Gesinnungstreue« und gewann »einen ausgezeichneten Eindruck von unserer Mannschaft«.[28] Er empfand sich aber nicht »wie ein Fisch im Wasser (...). Man fühlte sich isoliert und mußte verdammt aufpassen.« Mißtrauen, Verstellung und Codewörter verfolgten ihn »bis in den Schlaf«. Organisationsleiter Buchheister hielt ihn nicht in Berlin.[29] Jacob Walcher war das recht, denn der gerade 23jährige sollte als eine seiner Stützen an dem endlich für Ende 1936 geplanten Parteitag in Brünn teilnehmen.

Im Untergrund hatte Brandt etliche seiner Ansichten revidiert (siehe Dokument S. 421f.). Ende November 1936 gab er in einer zehnseitigen Stellungnahme der illegalen Berliner SAP dem Widerstand in Deutschland Vorrang vor Aktivitäten des Exils, unterstrich patriotische Aspekte der Volksfront und kritisierte den Stalinismus. Ihm war klargeworden, daß Abstiegsängste im Mittelstand und der »Faktor des Nationalen« zum Erfolg der Braunhemden beigetragen hatten, daß die Behauptung der Exilpropaganda, die Deutschen seien Hitlers Herrschaft überdrüssig, ebenso in die Irre führte wie »die These vom Nationalsozialismus als bloßem Büttel des Großkapitals«. Seit jeher sowieso eher Praktiker, rückte er von ideologischen Theorien nun noch weiter ab. Neben dem revolutionären Impuls war seiner neuen Meinung nach das Eingehen auf Alltagssorgen der

Menschen nötig, um die Situation zu verändern. »Denkt immer daran«, mahnte er 1937 in der *Marxistischen Tribüne*, »daß für einfache Menschen das Leben nicht aus ›Ismen‹ besteht, sondern aus Essen, Schlafen, Fußballspielen, Kanarienvögeln, Schrebergärten und anderen schönen Dingen. Vergeßt nicht, daß es Lenin war, der vorschlug, mit der Forderung nach ›Teewasser‹ Leben in den Betrieben auszulösen.«[31] Trotz Lenin-Zitat und Festhalten am Klassenkampf – im Denken Willy Brandts tauchten nun wieder sozialdemokratische Prinzipien auf.

Endlose Streitigkeiten bei der SAP

Weihnachten 1936 verbrachte der 23jährige bei miserablem Wetter in Prag. Er begegnete erstmals Stefan Szende, dem er vor dem Volksgerichtshof mit der »Juristenaktion« von Oslo aus beigestanden hatte und der samt Familie nach der Zuchthaushaft in die Tschechoslowakei ausgewiesen worden war. In dessen Wohnung und in einem Lokal am Wenzelsplatz erörterte Brandt mit Emigranten die Lage. Am Ende der Feiertage fuhr er nach Brünn, wo die SAP ihren Parteitag abhalten wollte. Da aber die Polizei nach einem Protest aus Berlin mit dem Verbot des Treffens drohte, wurde es nach Mährisch-Ostrau verlegt und zur Tarnung »Kattowitzer Konferenz« genannt. Willy Brandt fand in dem Industrieort eine Bleibe bei sudetendeutschen Arbeitern, bei »armen, stolzen und solidarischen Söhnen der dort noch intakten sozialdemokratischen Familie«.

In der Sozialistischen Arbeiterpartei waren nach der Moskauer »Säuberung« die Einstellung zur Sowjetunion, die Volksfront und die konspirative Arbeit strittig. Die Vorständler Walter Fabian und Erwin Ackerknecht verdächtigten außerdem Walcher und seine Fraktion, die SAP der KPD anschließen zu wollen, während umgekehrt der Vorwurf des Trotzkismus erhoben wurde.[32] In dieser gespannten Atmosphäre unterließ es Walcher, die Widersacher bei ihrer Ankunft in Brünn über die Verlegung des Parteitags zu informieren. Auch Willy Brandt schwieg, als er die beiden zufällig in einem Café traf.[33] Wütend reisten schließlich Fabian und Ackerknecht nach Paris zurück. Kaderfrau Irmgard Enderle vermutete später, Oppositionelle seien von der »Kattowitzer Konferenz« vorsätzlich ferngehalten worden, weil Walcher sonst mit seiner Abwahl rechnen mußte.[34]

An den Beratungen in Mährisch-Ostrau nahmen zwölf Funktionäre aus dem Exil als Vertreter von 200 Emigranten teil und sechs Abgesandte aus Deutschland, die etwa 1000 »Illegale« repräsentierten.[35] Zu ersteren zählte Gertrud Meyer aus Oslo, zu letzteren formal Willy Brandt als einer der fünf Berliner Delegierten. Aus den meisten Teilen des NS-Reiches hatte niemand kommen können, weshalb sich der Parteitag in Konferenz umbenannte. Wegen des zeitraubenden Ortswechsels wurde das Treffen überdies von sieben auf vier Tage verkürzt und das Tagungsprogramm nach Walchers Rechenschaftsbericht gestrafft. Brandt schilderte am zweiten Tag seine Erfahrungen in Berlin und charakterisierte das NS-Regime als »Militärkapitalismus« mit »Kurs auf Flucht in den Krieg«.[36] Für die Beteiligung an einer deutschen Volksfront stimmten schließlich 16 der 18 Delegierten, während eine linke Einheitspartei nur zehn Fürsprecher fand.[37] Die Konferenz billigte schließlich definitiv die Umwandlung der Exilzentrale zur Parteiführung, mit Walcher, Frölich, Diamant, Sternberg und dem *Neue-Front*-Redakteur Paul Wassermann als Politbüro. Willy Brandt hatte von nun an die »Zentralleitung« des SJV inne.

Wie im Mai strebte er auch jetzt einen Sitz in der Parteiführung an. In einem »persönlichen Wort« ließ er die Genossen wissen, er sei entschlossen, »sich sowohl Unverständnis wie Konservativismus gegenüber durchzusetzen«.[38] Doch »eine gesetzte Dame« – Rose Wolfstein, Frölichs 48jährige Lebensgefährtin – »verkündete in unangenehmem Tonfall, daß ›die Zeit der 23jährigen noch nicht gekommen‹ sei«. 1982 fügte Brandt seinem Rückblick hinzu, der »Dämpfer« habe ihm nicht geschadet, sondern ihn vor Überlastung bewahrt. Es sei die Quittung »der Altvorderen« dafür gewesen, daß er »den Mund nicht halten mochte und es an Respekt fehlen ließ«. Damit beschönigte er das Geschehen. Die Konferenz strotzte vor Streit und Verdächtigungen. Willy Brandt, der sich damals »in einer jämmerlichen Verfassung« befand,[39] sah in dem Gezänk noch 46 Jahre danach eine »Beziehungslosigkeit zur Realität, die vermutlich die tiefste Schwäche vieler Linker war«. Er selbst wurde beschuldigt, gegen Frölich und Enderle intrigiert zu haben.[40] Bei der Vorstandswahl fiel er durch. Die Niederlage trug der Lübecker keineswegs gelassen, sie ging ihm vielmehr so nahe, daß Walcher ihn trösten mußte.[41] In Brandts Charakter waren Ehrgeiz und Empfindlichkeit eng benachbart – was ihm noch manch schwere Stunde bereiten sollte. Drei Wochen nach der »Kattowitzer Konferenz« bedauerte er seine Arglist und gelobte Walcher Besserung.[42]

Wenn auch nicht für ein Amt an der Parteispitze, so galt er doch in Mährisch-Ostrau unter der Hand als der Richtige für eine internationale Mission: für den Einsatz in Spanien. Seit sechs Monaten wütete dort zwischen Volksfront-Republik und rebellischem rechtsextremem Militär ein Bürgerkrieg, den Linke in aller Welt als Anfang vom Ende des Faschismus ansahen. Max Diamant befand sich seit Spätherbst 1936 in Barcelona, und zwar als Kontaktmann zu der im Vorjahr gegründeten Partido Obrero de Unificación Marxista (Arbeiterpartei der marxistischen Vereinigung), abgekürzt POUM. Sie propagierte die Beseitigung des Kapitalismus, Trotzkis permanente Revolution und einen strikten Antistalinismus.

Diamant sah in Spanien »mit unheimlicher Konsequenz und Beschleunigung« einen blutigen Konflikt zwischen Linken herannahen. Ins SAP-Politbüro gewählt, sollte er nach Paris zurückkehren. Im übrigen war das Internationale Jugendbüro, während sich Sekretär Willy Brandt im Berliner Untergrund befunden hatte, mit Hilfe seines Widersachers Blachstein aus Oslo in die katalonische Hauptstadt verlegt und dem POUM-Funktionär Wilebaldo Solano unterstellt worden.[43]

Willy Brandts »weitere Verwendung« wurde aber entgegen seinen Angaben keineswegs in Mährisch-Ostrau »vereinbart«. Nachdem er noch in Brünn mit Walcher und Diamant den exilierten Nestor der österreichischen Sozialdemokraten, Otto Bauer, besucht und sich mit Hilfe einiger Geldscheine ein Transitvisum für Polen besorgt hatte, fuhr »Gunnar Gaasland« per Bahn nach Danzig und mit einem Frachter nach Oslo zurück. Anschließend wartete er vier Wochen auf die Entscheidung der Parteispitze. Der Streit mit Fabian und Ackerknecht lähmte die neue Führung, bis sie die beiden Anfang Februar 1937 aus der SAP ausschloß. Mit 50 Anhängern gründeten sie eine weitere linke Splittergruppe namens »Neuer Weg«. Brandt, der seit seiner Schulzeit etwas Spanisch sprach, wurde dann nicht für die Partei, sondern für den SJV nach Katalonien geschickt, damit im Jugendbüro seine »reichen Erfahrungen nutzbar werden«.[44] Die Aufgabe übernahm er gern. »Er fühlte das Stigma der Niederlage ohne Gegenwehr«, vermutete mit Blick auf 1933 sein norwegischer Gefährte Per Monsen. »Als Willy nach Spanien ging, hoffte er, eine neue und kraftvollere Linke zu finden.«[45]

Zuvor hatte Brandt in Oslo noch eine Menge zu tun. Die nun neunköpfige SAP-Gruppe leitete zwar schon seit Herbst seine Freundin Gertrud Meyer – laut Monsen eine fröhliche, »auf deutsche Art hübsche junge Frau«, die, »politisch wach und von seltener Hilfsbereitschaft«, von Juni 1937 bis Kriegsanfang viermal antifaschistische Schriften nach Bremen und

Köln schmuggelte.⁴⁶ Eine Bilanz der »Kattowitzer Konferenz« aber zog Brandt selbst: Sie habe »nicht das gebracht, was wir von einem Parteitag erwartet haben«, doch sei »die Bereinigung der innerparteilichen Atmosphäre« erfolgt und die Organisation »auf die Schaffung einer revolutionären Einheitspartei festgelegt« worden.⁴⁷

Ferner schrieb der Lübecker für *Arbeiderbladet* und Publikationen der SAP Artikel und half bei dem ohne seine Schuld fatal endenden Transfer des Nobelpreisgeldes für Carl von Ossietzky nach Berlin. Zwischendurch mußte er der Fremdenpolizei über seine Namen, Auslandsreisen und journalistischen Aktivitäten Auskunft geben, wobei er gut davonkam. Im Sinne der in Mährisch-Ostrau diskutierten Einigungsbestrebungen näherte er sich als SJV-Vormann abermals dem Kommunistischen Jugendverband, um eine gemeinsame Reaktion auf das Geschehen in Spanien zu beraten.⁴⁸ Schließlich gründete er in Oslo eine neue linke Emigrantengemeinschaft sowie mit der KPD und der Gruppe Neu Beginnen eine Art »Lutetia-Kreis« im kleinen.⁴⁹ Die kommunistischen Flüchtlinge am Ort waren von Brandt »stark beeindruckt«.⁵⁰ Sein Gespräch mit der KJV-Führung versiegte indes unter gegenseitigen Anschuldigungen ebenso wie das Bündnis der drei Parteizellen, über das nach seiner Abreise zwischen Gertrud Meyer und ihrem Stellvertreter Dinkla Streit ausbrach.⁵¹

Neue Moskauer Terrorurteile fachten ab Februar 1937 den Zwist unter den Linken an. Nun ließ Stalin den Deutschland-Experten Karl Radek und 16 weitere Altbolschewisten grausam abstrafen. Damit war klar, daß der Architekt des »Sozialismus in einem Land« nach dem Bruch mit Lenins Ideen die alte Garde der Weltrevolution und potentielle Kontrahenten systematisch ausrottete. Die Tragödie in Spanien, Willy Brandt sollte es bald erfahren, verschlimmerte sich dadurch noch mehr.

8. Kapitel
Blutiges Intermezzo
Vier Monate lang im Spanischen Bürgerkrieg

Francisco Goyas Radierungen über die »Schrecken des Krieges« aus der Zeit Napoleons I. »wurden zu aktuellen Gegenwartsdokumenten«, urteilte der Schriftsteller Arthur Koestler über das von 1936 bis 1939 währende Blutbad in Spanien.[1] Für Gustav Regler, einen anderen damals kommunistischen Autor, »wieherten die Rosse der Apokalypse in den Wolken über Madrid«.[2] Der Amerikaner Ernest Hemingway sah im Kampf auf der Iberischen Halbinsel bei 436 000 Toten einen Versuch, »sich sukzessive den Bedingungen des vollkommenen Meuchelmordes anzunähern«,[3] und Willy Brandt fand »bestätigt, daß der Krieg die Bestie im Menschen herauslockt«.[4] Wie kam der 23jährige in Spanien zu dieser Überzeugung?

Jacob Walcher hatte Anfang Februar 1937 gehofft, daß dessen »sofortiger Abreise nach dem Süden weder finanzielle noch sonstige Hindernisse im Wege stehen«.[5] Doch der Lübecker mußte zuvor seinen Lebensunterhalt sichern und bei norwegischen Zeitungen Reportageaufträge sammeln. Die Artikel vom Kriegsschauplatz erschienen übrigens anonym, um Scherereien mit Behörden zu vermeiden. Und das um so mehr, als er ja primär im politischen Auftrag seiner Partei nach Spanien fuhr. In Oslo wurde seine Abwesenheit mit Sprach- und Geschichtsstudien in Frankreich begründet.

Mit einem Pappkoffer und Gaaslands gefälschtem Paß brach Willy Brandt am 20. Februar 1937 nach Barcelona auf. Ihn begleitete Per Monsen, der Sohn des norwegischen

Verteidigungsministers. Er wollte für Olav Scheflos Blatt aus Madrid berichten. Als die Fähre verspätet im norddänischen Frederikshavn anlegte und der Anschlußzug nach der 270 Kilometer entfernten Hafenstadt Esbjerg weg war, habe er erlebt, »wie Brandt handeln kann«, erzählte Monsen. »Er entschied, daß wir aus unserer schmalen Reisekasse ein Taxi nehmen sollten – ich hätte mich das nie getraut. Es kostete ein Vermögen: 50 Kronen.«[6] Doch so erreichten die zwei in Esbjerg das vorgesehene Schiff nach Antwerpen. In Paris nächtigten sie bei Walcher auf dem Fußboden.

Monsen bemühte sich bei der französischen Polizei um die damals für Spanien nötigen Ausreisevisa. Brandt besprach mit der SAP-Führung seine Aufgaben in Katalonien. Unvergeßlich blieb beiden ein Abend in einem Lokal am Montmartre, das Wein und Käse in beliebiger Menge als Abschluß des Menüs für 20 Francs (1,20 Reichsmark) offerierte. Sie bestellten nur den Nachtisch. Als sie etwa 20 Käsesorten nebst Brot und einer Karaffe Rotwein vertilgt hatten und mehr verlangten, jagte sie der Wirt aus dem Restaurant.[7] Bei der Polizei erhielt Monsen die Visa nach einer Woche, als er zu fluchen anfing und Geldscheine in die Pässe legte.

Spanien war um 1936 ein rückständiges Agrarland. Drei Viertel der Erwerbstätigen lebten mit ihren Familien am Rande der Armut, und 45 Prozent aller Einwohner waren Analphabeten. Der Mittelstand hatte keine Bedeutung. Die Oberschicht aus Adligen, Großgrundbesitzern, hohen Geistlichen und Militärs verfügte allein über Boden, Reichtum und Macht. »Dunkle Kräfte des Mittelalters sind mit denen des großen Kapitals verfilzt«, stellte Brandt fest. Separatistische Bestrebungen der Katalanen und Basken vermehrten den Zündstoff.

Nach der Abdankung König Alfons' XIII. im April 1931 gelang es 14 Regierungen nicht, die Probleme der jungen

Republik zu lösen. Die Krise eskalierte ab Februar 1936, als ein kraftloses Volksfrontkabinett entstand. Kriminelle von links und rechts töteten 269 Menschen und setzten 170 Kirchen in Brand. Am 17. Juli 1936 revoltierten konservative Generäle und bekämpften statt des Terrors die Demokratie. In Spanien sei kein roter Aufstand erfolgt, betonte Brandt 30 Jahre danach. »Stattgefunden hat ein Putsch von Generalen und sie unterstützenden Rechtskreisen gegen die aus freier Wahl hervorgegangene Regierung, der kein einziger Kommunist angehörte.« Die Linke griff gegen die Rebellen zu den Waffen. Ein Gemetzel begann.

Die Militärs verbündeten sich mit der faschistischen Falange Española, deren Führung der 43 Jahre alte General Francisco Franco übernahm. Als »Caudillo« (Führer) beherrschte er »Nationalspanien« bald diktatorisch. Im republikanischen Landesteil kam im Herbst 1936 der 67jährige Sozialist Francisco Largo Caballero an die Macht. Betriebe und der Boden wurden kollektiviert, räteähnliche Behörden geschaffen. An der Front standen den Armeen der Generäle eilig aufgestellte Milizverbände einzelner Organisationen gegenüber. Auf beiden Seiten kam es zu Greueltaten. Das Morden Bürgerkrieg zu nennen, lehnte Willy Brandt ab. Denn Franco wurde vom Dritten Reich und von Mussolinis Italien mit 55 000 Soldaten und Material für 570 Millionen Dollar unterstützt. Den »Republikanern« half außer Mexiko seit Oktober 1936 die UdSSR und schickte vor allem älteres Kriegsgerät, Waffen im Wert von 225 Millionen Dollar.

Der Waffengang auf der Iberischen Halbinsel erschien Brandt als »erste offene Schlacht gegen den internationalen Faschismus«. Eine Episode auf der Bahnfahrt von Paris nach Barcelona zeigte ihm eine andere Perspektive. Im gleichen Waggon saß eine Schar volksfrontnaher belgischer Katholiken, die sich vom Schutz der Religion durch die spanische Republik überzeugen wollte. Hinter der Grenze tauchte zur

Linken eine Kirche auf, an deren Sims alle Heiligenfiguren geköpft worden waren. »Der Reiseleiter bemühte sich eilig, die Aufmerksamkeit seiner Gruppe auf die Naturschönheiten zur rechten Hand zu lenken«, erzählte Brandt. In Barcelona gab es in einem kollektivierten Restaurant nur Oliven und Wein, und der Kellner paffte beim Bewirten eine Zigarre. Das Trinkgeld wies er wütend als »beleidigendes Almosen« zurück.[8] An einem der nächsten Tage beobachteten Brandt und Monsen, wie Einheiten der Partido Obrero de Unificación Marxista ohne Waffen Gefechtsübungen machten, während nebenan im Hafen ein Sowjetschiff Kriegsgerät für Anhänger der Komintern entlud. Die POUM-Milizionäre, hieß es, bekämen die Ausrüstung ihrer gefallenen Genosssen.[9]

Die beiden aus Oslo kamen im Hotel »Falcón« unter, im Gästehaus der Partido Obrero an der Flaniermeile Rambla, 200 Meter von der imposanten Plaza de Cataluña entfernt und vis-à-vis der Parteizentrale. Im »Falcón«, merkte der Schweizer Revolutionär Paul Thalmann, »schwirrte ein Schwarm von Journalisten, Politikern, Emigranten aus aller Welt herum, gaben sich linke Oppositionsgruppen ein Stelldichein. Die SAP, vertreten durch Max Diamant und Willy Brandt, Funktionäre der KPO, Trotzkisten aus Amerika, (...) sie waren alle da.«[10] Der Lübecker, dessen Begleiter sich bald nach Madrid verabschiedete, begegnete im »Falcón« auch flüchtig dem Engländer Eric Blair. Der damalige POUM-Milizionär wurde später mit einer Horrorvision der Diktatur weltberühmt: *1984* hieß der Roman, den er unter dem Pseudonym George Orwell veröffentlichte.

In Spanien gab es drei linke revolutionäre Grundströmungen: den Anarchismus, den Syndikalismus und den Marxismus. Erstere wollte jede Herrschaft, den Staat inbegriffen, durch »direkte Aktionen« gewaltsam beseitigen. Der Syndikalismus strebte den Umsturz durch gewerkschaftliche Kampfmittel und eine Volkswirtschaft »von unten nach oben« an. Für den Marxismus war (und ist) die Partei der Motor bei der Verwirklichung der klassenlosen Gesellschaft; Wahlen und Parlamente lehnt er im Gegensatz zu den beiden anderen Richtungen nicht ab. Aus Kombinationen dieser Ideologien entstanden zusätzliche politische Bewegungen.

Wegen der bitteren Not hatten Spaniens Gewerkschaften mehr Bedeutung als die linken Parteien. Der marxistischen Unión General de Trabajadores (UGT) gehörten zwei Millionen, der im Anarchismus wurzelnden Confederación Nacional del Trabajo (CNT) halb so viele Arbeitnehmer an. Letztere Gewerkschaft beeindruckte Brandt schon bald bei einer Kundgebung: »Ich spürte mehr Geschlossenheit, als meine Voreingenommenheit mich erwarten ließ.« Den Anarchismus hielt er zwar für »eher schädlich«. Doch er entdeckte in der syndikalistischen Variante »moralische Qualitäten« und »eine antibürokratische Haltung, die als Gegengewicht gegen die bürokratische Entartung, die die Arbeiterbewegung angefressen hat, durchaus gesund sein kann«.

Von den Parteien wurden folgende für Brandt wichtig:
– die 40 000 Mitglieder zählende Partido Obrero de Unificación Marxista (POUM), zu der sich 1935 ehemalige Trotzkisten unter Andrés Nin mit Anarchosyndikalisten um Joaquín Maurín zusammengeschlossen hatten;
– die Partit Socialista Unificat de Catalunya (PSUC), die Einheitspartei in Katalonien mit 60 000 Anhängern; 1936 von den Regionalverbänden der Kommunisten und Sozialisten gebildet, gehörte sie der Komintern an;
– die kremltreue Partido Comunista de España (PCE), die 1936 nach 16jährigem Bestehen 10 000 Mitglieder hatte und durch das Eingreifen der Sowjetunion in Spanien zur Massenpartei mit 250 000 Genossen wurde;

– die 1879 gegründete, landesweite Partido Socialista Obrero Español (PSOE) mit 150 000 Sozialdemokraten.

Als Vertreter des SJV hatte es Brandt vor allem mit der Partido Obrero zu tun. Sie gehörte wie die SAP der Zweieinhalbten Internationale an, bei der er 1936 Parteichef Maurin als »gewinnende, kämpferische Erscheinung« kennengelernt hatte. Ihre Nachwuchsgliederung steuerte nun das früher von ihm geleitete Jugendbüro. Überdies bot die POUM, obwohl nur in Katalonien stark, mit ihrer Zeitung *La Batalla* (Der Kampf) und fremdsprachigen Kurzwellensendungen eine gute Plattform für die Agitation. Nicht zuletzt deshalb sahen Kreml und Komintern in dieser stalinfeindlichen kommunistischen Partei eine besondere Gefahr und verleumdeten sie als Francos trotzkistische Gehilfin.

Das Verhältnis zwischen der Partido Obrero und Willy Brandt wurde indes von Differenzen und Mißtrauen bestimmt. Schon bei seiner Ankunft in Barcelona prangerte ihn das Blatt der POUM-Jugend wegen seines – nominellen – Engagements für eine deutsche Volksfront an. Er wiederum hatte den Verdacht, »dass bestimmte Elemente der Bruderpartei unsere Post unterschlagen«.[11] Eine Kluft entstand vor allem durch die unterschiedliche Bewertung des Krieges in Spanien. Während die POUM wie die meisten Linken im Land das blutige Ringen als Teil einer sozialen Revolution ansah, gab Brandt ähnlich den Stalinisten dem rein militärischen Kampf höchste Bedeutung und sprach von einem »nationalen Independenzkrieg«. Er hielt auch nichts von den »klassenlosen« Milizen der einzelnen Parteien oder Gewerkschaften und plädierte wie die Kominternanhänger für den »Aufbau einer zentralen Armee«. Die Partido Obrero warf ihm deshalb eine »zweideutige Politik« vor, was er 1937 als Angriff auf seine »revolutionäre Ehre« betrachtete. 45 Jahre danach meinte er selbstkritisch: »Mir war nicht klar genug, wie stark die Berufung auf militärische

Notwendigkeiten benutzt wurde, um Sonderinteressen der Komintern (…) zu fördern.«

Im Frühjahr 1937 versuchten die POUM und die Sozialistische Arbeiterpartei, einander im Londoner Büro kaltzustellen.[12] Außerdem galt bei den Katalanen die Gruppe Neuer Weg als »die wahre SAP«. »Vergiftete Streitigkeiten« übertrugen sich zwangsläufig auf das Internationale Jugendbüro, zumal in dessen Sekretariat Brandt-Rivale Blachstein saß. Als er die SAP öffentlich abkanzelte, verstießen ihn Diamant und Brandt aus der Partei und dem Jugendverband, was die Zentrale in Paris billigte.[13] Blachstein trat der Gruppe Neuer Weg bei. 1958 versöhnte er sich mit Brandt. Trotzdem äußerte der Lübecker noch 1982 in seiner die Tatsachen eher verhüllenden Art: »Es wäre nicht richtig, wenn ich sagte, er sei mir für den Rest des Exils wohlgesonnen oder in der ersten Nachkriegszeit besonders hilfreich gewesen«, und sein einstiger Widerpart sagte: »Wir haben uns sehr gestritten, und er hat uns als Sektierer beschimpft. Er war (…) – natürlich kritisch, aber doch – auf der Seite der Stalinisten.«[14]

Den Vertreter der SAP-Jugend beim kremlkritischen POUM-Nachwuchs attackierten selbstverständlich auch die orthodoxen Kommunisten. Ihre Zeitung *La Llibertat* beschuldigte ihn des »Doppelspiels« und der »betrügerischen Politik«.[15] Der deutsche Kominternfunktionär Karl Mewis, der als »Fritz Arndt« die Ausländerabteilung der PSUC leitete, behauptete, Brandt habe in Barcelona mit dem »Gestapoagenten« Eugen Scheyer kollaboriert, einem aus Oslo zugereisten dubiosen SAP-Emigranten.[16] Nach 1957 schlachteten ultralinke und rechte Gegner des Sozialdemokraten diese Diffamie aus. In Wirklichkeit hat Brandt sofort nach Scheyers Ankunft in Katalonien die SAP-Leitung vor dem »Hochstapler« gewarnt[17] und nie mit ihm gemeinsame Sache gemacht.

»Ich stand, was die Debatte im republikanischen Lager angeht, etwas zwischen den Fronten, was mir Prügel von verschiedenen Seiten einbrachte«, umriß Willy Brandt später seine Lage Mitte März 1937.[18] Nach zehn frustrierenden Tagen in der POUM-Zentrale beschloß er, mit opponierenden Funktionären Kontakt aufzunehmen. Außerdem wollte er Material für Reportagen sammeln. In Valencia, seit Herbst 1936 Sitz der aus Madrid geflohenen Regierung Largo Caballero, fand der 23jährige im örtlichen Parteichef Luis Portela einen Gesinnungsfreund.[19] Doch der Spanier hatte lediglich 65 Anhänger und sollte aus der POUM ausgebootet werden.

Deprimierende Erlebnisse auf dem Schlachtfeld

Bei der Lenin-Division an der Front in der rotbraunen Steinwüste Aragóns trifft Brandt ebenfalls auf Geistesverwandte, aber auch auf das Elend des Krieges, nachdem er zuvor vom »Kampf der Fäuste gegen Maschinengewehre« geschwärmt hat. Am 17. März 1937 erlebt er einen Angriff des Bataillons Rovira auf die seit sieben Monaten umkämpfte, wichtig gelegene Nervenheilanstalt von Huesca (siehe Dokument S. 422 ff.). Der SAP-Zentrale in Paris berichtet er anschließend vertraulich »deprimierende Ereignisse«: Der Sturmtrupp sei zwei Stunden zu spät in Stellung gegangen, es habe Kompetenzwirrwarr geherrscht, und beim Gegenangriff der Faschisten sei eine Einheit geflohen. »Mit vorgehaltener Pistole (und, wie man uns sagte, mit mehr) musste sie zum Stehen gebracht werden.«[20]

Grauen ohne Ende. Brandt sieht, wie Roviras Leute einem gefangenen Feldgeistlichen des Feindes mit Bajonetten den Bauch aufschlitzen. Im Lazarett nimmt er von einem sterbenden SJV-Funktionär Abschied – »eine Erfahrung, die nicht in den Büchern über den Ersten Weltkrieg stand«. Er hört von der Exekution einer SAP-Genossin durch Francos Soldaten. »Die Horrorgeschichten sind stärker in meiner Erinnerung als das, was mich damals in erster Linie bewegte«, gesteht er im Alter. Daß aber Mitte März 1937 George Orwell in seiner Nähe schwer verwundet wird, wie er in *Links und frei* behauptet, ist ein Irrtum. Der Brite erlitt erst um den 20. Mai bei Huesca einen Halsdurchschuß.[21]

Hat Willy Brandt in Spanien, wie Regler und Orwell, zur Waffe gegriffen? War er »Rotfrontkämpfer«, was 1957 der Berliner Abgeordnete Hermann Fischer von der Freien Volkspartei und dann andere Gegner behaupteten? »Wenn es notwendig geworden wäre, zum eigenen Schutz und dem meiner Freunde zu schießen, hätte ich daran nichts ändern können«, entsann er sich einer unruhigen Mainacht in Barcelona, in der er ein Haus bewacht hatte. Überhaupt würde er sich »nicht schämen, wenn ich mit der Waffe verteidigt hätte, was sich mir als die Sache der legalen spanischen Republik und der europäischen Demokratie darstellte«. Trotzdem: »Mein Engagement beschränkte sich auf politische und publizistische Tätigkeit.« Ein Urteil des Landgerichts Berlin erhärtete das. Aber auch Peter Blachstein versicherte: »Mitgekämpft hat er nie«,[22] und Herbert Wehner, der 1936 in Paris die erste ausländische Freiwilligeneinheit für Spanien aufgestellt hatte, äußerte sarkastisch: »Immer wenn es stürmisch zuging, war er Journalist.« Per Monsen nannte ein anderes Motiv für das Verhalten des Freundes: »Willy ist der am wenigsten aggressive Mensch, den ich kenne.«[23]

Wie entstand aber die Fama, Brandt habe am Krieg auf der Iberischen Halbinsel aktiv teilgenommen? 1936 war der sechs Jahre ältere Ziegeleiarbeiter Wilhelm (»Willi«) Liborius Philipp Brandt, ein Sozialdemokrat aus Neu-Isenburg, für die spanische Republik bewaffnet in den Kampf gezogen. In seinem Asylland Belgien 1940 nach dem deutschen Überfall verhaftet, befragte ihn vor der Einlieferung ins KZ Dachau die Gestapo, was er in Norwegen getrieben habe. Die Verwechslung mit dem jungen SAP-Funktionär begann. »Hier war noch einmal einer, der Schläge auszuhalten hatte, die mir zugedacht waren«, sagte der Lübecker, als er Ende der fünfziger Jahre vom Schicksal des Namensvetters hörte.

Nach zwei Frontbesuchen – sonst blieb er in Aragón in der Etappe – kehrte Willy Brandt am 27. März 1937 nach Barcelona zurück. Seine Stimmung war auf dem Nullpunkt. Seit seiner Ankunft in Spanien vier Wochen zuvor hatte er »keinen einzigen Brief, kein Material, kein Lebenszeichen« von der Parteiführung erhalten. Er war ohne Geld und mußte Schulden machen – für Brandt »eine völlig unhaltbare Situation«. »Ich wäre nicht hierhergefahren, wenn ich die Arbeitsbedingungen etc. gekannt hätte«, empörte er sich in einem Brief nach Paris. Er bat Walcher dringend um eine Nachricht, Geld und die Entscheidung, wie lange er in Katalonien bleiben und was er danach tun solle.[24]

Der Elan des SJV-Abgesandten war verflogen. Er vermißte bei Francos Feinden eine »lebendige Demokratie«.[25] Andererseits ärgerten ihn »zu viele schlechte Diskussionen« und die Weltfremdheit zahlreicher Linker. Bei der POUM, die Max Diamant vergebens auf SAP-Kurs zu bringen versuchte, stellte Brandt eine ideologische Fehlentwicklung und »unkonkrete Ziele« fest.[26] Generell registrierte er »ein Durcheinander und Gegeneinander, die enge Nachbarschaft von menschlicher Größe und menschlicher Niedrigkeit«. Rückblickend betonte er 1961: »Revolutionen sind nicht das erhebende Schauspiel, als das sie uns von ihren offiziellen Barden angepriesen werden. Die Wirklichkeit sieht anders aus: viel weniger romantisch – grausam und verworren.«[27]

Zu diesem Urteil trug 24 Jahre vorher in besonderem Maße die Politik der Sowjetunion in Spanien bei. Brandt erkannte, daß die vom Kreml propagierte »demokratische Republik neuen Stils«, später Volksdemokratie genannt, allein das Führungsmonopol der UdSSR bewirken sollte, daß aber eine soziale Revolution und die internationale Arbeiterbewegung Moskau »schon lange« nicht mehr interessierten. Vor allem erlebte er jedoch hautnah den Terror des NKWD, der sowjetischen Geheimpolizei, die Stalins »Säuberungen« auf die Pyrenäenhalbinsel ausdehnte. Sie überzog den republikanischen Landesteil mit einem Netz eigener Stützpunkte, Folterkammern und Gefängnisse. In Katalonien waren ihre Handlanger unter anderen die Ausländersektion der PSUC unter Karl Mewis und der Servicio Alfredo Herz, den ein von der Ruhr stammender Ultralinker leitete. »Anarchisten und Trotzkisten, mögen sie auch antifaschistische Soldaten sein, sind unsere Feinde. Sie sind Konterrevolutionäre, und wir müssen sie alle ausrotten«, verkündete der Leiter der Auslandsabteilung des NKWD, Abram A. Sluzki, der in Spanien die Verfolgung aller »Unkontrollierbaren« wie der POUM persönlich forcierte.[28] Seine Kerker waren bald überfüllt.

Menschenraub der Stalinisten in Katalonien

Gerade zwei Wochen wieder in Barcelona, erlebte Willy Brandt eine Untat des sowjetischen Geheimapparats, die ihm jahrzehntelang Verdächtigungen eintrug. Denn Karl Mewis, ein SED-Pamphlet und rechte Agitatoren behaupteten nach 1945, er habe seinerzeit zusammen mit Trotzkisten respektive der Gestapo das Verschwinden des 24 Jahre alten Rundfunktechnikers Mark Rein inszeniert. Die Wahrheit sah anders aus.

Der junge Ingenieur war der Sohn des russischen Sozialdemokraten Raphael Rein, der unter dem Namen Abramowitsch zu den namhaften linken Gegnern der Bolschewiki gehörte und 1931, aus der Sowjetunion längst emigriert, bei einem Moskauer Schauprozeß zum Drahtzieher eines Komplotts gegen die UdSSR erklärt worden war. Sohn Mark hatte in Berlin der SPD-Jugend angehört und seit 1933 in Norwegen Hochfrequenztechnik studiert. Im März 1937 kam er nach Barcelona, um in einer Rüstungsfabrik zu arbeiten. Bei Parteifunktionären, darunter Karl Mewis und Franz Dahlem von der KPD, informierte er sich über die Lage. Mit Willy Brandt freundete er sich an und verfaßte mit ihm einen Appell an eine Volksfronttagung in Paris.[29]

Am Abend des 9. April besuchten die beiden eine Kundgebung der Einheitspartei PSUC und verabschiedeten sich vor Reins Hotel »Continental«. In seinem Zimmer begann der Abramowitsch-Sohn einen Bericht über die katalonische Wirtschaft zu tippen, muß aber plötzlich das Hotels verlassen haben; am nächsten Morgen steckte noch das Blatt mit dem angefangenen Artikel in seiner Schreibmaschine. Reins Freund Nicolas Sundelewitsch, ein Ingenieur und Waffenhändler, alarmierte am Tag danach Willy Brandt, der zum Abwarten riet. Knapp eine Woche später erhielten Sundelewitsch und der Direktor des »Continental« Briefe, in denen Mark Rein mitteilte, er sei für einige Tage nach Madrid geholt worden. Die Datumsangaben und Poststempel seiner letzten Lebenszeichen waren gefälscht.[30]

Da der Sohn des prominenten Antibolschewisten nicht wieder auftauchte, suchte der SJV-Vertreter den Kominternfunktionär Mewis auf: »Die Kommunisten, argumentierte ich, die Erregung mühsam unterdrückend, seien von allen guten Geistern verlassen, wenn sie hinter der Entführung steckten.« Den Verdacht könnten sie nur zerstreuen, indem sie die Schuldigen finden helfen. Mewis versuchte, »den Fall« Trotzkisten und Anarchisten anzulasten, als Racheakt von Waffenhändlern hinzustellen und zur Liebesaffäre zu machen. Brandts Vorstoß blieb erfolglos. Als Raphael Abramowitsch das Schicksal seines Sohnes klären wollte, verwirrten die Stalinisten die Tatsachen, Akten und Reins Habseligkeiten verschwanden, Sundelewitsch wurde plötzlich verhaftet.[31] Das Verbrechen blieb ungeklärt. Am wahrscheinlichsten ist, daß verkappte NKWD-Agenten den Rundfunktechniker mit der dringenden Bitte um die Reparatur eines Senders aus dem Hotel lockten und ihn auf ein im Hafen von Barcelona liegendes russisches Schiff schafften, um ihm für »Säuberungsprozesse« Informationen über Verbindungen seines Vaters in die UdSSR abzupressen. Mark Rein starb bei Folterungen oder wurde als Zeuge des Terrors »liquidiert«.[32] Willy Brandt aber mußte sich jahrzehntelang der Vorwürfe einer Blutschuld an seinem Bekannten erwehren.

Der Menschenraub »machte mich wahnsinnig«, schrieb er in seinen *Erinnerungen*. Ein starkes Wort. Im Frühjahr 1937 kooperierte er jedoch um der antifaschistischen Einheit willen auch nach Reins Verschwinden mit KP- und PSUC-Stalinisten. Er unterzeichnete gemeinsame Aufrufe und wollte in Barcelona einen Klub aller deutschen Marxisten gründen.[33] Dadurch kühlten sich seine Beziehungen zur POUM gerade dann noch weiter ab, als er bei ihr nicht nur die SAP-Jugend, sondern statt des nun nach Paris zurückgekehrten Max Diamant die gesamte Partei vertreten mußte; der dafür vorgesehene Boris Goldenberg konnte wegen Paßproblemen nicht nach Spanien einreisen. Vom 11. April 1937 an leitete Brandt die deutschsprachige Gruppe der Partido Obrero, laut Diamant eine Schar von Sektierern,[34] sprach im Rundfunk der linksradikalen Katalanen und gab das Monatsblatt *Die spanische Revolution* heraus. Er hoffte auf seine »brüderliche Freundschaft« mit Julián Gorkin, dem zwölf Jahre älteren Außenpolitiker der POUM, dessen Ansichten er weitgehend teilte.[35]

In Barcelona herrschte Hunger. Die kümmerlichen Rationen besserte Brandt mit Apfelsinen, Oliven und Malagawein auf. Ebenso karg verlief sein Sexualleben, von einem Liebesleben ganz zu schweigen: Ab und zu besuchte er ein Bordell, worüber er später, in Norwegen, unter Männern Witze riß.[36] Freundschaft schloß er mit dem Grafiker Paul René Gauguin, dem er bereits in Oslo bei der DNA-Jugend begegnet war. Der 26jährige Enkel des französischen Malers hatte seither als Fischer, Schmuggler und Antiquitätenhändler an Ostspaniens Küste und auf Ibiza ein bewegtes Leben geführt.[37]

Während sich die freie Welt über die Bombardierung der baskischen Nationalstätte Guernicá empörte – am 26. April 1937 starben dort durch einen Luftangriff der deutschen »Legion Condor« 1 654 Menschen –, entstand in Katalonien nach strengen Regierungsdekreten eine »Pogromstimmung«. Bei Schießereien und Aufmärschen gab es Tote. Brandt wollte am 1. Mai in Barcelona eine große linke Jugenddemonstration veranstalten. Aber Kundgebungen wurden generell verboten. Auch eine Beratung darüber, wie Minderjährige aus Konflikten herausgehalten werden können, scheiterte, weil die Teilnehmer von einer Kaserne aus beschossen wurden.

Inmitten eines absurden Gemetzels

Die Telefon- und Telegrafenzentrale von Barcelona, ein klotziger Bau an der Plaza de Cataluña, ist zu Kriegsbeginn durch die Gewerkschaften CNT und UGT besetzt worden. Seither überwachen ihre Vertreter ruppig die Ferngespräche. Als am 2. Mai ein Telefonat zwischen Manuel Azaña und Lluis Companys, den Präsidenten der Republik und des autonomen Kataloniens, mit den Worten getrennt wird: »Wir haben Wichtigeres zu tun, als Geschwätz abzuhören«,[38] beschließen beide linksliberale Politiker mit Billigung der PSUC, die Übergriffe der Gewerkschaften zu beenden. Der katalonische Polizeichef Rodriguez Sala, ein Mitglied der Einheitspartei, bekommt den Befehl, die »Telefónica« stürmen zu lassen.

Am Montag, dem 3. Mai 1937, dringen gegen 15 Uhr bewaffnete Bereitschaftspolizisten und Nationalgardisten in die Kommunikationszentrale ein. Sie töten dabei zwei Wachleute. Im Gebäude liefern sie sich mit Gewerkschaftern Schußwechsel, bis ein Funktionär eine Waffenruhe erreicht. Unter der Aufsicht beider Seiten wird der Fernsprechverkehr fortgesetzt.

Die Nachricht vom Angriff auf die Telefónica verbreitet sich in Barcelona wie ein Lauffeuer. Streiks brechen aus, Straßen leeren sich, Schutzwälle entstehen, es kommt zu Geplänkeln. »Wer auf wen feuert«, bemerkt Augenzeuge Thalmann, »welche Barrikade von Freund oder Feind besetzt ist, kann vor allem nachts kaum ausgemacht werden. In das Kampfgetöse lärmen Lautsprecher Nachrichten und anarchistische Lieder hinein.«[39] Angriffe finden nicht statt, nur Feuergefechte von Brustwehr zu Brustwehr. Die PSUC unterstützt die Regierung, die Partido Obrero ruft die CNT zu gemeinsamem Handeln auf – vergebens.[40] Willy Brandt weilt in einem Vorort, nachdem am Morgen eine Sitzung des Internationalen Jugendbüros ausgefallen ist. In der Dämmerung kehrt er unter Gefahr und »voller Verzweiflung« in das Hotel »Falcón« zurück. Er möchte »mit dem absurden Bürgerkrieg nichts zu schaffen haben«, da man sich »zu diesem Zeitpunkt diese Kämpfe nicht leisten kann«.[41] Die Schießerei dauert die Nacht über an.

Am nächsten Vormittag erhält Brandt aus dem Hotel »Victoria« einen telefonischen Hilferuf der rechtskommunistischen schwedischen Abgeordneten Ture Nerman und August Spångberg, die er von Besuchen in Stockholm her kennt. Der Schriftsteller und der Eisenbahner sondieren in Barcelona die Lage. Mit Gauguin schleicht er zum Hotel an der Plaza de Cataluña. Dort haben Arbeiter den 51jährigen Nerman, einen Mitbegründer der schwedischen KP, der beim Bau einer Barrikade zusieht, »als Klassenfeind entlarvt. Er ›provozierte‹, weil er einen Hut trug«, erzählt Willy Brandt. Der SAP-Repräsentant, der sich kaum das Lachen verbeißen kann, klärt das Mißverständnis auf und erläutert den Skandinaviern die Lage. Wieder in seinem Hotel, wartet er die Entwicklung ab. Draußen wird weiter geschossen.

Am dritten Tag der Kämpfe hält sich der SAP-Vertreter meist in der POUM-Zentrale auf. Das Geschehen wertet er nun als »Ausdruck der ganzen Verkrampftheit der Beziehungen im proletarischen und antifaschistischen Lager«. Aufrufe der Gewerkschaft CNT, den Krieg im Krieg zu beenden, rügt er jedoch: »Das einfache Appellieren, im Hinterland kein Blut zu vergiessen, war unpolitisch. (...) Notwendig war die Einsetzung der revolutionären Kräfte für die schnellste Ueberwindung des Bürgerkriegszustandes.«[42] Die Zentralregierung läßt derweilen Kriegsschiffe in den Hafen von Barcelona einlaufen, und bei Attentaten linker Gegner werden der regionale Arbeitsminister Antoni Sesé und der italienische Philosoph Camillo Berneri ermordet.

Am Tag darauf ist es in Barcelona noch unruhig. Doch am Freitag, dem 7. Mai, schweigen die Waffen. Der Konflikt hat 400 Todesopfer und mehr als doppelt so viele Verwundete gekostet.[43] Und die politischen Folgen? »Die Angleichung an die von der KP gewünschten Strukturen machte Fortschritte«, erkennt Willy Brandt später. Zwei Tage nach Ende der Kämpfe beschuldigt der spanische Kommunistenchef José Diaz die »trotzkistische POUM«, das Blutbad im Auftrag des internationalen Faschismus angezettelt zu haben[44] – eine Lüge, die selbst Kriegsreporter Ernest Hemingway und andere im Westen glauben.[45] Verfehlt ist aber auch Brandts Tadel, die POUM habe geschwankt und versagt.[46] In Wirklichkeit hat die kleine Partei von Anfang an versucht, die

Massenorganisation CNT für ein gemeinsames Vorgehen zu gewinnen.⁴⁷ Doch die Gewerkschaft machte nicht mit.

Die blutige Tragödie von Barcelona und der Streit zwischen Partido Obrero und SAP wirkten noch nach, als am 9. Mai das Internationale Jugendbüro unter Leitung des POUM-Nachwuchses tagte. Willy Brandt verlangte sogleich den Ausschluß Peter Blachsteins, da dieser nicht mehr dem SJV angehöre, und lehnte eine Solidaritätsadresse an die POUM ab.⁴⁸ Die übrigen Anwesenden bezichtigten ihn hingegen »konterrevolutionärer« Umtriebe und stimmten seine Anträge nieder.⁴⁹ Er wurde auch aus dem Sekretariat abgewählt; seinen Platz nahm Rivale Blachstein ein. Bald darauf verlor das Jugendbüro freilich jede Bedeutung.

Brandts Gegner beobachteten nach dem Massaker seine Begegnungen mit KP- und PSUC-Funktionären ganz besonders mißtrauisch. Kurt Landau, der aus Wien stammende, 34 Jahre alte Leiter der Marxisten-Internationalisten-Sekte und eine Art Pressechef der Partido Obrero, stritt sich mit ihm sogar laut auf offener Straße.⁵⁰ Am 11. Juni beschloß die deutschsprachige Gruppe der POUM auf Antrag des Österreichers und Blachsteins bei ihrem – letzten – Treffen, die Ablösung ihres 23jährigen Vorsitzenden bei der Partei zu beantragen. Wenn Brandt, fügte Landau hinzu, »nicht freiwillig geht, soll man ihn mit Gewalt über die Grenze transportieren«.⁵¹ Julián Gorkin versprach dem SAP-Vertreter sogleich unter vier Augen Beistand. Zu einem öffentlichen Vertrauensbeweis kam es jedoch nicht mehr.

Beschuldigungen mit dauerhaften Folgen

Von den eigenen Genossen im Stich gelassen, war der sozialistische Ministerpräsident Largo Caballero Mitte Mai zurückgetreten, als Stalinisten im Kabinett die Ächtung der

POUM wegen deren angeblicher Schuld an der Blutwoche von Barcelona forderten. Sein Amt übernahm Parteifreund Juan Negrín, ein Sympathisant Moskaus. *La Batalla* wurde verboten und Chefredakteur Gorkin wegen »Aufrufs zur Rebellion« angeklagt. Am 16. Juni inhaftierte die Polizei Andrés Nin samt der übrigen POUM-Führung und danach Hunderte von Parteigenossen. Nin wurde wie andere offenbar in einem NKWD-Gefängnis zu Tode gefoltert.[52] Brandt war trotz seiner Differenzen mit der Partido Obrero außer sich: »Dabei handelt es sich recht und schlecht um die wahnwitzige Zielsetzung der Komintern, alle Kräfte zu vernichten, die sich ihr nicht gleichschalten wollen.«

Daß der SAP-Emissär damals, im Gegensatz zu 41 anderen ausländischen POUM-Anhängern, unbehelligt blieb und Spanien frei verlassen konnte, machte ihn bei Widersachern zum Helfer der Stalinisten. So bezichtigte ihn die Ehefrau des im September entführten Kurt Landau, er habe gegen ihren Mann »tödlichen Haß« gehegt[53] und sei an seinem spurlosen Verschwinden indirekt schuld. Von der Sozialistischen Arbeiterinternationale und vor Gericht wurden die Anwürfe widerlegt.[54] Landaus Schicksal aber wurde nie aufgeklärt.

Doch warum wurde Willy Brandt im Juni 1937 in Katalonien nicht verfolgt, obwohl ihn Kominternleute wie Franz Dahlem oder Karl Mewis als »Agenten des Imperialismus« oder »Spion der Gestapo« beschimpften? Gleich zu Beginn der Jagd auf die POUM war der Lübecker aus dem Hotel »Falcón« ausgezogen. Er verbarg sich bei einer Bekannten in einem Vorort und dann für einige Tage in der »dubiosen Wohnung« eines abgereisten französischen Gesinnungsfreundes. Als er dort im Kamin Notizen zu verbrennen anfing, durchfuhr ihn ein Schreck: Unter dem Feuerrost war Munition versteckt. Mit knapper Not löschte er die Flammen. Wenig später wurde in Barcelona eine Tagung abgesagt, an der Brandt teilnehmen wollte. Für ihn stand damit fest, »daß meines Bleibens nicht mehr war«, entsann er sich 35 Jahre später. Er beantragte und erhielt das nötige Ausreisevisum beim republikanischen Paßamt. Kein Wunder. Denn Paß und Gesuch für den Sichtvermerk lauteten nicht auf Willy Brandt, sondern auf Gunnar Gaasland, der für die Schnüffler der Komintern ein unbeschriebenes Blatt war. Unbehelligt, aber tief enttäuscht gelangte der 23jährige am Morgen des 25. Juni 1937 mit dem Zug in die französische Hauptstadt.

Paris erschien Willy Brandt in jenem Sommer »schöner, fröhlicher als ich es je gesehen hatte, überschäumend von Lebenslust«. Die dortige Weltausstellung war für ihn »eine eindrucksvolle Demonstration all dessen, was das Leben im freien Europa so lebenswert machte«. Zudem traf er seine Freundin Gertrud Meyer wieder, die Geheimaufträge im Reich ausgeführt hatte.

Das Drama in Katalonien beschäftigte ihn nach wie vor. Er regte an, die Regierung Negrín mit Protesten und Boykottdrohungen zu überschütten, weil sie die Ausmerzung der POUM geduldet hatte.[55] Während einer einwöchigen Tagung der SAP-Spitze hielt er am 5. Juli vor 17 Funktionären ein dreistündiges Referat über »Ein Jahr Krieg und Revolution in Spanien«. Den Bericht, den die SAP als Broschüre herausgab, kreideten ihm Gegner noch lange an. Die »Ermordung unzähliger Priester und die Vergewaltigung Hunderter von Nonnen« sei von ihm als »sowjet-freundlichem Klassenkämpfer« damals gebilligt worden, hieß es zum Beispiel 1972 im *Rotbuch* der Christlich-Sozialen Union (CSU).[56] Trotzkisten warfen ihm dagegen vor, er habe auf die Stalinisten, die Erzfeinde der POUM, »ein Loblied gesungen«.[57] Und was sagte Brandt wirklich? Er nannte das Eingreifen der Sowjetunion gegen den Faschismus nach jahrelang defensiver Außenpolitik »eine außerordentlich fortschrittliche Angelegenheit«, betonte aber, daß die UdSSR durch Terror »ein Spanien mit ihrem Führungsmonopol« anstrebe. »Ein reinigender Sturm hat die Kirchen und Klöster gesäubert«, lobte er zwar. Er forderte jedoch auch, die »Fehler« der Partido Obrero im Blick: »Niemand soll kommen und behaupten, daß das die Verfolgungen rechtfertige, die sich heute gegen die POUM richten.« Die SAP-Führung bekräftigte nach sechsstündiger Diskussion Brandts Standpunkt und beschloß konsequent, daß die Arbeit in der Partei künftig Vorrang vor dem »Einsatz im Süden« habe.

Im Alter wertete Willy Brandt seine Zeit in Spanien als »lehrreiche, doch überwiegend unglückliche Monate«. Nicht den Aufbruch in eine bessere Zukunft habe er erlebt, sondern »wie Freiheit von außen erdrückt und von innen zerstört werden kann«. Lebendig sei für ihn »vor allem das Bild von den sprichwörtlich stolzen Spaniern«. Mit ihnen fühle er sich seither verbunden. Daß aber für Brandt nach den Erfahrungen in Katalonien »der Traum von der sozialistisch-kommunistischen Einheit ein für allemal ausgeträumt« und er »nicht länger ein Suchender« war, wie es in seinen Memoiren heißt, stimmt nicht. Vielmehr trat er weiterhin für die Einheit mit den Ultralinken an der Basis ein. Kritiker meinten damals, »daß Prinzipienfestigkeit nicht seine starke Seite ist«.[58]

Nach sechs Wochen verließ Brandt Paris und vertrat seine Partei vom 8. bis 12. August 1937 in England bei einer Konferenz der Zweieinhalbten Internationale. Er besichtigte London auf der Durchreise vom Oberdeck zweistöckiger Omnibusse aus und fand den Tagungsort, die Gartenstadt Letchworth, »ungewöhnlich beruhigend«. Sein Bericht über die Verfolgung der POUM war so eindrucksvoll, daß dem Labourfunktionär Walter Padley und anderen »zum Bewußtsein kam, was für ein Haufen verfluchter Schufte die kommunistische Führung war«.⁵⁹ Unter den 24 Teilnehmern des Treffens befanden sich indes auch »Splitterrichter«, die laut Brandt aus »haßerfüllter Atmosphäre« eine bösartige, »erschreckend sektiererische Sicht der spanischen Dinge« offenbarten. Ihm wurden Kontakte mit der Einheitspartei PSUC und Intrigen gegen Kurt Landau vorgeworfen.⁶⁰ Brandt leugnete Beziehungen zu Ultralinken keineswegs, wies jedoch gezielte Anschuldigungen zurück. Als die Diskussionsleiterin Jeanne Maurín, die Ehefrau des vom Franco-Regime verhafteten POUM-Vorsitzenden, und die Mehrheit der Delegierten sich zufriedengaben, der Italiener Dino Mariani dagegen auf den Vorwürfen beharrte, fauchte ihn Brandt an, er sei »ein verrückter Hund« und solle den Mund halten. Der Südländer verließ daraufhin empört den Raum.⁶¹

Privat schlug der Lübecker einen gutgemeinten Rat Jeanne Maurins in den Wind. Sie empfahl ihm, zu überlegen, »ob ich der zweifelhaften Politik nicht adieu sagen und mich einem ordentlichen Beruf zuwenden wolle«. Er lehnte es wegen der politischen Lage ab. »Von der Vorstellung, Politik nicht für einen ›ordentlichen Beruf‹ zu halten, habe ich mich damals nicht abgegrenzt«, bedauerte er noch als Altbundeskanzler.

Mit finanzieller Unterstützung der englischen Independent Labour Party setzte Willy Brandt 1937 seine Rückreise nach Skandinavien fort. In Göteborg leitete er vom 16. bis 21. August noch eine Arbeitstagung des SJV, an der auch Mitglieder aus dem deutschen Untergrund teilnahmen. Dabei ging es um die Fragen, wie die neue Losung von der »Sozialistischen Front der jungen Generation« im Dritten Reich zu realisieren sei und wie die Hitlerjugend und der Arbeitsdienst unterwandert werden können. Außerdem erfolgte auf Willy Brandts Antrag hin der endgültige Bruch mit dem Internationalen Jugendbüro. Einmütig stimmten die

Anwesenden schließlich für eine enge Zusammenarbeit mit den »revolutionär-sozialistischen und zur Einheit drängenden Kräften« des sozialdemokratischen Nachwuchses.[62] Daß das SAP-Jungvolk »danach« mit Erich Ollenhauer Kontakt aufnahm, wie der Lübecker 1966 behauptete, ist allerdings unpräzise. Ein erstes Gespräch mit dem Sekretär der Sozialistischen Jugend-Internationale (SJI) fand erst ein ganzes Jahr später statt.

9. Kapitel
Zeiten des Wandels
Erneute Annäherung an die Sozialdemokratie

»Es war nichts mehr wie zuvor«, fand Willy Brandt, als er am 22. August 1937 nach Oslo zurückkehrte. Er spürte zwar, wie sehr ihm das Land der Fjorde »zur zweiten Heimat geworden war«.[1] Doch die Verhältnisse hatten sich grundlegend geändert. Die einst revolutionäre Norwegische Arbeiterpartei war, an der Regierung, endgültig zu einer reformistischen Bewegung geworden, die sich nach dem Ausschluß aus dem Londoner Büro um die Aufnahme in die Zweite Internationale bemühte. In der SAP-Exilgruppe aber, bis Herbst 1936 ein Kreis von Zwanzigern um den gleichaltrigen Lübecker, hatte sich die Alters- und Sozialstruktur völlig gewandelt.

Im November 1936 war der 30jährige Jurist Otto Friedrich Meyer aus Ludwigshafen, drei Monate später der 1909 geborene Kölner Wirtschaftswissenschaftler Hans Paul Schwarz und Mitte 1937 der SAP-Vorständler Paul Wassermann, Jahrgang 1901, nach Norwegen gekommen. Kurz nach Brandt traf ferner der 36jährige Pädagoge Werner Buchheister ein, der bisherige Organisationsleiter der illegalen SAP in Berlin. Die Osloer Gruppe, die durch die Abwesenheit von Brandt, Blachstein und zeitweise Michaelis geschwächt war, hatte die Zuwächse begrüßt. Gertrud Meyer, die die Zelle seit Herbst 1936 führte, hoffte auf Unterstützung. Denn sie konnte sich nicht nur der Politik widmen, sondern mußte ihren Unterhalt verdienen – bis Ende 1936 als Sekretärin des Psychoanalytikers Wilhelm Reich und dann mit Billigung der Parteispitze als Büroleiterin seiner Sexualpolitischen Organisation.[2] Ganz allgemein erwartete die Gruppe, Gegnern mit Hilfe der Akademiker bei der Agitation besser Paroli bieten zu können.

Der Umbruch bereitete jedoch bald Ärger. Det norske Arbeiderparti verlangte, den Zuzug von SAP-Genossen zu stoppen. Walcher warf Wassermann Disziplinlosigkeit vor, weil er eigenmächtig von Paris nach Oslo übergesiedelt war. Für Schwarz und Otto Friedrich Meyer beantragten ihre Heimatverbände wegen Parteischädigung den Ausschluß aus der SAP. Frau Meyer, die bei den Neuzugängen Satzungen mißachtet hatte, erhielt einen Rüffel aus Paris.³ Und um Willy Brandt kam es zur Zerreißprobe.

In den ersten sechs Wochen nach seiner Rückkehr paßte sich der SJV-Chef in Oslo dem Gruppenleben an. Nebenbei sprach er vor 30 Deutschen und Norwegern drei Stunden lang über seine Erlebnisse in Spanien. »Willys Stellung ist dadurch, auch in parteioffizieller Hinsicht, sehr viel besser geworden«, meldete Gertrud Meyer der SAP-Führung.⁴ Mit den recht moderaten KPD-Emigranten in Oslo, die ihn im Gegensatz zu ihrer Parteipresse »nicht als Konterrevolutionär« betrachteten,⁵ vereinbarte er im Sinne der Einheitsfront Aussprachen und Aktionen. Unisono störten sie eine Rede des sozialdemokratischen Vorsitzenden der deutschen Freidenker, Max Sievers, und im Haus des früheren Mot-Dag-Mitglieds Johan Vogt beschlossen sie, statt getrennter Parteiorgane gemeinsam die Zeitschrift *Det skjulte Tyskland* (Das verborgene Deutschland) zu redigieren. Das Blatt solle, trug Brandt in Vogts Gästebuch ein, »unser Deutschland mit unserem Norwegen fest verbinden«.⁶ Von ihm, Paul Wassermann und dem kommunistischen Journalisten Jacob Vogel betreut, erschienen bis Mai 1939 elf Ausgaben mit je 16 Seiten. Wie zu Beginn der Moskauer Prozesse scheint der Lübecker im Herbst 1937 angesichts des Haders zwischen den sozialistischen Splitterparteien den Vorsatz gefaßt zu haben: Linke Einheit jetzt erst recht! »Hier oben«, schrieb er Walcher, »ist die Lage ja einigermassen verschieden von der in AdS«, von der in Paris.[7]

Über den Widerstand gegen Hitler und eine deutsche Volksfront in Skandinavien beriet eine Nordische Herbstkonferenz, zu der vom 16. bis 18. Oktober 1937 in Göteborg 23 Funktionäre der KPD, SAP und SPD-Radikalen aus Schweden, Norwegen und Dänemark zusammenkamen, darunter Schwarz, Wassermann und Brandt. Der Lübecker behandelte Nachwuchsfragen und rief zur Unterwanderung deutscher Vereine auf sowie zu »wirklicher Kameradschaft« in Wehrmacht und Arbeitsdienst, die »Gift für die Nazi-Ideologie« sei.[8] Zudem übernahm er die Leitung des Jugendausschusses der Volksfront in spe. Der SAP-Spitze schrieb er danach begeistert: »Ich muss Euch sagen, dass ich selten eine Tagung mitgemacht habe, die mich so befriedigte.« Er lobte die Loyalität der »KP-Freunde«. Es habe »keine ›Bombenreferate‹, sondern praktische Beratungen« gegeben, und »das ist der Weg, der zum Erfolg führt«.[9] Wenig später war seine Euphorie verflogen. Weshalb?

Die Gruppe Oslo, die für die SAP »jahrelang in mehrfacher Hinsicht beispielgebend« gewesen war,[10] hatte schon vor der Nordischen Herbstkonferenz Risse aufgewiesen. Brandt und Wassermann stritten sich über Stalins Politik und den Kurs der Partei. Mit Emil Dinkla überwarf sich der Lübecker, denn »Ewald«, einst ein scharfer Linker, brach weit nach rechts aus und riet »auf Grund der spanischen Erfahrungen« zum »Einrichten in der jetzigen Gesellschaftsordnung, so gut es geht«. Ferner wurde Walter Michaelis, der Vertraute des SJV-Vorsitzenden, durch eine »unqualifizierte Stimmungsmache« als Betrüger hingestellt, während er im Berliner Untergrund wirkte. Nach der Rückkehr aus Göteborg verteidigte Brandt den Diffamierten, zumal er in dem Rufmord »einen planmäßigen Angriff eines Teils der Gruppe« gegen ihn selbst sah.[11] Mit Recht. Denn die Mehrheit der SAP-Mitglieder in

Norwegen wählte nicht ihn, sondern Paul Wassermann in das bei der Herbstkonferenz etablierte Koordinierungsgremium. Außerdem sollte er seinen Sitz in der örtlichen Emigrantengemeinschaft räumen. In der Osloer SAP war, wie Frau Meyer notierte, das Vertrauen »ungeheuer erschüttert«. Am 8. November legten Brandt und seine Freundin alle Ämter in der nun 15köpfigen Gruppe nieder. Er habe »Wichtigeres zu tun, als sich weitere Monate mit übler Misssucht und Osloer Emigrationsintrigen herumzuschlagen«, schrieb er Walcher.[12]

Warum aber lehnten ihn plötzlich die meisten seiner Genossen in Norwegen ab? Willy Brandt hatte die Gruppe von 1933 bis Mitte 1936 autoritär geführt. Für ihn sei es typisch gewesen, »alle wichtigen politischen und repräsentativen Dinge bei sich zu monopolisieren und etwas eigenmächtig zu verfahren«, faßte Wassermann Gespräche mit SAP-Mitgliedern in Oslo zusammen. Sogar »Trudel« räumte ein, »in der Zeit von Willis (sic!) Abwesenheit ›gewachsen‹« zu sein. Als aber Brandt fern war und die Intellektuellen in Oslo auftauchten, scharten sich die vorher latent Unzufriedenen um Wassermann. Der hielt »Walchers jungen Mann« in Norwegen zwar für den »gegebenen Führer«, fügte jedoch hinzu: »Willi ist nun mal ›sehr prächtig‹.«[13]

Nach seiner Rückkehr wollte der 23jährige ab Frühherbst 1937 »in alter Weise als ›Chef‹ fungieren«, traf aber auf Widerstand. In einer Gruppe wie jetzt in Oslo, legte Werner Buchheister dar, »die nur aus Funktionären besteht, in der die Mitglieder fehlen, ist fuer die Befriedigung des Geltungsbeduerfnisses aller kein Platz. Hieraus haben sich Spannungen entwickelt, die sich vor allem gegen Willy richteten.«[14] Der Zorn des Lübeckers konzentrierte sich auf Wassermann. Trotzig erklärte er, der Gegensatz zwischen ihnen sei »eine objektive Notwendigkeit«. Nach vorübergehender Versöhnung der beiden und dem bald gescheiterten Versuch einer kollektiven Gruppenführung aus Wassermann, Brandt und

Herbert Noack kam es im April 1938 zur Krise. Mit 7 zu 3 Stimmen wurde der Lübecker wegen »illoyaler und selbstherrlicher Methoden« aus der örtlichen Führungsriege der SAP abgewählt.[15] Natürlich blieb er Chef des Sozialistischen Jugendverbandes und Repräsentant seiner Partei in Norwegen. Drei Wochen später beschweren sich seine Widersacher über ihn bei Walcher, weil er weiterhin offiziell auf lokaler Ebene mit dem linken Sozialdemokraten Bernhard Taurer gemeinsame Sache machte. Der Parteichef riet seinem Vertrauensmann zur Vorsicht. Vergebens. Im Juli 1938 verlangte Wassermann von der SAP-Spitze, Brandt wegen »zynischen, karrieristischen Individualismus« und »egozentrischer Einstellung zur Funktionär-Rolle« ein Jahr lang die Befähigung zu leitenden Parteiposten abzuerkennen.[16] Da Walcher eine Entscheidung scheute, verließen Wassermann, Dinkla, Schwarz und Otto Friedrich Meyer samt fünf Anhängern im Oktober 1938 die SAP-Sektion Oslo. Der von Brandt in der Dokumentation *Draußen* kolportierte böse Vergleich von Exilgruppen mit »niederen Lebewesen, die sich durch Spaltung fortpflanzen«, wurde einmal mehr bestätigt.

Eine Fülle zusätzlicher Aktivitäten

Aller Pflichten in der Osloer Parteigruppe ledig, wandte sich Willy Brandt anderen Aufgaben zu. Bereits im Herbst 1937 schlug er brieflich Edo Fimmen, dem Generalsekretär der Internationalen Transportarbeiter-Föderation (ITF), die Zusammenarbeit bei der Agitation unter deutschen Seeleuten vor. Der 56jährige Holländer, früher Manager eines Ölkonzerns und Heilsarmeeoffizier, steuerte von Amsterdam aus Aktionen gegen das NS-Regime, Kurier- und Schlepperdienste zum Beispiel oder den Schmuggel von Druckschriften ins Dritte Reich. Beobachtungen über Hitlers Kriegsvorbereitungen wurden an britische und französische Geheimdienste weitergegeben. Brandt war dem Gewerkschaftsführer schon seit einiger Zeit »menschlich näher« gekommen. Anfang 1938 bestätigte Fimmen den neuen Stützpunkt Oslo; eine ähnliche Abmachung mit August Enderle für Stockholm bestand schon seit März des Vorjahrs. Flugblattverteilungen und die Suche nach Gleichgesinnten an Bord deutscher Schiffe wurden nun in Oslo, Bergen und Kristiansand intensiviert. Den Plan, Brandt und Enderle bei der Vorbereitung britischer Anschläge auf skandinavische Erzhäfen einzuspannen, gab allerdings Ende Mai 1939 der Geheimdienst in London auf.[18]

Von Herbst 1937 bis Ende 1938 verstärkte der Lübecker auch wieder seine journalistische Tätigkeit. Zu ihr gehörte die Betreuung von *Det skjulte Tyskland* und des SJV-Periodikums *Sozialistische Jugend*. Außerdem erschienen damals von ihm zwischen Bergen und Paris 77 Artikel. Jeder vierte Beitrag befaßte sich mit der Situation in Spanien. Noch häufiger schrieb Brandt über die Lage im Dritten Reich und Hitlers Aufrüstung, wobei er hoffte, »daß die (deutschen) Arbeiter und Bauern einen eventuellen Nazi-Krieg in einen Freiheitskrieg gegen den Nazismus verwandeln werden«.[19] Nach dem antisemitischen Pogrom im November 1938 betonte er: »Es muß zur Ehre des deutschen Volkes gesagt werden, daß es sich nicht aktiv an den Verfolgungen beteiligt hat.«[20] Nur 6 der 77 Artikel trugen übrigens seinen Tarnnamen oder das Kürzel W.B., die meisten waren mit Felix Franke oder F.F. signiert.[21]

Neben all diesen Tätigkeiten engagierte sich Willy Brandt beim Norwegischen Hilfskomitee für Spanien, einer Gründung der Gewerkschaften, um die Not in der Republik südlich der Pyrenäen zu lindern. Trotz fehlender Beschäftigungserlaubnis wurde er im Herbst 1938 als einer von drei Sekretären, als Pressereferent, angestellt und schuf sich »eine starke Position«. Die humanitäre Tätigkeit habe er stets als befriedigend empfunden, versicherte Brandt und wies in seinen Memoiren stolz auf sie hin. Allerdings nahm er es einst mit der Dienstzeit nicht sehr genau und wurde von einem Gewerkschaftsfunktionär wegen Unpünktlichkeit gerügt. »Menschen, von denen man – in der Politik wie anderswo – Schöpferisches erwartet, sollten die Möglichkeit haben, ihren Arbeitstag flexibel zu halten«, empfahl Willy Brandt noch 44 Jahre danach.

Bei Norwegens Gewerkschaften wurde der junge SAP-Funktionär auch direkt tätig, und zwar besonders beim Gemeindearbeiterverband. Für dessen Zeitschrift verfaßte er außenpolitische Analysen. In der Arbeiterhochschule auf der Insel Malmøya, in der er 1933 seinen ersten Vortrag als Emigrant gehalten hatte, führte Brandt Kurse durch, und als Dolmetscher stand er Gewerkschaftern bei internationalen Tagungen bei. Das rasche Erfassen der Argumente und Kompromißmöglichkeiten war für ihn ein gutes geistiges Training. Dabei erntete er viel Anerkennung. »Er trat mit einer Würde und Klugheit auf, die unsere Bewunderung weckte«, lobte ihn zum Beispiel eine Delegation, die er 1938 zwei Wochen lang durch Holland und Belgien begleitete.[22]

Willy Brandts damalige Annäherung an Det norske Arbeiderparti aber leitete in seinem politischen Leben eine Wende ein. Der Brückenschlag geschah diesmal ohne intrigante Hintergedanken. Zwar trugen ihm viele norwegische Genossen seine Ränke mit Mot Dag noch nach. Doch aufgrund seiner Erfahrungen war er überzeugt, daß die DNA, wie er Ende 1937 schrieb, »trotz allem eine der gesündesten Arbeiterbewegungen« sei und »die fortschrittlichste Politik der Parteien der nordischen Länder« treibe.[23] Durch ihr Vorgehen begriff er nun den Aufbau der sozialistischen Gesellschaft als pragmatische nationale Aufgabe. Klarer denn je forderte Brandt seine Genossen auf, »von Höhen theoretischer Formeln auf den Boden des praktischen Lebens zurückzukehren«.[24] Er selbst gewöhnte sich allmählich unter dem Diktat des zweckdienlichen Verhaltens die Neigung zu einem »entschiedenen Sowohl-als-auch« an.

Parallel zum Gesinnungswandel gegenüber der Norwegischen Arbeiterpartei suchte Willy Brandt Kontakt zu der seit 1932 bekämpften Sozialdemokratie. Das geschah indes zunächst nicht aufgrund skandinavischer Einflüsse, wie manche meinen, sondern im Zuge eines Kurswechsels seines Gönners Walcher. Nachdem alle Versuche der SAP gescheitert waren, durch Okkupation des Londoner Büros oder der DNA, der Volksfront oder der POUM zu einer politischen Kraft zu werden, drohte ihr die Isolation. In der Splitterpartei riß die Debatte über ein »Kartell« mit linken Sozialdemokraten nicht mehr ab. Bei ihrer Tagung im Juli 1937 vollzog die SAP-Führung in Anwesenheit des Lübeckers eine ideologische Volte: Das »Zusammengehen von Reformismus und revolutionärem Marxismus in einer Partei« erklärte sie für mit ihren Grundsätzen vereinbar.[25] Walcher gab überdies die Devise aus, die SAP müsse »ihr Gesicht der Arbeiterklasse, nicht den Sekten zuwenden«.[26] Ende des Jahres sondierte er bei SPD-Linken in Prag die Chancen einer »Sozialistischen Konzentration« und fand, »dass allseitig Bereitschaft zur engen Zusammenarbeit mit uns vorhanden ist«.[27] Brandt warb sofort von Oslo aus in einem sieben Seiten langen Rundbrief für den neuen Kurs, der zu einer »breiteren Einheitsarbeit« führen müsse.[28] Doch auch besagte Sozialistische Konzentration kam nicht voran. Die Sopade beharrte auf dem Eintritt der SAP in die Arbeiterinternationale, und Funktionärskader der Splitterpartei lehnten eine »Kapitulation vor dem Reformismus« ab.[29]

Im Sommer 1938 kam Willy Brandt nach der erwähnten Reise mit norwegischen Gewerkschaftern an die Seine. Das Wetter war prächtig und Frankreichs Küste überfüllt. Die Menschen schienen vergessen zu wollen – die Kriegsgefahr zwischen Berlin und Prag, die Entrechtung der Juden im Dritten Reich, das Blutbad in Spanien, bei dem Franco auftrumpfte, und Stalins neue Mordwelle nach einem Prozeß gegen Nikolai Bucharin und 20 andere Größen der KPdSU. Brandt indes erlebte in Paris eine Serie von Enttäuschungen.

Bei einer Arbeitskonferenz der Freien deutschen Jugend (FdJ) am 23. und 24. Juli, an der er als SJV-Chef teilnahm, kamen nur Phrasen heraus. Größere Aktionen plante das 1935 entstandene Bündnis von KJV, SJV und oppositionellem SPD-Nachwuchs nicht. Brandt und junge radikale Sozialdemokraten berieten deshalb ohne den KJV über eine neue Allianz.[30] Eine Tagung des Londoner Büros verlief Ende August ebenfalls ernüchternd. »Wir waren anderen nicht prinzipienrein genug«, urteilte der Lübecker, der bei dem Treffen zusammen mit Max Diamant die SAP vertrat. Als ihrer Partei wegen der Volksfrontkontakte und des Rechtsschwenks der Ausschluß aus der IAG angedroht wurde, nahmen sie an den Sitzungen nur noch als Beobachter teil.[31] Drei Monate danach erklärte Paul Frölich bei einer weiteren Konferenz des Dachverbandes den Austritt der SAP.

Unterdessen lebte der Gedanke einer Sozialistischen Konzentration wieder auf. Hunderte von Revolutionären Sozialisten Österreichs (RSÖ) hatten die Flucht ergriffen, als ihre Heimat im März 1938 vom Dritten Reich annektiert worden war. Ihr Vormann im Exil, der 32jährige Joseph Buttinger alias Gustav Richter, hatte drei Monate darauf in Paris zu einer großdeutschen linken Anti-Hitler-Koalition ohne Kominternkommunisten aufgerufen. Für die SAP verhandelte mit ihm Willy Brandt. Wegen der Krise um das Sudetenland wollte der »Möglichkeiten gemeinsamer praktischer Maßnahmen im Kriegsfall« ausloten.[32] Doch die von Prag nach Paris verlegte Sopade-Leitung blieb fern; sie wollte laut Brandt die Exil-SPD »nicht zu einer Gruppe neben anderen degradieren lassen«. So entstand am 16. September 1938 statt eines linken Kampfkartells nur eine lose Arbeitsgemeinschaft für Inlandsarbeit, in der die SAP, die RSÖ und Neu Beginnen Untergrundaktionen und Hilfsmaßnahmen für Opfer des NS-Regimes koordinieren wollten. Hierfür wurde bei der Sozialistischen Arbeiterpartei Willy Brandt der Ansprechpartner. Außer einer Schrift über Hitlers Münchner Abkommen erbrachte indes die Kooperation nichts.

Ernüchternd verlief für Antifaschisten schließlich auch die Entwicklung der deutschen Volksfront. »Wiederum waren es die Kommunisten, die mehr dazu taten, präsumtive Bundesgenossen abzustoßen, als es ihre schlimmsten Feinde vermocht hätten«, hielt Willy Brandt 22 Jahre danach fest. Vom 22. September 1938 an vertraten er und Boris Goldenberg die SAP bei einer Tagung des Ausschusses der deutschen Opposition, eines Ablegers des Volksfrontkomitees. Kurz vor Beginn der Veranstaltung im Pariser Hotel »Lutetia« (die er später irrtümlich auf Anfang Oktober verlegte) erlebte er »einen intensiven, solidarischen Moment« mit einem anderen Lübecker, mit Heinrich Mann. Nicht dessen »zu künstliche« Romane mit Ausnahme der Satire *Der Untertan*, sondern die Lauterkeit und Menschlichkeit des Schriftstellers hatten ihn beeindruckt. Brandt wurde dem 67 Jahre alten Landsmann vorgestellt. »Heinrich Mann (...) suchte in Gedanken die Stadt auf, aus der er stammte. Die Tränen kamen ihm in die Augen, als er sagte: ›Die sieben Türme werden wir wohl nie mehr sehen.‹« Auch den SJV-Vorsitzenden rührte die Anspielung auf Lübecks Silhouette mit den markanten Gotteshäusern. Die Tagung selbst, die einzige des Volksfrontzentrums, an der Brandt teilnahm, machte auf ihn »einen makabren Eindruck«: Ihr fehlte »außer Klarheit und Kraft auch die innere Wahrhaftigkeit«. Er und Goldenberg verhielten sich absolut passiv. Die Langeweile vertrieben sie, indem sie aus Anwesenden auf dem Papier eine Reichsregierung zusammenstellten. Keiner ihrer Favoriten bekleidete später ein hohes Amt.

Daß Willy Brandt damals die Sozialistische Arbeiterpartei bei beachtlichen Anlässen vertrat, beweist, wie sehr sein Ansehen, trotz der Entmachtung an der Basis in Oslo, gestiegen war. Auf seiner Reise im Sommer 1938 lernte er zudem etliche Führer der europäischen Arbeiterbewegung kennen, vom Franzosen Léon Jouhaux bis zum Finnen Eero Vuori. Bei der Tagung des Londoner Büros fiel ihm durch »die Eindringlichkeit seiner Bitte um moralische Unterstützung« Jomo Kenyatta auf, ab 1964 Kenias erster Präsident. Den damals linksradikalen Generalsekretär des Indischen Nationalkongresses, Jawaharlal Nehru, der für den Freiheitskampf in seiner Heimat unter Europas Marxisten militärische Berater suchte,[33] erlebte Brandt auf einer Kundgebung. In der Wohnung Boris Goldenbergs, zu dessen Ehefrau Rosa er sich stark hingezogen fühlte, traf der 24jährige mit dem Schriftsteller Arthur Koestler und erneut mit dem Linkssozialisten Richard Löwenthal zusammen. Bei den Gesprächen über die Sozialistische Konzentration begegnete er den Sozialdemokraten Paul Hertz und Waldemar von Knoeringen, die nach 1945 auf unterschiedliche Art Weggefährten werden sollten.

Schließlich besuchte Brandt im Auftrag des Jugendverbandes der Norwegischen Arbeiterpartei Erich Ollenhauer, mit 37 Jahren Sekretär der Sozialistischen Jugend-Internationale (SJI) und Mitglied des Sopade-Vorstands. Der Funktionär, der viel von der skandinavischen Sozialdemokratie hielt, lobte in seinem Büro im Quartier Latin jovial die eigene Tätigkeit und die junge Mannschaft der DNA, bevor er mit dem SJV-Chef Möglichkeiten einer Kooperation erörterte.[34] Ollenhauer lehnte die SAP generell als Clique von »Spaltern« und die Freie deutsche Jugend als Abklatsch der Volksfront ab. Brandts Gliederung gestattete er jedoch die Anlehnung an die Internationale des sozialdemokratischen Nachwuchses: Die reformistische SJI gab dem Sozialistischen Jugendverband den Status einer befreundeten Organisation. Ende

1938 vereinigte sich in Oslo die Gruppe der Sozialistischen Arbeiterjugend mit dem SJV, und der Nachwuchs von SAP, Neu Beginnen sowie Revolutionären Sozialisten gründeten »ein einheitliches Zentrum«.[35] Im März 1939 sah Brandt Erich Ollenhauer wieder, als der in Skandinavien eine Tagung besuchte.

Ohne Staatsangehörigkeit und vogelfrei

Im Herbst 1938 wieder in Oslo, erfährt Willy Brandt, daß er nicht mehr Deutscher ist. Ein Genosse in Paris hat im *Deutschen Reichsanzeiger und Preußischen Staatsanzeiger* vom 5. September 1938 die 51. Ausbürgerungsliste des Dritten Reichs entdeckt, in der unter 48 Emigranten an elfter Stelle »Frahm, Herbert Ernst Karl, geb. am 18. 12. 1913 in Lübeck« steht. Brandt ist damit staatenlos und quasi vogelfrei. Obwohl das für ihn in Deutschland außer einem Vermerk im Strafregister keine Folgen zeitigt – er hat dort weder eine eigene Familie noch konfiszierbares Eigentum –, bleiben bange Fragen: Wieso jetzt? Waren Spitzel am Werk? Was folgt daraus für die Angehörigen in Lübeck?

Auf die Pseudonyme Willy Brandt, Felix Franke und Martin Flamme ist Hitlers politische Polizei längst aufmerksam geworden. Wer dahintersteckt, findet sie aber erst durch den Geheimbericht A 2074 über »Umtriebe deutscher Emigranten« heraus, den Gesandtschaftsrat Joachim Kühn von der Pariser Botschaft am 27. Mai 1937 an das Auswärtige Amt (AA) nach Berlin schickt. »Als Kurier für Emigrantenorganisationen reist ein gewisser Herbert Frahm zwischen Frankreich und den nordischen Ländern«, steht darin.[36] Der Diplomat fügt die Personaldaten aus dem 1936 abgelaufenen Reisepaß des 23jährigen hinzu. »In Norwegen«, endet der Neun-Zeilen-Hinweis, »steigt er bei Gunnar Nielsen in Oslo, Sörligatan ab.« Bis Herbst 1936 war das die Anschrift des Internationalen Jugendbüros. Das AA leitet die Informationen routinemäßig an die Reichskanzlei, das Innenministerium und die Gestapo weiter.

Meist wird angenommen, Brandts Paß sei in Paris am Hauptpostamt oder bei der Polizei einem Spitzel der deutschen Botschaft in die Hände gefallen. Doch was soll der Ausweis bei der Post? Und tritt der Lübecker in Frankreich bei der Polizei nicht als »Gunnar Gaasland« auf? Und woher stammt die Osloer Adresse? Viel plausibler ist der Verdacht, daß ein SAP-Funktionär Willy Brandt verraten hat. Der Lübecker befindet sich im Mai 1937 in Spanien und hat vermutlich seinen abgelaufenen Paß, wie schon während der Untergrundtätigkeit in Berlin,[37] bei der SAP-Zentrale an der Seine deponiert. Die Anschrift des ehemaligen Jugendbüros in Oslo ist dort ebenfalls bekannt. Beide Quellen zusammen enthüllen jedoch die Identität von Frahm und Brandt. Er selbst hat später die Möglichkeit eines Verrats angedeutet: Denkbar sei, daß 1937 sein Paß, an SAP-Genossen verliehen, »in falsche Hände geraten« sei.[38]

Bei der Geheimen Staatspolizei bekommt die Akte »Frahm, Herbert Ernst alias Willy Brandt« das Signum II B 3 – F.2019.[39] Am 28. April 1938 eröffnet die für Lübeck zuständige Gestapostelle Kiel das Expatriierungsverfahren. Nach deutscher Rechtsauffassung, die durch die Lehre des Philosophen Hegel vom Staat als »Wirklichkeit der sittlichen Idee« gestützt wird, schuldet der Bürger dem heimischen Herrschaftssystem Gehorsam, und zwar auch im Ausland. Wer dagegen verstößt, wird bis zum Ende des NS-Regimes laut Staatsangehörigkeitsgesetz von 1913 ausgebürgert. So verlieren während der Hitlerdiktatur, außer den kollektiv geächteten jüdischen Exilanten, 38766 Deutsche ihre Nationalität, darunter die Brüder Mann, Albert Einstein und Carola Neher.

Im Fall Frahm/Brandt schlägt der 30jährige Vizechef der

Gestapostelle Kiel, Gerhard Littschwager, dem Geheimen Staatspolizeiamt in Berlin ebenfalls die Ausbürgerung vor. Der 24jährige »deutschblütige« Emigrant lasse sich in Oslo vom norwegischen Flüchtlingskomitee unterstützen, sei »unter dem Tarnnamen ›Willy Brandt‹ Mitarbeiter der marxistischen Tageszeitung ›Arbeiderbladet‹« und betätige sich als Kurier zwischen Exilorganisationen.[40] Die SAP-Mitgliedschaft, die Unterschriften unter Volksfrontaufrufen und der Spanien-Einsatz bleiben unerwähnt. Dafür heißt es fälschlich, Frahm sei als Redner des Kommunistischen Jugendverbandes aufgetreten, nach Hitlers Machtantritt »nicht mehr im politischen Sinne« aktiv gewesen und Mitte Juni 1933 emigriert. Bei der deutschen Gesandtschaft in Oslo, die um eine Stellungnahme ersucht wird, gibt es über den Emigranten kein Dossier. Die Diplomaten bestätigen lediglich aufgrund des örtlichen Adreßbuchs sowie von Zeitungsartikeln und Auskünften Leif Konstads, des Leiters des Zentralpaßbüros, »dass Herbert Frahm mit Willy Brandt identisch ist«.[41] Bedenken gegen seine Ausbürgerung werden nicht erhoben. Dem schließt sich am 18. Juli 1938 das Auswärtige Amt an.[42]

Im Wahlkampf 1961 deutet Brandt verhüllt an, Hans Globke, der Staatssekretär im Kanzleramt seines Rivalen Adenauer, habe 23 Jahre vorher als Referent im Reichsinnenministerium den Ausbürgerungserlaß gegen ihn unterzeichnet.[43] Ein Irrtum. In Wirklichkeit ist 1938 nicht Globke, der Mitverfasser eines Kommentars zu den Nürnberger Rassegesetzen, sondern Oberregierungsrat Wolfgang Duckart für Staatsangehörigkeitsfragen zuständig gewesen,[44] und den fraglichen Erlaß hat Staatssekretär Wilhelm Stuckart unterschrieben. Mit der Publikation der 51. Ausbürgerungsliste ist Willy Brandt jedenfalls die deutsche Nationalität durch das Dritte Reich formal rechtskräftig aberkannt.

Der Verlust seiner bisherigen Staatsbürgerschaft beeindruckte den 24jährigen »nicht sonderlich«. Vielmehr hielt er sich nun wie Bert Brecht für »entnazt«. Der Vorgang sei sogar »logisch. Wenn ein Land, zumal das eigene, den Menschen ihre Rechte nimmt, finde ich mich auf der Seite derer, denen die Rechte genommen werden.« Seinen Zukunftsglauben verlor er schon gar nicht. »Herbert, ich bin davon überzeugt, daß ich später einmal eine wichtige Rolle in der deutschen Entwicklung spielen werde«, gestand er Parteifreund George,[45] der ihn seit Anfang 1938 in Oslo politisch unterstützte. Allerdings war Brandt damals, wie der linke Literat Sigurd Evensmo fand, »mehr Norweger als die meisten Norweger«[46] – ein Eindruck, zu dem das Beherrschen der Landessprache und die Aktivitäten in Det norske Arbeiderparti verleiteten.

Dem Lübecker war klar, »im Ganzen unglaublich viel besser dran zu sein (...) als die Gleichgestellten in vielen anderen Ländern«. Bei Norwegens Arbeitern und liberalen Bürgern wirkte es »sehr positiv, Emigrant zu sein«.[47] Außerdem verdiente er nun gut. Als Sekretär der Spanien-Hilfe bekam er unter der Hand 500 Kronen im Monat. »Mit journalistischer Arbeit konnte ich diesen Betrag verdoppeln«, umriß er seine damalige finanzielle Situation. Sie gestattete es ihm und Gertrud Meyer, seit Herbst 1937 anstelle der düsteren alten Pracht in der Nähe des Ostbahnhofs eine Wohnung mit Balkon im Neubauviertel Sinsen zu mieten. Auf dem Türschild im fünften Stock der Schouterrasse, Block VII, Aufgang 32 stand vorsichtshalber »Gunnar Gaasland«.[48]

In Sinsen feierte Brandt am Abend des 18. Dezember 1938 mit seiner Freundin Gertrud, ihrem Arbeitgeber Wilhelm Reich und einigen Genossen seinen 25. Geburtstag. Zwischen dem Psychoanalytiker und den Sozialisten kam es wegen seiner elitären politischen Ansichten zu einem hitzigen Disput. »Schrecklich«, trug Reich danach verärgert in sein Tagebuch ein. »Der eine hatte in allen Deutschland umgebenden

Ländern ›Zentren‹. Der andere veranstaltete eine Silvesterfeier mit ›Kommissionen‹, ›Statuten‹ etc. Und Willi ist ein Kind, das seine Pfeife mit Würde raucht. Diese Leute sind Leichen!«[49]

Eine jahrelange tiefe Liebe endet

Im Winter 1938/39 kündigte sich für die SAP-Zelle Oslo ein schwerer Verlust an: Gertrud Meyer alias Gaasland, kostenlos Mädchen für alles in der Gruppe, entschloß sich, Willy Brandt zu verlassen und mit Wilhelm Reich nach den USA überzusiedeln. Sie wie auch ihr Freund haben über den tieferen Grund der Trennung stets geschwiegen. Brandt deutete 1960 lediglich an, »Trudel« habe »aus beruflichen Gründen« ein Jahr lang von Oslo fernbleiben wollen, und fügte hinzu: »Der Krieg kam zwischen uns, aber nicht der Krieg allein.« Seine Freundin lehnte jede Auskunft über die Zeit mit ihm ab, da dies »ein abgeschlossener Lebensabschnitt« sei.[50] 1939 wollten die beiden, die weithin schon als Ehepaar galten, sich offenbar für einige Zeit trennen, um nach Eskapaden des Lübeckers ihre Gefühle füreinander separat zu prüfen. Reich registrierte damals, daß sich Gertrud Meyer »persönlich ein wenig zurückgezogen« verhielt,[51] und Herbert George bestätigte, die 25jährige sei »Brandts wegen noch immer untröstlich gewesen«.[52] In politischer Hinsicht fiel »Trudel« der Abschied leicht: Sie hatte zuletzt, wie Reich bemerkte, »nur wegen Willi an diesem Kram« gehangen.[53]

Am 20. Mai 1939 – und nicht »wenige Tage vor Kriegsausbruch«, wie es manchmal heißt – reiste die »Norwegerin« Gertrud Gaasland samt Wilhelm Reichs Laborgeräten und Versuchsmaterialien in die USA. Der 1897 geborene Wissenschaftler mit deutschem Paß, der in Oslo verunglimpft wurde, konnte ihr erst drei Monate später folgen. In Amerika wurden seine Theorien und Methoden immer fragwürdiger.⁵⁴ Er wurde als Kurpfuscher verurteilt und starb 1957 im Gefängnis. Gertrud Meyer hatte Reich im politischen Streit schon 1941 verlassen. Sie arbeitete während des Krieges in verschiedenen Berufen und heiratete, 1946 nach Norwegen zurückgekehrt, einen Kapitän, mit dem sie zwei Kinder hatte. Willy Brandt sah sie niemals wieder.

»Nicht der Krieg allein« habe die Trennung von »Trudel« besiegelt, schrieb er. Und was sonst noch? Während des Geschichtsstudiums an der Universität Oslo war Brandt 1935 der zierlichen, dunkelhaarigen Anna Carlota Thorkildsen nähergekommen. Die am 11. Juli 1904 in Köln geborene Tochter eines norwegischen Seilbahningenieurs und einer Deutschamerikanerin hatte in Paris Soziologie-, Sprach- sowie Volkswirtschaftsvorlesungen gehört und sich dann, wieder in Oslo, einem linken Pazifistenzirkel angeschlossen. Als 1938/39 das Verhältnis des Lübeckers zu Gertrud Meyer abkühlte, verliebten er und die neuneinhalb Jahre ältere Carlota sich ineinander. »Der ungewöhnliche Altersunterschied läßt vermuten, daß Brandt eine Mutterfigur zu suchen schien«, meinte seine Biographin Barbara Marshall.⁵⁵ Bald zogen die beiden in eine Wohnung nahe der Osloer Universitätsbibliothek. »Die Gründung einer Familie – das war ein Stück Wirklichkeit, ein gewisser Halt in der Flucht der sich überstürzenden Ereignisse«, entsann sich Brandt. Die 34jährige, die als Assistentin am Institut für vergleichende Kulturforschung arbeitete, bestand indes darauf, daß ihr staatenloser Bräutigam die norwegische Nationalität annehme. Das entsprechende Gesuch stellte das Justizministerium allerdings sechs Monate zurück, da der Lübecker offiziell nach wie vor kein Arbeitseinkommen hatte. Immerhin bekam er eine ständige Aufenthaltserlaubnis. Die Heirat mit Carlota Thorkildsen fand trotzdem nicht statt.

Politisch grenzte sich Brandt zu dieser Zeit klar gegenüber der Kommunistischen Internationale ab. In einer 61-Seiten-

Schrift *Splittelse eller samling* (Spaltung oder Sammlung), die anonym auf norwegisch im Verlag der DNA erschien, legte er dar, daß der Kreml 1932/33 Hitlers Machtantritt gewünscht habe, da er mit ihm gemeinsame Sache zu machen hoffte.[56] Diese Ansicht wurde bald nachträglich verifiziert: Am 23. August 1939 verbündete sich Stalin mit dem braunen Führer. »Uns schwer geprueften Freunden der Sowjetunion bleibt wirklich nichts erspart«, seufzte Walcher in einem Brief nach Oslo. Man müsse »die SU als revol(utionäre) Kraft völlig aus unserem Kalkül streichen u(nd) sie nach dem jetzt Geschehenen neben Hitler als reaktionäre Kraft erster Ordnung einsetzen«, erwiderte Brandt, der die Zusammenarbeit mit der KPD einstellte.[57] »Mein, Dein u(nd) vieler anderer Irrtum besteht darin«, fügte er hinzu, »dass wir das reaktionäre Gewicht der Stalinpolitik unterschätzt und das revolutionäre Gewicht der russischen Revolution überschätzt haben.«

Die skrupellose Außenpolitik des Kremls behandelte Willy Brandt auf 48 Seiten auch in einer Broschüre, die der DNA-Verlag ebenfalls anonym im Herbst 1939 herausbrachte. Es war eine große Abrechnung. Sie schloß mit dem Bekenntnis einer Wandlung: »Sozialismus ist mehr als die Übernahme der Produktionsmittel durch den Staat. Der Sozialismus muß auf Freiheit und Demokratie aufbauen, will er eine Politik treiben können, die ihn wirklich berechtigt, diesen Namen zu führen.«

10. Kapitel
Vom Krieg eingeholt
Adolf Hitler überfällt das Land der Fjorde

Am Freitag, dem 1. September 1939, griff Deutschland ohne Kriegserklärung und mit sowjetischer Rückendeckung Polen an. Willy Brandt überraschte der Überfall nicht.[1] Oft genug hatte er gewarnt, Hitler bedeute Krieg. Unklar war ihm nur, ob die Westmächte getreu ihrem Beistandspakt Polen helfen werden, ob der Konflikt sich ausweitet. In Oslo richtete *Arbeiderbladet* für den folgenden, in der Redaktion arbeitsfreien Sonntag eine »Stallwache« ein. Brandt übernahm sie als freier Mitarbeiter. Mittags hörte er im Radio, wie Premierminister Neville Chamberlain im Unterhaus erklärte, nach Ablauf eines Ultimatums befinde sich Großbritannien mit dem Dritten Reich im Krieg. Frankreich folgte wenig später. Brandt alarmierte telefonisch Chefredakteur Martin Tranmæl und Finn Moe. Letzterer deutete das Geschehen in einer Extraausgabe des *Arbeiderblad* an diesem Sonntag, dem 3. September, als Reaktion auf einen neuen begrenzten Gewaltakt Hitlers. Willy Brandt indes sah einen zweiten Weltkrieg heraufziehen.

Die Situation im Herbst und Winter 1939/40 empfand er als unwirklich (siehe Dokument S. 424f.). Seine Stimmung glich derjenigen bei Mitternachtssonne: »Die Nerven sind aufs äußerste gespannt, eine merkwürdige Unruhe erfüllt einen, die Rastlosigkeit ist wie Gift im Blut, und zugleich fühlt man sich wie gelähmt, einem dumpfen Fatalismus ausgeliefert.« Nach dem Blitzkrieg an der Weichsel herrschte in Mitteleuropa trügerische Ruhe. Die UdSSR, die sich Ostpolen angeeignet hatte, griff derweil Finnland an – für

Brandt »kompletter Wahnsinn«,[2] eine »Stärkung der arbeiterfeindlichen Kräfte«. Norwegen war offiziell neutral, doch seine Sympathien gehörten den Überfallenen. Trotz des näher gerückten Krieges blieben die Skandinavier gelassen. Kein Ausländer wurde interniert, und als Brandt Genossen in Schweden besuchen wollte, in seinem Fremdenpaß das nötige Einreisevisum aber fehlte, ließ ihn die Grenzpolizei des Nachbarlandes dennoch passieren, nachdem er den Ausweis bei ihr hinterlegt hatte.

In diesen Monaten wurde der Lübecker für die SAP noch wichtiger als bisher. Schon am 30. August 1939 hatte ihn Jacob Walcher aus Paris ersucht, im Kriegsfall von Oslo aus »die Organisation zusammenzuhalten«.[3] Als dann Frankreich die Waffen ergriff, zerfiel die SAP-Spitze an der Seine, weil die meisten Emigranten interniert wurden. An Weihnachten 1939 bekräftigte Walcher auf Brandts Anfrage: »Wir haben uns vor Ausbruch des Krieges für O. und damit auch für Dich als Federführenden entschieden, weil wir O. aus geographischen Gründen für sicherer hielten.«[4] Der 26jährige wurde damit Altgenossen in Stockholm und London vorgezogen. Ein Versuch seinerseits, die Partei im Exil politisch zu führen, ist freilich nicht erkennbar. Im Gegenteil beklagte sich damals selbst sein Vertrauter Boris Goldenberg aus Paris bei ihm: »Jola (Vorstandsmitglied Joseph Lang) und ich sind sehr erstaunt, von Dir so wenig zu hören bzw. ›lakonische‹ Nachrichten im Stil eines Generaldirektors zu bekommen.«[5] Immerhin sorgte Brandt dafür, daß das Archiv der norwegischen Arbeiterbewegung die nach Oslo evakuierten Akten der SAP-Zentrale aufnahm. Heute stehen dort rund 10000 Dokumente der Partei aus den Jahren 1933 bis 1937 der Forschung zur Verfügung.[6]

Vorrang für Willy Brandt hatte 1939/40 die Arbeit in der Norwegischen Volkshilfe, der Nachfolgerin des Hilfskomitees für Spanien, und in der Arbeitsgemeinschaft deutscher, österreichischer und tschechoslowakischer Sozialisten, einem »Konzentrations«-Ableger. Die humanitäre Organisation richtete in Norwegen selbst einen Notdienst ein und unterstützte die zivilen Opfer des finnisch-sowjetischen »Winterkriegs«. Von seinem Büro in der Storgata 12 aus, dem ihm vertrauten einstigen Domizil der Gruppe Mot Dag, rief Pressereferent Brandt zu Geld- und Sachspenden auf. Für die sozialistische Arbeitsgemeinschaft erstellte er mit Sozialdemokraten zusammen alle zwei Wochen einen Informationsbrief, der wegen seiner fundierten Analysen bald begehrt war, und nahm an Treffen mit prominenten Norwegern teil. An einem der Diskussionsabende prophezeite er bereits um den 10. September 1939, »daß sich nach einer Periode der Kooperation ein Konflikt zwischen beiden Mächten (Deutschland und UdSSR) ergeben« werde.

Im übrigen begann sich der Emigrant mit der Friedensordnung nach Hitlers Ende zu befassen. Auf norwegisch schrieb er das Buch *Stormaktenes krigsmål og det nye Europa* (Die Kriegsziele der Großmächte und das neue Europa). Darin riet er zur deutsch-französischen Verständigung wie auch zur engen Kooperation eines demokratischen Deutschland mit östlichen Nachbarn, um nationale Interessen auszugleichen und Minderheitenprobleme zu entschärfen, Wirtschaftsbeziehungen zu verbessern und den Kern für »Vereinigte Staaten von Europa« zu bilden. Hoffnungen setzte er dabei nicht auf »einzelne große Männer«, die allzuoft Unheil angerichtet hätten, sondern auf die Völker.

Zu den schärfsten Kritikern Willy Brandts gehörten damals außer den Stalinisten Linksradikale in der DNA, mit denen er einst gegen die reformistische Parteispitze intrigiert hatte. Dogmatiker wie Håkon Meyer erklärten, ein Triumph der westlichen Kapitalisten über das NS-Regime liege nicht im Interesse des Proletariats,[7] Brandt gab dagegen dem Sieg über Hitler klare Priorität. Daß er stets einen

Trennungsstrich zwischen den braunen Machthabern und dem deutschen Volk zog, irritierte so manchen Skandinavier zusätzlich.

Der Faschistenführer Vidkun Quisling aus Oslo beim Diktator in Berlin, 54 auf Englandfahrt versenkte norwegische Handelsschiffe, auf denen 380 Seeleute starben, die Verletzungen des Völkerrechts durch die Kriegsflotten beider Seiten in den Hoheitsgewässern des neutralen Königreichs – trotz dieser Menetekel im Herbst und Winter 1939/40, trotz eigener düsterer Prognosen traf Brandt keine Vorsorge für die persönliche Sicherheit. Er kümmerte sich weder um seine Einbürgerung[8] noch um einen Ausweis auf einen anderen Tarnnamen. Auch ein Gespräch mit Einar Gerhardsen, dem Vizechef der DNA, über ein Untertauchen bei einer deutschen Invasion löste keine Vorkehrungen aus. »Wir waren bis zum Exzeß schizophren«, meinte Brandt später.[9] Sein Leben in Oslo verlief fast normal. Er und Carlota Thorkildsen verbrachten Weihnachten 1939 mit einigen pazifistischen Intellektuellen auf einer Skihütte. Die Ideen der anderen Gäste fand Brandt weltfremd, und daß sie »lieber über den englischen Imperialismus in Indien (...) als über die ganz naheliegenden Gefahren des Nazismus« redeten, ging ihm auf die Nerven. Nach Abschluß des Manuskripts über die Kriegsziele der Großmächte genoß Brandt mit seiner Freundin um Ostern 1940 im Ferienhaus der Familie seines norwegischen Vertrauten Halvard Lange abermals »die Harmonie, die große Ruhe des Friedens in den Bergen zwischen Eis und Schnee«. Der Krieg schien ihm hier fern, das »menschliche Getue und Gezänk« nichtig.

Wieder in Oslo, wurde er von der Realität eingeholt. Am 8. April berichteten die Zeitungen, etwa 100 deutsche Kriegs- und Transportschiffe hätten mit Nordkurs Dänemark passiert, im Skagerrak sei der Hamburger Frachter »Rio de Janeiro« mit Soldaten an Bord von einem U-Boot versenkt[10] und jenseits des Polarkreises der Erzhafen Narvik von englischen Zerstörern vermint worden. Trotzdem glaubte in Oslo kaum jemand an einen Angriff. Selbst die Armeeführung vermutete, der deutsche Flottenaufmarsch richte sich gegen die britischen Shetlandinseln. »An jenem 8. April erlebte ich, wie man sich durch Wunschdenken betrügen oder betäuben kann«, urteilte Brandt 26 Jahre später.

Als er an eben diesem Montag ein Andruckexemplar seines Buches erhielt, überlagerten Freude und Stolz alle anderen Empfindungen. Am Abend sprach Willy Brandt bei einem Treffen der linken Arbeitsgemeinschaft über die Lage. »Niemand möge überrascht sein, sollten sich morgen deutsche Flugzeuge über Oslo zeigen«, warnte er. Nach dem Treffen sagte er jedoch zu Parteifreund Herbert George, Deutschland habe keinen Grund, den Erztransit aus Schweden gewaltsam zu sichern, da Norwegen neutral bleibe.[11] Um Mitternacht daheim, zeigte er Carlota sein neues Buch und ging zu Bett. Zehn Minuten später schreckte ihn Sirenengeheul aus dem Schlaf. Den Fliegeralarm und eine Stromsperre hielt er indes für eine Übung. Er glaubte das um so lieber, als ihm seine Freundin nun das Ergebnis eines Arztbesuchs vom Vortag mitteilte: Carlota war im dritten Monat schwanger. »Willy war froh«, berichtete sie 1973. Sie hätten sofort Pläne gemacht: »Wir wollten im Oslofjord ein Sommerhaus für die nächsten Monate nehmen und zur Arbeit in die Stadt fahren.«

Doch über Norwegen brach ein seit Monaten vorbereitetes Unheil herein. Um anders als im Ersten Weltkrieg eine britische Seeblockade vereiteln zu können, hatte der deutsche Marineoberbefehlshaber Erich Raeder seit Mai 1938 Pläne für die Eroberung von Flottenstützpunkten in den Fjorden ausgearbeitet. Als Quisling dann Ende 1939 in Berlin behauptete, die Okkupation seiner Heimat durch alliierte Truppen sei beschlossene Sache,[12] befahl Hitler, Norwegen und Dänemark zu besetzen. Als Termin für das »Unternehmen Weserübung« unter General Nikolaus von Falkenhorst wurde die Nacht nach dem Neumond vom 7./8. April festgelegt. In Oslo steckte das Kabinett Nygaardsvold »den Kopf in den Sand«. Es sah von Sondierungen in Berlin ab und unterließ die Mobilmachung. Am 8. April wurden lediglich die Küstenforts zu größerer Wachsamkeit ermahnt und am Abend die Leuchtfeuer im Oslofjord gelöscht.

Auf der Flucht vor den deutschen Truppen

Nach dem nächtlichen Luftalarm wird Willy Brandt in der Frühe durch das Telefon geweckt. »Kaum seiner Worte mächtig« berichtet ihm ein Genosse, deutsche Kriegsschiffe drängen seit Mitternacht in den Oslofjord ein, und 70 Kilometer südlich der Metropole landeten Wehrmachtsverbände; anders als Dänemark lehne Norwegen Hitlers Kapitulationsforderung ab. Tatsächlich befiehlt König Håkon VII. im Morgengrauen des 9. April 1940 den bewaffneten Widerstand. Brandt erkennt, daß ihm, dem ausgebürgerten, bei der Gestapo registrierten Emigranten, große Gefahr droht. Er packt das Allernötigste. Carlota will ihres Zustandes wegen bei Verwandten in Oslo bleiben. Ihre Trennung, beteuern sich die beiden, werde nur kurze Zeit dauern, denn Truppen der Westmächte würden die Deutschen bald vertreiben. Dann verlassen sie schleunigst die Wohnung.

Ihre Hoffnung trügt. Rasche anglo-französische Hilfe ist kaum zu erwarten, da die deutschen Streitkräfte dank ständiger Luftüberlegenheit die neun strategisch wichtigsten Häfen an der norwegischen Küste im Nu besetzen. Nur im Oslofjord stockt ihr Angriff. Denn der Schwere Kreuzer »Blücher«, der ungesichert an der Spitze eines Pulks von Kriegsschiffen in die Meeresbucht einläuft, wird an deren engster Stelle, dem Drøbaksund, durch zwei Torpedos der Festung Oscarsborg versenkt. 1600 Mann werden getötet, darunter Generalstäbler, Beamte und vermutlich Gestapoleute mit Fahndungslisten.[13] Dieses Fiasko verschafft dem Monarchen und der Regierung, aber auch Brandt für die Flucht einen Zeitgewinn von mindestens fünf Stunden.

Der 26jährige sucht in Oslo mit seiner Lebensgefährtin das Ehepaar Alf Christian und Rakel Seweriin auf, einen Arzt und eine sozialistische Stadträtin mit guten Beziehungen, die Mitherausgeberin des von Brandt betreuten Exilblattes *Det skjulte Tyskland* ist. Dort versteckt er Unterlagen linker Emigrantenorganisationen, während Frau Seweriin für ihn eine Fluchtmöglichkeit erkundet. An einem Treffpunkt außerhalb der Stadt erwarten ihn der spärlich vermummte Martin Tranmæl und zwei andere Redakteure, die *Arbeiderbladet* an einem sicheren Ort herausbringen wollen.[14] Mit dem Dienstauto des Bildungsreferenten der DNA fahren sie inmitten von Flüchtlingen 130 Kilometer in Richtung Norden und dann ostwärts über den noch zugefrorenen Mjøsasee nach Hamar, wohin in einem Sonderzug auch die Königsfamilie, die Regierung und das Parlament entkommen sind. Als sich aber eine deutsche Vorhut nähert, weicht die Staatsführung nach Osten in das Städtchen Elverum aus. Dort werden die Fortsetzung des Widerstandes und eine Allparteienregierung beschlossen.[15] Der Faschistenführer Vidkun Quisling, der im inzwischen besetzten Oslo eine Gegenregierung gebildet hat, wird als Verräter gebrandmarkt.

Die drei DNA-Redakteure und Willy Brandt folgen der Staatsspitze am Abend im Pkw nach Elverum. Sieben Kilometer vor dem Ort müssen sie »ihr« Auto vor einer Straßensperre stehenlassen. Jenseits der Barrikade nimmt sie der Fahrer eines Lastwagens bis kurz vor die schwedische Grenze nach Nybergsund mit, wohin sich inzwischen der König und die Regierung zurückgezogen haben. Während der

75 Kilometer weiten Nachtfahrt friert Brandt unter der Lkw-Plane erbärmlich, und am Ziel muß er noch eine quälende Diskussion mit einem Politiker über den Nationalsozialismus durchstehen. Erst am frühen Morgen des 10. April kann er sich endlich in einem Bauernhaus schlafen legen.

Da König Håkon VII. und das Kabinett die Kapitulation ein zweites Mal ablehnen, bombardiert Hitlers Luftwaffe am nächsten Tag Nybergsund und Elverum. 30 Menschen sterben.[16] Der Monarch und die Minister setzen sich Hals über Kopf nach Norden ab. Brandt, der in der Berghütte eines befreundeten Arztehepaars Unterschlupf gefunden hat, entdeckt am Abend in einem Hotel zurückgelassene Koffer voller Staatsakten. Er sorgt dafür, daß die Polizei den Fund sicherstellt. Während Tranmæl der Regierung folgt, bleibt der Emigrant in Nybergsund. Er verwirft den Plan, nach Schweden zu fliehen, das womöglich ebenfalls besetzt wird. Im übrigen lösen die Deutschen in Oslo den unpopulären Quisling durch einen »Administrationsrat« aus Patrioten ab, was im Land »ein gewisses Vertrauen« erweckt.[17]

Mitte April – in Südnorwegen ist der Krieg bereits abgeflaut – schlägt sich Willy Brandt per Auto und Bahn von Nybergsund nach Hamar durch. Im noch unbesetzten Lillehammer findet er die Leitung der Norwegischen Volkshilfe. Vier Tage lang packt er beim Sammeln von Decken und Verbandszeug mit an, ärgert sich aber über die Vergeudung von Lebensmitteln. Dann muß sich das Volkshilfe-Team mit dem norwegischen Militär nach Nordwesten, in das 210 Kilometer lange Gudbrandsdal, zurückziehen.

Am 18. April sind bei Trondheim 13 000 britische Soldaten gelandet. Sie sollen die Hafenstadt erobern und auf Oslo vorstoßen. Den Flankenschutz haben die sechs norwegischen Divisionen übernommen. Trotz aller Tapferkeit sind sie den Wehrmachtsverbänden von zuletzt 150 000 Mann hoffnungslos unterlegen. Nach 14tägigem erfolglosem Einsatz verläßt das Gros des englischen Expeditionskorps Westskandinavien; nur bei Narvik wird noch bis zum 9. Juni gekämpft. Willy Brandts Bilanz der alliierten Waffenhilfe: »Zu wenig und zu spät.« Die englischen Einheiten, denen er im Gudbrandsdal begegnet ist, hätten »kümmerlich« gewirkt und seien für einen »fröhlichen Betriebsausflug«, nicht aber für den Krieg ausgerüstet gewesen: »Der Vorrat zum Beispiel an Tennisschlägern war eindrucksvoll.« Die deutsche Invasion hingegen wertet Brandt trotz Verdammung der NS-Gewalttaten als eines der »kühnsten Kapitel der neueren Kriegsgeschichte«, und Befehlshaber Nikolaus von Falkenhorst, »kein Parteimann, aber ein entschiedener Vertreter des preußischen Militarismus«, sei zweifellos ein ausgezeichneter Generalstabsoffizier.

Rettung aus Gefahr in einer fremden Uniform

Als die alliierte Verteidigungslinie im Gudbrandsdal zusammenbricht, entkommt Willy Brandt an die Westküste. In Åndalsnes gerät er in Luftangriffe und flieht 30 Kilometer weiter nach Norden an den Langfjord, in dessen Nähe er Mitte 1939 an einem AUF-Lager teilgenommen hat. Am 2. Mai riegelt die Wehrmacht das Gebiet ab. Brandt sitzt zwischen Meeresarm und 1500 Meter hohen, schneebedeckten Bergen in der Falle. Da trifft er in einem Seitental bei dem Dorf Mittet eine bunt zusammengewürfelte Schar von 50 norwegischen Freiwilligen, die sich nach dem Allerlei der Seeleute scherzhaft »Labskaus-Kompanie« nennt. Brandt entdeckt in ihr Paul René Gauguin, seinen Kumpan aus dem Spanischen Bürgerkrieg, der jetzt Leutnant ist.[18]

Der norwegische Enkel des französischen Malerrebellen Paul Gauguin erkennt sofort, in welch großer Gefahr sein Freund schwebt, der bei einer Kontrolle in dieser verlassenen

Gegend schon durch seine städtische Kleidung und den Fremdenpaß Verdacht erwecken muß: »Wenn dich die Gestapo findet, bist du dran.«[19] Gauguin berät mit Kompaniechef Dag Bryh und Leutnant Johan Cappelen. Auch letzterer kennt Brandt, da dessen SAP-Genossin Margot Schäfer seine Schwägerin ist.[20] »Wir waren uns einig, daß es für Brandt die beste Lösung sei, eine norwegische Uniform anzuziehen und mit uns in das Kriegsgefangenenlager zu gehen«, erinnert sich Cappelen 1963, der nun wie Bryh Diplomat ist. »Er beherrschte die norwegische Sprache, und wir hatten keine Angst, daß er im Lager entdeckt werden würde.« Für die nötige Ausrüstung sorgt Gauguin, der sich in Zivil zu Bekannten durchschlagen will: »Ich gab ihm meine Jacke, Hose, Mütze, mein Gewehr und den Gürtel mit Patronentasche und Bajonett. Die Sachen paßten nicht richtig, die Hose war zu kurz und die Jacke zu weit.«[21] Dann verbrennt der Emigrant seine Ausweise. Am nächsten Morgen ergibt er sich mit der »Labskaus-Kompanie« den Deutschen, wirft die von ihm nie benutzten Waffen am Sammelplatz auf einen Haufen und hofft, »als Kriegsgefangener behandelt und vermutlich bald wieder freigelassen zu werden«.

Die Episode mit der fremden Uniform bereitete Willy Brandt später viel Ärger. Am 10. Januar 1955 und am 1. November 1956 behauptete die konservative Osloer Tageszeitung *Aftenposten*, er habe »am Krieg in (der Region) Trøndelag als norwegischer Soldat« teilgenommen.[22] Widersacher in Deutschland erweckten daraufhin den Eindruck, Brandt habe 1940 »in Norwegen wie zuvor in Spanien« auf Landsleute geschossen. Er sah darin den Versuch, »eine Art ›Vaterlandsverrat‹-Legende zusammenzuleimen«. Die Verdächtigungen konnte er vor Gericht entkräften. Menschlich blieb er »allerdings von der üblen Kampagne nicht unberührt«.

Nach dem Waffenstillstand in Südnorwegen am 3. Mai

1940 schaffen die Deutschen die bei Mittet entwaffneten Gegner, einige hundert Mann, auf Lastwagen in eine zum Kriegsgefangenenlager umfunktionierte Landschule bei Dovre im Gudbrandsdal. Trotz fehlender Ausweise – keine Seltenheit bei einer Kapitulation – übersteht Willy Brandt unter falschem Namen alle Kontrollen. Er mimt einen harmlosen, etwas verschrobenen Studenten. Hitlers Siege in Westeuropa und die Festigung der deutschen Macht in Norwegen bereiten dem Antifaschisten jedoch triste Wochen. »Ich ließ mein Leben vorüberziehen und kam zu dem Schluß, daß es gescheitert war.« Nur die Vorfreude, Vater zu werden, gibt ihm Kraft: »Ich klammerte mich in nahezu verzweifelten Stunden an den Gedanken, daß in unserem Kind etwas von mir weiterleben würde, sollte ich nicht überleben.«

Die Lagerinsassen in Dovre werden von der Wachmannschaft, meist jungen Rheinländern unter einem Hauptmann Nippus, korrekt behandelt. Sie dürfen sogar, von Landsern eskortiert, in Bauernhöfen von ihrem Gefangenensold zusätzliche Lebensmittel kaufen, wobei sie Nachrichten von Radio London aufschnappen. Aus Vorsicht gebrochen Deutsch redend, kommt Brandt in Kontakt mit Soldaten, die im NS-Staat aufgewachsen sind. Er findet, daß der Nationalsozialismus für sie oft nur Fassade ist oder »eine Naturgewalt, der man sich am besten nicht entgegenstellt«.

Selbst heikle Episoden enden hier glimpflich. Einem deutschen Unteroffizier, der den nach London geflohenen norwegischen Monarchen einen Angsthasen nennt, erwidert Brandt ruhig, doch »ohne Rücksicht auf Logik«: »Wenn König Håkon ein Feigling ist, dann ist Hitler auch ein Feigling.« Den wegen der »Beleidigung des Führers« aufbrausenden Bewacher besänftigt ein Offizier und rät ihm, den »überspannten Burschen« zu ignorieren. Als den inhaftierten Norwegern am 17. Mai, ihrem Nationalfeiertag, verboten wird, die Flagge am Schulhof aus Trauer auf halbmast zu setzen, treten sie unerlaubt vor dem Morgenappell zu einer Gedenkminute an. Gegen den Einsatz der Kriegsgefangenen auf dem Bahnhof Dovre beim Umladen von Munition, eine Verletzung der Haager Landkriegsordnung, protestiert der Jurist Johan Cappelen als Vertrauensmann bei Hauptmann Nippus. Er hat Erfolg. Die Inhaftierten werden zu solchen Arbeiten nicht mehr herangezogen.

Als das militärische Ringen in Nordeuropa am 9. Juni 1940 definitiv endet – 3 700 Deutsche und 2 000 Gegner sind gefallen oder werden vermißt –, kommen zuerst die Landwirte und um die Monatsmitte die übrigen Norweger aus der Kriegsgefangenschaft frei. Willy Brandt erhält Entlassungspapiere und einen Freifahrschein »in seinen Heimatort Oslo«, Marschverpflegung sowie den restlichen Gefangenensold. Während der Bahnfahrt zieht er einen vorher erstandenen Trenchcoat über die Uniform und stopft die Militärmütze in seinen Rucksack. Fast als Zivilist kommt er in der Hauptstadt an.

Bereits im Gefangenenlager war dem Emigranten hinterbracht worden, er solle in Oslo das Philologenehepaar Nicolay Stang und Ragna Thiis-Stang[23] aufsuchen, das er von Hilfsaktionen her kannte. Die eigene Wohnung hatte Carlota Thorkildsen nach einem Besuch der Gestapo aufgegeben. Bei den Stangs traf Brandt seine Freundin wieder: »Das Elend und die Sorgen der vergangenen Wochen waren vergessen.«[24] Doch schon nach wenigen Tagen verließ er den Unterschlupf: »Ich durfte die Freunde nicht unnötig belasten.« In Oslo hatten braune Büttel bereits Jagd auf Hitlergegner gemacht und Exekutionen vorgenommen.[25] Brandt aber war Quislings Gestapogehilfen von früher her allzu bekannt. Außerdem diente ein ehemaliges Mitglied der SAP-Gruppe Oslo, der mit ihm seit langem zerstrittene Georg Angerer, dem Terrorapparat als Spitzel.[26]

Nach dem Abschied von Carlota und dem Ehepaar Stang

verbarg sich der Flüchtling anderthalb Wochen lang in einem entlegenen Sommerhaus bei Nærnes am Oslofjord, 32 Kilometer südwestlich der Hauptstadt. Per Borgersen, ein Kollege bei der Volkshilfe, stellte es ihm zur Verfügung. Obwohl Brandt die Zuflucht nur selten verließ, um einzukaufen, veränderte er vorsichtshalber seine Frisur. Ab und zu besuchten ihn die Freundin und einige Vertraute. Trotzdem fühlte er sich als Einsiedler. Geldsorgen hatte er nicht. Borgersen erreichte, daß die Volkshilfe ihrem untergetauchten Sekretär das Gehalt ab April nachzahlte. Zudem waren Carlota Thorkildsen 275 norwegische Kronen Honorar für das Buch über die Kriegsziele angewiesen worden.[27]

Kummer bereitete Willy Brandt die Zukunft. »Ich trachtete etwas Ordnung in meine Gedanken und Gefühle zu bringen«, entsann er sich 1960. Ein Radio in seinem Refugium lieferte ihm aus London Informationen. Den kapitalistischen Westen begann der 26jährige weniger negativ als bisher zu beurteilen. Die Siegeszuversicht des neuen britischen Premierministers Winston Churchill, die Geradlinigkeit des französischen Exilgenerals Charles de Gaulle, die Ideen des US-Präsidenten Franklin D. Roosevelt, den er »für eine Art von Sozialdemokraten« hielt, beeindruckten Brandt. Wegen des fortdauernden Krieges und seiner hohen Bekanntheit in Norwegen mußte er aber auch an sich denken. Er erörterte seine Situation mit Carlota und Parteigenossen. »Untätig in einem Versteck zu sitzen, war gewiß nicht nach meinem Geschmack. Meine Freunde rieten, daß ich nach Schweden ginge, wo ich publizistisch wirken konnte – auch im Interesse ihrer Sache.«

Am Morgen des 30. Juni 1940, einem Sonntag, brach Willy Brandt von Nærnes zur 65 Kilometer entfernten Staatsgrenze auf.[28] Ein Wagnis, zumal er keinen gültigen Ausweis besaß. Mit der Fjordfähre fuhr er nach Oslo und holte seine zwölf Wochen zuvor zurückgelassene Geburtsurkunde, polizeiliche

Anmeldungen und andere Belege sowie Kleidung und Geld aus einem Schlupfwinkel. Dann reiste er mit dem Zug in Richtung Kongsvinger bis Sørumsand und mit der damaligen Aurskog-Høland-Kleinbahn nach Bjørkelangen.[29] »Das nächste Stück legte ich zu Fuß zurück. Ich ging im Wald neben der Straße, nachdem ich ein Militärfahrzeug erst gehört, dann gesehen hatte«, berichtete Brandt. Nach vier Stunden erreichte er beim Dorf Setskog, neun Kilometer vor der schwedischen Grenze, das Gut Bolstad, dessen Besitzer Ovo Gjedde, ein Hauptmann der Reserve, mit Carlota Thorkildsen bekannt war. Ihn hatte sie um Hilfe für ihren Freund gebeten. Nach einem kräftigen Abendessen führte ein Landarbeiter des Bolstad-Hofs den 26jährigen gegen 20 Uhr durch ein Seengebiet zur »Flüchtlingsroute«, einem Schleichpfad durch Südostnorwegens Urwälder. Die Grenze nach Schweden überschritt er zweieinhalb Stunden später beim Anwesen Malnes, ohne es zu merken.[30]

Willy Brandt hatte in Norwegen seit 1933 nach eigener Überzeugung »die in mancher Hinsicht wichtigsten Jahre seines Lebens verbracht«. Hier war er zum Mann gereift und als radikaler Linker mit Ideen des demokratischen Sozialismus konfrontiert worden. Er hatte erste politische Anerkennung gefunden, aber auch Niederlagen überwinden gelernt, hatte ein kraftvolles parlamentarisches System erlebt und unter dem Einfluß der Norske Arbeiderparti die Erfahrung gemacht, daß Meinungsdifferenzen Mitmenschlichkeit nicht ausschließen. Mit Norwegen fühlte er sich »durch tausend Bande verbunden«, obwohl er, wie er betonte, »Deutschland, das andere Deutschland, niemals aufgegeben« hatte. Doch nun verlor er auch seine zweite Heimat. Die Zukunft war für ihn ungewisser denn je.

11. Kapitel
Kein Risiko gescheut
Von Schweden aus Einsatz für zwei Völker

Am Montag, dem 1. Juli 1940, meldet sich Willy Brandt gegen ein Uhr nachts in einer einsam zwischen Bergwäldern gelegenen schwedischen Militärstation, fünf Kilometer westlich des Grenzdorfs Skillingmark.[1] Ein Wegweiser hat ihm nach langem Umherirren verraten, daß er nicht mehr in Norwegen und somit außer Gefahr ist.[2] Den Soldaten stellt er sich gern, weil die Polizei illegale Einwanderer strenger als der Grenzschutz behandelt. Er nennt seinen Geburtsnamen und gibt an, ausgebürgerter Deutscher, politischer Flüchtling aus dem von Hitler okkupierten Nachbarland und ohne Paß zu sein. Da er fließend Norwegisch spricht, glauben die Uniformierten Brandt nicht so recht, haben aber mit ihm Mitleid. Denn er ist erschöpft und nach einem Wolkenbruch durchnäßt. Er erhält trockene Kleidung, Essen und ein Nachtlager. Am Morgen durchsuchen die Soldaten seine Sachen, und er deklariert 70 norwegische und 10 schwedische Kronen sowie 15 US-Dollar.[3] Dann bringt ihn der Gendarm aus Skillingmark zum Polizeikommissariat in den Marktflecken Charlottenberg, gleichfalls an der Grenze zu Norwegen.

Von dort sei er »auf dem Weg über ein ziemlich komfortables Flüchtlingslager (...) nach wenigen Tagen als freier Mann nach Stockholm« gelangt, heißt es in Willy Brandts Memoiren.[4] In Wirklichkeit kommt er aber nach der Zwischenstation in einer dürftigen Notunterkunft erst drei Wochen später in die schwedische Hauptstadt, und zwar zunächst keineswegs als freier Mann.

In Charlottenberg wird der 26jährige auf dem scharf bewachten Gelände des Grenzbahnhofs in einem Asylantenheim interniert. Am nächsten Tag[5] verhört ihn der stellvertretende Leiter des Polizeikommissariats, Gösta Linder. Brandt legt ihm seine 1938 aus Lübeck erhaltene Geburtsurkunde, norwegische Meldebestätigungen und den Presseausweis des Osloer *Arbeiderblad* vor, alle ausgestellt auf den Namen Frahm; sein Pseudonym erläutert er als Tarnung vor der Gestapo. Leicht geschönt schildert er Lebenslauf und politische Überzeugung, seine Tätigkeiten und die Gründe, weshalb er staatenlos ist. Die Einsätze im Berliner Untergrund und in Spanien wie auch die Episode als falscher Soldat verschweigt er vorsichtshalber. Dagegen erwähnt er asylunwilligen Behörden zuliebe, daß er möglichst bald in die USA auswandern wolle, was er allerdings nur in Stockholm vorbereiten könne. Der SAP-Funktionär nennt Linder ferner fünf Referenzen und bittet ihn, die norwegische Gesandtschaft in Stockholm und den schwedischen Reichstagsabgeordneten August Spångberg, den er in Barcelona vor dem Volkszorn »gerettet« hat, über seine Festnahme zu informieren. »Da Frahm angibt, aus politischen Gründen nach Schweden geflohen zu sein, sollte er nicht ausgewiesen werden«, empfiehlt Linder.[6] Daß Spångberg den Emigranten umgehend besucht und für ihn bürgt, dürfte den Beamten in seinem Rat nachträglich bestätigt haben.

Neun Tage nach der Vernehmung wird Willy Brandt mit der Bahn in das neue offene Flüchtlingslager Baggå gebracht. Dort, bei Skinnskatteberg in Mittelschweden, soll er abwarten, ob ihn die Königliche Sozialbehörde als Asylanten anerkennt oder abschiebt. In der Unterkunft, einem muffigen ehemaligen Herrenhaus mit zerbrochenen Fensterscheiben, defekter Wasserleitung und primitiven Aborten, fehlt ein Telefon ebenso wie genügend Geschirr und Mobiliar; die bis zu 36 Insassen, darunter sieben Frauen, schlafen auf Strohsäcken in selbstgetischlerten Bettgestellen.⁷ Das »Schloß« und der angrenzende Weiler Baggå liegen in einem riesigen Staatsforst, »wo sich die Dachse ›Gute Nacht‹ sagen«, wie der 43jährige Lagerleiter Ernst Paul, der frühere Parteisekretär der sudetendeutschen Sozialdemokraten, anmerkt. Durch Holzfällen im »Urwald« sollen die Männer für die Unterbringung, vier Mahlzeiten pro Tag und ein kleines Taschengeld aufkommen. Da es aber an Werkzeug mangelt, wird Brandt dazu eingeteilt, täglich Milch aus einer nahen Meierei zu holen und drei Stunden lang den Park des Herrenhauses zu pflegen.⁸

Am 20. Juli hat eine Intervention des Abgeordneten Spångberg Erfolg: Die Sozialbehörde erlaubt Brandt, das Lager für vier Tage zu verlassen, um in Stockholm seine Anliegen zu regeln. »Ohne gute Fürsprache hätte ich mich wahrscheinlich erst als Waldarbeiter betätigt. Meiner Gesundheit wäre das besser bekommen als das, was ich als politische Pflicht empfand«, meinte der Staatsmann im Alter. In Schwedens Hauptstadt nimmt der 26jährige unweit der Hauptpost ein Zimmer im Hotel »Savoy«. Er spricht sofort wegen der in Oslo vergebens beantragten Einbürgerung bei der norwegischen Gesandtschaft vor, die der Exilregierung in London die Treue hält, sucht das Kontaktbüro der Arbeiterpartei auf, das der nach Stockholm emigrierte Martin Tranmæl gegründet hat, und trifft Halvard Lange. Er vor allem habe Brandt aufgrund guter Beziehungen die norwegische Nationalität verschafft, behauptet Lange 1961 unwidersprochen.⁹ Im Juli 1940 indes muß sich der Staatenlose gedulden und die Sozialbehörde zweimal – mit Erfolg – um die Verlängerung seines Urlaubs vom Lager Baggå bitten: Bis er »in einigen Tagen« den norwegischen Paß erhalte und dann nach Amerika reise, werde er »weder finanziell noch anderweitig dem schwedischen Staat zur Last fallen und sich jeder politischen Propaganda enthalten«.¹⁰ Im übrigen nimmt sich Brandt Zeit, im Krankenhaus Abschied vom todkranken Erling Falk zu nehmen, dem einstigen Mot-Dag-Vorsitzenden, der ihm zur raschen Übersiedlung in die USA rät, bevor Hitler ganz Europa erobert.

Am 2. August 1940 wird Willy Brandt tatsächlich norwegischer Staatsangehöriger. Nach einer telegrafischen Weisung der Exilregierung in London stellt ihm die »Gesandtschaft Seiner Majestät, des Königs von Norwegen,« den Bürgerbrief aus und einen zwei Jahre lang gültigen Paß auf seinen Geburtsnamen Frahm.[11] Da er nun erst »ordentliche Papiere« hat, werden ihm in Schweden ab 1. Oktober, wie üblich, sechs Monate Aufenthalt gewährt. Zugleich fordert ihn das Exilbüro der Norske Arbeiderparti als Hilfskraft an.[12] Er muß nicht mehr ins Lager zurück. Nun ist er ein freier Mann. »Welch eine Erleichterung, äußerlich und innerlich«, freut er sich noch 50 Jahre später.

Seit je international orientiert, empfindet Willy Brandt 1940 »keinen Widerspruch zwischen meiner Bindung an Norwegen und dem Kampf für ein freies, demokratisches Deutschland«. Die gemeinsame Plattform bildet der Antifaschismus, der ihm wichtiger ist als jede Volkszugehörigkeit. Als Schutz im Ringen mit dem NS-Regime aber nimmt der Lübecker die neue Nationalität dankbar an:[13] »Daß ich die norwegische Staatsbürgerschaft bekommen habe, nachdem die Nazis mir die deutsche genommen hatten, war eine große Hilfe.« 1940 halten ihn allerdings nicht wenige deutsche Emigranten für »zu flexibel« und lehnen seinen Schritt ab.[14] Zweifel an seiner »nationalen Zuverlässigkeit« begleiten Willy Brandt von da an sein ganzes Leben lang. Skandinavier hingegen werfen ihm bis Kriegsende vor, er sei »zu deutschfreundlich« und vernachlässige die Interessen seiner zweiten Heimat. »Ihr seht an Brandt, daß Blut dicker als Wasser ist«, äußert Exilaußenminister Trygve Lie damals in London,[15] als der Neunorweger die deutsche Alleinschuld am Krieg bestreitet, indem er schreibt: »Die anderen sind wohl auch verantwortlich für die Politik, die Chamberlain und Co. zu Hitlers Gunsten führten.«

Eine Nation zwischen Solidarität und Egoismus

Schwedische Vorbehalte gegen deutsche Emigranten oder Staatenlose trafen Willy Brandt als Norweger nicht mehr, und die Aufenthaltsverlängerung war für ihn nur noch eine Formsache. Die Solidarität, die die Mehrheit der sieben Millionen Einwohner den vom NS-Reich überfallenen Nachbarn bewies, galt nun auch ihm. In dem neutralen Land, dessen Bevölkerung zu 80 Prozent auf seiten der Westmächte stand,[16] wurden bis Mitte 1945 rund 70 Millionen Kronen für die Unterdrückten gesammelt, und norwegische KZ-Häftlinge bekamen vom Schwedischen Roten Kreuz regelmäßig Pakete.

Weniger eindeutig verhielten sich die Intellektuellen und die Staatsspitze, an der seit 1932 fast ununterbrochen die Sozialdemokratie den Kurs angab, erst im Bund mit der Bauernpartei und seit Kriegsanfang in einer großen Koalition. Besonders die Asylpolitik wurde, wie der Historiker Helmut Müssener darlegt, »von Egoismus und Furcht vor ausländischer Konkurrenz um den Arbeitsplatz, vor Überfremdung, vor dem bösen Nachbarn im Süden« geleitet.[17] Wie kam es dazu?

Die Sveriges Socialdemokratiska Arbetareparti, laut Brandt eine »undogmatische und freiheitliche, volkstümliche und machtbewußte Bewegung« mit einer Million Mitgliedern, wollte nicht durch die Enteignung von Produktionsmitteln, sondern durch die »Sozialisierung des Konsums«, durch eine Hebung des Lebensstandards der Unter- und Mittelschicht mit Hilfe von Reformgesetzen, die Gesellschaft verändern. Von 1928 an verkündete Parteichef Per Albin Hansson die Vision vom Staat als »Volksheim«. Allerdings nahmen die Bürokratie, die Sozialausgaben und die Angst der Bürger um ihren Lebensstandard rapide zu. Um die Errungenschaften für die Masse zu sichern, begann in Schweden die Ausgrenzung all derjenigen, die den Wohlfahrtsstaat besonders stark belasteten: der psychisch Kranken, außerhalb der Norm Lebenden und Asylanten. Die »gesunde Gesellschaft« wurde zum Leitbild.

1934 suchte die Regierung im braunen Erbgesundheitsgesetz nach Anregungen für die »Rassenhygiene« im eigenen Land. Die Sozialökonomen Gunnar und Alva Myrdal, ein später mit Brandt befreundetes Ehepaar empfahl, Geistesgestörte zeugungsunfähig zu machen.[18] Im Jahr danach traten in Schweden Paragraphen in Kraft, die bis 1976 die Sterilisation von 13000 Menschen und Eingriffe ins Gehirn aus eugenischen Gründen legalisierten. Das Recht auf politisches Asyl wurde ausgehebelt, als Hitler im Jahr 1938 durch die Annexion Österreichs eine Fluchtwelle auslöste. Die Regierung in Stockholm führte für Bürger der Alpenrepublik den Visumszwang ein und verlangte wie die Schweiz, daß das Dritte Reich die Ausweise derjenigen Deutschen kennzeichnet, die von einer Auslandsreise nicht mehr heimkehren durften. Die NS-Behörden stempelten daraufhin ein »J« in die Pässe deutscher Juden.[19] Asylanten aus rassischen Gründen, die nach schwedischer Ansicht keine Verfolgten, sondern Wirtschaftsflüchtlinge waren, konnten nun gleich an der Grenze abgewiesen werden. Weitere Restriktionen wurden verhängt, als Hitler im März 1939 die Tschechoslowakei okkupierte.

Nach Kriegsbeginn sah sich Schweden zwischen dem in Polen und bald auch in Norwegen siegreichen Dritten Reich, der ins Baltikum sowie in Finnland vorgerückten UdSSR und den Westmächten in einer schwierigen Lage.

Die Regierung des resoluten Per Albin Hansson setzte auf die Neutralität und vermied es sorgsam, das NS-Regime zu reizen – etwa durch Großmut gegenüber dessen Gegnern. Im übrigen empfanden einflußreiche Kreise in Stockholm prodeutsch. König Gustaf V. besaß durch seinen braunen Schwippschwager Herzog Karl Eduard von Sachsen-Coburg und Gotha direkte Verbindung zu Hitler.[20] Auch der Oberkommandeur, General Olof Thörnell, und 70 Prozent des Offizierskorps,[21] der Asienforscher Sven Hedin und große Zeitungen zeigten für den Nationalsozialismus Sympathie.

Diese Umstände hatten fragwürdige Folgen. Das Kabinett Hansson gestattete schwedische Eisenerz- und Kugellagerlieferungen zugunsten der deutschen Rüstung, erlaubte der Wehrmacht ab Juni 1940 den Transitverkehr nach dem besetzten Norwegen und ließ ein Jahr später, als Hitler die UdSSR angriff, sogar eine deutsche Division unter Waffen quer durch Nordschweden an die Front marschieren. Bis Herbst 1942 wurden desertierte Landser ausgeliefert – ein sicheres Todesurteil.[22] Das Sozialministerium gab der Gesandtschaft des Dritten Reichs auf fadenscheinige Anfragen hin in 498 Fällen Auskünfte über Deutsche in Schweden, und die Kriminaltechnische Anstalt bat die Gestapo oder deren Ableger mindestens ein dutzendmal um Informationen über genau identifizierte Asylanten.[23] Antifaschisten wurden vom schwedischen Staatsschutz behelligt,[24] und während eines »Gedankenaustauschs« im Berliner Reichssicherheitshauptamt zeigte sich der Stockholmer Geheimpolizeichef Martin Lundqvist im März 1941 »sehr interessiert, ein Konzentrationslager besichtigen zu können«.[25] Einen Monat danach erhielt die Gestapo wunschgemäß Bericht über 27 deutsche Emigranten. Diese dubiose Zusammenarbeit sei »nicht nur durch polizeiliche Gesichtspunkte, sondern auch durch die politische Lage bestimmt« worden, stellte 1946 in Stockholm ein Parlamentarischer Untersuchungsausschuß fest.[26] Ein leitender Mitarbeiter der Staatlichen Ausländerkommission aber, der Amtmann Robert Paulson, spionierte bis Ende 1944 für Deutschland.[27]

»Die Umstände waren anders, als ich es mir gewünscht hätte«, fand der linke Sozialdemokrat Bruno Kreisky aus Wien, der im September 1938 nach Schweden gekommen war.[28] SAP-Funktionär Stefan Szende, ab Herbst 1937 in Stockholm, registrierte, daß Asylanten oft als »unzuverlässiges, fahrendes, diebisches Volk« betrachtet wurden.[29] Brandts Urteil über Schweden fiel milder aus, obwohl er sich nur allmählich an das dortige politische Klima gewöhnt hatte und schon im September 1940 dem Sicherheitsdienst aufgefallen war.[30] Zwar bestätigte er: »In der Polizei – und nicht nur dort – hatte Hitler manche Bewunderer. Einige arbeiteten deutschen Dienststellen in die Hand.« Er fragte aber in den *Erinnerungen*: »Wer wollte sich anmaßen und bestimmen, daß der Preis der Neutralität zu hoch gewesen sei? Der Druck aus Berlin war stark.« Das Vorgehen der sozialdemokratischen Regierung habe der Volksstimmung wie auch »staatspolitischen Erfordernissen« entsprochen. Warum dieses Verständnis für ein Verhalten, das Hitler besänftigen sollte?

Wie Lissabon, Istanbul und Bern war Stockholm seit Kriegsausbruch ein Zentrum geheimer Aktivitäten beider Seiten. Nach der Niederlage Norwegens wurde »die kleine Stadt der großen Intrigen«, so der Sowjetdiplomat Wladimir Semjonow,[31] überdies zur Basis der Freiheitskämpfer aus dem Nachbarland, nach dem Fall von Paris zum Fluchtziel von Exilführern und seit 1942 zum Außenposten des deutschen Widerstandes. Die Geheimpolizei war dagegen machtlos. Willy Brandt erkannte die Möglichkeiten, die Schweden den Antifaschisten bot. Deshalb entschuldigte er dort offenbar Kompromisse und Konzessionen, die er sonst anprangerte.

In Stockholm war der 26jährige von August Enderle, dessen Ehefrau Irmgard und Stefan Szende begrüßt worden. »Zwischen August, Stefan und mir war das Verhältnis während der ganzen Zeit das allerbeste«, versicherte Brandt noch 1942 Jacob Walcher.[32] Gut bekannt wurde er auch mit dem tschechischen Schauspieler Valter Taub und dem einst von ihm als Reformisten befehdeten, über 60 Jahre alten Fritz Tarnow, der jetzt die deutschen Gewerkschaften im Ausland führte. An politischen Problemen des deutschen Exils nahm der Deutschnorweger »lebhaften Anteil«, hielt sich aber »von unfruchtbarer Emigrantengeschäftigkeit soweit wie möglich fern«.

Am engsten fühlte sich Willy Brandt in Stockholm den dorthin geflohenen neuen Landsleuten verbunden. Sie scharten sich um ihre regierungstreue Gesandtschaft und das von Tranmæl geleitete Exilbüro der Arbeiderparti, deren Zentrale nun in London saß. Der zweifache Asylant traf auch des öfteren Halvard Lange, ehe der im Herbst 1940 nach Oslo aufbrach, dort verhaftet wurde und ins KZ Sachsenhausen kam. Er sah den Schriftsteller Torolf Elster wieder und freundete sich mit Tranmæls Sekretär Inge Scheflo an, dessen Vater Olav als linksradikaler Chefredakteur in Kristiansand einst mit ihm gegen Tranmæl konspiriert hatte.

Das Alltagsschwedisch beherrschte Brandt bald. An die Mentalität der Bevölkerung gewöhnte er sich jedoch nur langsam. Ihn beeindruckte die Gefälligkeit einfacher Menschen. Generell fand er aber die Schweden geziert und ungesellig.[33] Daß sie sich in der dritten Person anredeten und es in Kneipen ungemütlich eilig hatten, verspottete er. Dennoch nahm er auch in Stockholm viele Leute für sich ein. »Er war ein junger, sehr gut aussehender Mann, der über eine starke Ausstrahlung verfügte«, entsann sich 1986 Bruno Kreisky, auf den der drei Jahre Jüngere sofort sympathisch gewirkt hatte.[34] Andere rühmten Brandts Verhandlungsgeschick. »Er war vollkommen von der Politik besessen«, fügte Irmgard Enderle hinzu. »Aber er konnte im Freundeskreis außerordentlich losgelöst und fröhlich sein, und er war ungeheuer hilfsbereit gegenüber allen Freunden.«³⁵ Nicht wenige Linke lehnten ihn indes bis zum Haß hin ab, worüber noch zu berichten sein wird.

Auf Schleichwegen in die zweite Heimat

In Stockholm betätigt sich Willy Brandt bald wieder als Journalist. Er verfaßt, unter anderem für die anarchosyndikalistische Zeitung *Arbetaren*, Rückblicke auf den Krieg in Norwegen, erledigt Aufträge des DNA-Büros und bringt ab Dezember das Informationsblatt *Stockholms nordmannen* (Die Stockholmer Norweger) heraus. Außerdem ist Brandt Korrespondent der New Yorker Presseagentur Overseas News Agency (ONA). Dabei arbeitet er direkt mit deren Direktor und außenpolitischem Ressortleiter Hyman Wishengrad zusammen³⁶. Von der ONA, die das Jüdische Telegrafenbüro Mitte 1940 gegründet hat, die aber der britische Geheimdienst seit April 1941 finanziert und als Propagandainstrument in den Vereinigten Staaten benutzt, erhält der Emigrant ein Monatsfixum von 150 Kronen.³⁷

Am vierten Adventsamstag 1940 verläßt Brandt Stockholm mit der Bahn. Er möchte in Norwegen Material für Artikel sammeln, Verbindung zum Widerstand aufnehmen, der sich dort nach dem Verbot aller Parteien außer Quislings Nasjonal Samling seit Frühherbst formiert, und nicht zuletzt seine Freundin Carlota Thorkildsen und die am 30. Oktober geborene Tochter Ninja besuchen. Inge Scheflo begleitet ihn. Unter dem Vorwand, die Weihnachtstage in Göteborg und der Provinz Bohuslän verbringen zu wollen, haben sich die zwei bei der Sozialbehörde die für Ausländer in dieser

Grenzregion nötige Besuchserlaubnis beschafft.[38] Geld wurde vom DNA-Büro beigesteuert. Eine schwedische Militärstreife, die mit den Antifaschisten des Nachbarlandes sympathisiert, führt Brandt und Scheflo bei Nacht auf Schleichpfaden durch das Sperrgebiet im Norden von Bohuslän. Auf norwegischer Seite werden sie von einem ortskundigen Genossen erwartet. Er bringt sie in fünfstündigem Fußmarsch am Iddefjord entlang in die Stadt Halden. Von dort aus fahren sie am Sonntag, dem 22. Dezember, mit dem Frühzug nach Oslo.

Vor allem für Willy Brandt ist es ein gefährliches Unternehmen. Denn die Gestapo sucht ihn und hat erst jüngst Johan Vogt, den Mitbegründer der Exilzeitschrift *Det skjulte Tyskland*, bei einem Verhör in Oslo über ihn auszufragen versucht.[39] Brandt trägt deshalb für Kontrollen außer seinem norwegischen Paß auch einen frisierten Ausweis des *Arbeiderbladet*-Redakteurs Konrad Knudsen bei sich.[40] Doch weder der gerade 27jährige noch Scheflo wird überprüft. Allgemein empfindet der SAP-Funktionär, Ende 1940 »kein konspirativer Dilettant mehr«, daß das Risiko eines heimlichen Aufenthalts in Norwegen »weit geringer als im Deutschland jener Jahre« ist. In Berlin hat er sich 1936 »bei jedem Schritt wie im Feindesland fühlen müssen«; jetzt weiß er, daß »fast jeder, Arbeiter oder Kaufmann, der Bahnhofsbeamte und der Taxichauffeur, ein Freund« ist, dem er trauen kann. Eisenbahner etwa informieren Reisende wie auch die beiden Grenzgänger in Halden, ob auf der jeweiligen Strecke Razzien stattfinden. »Da, wo Widerstand im Bewußtsein der Menschen eine nationale und freiheitliche Aufgabe ist, kann man sich eingebettet fühlen«, erklärt Brandt 46 Jahre später.

Carlota und das Baby sind in Oslo wohlauf. Bei ihnen zu wohnen ist für den weithin bekannten, verfolgten Linken aber zu riskant. Selbst an Weihnachten taucht er dort nur sporadisch auf. Per Borgersen, der ihm Mitte 1940 sein

Ferienhaus an der Küste als Versteck überließ, hat ihm ein Ein-Zimmer-Apartment in der Innenstadt besorgt. Allerdings übernachtet Brandt aus Sicherheitsgründen auch anderwärts bei Genossen und verläßt die Quartiere meist erst an den dunklen Spätnachmittagen vor der Ausgangssperre.[41] Trotz ständiger Nervenbelastung bleibt der SAP-Funktionär, wie einer seiner Gastgeber, der Journalist Sigurd Evensmo, beobachtet, »entspannt und ruhig, selbst wenn draußen auf der Straße deutsche Soldaten patrouillieren«.[42]

In Oslo erlebt Brandt eine entscheidende Phase des Aufbegehrens. Durch die Gleichschaltung, die NS-Reichskommissar Josef Terboven mit dem Parteienverbot eingeleitet hat, sind die besiegten Norweger aus der Resignation aufgerüttelt worden. Sie sehen ihre freiheitliche Lebensart bedroht. Die Mitarbeiter im öffentlichen Dienst, alle obersten Richter und 12 500 Lehrer sabotieren Ende 1940 die Befehle der Besatzungsmacht und deren Helfer. Protest regt sich auch bei den Kirchen. Besonders folgenschwer ist indes der Widerstand der Sportvereine: Ihre Funktionäre rekrutieren heimlich Athleten für die Milorg, den militärischen Arm der »Heimatfront« gegen die Fremdherrschaft.[43]

Bei den Diskussionen, die Brandt in Oslo führt, geht es um diese Entwicklung, aber euphorisch auch schon um das Ende der deutschen Okkupation und die Frage, wer Kriegsverbrechen dann wie aburteilen soll. Er betrachtet die Lage keineswegs pessimistisch. Denn die Besetzung Norwegens bindet starke Wehrmachtskräfte. »Im Osloer Zentrum wird mehr deutsch als norwegisch gesprochen«, stellt Brandt fest. Von Per Monsen, 1937 sein Begleiter auf der Spanienreise, der in Norwegen geblieben ist und als Dolmetscher Verbindungen zum Reichskommissariat hat, erfährt er Interna aus dem Feindeslager. Ein andermal kommt es abends in der Wohnung des Journalisten Evensmo zu einer Stichelei mit Einar Gerhardsen, dem baumlangen früheren Vizevorsitzenden der Norske Arbeiderparti und Osloer Bürgermeister, der jetzt die Untergrundaktivitäten der noch legalen Gewerkschaften leitet. »Ausgerechnet du bist der ›Kamerad aus Schweden‹, den unsere Freunde mir angekündigt haben?« sagt der 43jährige, als er den SAP-Funktionär erkennt und sich offenbar an dessen Intrigen erinnert. »Und ausgerechnet du bist es, der hier eine so schwere Verantwortung übernommen hat?« entgegnet Brandt spitz, bevor sie ein »orientierendes Gespräch« über den Widerstand führen.

Am 3. Januar 1941 nimmt der 27jährige von seiner Freundin und der kleinen Ninja Abschied. Er verabredet mit Carlota, daß sie mit dem Kind im Frühjahr zu ihm übersiedelt und daß dann geheiratet wird.[44] Ohne jeden Zwischenfall kehrt er mit Scheflo auf derselben Route und dank der gleichen Helfer wie auf dem Hinweg nach Stockholm zurück. Bruno Kreisky behauptet in seiner Autobiographie, der Lübecker sei überhaupt erst damals, »im Dezember 1940«, von Oslo nach Schweden geflohen.[45] Ein Irrtum von vielen um Willy Brandt.

Im Polizeigefängnis und am Standesamt

Ebenfalls fälschlich meinte die britische Historikerin Barbara Marshall, der SAP-Funktionär habe nun »keine weiteren Probleme mit den schwedischen Behörden« gehabt.[46] In Wirklichkeit war der Fremdenpolizei seine lange Abwesenheit von Stockholm aufgefallen, und sie vermutete, daß er in Norwegen sei.[47] Nach seiner Rückkehr beschattete sie ihn, um sein Umfeld zu sondieren. Als dann Brandt am 28. März bei der Ausländerbehörde die Aufenthaltsgenehmigung verlängern wollte, hielt ihm der Beamte den illegalen Besuch im Nachbarland vor und verlangte detaillierte Auskünfte. Der Emigrant gab die Sehnsucht nach Freundin und Kind sowie den Wunsch nach eigenen Eindrücken über die Besatzungszustände als Motive für die Reise an. Im übrigen blieb er ebenso wie Scheflo wortkarg.

Nach stundenlangem Verhör wurde Brandt unter dem Verdacht der Nachrichtentätigkeit »für eine kriegführende Macht« – für Norwegens Exilregierung – verhaftet. Er kam hinter Gitter. »Die Behandlung im Gefängnis hätte würdiger sein können«, klagte er. Zwar war die Zelle »blitzsauber, es stank vor Sterilität«, und »das Essen war nicht zu beanstanden«. Daß aber nachts das Licht im Arrest brannte, betrachtete er als Schikane. Noch mehr empörte den Deutschnorweger, daß seine Wohnung durchsucht wurde, die Polizei fünf Aktenordner voller Korrespondenz beschlagnahmte, und ein Vernehmungsbeamter ihm die Abschiebung ins Dritte Reich androhte. Noch 1982 beteuerte er: »Ich hatte nichts zu verbergen, was die Interessen meines schwedischen Asyllandes betraf.« Wirklich nicht?

Die Postzensur hatte Willy Brandts Briefe seit Wochen geöffnet. Sie enthielten unter anderem Berichte für die Overseas News Agency und für Finn Moe von der DNA, der nun in den USA Rundfunksendungen für Nordeuropa produzierte.[48] Der Korrespondent schilderte die Situation in Skandinavien, die Einstellung zur UdSSR und den Widerstand im Nachbarland, doch auch so sensible Dinge wie Schwedens Wehrbereitschaft, die Stimmung im Offizierskorps und die Bodenverhältnisse an der Grenze zu Norwegen.[49] Das reichte aus, um Brandt den Prozeß zu machen. »Und war man angeklagt, war man so gut wie verloren«, wußte Kreisky.[50]

Doch gegen Willy Brandt wurde kein Verfahren eröffnet. Ein norwegischer Diplomat besuchte ihn in der Haft und intervenierte danach bei Schwedens Sicherheitsdienst. Außerdem bat Tranmæl den mit ihm befreundeten Sozialminister und Schöpfer des Wohlfahrtsstaates, Gustaf Möller, um eine »rasche Klärung« der Angelegenheit. Nach sechs Tagen öffnete sich für den 27jährigen das Tor des Polizeigefängnisses, und Spionageabwehrchef Martin Lundqvist zog den »Fall Frahm« an sich.[51] Die Fremdenpolizei ersuchte Brandt zwar, Schweden möglichst rasch zu verlassen. Er dachte aber nicht daran. »Abgesehen davon, daß es mir hier im Grunde ganz gut gefällt, ist das (die Ausreise in die USA) leichter gesagt als getan«, schrieb er Moe im April 1941.[52] Für Brandts antifaschistischen Kampf war Stockholm eine ideale Basis. Im übrigen erwartete er dort seine Freundin mit dem Baby.

Sein Kontakt mit Schwedens Sicherheitspolizei hatte ein Nachspiel. Mitte 1941 spürte ihn eines Tages ein Beamter in einem Café auf und fragte naiv: »Verhalten sich der Redakteur auch wirklich neutral?« Brandt stilisierte die Episode zu einer erneuten Festnahme.

Freundin Carlota hatte sich Ende März 1941 mit der nun fünf Monate alten Ninja aus Oslo nach Stockholm absetzen wollen. Das Baby erkrankte jedoch, und dann sickerte die Nachricht von Brandts Verhaftung in die norwegische Hauptstadt durch. Erst vier Wochen später als geplant überschritt die 36jährige, den Säugling im Kinderwagen, die grüne Grenze.[53] In der schwedischen Metropole lebte die Familie zunächst in einem Apartment im Zentrum. Ende Mai zog sie in eine geräumigere Wohnung im Vorort Hammarbyhöjden um, damals eine ländliche Idylle im Süden von Stockholm. Vier Wochen darauf, am 30. Juni 1941, acht Tage nach Hitlers Angriff auf die UdSSR, heirateten Willy Brandt und Carlota Thorkildsen im Standesamt des Stadtbezirks Enskede. Erst kurz davor hatte die Braut erfahren, daß sie wie auch die nun legitimierte Tochter den Namen Frahm erhalten würden, den ihr künftiger Mann im Umgang mit Behörden verwendete. »Ich mußte mich erst daran gewöhnen, so genannt zu werden«, erzählte sie später. »Vorher hatte ich diesen Namen nie gehört.«[54]

Eine Ausreise nach Amerika wurde durch die Schlacht im

Atlantik und den Krieg im Osten fast unmöglich. Zwar ließ Brandt sich und die Seinen Mitte 1941 zur Einwanderung in die USA für den Fall vormerken, daß »die Lage Schwedens exponierter werden sollte«. Doch bald lehnte er es ab, »so weit vom für uns interessantesten Schauplatz wegzukommen«.[55] Die Absicht, ihn als Pressekorrespondenten nach Moskau zu schicken, zerschlug sich »wegen der Kommunikation« ebenso wie der Plan eines längeren Besuchs bei der Exilregierung Nygaardsvold in London.

In der schwedischen Hauptstadt sorgte das Paar gemeinsam für den Lebensunterhalt – der Ehemann als freier Journalist, seine Frau durch einen Job in der Pressestelle der norwegischen Gesandtschaft. »Uns ging es besser als Arbeitern und für die damaligen Verhältnisse sogar gut«, gab Brandt später zu.[56] Pro Jahr konnte er sich mit Carlota einen Ski- und einen Sommerurlaub leisten, was ihm andere Emigranten neideten. »Hin und wieder hat man wirklich ein schlechtes Gewissen, daß man so relativ normal in einem so neutralen Land lebt«, schrieb er dem nach England entkommenen Freund Herbert George.[57] Anfang 1942 zog die Familie innerhalb von Hammarbyhöjden um, in eine kleine, moderne Wohnung im Finn Malmgrensväg 23. Auf dem Türschild stand bis September 1946 »Herbert Frahm, redaktör«. Bei den Nachbarn galt Willy Brandt als höflich und rechtschaffen, doch auch als »etwas vorsichtig«. Über Politik sprach er mit ihnen kaum.[58] Er selbst fühlte sich damals als »solider Familienvater« – ganz anders als später, in der Nachkriegszeit, da er sich nach eigenem Eingeständnis »bei weitem nicht genug Zeit« für seine drei Söhne aus zweiter Ehe nahm. Die anderthalbjährige Ninja sei »schrecklich süss«, teilte er Ende Juni 1942 Walcher mit.[59] George gestand er stolz, die kleine Tochter bereite viel Freude, und drei Monate später berichtete er ihm, sie spreche »schon eine Menge, hauptsächlich schwedisch«.[60] In seiner Ehe aber begann es bald danach zu kriseln.

12. Kapitel
Ringen um die Freiheit
Zwischen Arbeitsrausch und Ehekrise

Eines Abends im Herbst 1942 waren Willy Brandt und seine Frau im Stockholmer »norwegischen Milieu«[1] Gäste bei einer Hochzeitsparty.[2] Der Bräutigam, der 24jährige Ole Bergaust aus Hamar, arbeitete wie Carlota Frahm für die Pressestelle der Gesandtschaft. Als Kurier schmuggelte er Briefe sowie Flugblätter in seine besetzte Heimat und sammelte dort Informationen. Die attraktive Braut Rut Hansen, am 10. Januar 1920 geboren, stammte ebenfalls aus Hamar und war gleich ihrem Mann aus politischen Gründen nach Schweden geflohen. Daß sie bei ihrer Heirat wie zu einer Beerdigung ein schwarzes Kleid trug – ihre einzige festliche Garderobe –, störte niemanden. Die Gäste füllten die Wohnung von Arthur und Martha Martinsen, des Bilderdienstchefs der Gesandtschaft und Rut Hansens älterer Schwester, »bis auf den letzten Stehplatz«, erinnerte sich 1992 die Braut von einst. »Jeder kam mit einer ›Ration‹ Branntwein. In der Küche stand ein enormer Topf mit Labskaus, und in der Badewanne standen Bierflaschen in kaltem Wasser. Wir tanzten. Und ich sah zum ersten Mal Willy Brandt.«

Dem Namen nach war der Journalist für Rut Bergaust kein Unbekannter. Schon in Hamar hatte sie seine Artikel über das Dritte Reich und soziale Probleme gelesen. Wie hart das Leben sein kann, wußte sie freilich vor allem aus eigener Erfahrung. Ihren tuberkulosekranken Vater Andreas, Chauffeur eines Gutsherrn, hatte sie mit drei Jahren verloren. Mutter Magnhild war Molkereiarbeiterin geworden, kränkelte aber seit einem Schlaganfall im Jahr 1931.

Schon als Kind führte meist Rut mit ihren drei Schwestern den Haushalt und trug gleich nach der Volksschulzeit zum Unterhalt bei – als Verkäuferin in einer Bäckerei, als Dienstmädchen bei einer Lehrerin, dann als Schneiderlehrling. Von der Mutter ermuntert, schloß sie sich mit 16 Jahren der DNA-Jugend an und bewunderte bis zum Hitler-Stalin-Pakt die Sowjetunion.[3] Als die Deutschen im Frühjahr 1940 Norwegen überfielen, trat Rut Hansen in das weibliche Hilfskorps ein und verbarg »illegales« Material vor der Besatzungsmacht. Unter der Leitung des Eisenbahners Ole Bergaust half sie außerdem mit ihrer verheirateten Schwester Martha bei der Verbreitung der hektografierten, im Titel auf den populären König Håkon VII. anspielenden Untergrundzeitung *Radionytt – H7*, die ihr Schwager, der *Arbeiderbladet*-Redakteur Arthur Martinsen, aus britischen und schwedischen Rundfunkmeldungen zusammenstellte. Bei ihrer Widerstandstätigkeit verliebten sich Ole und Rut ineinander. Als die Gruppe im April 1942 aufflog, flohen er und Martinsen sofort, sie und ihre Schwester setzten sich drei Monate später, nach kurzer Gestapohaft, durch Moore und über 1 100 Meter hohe Berge ins neutrale Nachbarland ab.

Bei der Hochzeitsfeier in Stockholm nahm Willy Brandt die blonde, blauäugige Braut als »eine junge Frau, fast noch ein Mädchen« wahr und als »Flüchtling aus Norwegen wie ich«. Das Datum dieser ersten Begegnung verschob er übrigens im Laufe seiner Karriere auf die Zeit »gegen Kriegsende«, wodurch er eine heikle Phase seines Privatlebens verkürzte. Diverse Biographen folgten ihm. Und Rut, die Braut? Auch sie entsann sich später lediglich, daß sie den Journalisten auf ihrer Hochzeitsparty »bemerkt« habe.[4] »Er war umschwärmt von Damen und hatte offenbar nichts dagegen.« Jedenfalls deutete damals ihrer Ansicht nach »nichts darauf hin, daß wir, Willy Brandt und ich, zueinanderfinden würden für den größten Teil eines langen Lebens«.

Allerdings stimmte es bereits zu jener Zeit in der Ehe des politisch aktiven Publizisten und der neun Jahre älteren, intellektuellen Carlota Frahm nicht mehr. Die beiden mußten »erkennen, daß wir uns auseinandergelebt hatten«. Spannungen traten auf. Nicht nur, daß sie über Schweden und das Exil konträrer Meinung waren.[5] Nicht nur, daß der Hang des 29jährigen zu anderen Frauen seine Gattin ihren großen Altersunterschied schmerzlich empfinden ließ.[6] Sicherlich traf auch eine Bemerkung des Politikers aus dem Jahr 1960 zu: »In einem starken Maße mochte der Druck der äußeren Verhältnisse unsere Entfremdung beschleunigt haben. Das Leben in der Emigration ist eine harte Belastungsprobe für jede menschliche Beziehung.«

Wegen des intensiven antifaschistischen Engagements ihres Mannes fühlte sich Carlota vernachlässigt. Besonders seit sich im Herbst 1942 in Nordafrika wie in Stalingrad Niederlagen des Dritten Reiches abzeichneten und die am Ende des Vorjahrs in den Krieg verwickelten Vereinigten Staaten ihre volle Kraft entfalteten, verstärkte Brandt seine Aktivitäten. »Politik frißt den Menschen mit Haut und Haaren. Hatte ich da das Recht, eine Frau an mich zu fesseln?« zeigte er noch 1960 für Carlotas Empfinden Verständnis. »Es ging um weltpolitische Entscheidungen, (...) was zählten da schon private Sorgen. Dieses Argument hatte die Logik für sich, aber mit der kann man Gefühlen nicht beikommen.« Außerdem argwöhnte 1942 seine norwegische Frau, daß es ihm bei seinem Einsatz im Grunde um die Zukunft Deutschlands gehe und er entgegen ihrem ausdrücklichen Wunsch nach Kriegsende in sein Geburtsland zurückkehren wolle.[7] Doch hier irrte Carlota Frahm. Nicht um Deutschland kreiste damals Willy Brandts Denken, sondern um seine von Hitler unterjochte zweite Heimat, um Norwegen.

»Ich bin fast ganz in die Arbeit meiner norwegischen Landsleute eingereiht und glaube, dass die Tätigkeit nicht ohne Nutzen geblieben ist«, schrieb er Jacob Walcher Mitte 1942 in Erwartung des Kriegsendes.[8] »Für mich ergibt sich in einer solchen Lage ganz natürlich der norwegische Ausgangspunkt für die Weiterarbeit.« Auch im Stockholmer Klub internationaler Sozialisten, so der Ultralinke Alfred Lange, stellte sich der Journalist als Norweger vor; mit Deutschland habe er nichts mehr zu tun und wolle dort nie wieder leben.[9] Ähnliches hörte angeblich auch der Stalinist Erich Glückauf.[10] Und der SPD-Funktionär Siegmund Neumann, der nach der Teilnahme am Spanischen Bürgerkrieg in Stockholm Zuflucht gefunden hatte, kam Ende 1947 in einem Bericht für den Parteivorstand zu dem Schluß: »Während seines schwedischen Aufenthaltes war fast nichts davon zu merken, dass Willi (sic!) Brandt deutscher Emigrant ist. (...) Er wurde fast von allen deutschen Emigranten-Kreisen als deutscher Sozialist abgeschrieben.«[11]

Im Kampf gegen die Fremdherrschaft

Um keine Anschläge auf Erztransporte aus Schweden und die Flottenstützpunkte am Nordatlantik zu provozieren, war die deutsche Besatzungspolitik in Norwegen weniger blutig als anderswo. Hitlers Statthalter Josef Terboven bemühte sich jedoch mit Hilfe einheimischer Faschisten, das Land in einen NS-Staat zu verwandeln. Bis Ende 1941 wurden 48 Berufsgruppen und Verbände gleichgeschaltet, und im darauffolgenden Februar durfte Vidkun Quisling eine Scheinregierung bilden.[12]

In der Bevölkerung regte sich immer stärker passiver Widerstand. »Wer Hitlers Uniform trug, war ein Feind Norwegens. Mit ihm wollte man nichts zu tun haben«, berichtete Brandt. Berufstätige verließen ihre nazifizierten Fachkorporationen oder zahlten keine Beiträge mehr. Auch der offene

Protest spitzte sich trotz aller Repressalien zu. Anwälte und Ärzte, Ingenieure und Schauspieler widersetzten sich unverhohlen den Übergriffen der neuen Herren. Nach der Kürzung ihrer Rechte und der Milchrationen streikten in der Hauptstadt 30 000 Arbeiter. Die Bischöfe der lutherischen Staatskirche verzichteten demonstrativ auf ihren Beamtenstatus samt Gehalt, wirkten als Seelsorger aber weiter.[13] An der Universität Oslo schließlich stellten die Professoren nach der Festnahme von 1 500 Studenten durch die Gestapo ihre Vorlesungen ein.

Eine norwegische Untergrundbewegung war seit 1941 entstanden: die Heimatfront. Nach den Gleichschaltungsmaßnahmen des Reichskommissars Terboven hatten sich Patrioten um geheime Aktionsausschüsse geschart, die bald, mit Ausnahme der Kommunisten, durch eine überparteiliche Führung zusammengefaßt wurden. Unter der Leitung des fast 70jährigen ehemaligen Reichsgerichtsvorsitzenden Pål Berg steuerte das Spitzengremium, »der Kreis« genannt, die zivile Obstruktion, sorgte für ein Kuriernetz und hielt zur Exilregierung Nygaardsvold nach London sowie nach Stockholm Verbindung. Die militärische Organisation der Heimatfront, die Milorg, intensivierte ab Ende 1942 unter dem Befehl des ebenfalls in London sitzenden norwegischen Oberkommandos ihre Tätigkeit. Sabotageakte wurden verübt, Hilfstrupps für eine alliierte Invasion ausgebildet und Polizeieinheiten für die erste Nachkriegszeit aufgestellt.[14] Das besiegte Land war eine Nation im Untergrund.

Das Aufbegehren in Norwegen sei »eine ständige Quelle der Kraft für uns«, schrieb Willy Brandt im März 1943 aus Stockholm seinem Genossen Heinz Thelen nach Schottland.[15] Später lehnte er »naheliegende Glorifizierungsversuche« ab: »Auch die Seite, die für die Sache des Fortschritts und der Freiheit kämpft, kann sich nicht den demoralisierenden Wirkungen des Krieges entziehen.« Sein eigener

Kontakt mit der Heimatfront sei »nicht organisatorischer, sondern persönlicher Art« gewesen, betonte er. »Meine Kriegsjahre in Stockholm standen im Zeichen journalistischer und schriftstellerischer Arbeit für Norwegen.«

War dem wirklich so? Von den üblen Nachreden rechter Gegner abgesehen, bekundete 1947 der überzeugte Sozialist Siegmund Neumann: »Es ist zweifelsfrei, dass Willi Brandt während des Krieges versucht hat, Emigranten in Schweden anzuwerben, die als Fallschirmspringer fungieren sollten.«[16] Neumann bekannte dem SPD-Vorstand freilich ebenso offen: »Ich lehne charakterlich Willi Brandt ab.« Ein fragwürdiger Zeuge? Andere Hinweise auf eine Rekrutierungstätigkeit des Deutschnorwegers gibt es tatsächlich nicht.

Sicher ist dagegen, daß Brandt seit Juni 1942 fast zwei Jahre lang an der zweiwöchentlich auf norwegisch erscheinenden Zeitschrift *Håndslag* (Handschlag) mitarbeitete, die laut dem Romanautor Torolf Elster, »in vielen Tausend Exemplaren über die Grenze geschmuggelt, dafür sorgte, daß sich die okkupierte Bevölkerung mit anderen Nachrichten versorgen konnte«.[17] Auf diese Weise unterstützte Brandt die Heimatfront. Das Blatt, das vermutlich aus dem nach den USA geretteten norwegischen Staatsschatz finanziert wurde, gab der linke schwedische Erzähler Eyvind Johnson heraus, der Literatur-Nobelpreisträger von 1974; Elster redigierte es, und Brandt schrieb regelmäßig anonym die drei bis sechs Seiten lange Rubrik »Den norske hjemmefronten« (Die norwegische Heimatfront). Material hierfür sammelte er in der Gesandtschaft nebst ihrem Kuriernetz[18] und im Exilbüro der Arbeiterpartei, bei Geschäftsreisenden, in Flüchtlingslagern und in Zeitungen.

Die umgekehrte Aufgabe, die Aufklärung der freien Welt über die Vorgänge in Westskandinavien, erledigte das Svensk-Norsk-Pressbyrå (Schwedisch-Norwegische Pressebüro), das Willy Brandt mit den einheimischen Gewerkschaftern Olov Janson und Einar Strahle im Herbst 1942 gründete.[19] Letztere waren Anarchosyndikalisten; Janson hatte in Spanien gegen den faschistischen General Franco und 1940/41 beim »Winterkrieg« in Finnland gegen den Sowjetdiktator Stalin gekämpft.[20] Mit dem zweifachen Emigranten zusammen belieferten sie nun von einem Zimmer in der Stockholmer Vasagatan 38 aus in Schweden bis zu 70 Abonnenten – Zeitungen, Auslandskorrespondenten und diplomatische Missionen – mit Nachrichten und Reportagen, zuweilen auch mit diskreten Details aus dem besetzten Nachbarstaat.[21] Viele der 20 000 Berichte, die die norwegische Gesandtschaft bis 1945 der Exilregierung nach London schickte, stammten aus dem Pressbyrå.

Diese Tätigkeit Willy Brandts löste allerlei Spekulationen aus. 1942 bezeichnete ein deutscher Spitzel die Nachrichtenagentur als »reinen Zuträgerdienst« der englischen Abwehr.[22] Karl Mewis, der Gehilfe sowjetischer Todesschwadronen in Spanien und danach Leiter der KPD-Emigration in Schweden, beteuerte dagegen sieben Jahre später der SED, für das Unternehmen habe der Lübecker »seine Weisungen direkt von der amerikanischen Botschaft« bekommen.[23] Noch 1961 fabulierte der rechte Agitator Hans Frederik, in Brandts Pressebüro sei die norwegische Heimatfront organisiert worden.[24] Zutreffend ist, daß Janson und Strahle mit dem Presseattaché der britischen Gesandtschaft in Stockholm, Peter Tennant, einem Spezialisten für psychologische Kriegführung und Sabotage, in Verbindung standen und 1942 zeitweise von der schwedischen Sicherheitspolizei unter dem Verdacht strafbarer Nachrichtentätigkeit festgesetzt wurden.[25] Überdies dürften alliierte Geheimdienste die Informationen aus der Vasagatan 38 abonniert und sorgfältig ausgewertet haben. In journalistischer Hinsicht leistete das Trio jedenfalls einwandfreie Arbeit. »Das Material dieses Büros war korrekt, wahr und interessant gegenüber den Nazinachrichten aus

Norwegen. Es hatte keinerlei antideutsche, sondern eine Antinazi-Tendenz«, erinnerte sich der schwedische Diplomat Rolf Edberg.[26]

Eine zusätzliche Möglichkeit, den Westen über die Lage in Norwegen aufzuklären, bot sich Willy Brandt, als er und August Enderle zu der von Amsterdam nach London emigrierten Zentrale der Internationalen Transportarbeiter-Föderation wieder Kontakt fanden.[27] Ihre Informationen, die Propagandaexperten an der Themse als »excellent« bewerteten, wurden von der ITF-Zeitschrift *Faschismus*, der British Broadcasting Corporation und dem Sender der Europäischen Revolution, einer englischen Station im Ätherkrieg, weiterverbreitet.

Eine Fülle von Veröffentlichungen

In »Hunderten von Artikeln«, Vorträgen und sechs Büchern mit einer Gesamtauflage von 29 300 Exemplaren[28] befaßte sich der doppelte Emigrant zwischen 1941 und 1943 fast ausschließlich mit Ereignissen in Norwegen. Sein damaliges Schaffen betrachtete Brandt durchaus selbstkritisch. »Weniger wäre mehr«, gestand er Ende Juni 1942 Jacob Walcher. »Aber andererseits muss man in Betracht ziehen, dass es heute nicht so sehr auf Feinheiten ankommt, sondern dass gewisse wesentliche Bedürfnisse zu befriedigen sind.«[29] Tatsächlich waren seine damaligen Bücher, wie er 1974 gegenüber dem amerikanischen Journalisten David Binder einräumte, »eher Zusammenfassungen von Fakten als originelle Arbeiten«.[30] Im übrigen schrieben ihm politische Gegner in der Nachkriegszeit noch anonyme Veröffentlichungen anderer Autoren wie *Norge under hakkorset* (Norwegen unterm Hakenkreuz) zu und schmähten ihn dann wegen deren eindeutig antideutscher Tendenz.[31]

Seine Bücher brachte Willy Brandt unter diesem Namen seit Frühjahr 1941 vor allem in Schwedens größtem Verlag, bei Bonniers, heraus. Er schrieb die Manuskripte auf norwegisch, für schwedische Fassungen sorgten verschiedene Übersetzer. Zu ihnen gehörte Olov Janson, der zwei Bücher seines Pressebüropartners übertrug. 1944 trübte sich das gute Einvernehmen zwischen den beiden zeitweise ein. Denn Brandt hatte mit der Frau des Kollegen offenbar mehr als nur geflirtet.[32]

Gleich sein erstes Buch im A. Bonniers Förlag, *Kriget i Norge* (Der Krieg in Norwegen), brachte einen Achtungserfolg. Der Bericht von 161 Seiten wurde in der Presse gelobt, erreichte in Schweden eine Auflage von immerhin 4 200 Exemplaren[33] und erschien im Züricher Europa Verlag auf deutsch. Eine Ausgabe in den USA kam nicht zustande, obwohl der Autor gestattete, daß seinem Text der amerikanischen Mentalität zuliebe »da drüben kräftigere Dinge hinzugefügt werden«.[34]

Heftig umstritten war später die Schrift *Guerillakrig*, die Brandt, wohl unter dem Eindruck erster Aktivitäten der Heimatfront, im April 1942 veröffentlichte. Der Stalinist Karl Mewis bezichtigte Brandt sieben Jahre später, durch leichtfertige Angaben die Hinrichtung von elf norwegischen Freischärlern mitverschuldet zu haben.[35] Rechte Widersacher diskriminierten das 249 Seiten umfassende Buch dagegen als »Ratgeber für Heckenschützen« und »Anleitung zum Meuchelmord an deutschen Soldaten«.[36] Der leitende Oberstaatsanwalt beim Landgericht Arnsberg wies im Dezember 1962 diese Anwürfe in einem Beleidigungsprozeß zurück: »Es wird nicht zur Tötung deutscher Soldaten aufgerufen.« Was also schrieb Willy Brandt über den Guerillakrieg?

Schon in der Einleitung hob er hervor, daß er, »der kein Militärfachmann ist, nicht beabsichtigt, eine Darstellung der Taktik und Technik des Kleinkrieges zu liefern, sondern eine historische Studie«. Tatsächlich befaßte er sich in dem Buch ausgiebig mit der Entwicklung der Freischärlerei vom Spanienfeldzug Napoleons I. bis zu den Aktionen sowjetischer Partisanen. Er nannte die Guerilla an sich »eine Heimsuchung«, einen »Rückfall in ›primitive‹ Kampfformen«. Die 1907 von der Haager Landkriegsordnung verfügten Einschränkungen hielt er jedoch im Ringen mit einem skrupellosen Diktator für fragwürdig und rechtfertigte den Kleinkrieg als Mittel zur Verteidigung der nationalen Integrität (siehe Dokument S. 425 f.). An einem Volk, das nach der Kapitulation seiner Armee vor einem fremden Despoten keinen Befreiungskampf führe, sei »etwas nicht in Ordnung. Die Geschichte wird es mit Verachtung strafen.« Im übrigen fragte Brandt: »Was ist unmenschlicher – wenn Bomben auf wehrlose Individuen abgeworfen werden oder wenn Scharen opferbereiter Männer, oft unter der Leitung kluger Anführer, zum Angriff auf feindliche Truppen übergehen?«

Hitlers erste Niederlagen versetzten Willy Brandt geradezu in einen Arbeitsrausch. Nachdem er 1942 in einem Sammelband Kriegstaten norwegischer Seeleute geschildert hatte, schrieb er im Jahr darauf für ein von ihm auch als Lektor betreutes Buch das Kapitel über die Kämpfe im Frühjahr 1940.[37] Für das Stockholmer Außenpolitische Institut verfaßte er eine Broschüre über den Widerstand an der Universität Oslo und analysierte unter dem Pseudonym »Observer« gegen Jahresende im Auftrag der norwegischen Gesandtschaft auf 60 Druckseiten *Krigs- og fredsmål* (Kriegs- und Friedensziele). Er trat dabei für eine »internationale Friedensordnung im Geiste der Atlantikcharta« ein, für den Verzicht also auf Annexionen, politische Bevormundung und Wirtschaftsschranken, den die USA und Großbritannien am 14. August 1941 proklamiert hatten.

Dazwischen ließ der 29jährige bei Bonniers »nach schwerer Plackerei«[38] eine Schrift erscheinen, die besonders zornige Angriffe kremlhöriger Kommunisten auslöste. In *Norges tredje krigsår* (Norwegens drittes Kriegsjahr) berichtete er im Frühjahr 1943 auf 235 Seiten über die Unterdrückung der Menschen im Nachbarland. Den norwegischen Ultralinken warf er vor, sich trotz brauner Fremdherrschaft nicht wie Patrioten verhalten, sondern den Verräter Vidkun Quisling unterstützt zu haben, solange Stalin mit Hitler verbündet war. *Friheten*, das Wochenblatt der illegalen norwegischen Kommunisten, und das schwedische KP-Organ *Ny Dag* (Neuer Tag) diffamierten Willy Brandt daraufhin als »Deutschen mit einer zweifelhaften Vergangenheit«, der durch Hinweise in seinem Buch Tarnorganisationen an die Gestapo verrate.[39] Die »schoflen Angriffe« der skandinavischen Kommunisten parierte der 29jährige durch einen offenen Brief in linken schwedischen Zeitschriften. Dabei umriß Brandt die nationale Komponente seines Antifaschismus: »Ich arbeite dafür, zwei Vaterländer wiederzugewinnen: ein freies Norwegen und ein demokratisches Deutschland.«

Auf Skandinavier, die keine Kommunisten waren, machte Willy Brandt meist tiefen Eindruck. Sein Engagement nannte der norwegische Presseattaché Jens Schive »sehr wertvoll für die Sache des unterworfenen Landes«.[40] Für den *Arbeiderbladet*-Redakteur Eric Loe war der doppelte Emigrant »der wichtigste Fürsprecher Norwegens in Schweden«.[41] Und der Parlamentarier und Leitartikler Otto Järte, Jahrgang 1881, in Stockholm bis 1917 Sozialist und dann Konservativer, sagte dem Lübecker »eine große politische Zukunft« voraus.[42]

Politische und private Veränderungen

Der Umsturz der Gesellschaft trat für Willy Brandt mehr und mehr in den Hintergrund. Schon seit Ende 1940 befürchtete er, »daß die alte Arbeiterbewegung ihre Rolle ausgespielt« habe. Deutschen marxistischen Organisationen sprach der von Jacob Walcher zu einer Art europäischem Geschäftsführer der Sozialistischen Arbeiterpartei ernannte Linke sogar die weitere »politische Existenzberechtigung« ab, da sie unfähig gewesen seien, Faschismus und Krieg zu verhindern. Kein Wunder, daß die SAP den Publizisten »immer weniger in Atem« hielt. Ihr Führungspersonal war in alle Welt vertrieben, Walcher und Frölich zum Beispiel nach den USA, Köhler in den dänischen Untergrund und Diamant nach Mexiko. In Schweden hatte sich die Exilgliederung der Partei schon 1940 aufgelöst, da Asylanten die politische Betätigung verboten war; es gab nur noch private Diskussionszirkel.[43] Fast zufrieden stellte Brandt im März 1943 fest: »Wir haben keinen Versuch gemacht, neues Leben in die veralteten Gruppen zu blasen.«[44]

Organisationen der schwedischen Linken trat Willy Brandt nicht bei. Eine Annäherung an die 25 000 Anhänger starke anarchosyndikalistische Svenska Arbetares Centralorganisation (Schwedische Zentralorganisation der Arbeiter) hatte im Herbst 1940 ebensowenig zu einer Bindung geführt wie die Teilnahme an einer erregten Funktionärskonferenz der Stockholmer Sozialdemokratie. Es entstanden aber feste persönliche Beziehungen – zu dem Dichter Eyvind Johnson oder dem Journalisten Olov Janson bei den Anarchosyndikalisten und bei den Sozialdemokraten zum Berufspolitiker Torsten Nilsson sowie ab 1942 zum Nationalökonomen Gunnar Myrdal und dessen Ehefrau Alva.

Politisch blieb Brandt der norwegischen Arbeiterbewegung treu. Er wurde lediglich aus der Angestelltengewerkschaft in den international agierenden Verband der Seeleute überführt. »So wurde ich zwar nicht Marineoffizier, wie ich es mir als kleiner Junge gewünscht hatte, aber immerhin Seemann, wenigstens auf dem Papier eines Mitgliedsbuchs der Gewerkschaft«, amüsierte sich Brandt. Im Studienzirkel der Exil-DNA spielte er bald eine wichtige Rolle, und am norwegischen Nationalfeiertag 1943 hielt er in Korsnäs neben Martin Tranmæl die Festrede.[45] Der kaum 30jährige und der mehr als doppelt so alte Nestor der Norske Arbeiderparti, ein strikter Alkoholgegner, wurden in der Emigration übrigens Freunde. Laut Brandt bewies das eine Episode: »Als wir uns einmal in einem Stockholmer Lokal trafen, ging er zum Tresen und holte mir einen Schnaps. Das war seinerseits ein extremer Gunstbeweis.«[46]

Eine entscheidende Veränderung in Willy Brandts Privatleben bahnte sich Ende 1943 an. Der Zwiespalt zwischen ihm und Carlota hatte sich in den letzten Monaten vertieft. Offenbar fand der seit seiner Kindheit nach Liebe suchende Willy Brandt bei seiner intellektuellen Gattin nicht die ersehnte menschliche Wärme. Auch Rut Bergausts Ehe stand unter keinem guten Stern. Sie und ihr Mann, der nach seinem Geburtsort Brumunddal privat »Brum« oder wegen seines filmstarähnlichen Äußeren »Clark Gable« genannt wurde, hatten, wie sie später fand, »eine Kriegsehe zwischen Flüchtlingen (...), hastig und hektisch,« geschlossen. Ihr gemeinsames Leben blieb inhaltsleer. Das Paar mietete eine Wohnung im Vorort Hammarbyhöjden, wo auch die Familie Brandt lebte. Bei ihr – beide Ehepartner waren berufstätig – half Rut Bergaust im Haushalt.[47] An den einsamen Abenden, wenn ihr Mann als Kurier unterwegs war, lernte sie Englisch und Maschineschreiben. Im Herbst 1943 trat bei Ole Bergaust ein chronischer Husten auf, der anfangs als Folge seines starken Rauchens abgetan wurde. Doch dann zeigten Röntgenbilder, daß ein Lungenflügel durch Tuberkulose zerstört und der andere geschädigt war.[48]

Mitte Dezember 1943 erkrankte Willy Brandt an Gelbsucht. Daran sei mit schuld gewesen, »daß ich mich zu sehr geärgert hatte«, vermutete er. An seinem 30. Geburtstag lag er mit hohem Fieber im Bett, fühlte sich dann wochenlang schlapp und konnte ein Buchmanuskript erst mit zweimonatiger Verspätung abliefern. »In jener Zeit verliebte ich mich in Rut Bergaust, geborene Hansen«, teilte Brandt 1982 etwas lapidar mit. Die sechs Jahre jüngere Genossin aus der Nachbarschaft in Hammarbyhöjden versorgte damals tagsüber außer seinem Haushalt und Tochter Ninja auch den Kranken, während die Ehefrau in der Gesandtschaft arbeitete.

Nicht nur, daß Rut Bergaust den 30jährigen durch ihr natürliches Wesen beeindruckte,[49] sie ging auch, anders als Carlota, gefühlvoll auf ihn ein. »Wir haben zu Anfang viel über seine Jugend gesprochen«, erzählte sie Jahrzehnte später. »Im Grunde wußte ich nicht, was für ein Zuhause das war. Er sagte, das liegt alles im dunkeln. Für mich war meine Kindheit so lebendig! Er hat niemanden gehabt.«[50] Der Genesende wiederum entdeckte bei der neuen Geliebten viele Gemeinsamkeiten: die Herkunft aus dem Arbeitermilieu, das Aufwachsen ohne Vater, die politische Tätigkeit schon in früher Jugend, die Abscheu vor jeder Art von Tyrannei, den Einsatz im norwegischen Widerstand. Am besten aber, meinte der britische Biograph Terence Prittie, hat Brandt wohl an der jungen Frau aus Hamar »gefallen, daß sie sich nach ihm richtete, ihrerseits aber keine Ansprüche an ihn stellte. Das entsprach seinem inhärenten Wunsch nach Unabhängigkeit und einem Leben, das genau nach seinen Wünschen und Plänen verlief.«[51] David Binder, ein Bekannter der beiden, deutete die Veränderung so: »Willy tauschte die intellektuelle Carlota gegen die proletarische Rut. Er erhielt von Carlota keine Wärme, sondern Widerspruch. Wärme bekam er von Rut. Auf Carlotas Seite herrschte sicherlich Enttäuschung, aber kein Haß.«[52]

13. Kapitel
Pläne für den Frieden
Die Visionen der »Kleinen Internationale«

Nach einer nächtlichen Diskussion beobachten eines Morgens Mitte 1943 in Stockholm Oddvar Aas, der stellvertretende norwegische Presseattaché, Willy Brandt und sein tschechischer Freund Valter Taub stumm den Sonnenaufgang. Plötzlich unterbricht der Lübecker die Stille: »Was meint ihr – soll ich später in Oslo in die Politik gehen?« »Nein«, erwidert der 32jährige Diplomat. »Irgendwann würde jemand sagen: ›Sie sind kein echter Norweger, Sie sind noch immer Deutscher!‹ Du bist zu deutsch, Willy. Also bleibe Deutscher!«[1]

Oddvar Aas hat guten Grund für seinen Rat. Nach drei Jahren, während denen Brandt in Schweden »zu fast hundert Prozent journalistisch für Norwegen tätig« gewesen ist, häufen sich 1943 die Anzeichen dafür, daß ihn wieder das Schicksal seiner alten Heimat beschäftigt. Er entwirft Konzepte für Nachkriegsdeutschland und überlegt, welche Aufgaben und Probleme dort Emigranten haben werden.[2] Was steckt dahinter?

Willy Brandt, der einstige Quertreiber in der Norske Arbeiderparti, war etlichen Angehörigen der norwegischen Exilregierung in London noch immer nicht geheuer. Außenminister Trygve Lie zum Beispiel hatte ihn schon 1941 gerügt, als der 17 Jahre Jüngere verlangt hatte, einem befreiten Deutschland vorab Selbstbestimmung und Entfaltungsmöglichkeit zuzusichern.[3] Außerdem galt der Lübecker, der seinerseits Lie kritisierte, als einer der »nächsten Gesinnungsgenossen« des in London ebenfalls schlecht angeschriebenen Martin

Tranmæl.⁴ Zwischen dem Exilkabinett in England und dem DNA-Außenposten in Schweden bestanden nämlich außer persönlichen auch politische Differenzen. Während der Vordenker der Partei für einen künftigen autonomen Block nordischer Staaten in einem neuen Völkerbund und für die sachliche Behandlung der Besiegten eintrat, befürwortete der Außenminister die Zugehörigkeit seines Landes zu einem nordatlantischen Pakt und die drakonische Bestrafung faschistischer Nationen. Brandt mußte erkennen, daß er Kontrahenten hatte, die seinen politischen Aufstieg in Norwegen verhindern konnten. Eine Rückkehr nach Deutschland bei Kriegsende durfte er nicht mehr ausschließen.

Zudem geriet der Lübecker 1943 in eine patriotische Strömung, die damals unter mitteleuropäischen Emigranten aufkam. Irrwege und Greuel im Zeichen des Hakenkreuzes prangerte er zwar unvermindert an, hob nun aber auch hervor: »Das deutsche Volk trägt nicht die Alleinschuld am Krieg. Wir wissen, daß er ein Resultat kapitalistischer Interessenpolitik ist.« Er rechnete vor, daß Deutschland seit 1864 weniger oft zu den Waffen gegriffen habe als Großbritannien, Frankreich oder Italien. Und er wurde nicht müde zu betonen, »daß der Krieg gegen den Nazismus gerichtet sei und nicht gegen das deutsche Volk im allgemeinen«; beide seien nicht identisch. Was trieb ihn dazu?

Wegen der fatalen Folgen des Versailler Friedensdiktats hatten die Westmächte zu Kriegsbeginn auf Rache an einem erneut besiegten Deutschland verzichten wollen. Die Überfälle der Wehrmacht, der rigorose U-Boot-Krieg und die Luftangriffe bewirkten in Großbritannien aber einen Stimmungsumschwung. Anfang 1941 veröffentlichte Lord Robert Vansittart, der oberste außenpolitische Berater der Regierung in London, das Buch *Black Record* (Schwarze Liste), in dem Hitlerregime und Volk gleichgesetzt wurden. Der Autor bezichtigte die Deutschen eines martialischen Charakters, der zwangsläufig zum Nationalsozialismus und Krieg geführt habe. Um diese Wesensart auszumerzen, solle Deutschland entwaffnet und 20 bis 75 Jahre lang besetzt, seine Schwerindustrie reduziert und die Bevölkerung umerzogen werden. Gleichzeitig riet der ehemalige englische Kriegsminister Alfred Duff Cooper zur Zerstückelung des Reichs und der tschechoslowakische Exilpräsident Eduard Beneš zur Vertreibung der Sudetendeutschen,[5] von den Vorschlägen anderer zu Massentötungen oder -sterilisationen ganz abgesehen.

Von Emotionen wurde auch die Politik der Westmächte immer stärker beeinflußt. Die Ideale der Atlantikcharta aus dem Sommer 1941 waren passé, als 17 Monate nach ihrer Verkündung Franklin D. Roosevelt und Winston Churchill in Casablanca die bedingungslose Kapitulation der Feinde forderten und gegen Ende 1943 in Teheran mit Josef Stalin die Zerstückelung des Reichs erwogen. Der spätere Plan des US-Finanzministers Henry Morgenthau, Deutschland in ein Gebiet »von im wesentlichen landwirtschaftlichem und Weidecharakter« zu verwandeln,[6] war eine konsequente Folge dieser Ideen.

Die wachsende Verdammung aller Deutschen und die Androhung pauschaler Vergeltung löste bei der Mehrheit der Emigranten Enttäuschung und Sorge aus. Patriotismus und Trotz erwachten. Auf die britische Nachgiebigkeit vor 1939 anspielend, polemisierte in New York der ehemalige SPD-Vorständler Friedrich Stampfer gegen Vansittarts Forderung nach kniefälliger Abbitte aller Deutschen: »Alle? Auch die Deutschen in Dachau und Buchenwald? Auch die Erschossenen, Geköpften, Gehängten? Und keiner der Herren des Foreign Office? Auf die Knie – wir? Nach Ihnen, Lord Vansittart, nach Ihnen!«[7] Willy Brandt lehnte die Kollektivschuldthese zusammen mit der »bequemen Vorstellung« von einer gemeinsamen Schuldlosigkeit sachlicher ab.

Vansittarts Ansichten bekämpfte er als »unhistorisch, ungerecht und vor allem unvernünftig«: Der Lord leite »Wasser auf Goebbels' Mühlen«, die Verwirklichung seines Entwurfs wäre »Rassenpolitik mit umgekehrtem Vorzeichen« (siehe Dokument, S. 428f.). Niemand werde als Verbrecher geboren, und »ein schwieriges geschichtliches Erbe kann belasten, aber es läßt sich überwinden«.

Gespräche über die Fronten hinweg

Auf Martin Tranmæls Initiative hin trafen im Frühjahr 1942 nach Stockholm geflohene Funktionäre der Norwegischen Arbeiterpartei zusammen, um den Nachkriegskurs ihres Landes abzustecken. Eine Beschäftigung mit Zukunftsplänen war damals bei Linken gang und gäbe. Die DNA-Kader in Schweden wollten überdies dem Tranmæl-Widersacher Trygve Lie Grenzen setzen, der im Mai 1942 in London ein eigenes Friedenskonzept vorstellte.[8] Daß aus der Gesprächsrunde in Stockholm das einzige Forum hervorging, das sich im Zweiten Weltkrieg über die Fronten hinweg Gedanken um die Zukunft machte,[9] war vor allem Willy Brandts Verdienst.

Schon bei den Beratungen des Führungskaders der Exil-DNA, die Tranmæl wegen des politischen Betätigungsverbots für Ausländer in Schweden als gewerkschaftliche Studien tarnte, spielte der 28jährige, noch voll auf Skandinavien fixiert, eine maßgebende Rolle. Dabei nutzte ihm sein 1940 in Oslo konfisziertes Buch *Die Kriegsziele der Großmächte und das neue Europa*. Anfang Juni 1942 gab die Gruppe eine 19seitige *Diskussionsvorlage unserer Friedensziele* heraus. Rache und die von Lie empfohlene nordatlantische Bindung Norwegens wurden darin abgelehnt, die Einhaltung der Atlantikcharta und der Fortbestand der Ost-West-Allianz gefordert.[10] Brandt wollte diese Thesen unter dem anspruchsvollen Titel *Friedensziele der Demokratie* als Buch veröffentlichen. Als das scheiterte, drängte er auf eine Aussprache im internationalen Rahmen.

Am Abend des 2. Juli 1942 versammeln sich in Stockholm im Haus des Arbeiterbildungsverbandes auf Tranmæls Einladung und unter seinem Vorsitz linke Emigranten aus verfeindeten Staaten und Sozialisten aus Schweden, insgesamt ein Dutzend Personen.[11] Brandt stellt die norwegische Friedensdenkschrift vor und ruft zur Einheit auf: »Der Gegensatz zwischen demokratischem und revolutionärem Sozialismus braucht nicht wiederzuerstehen, wenn man an die vorhandenen Probleme denkt.« Nach einer regen Diskussion vereinbaren die Teilnehmer, den Meinungsaustausch als Studienzirkel für Friedensfragen fortzusetzen und ein eigenes Programm zu erarbeiten. Ein vierköpfiger Ausschuß soll hierfür Vorbereitungen treffen.

Indes vergehen mehr als zwei Monate, ehe der Kreis wieder zusammenkommt. Dann geht es auf gut deutsche Art vor allem um Regularien. Die 20 Anwesenden wählen den 45jährigen Ernst Paul, einst Leiter des Lagers Baggå und jetzt Sprecher der Treugemeinschaft sudetendeutscher Sozialdemokraten, laut Brandt ein Mann des Ausgleichs und voller Gerechtigkeitsgefühl,[12] zum Vorsitzenden und den Lübecker zum Sekretär; Deutsch, Schwedisch und Norwegisch werden als Verhandlungssprachen festgelegt.[13] Ein Referat des Publizisten Stefan Szende, der auf Tranmæls Spuren für ein aus Staatenbünden vereintes Europa eintritt und dabei eine deutsch-österreichische Föderation anregt, entfacht sogleich Zwist: Bruno Kreisky, in Schweden Vormann der sozialdemokratischen Emigranten aus der ehemaligen Alpennation, erhebt gegen eine derartige »Fortsetzung des Großdeutschen Reiches« Einspruch.[14]

Die Zukunft der rotweißroten Republik und ihre Mithaftung für den auch dort bejubelten Nationalsozialismus bleibt im Studienzirkel umstritten, was Brandt sehr ärgert.[15] Ebenfalls heiße Eisen sind aber für die Gruppe Grenz- und Minderheitenfragen, Pläne zur Ausweisung der Deutschen im Osten und die Entwicklung in der UdSSR. Obwohl deren »heldenhafter Kampf« bewundert wird,[16] hält es der Deutschnorweger »nicht für eine wünschenswerte Perspektive, daß sich die bolschewistische Herrschaft auf ganz Ost- und Mitteleuropa einschließlich Deutschland ausdehnt«. Für die Fertigstellung seines Friedenskonzeptes braucht das Forum weitere acht Monate. Die Verzögerung wird nicht zuletzt durch die rasche Vergrößerung des Gremiums verursacht, die ständig neu auftauchende Themen und entsprechend langwierige Debatten zur Folge hat. Seit September 1942 steigt die Mitgliederzahl von 30 Personen aus zehn Staaten binnen 18 Monaten auf 77 Teilnehmer, meist Sozialdemokraten, aus zwölf Nationen.[17] Darunter befinden sich 21 Deutsche, wobei Brandt zu den sechs Norwegern zählt. Die Kommunisten sind nicht vertreten. Sie behaupten, die Runde in Stockholm wolle »Emigranten vom Kampf für die Niederlage Hitlers ablenken und zur Passivität verleiten«.[18]

An den Sitzungen des buntgemischten Kreises nehmen ab und zu auch Gäste teil. Norman Lamming, der Vizepresseattaché der britischen Gesandtschaft in Stockholm, und der amerikanische *Time-Life*-Korrespondent John Scott gehören ebenso dazu wie durchreisende Minister der polnischen und belgischen Exilregierungen, finnische Linke oder der norwegische Dichter Sigurd Hoel.[19] Sogar ein Angestellter der japanischen Mission aus Berlin findet sich als Sympathisant ein; sein weiteres Schicksal ist unbekannt. Mitglieder des schwedischen Kabinetts halten sich dagegen, um Neutralität bemüht, bis Frühjahr 1944 von der Gruppe fern.

Bei wöchentlichen Zusammenkünften eines 14köpfigen Komitees, dessen Sekretär ebenfalls Brandt wird, und bei monatlichen Vollversammlungen erarbeitet der Studienzirkel für Friedensfragen bis März 1943 einen eigenen Zukunftsplan. Er beruht weitgehend auf der norwegischen Vorlage, ist aber nicht nur ein internes Diskussionspapier, sondern ein öffentliches Manifest. Sein Titel: *Friedensziele demokratischer Sozialisten*. Nach Prüfung durch die nationalen Sektionen wird die Proklamation im April vom Plenum, also von Bürgern einander bekämpfender und neutraler Staaten, gebilligt.[20] Ein einmaliger Vorgang im Zweiten Weltkrieg.

Willy Brandt habe damals Bedeutendes geleistet und sich »entgegen allen böswilligen Behauptungen konzeptiv und programmatisch betätigt«, unterstreicht Bruno Kreisky. Hierbei sei »nicht die geringste Neigung zum Dogmatismus« erkennbar gewesen, schon weil Brandts Wissen über den Marxismus anscheinend »nicht wirklich profund« war. »Zudem hatte er die Fähigkeit, die divergenten Strömungen dieses so divergenten Kreises zusammenzufassen.«[21] Brandt selbst bekennt 23 Jahre später: »Ich habe versucht, mich von jenen Emotionen und Übertreibungen freizuhalten, die eine Begleiterscheinung jedes Krieges sind (...). Ich war bestrebt, über das Kriegsgeschehen hinaus zu denken.«

Doch wozu rät die Gruppe, damit »auch der Frieden gewonnen« wird? »Der wirkliche Sieg«, mahnt der 500 Schreibmaschinenzeilen lange Zukunftsplan, »wird erst erreicht, wenn die gesellschaftlichen und internationalen Verhältnisse überwunden worden sind, aus denen die nazistische Gefahr hervorgegangen ist.« Die Bestrafung der Kriegsverbrecher und die Demokratisierung eines entwaffneten Deutschland seien positive Kriegsziele. Doch dürfe der Friede nicht auf Vergeltung oder die Dominanz der Großmächte gegründet werden, sondern auf Vernunft, den Willen zum gemeinsamen Wiederaufbau und das Selbstbestimmungsrecht aller Nationen. Nötig seien ein Europa ohne Grenzen, die Abschaffung der Kolonien und eine

Weltorganisation, in der von den Völkern direkt gewählte Abgeordnete für Recht und Waffenruhe sorgen. Alle Sozialisten aber hätten die Pflicht, den Bruch der Ost-West-Allianz zu verhindern, da sonst ein dritter Weltkrieg drohe.

Ein Konzept, das Brandts Verlangen nach Einheit und Harmonie widerspiegelt. Später räumt er freilich ein: »Manche unserer damaligen Überlegungen waren nicht genügend auf die Wirklichkeit abgestimmt.« Zu oft sei »der Wunsch der Vater des Gedankens« gewesen. Doch im Frühjahr 1943 setzt er alles daran, um die Friedensziele zu verbreiten. Er lanciert den Entwurf in die schwedische Presse wie auch zu der Arbeiterinternationale, Sopade-Führung und Labour Party.[22]

Am Samstag, dem 1. Mai 1943, kommen abends etwa 500 schwedische Sozialdemokraten und 100 linke Emigranten aus 13 Ländern im Stockholmer Bürgerhaus zur traditionellen Kundgebung zusammen. Die Festrede hält Willy Brandt.[23] Gesetze der Moral und des Rechts müßten auch im Völkerleben gelten, zitiert er Karl Marx,[24] verteidigt die Gültigkeit linker Grundsätze in der »Umwälzungsperiode« und verkündet die Friedensziele demokratischer Sozialisten. Zu ihnen bekennen sich anschließend in kurzen Ansprachen neun andere Mitglieder der Diskussionsrunde, vom Norweger Martin Tranmæl bis zum einstigen ungarischen Kriegsminister Vilmos Boehm. Dabei treten sie, mehr als der Leitung des Studienkreises recht sein kann, für Anliegen ihrer Grüppchen ein. Am Schluß stimmt die Versammlung dennoch einer von Brandt formulierten Resolution zu, die die Arbeit des internationalen Friedensforums billigt. Es ist damit bei einer zentralen Veranstaltung der schwedischen Sozialdemokratie anerkannt worden.

Fünf Wochen danach hob das Gremium seine Tarnung als Studienzirkel auf und nannte sich Internationale Gruppe demokratischer Sozialisten – Arbeitskreis für Friedensfragen, nachdem die schwedischen Behörden das Verbot politischer

Betätigung für Asylanten nicht mehr genau nahmen.[25] Mitte Juli 1943 schrieb Wenzel Jaksch, der Vorsitzende der sudetendeutschen Exilsozialisten, seinem Genossen Ernst Paul aus London: »Man spricht hier bereits von der ›Kleinen Internationale‹ in Stockholm.«[26] Damit war eine griffige Bezeichnung geboren, die der überstaatlichen Runde künftig anhaftete, die sie selbst aber nie gebrauchte. »Wir haben in Stockholm nicht Internationale spielen wollen und werden es auch in der kommenden Zeit nicht tun«, versicherte Sekretär Brandt in seinem Rechenschaftsbericht für 1944. »Wir repräsentieren niemand sonst als uns selbst.«[27]

Gleichwohl machte sich das Gremium im »Venedig des Nordens« intensiv Gedanken über die Wiedergeburt und künftige Bestimmung der im Krieg verkümmerten Zweiten Internationale. Die Zeit schien zu drängen, da Mitte Mai 1943 im linken Lager durch die von Stalin befohlene Auflösung der Komintern eine neue Situation entstanden war. In Stockholm bildete sich Ende Juni ein vierköpfiges Team mit Willy Brandt an der Spitze, das einen Entwurf für die Erneuerung des sozialdemokratischen Parteienbundes ausarbeitete. Am 5. November billigte das Plenum ein Exposé des 29jährigen, wonach eine unabhängige Internationale wiederentstehen solle, die, ohne die bisherige Beschränkung auf Europa, als Friedensfaktor zu wirken habe. Brandt persönlich äußerte die naive Hoffnung, daß eine kraftvolle weltweite Arbeiterbewegung dem Sowjetvolk zu einer tatsächlich sozialistischen Gesellschaftsordnung verhelfen werde.[28]

Ein Quertreiber aus den eigenen Reihen

Das Nachkriegsprogramm der Kleinen Internationale nahmen außer Schwedens Sozialdemokraten auch Teile der Labour Party und die Spitze der Exil-SPD in London wohlwollend zur Kenntnis. Erich Ollenhauer befürchtete indes »aus sehr bitterer Erfahrung« Streit zwischen den Nationalitäten, »sobald man aus dem Reich der theoretischen Deklarationen in die praktische Politik kommt«.[29] Schon vorher erwies sich aber, von den Kommunisten abgesehen, ein deutscher Sozialdemokrat als hartnäckiger Quertreiber: Kurt Heinig, in Schweden der Vertrauensmann des Sopade-Vorstandes und Mitglied des Führungskomitees der internationalen Friedensgruppe. Er wurde einer der ärgsten Gegner Willy Brandts.

Der 1886 geborene Sachse war von 1927 bis 1933 Finanzexperte der SPD-Reichstagsfraktion gewesen und seither mit dem damaligen Parlamentskollegen Fritz Tarnow spinnefeind. Wie der sechs Jahre ältere Gewerkschafter hatte der streitbare, autoritäre Linke 1933 in Dänemark und nach dem deutschen Überfall in Schweden Zuflucht gefunden. Die Sopade-Führung unterstellte ihm im März 1943 die zehn dortigen Ortsgruppen. Gegner bezeichneten ihn seither, in Anlehnung an die Provinzdespoten der NSDAP, als »Gauleiter«. »Wenn man jemanden hätte engagieren wollen, um antideutsche Ressentiments zu verstärken, wäre man bei ihm an der richtigen Adresse gewesen«, meinte Brandt später. Seit dem Versailler Vertrag voller nationaler Emotionen, polemisierte Heinig gegen die Westmächte[30] und schimpfte jeden einen »Quisling«, der die Alliierten nach ihrem Sieg unterstützen wollte.[31] Ebenso fanatisch zog er gegen den Kommunismus und die Sowjetunion vom Leder. Deutschen Emigranten sprach er »eine politische Mission für die Heimat« ab.[32]

Die *Friedensziele demokratischer Sozialisten* geißelte Heinig als faulen Kompromiß und als »ebenso unverständig und unrealistisch« wie die Atlantikcharta.[33] In dem Manifest werde akzeptiert, daß »den Deutschen eine demokratische Zwangsjacke angezogen« wird.[34] Im Frühjahr 1943 wollte der Sopade-Emissär, für Tarnow ein notorischer Querulant,³⁵ eine Gegendeklaration präsentieren. Brandt zerpflückte jedoch die Argumente des Opponenten öffentlich im voraus.³⁶ An den anderen Mitgliedern des Gesprächskreises ließ Heinig kein gutes Haar. Sie verhielten sich »zum Kotzen dumm«, gebärdeten sich aber »alle wie Staatsmänner«, schrieb er einem Vertrauten. »Ihre Hände sind so schmierig wie ihre Gesinnung.«³⁷ Seinen Erzfeind Fritz Tarnow schmähte er in einem anderen Brief als »politische Wanze«.³⁸ Willy Brandt konzedierte Heinig zwar Begabung und »Willen zur politischen Gestaltung«, stellte ihn aber als Karrieristen hin, der »sehr bald vergißt, was er früher gedacht, gesagt und gewollt hat«, der zu sehr als »sein eigener Schauspieler auftritt«.³⁹ Negatives über die Vergangenheit des Lübeckers versuchte er vergebens bei dem ebenfalls aus der Hansestadt an der Trave stammenden Sozialdemokraten Paul Bromme zu erfahren, der nun in Örebro als Journalist lebte.⁴⁰

Auch sonst hatte Willy Brandt etliche Kontroversen im linken Lager auszutragen. Als Sekretär des Friedensgremiums kritisierte er Anfang 1944 den Internationalen Gewerkschaftsbund wegen dessen »vansittartistischen« Vorschlags, eine neue deutsche Arbeitnehmervertretung ausländischer Kontrolle zu unterwerfen.⁴¹ Er lehnte »aus patriotischen Gründen« eine Erklärung der Sopade zum Thema »Deutschland und die Atlantikcharta« ab.⁴² Auch gegen den Beschluß der Labour Party, in die künftige Zweite Internationale nur Parteien aus alliierten Ländern aufzunehmen, protestierte der 30jährige – freilich mit geringem Erfolg.⁴³

Trotz vieler Querelen konnte die Internationale Gruppe demokratischer Sozialisten eine Reihe aktueller Aufgaben erfolgreich erledigen. Österreichische Mitglieder wie Bruno Kreisky wirkten überzeugender als andere auf die in Norwegen und im Nordabschnitt der Ostfront eingesetzten Gebirgsjäger aus den Alpen ein.⁴⁴ Der schwedische Teilnehmer

Richard Sterner, ein Gewerkschafter, sorgte für die Gründung einer Abendschule, die junge Menschen aus verschiedenen Ländern für administrative und soziale Nachkriegsaufgaben in Zentraleuropa ausbildete.⁴⁵ Außerdem bemühte sich die Kleine Internationale, in Konzentrationslagern inhaftierte Sozialistenführer wie den Franzosen Léon Blum, den Niederländer Koos Vorrink und den Norweger Einar Gerhardsen zu retten. Brandt deutete in seinen Memoiren *Links und frei* entsprechende Erfolge an: »Gerhardsen wurde noch im Sommer 1944 aus Sachsenhausen nach Norwegen zurücktransportiert.« Der spätere Regierungschef meinte jedoch, vor der bereits beschlossenen Erschießung habe ihn der SS-Obersturmführer Herbert Paul bewahrt, ein Gestapobeamter in Oslo, der mit der norwegischen Widerstandsbewegung zusammenarbeitete und ihn dringend aus dem deutschen KZ zu Verhören über die Heimatfront »anforderte«.⁴⁶

Verbrechen ohne Beispiel ließ eine Nachricht aus dem polnischen Untergrund ahnen, die Maurycy Karniol, der Nordeuropa-Repräsentant der polnischen Exilregierung, Mitgliedern des Komitees, darunter Brandt, schon um die Jahreswende 1942/43 anvertraute. Darin wurden Massenvergasungen von Juden durch Hitlers Schergen erwähnt. Fritz Tarnow glaubte an eine Neuauflage der alliierten Greuelpropaganda aus dem Ersten Weltkrieg: »So etwas machen Deutsche denn doch nicht!« Daß der Mord an 5,16 Millionen europäischen Juden⁴⁷ jedoch schreckliche Wahrheit war, wurde nach Kriegsende vor aller Welt offenbar.

Er selbst, versicherte Willy Brandt später, habe Karniols entsetzliche Information nicht bezweifelt. »Das Lied aus der Jugendbewegung ›Der Mensch ist gut‹ enthielt nicht mehr Wahrheitsgehalt als die Aussage, der Mensch sei ein Schwein; die Wahrheit liegt dazwischen.« Tatsächlich schrieb er Anfang 1943 über den Massenmord an Juden durch die Nationalsozialisten eine längere Meldung, die er der Presseagentur Overseas News Agency (ONA) nach New York schickte. »Dieser schreckenerregende Artikel«, sagte 29 Jahre danach der einstige ONA-Direktor Hyman Wishengrad, »gab meines Wissens zum erstenmal einen Hinweis auf die Existenz der Vernichtungslager. Es fiel sehr schwer, die furchtbaren Beschreibungen zu glauben. Doch wir haben die Geschichte unter unseren Beziehern verbreitet, weil wir uns auf die Zuverlässigkeit unseres Mannes in Stockholm verlassen konnten.«[48] Der Bericht erschien indes amerikanischen Redakteuren meist obskur und wurde kaum abgedruckt.

Auch die Internationale Gruppe demokratischer Sozialisten ließ über den ihr bekannt gewordenen antisemitischen Genozid lange Zeit nichts verlauten. Denn bei »Rassenfragen« gingen die Ansichten der Mitglieder aus zwölf Nationen weit auseinander. Während sie gegen Übergriffe der faschistischen Polizei an der Universität Oslo im Spätherbst 1943 innerhalb von drei Tagen protestierten, vergingen nach der Horrornachricht aus Polen mehr als fünfzehn Monate, bevor das Stockholmer Gremium in einer Resolution neben der Rettung der Verfolgten auch eine Ächtung des Antisemitismus und die weltweite Bekämpfung des Rassenhasses forderte.

Von der Sehnsucht nach Einheit erfüllt

Je näher das Ende der Dritten Reichs rückte, desto stärker beschäftigten Fragen des Neuaufbaus der deutschen Arbeiterbewegung Teile der Kleinen Internationale. Dabei äußerte sich energisch, so Willy Brandt, »die Sehnsucht nach der Einheit, dieses Gefühl, auch deshalb untergegangen zu sein, weil Hitler einer zersplitterten Gruppe von Gegenkräften gegenüberstand«.[49] Wie Fritz Tarnow glaubte er zwar, daß die siegreichen Alliierten in Deutschland jahrelang keine

Parteien zulassen werden.[50] Auf lange Sicht hielt er jedoch eine linke Einheitspartei für unerläßlich, schon um – wieder einmal – »die ehrlichen Anhänger der kommunistischen Bewegung aus der Moskauer Vormundschaft zu lösen«. Dabei wurde deutlich, daß skandinavische Einflüsse endgültig einen Wandel in Brandts Denken bewirkt hatten: Die nun von ihm geforderte Sammlungsbewegung sollte nicht mehr durch eine Revolution marxistische, sondern auf demokratische Weise sozialistische Ziele verwirklichen und außer der Arbeiterschaft auch Angestellte, Gewerbetreibende und Kleinbauern umfassen.[51] In dem Ehepaar Enderle sowie in den Sopade-Mitgliedern Fritz Tarnow, Fritz Bauer, dem späteren hessischen Generalstaatsanwalt, und dem einstigen Studentenfunktionär Otto Friedländer fand der Deutschnorweger Gleichgesinnte.[52] Daß er dem Anfang 1944 in Schweden gegründeten Freien Deutschen Kulturbund beitrat, einer von Kommunisten initiierten, bis Mitte 1945 aber paritätisch geleiteten Organisation mit bis zu 500 Mitgliedern, war im Sinne seiner Suche nach einer Keimzelle für die linke Einheitspartei naheliegend.

»Nebenerzeugnis« der Beschäftigung Willy Brandts mit Nachkriegsfragen war sein Buch *Efter segern* (Nach dem Sieg), das der Bonniers-Verlag im Mai 1944 mit 2200 Exemplaren herausbrachte. Olov Janson, der Kollege aus dem Pressebüro, hatte das norwegische Manuskript ins Schwedische übersetzt. Bald erschien das Werk auch auf finnisch und dänisch. Der Autor erläuterte darin auf 288 Seiten die Thesen der Kleinen Internationale und empfahl darüber hinaus, Friedensverträge erst nach einer »Abkühlungsperiode« von zwei bis fünf Jahren zu schließen, »Auflockerungen« der deutschen Ostgrenze von 1937 vorzunehmen und die Minoritätenprobleme der Tschechoslowakei durch einen föderativen Staatsaufbau zu lösen. Deutschland dürfe West und Ost nicht gegeneinander ausspielen, und die USA müßten in Europa präsent bleiben. Brandt war mit dem nach seiner Gelbsucht eilig geschriebenen Buch offenbar nicht zufrieden: »Die wirklich gründliche Arbeit blieb eine Illusion, da mich mein politisches Engagement und der Zwang, durch Tagesjournalistik Geld zu verdienen, nicht zur Ruhe kommen ließen.«

Wenige Wochen später, kurz nach der Landung der Westalliierten am 6. Juni 1944 in der Normandie – ein Ereignis, über das der 30jährige vor Freude weinte –, erschien anonym bei der Stockholmer Gewerkschaftsdruckerei die 64seitige Broschüre *Zur Nachkriegspolitik deutscher Sozialisten*. Die Verfasser, die sich im Vorwort als »frühere Funktionäre der Sozialistischen Arbeiter-Partei Deutschlands in Schweden« vorstellten, waren August und Irmgard Enderle, Stefan Szende, Ernst Behm und Willy Brandt, der neben Anregungen das Kapitel »Außenpolitische Bedingungen« beigesteuert hatte. Im wesentlichen wandten die Autoren den Friedensplan der Kleinen Internationale, über den in SAP-Gesprächsrunden monatelang diskutiert worden war,[53] auf Deutschland an, wobei sie Einmütigkeit im linken Lager und einen Umsturz durch »eine unbändige Raserei gegen Naziführer und Gestapoleute« voraussetzten.[54] Den Einparteienstaat lehnten sie ab und bekannten sich zur parlamentarischen Grundordnung, forderten aber eine soziale Umwälzung und die Einführung der Planwirtschaft. Brandt plädierte für nationale Selbstbestimmung, konnte sich aber an der bisherigen Grenze zu Polen »eine gebietliche Neuregelung mit großzügigem Bevölkerungsaustausch« denken.[55] Er warnte sowohl davor, die deutsche Verantwortung für die NS-Untaten zu leugnen, wie auch vor einer »bedingungslosen Erfüllungspolitik«: Die neue Regierung dürfe »nicht ohne weiteres alle Papiere unterschreiben, die ihr vom Ausland vorgelegt werden«. Pragmatisch hoffte er auf einen »Modus vivendi mit der Außenwelt« und gebrauchte dabei einen Begriff, der ihn von nun an lebenslang begleitete.[56] Die Linke aber müsse »jenen Tendenzen entgegenwirken, die zur dauernden Zersplitterung führen könnten«, falls die Sieger Deutschland in Besatzungszonen aufteilen sollten.

Von den Friedenszielen der Internationalen Gruppe demokratischer Sozialisten und vom Entwurf der ehemaligen SAP-Genossen in Schweden war nach Kriegsende keine Rede mehr.[57] Die Emigranten in Stockholm besaßen viel zuwenig Gewicht, um ihre Konzepte auf die Agenda der Alliierten zu bringen. Außerdem entfielen elementare Voraussetzungen ihrer Pläne: Die Deutschen beseitigten weder das Hitlerregime durch einen Volksaufstand, noch wünschten sie den Sozialismus herbei; die westöstliche Allianz zerbrach, und der Kreml setzte in Mitteleuropa natürlich auf die Kommunisten wie der Westen auf bürgerliche Kräfte. Sozialdemokraten waren kaum gefragt, im Osten wurde ihnen sogar die Identität genommen. Nicht Willy Brandt, sondern Kurt Heinig erschien 1946 vielen als Realist.[58]

Trotzdem gewann gerade die Kleine Internationale für Europas Zukunft Bedeutung. In ihr sammelten Sozialisten Erfahrungen und schlossen Freundschaften – Sozialisten, die wie Brandt und Kreisky Regierungschefs oder wie Nilsson und Paul, wie Alva Myrdal und Fritz Bauer Minister, Parlamentarier oder hohe Beamte wurden. Besonders Willy Brandt erfuhr im Spannungsfeld konträrer Interessen den Wert des Kompromisses. Das Wissen um die faschistischen Massenmorde aber brachte ihn zu der Einsicht, »daß nicht der Himmel, wohl aber die Hölle auf Erden möglich ist«.[59] Im politischen Bereich wurde dadurch die Abkehr von den utopischen Verheißungen des Marxismus und die Hinwendung zum unmittelbaren mitmenschlichen Handeln gefördert.

14. Kapitel
Licht und Schatten
Kontakte mit Alliierten und Verschwörern

So hell Willy Brandt in Stockholm seit Mitte 1944 die politische Zukunft erschien, so quälend war für ihn, seine Frau und seine Geliebte die Gegenwart. Carlota Frahm teilte zwar über das Ende ihrer Ehe lediglich mit: »1944 trennten wir uns wieder, 1948 wurden wir offiziell geschieden.«[1] Auch Brandt, der Skrupel wegen des Scheiterns der Ehe hatte, versicherte in seinen ersten Memoiren summarisch: »Wir trennten uns ohne Feindschaft«[2] und ging auf seine Beziehung zu Rut Bergaust ebenfalls nur kurz ein: »Wir fühlten uns stark zueinander hingezogen und blieben beieinander.« Die Situation war aber weitaus komplizierter, als es diese lapidaren Bemerkungen vermuten lassen.

Seit Sommer 1944 machten Willy Brandt und die sechs Jahre jüngere Norwegerin aus ihrem Verhältnis kein Hehl mehr. »Wir gingen häufig aus, aßen zusammen und gingen tanzen. Wir waren verliebt und verheimlichten es nicht«, erzählte Rut.[3] Die Probleme ließen sich jedoch nicht verdrängen: Beide waren anderweitig verheiratet, er hatte zudem ein dreijähriges Kind und sie einen unheilbar an Tuberkulose erkrankten Mann, der im Bergbauort Falun, 230 Kilometer von Stockholm entfernt, in einer Spezialklinik lag. An eine gemeinsame Zukunft wagte das Liebespaar nicht zu denken. Brandt schickte Rut Bergaust Abschiedsbriefe, in denen er über die Zulässigkeit und Grenzen außerehelicher Beziehungen grübelte. Am Schluß hieß es dann allerdings zum Beispiel: »Vielleicht können wir Sonntag zusammen essen, wenn ich Zeit finde. Dann müssen wir in der Woche einmal ausgehen, und Du mußt mir zeigen, wie Dir Dein neues Kleid steht.« Er kehrte der ehelichen Wohnung den Rücken, zog bald wieder ein und mietete sich letztendlich im Zentrum von Stockholm ein möbliertes Zimmer. Der todkranke Ole Bergaust ahnte, daß seine Frau ihn betrog, und verlangte, daß sie in seine Nähe ziehe. Rut lehnte seine Forderung ab, schrieb aber Brandt zu Ostern 1945, nach einer Aussprache mit ihrem Mann in Falun, daß sie ihr Verhältnis beenden sollten. Als sie mit dem Zug nach Stockholm zurückkehrte, erwartete sie der Freund auf dem Bahnsteig, und beide setzten ihr Verhältnis fort.

Natürlich litt vor allem Carlota Frahm unter dem Zustand, zumal ihre Nebenbuhlerin von Frühjahr 1944 an ebenso wie sie in der Pressestelle der norwegischen Gesandtschaft arbeitete. Rut Bergaust tippte vorwiegend von ihrem Schwager Arthur Martinsen formulierte Bildtexte ab und klebte sie auf die Rückseite von Propagandafotos. Die Frauen begegneten sich mithin tagtäglich, wobei sie sich wie Luft behandelten. Um die Jahreswende 1944/45 beendete Carlota die Serie von Peinlichkeiten. Sie zog mit Tochter Ninja aus der Wohnung in Hammarbyhöjden aus, in die sich erneut Willy Brandt einquartierte, und wechselte als Sekretärin aus der Diplomatenvilla in den Verlag Norwegia Publishers über. Im Sommer darauf, drei Monate nach Kriegsende, kehrte Carlota Frahm aus dem ihr fremd gebliebenen Stockholm nach Oslo zurück, hatte als Literaturagentin Erfolg und umsorgte ihr Kind, für das Brandt regelmäßig Unterhalt zahlte. Anfang 1948 geschieden, blieb sie bis zu ihrem Tod im Juni 1980 unverheiratet.[4]

Zur Zeit dieser privaten Turbulenzen arbeitete Willy Brandt im »Venedig des Nordens« mit alliierten Diplomaten und Geheimagenten auf eine Weise zusammen, die ihm später Vorwürfe und Verleumdungen eintrug. Der Stalinist Karl Mewis behauptete 1949, der Deutschnorweger habe dem amerikanischen Nachrichtendienst »Emigranten als Mitarbeiter zugeführt«.[5] Ende der fünfziger Jahre versuchten die Sowjetunion und die Sozialistische Einheitspartei der DDR den neugewählten, westlich orientierten Bürgermeister von Berlin als einstigen englischen Spion zu diskreditieren, der 1943 Hinweise für die Torpedierung des deutschen Schlachtschiffs »Tirpitz« geliefert habe.[6] Der rechte Pamphletist Hans Frederik verunglimpfte Brandt ebenfalls als Spitzel »unter dem Kommando der britischen Abwehr« und an anderer Stelle als Gehilfen Moskaus »wie seinerzeit in Barcelona«.[7] Unterlagen des schwedischen Staatsschutzes stempelten den Sozialdemokraten noch 1966 zum Ostagenten, als er schon Außenminister der Bundesrepublik war.[8] Deutsche Nationalisten warfen ihm nachträglich Landesverrat vor. Brandt wehrte sich meist nur indirekt. »Meine Freunde und ich bewahrten Unabhängigkeit und Skepsis gegenüber den Regierungen der Westmächte«, beteuerte er. »Zur russischen Politik stellten wir nach dem deutsch-sowjetischen Vertrag und dem Angriff auf Finnland fest, sie habe den Sozialismus und die Friedenspolitik der Sozialisten schwerstens kompromittiert.« Was stimmt? Betätigte sich Willy Brandt in Stockholm als Agent?

Im Kampf gegen die Hitlerdiktatur waren die deutschen Emigranten und die Alliierten naturgemäß Partner. Ihre Zusammenarbeit im legalen Rahmen konnte deshalb nie prinzipiell ehrenrührig sein. Willy Brandt im besonderen war zudem seit seiner Ausbürgerung juristisch kein Deutscher mehr. Strittig blieb indes das Ausmaß der Kooperation. Während die Exil-KPD die blinde Unterstützung der Sowjetunion forderte, mißbilligte die Sozialistische Arbeiterpartei den Eintritt ihrer Mitglieder in Streitkräfte oder Geheimdienste; die Sopade wiederum warnte nur vor der Teilnahme an Aktionen, die im Asylland strafbar waren.[9] Andererseits bestanden bei mehreren Alliierten Vorbehalte gegen den Einsatz deutscher politischer Emigranten.

Im Spionagezentrum Stockholm boten sich Antifaschisten verschiedene Möglichkeiten der Zusammenarbeit mit den Verbündeten. Intensiv, aber pannenreich agierten die Sowjets von ihrer Botschaft aus, die Alexandra Kollontai leitete, eine 1872 geborene Generalstochter, eigenwillige rote Revolutionärin und feministische Schriftstellerin. In der britischen Gesandtschaft befand sich außer einer Residentur des Secret Intelligence Service (SIS) auch eine Schaltstelle der psychologischen Kriegführung, in der Zeitungen aus dem Dritten Reich nach Daten für im übrigen frei erfundene Schauergeschichten englischer Propagandasender ausgewertet wurden.[10] Die Stockholmer Mission der Vereinigten Staaten vergrößerte ihre Mitarbeiterzahl während des Krieges von 40 auf 300 Personen, wobei die Zugänge meist auf den Mitte 1942 gegründeten Geheimdienst Office of Strategic Services (OSS) entfielen. Kontakt zu den Linken hielt eine eigene Sektion, die Labor Branch, die in Washington über eine unter Leitung der früheren SPD-Reichstagsabgeordneten Toni Sender angelegte Kartei zuverlässiger europäischer Sozialisten verfügte, in der auch Willy Brandt verzeichnet war.[11]

In Stockholm hatte der Deutschnorweger zwangsläufig ständigen Umgang mit Zuarbeitern der Alliierten. Ebbe Munck, der Abwehrchef des dänischen Widerstandes, gehörte zu seinen engen Vertrauten. SAP-Genosse August Enderle war nicht nur durch die Internationale Transportarbeiter-Föderation mit dem Secret Intelligence Service, sondern seit Sommer 1944 auch direkt mit dem amerikanischen OSS liiert.[12] In der Agitationsabteilung der britischen Gesandtschaft arbeiteten Brandts Gesinnungsfreunde Bruno Kreisky und Vilmos Boehm.[13] Olov Janson und Einar Strahle, die Partner im Pressebüro, gehörten einem für den Fall der deutschen Invasion gebildeten geheimen englischen Sabotagetrupp an, und sein Freund Valter Taub war Mitglied

Mutter Martha Frahm mit Sohn Herbert 1915

Großvater Ludwig Frahm

Herbert Frahm (vorn links, kniend) und seine Mutter (hinter ihm sitzend) bei den »Lübecker Naturfreunden« 1925 auf der Halbinsel Priwall an der Ostsee

Der junge Herbert 1931 vor der Lübecker Wohnung

Willy Brandt und seine Freundin Gertrud Meyer im Sommer 1937 in Paris

In Norwegen wurde Willy Brandt auch Mitglied einer Fußballmannschaft – hier im Sommer 1939, Brandt in der Bildmitte, vorn links sitzend der spätere norwegische Ministerpräsident Trygve Bratteli

Von 1933 bis 1935 gehörte Willy Brandt der Intellektuellengruppe Mot Dag an, einer von der norwegischen Arbeiterpartei bekämpften linken Sekte unter Leitung von Erling Falk (Mitte) – hier mit Jacob Walcher (links) und KPD-Mitgleid Max Strobl (rechts) in Minnesund im Juli 1933

Ein scharfer Kritiker Willy Brandts war der Vorsitzende der Norske Arbeiderparti Oscar Torp

Martin Tranmæl, Chefredakteur des »Arbeiderbladet«

Willy Brandts Gesprächspartner aus dem Kreisauer Widerstandkreis Adam von Trott zu Solz 1944 als Angeklagter vor dem Volksgerichtshof, der ihn zum Tode verurteilte

Der Sozialdemokrat und Ex-Chefredakteur des »Lübecker Volksboten« Julius Leber, der 1945 vom NS-Regime hingerichtet wurde

Willy Brandt mit seiner ersten Frau Carlota Thorkildsen und der zweieinhalbjährigen Tochter Ninja am 1. Mai 1944 in Stockholm

Brandt vor der Entsendung in den deutschen Bundestag 1949

Mit seiner zweiten Ehefrau Rut Bergaust, 1950er Jahre

einer tschechoslowakischen Agentengruppe, die sowohl für London wie für Moskau spionierte.[14] Von den anderen Handlangern des Kreml traf er hin und wieder Erich Glückauf, den regionalen Verbindungsmann der Exil-KPD zu den Sowjetrussen,[15] und Karl Mewis, mit dem er sogar Flugblätter für deutsche Soldaten verfaßte.[16] Führte Willy Brandt aber Aufträge alliierter Stellen aus?

Ein Emigrant will die Alliierten beeinflussen

Schon seit 1942 verfolgte der doppelte Emigrant, offenbar mit Billigung der norwegischen Gesandtschaft und der Exil-DNA in Stockholm, ein ehrgeiziges Ziel: Aus Sorge um die Zukunft wollte er die Anti-Hitler-Koalition durch ihre Vorposten in Schweden für das Programm der Kleinen Internationale gewinnen. Er ließ sich nach seinen Worten »nicht davon abbringen, den Alliierten zu raten, sie sollten klarstellen, daß der Grundsatz des Rechts auf Selbstbestimmung auch für ein demokratisches Deutschland gelten werde. (...) Es sollte sich im Rahmen einer (europäischen oder) internationalen Organisation entfalten können.« Natürlich wollte er die Besatzungsmächte in spe auch dafür gewinnen, das Reich in eine sozialistische Republik umzuwandeln. Doch war ihm bewußt, daß die westlichen Siegernationen derartige Pläne ablehnten.[17]

Viele Briten in Stockholm hielten Brandt für suspekt. Als Journalist kam er zwar mit der Presseabteilung ihrer Gesandtschaft gut aus, und deren Vizechef Norman Lamming unterstützte ihn bei Besuchen der Kleinen Internationale.[18] Die englische Abwehrabteilung wollte aber von ihm nichts wissen und behandelte ihn kühl. Steckte Norwegens Exilregierung in London dahinter, die Tranmæl samt Anhang übelwollte? Oder der schwedische Sicherheitsdienst, der den Emigranten überwachte? Nach dem Krieg wurde jedenfalls bekannt, daß Brandt seit 1940 beim Secret Intelligence Service als »unzuverlässig« galt, weil er mit Kommunisten wie Mewis sowie in der Sowjetmission gesehen worden war.[19]

Vertreter der UdSSR begegneten Brandt mit gemischten Gefühlen. Sie sahen ihn einerseits seit seinem Einsatz in Spanien an der Seite der »trotzkistischen« POUM als Klassenfeind an. Andererseits war der Journalist und Doppelemigrant wegen seiner zahlreichen Kontakte ein wertvoller Informant. Tatsächlich hatte die Auslandsspionage in Moskau über Brandt bereits 1936 eine Akte unter dem Codenamen »Poljarnik« (Polarforscher) angelegt,[20] in der sich zunächst nur Berichte ultralinker Brandt-Gegner ansammelten. Nach Hitlers Überfall auf die UdSSR kam es aber im Herbst 1941 zu einem dreistündigen Treffen des regionalen Abwehrchefs Michail Wetrow mit dem 27jährigen, der sich dabei nach Aussagen russischer Überläufer zum steten Kampf gegen den Faschismus bekannte.[21]

In den folgenden neun Monaten brachte Brandt durch die Overseas News Agency »Artikel sowjetischer Genossen« in amerikanischen Zeitungen unter und lieferte auf Wetrows Wunsch alle zwei Wochen Berichte über die Lage in Norwegen und Schweden. Damals quittierte er den Sowjets, 500 Kronen erhalten zu haben, vermutlich als Spesenersatz. Im Frühjahr 1942 befand sich unter seinen Informationen auch eine Meldung über die »Tirpitz«, die ihm später ausgerechnet von Moskau und der SED vorgeworfen wurde. Das Schlachtschiff sei aus dem Hafen von Trondheim ausgelaufen, um im Nordatlantik alliierte Konvois auf dem Weg nach Murmansk zu attackieren, warnte er die Russen und Briten. Zum Kentern freilich wurde die »Tirpitz«, entgegen den kommunistischen Anwürfen, erst 1944 und ohne Brandts Mithilfe gebracht, nämlich bei einem englischen Luftangriff durch zwei Sechs-Tonnen-Bomben in Tromsø.

Als sein Gefährte Valter Taub im Sommer 1942 mit anderen vom schwedischen Sicherheitsdienst zeitweise inhaftiert wurde, lehnte »Poljarnik« weitere geheime Zusammenkünfte mit Agenten des Kreml ab. Er war jedoch zu offenen Besuchen der sowjetischen Botschaft und dortigen Gesprächen mit Offizieren der Auslandsaufklärung bereit.[22] Noch im Sommer 1944 ließ er Jacob Walcher in New York wissen, er versäume »keine Gelegenheit des direkten Kontaktes mit den hiesigen SU-Leuten , um neue Eindrücke zu gewinnen und das persönliche Verhältnis so gut wie möglich zu normalisieren«. Der kränkelnden Botschafterin Alexandra Kollontai begegnete Brandt indes nur einmal bei einem Interview, ihren Ersten Legationsrat Wladimir Semjonow – von 1978 bis 1986 Missionschef in Bonn – bat er lediglich kurz in einem Brief um Nachforschungen nach zwei in russischer Haft vermißten ungarischen Linken, und Ende 1944 nahm er wie andere Sozialisten offiziell am Neujahrsempfang der Sowjetvertretung teil. Beeinflussen konnte er die Russen jedoch nicht.

Die Behauptung, Willy Brandt habe seit den schwedischen Exiljahren im Dienste der Vereinigten Staaten gestanden und verdanke ihnen seinen Aufstieg in Berlin und Bonn,[23] wurde nicht nur von sowjetischer Seite, sondern besonders nachhaltig jenseits des Atlantiks kolportiert. So verbreitete die angesehene linksliberale Zeitschrift *New Republic* 1973, der US-Geheimdienst Central Intelligence Agency (CIA) habe den Bewunderer Amerikas Anfang der fünfziger Jahre als Pendant zum sperrigen SPD-Vorsitzenden Kurt Schumacher gefördert. Die *Washington Post* zählte ihn (und CDU-Politiker) vier Jahre danach zu den einstigen Empfängern von CIA-Geldern, was der Sozialdemokrat empört dementierte.[24] Im Herbst 1981 diffamierte der prominente Kolumnist Jack Anderson den Linken in 900 amerikanischen Zeitungen als Doppelagenten im Kalten Krieg.

Hierzu das Außenministerium in Washington: »Alles unwahr.«[25] Wie aber kam überhaupt Willy Brandt während der letzten Kriegsphase mit amerikanischen Dienststellen in Kontakt? Und was geht daraus hervor?

Die Voraussetzungen für eine Zusammenarbeit waren damals günstig. Nicht nur, daß die Politik der USA einen linksliberalen Trend hatte und im Geheimdienst OSS deutsche Emigranten wie der Philosoph Herbert Marcuse und der neomarxistische Politologe Franz L. Neumann wichtige Posten innehatten.[26] Die USA stiegen auch zur westlichen Vormacht auf, so daß sie dem Friedensplan der Kleinen Internationale breite Resonanz verschaffen konnten. Willy Brandt aber durfte sich bei Amerikanern auf die Overseas News Agency und auf Toni Senders Kartei vertrauenswürdiger Linker berufen. Außerdem war er mit dem *Time/Life*-Korrespondenten John Scott gut bekannt, der, zwei Jahre älter als er, einen Bestseller über seine Erlebnisse als Stahlkocher im russischen Kombinat Magnitogorsk geschrieben hatte und nun in Stockholm verdeckt für das Office of Strategic Services tätig war.[27] Vieles spricht dafür, daß Brandt dies wußte. Um so lieber überließ er Scott Auskünfte »für Artikel«, die die Geheimdienstzentrale und das Außenministerium in Washington beeinflussen sollten. In eigener Sache schnitt er bei US-Stellen freilich kräftig auf: Er behauptete, vor der Flucht nach Schweden sei er »in Norwegen von den Deutschen in ein Konzentrationslager gesteckt« worden.[28]

Die ersten Informationen, die Willy Brandt den Amerikanern lieferte, kurz nachdem ihn im Sommer 1943 moskautreue Gazetten in Skandinavien wegen des Buchs *Norges tredje krigsår* beschimpft hatten, betrafen Interna aus dem Untergrund im besetzten Norwegen. Mit Hinweis auf den zweifachen Emigranten, der »enge Kontakte zur sowjetischen Mission« haben solle,[29] berichtete nämlich die Stockholmer US-Gesandtschaft am 24. und 31. August unter den Aktenzeichen File No. 2663 und No. 2771 dem State Department von einem Streit zwischen dem kommunistischen Widerstand und der Exilregierung über die Guerillataktik[30] sowie über die Indoktrination von Kriegsgefangenen in der UdSSR.

Deutschen Themen wandte sich Brandt am 25. September 1943 zu. In einer von ihm selbst verfaßten Analyse des Antifaschismus im Dritten Reich, die über die OSS-Außenstelle London an die für Emigranten zuständige Ausländerabteilung des Geheimdienstes in Washington geschickt wurde, konstatierte er, daß die Masse der deutschen Arbeiter, Soldaten und Jugendlichen apathisch geworden sei. Er warnte davor, den Anhang regimekritischer Geistlicher wie Martin Niemöller, Offiziersfronden oder den kommunistischen Untergrund zu überschätzen. »Oppositionelle Elemente in Deutschland werden nicht ernsthaft hervortreten, bis die militärische Niederlage eine unerschütterliche Tatsache ist.« Falls es aber in der Wehrmacht vorher zu Meutereien komme, »würden sie wahrscheinlich wegen unzureichender Vorbereitung und mangelnder Kooperation fehlschlagen«. Den Alliierten empfahl der 29jährige, ihre Zukunftspläne endlich offenzulegen.[31]

Streß in der Kleinen Internationale, seine Gelbsuchterkrankung und die Arbeit an dem Buch *Efter segern* unterbrachen Willy Brandts Verbindung zu den Amerikanern sechs Monate lang. Am 11. April 1944 jedoch schickte die Stockholmer US-Gesandtschaft als File No. 3142 dem State Department vier engzeilige Schreibmaschinenseiten über *Kräfte der deutschen Revolution*, die Brandt auf englisch »für einen amerikanischen Journalisten als Grundlage eines Artikels« verfaßt habe. In dem Bericht für John Scott betonte er, daß nach Ende der Hitlerdiktatur nur die Arbeiter unter Leitung heimgekehrter Exilanten die nötigen »radikalen

Sozialreformen« durchführen könnten (siehe Dokument S. 427f.). »Es muß daran erinnert werden, daß diese Ansichten von einem Emigranten geäußert werden, allerdings von einem, der nicht nach Deutschland zurückzukehren gedenkt, soweit der Gesandtschaft bekannt ist«, hieß es in einem Begleitschreiben.[32] Außerdem war zu erkennen, daß Brandts Einfluß Wirkung zeigte: Die US-Vertretung empfahl ihrer Regierung, »enge wohlwollende Beziehungen zu emigrierten deutschen Arbeiterführern aufzunehmen.«[33]

Sechs Wochen danach griff Brandt dasselbe Thema ausführlicher auf. In seinem Bericht, dem die Mission das Aktenzeichen File No. 3399 gab, plädierte er für »eine kraftvolle demokratische Revolution, die unglücklicherweise 1918/19 nicht vollzogen wurde«, und für die Vereinigung der Sozialdemokraten und Kommunisten: »Auf beiden Seiten ist die Bereitschaft vorhanden, eine große freiheitliche Arbeiterpartei auf der Basis eines demokratischen sozialistischen Programms aufzubauen.«[34]

36 Jahre später benutzten Gegner des SPD-Politikers die Memoranden aus dem April und Mai 1944 für eine infame Fälschung. Nerin E. Gun, ein Autor des italienischen Neofaschistenblattes *Il Borghese*, wollte im US-Nationalarchiv einen Anhang zu den Akten mit den Nummern 3142 und 3399 entdeckt haben, in dem Brandt angeblich die Repatriierung deutscher Juden aus dem Exil ablehnte: »Durch ihr früheres Verhalten haben sie selbst dafür gesorgt, daß ihnen gegenüber ein Klima voller Feindseligkeiten und Vorurteile besteht.«[35] Der als Fotokopie vorgelegte Zusatz war anhand des falschen, von US-Diplomaten nie verwendeten Briefbogens und einer 1944 noch gar nicht eingeführten Postleitzahl leicht als Manipulation zu erkennen. Die Verleumdung des damaligen SPD-Chefs als Antisemit scheiterte gründlich.

Ende August 1944 berichtete Willy Brandt einem US-

Attaché in Stockholm, was er über den Anschlag vom 20. Juli auf Hitler erfahren hatte.³⁶ Es war nicht viel mehr, als die Amerikaner schon wußten. Überhaupt besaß der Emigrant während des Krieges nur ein recht diffuses Bild der innerdeutschen Zustände. »Zu wichtigen Punkten fehlt es an genauen Informationen«, gab er zu.³⁷ Die 1942 enttarnte Widerstandsgruppe »Rote Kapelle«, die per Funk Informationen über die deutschen Angriffspläne gegen die Sowjetunion nach Moskau übermittelte, beschrieb er John Scott als »Organisation ohne Kontakt zu den Russen«³⁸ und hielt den Attentäter Claus Graf Schenk von Stauffenberg zeitweise für eine Gestapo-Marionette.³⁹ Bei Kriegsende werde eine braune Untergrundbewegung »zumindest das gesamte erste deutsche Kabinett ermorden«.⁴⁰ In jenem als File No. 4027 protokollierten Gespräch warnte der Lübecker im übrigen davor, weiterhin die bedingungslose Kapitulation zu fordern, Deutschland einer alliierten Militärregierung zu unterstellen und die deutsche Ostgrenze an die Oder und Lausitzer Neiße zu verlegen. Er regte an, von Elbing bis Ratibor – unter Verzicht auf Ostpreußen bei Gewinn des »Weichselkorridors« – eine zusammenhängende deutsch-polnische Grenze zu schaffen, wobei »ein kompletter Austausch der Bevölkerungen in den betroffenen Gebieten« zu erfolgen habe. »Kein unvernünftiger Vorschlag von deutscher Seite«, kommentierte die US-Mission.⁴¹ Im Wahljahr 1980 stellten Funktionäre der Heimatvertriebenen den SPD-Vormann dagegen als »Erfinder der Vertreibung« hin.⁴²

Große Stücke auf Willy Brandt hielt in der Stockholmer US-Mission Herschel V. Johnson. Er war kein »Geheimdiplomat«, wie der Historiker Hans Georg Lehmann meint,⁴³ sondern, nach Tätigkeiten in Washington und fünf Ländern von Honduras bis Großbritannien, seit Herbst 1941 Gesandter der Vereinigten Staaten in Schweden. Der bullige Diplomat um die Fünfzig, der nie mit Brandt zusammentraf, war ihm gegenüber zunächst skeptisch.[44] Doch am 22. Mai 1944 ließ er das State Department wissen, der Linke sei »ein junger, aber besonnener, ernstzunehmender Beobachter der deutschen Szene. Ein Mitarbeiter des Office of Strategic Services, der sich unter den deutschen Flüchtlingen in Schweden gut auskennt, meint, daß Brandt einer der fähigsten von ihnen ist und voraussichtlich derjenige, der nach dem Krieg trotz norwegischer Nationalität eine ziemliche Rolle spielen wird.«[45] Anfang September 1944 empfahl der Gesandte seiner Zentrale, den Emigranten »im Hinblick auf künftige Entwicklungen im Auge zu behalten«.[46]

Ab Herbst 1944 ließ Willy Brandt der US-Mission Publikationen und Redemanuskripte direkt zukommen, und die Diplomaten nahmen die Auswertung selbst vor. So analysierten sie im Oktober auf 13 Seiten den SAP-Aufruf *Zur Nachkriegspolitik deutscher Sozialisten* und fanden, die Schrift sei »eine der bedeutendsten Erklärungen, die von der deutschen Emigration veröffentlicht worden ist«. Offenbar durch Brandt beeinflußt, konstatierten sie erneut, in Deutschland sei »die einzig nennenswerte Schicht mit demokratischen Ansichten und Führungsqualitäten die Arbeiterschaft«.[47] Je näher dann das Kriegsende kam, desto öfter schickte der Journalist den Amerikanern Rohmaterial, in dem vor der Teilung Deutschlands, dem Anspruch auf eine »bedingungslose Anpassung« der Besiegten und einer Lähmung der Linken durch die Alliierten gewarnt wurde.

Kein Zweifel, Willy Brandt war im schwedischen Exil zum Teil in einer Grauzone tätig. 1941 und 1942 versorgte er sowjetische und vom Hochsommer 1943 bis Kriegsende amerikanische Stellen mit Informationen. Dabei verfolgte er jedoch eigene Ziele. Er bekämpfte auf diese Weise den Faschismus und wollte eine aus seiner Sicht vernünftige Friedensordnung für Europa herbeiführen – zwei durchaus ehrenwerte Motive. Seine Auskünfte bestanden vorwiegend aus persönlichen Meinungsäußerungen, Manuskripten oder Zeitungsartikeln, waren also keine Geheimnisse. Im übrigen trat Willy Brandt den Russen und Amerikanern gegenüber höchst selbstbewußt auf. Die Behauptung, er sei in Stockholm ihr Werkzeug gewesen, entspricht nicht den Tatsachen.

In Verbindung mit Verschwörern gegen Hitler

1943 lernte Willy Brandt in der schwedischen Hauptstadt den Unternehmer Wolfgang Geldmacher kennen. Der katholische Antifaschist aus Frankfurt am Main, der elf Jahre zuvor in Oslo eine Bimssteinfabrik gegründet hatte, war nach dem deutschen Überfall Initiator eines »Genieklub« genannten Kreises deutscher Regimegegner und norwegischer Patrioten, der sich in seiner Villa traf. Anfang 1943 war er vor der Gestapo nach Schweden geflohen. Hier hatte er einen Gesinnungsfreund aus Oslo wiedergetroffen – den in Norwegen für das Transportwesen der Besatzungsmacht zuständigen Oberstleutnant Theodor Steltzer, der oft in das neutrale Land kam, um den Transit deutscher Militärzüge zu regeln.[48] Der in der Nähe von Lübeck geborene Stabsoffizier, ein gläubiger Protestant, war 1933 von den Nationalsozialisten aus seinem damaligen Amt als Landrat von Rendsburg entfernt und anschließend von der ökumenischen Bewegung beschäftigt worden. Nach seiner Einberufung bei Kriegsbeginn hatte ihn der Völkerrechtsexperte des Oberkommandos der Wehrmacht, Helmuth James Graf Moltke, auf seinem Gut Kreisau in Niederschlesien mit Hitlergegnern zusammengebracht, denen es »um die geistigen Grundlagen deutscher Politik« ging.[49] Steltzer wurde zum nordeuropäischen Vorposten der später Kreisauer Kreis genannten Verschwörung. Diesem Mann stellte Geldmacher eines Abends im Winter 1943/44 Willy Brandt vor.

In Oslo verkehrte der Stabsoffizier damals schon seit zwei Jahren im »Genieklub«. Während dieser Zeit hatte er die Ermordung des Bischofs Eyvind Berggrav durch Quislings Polizei verhindert, 1900 norwegischen Juden vor dem Abtransport ins KZ zur Flucht nach Schweden verholfen und die Universität vor deutschen Repressalien gewarnt.[50] Den Feind aber über Truppenbewegungen der Wehrmacht oder auslaufende Kriegsschiffe zu informieren, lehnte er strikt ab: »Ich bin nicht bereit, deutsche Jugend in den Tod zu schicken.«[51]

Auch Willy Brandt hörte von dem 28 Jahre älteren Verschwörer gleich bei der ersten Begegnung, er wünsche keine Fragen zu erörtern, »die ihn als Offizier in einen Gewissenskonflikt treiben könnten«. Seine Ablehnung des NS-Regimes verbarg der Obrist nicht, mißbilligte aber ein Attentat auf Hitler. Er berichtete über die relativ progressiven Pläne des Kreisauer Kreises, doch vermied er Angaben über dessen Aufbau und personelle Zusammensetzung. Immerhin vertraute er Brandt an, daß Julius Leber, der nach der KZ-Haft seit Juni 1939 in Berlin als Kohlenhändler lebte, im Widerstand einen wichtigen Platz innehabe. Der Lübecker in Stockholm nahm »die wenigen Nachrichten, die sich auf Lebers Schicksal bezogen, begierig auf«[52] und bat Steltzer, dem einstigen Mentor von ihm zu berichten und Grüße zu bestellen. Was auch geschah.

Daß sich von da an zwischen Brandt und seinem einstigen Idol »eine Verbindung ergab, die mit der Chance enger Zusammenarbeit verbunden war«, wie ersterer später schrieb,[53] ist nicht belegt. Im übrigen befürchtete der Dreißigjährige, Deutsche würden ein Attentat auf Hitler »nicht organisieren können. Wir haben keine Tradition in derartigen Aktionen.«[54] Steltzer, den Brandt in seinen *Erinnerungen* als mutig und nobel charakterisiert, traf er in Schweden noch gelegentlich und nahm auch an Gesprächen teil, die der Verschwörer mit dem Gewerkschafter Fritz Tarnow führte.[55] Der Offizier scheint aber den Unterredungen keine große Bedeutung beigemessen zu haben: In seiner Autobiographie erwähnte er weder Brandt noch Tarnow.

Am Morgen des 24. Juni 1944, einem Sonnabend, wird Willy Brandt in seiner Wohnung in Hammarbyhöjden vom Direktor des Nordischen Ökumenischen Instituts in Sigtuna, Harry Johansson, angerufen, der ihn sofort aufsuchen möchte. Brandt ist einverstanden, in seinem Pressebüro hat er erst am Nachmittag zu tun. Den 14 Jahre älteren Kirchenrat kennt er von antifaschistischen Veranstaltungen her. Der Schwede hat nämlich einflußreiche Landsleute um sich geschart, die dem Widerstand gegen die NS-Diktatur Rückhalt geben.[56] An jenem Vormittag trifft Johansson »mit einem Bekannten« bei Brandt ein, bezeichnet seinen Begleiter als mutigen Hitlergegner und verabschiedet sich bald. Der Dagebliebene, ein fast zwei Meter großer, selbstsicher wirkender Mann mit fahlem Gesicht und Stirnglatze, hat sich als Adam von Trott zu Solz vorgestellt. Brandt sagt der Name nichts. Der Freiherr versucht daraufhin, sich als Antifaschist auszuweisen, indem er von Julius Leber Grüße bestellt und zur Beglaubigung eine Episode erzählt, die sich 1931 im Lübecker Ratskeller zwischen dem damaligen Herbert Frahm und dem örtlichen SPD-Chef zugetragen hat. Brandt erinnert sich jedoch nicht mehr an den Vorfall. Erst nach vielen Fragen faßt er zu dem Besucher Vertrauen.

Adam von Trott zu Solz, 1909 als Sohn des damaligen preußischen Kultusministers geboren, wurde in jungen Jahren von Hölderlin und Dostojewski, von Hegel, Marx und Lenin beeinflußt. Als Jurastudent in Oxford sowie bei Aufenthalten in den USA und in Ostasien fand er einflußreiche Freunde, die ihm, einem grundsätzlichen Gegner des NS-Regimes, Mitte 1939 beim britischen Außenminister Lord Halifax und bei Premierminister Chamberlain die Türen öffneten. In Gesprächen mit beiden Staatsmännern und in einem Memorandum für die amerikanische Regierung riet er dringend zu einem energischen Auftreten gegenüber Hitler.[57] Seit 1941 Legationsrat im Auswärtigen Amt und zugleich Mitglied des Kreisauer Kreises, schlug er für die Verschwörer bei 16 Auslandsreisen Brücken über die Grenzen hinweg. In der Fremde zu bleiben, erwog er nie, zumal er das Emigrantendasein für »erniedrigend« hielt.[58] Deutschlands künftige Aufgabe sah er einer »mit Herzblut geschriebenen« Denkschrift zufolge[59] darin, »zwischen Ost und West substantiell zu vermitteln«. Der Forderung nach bedingungsloser Kapitulation trat er konsequent entgegen[60] und bemühte sich bei den Alliierten um Garantien für eine deutsche Regierung nach Hitler.

Bei seinem ersten Besuch in Stockholm lernte von Trott im September 1942 Harry Johansson kennen und suchte vergebens durch Inga Almstrom,[61] eine vierzigjährige schwedische Pädagogin mit guten Beziehungen zu Diplomatenkreisen, einen Draht nach London.[62] Der ergab sich erst 13 Monate später während einer zweiten Visite.[63] Sondierungen, ob die Royal Air Force bei einem Staatsstreich in Deutschland die Bombardierung von Städten beenden würde, erbrachten jedoch bis März 1944 nur »eine schroff ablehnende Antwort«.

Ende Mai 1944 bittet die britische Gesandtschaft Adam von Trott zu Solz durch Inga Almstrom zu einer »dringenden Unterredung« nach Stockholm. Am 21. Juni trifft er in der Wohnung der Schwedin den englischen Kollegen David McEwan, der ihn nach den Erfolgsaussichten der deutschen Opposition fragt. Vor einer Antwort verlangt der Diplomat aus Berlin jedoch den Verzicht der Alliierten auf die bedingungslose Kapitulation des Reichs. Nach einigem Hin und Her ist er bereit, eine Denkschrift zu verfassen.[64] Neben der Arbeit an dieser Erklärung berät sich der Legationsrat mit dem Nationalökonomen Gunnar Myrdal, den er seit 1939 kennt, und spricht volle zwei Stunden lang mit dem US-Journalisten und Geheimdienstagenten John Scott. Er weist dabei auf die angeblich steigende Sympathie patriotischer Deutscher für die Sowjetunion hin, weshalb ihn der Amerikaner für einen verkappten Faschisten hält.[65]

Bei der Unterredung zwischen von Trott und Brandt am Vormittag des 24. Juni 1944 geht es um die Opposition im Dritten Reich und die Zukunft Deutschlands. Der Diplomat nennt dabei kaum Namen und verschweigt auch seine Rolle im Widerstand. Er erwähnt aber, daß der ehemalige Generalstabschef des Heeres, Ludwig Beck, zum Handeln aufgerufen habe, was Brandt veranlaßt, seine negative Meinung über deutsche Generäle zu revidieren. Julius Lebers Bündnis mit Konservativen und Offizieren, das klassenbewußte Linke ablehnen, bejaht der Deutschnorweger: »Die Formeln und Begriffe der vorhitlerschen Ära schienen mir überholt.« Eine Andeutung des Gastes, daß ein Anschlag auf den braunen Tyrannen bevorstehe, ist für den Emigranten »aufregend neu«. Die Regierung für die Zeit nach Hitler stehe weitgehend fest, erfährt er außerdem, doch sei eine »fortschrittliche Korrektur« denkbar – die Ernennung Lebers zum Regierungschef statt zum Innenminister. In diesem Zusammenhang fragt von Trott den Dreißigjährigen, ob er sich einer neuen Regierung zur Verfügung stellen würde. Brandt sagt ohne Zögern zu.

Ebenso spontan ist er bereit, bei Diplomaten in Stockholm am Wochenende die Meinung über eine antifaschistische deutsche Staatsführung zu erkunden. Außerdem will er auf Lebers indirekte Bitte dem Legationsrat ein Gespräch mit der Sowjetbotschafterin Alexandra Kollontai vermitteln. Dabei soll der Kurs des Kreml nach Hitlers Sturz ausgelotet werden.[66] Beim Abschied verabreden die beiden ein zweites Treffen für Montag. Dann sucht Brandt Martin

Tranmæl auf, der aufgrund guter alter Beziehungen den eiligen Termin bei Frau Kollontai am ehesten erreichen könnte.

Als sich Willy Brandt und Adam von Trott am Nachmittag des 26. Juni in Inga Almstroms Wohnung im Norden von Stockholm wiedersehen, beunruhigen den Diplomaten Gerüchte, die in Schweden über seinen Besuch kursieren. Zudem hat ihm offenbar die britische Gesandtschaft auf seine Denkschrift hin mitgeteilt, daß die Alliierten auf der bedingungslosen Kapitulation bestünden. Zu allem Überfluß ist er, wie Brandt annimmt, von einem Vertrauensmann in der deutschen Gesandtschaft vor einer undichten Stelle in der Sowjetmission gewarnt worden. Tatsächlich sucht in Stockholm zur gleichen Zeit SS-Obersturmbannführer Peter Kleist aus dem Auswärtigen Amt eine Verbindung zum sowjetischen Botschaftsrat Wladimir Semjonow.[67] Daß von Trott aus Furcht vor seiner Enttarnung Willy Brandt bittet, die Bemühungen um einen Kontakt zur Kremlvertretung abzubrechen, ist plausibel. Der Deutschnorweger andererseits hat keine Äußerungen von Diplomaten über eine deutsche Regierung nach Hitler einholen können. So nutzen er und der Verschwörer das Zusammensein zu einem erneuten Gedankenaustausch, der für ihn »unter die anregendsten und bedeutendsten während der Kriegsjahre« gehört. Das gerade entstehende SAP-Memorandum *Zur Nachkriegspolitik deutscher Sozialisten* findet von Trott »nicht uninteressant, ohne sonderlich beeindruckt zu sein«.

Deprimiert, da vermutlich erfolglos, kehrt Adam von Trott zu Solz eine Woche später nach Berlin zurück.[68] Zwei Tage darauf wird dort Julius Leber, durch den Kommunisten Rambow als Verschwörer verraten,[69] von der Geheimen Staatspolizei verhaftet. Am 20. Juli mißlingt Oberst Claus Graf Schenk von Stauffenberg im Führerhauptquartier der Anschlag auf Adolf Hitler. Der braune Terror beginnt, die Elite des »anderen Deutschland« auszurotten. Fünf Tage nach dem Attentat wird von Trott inhaftiert und am 26. August, nach einem entwürdigenden Hoch- und Landesverratsprozeß vor dem Volksgerichtshof, in der Strafanstalt Berlin-Plötzensee gehenkt. In Oslo setzen Hitlers Schergen Theodor Steltzer fest, der Anfang 1945 in Berlin zum Tode verurteilt wird; er entgeht jedoch der Exekution nach einer Fürbitte, die skandinavische Freunde an den nun um seine Haut besorgten und deshalb nachgiebigen Reichsführer-SS Heinrich Himmler richten.[70] Julius Leber dagegen wird am 6. Januar 1945 hingerichtet. Sein eigenes Selbstverständnis, versichert Willy Brandt 1983, sei geprägt worden durch Lebers »Ja zum Vaterland der Liebe und Gerechtigkeit, zum gesunden Staatsgefühl im Sinne einer kämpferischen Demokratie, zu Europa und zur kooperativen Völkergemeinschaft«.[71]

Ärger um ein fragwürdiges Buch

Anfang November 1944 erschien anonym im Stockholmer Bonniers-Verlag, zu dessen Autoren seit drei Jahren Willy Brandt gehörte, das Buch *Misslyckad revolt* (Mißglückter Aufstand). In dem »Geheimbericht aus Berlin«, so der Untertitel, schilderte angeblich ein linker Verschwörer Interna des Anschlags vom 20. Juli in Form von zehn Briefen. Die Publikation löste bei deutschen Antifaschisten in Schweden Empörung aus. Sie befürchteten eine Gefährdung von Widerstandskämpfern sowie deren Angehörigen im Dritten Reich[72] und entrüsteten sich über Hirngespinste wie einen Doppelgänger Hitlers, Spekulationen über Himmler als Drahtzieher des Attentats und »geradezu naive« Zukunftspläne.[73] Der Stalinist Karl Mewis vermutete stereotyp, das Buch sei »im Auftrag der Amerikaner geschrieben« worden.[74] Doch es stellte sich heraus, daß *Misslyckad revolt* allein von drei deutschen Exilanten stammte: von dem Schriftsteller

Stefan Szende, dem Gewerkschafter Fritz Tarnow und – von Willy Brandt. Wie kam es dazu?

Dem konspirativen Kreis um Julius Leber hatte der 1897 in Rostock geborenc Willy Jesse angehört, der in den letzten beiden Jahren der Weimarer Republik Sekretär des SPD-Bezirks Mecklenburg-Lübeck gewesen war und Brandt seitdem kannte. Die Aufrührer hatten ihn für einen wichtigen Posten in seiner Heimat vorgesehen. Am 24. August 1944 in Rostock verhaftet, war er entflohen und hatte sich innerhalb von drei Wochen über Kopenhagen nach Stockholm durchgeschlagen. Schwedische Genossen verbargen Jesse zum Schutz seiner Verwandten in Deutschland fast vier Wochen lang unter falschem Namen in einer Klinik.[75] Dort berichtete er Tarnow ausführlich über den Umsturzversuch. Diese Schilderung war allein zur Information des Sopade-Vorstandes in London bestimmt. Auf Tarnows Rat hin erzählte jedoch der 46jährige am 13. Oktober, nach Verlassen des Unterschlupfs, auch Willy Brandt seine Erlebnisse. Daß der Deutschnorweger an einer Schrift über das gescheiterte Attentat mitarbeitete, erfuhr Jesse nicht.[76]

Als das Buch drei Wochen später erschien, überrumpelte Tarnow den Verschwörer bei einer Pressekonferenz und stellte ihn jäh als »lebenden Beweis« dafür vor, daß ein Mann des 20. Juli nach Schweden entkommen war.[77] Jesse galt folglich als Autor der anonymen Veröffentlichung und sie selbst als Dokument. Daß er intern gegen den Bruch seines Inkognitos protestierte, nutzte nichts.[78] In dem Buch entdeckte er im übrigen 13 Stellen, an denen vertrauliche Angaben publik gemacht wurden, während andere Passagen Phantasieprodukte waren. Er nannte *Misslyckad revolt* einen »politischen Schmöker«, eine »gewissenlose Fälschung«.[79]

Mit der Zeit fand Willy Jesse heraus, was geschehen war. Gleich nach dem Gespräch im Krankenhaus hatte Tarnow nicht nur die Sopade-Führung, sondern auch Brandt über das Gehörte informiert. Der Lübecker und Szende forcierten daraufhin die Arbeit an ihrem Buch über die Ereignisse des 20. Juli. Dem Verlag Bonniers versicherten sie zugleich »ausdrücklich (...), die Berichte stammten von einem am Aufstand beteiligten linken Oppositionsmann«.[80] Sie waren in Wirklichkeit ein Gemisch aus Jesses Angaben, von Trotts und Steltzers Andeutungen, Artikeln und Rundfunkmeldungen.[81] Weil Szende das Manuskript der Druckerei unter Zeitdruck nach und nach schon seit Anfang Oktober lieferte, Brandt aber erst Mitte des Monats Jesses Informationen erhielt, entstanden zwischen den ersten und den späteren Teilen des Buches krasse Widersprüche.[82]

Von Jesse wegen des Wortbruchs zur Rede gestellt, schnauzte Fritz Tarnow den 46jährigen »wie einen Schulbuben« an und bestritt die Vorwürfe. Willy Brandt dagegen entschuldigte sich »sehr anständig« bei dem Widerstandskämpfer und gab vor: »Wir wollten dich im Krankenhaus mit einer solchen Sache nicht belasten.«[83] Die Fiktion eines Briefschreibers wie in *Misslyckad revolt* sei indes »das gute Recht eines Schriftstellers«, und die Angaben über die Verschwörung beruhten zum geringsten Teil auf Jesses Mitteilungen.[84] Bald danach räumte Brandt allerdings ein, daß aus den Gesprächen des Rostockers mit Tarnow und ihm »einiges hängen geblieben« sein könne.[85] Der US-Gesandte Herschel Johnson meinte daraufhin, den guten Eindruck von Willy Brandt »müssen wir entsprechend korrigieren«.[86]

Um die Affäre aufzuklären, wurde im November 1944 ein Untersuchungsausschuß gebildet. Ihm gehörten der sozialdemokratische Fraktionsvorsitzende im schwedischen Reichstag, Allan Vougt, der dänische Emigrant Oluf Carlsson und Ernst Paul von der Kleinen Internationale an.[87] Im März des nächsten Jahres entschied das Gremium, Szende und Brandt sollten auf schon geplante Übersetzungen ihres Buches ins Englische und Deutsche verzichten, sich bei

Jesse entschuldigen und je 500 Kronen Strafe an Schwedens Flüchtlingskomitee zahlen.[88] Die letzten beiden Auflagen wurden nie erfüllt. Sie gingen im Trubel des Kriegsendes unter. Fritz Tarnow blieb ganz und gar ungeschoren.

Willy Jesse sah schon im Sommer 1945 seine mecklenburgische Heimat wieder. Er wurde im SPD-, dann im SED-Landesvorstand Sekretär. Daß er sich dem Druck der Altkommunisten widersetzte, büßte er acht Jahre lang in Zuchthäusern und sibirischen Lagern. Nach der Freilassung leitete Jesse im SPD-Parteivorstand die Abteilung Betriebsgruppenarbeit. Er starb 1971, ohne sich, ebenso wie Fritz Tarnow, noch einmal zur Stockholmer Buchaffäre geäußert zu haben.

Die Erklärungen der beiden anderen Beteiligten schwankten nach 1945. Willy Brandt rechtfertigte zunächst die fragwürdige Veröffentlichung mit der Behauptung, es sei im Kriege zweckmäßig gewesen, »gewisse Dinge dergestalt darzustellen, daß es die Gestapo irreführte«. 1960 entschuldigte er sich, er habe »in den ersten Wochen und Monaten nach dem gescheiterten Umsturz nicht den notwendigen Abstand (gehabt), um dessen Bedeutung richtig würdigen zu können«. 1982 aber schrieb er, Jesse habe sich im Exil »schwer zurechtgefunden und lebte sich in die Vorstellung hinein, Tarnow und andere – auch ich – wären mit seinen Informationen nicht sorgsam genug umgegangen«. In seinen *Erinnerungen* erwähnte Willy Brandt die Begebenheit vom Herbst 1944 mit keinem Wort. Und in der *Berliner Ausgabe* seiner Werke ist der in den Anschlag auf Hitler verwickelte und von zwei Terrorregimen gepeinigte Sozialdemokrat Willy Jesse im Jahr 2000 in einer Fußnote nur noch ein namenloser »Flüchtling, der nach dem Attentat nach Schweden gekommen war« und dessen Plagiatsvorwürfe zurückgewiesen worden seien.

15. Kapitel
Vor dem Ende des Exils
Zurück zu der Partei Bebels und nach Oslo

»Willi Brand muss sich entscheiden, ob er seine politische Zukunft als Norweger oder als deutscher Sozialist sehen will«, befand in London am 14. Dezember 1944 Erich Ollenhauer, der Organisator der Exil-SPD, in einem Brief an den Vertreter des Parteivorstandes in Schweden, Kurt Heinig. »Ich glaube, dass eine Aussprache der beste Weg zu einer Klärung ist.«[1] Die Unterredung fand jedoch nie statt. Nicht nur, daß Heinig und Brandt einander ablehnten. Der Lübecker, der der Norske Arbeiderparti angehörte, hatte bereits ohne Heinigs Zutun Anschluß an die deutsche Sozialdemokratie gefunden, deren Mitglied er bis 1931 gewesen war.

Die Exil-SPD bildete Ende 1944 mit 243 Genossen die stärkste, aber auch die zerstrittenste deutsche Parteigliederung in Schweden. Tonangebend war in ihr die linksradikale Ortsgruppe Stockholm. Sie zählte 117 Gefolgsleute, nachdem sich 28 Mitglieder, von Heinig unterstützt, im Februar 1944 als antikommunistisch und national gesinnte Sektion Stockholmer Vororte selbständig gemacht hatten. Die übrigen sozialdemokratischen Emigranten lebten im Lande verstreut. Konflikte gab es um ideologische Fragen, um die Rolle der Emigranten in der künftigen SPD sowie nicht zuletzt um die Befugnisse der Ortsgruppen und der Parteiführung in London. »Ihr masst Euch Rechte an, die Euch in keinem Fall zustehen«, rügte Ollenhauer die »Schweden«.[2]

Daß SPD-Funktionäre in Stockholm Mitte 1942 mit Anhängern der Sozialistischen Arbeiterpartei, darunter Willy Brandt, auf deren Wunsch hin ins Gespräch gekommen waren, hatte der Sopade-Vorstand seinerzeit begrüßt.³ Auch Ollenhauer bemühte sich in England, die Reste linker Splitterparteien in die Exil-SPD zu integrieren.⁴ Die etwa 20 SAP-Emigranten in Schweden bildeten zudem keine straffe Organisation mehr, sondern nur noch einen Diskussionszirkel,⁵ eine »Traditionsgruppe« laut Brandt,⁶ und arbeiteten anderweitig, in der Kleinen Internationale etwa oder in den Exilgewerkschaften, mit Sozialdemokraten zusammen. Im Mai 1943 sprach Brandt erstmals vor der SPD-Ortsgruppe Stockholm und umriß die Ziele des Friedensgremiums. Ende Juni beschlossen dann die deutschen Sozialdemokraten in der schwedischen Hauptstadt, mit SAP-Emigranten offiziell über die Rückkehr zur Partei Bebels zu verhandeln.⁷ Auf der Gegenseite setzten sich das Ehepaar Enderle und Willy Brandt für das Ende der Spaltung ein. In Stockholm wurde ihnen dieser Schritt politisch dadurch erleichtert, daß die SPD-Ortsgruppe weit links von der Sopade-Führung stand.

Am 29. September 1944 vereinbaren in der Metropole neun der vierzehn Teilnehmer eines Diskussionsabends der SAP, mit Brandt an der Spitze, »dass wir in die hiesige SPD-Gruppe eintreten, und zwar sehr bald«.⁸ Sie rufen Gleichgesinnte auf, ihrem Beispiel zu folgen. Denn sie wollen nicht nur ihren aktuellen Einfluß vergrößern, sondern vor allem »beim Start in Deutschland weit mehr Kontakte und Wirkungsmöglichkeiten« haben. Der Wunsch, die Sopade vom linken Flügel aus zu verändern, und die Hoffnung, als Mitglieder einer großen Partei rascher heimkehren zu können,⁹ stecken insgeheim dahinter. Am 9. Oktober beantragen in Stockholm 15 bisherige SAP-Mitglieder gemeinsam die Aufnahme in die lokale Gliederung der Exilsozialdemokratie; sechs Mitstreiter draußen im Land tun dasselbe jeweils vor Ort. Die Gründung »einer separaten Gruppe im Reich« komme jetzt nicht mehr in Betracht, schreibt Brandt seinem Freund Herbert George nach England.¹⁰

Neun Tage nach dem Beitrittsgesuch billigt die SPD-Ortsgruppe Stockholm die Aufnahme der 15 SAP-Anhänger, sofern die Parteileitung in London zustimmt. Deren Vertreter Kurt Heinig ist mit dem »erfreulichen Zuwachs« spontan einverstanden, fordert aber die Kandidaten einzeln auf, ihren Entschluß schriftlich zu begründen.[11] Vom 4. November 1944 an sabotiert er jedoch das Vorhaben. Die Übertritte würden »das politische Gesicht der Partei in Stockholm« verändern, ja sogar eine Spaltung verursachen, schreibt er Ollenhauer und weist nachdrücklich darauf hin, daß Brandt und Szende keine deutschen Staatsbürger sind. Warum der plötzliche Meinungsumschwung?

Seit März 1944 streiten die SPD-Ortsgruppe Stockholm und die Sopade-Spitze in London darüber, ob sich die lokalen Exilgliederungen in Schweden dem ernannten Repräsentanten der Parteiführung, dem selbstherrlichen Kurt Heinig, unterordnen müssen oder ob sie auf einer Landeskonferenz selber eine regionale Leitung wählen dürfen.[12] Als wegen eines mißbrauchten Briefes zwischen Ollenhauer und dem intriganten Heinig Streit ausbricht, nutzt die Ortsgruppe Stockholm das Durcheinander, beansprucht in »schwedischen Angelegenheiten« die alleinige Kompetenz[13] und beruft für Anfang Dezember einen Landesparteitag ein. Der »rechte« Kurt Heinig muß unter diesen Umständen mit seiner Abwahl rechnen,[14] falls die stramm linke bisherige SAP-Gefolgschaft Delegierte zur Konferenz entsenden darf. Er versucht deshalb, ihre Aufnahme in die Exil-SPD zu blockieren. Dabei schwärzt er vor allem Willy Brandt an. Alles, was gegen dessen Aufnahme in die Sopade eingewendet werde, sei »sachlich berechtigt«, teilt er Ollenhauer mit, und dem Lübecker Paul Bromme schreibt er, sein Landsmann sei »ein schwankendes Rohr im Wind« und »überschätzt sich wesentlich«.[15] Brandt und die 14 anderen SAP-Konvertiten in Stockholm werden jedoch Mitte November von der SPD-Ortsgruppe zur wöchentlichen Mitgliederversammlung eingeladen, wodurch sie quasi in die Partei aufgenommen sind. Fritz Tarnow empfiehlt, ihnen sofort Stimmrecht zu gewähren, was Brandt unterstützt.[16] Tatsächlich wird August Enderle als Delegierter der neuen Genossen zur zweitägigen Landeskonferenz entsandt.

Gleich zu Beginn des Parteitags am 2. Dezember 1944 in Stockholm begrüßt Ortsgruppenleiter Peter Haß den Übertritt der SAP-Anhänger als Zeichen »des Wunsches nach einer einheitlichen sozialistischen Partei«. Den Posten des Repräsentanten der Sopade-Führung für Schweden schaffen die 21 Delegierten ab und wählen den überzeugten Marxisten Willi Seifert zum Landesvorsitzenden.[17] In Ansprachen und Debatten tauchen alte Volks- und Einheitsfrontparolen auf, und für den Wiederaufbau Deutschlands werden in einer Resolution »revolutionäre Maßnahmen« gefordert. Am Morgen nach der Konferenz trifft in Stockholm ein fünf Tage zuvor in London aufgegebenes Telegramm ein, in dem die Spitze der Sopade die Landeskonferenz zur »privaten Angelegenheit« erklärt.[18] An den vorhandenen Tatsachen ändert das freilich nichts mehr. Der gewählte Landesvorstand und der Vertreter der Sopade-Führung existieren fortan in Schweden nebeneinander und lähmen sich gegenseitig nach Kräften.

Willy Brandts Wiederaufnahme in die SPD aber, die Heinig unter Hinweis auf dessen norwegische Staatsangehörigkeit hintertreiben wollte, wird durch ein Machtwort Erich Ollenhauers geregelt. Eine fremde Nationalität sei vor 1933 in der SPD kein Hinderungsgrund für die Mitgliedschaft gewesen, belehrt er am 14. Dezember 1944 den Quertreiber aus Stockholm. Aktuell gelte, »dass ein ausländischer Sozialist, der durch seine Verbundenheit mit der deutschen Arbeiterbewegung in der SPD die einzige politische Vertretung in der Emigration sieht, Mitglied unserer Emigrationsgruppe werden kann. Das gilt vor allem für die Fälle, in denen politische Flüchtlinge aus irgendwelchen Notgründen eine andere Staatsangehörigkeit erhielten.«[19] Obwohl Ollenhauer zur Voraussetzung macht, daß Brandt wirklich in Deutschland politisch tätig werden will, der Lübecker aber jede Entscheidung über die eigene Zukunft hinauszögert, gilt seine Rückkehr in die SPD als definitiv vollzogen.

Aktivitäten für die Sopade

Der 31jährige Brandt machte sich in Schweden für die Exil-SPD mit Elan an die Arbeit. Mit dem zehn Jahre älteren Juristen Fritz Bauer, der nach seiner KZ-Haft 1936 aus Deutschland und 1943 aus dem besetzten Dänemark geflohen war, erstellte er für die neue Landesleitung noch vor Weihnachten 1944 das Konzept einer Monatszeitschrift. Die *Sozialistische Tribüne*, die von Januar 1945 an in einer Auflage von maximal 1000 Exemplaren erschien, entwickelte sich unter Chefredakteur Bauer zum wichtigsten Sprachrohr der deutschen Emigration in Nordeuropa. Willy Brandt forderte in den Artikeln, die er seit Februar 1945 für das Blatt schrieb, eine »Front gegen den inneren Feind«, den latenten Faschismus, mahnte zur Geduld beim künftigen Neuaufbau Deutschlands und warnte vor linkem Sektierertum.[20] Als Bauer Mitte 1945 für deutsche Heimatvertriebene in Dänemark tätig wurde, übernahm Brandt die Leitung des Blattes. Den Lübecker wiederum vertrat währenddessen immer häufiger werdenden Abwesenheit der Wirtschaftsjournalist Otto Friedländer.

Nach wie vor befaßte sich Willy Brandt auch mit außenpolitischen und staatsrechtlichen Themen. Zu jener Zeit entstanden für das schwedische Flüchtlingsbüro die 32seitige Broschüre *USA igår och idag* (USA gestern und heute)[21]

sowie für Zeitungen eine Studie über das Idol des befreiten Frankreichs, General Charles de Gaulle, wobei er dessen Leistungen und autoritäre Attitüden gleichermaßen wertete.²²
Am 4. Februar 1945 sprach der 31jährige im Stockholmer Philosophischen Diskussionsklub über »Forderungen und Möglichkeiten der Demokratie in der internationalen Politik«. Er trat dabei für die Leitung und Kontrolle öffentlicher Angelegenheiten durch »immer breitere Schichten des Volkes« ein, lehnte die Wirtschaftsfreiheit als »geschichtlich überholt« ab und behauptete, daß es bei Sozialisten »eine natürliche Synthese von Heimat- oder, wenn man will, Vaterlandsliebe und Internationalismus« gebe. Schon fünf Tage später hielt Brandt erneut eine Grundsatzrede, diesmal vor der SPD-Ortsgruppe Stockholm, über »Deutschlands außenpolitische Stellung nach dem Krieg«. Er wandte sich nun ebenso gegen Pläne für eine Zerstückelung des Reichsgebiets wie abermals gegen die »würdelose Unterwerfung deutscher Antifaschisten« unter das Gebot der Sieger.
Zur selben Zeit, vom 4. bis 11. Februar 1945, besiegelten in Jalta Roosevelt, Churchill und Stalin das Nachkriegskonzept der Alliierten. Ab März stießen amerikanische und britische Divisionen über den Rhein ins Ruhrgebiet und die Rote Armee seit Mitte April über die Oder auf Berlin vor. Aber nicht nur Nachrichten, sondern auch Ereignisse in Schweden kündigten das Kriegsende an. Bei Ernst Paul, dem Vorsitzenden der Kleinen Internationale und Vertrauten Willy Brandts, erkundete am 6. März ein Diplomat aus Berlin Möglichkeiten eines raschen Waffenstillstands.²³ Behörden legten für die Internierung des Personals deutscher Dienststellen Listen an.²⁴ Ende April kam es in Stockholm zu ergreifenden Wiedersehensszenen, als aus dem Dritten Reich 75 weißgestrichene Busse mit 3 000 norwegischen und dänischen KZ-Häftlingen sowie mit Insassinnen des Frauenlagers Ravensbrück eintrafen, die der Reichsführer-SS Hein-

rich Himmler dem Vizepräsidenten des Schwedischen Roten Kreuzes, Folke Graf Bernadotte, freigegeben hatte, um seine »Gutwilligkeit« zu beweisen. Brandt schloß Freunde wie Halvard Lange und dessen Bruder August, den Dichter Arnulf Øverland und Trygve Bratteli, den Sekretär des norwegischen Arbeiterjugendverbandes, in die Arme.

Schwedens Regierung bemühte sich derweilen, ihre Zugeständnisse an den Hitler-Staat und ihre Teilnahmslosigkeit gegenüber den Opfern des Regimes vergessen zu machen. Sie ermächtigte den berühmten Kriminalisten Harry Söderman zu Gesprächen mit der Gestapo in Oslo, bei denen ihm die Rettung von 6000 politisch und rassisch Verfolgten gelang, und der Polarflieger Bernt Balchen durfte militärisch ausgebildete norwegische Emigranten zum Einsatz in den Hohen Norden befördern. Eine Bitte der Exilregierung Nygaardsvold um offene Intervention lehnte das Kabinett in Stockholm allerdings ab. Schweden war konsequent bemüht, einen verheerenden Endkampf in Skandinavien zu verhindern, wofür sich auch Willy Brandt auf seine Weise einsetzte.

Tatsächlich plante die Wehrmachtsführung, die »Festung Norwegen« mit 380000 Soldaten bis zuletzt zu verteidigen. Samt den dort stationierten 100 U-Booten sollte sie bei Verhandlungen mit den Alliierten als Faustpfand dienen. Das Besatzungsregime wurde verschärft. Der rigorose General Franz Böhme übernahm das militärische Kommando, und Reichskommissar Josef Terboven wollte an Ostern in Oslo nach einer Razzia 60 bis 80 Personen erschießen lassen, was Sicherheitspolizeichef Heinrich Fehlis gerade noch verhinderte.

Am Sonntag, dem 29. April, verbreitete sich in Skandinavien stille Freude, als bekannt wurde, daß Heinrich Himmler fünf Tage zuvor den Westmächten die deutsche Kapitulation angeboten hatte. In Stockholm erfuhr Willy Brandt die

Sensation aus dem Außenministerium. Am Abend meldete er im Schwedisch-Norwegischen Pressebüro in der Vasagatan 38 ein Ferngespräch zum Reichskommissariat nach Oslo an. Als die Telefonverbindung erstaunlicherweise zustande kam, verlangte er in energischem Ton, Josef Terboven zu sprechen. Tatsächlich wurde der Anruf in die Wohnung des Hitler-Statthalters, ins Palais des emigrierten Kronprinzen Olaf nach Skaugum am Oslofjord, durchgestellt. Doch die Verbindung brach zweimal zusammen. Dann war plötzlich der Höhere SS- und Polizeiführer Nord, Wilhelm Rediess, am Apparat, und es kam nach Willy Brandts anschließender Notiz zu folgendem Dialog:

»Brandt: ›Wir hatten vor einer halben Stunde ein Gespräch mit Konsul Stören [einem Mitarbeiter des norwegischen Faschistenchefs Quisling] und fragten ihn in bezug auf Meldungen, die heute in der Stockholmer Presse darüber stehen, daß in Oslo Verhandlungen über eine Änderung des gegenwärtigen Zustandes im Gang sein sollen. Wir möchten gern von autoritativer deutscher Seite eine Äußerung dazu haben.‹

Rediess: ›Dazu kann ich sagen, daß das nicht zutrifft.‹

Brandt: ›Es sind keine Verhandlungen vorgesehen?‹

Rediess: ›Warten Sie offizielle Verlautbarungen ab.‹

Brandt: ›Es heißt hier auch, daß die Freilassung der politischen Gefangenen in Norwegen bevorstehe.‹

Rediess: ›Soweit das zwischen dem Reichsführer-SS und dem Grafen Bernadotte besprochen wurde, ist das in Vorbereitung.‹

Brandt: ›Aber es ist noch nicht mit unmittelbarer Durchführung zu rechnen?‹

Rediess: ›Doch, doch. Soweit das auf den Vereinbarungen zwischen dem Reichsführer-SS und Graf Bernadotte beruht, ist das in Vorbereitung.‹

Brandt: ›Ist aufgrund der letzten Ereignisse in Deutschland eine Verlautbarung der Okkupationsbehörden in Oslo zu erwarten?‹

Rediess: ›Nein. Ist das klar, ja?‹

Damit verstummte Rediess. Die norwegische Telefondame sagte nach einem Augenblick: ›Er hat den Hörer aufgelegt, er will nicht mehr sprechen.‹« Brandt war erleichtert. Er glaubte nun, daß seiner zweiten Heimat ein blutiges Finale des Krieges erspart bleiben werde.

»*Adolf Hitler ist tot!*«

Zwei Tage danach wird der 1. Mai in Stockholm mit einer Großkundgebung und einem imposanten Umzug gefeiert. An ihm beteiligen sich soeben freigekommene KZ-Häftlinge und, erstmals in Schweden, sozialdemokratische Emigranten, unter ihnen Willy Brandt. Am Abend findet im Medborgarhus (Bürgerhaus) des Stadtteils Södermalm eine Kundgebung der Kleinen Internationale statt. Dicht an dicht sitzen Sozialisten aus Mittel- und Nordeuropa im Saal. Es herrscht eine Mischung aus Abschiedsstimmung, Ungewißheit und Sorge. Die Veranstaltung wird mit einem Prolog eröffnet, den Oskar Hansen geschrieben hat, der linke dänische Dichter, bei dem Brandt zu Beginn seiner Emigration in Kopenhagen unterkam und der 1940 selbst fliehen mußte. Dann halten der norwegische Schriftsteller Sigurd Hoel, der designierte ungarische Gesandte Vilmos Boehm und der schwedische Nationalökonom Gunnar Myrdal Ansprachen. Zum Schluß der Versammlung soll Willy Brandt eine Resolution verlesen und zur Abstimmung stellen.

Was aber wirklich passiert, haben Anwesende unterschiedlich überliefert. Brandt selbst berichtete 1960, ihm sei auf dem Weg zum Rednerpodium, 1982 hingegen, ihm sei erst während seiner Ansprache ein Zettel zugesteckt worden.

Stefan Szende und Walter Pöppel gaben an, man habe Brandt wegen einer Nachricht ans Telefon gerufen.[25] Rut Brandt wiederum erinnerte sich: »Irgendwann kam Willy, nein er rannte beinahe zum Rednerpult und bat ums Wort.«[26] Was ist richtig? Dem Veranstaltungsprotokoll zufolge richtet Willy Brandt kurz vor 23 Uhr für die sozialistischen Emigranten »einen herzlichen Dank an Schwedens Arbeiterbewegung und Volk für ihre Gastfreundschaft«, als ihm eine Meldung der schwedischen Presseagentur zum Rednerpult hinaufgereicht wird. Nach einem Blick auf das Blatt unterbricht er seine Dankesworte und sagt: »Adolf Hitler ist tot! Angeblich ist er kämpfend in Berlin gefallen. Eines ist sicher: Jetzt ist das Ende des Krieges da.« Daß Brandt vom Selbstmord des braunen Diktators gesprochen habe, wie er und andere später behaupten, kann nicht stimmen, weil in den ersten Nachrichten aus Berlin von einem Freitod noch gar keine Rede war.[27] Die Teilnehmer der Feier nehmen die Mitteilung stumm auf. »Es gab keinen Beifall, keinen Jubel. Es schien, als könnte man es gar nicht fassen, daß das Ende tatsächlich gekommen war«, erinnert sich Brandt, und Szende fügt hinzu, nach dem Gesang der Internationale seien die Anwesenden »nachdenklich und besorgt« voneinander geschieden. »Sie dachten an die Zukunft Europas und der Welt.«[28]

An diesem Abend endete die Tätigkeit der Kleinen Internationale. »Sie hatte ihre Aufgabe erfüllt. Ohne formelle Auflösung ging sie auseinander«, bekundete ihr Vorsitzender Ernst Paul.[29] Mitglieder der Gruppe aus dem freien Teil der Welt, Willy Brandt, Bruno Kreisky und Gunnar Myrdal zum Beispiel, stiegen mit der Zeit zu hohen Ämtern und Ehren auf. Ihre Gesinnungsfreunde aus dem sowjetischen Einflußbereich dagegen wurden kaltgestellt und endeten meist traurig.

Im Frühjahr 1945 überstürzten sich die Ereignisse. Am Morgen des 5. Mai, drei Tage, nachdem sich die letzten Verteidiger von Berlin ergeben hatten, streckte die Wehrmacht in Holland, Nordwestdeutschland, Schleswig-Holstein und Dänemark die Waffen. Am 7. Mai um 2.41 Uhr kapitulierten in Reims im Hauptquartier des westalliierten Oberbefehlshabers, US-General Eisenhower, die deutschen Streitkräfte (die »offizielle Zeremonie« fand 45 Stunden später in der sowjetischen Kommandozentrale in Berlin-Karlshorst statt). In Stockholm feierte die Bevölkerung das Ende des Blutvergießens in Europa mit einem »nie dagewesenen Freudenfest«.[30] Wildfremde Menschen umarmten sich in den Straßen, fahnengeschmückte Lastwagen fuhren umher, im Büroviertel regnete Papierkonfetti aus den Fenstern. Willy Brandt beobachtete das Schauspiel mit gemischten Gefühlen: »Vielleicht war dieser Jubel so überschwenglich, weil so viele auf diese Art ihr Gewissen betäuben wollten. Die skandinavischen Brüder hatten sehr gelitten, selbst hatte man großes Glück gehabt. Jetzt war man dem Dilemma ein für allemal entronnen.«

Noch aber blieb Norwegen unterjocht. In Reims war festgelegt worden, daß der Zweite Weltkrieg in Europa, der 68 Monate gedauert und 40 Millionen Tote gefordert hatte, am 9. Mai eine Minute nach Mitternacht enden solle. Doch Wehrmachtsbefehlshaber Böhme wollte die »Festung Norwegen« nur auf spezielle Weisung hin aufgeben. Im Laufe des 8. Mai befahl ihm endlich Großadmiral Karl Dönitz, der Nachfolger Hitlers als Reichspräsident und Oberkommandierender, die Kapitulation, die der Generaloberst in Lillehammer vollzog. »Überall herrschte Jubel. Bis zur Heiserkeit ertönte die Nationalhymne ›Ja, wir lieben dieses Land‹«, schilderte Brandt die Stimmung der Norweger. Seine Freundin Rut Bergaust erfuhr vom Ende des Krieges in einem Stockholmer Restaurant: »Ich legte meinen Kopf auf den Arm und weinte. Ich mußte Willy anrufen, schluchzte ins Telefon: ›Es ist Frieden, es ist Frieden, es ist Frieden.‹«

Wenig später versuchten deutsche Emigranten in Stockholm, Ableger des NS-Regimes unter ihre Kontrolle zu bringen – August Enderle die Niederlassung des Deutschen Nachrichtenbüros, Willy Brandt das offizielle Reisebüro und Otto Friedländer die Deutsche Schule.[31] Schwedische Behörden unterbanden die Übergriffe und übernahmen die Liquidation der braunen Hinterlassenschaft.

In Norwegen ließ Bischof Eyvind Berggrav am 8. Mai um 15 Uhr alle Kirchenglocken läuten. Pål Berg, der Leiter der Heimatfront, übernahm vorläufig die Regierungsgewalt. Die Verhaftung von 16 000 norwegischen Kollaborateuren begann; ihr Anführer Quisling, der zuletzt patriotische Töne angeschlagen hatte, stellte sich selbst. Die deutschen Truppen wurden ohne Zwischenfälle in »Reservaten« entwaffnet und gefangengesetzt. Das braune Terrorsystem aber brach von allein zusammen. SS-Führer Rediess, mit dem Brandt besagtes Telefonat geführt hatte, erschoß sich in Skaugum, und Reichskommissar Terboven setzte sich im Bunker seiner Residenz neben dem Toten auf eine Kiste Dynamit und sprengte sich samt dem Leichnam in die Luft.[32] Bald danach brachte sich auch Sicherheitspolizeichef Fehlis um, als er trotz Wehrmachtsuniform und falscher Ausweise in einem Kriegsgefangenenlager entdeckt wurde.

Unschlüssigkeit oder Feingefühl?

»Manchmal muß man bremsen oder sogar anhalten, um wieder auf Tempo zu kommen«, sagte Willy Brandt 1973 der italienischen Journalistin Oriana Fallaci.[33] Eine Bemerkung, die seine Wesensart blitzartig erhellt. Zeit seines Lebens war der grüblerische, um Selbstgewißheit ringende, sich oft für ein »kräftiges Sowohl-Als-auch« entscheidende Norddeutsche ein Zauderer. Im Mai 1945 zögerte er mit der Rückkehr nach Norwegen. Das Motiv: seine deutsche Herkunft. Als Inge Scheflo, der seit zehn Monaten in Oslo das Untergrundblatt der Gewerkschaften redigierte, am 8. Mai Brandt in Stockholm anrief und fragte, wann er ihn begrüßen könne, erwiderte der Lübecker: »Was denkst du! Ich gelte als Deutscher, und du kennst die Stimmung gegenüber Deutschen.« »Bist du verrückt? Komm sofort zurück, sonst unterstützt du einen umgekehrten Hitlerismus«, schnauzte daraufhin Scheflo ins Telefon. Später deutete er Brandts Unschlüssigkeit als Zeichen des Feingefühls: »Er war Deutscher norwegischer Nationalität und fragte sich, ob es taktvoll wäre, gleich nach Kriegsende in Oslo aufzutauchen.«[34] Zwei Tage nach jenem Gespräch kam indes Brandt »auf Tempo« und fuhr mit dem Zug in seine gerettete zweite Heimat: »Meine norwegische Staatsbürgerschaft bedeutete mir mehr als eine Formalität. Aus ihr ergaben sich Verpflichtungen, die ich nicht einfach abschütteln konnte. Meine norwegischen Freunde standen vor sehr schweren Aufgaben. Durfte ich sie im Stich lassen? Gerade jetzt?« Im übrigen sollte er für schwedische Zeitungen und die amerikanische Overseas News Agency aus Oslo berichten.

Norwegens Metropole befand sich trotz schlechter Versorgung noch immer in einem Freudentaumel. »Es ist phantastisch, den Freiheitsrausch zu erleben«, schrieb Brandt seiner Freundin Rut Bergaust, die in Stockholm geblieben war und in der norwegischen Gesandtschaft mithalf, die während des Krieges aufgeblähte Presseabteilung zu verkleinern. »Man sieht nur fröhliche Menschen. Sie sehen auch viel besser aus, als man sich vorgestellt hat. Das Essen ist fürchterlich, aber daran haben sich die Menschen hier gewöhnt.« Willy Brandt traf sich in der norwegischen Hauptstadt mit dem ehemaligen Kommunisten Jacob Vogel, der wie er 1937 zu den Urhebern der Exilzeitschrift *Det skjulte Tyskland* gehört hatte, und mit dem Stabsoffizier Joachim Wolfgang

Graf Moltke, einem Bruder des hingerichteten Begründers des Kreisauer Kreises, der als Vertrauter des Hitlergegners Steltzer den Kontakt zu den Verschwörern in Deutschland gehalten hatte[35] und jetzt in einem Gefangenenlager Dolmetscher war. Aber auch bisherige deutsche Diplomaten, Beamte des Reichskommissariats und KZ-Wächter, die norwegischen Häftlingen heimlich geholfen hatten, gehörten zum Umgang des Emigranten.

In Oslo war der 31jährige bei der Sichtung von Akten der stillgelegten deutschen Gesandtschaft behilflich.[36] Mit dem sechs Jahre älteren Fotografen Adam Harth, einem früher umstrittenen SAP-Anhänger, der inzwischen durch die Unterstützung der norwegischen Heimatfront und KZ-Haft rehabilitiert war, gründete er einen Sopade-Stützpunkt, dem etwa 15 im Land verbliebene deutsche Linke beitraten.[37] Vor allem aber war Brandt als Journalist tätig. Bereits am Tag nach seiner Ankunft hatte er einen Ausweis als »Kriegsberichterstatter« erhalten. Enttäuschungen blieben allerdings nicht aus. Er merkte rasch, daß sein auf den antifaschistischen Untergrund spezialisiertes Pressebüro in Stockholm mit dem Kriegsende zwangsläufig an Bedeutung verloren hatte. Außerdem verbot ihm die Zensurbehörde, darüber zu berichten, daß »in den deutschen Reservaten zunächst Zustände geduldet (wurden), die nach dem militärischen Sieg über den Nazismus hätten unmöglich sein sollen« – die Kriegsgerichte der Wehrmacht, die im Auftrag der Alliierten zur Aufrechterhaltung von Ruhe und Ordnung zum Teil drakonische Urteile fällten. Bis Jahresmitte erschienen in skandinavischen Blättern nur neun Artikel des Deutschnorwegers. Wie er damals von Det norske Arbeiderparti aufgenommen wurde, verrät Willy Brandt in seinen Memoiren mit keinem Wort. Schon nach drei Wochen kehrte er Anfang Juni 1945 in die schwedische Hauptstadt zurück.[38]

Dort leitete er das Parteiblatt *Sozialistische Tribüne* und schrieb über die Entwicklung im befreiten Nachbarland. Unter anderem behandelte er dieses Thema im Spätsommer sogar in einer achtteiligen Serie in der liberalen Tageszeitung *Dagens Nyheter*.[39] Ein andermal lobte er die russische Besatzungspolitik in Deutschland und kritisierte die Härte des Westens.[40] Überhaupt entwickelte Brandt in der ersten Nachkriegszeit eine bemerkenswerte Sympathie für die Sowjetunion, die er als die neue »friedliebende« Supermacht neben den USA ansah. In einer 59seitigen Broschüre *Der zweite Weltkrieg* stellte er den Hitler-Stalin-Pakt von 1939 entgegen früheren Verdammungen als einen klugen »Schachzug« zugunsten der Landesverteidigung dar und rechtfertigte den Finnlandkrieg sowie die Annexionen in Ostpolen, dem Baltikum und Rumänien als »territoriale Sicherheitsmaßnahmen«. Wie andere hoffte er offenbar auf die Verhinderung eines dritten Weltkriegs durch eine Symbiose von Kapitalismus und Sowjetsystem, für die er durch das Retuschieren der kriminellen Politik des Kreml zu werben glaubte.

Besondere Aufmerksamkeit widmete Brandt der Potsdamer Konferenz, bei der die Staatenlenker der USA, Großbritanniens und der Sowjetunion vom 17. Juli bis 2. August 1945 Differenzen ausräumen und Grundsätze für die Behandlung des besiegten Reichs festlegen wollten. Die Ziele ihres Abkommens seien »durchaus mit dem in Einklang zu bringen, was deutsche Sozialisten und Demokraten vertreten«, betonte er in der *Sozialistischen Tribüne* unter Hinweis auf die Schuld des Hitlerregimes. »Die konkreten Bedingungen, die Deutschland auferlegt wurden, können jedoch nicht mit einem einfachen Ja und Amen zur Kenntnis genommen« werden. Vor allem die Grenzziehung zu Polen gehe »weit über das Mass des Vernünftigen hinaus«, und noch erschreckender sei »die grausame Art, auf die zehn bis zwölf Millionen Menschen aus den deutschen Ostgebieten, der Tschechoslowakei und Ungarn nach dem Westen getrieben werden«. Mit der Atlantikcharta und demokratischen Prinzipien habe das nichts zu tun.[41]

Neben der Mitarbeit an einer umfangreichen Monographie über den Zweiten Weltkrieg, die das Stockholmer Außenpolitische Institut herausgab, wirkte Brandt beim schwedischen Hilfskomitee für Deutschland mit, schaltete sich in die Suche nach vermißten Linken ein und nahm an Sitzungen der SPD-Landesleitung teil.[42] Er fuhr zu jener Zeit noch zweimal für wenige Tage nach Norwegen, um zur neuen Parteizelle Kontakt zu halten, aber auch, um eine Arbeitsstelle zu suchen. Allerdings blieb das wieder erfolglos. Seine Kritiker Einar Gerhardsen und Trygve Lie waren nun Premier- und Außenminister der neuen Regierung in Oslo.

Über eine Heimkehr nach Deutschland äußerte sich Willy Brandt widersprüchlich. Er könne »den norwegischen Genossen nicht einfach den Rücken kehren«, schrieb er Jacob Walcher.[43] Andererseits fürchtete er, wie er seinem Freund Herbert George mitteilte, »zu fest in die norwegischen Dinge eingespannt zu werden«.[44] Ernst Winkler, einem österreichischen Mitstreiter aus der Zeit vor 1940, versicherte er, daß er sich nicht »auf die norwegische Position« zurückziehen wolle, obwohl das bequem wäre. Er erwog, »in einer Übergangszeit« von Nordeuropa aus für Nachkriegsdeutschland tätig zu werden,[45] und neigte schließlich dazu, wie er Fritz Bauer wissen ließ, als Norweger »englische und amerikanische Zeitungen (in Mitteleuropa) zu vertreten und auf diese Weise nach den Dingen zu Hause zu sehen«.[46] Seine Mutter in Lübeck vertröstete er indes am 26. August: »Deine Frage, wann ich komme, läßt sich noch nicht beantworten. (…) Für mich ergeben sich noch einige Aufgaben, die ich nicht liegenlassen kann. Aber eines Tages werde ich bei Euch erscheinen.«

Daß Willy Brandt nicht sofort nach Kriegsende aus der Emigration ins notleidende Deutschland zurückkehrte, wurde ihm von Gegnern immer wieder vorgeworfen. Ihm habe dafür »die politische, charakterliche und wohl auch die materielle Möglichkeit« gefehlt, stichelte zum Beispiel der konservative Publizist Hans Frederik.[47] Bei derartigen Anwürfen blieben bewußt die damaligen Umstände außer acht – unter anderem die Tatsache, daß die Besatzungsmächte ihre mit Heimatvertriebenen und ausländischen Zwangsarbeitern überfüllten Zonen gegen Zuzug aus dem Ausland abriegelten.[48] Ausnahmen machten die Sowjets nur bei linientreuen kommunistischen Emigranten und die Westmächte bei Flüchtlingen, die wie der Historiker Golo Mann und der Schriftsteller Alfred Döblin Uniformen der Alliierten trugen, mit Geheimdiensten respektive Propagandazentren der Sieger zusammengearbeitet hatten oder von der Internationalen Transportarbeiter-Föderation den regionalen Okkupationsbehörden als »guides« empfohlen wurden.[49] Zu letzteren gehörten aus Schweden Arno Behrisch, der mit amerikanischer Hilfe schon vor der Waffenruhe von Dänemark aus deutschen Boden betrat,[50] und das Ehepaar Enderle, das »unter Ausschluss der Parteiöffentlichkeit« Mitte Juni Stockholm in Richtung Bremen verließ.[51] Andere Linke dagegen, wie etwa Fritz Tarnow, konnten nicht vor Herbst 1946 und Ernst Paul sogar erst 1948 heimkehren.

Über zwei Drittel der deutsch-österreichischen Emigranten blieben in Skandinavien, unter ihnen Brandts politische Freunde Stefan Szende, Walter Pöppel und Otto Friedländer sowie seine Widersacher Kurt Heinig und Paul Wassermann.[52] Entweder waren sie des politischen Zanks überdrüssig, wollten als Juden nach den NS-Greueln nie wieder in Deutschland leben oder konnten nicht mehr in ihre alte Heimat im Osten zurückkehren, sie fanden für einen Neuanfang keine Hilfe oder hatten familiär und beruflich in Nordeuropa Wurzeln geschlagen. Willy Brandts Zögern war keine Ausnahme.

Warten auf eine aussichtsreiche Chance

Bei seinen Besuchen in Oslo wohnte Brandt in der Pension »Themis«, die in der City »ein Sammelsurium aller möglichen Menschen« in »beinahe familiärer Atmosphäre« beherbergte. Sein Stockholmer Domizil war ein nobles Gästehaus am Strandweg, in dem er mit Rut Bergaust unweit ihrer Arbeitsstätte zusammenlebte. Im Frühjahr 1945 unternahmen die beiden einen Ausflug nach Schloß Gripsholm im Mälarsee, dem Schauplatz eines unbeschwerten Liebesromans von Kurt Tucholsky, auf dessen Grab im Nachbarort Mariefred sie Blumen niederlegten. Den Sommerurlaub verbrachte die 25jährige Rut bei ihrer Mutter in Hamar. Es kam ihr vor, als sehe sie »durch ein umgekehrtes Fernglas: Die Heimat war eingeschrumpft. Als ich abfuhr, wußte ich, daß ich mich nie mehr dort niederlassen würde.«[53]

Unterdessen war zwischen Willy Brandt und Jacob Walcher Streit ausgebrochen. Noch im Spätsommer 1944 hatte der ehemalige Leiter der Sozialistischen Arbeiterpartei im New Yorker Exil einem Brief des 26 Jahre jüngeren Genossen entnommen, »dass wir im grossen und ganzen mit der gleichen Einstellung und Blickrichtung an die Lösung der neuen Aufgaben herangehen«. Zehn Monate später rügte er Brandt wegen seines Beitritts zur SPD. Das sei »in gegebener Situation unter jedem möglichen Aspekt falsch« gewesen, da die SAP gerade jetzt als »Geburtshelferin« einer linken Einheitspartei zu wirken habe.[54] Dieser Vorwurf veranlaßte am 25. September 1945 Willy Brandt sowie zwölf Gesinnungsgenossen und damit »die grosse Mehrheit der in Schweden lebenden Mitglieder der SAP«, ihren Eintritt in die Sopade durch ein Rundschreiben von sechs engzeilig beschriebenen Seiten als »die heute mögliche Etappen-Lösung des Einheitsproblems« zu rechtfertigen: »Wenn die totale Einheit nicht zu verwirklichen ist (...), müssen wir uns für Einordnung in eine der beiden Parteien (SPD oder KPD) entscheiden. Dafür kommt unserer Meinung nach nur die Sozialdemokratie in Frage.« Denn sie allein könne zu einer »erneuerten Bewegung« gemacht werden (siehe Dokument S. 429f.). Auch in England wechselten Ende 1945 Mitglieder der SAP zur Exil-SPD.[55] Brandt und seine Gefährten jedoch wurden als Abtrünnige angeprangert. Jacob Walcher blieb »peinlich überrascht«, in Kuba nannte Boris Goldenberg die Stockholmer Erklärung »gedankenloses Gequatsche auf sentimentaler Grundlage«, und Max Köhler in Dänemark bezeichnete sie als »bürgerliches Gewäsch«.[56] Im Exil weitgehend isoliert, war die alte Garde der SAP politisch erstarrt.

Freilich beurteilte auch Brandt gelegentlich aktuelle Ereignisse einseitig. Zusammen mit der Sozialpädagogin Alva Myrdal war er in Stockholm am 6. August 1945 über den Abwurf der amerikanischen Atombombe auf Hiroshima »von Herzen froh«. Nun werde bald weltweit Frieden herrschen. Später erkannte er: »Die Erleichterung war so groß, daß sie uns die grauenvolle Unheimlichkeit der neuen Waffe kaum bewußt werden ließ.«

Ebenfalls im August 1945 vereinbarten die Siegermächte in London die Gründung eines Internationalen Militärgerichtshofs, der von Herbst an in Nürnberg deutsche Hauptkriegsverbrecher zur Rechenschaft ziehen sollte. Einen Monat später beschloß das DNA-Pressebüro, Willy Brandt als Reporter zu dem Tribunal zu schicken. »Welch eine Chance, so schnell mit der deutschen Wirklichkeit konfrontiert zu werden«, freute er sich noch 1989. Zur Vorbereitung auf seine Aufgabe zog er von Stockholm nach Oslo um, wieder in die Pension »Themis«. Seine Freundin folgte bald nach. Während Rut Bergaust bei der DNA eine Stelle als Bürohilfe antrat, arbeitete Willy Brandt als Deutschland-Experte in der *Arbeiderbladet*-Redaktion, hielt Vorträge und schrieb zwei Broschüren – die eine anonym über die Politik der

Kommunisten, die andere unter vollem Namen über den Hochverratsprozeß gegen Vidkun Quisling, der am 24. Oktober in Norwegens Metropole hingerichtet wurde. Anfang November 1945 erhielt Willy Brandt von der britischen Gesandtschaft in Oslo die Akkreditierung als »Kriegsberichterstatter« für den Nürnberger Prozeß, Reisepapiere und ein Taschengeld in US-Dollar. Das Wiedersehen mit Deutschland, so behutsam, wie er es sich gewünscht hatte, war nahe.

Er habe in Nordeuropa »viel gelernt in bezug auf das, was man eine undogmatische Politik nennt«,[57] und habe »in der skandinavischen Luft doktrinäre Eierschalen abstreifen können«,[58] zog Willy Brandt später für seine Exilzeit Bilanz. »Von den Möglichkeiten einer in den Volksschichten tief verwurzelten Demokratie, vom Abbau der Klassengegensätze, dem Schaffen einer Gemeinschaft des Volkes im eigentlichen Sinne des Wortes und auch vom Zusammenhang zwischen dem Geistigen und dem Politischen« sei ihm damals vieles klar geworden.[59] Unter dem Einfluß von Sozialisten, die nicht eine »reine Lehre«, sondern Kindergeld und Altersrente, bessere Bildungschancen und Mietbeihilfen für sozial Schwache verwirklichen wollten, hatte sich seine linksradikale Verkrampfung gelöst. Nach wie vor stand er zwar links. Der Marxismus gab für ihn aber nur noch einen großen Orientierungsrahmen ab, und sein Ziel war nicht mehr die Diktatur des Proletariats, sondern ein von der Gesellschaft legitimierter demokratischer und sozialer Staat. Ihn bewegten neue Ideale,[60] er besaß eine Fülle von Erfahrungen, auch über die Fruchtlosigkeit des Sektierertums sowie die Fährnisse von Intrigen, und er hatte Anschluß an eine große freiheitliche linke Bewegung gefunden. 31 Jahre alt, war Willy Brandt im Herbst 1945 ein Mann mit Zukunft.

16. Kapitel
Heimkehr auf Zeit
Wehmütiges Wiedersehen mit Deutschland

Am Donnerstag, dem 8. November 1945,[1] steigt auf dem Osloer Flughafen Fornebu ein sympathisch wirkender junger Mann in dunkelblauer norwegischer Uniform mit Barett und Rucksack, den Streifen »War Correspondent« am linken Ärmel, in eine Kuriermaschine der britischen Luftwaffe: Willy Brandt, auf dem Weg zum Hauptkriegsverbrecherprozeß.[2] Der militärische Aufzug, für den die neue Arbeiderparti-Regierung Gerhardsen gesorgt hat, ist Reportern beim Nürnberger Tribunal von den Siegermächten vorgeschrieben.[3] Außer Brandt sind Diplomaten und andere Staatsdiener der Alliierten im Flugzeug, das via Stockholm, Kopenhagen und Bremen nach Paris unterwegs ist. Die Unterbrechung der Reise bis zum nächsten Morgen in der dänischen Hauptstadt nutzt der 31jährige, um Genossen nach langer Trennung wiederzusehen und mit ihnen am Abend bei etlichen Gläsern Aquavit gut zu essen. Die Versorgung im Land unter dem Danebrog ist besser als in Norwegen.

In Bremen endet für den Deutschnorweger der Flug. Nach Nürnberg in der US-Zone will er mit der Bahn weiterfahren. Von der Hansestadt aus, der amerikanischen Nachschubbasis an der Nordsee, besteht für alliiertes Personal eine gute Zugverbindung nach Frankfurt am Main, dem Sitz der US-Militärregierung. Von dort sind es bis Nürnberg nur noch 230 Kilometer. Außerdem hofft Willy Brandt, daß ihm in Bremen August und Irmgard Enderle, seine politischen Freunde aus Stockholm, die seit fünf

Monaten an der Weser leben, Informationen über die Lage in Deutschland geben. Das Ehepaar arbeitet in der Redaktion des Mitte September von der Militärregierung lizenzierten, zweimal wöchentlich erscheinenden *Weser-Kurier*.[4] Vom Flugplatz aus verabredet er mit den beiden telefonisch ein möglichst rasches Wiedersehen.

Zuvor muß er aber seine Travel Order, den Marschbefehl, bei der örtlichen Militärbehörde abstempeln lassen, deren Haus zu seinem Erstaunen von deutscher Polizei bewacht wird. Der für die Presse zuständige US-Leutnant erkundigt sich »wohlerzogen und wissensdurstig« nach Brandts Lebenslauf. Die Bitte, einen Abstecher zur Mutter nach Lübeck zu genehmigen, lehnt er jedoch ab: Das Reisedokument gelte allein für die direkte Route nach Nürnberg. In Bremen ißt der »Verbündete« aus Oslo in der amerikanischen Offiziersmesse im berühmten Ratskeller und erhält Quartier im alliierten Presseclub, in einer Villa am Stadtrand. Außer ihm sind dort nur zwei, drei Zeitungsleute untergebracht, darunter eine kleine schlanke Blondine, »die ununterbrochen auf die Tasten ihrer Reiseschreibmaschine hämmert«. Es ist die 25jährige Korrespondentin der *New York Herald Tribune*, Marguerite Higgins, der er alsbald in Nürnberg und 1947 in Berlin erneut begegnet. 1951 wird »Maggie« für ihre Reportagen aus dem Koreakrieg den Pulitzerpreis erhalten, die höchste Auszeichnung für amerikanische Publizisten. »Nach einer konsequenteren Journalistin hätte man lange suchen müssen«, lobt im Rückblick auch Brandt.

In Bremen hat er ein Erlebnis der besonderen Art. Er spürt plötzlich »das eigenartige Gefühl, seine Füße nach so vielen Jahren auf den Boden zu setzen, wo man aufgewachsen ist und«, so schreibt er seiner Freundin nach Oslo, »wo man vielleicht dabei sein wird, etwas von dem aufzubauen, was infolge einer wahnwitzigen und verbrecherischen Politik in Trümmer gelegt worden ist«. Tatsächlich beginnt er bei der Fahrt in einem US-Jeep durch die Stadt, deren Wohngebiete zu 52 Prozent zerstört sind,[5] das Ausmaß des Grauens in Deutschland zu ahnen. Was er sieht, ist viel schlimmer, als er es sich »aufgrund von Fotos und Wochenschauen vorgestellt« hat. Es gleiche »einer jener schrecklichen Visionen, die einen manchmal zwischen Schlaf und Wachsein überfallen«. Doch anders als diese Bilder lasse sich »die surrealistische Vision der ausgebombten, ausgebrannten Häuser, der Trümmerfelder, der Berge von Schutt und Unrat« nicht abschütteln, sondern werde »von Minute zu Minute mächtiger«.

August und Irmgard Enderle trifft Brandt in den notdürftig instand gesetzten Räumen des *Weser-Kurier*. Dabei lernt er den 42jährigen parteilosen Chefredakteur Felix von Eckardt kennen, der bisher Drehbuchautor gelungener Unterhaltungsfilme war und 1952 Pressesprecher von Bundeskanzler Adenauer werden sollte. Die aktuelle Lage sieht das Ehepaar Enderle optimistischer, als der Freund erwartet hat. Das Räumen der 7,9 Millionen Kubikmeter Trümmer in Bremen[6] erfolgt zügig, es gibt wieder Strom und Gas, auch das Kulturleben kommt in Gang. Er habe damals »erfahren, wie eng menschliches Elend und menschliche Größe beisammen liegen und daß das Vergessen Fluch und Segen umfaßt«, notiert Brandt in seinen *Erinnerungen*.

Allerdings zerstört das Gespräch mit dem Ehepaar Enderle viele Illusionen. Die Besetzung des geschlagenen Landes durch die Alliierten hat er bisher gutgeheißen: »Für das deutsche Volk war es vermutlich besser, daß es nicht allein gelassen wurde. Eine Isolation hätte den Kampf aller gegen alle bedeuten können.« Andererseits hat Brandt gehofft, daß die Besiegten eine »Gemeinschaft in der Not« bilden würden, die »vielleicht nicht der schlechteste Nährboden eines neuen Patriotismus« wäre. Er hielt es sogar für denkbar, bei der Verwirklichung des Sozialismus »einen Sprung zu machen – einen Sprung da, wo üblicherweise ein Prozeß nötig ist, der viel längere Zeit braucht«. Doch die Verhältnisse entsprechen nicht der »Perspektive, von der wir im Exil ausgegangen« sind, erkennt er in Bremen. Die Masse der Deutschen ist durch das Elend abgestumpft und die Linke durch den NS-Terror fast ausgeblutet.[7] Überdies erschweren Maßnahmen der Siegermächte den Aufbau der Demokratie. Die Betätigung von Parteien, bis Ende August generell verboten, bleibt im Westen offiziell auf Städte und Landkreise beschränkt.[8] Und sozialistische Neuerer haben es besonders schwer. Denn die Offiziere der Militärbehörden, im Zivilleben Juristen, Beamte oder Geschäftsleute, sind meist konservativ, streben nicht den gesellschaftlichen Umbruch, sondern die Normalisierung des Alltags an und arbeiten oft lieber mit politisch belasteten deutschen Fachleuten zusammen als mit linken »Unruhestiftern«.[9]

Die Vorgänge in Bremen schildern die Enderles als symptomatisch. Hier haben die Briten nach der Eroberung den ehemaligen Polizeigeneral und SS-Brigadeführer Johannes Schroers zum Ersten Bürgermeister ernannt.[10] Die nachrückenden Amerikaner ersetzen ihn bis August durch Erich Vagts, den Vertreter des Stadtstaates von 1934 bis 1937 bei Hitlers Ministerien in Berlin.[11] Die Bremer Kampfgemeinschaft gegen den Faschismus (KGF) jedoch, die Mitte Mai immerhin 4 265 Mitglieder zählt,[12] wird von der Militärbehörde behindert. Die lokale Selbsthilfegruppe haben frühere Mitglieder der Sozialistischen Arbeiterpartei und der KPD-Opposition nach einjährigen geheimen Beratungen seit März 1945 aufgebaut, um bei Kriegsende Zerstörungen möglichst zu verhindern. Nach dem Einmarsch der Alliierten kümmert sich die KGF um die Versorgung der Bevölkerung und die Trümmerbeseitigung, sie bereitet eine strenge Entnazifizierung vor und fordert die linke Einheit.[13] Schon 17 Tage nach ihrer Gründung wird ihr Büro auf Befehl eines »heillos desinformierten amerikanischen Offiziers«, der die Vereinigung für eine nationalsozialistische Tarnorganisation hält, von deutschen Polizisten versiegelt. Rigide Auflagen, eigene Strukturschwächen und das Wiederentstehen der Gewerkschaften ab Sommer 1945 lassen in Bremen, wie Brandt vom Ehepaar Enderle erfährt, die Kampfgemeinschaft gegen den Faschismus verkümmern.[14] Ähnlich enden Antifa-Ausschüsse auch anderwärts, und zwar besonders jäh in der sowjetischen Besatzungszone (SBZ), um den Einfluß der stalintreuen Rückkehrer aus Moskau um Walter Ulbricht zu sichern.[15] »Wer ein Land besetzt, kann keine Volksbewegung brauchen, sondern ist an Ruhe und Ordnung interessiert«, stellt Brandt fest.

Auch die Hoffnung auf eine spontane deutsche »Gemeinschaft in der Not« ist sechs Monate nach Kriegsende überlebt. In der Mehrheit der Bevölkerung herrschen Egoismus, Aversionen gegen Emigranten und politische Trägheit. Bei den neuen SPD-Kreisverbänden aber leben die alte Programmatik und »der Stallgeruch der Weimarer Solidargemeinschaft« auf.[16] »Eingefleischte Leute alten Stils« betrieben in der Partei »kleinlichste Demagogenkunststückchen gegenüber Nicht-SPDlern«, hat die ehemalige SAP-Funktionärin Irmgard Enderle bereits Ende August 1945 Willy Brandt nach Stockholm mitgeteilt. »Es kotzt einen manchmal an, wie sehr das alles wie vor '33 ist.«[17] Die Masse der Parteimitglieder sei »dumpf und gehorsam« gegenüber den »uralten Größen von einst«. Diese Entwicklung, aber auch die strikte Ablehnung jeder Zusammenarbeit mit den Genossen in der Sowjetzone durch die im Westen maßgebenden Sozialdemokraten erregt die drei Linken bei ihrem Wiedersehen am 9. November 1945 in Bremen. August Enderle hat die Ost-West-Spaltung der SPD vor fünf Wochen bei einem überregionalen Treffen in Wennigsen unweit von Hannover miterlebt.

»Jetzt mußt Du erst mal nach Hause«

Am zweiten Tag seines Besuchs in der US-Enklave am Nordrand der britischen Zone wurde Willy Brandt von Enderle mit dem kommunistischen Wohlfahrtssenator Adolf Ehlers zusammengebracht, einem einstigen Funktionär der Sozialistischen Arbeiterpartei. Für den Deutschnorweger war der fast 16 Jahre ältere, hünenhafte Bremer »seit langem ein Begriff« – als Empfänger von linkem Agitationsmaterial aus Oslo bis 1939 und als Enderles Kontaktmann, der mit Hilfe schwedischer Seeleute noch während des Krieges nach Stockholm Verbindung gehalten hatte.[18] Im Nu besorgte ihm der Senator einen Termin bei Bürgermeister Wilhelm Kaisen.

Der 58jährige Sozialdemokrat, ein gebürtiger Hamburger und gelernter Stukkateur, war einst Schüler der Revolutionärin Rosa Luxemburg, doch nun ein überzeugter Reformer. Vor 1933 in Bremen fünf Jahre lang Sozialsenator, hatte er unter dem Druck der Braunhemden abgedankt und sich auf eine Siedlerstelle im Nordosten der Hansestadt zurückgezogen, wo er laut Brandt »ziemlich unbehelligt« geblieben war. Erneut auf einen öffentlichen Posten wurde das Mitglied der Kampfgemeinschaft gegen den Faschismus vom Pflug weg berufen, wie angeblich 458 v. Chr. der Römer Lucius Quinctius Cincinnatus: Als Kaisen Ende April 1945 seinen Acker für die Sommersaat bestellte, tauchte Oberst Walter Dorn vom US-Geheimdienst OSS auf, ein Geschichtsprofessor aus Ohio,[19] der bei der Planung des Neubeginns in Bremen auf den Linken aufmerksam geworden war. Er beorderte ihn ins Rathaus. Bald wurde Kaisen wieder Wohlfahrtssenator und am 1. August Nachfolger von Erich Vagts, den die Amerikaner als Bürgermeister entlassen hatten. Brandt war von dem Mann mit dem grauen Hängeschnurrbart, der hohen Stirn und den großen Ohren beeindruckt: »Er schien in sich zu ruhen, wirkte noch bescheidener, als er es war, strahlte Zuversicht aus und personifizierte Vertrauenswürdigkeit, was durch ein Element des Schalkhaften in seinem Blick noch verstärkt wurde.«

Wilhelm Kaisen fragte den Besucher nach diesem und jenem – nach der Zeit im Exil, seiner Meinung über die Weltlage, den Aussichten für Deutschland. Dann sagte er jäh in behäbigem Plattdeutsch: »Du hast Deine Mutter lange nicht gesehen. Jetzt mußt Du wohl erst mal nach Hause.« Brandts Hinweis auf seine vergebliche Bitte beim US-Verbindungsoffizier wischte Kaisen beiseite: Er werde ihm seinen Dienstwagen, einen alten Horch, samt Fahrer zur Verfügung stellen und vom Direktor der örtlichen Militärregierung, Colonel Bion Welker, für die Tour nach Lübeck Benzin besorgen; die eigenen Fahrten könne er irgendwie regeln.

Im örtlichen PX (Post Exchange), einem Supermarkt für Amerikaner und ihre Verbündeten, kaufte Willy Brandt nach den Gesprächen im Rathaus mit den in Oslo erhaltenen Dollar Zigaretten sowie für Angehörige und Freunde kalorienreichen Notproviant. »Er brachte uns eine Menge Dinge: Kaffee, Mehl, Eipulver, Schokolade, Zigaretten – alles Sachen, die man nicht kaufen konnte«, erinnerte sich Frau Enderle.[20] Um in Deutschland für jeden Fall solvent zu sein, wechselte Brandt ferner zur Verwunderung seines amerikanischen Jeepfahrers Dollar zum offiziellen Kurs von 1:10 in fast wertlose Reichsmark; das Verhökern von »Ami«-Zigaretten auf dem Schwarzen Markt hätte das Zwanzigfache erbracht. »Am Raubhandel habe ich mich weder damals noch später in Berlin beteiligen mögen«, beteuerte Brandt 1982.

Die Autofahrt von der Hansestadt an der Weser ins 180 Kilometer entfernte Lübeck dauerte wegen Pannen und Umleitungen mehr als zehn Stunden. Das Wetter an diesem Novembersonntag war kühl, trüb und windig, ab und zu nieselte es. Brandts Stimmung sank, je mehr unzerstörte, beschaulich daliegende Gehöfte und Dörfer er auf dem flachen Land sah: »Wie viele von den hungernden Werftarbeitern Bremens waren im Kampf gegen Hitler gestanden, wie viele von denen, die heil und ohne Opfer die Katastrophe überlebt hatten, waren teils begeisterte, teils willige Mitläufer gewesen. Wo blieb da die Gerechtigkeit?«

Es war schon dunkel, als er, nach zwölfjähriger Abwesenheit, in seinem Geburtsort ankam. In der Innenstadt verlor er die Orientierung. Das Zentrum von Lübeck mit seinen dichtbewohnten, altertümlichen, leicht brennbaren Quartieren war in der Nacht zum 29. März 1942 verwüstet worden. 234 britische Kampfflugzeuge hatten 304 Tonnen Brand- und Sprengbomben abgeworfen und damit die Strategie zur Demoralisierung der deutschen Zivilbevölkerung geprobt. 320 Lübecker waren umgekommen.[21]

Mit Mühe fragte sich Brandt in Lübeck durch – nicht »zur Wohnung seiner Jugendzeit«, wie es bisweilen heißt, sondern zum Einfamilienhaus im Süden der Stadt, in dem seine Mutter und Stiefvater Emil Kuhlmann seit 1937 lebten, nachdem Hitlers Deutsche Arbeitsfront sie aus der früheren Konsumverein-Wohnung in der Hansestraße ausgewiesen hatte.[22] Falsch ist auch, daß die 51jährige, wie Rudolf Schröck meint, nicht mehr geglaubt habe, ihren älteren Sohn je wiederzusehen.[23] Bei Kriegsende hatte Arno Behrisch ein Lebenszeichen von ihm aus Schweden überbracht und er selbst, wie erwähnt, im August geschrieben, »eines Tages« werde er bei ihr sein.[24] Allerdings war es ihm nun nicht möglich gewesen, seinen Besuch anzukündigen. Mit dem Auto vor dem Haus Ringstedtenweg 21 haltend, schenkte er Kaisens Chauffeur, der die zwei Nächte bis zur Rückfahrt anderwärts in Lübeck unterkam, einige der im PX-Laden gekauften Köstlichkeiten.

Dann klingelt Willy Brandt an der Haustür. Seine Mutter,

die das Geschehen vor dem Haus vom Wohnzimmerfenster aus beobachtet hat, öffnet. »Was wollen Sie?« fragt sie den Uniformierten im Halbdunkel. Er sieht sie stumm an. Plötzlich erkennt sie ihn: »Herbert, mein Herbert!«[25] Zehn Jahre nach ihrem Treffen in Kopenhagen liegen sich Martha Kuhlmann und ihr älterer Sohn wieder in den Armen. »Die schwerblütige Natur der Mecklenburger erleichterte das Wiedersehen, das viele Worte nicht vertragen hätte«, heißt es in Brandts *Erinnerungen*. Seine Befürchtung, ein »seelischer Gleichklang« mit der Mutter werde nur mühsam zustande kommen, schwindet schnell: »Zunächst war ich ganz einfach froh, daß sie manche Schikane der zurückliegenden Jahre gut überstanden hatte.« Sein 65jähriger Stiefvater arbeitet noch als Maurer, und zwar vorzugsweise bei Bauern, um über die kargen Lebensmittelrationen hinaus für Eßbares zu sorgen. Halbbruder Günter, der »Herbert« lediglich aus den Erzählungen der Mutter kennt[26] und der noch gegen Kriegsende mit 17 Jahren Flakhelfer werden mußte, erscheint Brandt »in seiner Ratlosigkeit (... als) typischer Vertreter der neuen Generation. Viel ist an diesen jungen Menschen verbrochen worden.«

Emil und Martha Kuhlmann haben im Dritten Reich ständig in Gefahr gelebt. Der Sozialdemokrat erlitt 1934 eine mehrwöchige »Schutzhaft«, und die Gestapo verhörte ihn danach mehrmals. Bei Haussuchungen wurden auch als Andenken aufbewahrte Schulhefte und Bücher seines Stiefsohns beschlagnahmt. Nach dem verheerenden Luftangriff auf Lübeck, der wilde Gerüchte auslöste,[27] wurde der Maurerpolier im April 1942 auf der Baustelle und seine Frau beim Friseur unter dem Vorwurf des Landesverrats verhaftet:[28] Unbekannte hatten sie denunziert, den englischen Bomberpiloten Lichtzeichen gegeben zu haben.[29] Ein Delikt, auf das die Todesstrafe stand. Die Beschuldigung erwies sich jedoch als unhaltbar, und das Ehepaar Kuhlmann wurde nach mehreren Wochen aus der Haft entlassen.

Während Willy Brandt von seiner Exilzeit erzählt, erwähnt er, daß er den Namen Frahm nicht mehr tragen wolle, weil er unter ihm unbekannt sei. In Bremen hat das Ehepaar Enderle ihn in diesem Entschluß bestärkt. Seine Mutter, eine geborene Frahm, gibt betrübt klein bei. Dann bringt Brandt die Rede auf die massenhaften Untaten des Hitlerregimes. Zu seinem Befremden leugnen Mutter und Stiefvater, obwohl »unerschütterliche Nazigegner«, von Greueln gewußt zu haben. Nach einigem Hin und Her wird dem 31jährigen das Motiv ihres Verhaltens klar: »Sie standen unter dem Eindruck der Anschuldigung, daß alle Deutschen Mörder seien. Das war zuviel, das wollten sie nicht tragen. Hier wurde mir klar, wie zerstörerisch die These von der Kollektivschuld war.« Als die emotionale Sperre überwunden ist, schildern die beiden offen, was sie erfahren haben – öffentlich verkündete Bluturteile, Schandtaten gegen Juden, geflüsterte Berichte von Fronturlaubern über Massaker im Osten. In Anbetracht des braunen Terrors fragt sich Brandt jedoch, »ob sie mit diesem Wissen viel hätten anfangen können«.

Am Tag nach seiner Ankunft in Lübeck läßt er sich samt Stiefbruder Günter von einem Bekannten mit dem Traktor zur Kolonie Heimstetten fahren, einer Arbeitersiedlung aus der Zeit vor 1914, in der Gefährten von einst wie Emil Peters und Heinrich Wigger wohnen.[30] Auch sie – und andere Antifaschisten – geben vor, von Verbrechen des NS-Regimes nichts gewußt zu haben, ehe sie nach und nach Kenntnisse einräumen. Keiner der alten Freunde, deren nüchterne Berichte über ihr Leben im Dritten Reich »das Gehörte und Gelesene in einem neuen und womöglich noch schrecklicheren Licht erscheinen« lassen, macht andererseits Brandt wegen seiner Emigration Vorwürfe. Im Gegenteil, sie wollen, daß er die Leitung der Lübecker SPD übernimmt. Er selbst findet, daß sein Los »viel leichter gewesen sei« als das ihrige. »Gewiß, auch im Exil war ich nicht auf Rosen gebettet gewesen, ich hatte mich aber durch eigene Arbeit über Wasser halten können, hatte lernen und den Blick ausweiten können, hatte die Jahre des Grauens gesund an Körper und Seele überstanden«.

In Sachen Entnazifizierung gerät der Fürsprecher eines harten Vorgehens durch Schilderungen seiner Jugendgefährten in einen Zwiespalt. Emil Peters etwa, vor 1933 sein Mitstreiter bei Kundgebungen der Braunhemden, war im Hitlerreich als Jurist verfemt. Er pachtete eine Tankstelle und wurde in das NS-Kraftfahrerkorps genötigt sowie später korporativ in die NSDAP überführt. Diese Mitgliedschaften muß der 38jährige nun durch Strafarbeit büßen, während bei der Lübecker Stadtverwaltung ausgerechnet ein früherer SA-Mann für die Ausweise der NS-Opfer zuständig ist.[31] Zehn Monate später, als sich der Jurist vor einer Spruchkammer verantworten muß, stellt ihm Willy Brandt ein Entlastungszeugnis aus: Peters sei ihm 1933 bei der »Flucht nach Dänemark behilflich« gewesen, er habe illegales Material verteilt und Informationen gesammelt, die »zur Bekämpfung des Hitlerregimes unter Benutzung von Geheimschlüsseln und Geheimschrift ins Ausland übermittelt wurden«. Im Alter erschien dem SPD-Chef die Entnazifizierung als ein Vorhaben, das »wie ein bürokratischer Hexenprozeß begann und sich zu einer bedrückenden Farce entwickelte«. Sie habe zu lange gedauert und zu oft auch die Falschen erfaßt.

Im November 1945 hört Willy Brandt in Lübeck »auch viele scheußliche Dinge«. Allein im Vormonat seien in der Straße, in der sich der Schwarze Markt befindet, »31 Deutsche von Polen umgebracht worden«, und in der Umgebung der Friedhöfe ereignen sich immerzu Raubmorde an Witwen, die Gräber besuchten. »Menschenleben waren billig«, kommentiert er 1982 die Situation im ersten Nachkriegsjahr, die er hauptsächlich auf die Rachsucht und die Notlage ausländischer Verschleppter zurückführt.[32]

Aus Ruinenlandschaften in ein Schloß

Schon am dritten Tag seines Abstechers nach Lübeck mußte Brandt nach Bremen zurück, worüber die Seinen »ein wenig eingeschnappt waren«. Er verabschiedete sich von Wilhelm Kaisen, der in der Hansestadt an der Weser bis 1965 Bürgermeister blieb, sowie von Adolf Ehlers, der sechs Monate darauf von der KPD zur SPD übertrat und später Innensenator wurde. Der »Kriegskorrespondent« reiste mit der Bahn über Frankfurt am Main nach Nürnberg, in die Stadt mittelalterlicher Kaiser, Kaufherren und Künstler, aber auch der braunen Parteitage und der Rassegesetze von 1935. Hier sollte 21 inhaftierten Hauptverantwortlichen des Dritten Reichs, in absentia dem verschollenen »Sekretär des Führers«, Martin Bormann, und sechs Institutionen des NS-Staates der Prozeß gemacht werden. Adolf Hitler, Propagandaminister Joseph Goebbels und der Reichsführer-SS Heinrich Himmler waren Ende April und im Mai von eigener Hand aus dem Leben geschieden; der Organisationsleiter der NSDAP und Chef der Deutschen Arbeitsfront, Robert Ley, hatte sich am 25. Oktober in seiner Nürnberger Gefängniszelle erhängt.

Die Fahrt durch Deutschland führte Willy Brandt von Ruinenlandschaft zu Ruinenlandschaft. 3,4 Millionen Wohnungen waren zerstört; in den Großstädten hausten bis zu 15 Prozent der Bevölkerung in Kellern.[33] In das verkleinerte Staatsgebiet, in dem auch 10,8 Millionen ausländische Zwangsarbeiter lebten, strömten tagtäglich 25 000 deutsche Heimatvertriebene.[34] Vielen von ihnen sei Leid geschehen, das »ganz dem System der Nazis entspricht (...) und mit dem Begriff ›grausam‹ nicht ausreichend scharf bezeichnet wird«, fand Willy Brandt unter Hinweis auf Hitlers ursächliche Schuld.[35] Weithin herrschte Hunger. Die Rationen für »Normalverbraucher« – 20 Gramm Fleisch oder Wurst, 10

Gramm Fett, 200 Gramm Brot pro Tag – deckten selbst bei leichter Arbeit den Kalorienbedarf nur zur Hälfte.[36]

Willy Brandt registrierte zwischen den vier Besatzungsgebieten erste auffällige Unterschiede: »In der SBZ herrschte zum Teil offenes Unrecht, (...) in der britischen Zone am ehesten Rechtssicherheit. In der amerikanischen wurde das Verbot privater Kontakte mit Deutschen zuerst durchlöchert. In der französischen ging es ruppig-europäisch zu.« Viel deutlicher waren indes die Risse in der Kriegskoalition der Alliierten. Nicht wenige Deutsche gaben sich deshalb der Illusion hin, ihr niedergeworfenes Land könne bei einem Streit der Sieger Zünglein an der Waage spielen. Brandt warnte erneut vor einer Schaukelpolitik: »Deutschland kann aus dieser Krise nur dann als einheitlicher Staat hervorgehen, wenn der Neuaufbau im Einvernehmen und in Zusammenarbeit sowohl mit dem Osten wie dem Westen vollzogen wird. Jede einseitige Lösung trägt dazu bei, die Zonengrenzen zu stabilisieren und Deutschland zu einem Kolonialgebiet zu machen.« Daß die Sicherung der Zukunft schwer werden würde, war ihm klar. »An den Schutt auf den Straßen«, sagte er Anfang 1946 bei einem Referat in Stockholm, »an den gewöhnt man sich erschrekkend schnell. Ich habe mich in vierzehn Tagen daran gewöhnt. Aber ungeheuerlich ist der Schutt in den Köpfen der Menschen.«[37]

In Nürnberg angekommen, bezog Willy Brandt ein nobles Quartier, das Neue Schloß der Bleistiftmagnaten Faber-Castell in Stein südwestlich der ehemaligen Reichsstadt. Das Anfang des 20. Jahrhunderts errichtete Bauwerk hielten Leute mit Geschmack für kitschig[38] – wegen der äußerlichen Imitation der Romanik und wegen der Wandgemälde im Innern, auf denen sich Ritter bei Turnieren mit Bleistiften statt Lanzen attackierten. »In künstlerischer Hinsicht war der Komplex ein Alptraum«, fand der amerikanische Ankläger Telford Taylor.[39] Das Schloß war von der US-Armee beschlagnahmt und zum »Press camp« umfunktioniert worden. Der Eigentümer Roland Graf Faber-Castell hatte sich mit der Familie in sein Jagdhaus Dürrenhembach zurückgezogen, das zu einer Nebenbühne des Prozesses wurde. Verteidiger, Ankläger und Gerichtspersonal erörterten dort diskret das Verfahren, und die aus einer Schweizer Juristenfamilie stammende Gastgeberin trat als »unerschrockene und einfallsreiche Helferin und Fürsprecherin« einiger Angeklagter auf.[40]

Im Schloß zu Stein, das die Amerikaner infolge Mißdeutung des gräflichen Namens »Faber Castle« (Schloß Faber) nannten, erhielt Brandt, wie die meisten der 250 akkreditierten Journalisten, als Nachtlager ein Feldbett samt Schlafsack in einem Raum für acht Personen.[41] »Zur Einstufung als ›War Correspondent‹ paßte dies ganz gut«, meinte er später. Die sanitären Verhältnisse waren, so der Bestsellerautor William Shirer, ebenso miserabel wie das Essen, »das die Army nicht im Traum deutschen Kriegsgefangenen vorsetzen würde«.[42] Brandt aß trotzdem im Kasino, das nebst einer Bar im »Bleistiftschloß« eingerichtet worden war. Nach Prozeßbeginn stärkte er sich mittags jedoch meist in einer Kantine im Gerichtsgebäude. Genügend Zigaretten bekam er dort in einem Raum, der laut Türschild zur »War Crimes Supply« (Kriegsverbrechen-Versorgung) diente.[43] Für Ablenkung sorgte im »Castle« ab und zu ein Chor deutscher Kellnerinnen, der recht gefällig Volkslieder und amerikanische Schlager vortrug.[44]

Zahlreiche Kollegen schätzten den Berichterstatter der norwegischen Arbeiterpresse schon bald als guten Kumpel, der einen aufrichtigen Eindruck machte, eine klare Meinung hatte und gern Witze hörte oder erzählte. An der Bar führte er »manches interessante, gewiß auch manches törichte Gespräch« und gab über das Schicksal skandinavischer Zeitungsleute bereitwillig Auskunft.[45] Die Reporterschar beim

Hauptkriegsverbrecherprozeß, die am Morgen jedes Verhandlungstages mit Bussen zum Justizpalast nach Nürnberg und am frühen Abend wieder zurück nach Stein gebracht wurde, war ein bunt zusammengewürfeltes Völkchen. Ihm gehörten der berühmte amerikanische Romanautor John Dos Passos und der Russe Ilja Ehrenburg an, der deutsche Erzähler und Poet Erich Kästner sowie gegen Ende des Verfahrens die illustre englische Schriftstellerin Rebecca West, aber auch zahlreiche Unbekannte.[46] Wie Brandt traten einige von ihnen in den folgenden Jahren hervor – Marguerite Higgins beispielsweise und der Lyriker Stephan Hermlin, Curt Riess, der sich zum literarischen Hansdampf entwickelte, und der damalige Korrespondent des sowjetzonalen Berliner Rundfunks und spätere Spionagechef der DDR, Markus Wolf.[47]

Eine prominente Berichterstatterin ging dem Journalisten aus Oslo freilich bald »ein wenig auf die Nerven«: Erika Mann, die älteste Tochter des von ihm geschätzten Literatur-Nobelpreisträgers aus Lübeck. Ständig in US-Uniform, Zigarillos rauchend und mit strenger Miene, behauptete die Vertreterin der Londoner Zeitschrift *Evening Standard* selbst bei Unterhaltungen an der Bar, »sie könne nicht mehr deutsch reden«, und bezeichnete das »garstige, unselige Volk, die Deutschen« als »teuflisch mißratene und entgleiste Familie«.[48] Was damals kaum jemand ahnte: Die außerordentlich begabte 40jährige Autorin verhärtete sich in einer Lebenskrise, die durch ihre Liebesaffäre mit dem 30 Jahre älteren Dirigenten Bruno Walter ausgelöst worden war.[49]

17. Kapitel
Lehren der Historie
Als Reporter beim großen Nürnberger Prozeß

Am Morgen des 20. November 1945, einem Dienstag, wird der »Justizpalast« an der Fürther Straße in Nürnberg von US-Militär weiträumig abgeriegelt. An den Ecken des großen Komplexes gehen Panzer in Stellung, dazwischen patrouillieren schwerbewaffnete Soldaten, in den Dachluken liegen Scharfschützen. Gewöhnliche Passanten und Fahrzeuge erhalten keinen Zugang zum Sperrbezirk. Nur Personen mit gelben Sonderausweisen – Scharen von Juristen und Offiziere der Siegermächte, gut zwei Dutzend deutsche Rechtsanwälte, Reporter, unter ihnen auch Willy Brandt, Stenotypistinnen und Dolmetscher – dürfen an einem scharf bewachten Kontrollpunkt die Abriegelung passieren und sich zum Ostflügel des Gerichtsgebäudes begeben. Der 32 Jahre alte Bau im Stil der deutschen Renaissance ist in der zur Hälfte zerbombten alten Reichsstadt einigermaßen heil geblieben und von den Amerikanern für die Verhandlung des Internationalen Militärtribunals (IMT) gegen Hauptkriegsverbrecher und Institutionen des Dritten Reichs hergerichtet worden. Am Gebäudeportal, am Fuße der steilen Steintreppe und im ersten Stock werden die Ausweisbesitzer von Posten mit aufgepflanzten Bajonetten erneut mehr oder minder barsch kontrolliert. In der zweiten Etage müssen sie außerdem an einer Schranke vor Saal 600, dem Schwurgerichtssaal, ihre Aktentaschen durchsuchen lassen.[1]

Willy Brandt betritt den großen, dunkel getäfelten Raum, der von Stimmengewirr Hunderter Menschen, Neonlicht und stickiger Luft erfüllt ist, an einer Schmalseite und steht auf der leicht abfallenden Pressetribüne. Sie hat 240 Sitzplätze. Schräg rechts von ihm befindet sich vor zugezogenen grünen Vorhängen und den Fahnen der Gericht haltenden Nationen, der Sowjetunion, Großbritanniens, der USA und Frankreichs, auf einem Podest der noch leere Richtertisch. An der gegenüberliegenden Längswand steht, gleichfalls erhöht, die Anklagebank, auf der in zwei Reihen 20 Vertreter des braunen Machtapparats sitzen, vom ehemaligen Reichsmarschall Hermann Göring bis zum Rundfunkagitator Hans Fritzsche, dem Lückenbüßer für den toten Propagandaminister Goebbels. Ihnen werden ein kriminelles Komplott sowie Verbrechen gegen den Frieden, das Kriegsrecht und die Menschlichkeit vorgeworfen. Zehn US-Soldaten mit weißen Helmen, Koppeln, Gamaschen und Schlagstöcken bewachen Hitlers Paladine, die Zivilkleidung oder Uniformen ohne Rangabzeichen tragen. Außer dem verschollenen Bormann und dem Selbstmörder Ley fehlen auf der Anklagebank der Rüstungsindustrielle Gustav Krupp von Bohlen und Halbach wegen Senilität[2] und nach einer Gehirnblutung Ernst Kaltenbrunner, der letzte Chef des Reichssicherheitshauptamtes.[3] Unterhalb der Delinquenten haben an drei Tischreihen ihre Anwalte und vor der Pressetribüne rund 60 Ankläger aus den Siegerstaaten Platz genommen. An der anderen Schmalseite warten in Glasboxen zwölf Simultandolmetscher für Englisch, Französisch, Russisch und Deutsch auf den Verhandlungsbeginn.

Die Uhr an der Wand hinter den Angeklagten zeigt drei Minuten nach zehn an, als der Ruf »Attention! The Court!« ertönt. Alle Anwesenden erheben sich. An der Stirnwand nahe dem Richtertisch öffnet sich eine Tür, und in der Sitzordnung schreiten zwei französische Mitglieder des Tribunals in prächtigem Ornat, je zwei Amerikaner und Briten in schlichten schwarzen Talaren und zum Schluß zwei sowjetische Juristen in Uniformen der Roten Armee zu ihren

Plätzen. Nach einer Verbeugung des Gerichtshofs setzt man sich, und der englische Vorsitzende, Lordrichter Geoffrey Lawrence, gibt eine Erklärung über die historische Bedeutung des Verfahrens und die Pflicht zur objektiven Rechtsprechung ab.[4] Anschließend werden die 49 Seiten lange Anklageschrift sowie Beilagen über die individuelle Verantwortung der Beschuldigten, die sechs inkriminierten Institutionen und den Bruch von 26 Verträgen durch das Dritte Reich verlesen.

Verspürt der von der NS-Diktatur verfolgte, ausgebürgerte Sozialist Willy Brandt im Nürnberger Gerichtssaal Rachegefühle? 1942 hatte er es, ähnlich wie Stalin und mehrere amerikanische Minister, für »wahrscheinlich notwendig« gehalten, »daß deutsche Nazisten nach dem Krieg vernichtet werden«; dies solle »in größtmöglichem Umfang deutschen Arbeitern und Demokraten überlassen werden«.[5] Zwei Jahre danach war er nicht nur für die individuelle Bestrafung brauner Gewalttäter sowie von Generälen, Wirtschaftsbossen, Beamten und Publizisten eingetreten, sondern auch für die korporative Verurteilung aller Mitglieder der Gestapo, der SS und des NS-Führerkorps durch deutsche Sondergerichte. Im Spätherbst 1945 aber lehnt Brandt blinde Rache schon deshalb ab, weil sie gerade denjenigen Effekt des Verfahrens vereiteln würde, auf den es ihm nun besonders ankommt: »Der Nürnberger Prozeß liefert eine Menge Material für eine Umorientierung.« Der »anschauliche Unterricht darüber, was die Nazis alles im Namen des deutschen Volkes verbrochen haben«,[6] die Aufdeckung der »vom Krieg letztlich unabhängigen Systematisierung einer Mordpolitik«, das Nachdenken über Begriffe wie Mitwisser- und Mittäterschaft machten klar, »wozu die Macht in einem hochentwickelten Land unter totalitärer Herrschaft mißbraucht werden kann.« Generell hält Brandt den »Prozeß gegen Hermann Wilhelm Göring und andere«, so die offizielle Bezeichnung, für »einen entscheidenden Fortschritt in der Entwicklung des Rechtes«. Denn »die Alternative wäre gewesen, mit den Hauptschuldigen kurzen Prozeß zu machen«. Mit Rache haben solche Gedanken nichts zu tun.

»Die Grundkonzeption des Prozesses war nicht schlecht«, lautete Willy Brandts Fazit des IMT-Verfahrens. Er kritisierte nicht, daß das Prinzip »Nulla poena sine lege« (Keine Strafe ohne Gesetz) verletzt wurde, weil vor 1945 diverse Anklagepunkte gar nicht strafbar gewesen waren. Ihn störte auch nicht, daß Mitverfasser des Gerichtsstatuts nun als Ankläger oder Richter amtierten, was gegen das Prinzip der Gewaltenteilung verstieß. Kritik übte Brandt, weil dem Tribunal und der Anklägerschar weder deutsche Antifaschisten noch Neutrale, sondern allein Juristen der Siegermächte angehörten. Auch daß anfangs nur fünf deutsche Journalisten zugelassen waren, empörte ihn: »Als ob es gleichgültig gewesen wäre, wie das unterbreitete Material vom deutschen Volk gewürdigt werden würde.« Außerdem, so entsann sich Brandt 1982, rügte er »politische Schwächen der Prozeßführung«: Weil zu Gericht sitzende Nationen einst Hitler klein beigegeben oder sich mit ihm sogar verbündet hatten, wurden Ereignisse wie das Münchner Abkommen von 1938 oder der Hitler-Stalin-Pakt, andererseits aber auch die Rolle der Sowjetunion im Spanischen Bürgerkrieg übergangen respektive »falsch zugeordnet«.

25 Jahre danach war Brandt, wie er dem Briten Terence Prittie verriet, »nicht mehr so fest« wie 1945 vom moralischen Wert des Nürnberger Prozesses überzeugt und stellte einseitige Schuldzuweisungen in Frage. Außerdem fand er, daß das IMT an den Angeklagten »in einigen Fällen«, besonders an Hitlers Architekt und letztem Rüstungsminister Albert Speer, harte Exempel statuiert habe, »während hundertprozentige Nazis, die später abgeurteilt wurden, viel besser davonkamen«.[7]

Drei bemerkenswerte Ereignisse

Am zweiten Tag des Prozesses gegen die Hauptkriegsverbrecher hatte Willy Brandt ein eindrucksvolles Erlebnis: die Eröffnungsrede des amerikanischen Chefanklägers Robert H. Jackson. Nachdem die 20 Größen des Dritten Reichs erklärt hatten, sie fühlten sich nicht schuldig, trat der 53jährige ehemalige Justizminister an das mikrofonbestückte Pult vor den Tischen der Anklagevertreter. »Wir möchten klarstellen, daß wir nicht beabsichtigen, das ganze deutsche Volk zu beschuldigen«, betonte er gleich zu Beginn seiner vierstündigen Darlegungen. »Wenn die breite Masse des deutschen Volkes das nationalsozialistische Parteiprogramm willig angenommen hätte, wäre die SA nicht nötig gewesen, und man hätte auch keine Konzentrationslager und keine Gestapo gebraucht. (...) Wahrlich, die Deutschen – nicht weniger als die Welt draußen – haben mit den Angeklagten eine Rechnung zu begleichen.«[8] Jackson gab zu, daß »die demokratischen Teile des deutschen Volkes (...) von den demokratischen Kräften der übrigen Welt, einschließlich meines eigenen Landes, nur unzureichend unterstützt« worden seien.[9] Er würdigte auch die Leiden der deutschen Hitler-Gegner.[10] Willy Brandt, dem Kritiker der Kollektivschuldthese, waren diese (und andere) Sätze aus der Seele gesprochen. »Ich bewundere den Jackson«, versicherte er noch sechs Wochen später in Stockholm. Ungenügend sei allerdings die nur kurze Bemerkung des amerikanischen Chefanklägers über das Bündnis des Nationalsozialismus mit Opportunisten, Militaristen, Industriellen, Monarchisten und politischen Reaktionären gewesen: »Das war eine wichtige Feststellung. Sie hätte jedoch systematisch dokumentiert werden müssen.«

Ein schreckliches Erlebnis hatte Willy Brandt – wie nahezu alle Anwesenden – am Nachmittag des 29. November.

Um den monotonen Vortrag belastender Akten nach sieben Verhandlungstagen zu unterbrechen, führte die Anklage einen einstündigen Dokumentarfilm über die Befreiung der Konzentrationslager Dachau, Buchenwald und Bergen-Belsen im Gerichtssaal vor.[11] Auf der Leinwand vis-à-vis der Pressetribüne erschienen Bilder von ausgemergelten KZ-Häftlingen und Leichenbergen, von Verbrennungsöfen und Massengräbern. Auf Brandt machten die Aufnahmen »den stärksten Eindruck«. Ihm begann das Ausmaß des Genozids an den Juden klarzuwerden: »Alles, was wir in Norwegen erlebt haben, ist nur Kinderei gegenüber diesem Anderen.«[12] Den Deutschen dürfe keinesfalls erspart werden, »die Filme aus Buchenwald und Belsen zu sehen (...), um rücksichtslos zu enthüllen, was sie ermöglicht haben.«

Am Abend jenes Tages herrschte unter den Journalisten im »Bleistiftschloß« gedrückte Stimmung. In den Salons erörterten sie leise in kleinen Gruppen die grauenvollen Eindrücke. An der Bar kamen Willy Brandt und der Reporter der konservativen dänischen Zeitung *Aarhus Stiftstidende*, Georg Andrésen, auf norwegisch ins Gespräch.[13] Der Mann aus Jütland meinte, es bestehe »keine Hoffnung, daß sich die Deutschen jemals ändern«. Ihr Anblick bereite ihm Abscheu. Nach längerem Schweigen bekannte Brandt, daß er emigrierter Deutscher sei. Er habe die »norwegische Uniform angezogen, als der Nazismus seinen Übergriff gegen die skandinavischen Länder beging«, renommierte er. Dem Dänen warf er vor, Schuld und Verantwortung zu verwechseln: »Auch hier gab es Hunderte, die sich voller Widerwillen gegen den Nazismus wandten. Gehe los und suche diese Deutschen auf!« Dann verriet Brandt dem Kollegen Adressen der Witwen von Widerstandskämpfern. »*Aarhus Stiftstidende* wurde durch diese Begegnung«, so Andrésen später, »eine der ersten dänischen Zeitungen, die Artikel über das andere Deutschland brachten.« Brandt aber erlebte alsbald, wie »ein sonst durchaus robuster amerikanischer Journalist« nach neuen Aussagen über nationalsozialistische Greueltaten, »dem Zusammenbruch nahe«, an seine Zeitung kabelte: »Ich kann nicht mehr, habe keine Worte mehr.«

Zu einem lehrreichen Erlebnis für Willy Brandt – und zu einem Schwerpunkt seiner journalistischen Arbeit in Nürnberg – wurde die Präsentation des Belastungsmaterials über den deutschen Angriff auf Norwegen und Dänemark, den er im April 1940 am eigenen Leib erlitten hatte. Diesen Überfall auf neutrale Staaten prangerten der britische Hauptankläger, Kronanwalt Sir Hartley Shawcross, und sein Mitarbeiter Elwyn Jones ab dem 4. Dezember 1945 als Verbrechen gegen den Frieden an. Freilich übergingen sie, daß die Regierung in London seinerzeit ebenfalls die schlagartige Verminung und Besetzung westskandinavischer Küstenabschnitte befohlen hatte.[14] Brandt hielt es für überflüssig, das britische Verhalten von 1940 zu behandeln, da die deutsche Invasion auf jeden Fall einen Bruch des Völkerrechts darstelle. Obwohl bei dem Überfall der Marine-Oberbefehlshaber Erich Raeder und der Chef der U-Boot-Flotte, Karl Dönitz, neben dem NS-Ideologen Alfred Rosenberg treibende Rollen gespielt hatten, bekannte der Sohn einer Hafenstadt im Osloer *Arbeiderbladet*: »Die Großadmirale machen einen besseren Eindruck als die anderen Beschuldigten.«[15]

Willy Brandts Berichte beruhten in erster Linie auf Dokumenten und Ausführungen der Ankläger sowie auf Aussagen ihrer 33 Zeugen. Aus 100 000 Akten, Tagebüchern, Redetexten, Fotos und Filmen aus dem Dritten Reich, die vor allem amerikanische Experten nach Kriegsende aufgespürt hatten, waren 2630 teils umfangreiche Beweisstücke ausgewählt worden. Deren Kopien und Übersetzungen brachen nun »mit rasanter Geschwindigkeit« über Richter, Verteidiger und Journalisten herein.[16] »Die Korrespondenten bekommen täglich einen Haufen von Dokumenten, 500 Seiten manchmal. Da kann man sich nur wenige Sachen herausfischen und daraus einen Bericht machen«, stöhnte Brandt,[17] zumal Artikel in der Nachkriegszeit auch in Norwegen wegen der teuren Telefonverbindungen und der unter Papierknappheit leidenden Zeitungen kurz sein mußten. Zwar vermittelte ihm das Belastungsmaterial neue Erkenntnisse über den NS-Staat. Das Endergebnis der journalistischen Arbeit beim Nürnberger Prozeß befriedigte ihn jedoch nicht: »Die Presse gibt bloß einen blassen Eindruck. Ein Gesamtbild kann das nicht geben.«[18]

Mit den Verteidigern hatte Brandt wenig im Sinn. Als sie vom 8. März 1946 an fast sechs Monate lang argumentierten und 61 Entlastungszeugen aufboten, war er kaum noch in Nürnberg. Und anders als seine Kollegen führte er nur mit einem einzigen Anwalt, mit Rosenbergs Rechtsbeistand Alfred Thoma, ein Interview.

Die Angeklagten, die zu ihrer Entlastung Befehlsnotstand oder Unwissenheit vorschützten, interessierten Brandt schon gar nicht. Außer den Großadmiralen Raeder und Dönitz sowie Speer, der Hitlers Pläne für die totale Verwüstung Deutschlands 1945 hintertrieben hatte und nun seine Mitverantwortung »für den Ablauf der Geschehnisse« zugab,[19] hielt Brandt in Oslo Göring und Konsorten für »völlig unbedeutend«. Sie waren für ihn »gebrochene Männer, die finstere Kräfte der Gesellschaft repräsentieren«[20] – kurz gesagt: »die Nürnberger Verbrecher«. Wesentlicher als ihr Schicksal sei »die geschichtliche Klärung«, betonte er.

Bedenken gegen den Journalisten aus Oslo

Anfang Dezember 1945 bekommt Willy Brandt persönlich Ärger. Beim Internationalen Militärtribunal ist er als Norweger akkreditiert. Während einer Routineüberprüfung des niederen Gerichtspersonals, der Verteidiger und der Pressevertreter[21] findet der britische Geheimdienst aber heraus, daß der Korrespondent linker skandinavischer Tageszeitungen ein gebürtiger Deutscher namens Herbert Frahm ist. Gegen seine weitere Zulassung beim IMT werden daraufhin Bedenken erhoben. »Brandt hatte jedoch bei den Alliierten viele Freunde, die ihm aus der Klemme halfen«, erzählt Oddvar Aas, sein Weggefährte in Oslo und Stockholm.[22] Der Lübecker hat wieder einmal Glück. Das gilt letztlich auch, als Brandt zu dieser Zeit krank wird. Ein amerikanischer Militärarzt diagnostiziert eine schwere Ruhr,[23] was wegen der hygienischen Zustände im »Press camp« auf Schloß Stein naheliegt. Das Leiden erweist sich aber als eine leichte Darmentzündung, die Brandt mit einigen Tagen Bettruhe auskuriert.

Den Genesenden besucht Parteifreund Arno Behrisch, der in Hof an der Saale den SPD-Kreisverband aufbaut. Im oberfränkischen Grenzgebiet sieht er Scharen vertriebener Deutscher aus dem benachbarten Sudetenland und hört Horrorberichte über Plünderungen, Entrechtungen und tschechische Sammellager. 16 Protokolle solcher Aussagen übergibt er Brandt, der sie den Sopade-Büros in London und Stockholm schickt. »Für die Vorgänge im Sudetengebiet tragen natürlich die Henlein-Leute[24] die Schuld, aber einmal muß doch Schluß gemacht werden«, verlangt der Journalist öffentlich. Noch schärfer äußert er sich über die Ausweisungen in einem Brief an seine Freundin Rut: »Schlimmer kann es auch auf den Zwangstransporten nicht gewesen sein, die die Nazis vornahmen.«[25]

Trotz Anspannung, Ärger und Krankheit führt Willy Brandt von Nürnberg aus eine vielfältige Korrespondenz. Er schickt seiner Mutter Grüße auf einer Ansichtskarte, die eine Szene aus dem Gerichtssaal zeigt,[26] und teilt Jacob Walcher mit, daß dessen Bruder Georg gestorben ist.[27] Julius Lebers Freund und Mitverschwörer Gustav Dahrendorf, der im SPD-Zentralausschuß in Berlin eine Spitzenposition innehat, kündigt er Hilfslieferungen aus Schweden an[28] und bittet den Widersacher jenes Komitees, den »Politischen Beauftragten der SPD für die drei westlichen Besatzungszonen«, Kurt Schumacher in Hannover, um ein Treffen.[29] »Freunde in anderen Ländern« ruft er brieflich immer wieder auf, mit ihm zusammen »darauf hinzuwirken, daß der Dritte Weltkrieg vermieden werde.«

Natürlich erhält seine Freundin Rut, die in Oslo nach wie vor im Zentralsekretariat der Norwegischen Arbeiterpartei als Stenotypistin aushilft, besonders oft Post von Brandt. Private Ferngespräche sind verboten. »Willy war ein leidenschaftlicher und systematischer Briefschreiber«, erinnert sie sich. »Er behielt genau den Überblick über das, was er schrieb. Er schrieb häufig, manchmal mehrfach am selben Tag, numerierte die Briefe und erwartete das Gleiche von mir (...). Ich mußte zwischendurch mit meiner Numerierung etwas schummeln, um nicht zu weit zurückzufallen.«

Wegen der Postzensur und der schleppenden Beförderung – zwischen Oslo und Nürnberg sind Mitteilungen zwei Wochen unterwegs – wird der Versuch eines »Gesprächs per Brief« für die beiden bald zur Qual. Und das um so mehr, als sich gerade damals für den knapp 32jährigen, wie er sagt, »viele Linien, intellektuelle und emotionale, solche der Vergangenheitsbewältigung und solche der Zukunftsbetrachtung, politische und sehr persönliche« überschneiden. »Die Bindung an Deutschland empfand ich als eng, noch enger, als ich es mir hatte träumen lassen«, gibt er zu. Unverblümter schildert später Rut Bergaust seinen inneren Konflikt von Ende 1945: »Er war unsicher über sich selbst und seine Zukunft, unsicher darüber, was er tun wollte und konnte, unsicher, wo und woran und an wen er sich binden sollte.« Als das Nürnberger Tribunal eine vierzehntägige

Weihnachts- und Neujahrspause ankündigt, zögert Brandt nicht, gen Norden aufzubrechen.

Mit der Bahn fährt er abermals über Frankfurt am Main und hinterläßt bei dem dort maßgebenden SPD-Funktionär Willi Knothe schriftliche Vorschläge, wie deutsche Sozialdemokraten im nordeuropäischen Exil »für den Wiederaufbau der Bewegung eingesetzt« werden könnten.[30] In Bremen trifft er erneut das Ehepaar Enderle, das inzwischen durch sein Eintreten für die linke Einheit in den eigenen Reihen Anstoß erregt hat.[31] Bei seiner Mutter in Lübeck bleibt er eine Woche lang. Er feiert hier seinen 32. Geburtstag und zum ersten Mal seit 13 Jahren wieder das Weihnachtsfest.

In seiner Heimatstadt stellt er eine langsame Besserung der Lebensumstände fest, erkundet im SPD-Büro, ob der Austausch linker deutschsprachiger Schriften zwischen Skandinavien und den Besatzungszonen über Lübeck abgewickelt werden kann, und »kontrolliert«, wer von den Genossen der NSDAP beigetreten war. »Eine Lüge wäre es, wenn wir behaupten würden, daß die Arbeiterbewegung immun geblieben ist«, bekennt er. »Es hat Einbrüche gegeben bis in die höchsten Funktionärskader.«[32] Im übrigen fühlt er vor, welche Perspektiven sich für ihn in der Hansestadt bei einer Heimkehr ergeben würden. Daß er »ziemlich rasch« Schwierigkeiten sieht, sich »in den als eng empfundenen Verhältnissen zurechtzufinden« – wie er 1982 behauptet –, ist kaum für bare Münze zu nehmen. Brandt hat in den folgenden acht Monaten noch mehrmals wegen einer Tätigkeit in Lübeck verhandelt.

Unmittelbar nach Weihnachten bricht er nach Kopenhagen auf. Außer Vertraute wie Fritz Tarnow und Fritz Bauer, die nun in Dänemark leben, trifft er dort seine Freundin Rut, die ihm aus Norwegen entgegengereist ist. »Wie Pilger zu den Heiligen Stätten«, so Willy Brandt später, fahren die beiden für eine Woche nach Stockholm, in die Stadt ihrer jungen Liebe. Sie wohnen im selben Gästehaus wie im letzten Sommer und verbringen den Silvesterabend in einem fast leeren Lokal. »Wir hatten an uns selbst genug«, erinnert sich Rut. »Wir lebten ganz im Augenblick, ohne Pläne.« Die Entscheidung über seine Zukunft schiebt Brandt weiter vor sich her. Auch auf dieser sentimentalen Reise beschäftigen ihn jedoch politische Fragen. Er sorgt bei der SPD-Landesgruppe für den Versand antifaschistischer Literatur in die Westzonen und für die Unterstützung der gerade anlaufenden schwedischen Hilfsaktion für deutsche Kinder. Am 3. Januar 1946, unmittelbar vor seiner Rückreise nach Nürnberg, hält er außerdem vor linken Emigranten einen dreistündigen Vortrag über seine Eindrücke im besiegten Deutschland.[33]

Vor dem internationalen Gerichtshof kommt im Januar und Februar 1946, nach den kollektiven Vorwürfen gegen das Hitler-Regime, die persönliche Schuld jedes einzelnen der 22 Angeklagten zur Sprache. Oft ist es nur eine neue Anordnung des schon bekannten Materials. Auch die Invasion, Unterdrückung und Ausplünderung Norwegens und Dänemarks von 1940 bis 1945 werden wieder aufgerollt, als gegen den früheren Großadmiral Raeder und den Wehrmachtschef Generalfeldmarschall Keitel, den NS-Ideologen Rosenberg und den Terrorexperten Kaltenbrunner verhandelt wird. Der norwegische Journalist Willy Brandt hat wieder viel zu tun.

Unschöne Erlebnisse und trübe Gedanken

In jenen Wochen befielen den 32jährigen wiederholt »pessimistische Anwandlungen«. Zwar konstatierte er, daß die Masse der Deutschen friedlich zu arbeiten wünsche. »Man wollte sich und der Welt beweisen, daß man noch da war«, blickte er 40 Jahre später zurück. 1945/46 stellte er aber als

Folge des Krieges die Verrohung der Menschen, eine unterhöhlte Moral[34] und ein Stimmungsgemisch aus Trauer, Furcht und Eigensinn fest. Ihn beunruhigte, daß die Masse der Bevölkerung, von Alltagssorgen niedergedrückt, die Entlarvung der braunen Diktatur im IMT-Prozeß kaum zur Kenntnis nahm. Er war besorgt, weil viele Deutsche, selbst im linken Lager, die Verantwortung für Hitlers Treiben dem einst nachgiebigen Ausland zuschoben, NS-Verbrechen mit sowjetischen Untaten aufwogen und gegenüber der UdSSR Revanchegelüste zeigten. Brandt, der sich ungeachtet seiner norwegischen Staatsbürgerschaft mehr und mehr als deutscher Patriot verstand und äußerte, war bewußt, daß von Trotz und Rachedurst »der Weg nicht weit zu einem neuen Nationalismus« war[35] und daß das Dritte Reich noch in vielen Köpfen spukte.

In Coburg, wohin er mit dem 17 Jahre älteren Helge Knudsen aus Kopenhagen zu einem Interview mit der Herzogin Viktoria Adelheid von Sachsen-Coburg und Gotha fuhr, begegneten die beiden im Hotel einem Gast aus der nahen Sowjetzone, der die mißhandelten KZ-Häftlinge als »Kriminelle und Schwule« beschimpfte und von einem Überfall der Briten und Amerikaner auf das Dritte Reich schwadronierte. Der sonst gutmütige Däne, vom Studium her Theologe, ließ den Hetzredner aus dem Hause weisen. Die 60jährige Herzogin, eine Schwägerin König Gustafs V. von Schweden, beklagte sich bei dem Gespräch über das »haarsträubende Unrecht«, das ihrem Mann Karl Eduard, unter Hitler ein hoher Funktionär, durch die Internierung angetan werde: »Er stolperte über seinen Idealismus.« In Erlangen demonstrierten Studenten mit Flugblättern und Füßescharren gegen Pastor Martin Niemöller, einen Pour-le-mérite-Träger des Ersten Weltkriegs und KZ-Häftling, als er sich zur Selbstanklage der evangelischen Kirche wegen ihres Versagens im Dritten Reich bekannte.

Auch das Verhalten alliierter Offiziere bedrückte Willy Brandt. Am Rande des IMT-Prozesses lästerten einige über den »Landesverrat« der Hitlergegner aus den Reihen der Wehrmacht. In Hannover ließ ihn ein englischer Oberst wissen, er ersetze die sozialdemokratische Polizeiführung wieder durch Ordnungshüter aus der NS-Zeit – letztere verstünden ihr Geschäft und parierten auf der Stelle. Betroffen machten Brandt überdies Äußerungen von Amerikanern in Nürnberg, es sei »ein Glück, daß sich die Siegermächte zerstritten«.

Tatsächlich verdüsterte sich der weltpolitische Horizont immer mehr. Für die UdSSR ordnete Stalin im Februar 1946 wieder den Vorrang der Rüstungsindustrie vor der Konsumgüterproduktion an. US-Außenminister James F. Byrnes erklärte, Streitfragen würden notfalls mit Waffengewalt entschieden.[36] Der frühere britische Premier Winston Churchill aber sah an der Scheidelinie zwischen Ost und West einen »Eisernen Vorhang« quer durch Europa niedergehen. Das einprägsamste Schlagwort des beginnenden Kalten Krieges war geboren.

Willy Brandts Sorge, ob die Alliierten den Deutschen eine selbstbestimmte Existenz erlauben würden, zerstreute ein englischer Journalist mit der Bemerkung, Sieger müßten Unterworfene »entweder umbringen oder sich erholen lassen«. Auch Gespräche mit dem bayerischen SPD-Vorsitzenden Wilhelm Hoegner, den die Amerikaner drei Monate zuvor in München zum Ministerpräsidenten ernannt hatten, bewirkten Anfang 1946 ein Abklingen »pessimistischer Anwandlungen«. Beide hatten im Exil – Hoegner in der Schweiz – Nachkriegskonzepte entworfen und lehnten eine Kollektivschuld der Deutschen ab.[37] An wirksamsten aber wurde Brandt in der Frankenmetropole durch den »Zukunftsglauben« des 80 Jahre alten Sozialdemokraten Josef Simon aufgerichtet. Der ehemalige Vorsitzende der Lederarbeitergewerkschaft und

Reichstagsabgeordnete hatte im KZ Dachau »sehr Schweres erlitten und war doch ungebrochen. An ihm konnte man sich ein Beispiel nehmen.«

Nach Januar 1946 flaute Willy Brandts Interesse am Hauptkriegsverbrecherprozeß deutlich ab. Das Belastungsmaterial war erschöpfend behandelt, und die Auftritte der Angeklagten interessierten ihn nicht. So ging er südlich des Mains auf Reisen, um andere Themen aufzugreifen und Stoff für »ein größeres Buch über aktuelle deutsche Fragen« zu sammeln.[38] Skandinavischen Zeitungen wie *Arbeiderbladet* lieferte er beispielsweise Reportagen über die Trümmerbeseitigung in Frankfurt, die Kürzung der Lebensmittelrationen oder den Schwarzmarkt.[39] Abends schrieb er auf norwegisch an dem Buch. Außerdem erkundete er seine Chancen im verwüsteten Deutschland, wovon noch die Rede sein wird. Zunächst blieb freilich die Zukunft für Brandt ungewiß. So kehrte er am 5. März nach Oslo zurück. Er zog wieder in die Pension »Themis« ein, wo noch immer seine Freundin Rut Bergaust wohnte.

Die 26jährige war Anfang 1946 aus dem Sekretariat der Norske Arbeiderparti in die neue linke Illustrierte *Aktuell* gewechselt. Sie leitete dort das Bildarchiv, verkaufte Fotos an andere Blätter[40] und erledigte die Buchführung. Als in der Kasse 1 100 Kronen fehlten, weil sie eine Ausgabe als Einnahme verbucht hatte, durchlebte sie bange Tage und schlaflose Nächte, bevor der Fehler gefunden wurde. Bei *Aktuell* hatte die attraktive und agile junge Frau aber auch ein wichtiges Erfolgserlebnis, als Chefredakteur Per Bratland im März von ihr zum Zeitvertreib verfaßte Aufsätze las und ausrief: »Du kannst ja schreiben!«[41] Ihr erster Auftrag: ein Artikel über die soeben von der DNA-Regierung Gerhardsen eingeführte Kinderbeihilfe. Da sie mit dem Schluß ihrer Reportage unzufrieden war, bat sie ihren Freund um Hilfe. Brandt formulierte im Nu ein Finale voller Pathos. Chefredakteur Bratland, verriet Rut später, las den Bericht »und strich mit fester Hand jede Zeile aus, die Willy Brandt geschrieben hatte. ›Alles andere ist brauchbar‹, teilte er mir mit.«[42]

Im März und April 1946 hielt sich der 32jährige vorwiegend in Oslo auf. Er sprach vor Norwegern und Emigranten über aktuelle Fragen, organisierte Lebensmittelspenden für deutsche Hitlergegner und beschaffte für SPD-Büros Vervielfältigungsapparate und Papier. Auch aus diesen Gründen reiste er Mitte März und einen Monat später noch einmal nach Stockholm. Brandt folgte damit einer Direktive der SPD in Schweden: »Die Aufgaben der Emigration liegen jetzt weniger auf politischem als vielmehr auf humanitärem Gebiet.«[43] Allerdings fuhr er offenbar auch in die schwedische Hauptstadt, um sich bei der Sozialdemokratie eine günstige Ausgangsposition für eine Karriere in Deutschland zu verschaffen. Denn Mitte März wurde in Stockholm nach zahlreichen Abgängen ein neuer Vorstand der SPD-Landesgruppe ernannt, wobei sich der aus Oslo herbeigeeilte Brandt einen Sitz mit beratender Stimme sicherte.[44] Aufgrund dieser Position erreichte er im April bei dem zweiten Besuch in Stockholm, daß er nicht nur als norwegischer Journalist, sondern auch als Führungskader und offizieller Vertreter der SPD-Landesgruppe Schweden zur ersten »Gesamttagung« der Sozialdemokratischen Partei Deutschlands in den Westzonen vom 9. bis 11. Mai 1946 nach Hannover fahren konnte.[45]

Eine Publikation, die viel Verdruß bereitete

Als Publizist schrieb Willy Brandt leicht und viel. Im März und April 1946 verfaßte er nicht nur ein 23seitiges Manuskript *Zur Krise der deutschen Arbeiterbewegung*, in dem er der SPD-Führung im Westen vorwarf, den Kommunisten in der Sowjetzone durch ein falsches Vorgehen die Gleichschaltung der dortigen Sozialdemokratie erleichtert zu haben.[46] Für das Stockholmer Außenpolitische Institut faßte er unter dem Titel *Norden i Nürnberg* (Der Norden in Nürnberg) auf 32 Druckseiten Erkenntnisse des IMT über die deutsche Okkupation Norwegens und Dänemarks zusammen. Außerdem vollendete er das Buch, das ihm mehr als anderthalb Jahrzehnte später bei seinem politischen Aufstieg Vorwürfe und Schmähungen einbringen sollte: *Forbrytere og andre tyskere* (Verbrecher und andere Deutsche).

Der Titel war markant und verkaufsträchtig, aber mißverständlich. Fritz Heine, im SPD-Vorstand für Agitation zuständig, fand ihn schon 1946 »nicht begeisternd, um mich milde auszudrücken«.[47] Politische Widersacher aber warfen Brandt in den sechziger und siebziger Jahren vor, der Titel des 323-Seiten-Buches beweise, daß er einst Kriminelle und Deutsche gleichgestellt habe. Skrupellose Gegner verfälschten den Titel sogar in *Deutsche und andere Verbrecher*. Der Autor verteidigte sich recht matt, seine Wortwahl bezwecke keine Gleichsetzung, sondern »eine Gegenüberstellung von Verbrechertum, wie es im großen Nürnberger Prozeß zur Rechenschaft gezogen wurde, und dem anderen Deutschland«. Zudem sei der Buchtitel allzu frei ins Deutsche übertragen worden,[48] ein falscher Einwand, der ebenso neues Mißtrauen schürte wie der Umstand, daß bisher nur gefällige Auszüge, nie aber alle Kapitel von *Forbrytere og andre tyskere* übersetzt wurden.

Das Buch sollte nach Willy Brandts Worten »nicht nur eine Zusammenfassung des (Nürnberger) Prozeßmaterials sein, sondern auch eine erste Bestandsaufnahme der damals so verworrenen deutschen Situation. Ebenso stark wie das Bestreben, aufklärend zu wirken, war wohl mein – zumindest unbewußter – Wunsch, mir selbst klarzuwerden.« Widersacher warfen ihm freilich vor, seinerzeit als »Einpeitscher« gegen das deutsche Volk gehetzt und sich davon nie distanziert zu haben.[49] Der rechte Scharfmacher Hans Frederik, der Mitte 1963 ausgerechnet mit dem Ost-Berliner Institut für Marxismus-Leninismus Geheimmaterial über Bonner Politiker austauschte,[50] behauptete, die Schrift von 1946 habe das Deutschtum verdammt und die deutsche Schmach verewigt.[51] Ist das wirklich der Fall?

In *Forbrytere og andre tyskere* wiederholte Brandt über weite Strecken, zum Teil wörtlich, bereits zuvor von ihm vertretene Grundsätze. Jeder »mündige Deutsche« müsse sich seiner Mitverantwortung für die braunen Untaten bewußt sein, bekräftigte er, wies jedoch erneut nachdrücklich die Kollektivschuldthese zurück (siehe Dokument S. 431 f.). »Heilige Staatsgrenzen« gebe es nicht, aber auch eine Zerstückelung des Torsos zwischen Oder und Saar sei abzulehnen. Er warnte vor einer »bedingungslosen Anpassung« an die Siegermächte, einer einseitigen Orientierung nach West oder Ost und einer Schaukelpolitik. Im übrigen hoffte er auf den Fortbestand der »Anti-Hitler-Koalition«.

Leidgeprüfter norwegischer Leser wegen und voll unter dem Eindruck des Nürnberger Prozesses ließ sich Brandt jedoch in seinem Buch auch zu zweifelhaften Formulierungen hinreißen. Entgegen der Haager Landkriegsordnung billigte er einen Austausch von Hitleranhängern und antifaschistischen Kriegsgefangenen, erklärte die Besetzung Deutschlands zu einer »Aufgabe, um einen Seuchenherd zu isolieren«, und bezeichnete die Entnazifizierung frivol als »politische Entlausung«, bei der in der Sowjetzone ein ehemaliges Konzentrationslager als »das neue Sachsenhausen ganz gut ausgenutzt« werde.[52] Was die UdSSR und die Ultralinken betraf, irrte sich Brandt in seinem Buch gewaltig. Die KPD nehme »im Gegensatz zu früher eine positive Haltung zur Demokratie und zum Parlamentarismus ein«, schrieb er trotz der damaligen Nötigung der SPD in der

Ostzone durch die Stalinisten um Ulbricht. Der Kreml habe zwar zwischen Elbe und Oder bisher »die Kommunisten (...) favorisiert, doch sie erhielten kein Monopol«.

Von diesen Entgleisungen und Fehlurteilen abgesehen, bemühte sich Brandt in *Forbrytere og andre tyskere*, Deutschland und den Deutschen gerecht zu werden. Letztere seien »in vieler Hinsicht ein unreifes Volk, kommen aber nicht als SS-Männer zur Welt«, betonte er. »Besondere Umstände haben sie Werkzeuge – und Opfer – des Nazismus werden lassen.« Er sagte ihnen – »gestern ›Herrenvolk‹, heute Bettlervolk« – übrigens keine trostlose Zukunft voraus. »Gerade als eine gründlich besiegte Nation« hätten sie »neue Möglichkeiten«: Beide Hände seien für die friedliche Zusammenarbeit mit anderen Staaten, den Aufbau, eine »echte Einheit« und die »Europäisierung« frei.

Willy Brandts Bilanz seiner Eindrücke und Überlegungen aus den letzten Monaten fand im Frühjahr 1946 in Skandinavien Beachtung. Der Autor aber konnte in Oslo in der Politik nicht Fuß fassen. Die Norweger verhielten sich 1946 noch »gegen alles Deutsche außerordentlich ablehnend«, und zwar auch gegen politische Immigranten.[53] Im Fall Brandt wirkte zudem der Konflikt zwischen seinem Intimus Martin Tranmæl und Männern der Exilregierung nach. Wenn der 32jährige auch »keine große Lust (hatte), in Deutschland als ›Ausländer‹ herumzufahren«,[54] folgte er doch zunächst dem Angebot, in Mitteleuropa für linke skandinavische Zeitungen weiterhin als Korrespondent zu arbeiten. Erich Ollenhauer aber, seinem gelegentlichen Gesprächspartner in den Exiljahren, der, im Februar aus London heimgekehrt, die SPD-Führung in Hannover verstärkte, ließ er am 7. April 1946 aus Oslo wissen: »Ich stehe zur Verfügung, falls die Bewegung für mich – sei es für eine Presseaufgabe oder auf einem anderen angebrachten Gebiet – Verwendung zu haben glaubt.«[55]

18. Kapitel
Zeuge einer Tragödie
Zwischen Kurt Schumacher und Einheitspartei

Vor dem Militärtribunal in Nürnberg schildert der Bauer Jakow Grigorjewitsch ein Massaker an Zivilisten, das Deutsche im Jahr 1942 bei Leningrad begangen haben.[1] In Berlin beraten je 30 kommunistische und sozialdemokratische Funktionäre aus der Stadt und der Sowjetzone, wann und wie ihre Parteien vereinigt werden sollen. Am gleichen Tag, am 26. Februar 1946, kommt es in Offenbach am Main zu einer Begegnung voller Symbolkraft: Bei einer Delegiertenkonferenz der SPD für das amerikanische Besatzungsgebiet trifft der Emigrant Willy Brandt, ein Vertreter der kommenden politischen Generation, erstmals den 18 Jahre älteren, durch die Weimarer Republik geprägten und von zehnjähriger KZ-Haft gezeichneten Kurt Schumacher, den Vormann der Sozialdemokratie in den Westzonen.[2]

Der beim Nürnberger Prozeß akkreditierte Journalist stellt sich am Rande der Veranstaltung dem Parteichef vor, übermittelt Grüße der in Skandinavien lebenden SPD-Exilanten, bittet, ihnen Schulungsmaterial zu schicken, und offeriert seine Hilfe beim »Wiederaufbau der Bewegung«. Der Dialog bleibt für den 32jährigen unbefriedigend. Zwar spürt er »etwas widerstrebend die magnetische Wirkung, die Schumacher auf viele ausübt«. Doch er gewinnt »nicht den Eindruck, daß meine rasche Mitarbeit gefragt« ist.[3] Auch sein zwei Wochen zuvor in die neue Parteispitze aufgenommener Bekannter Erich Ollenhauer macht ihm keine Hoffnung – das Verhältnis zwischen den beiden bleibt auf Jahre hinaus »leicht unterkühlt«. Fritz Heine aber, wie Ollenhauer bisher in London Vorstandsmitglied der Exil-SPD, der Sopade, und jetzt Schumachers Experte für Presse und Propaganda,[4] sagt dem Deutschnorweger in Offenbach freiheraus, Leute wie er »könnten sich zunächst noch draußen nützlich machen«.

So frustrierend wie die erste Unterredung mit Kurt Schumacher und seinen engsten Mitarbeitern war für Willy Brandt bereits die Vorgeschichte des Treffens verlaufen. Am 19. November 1945, vier Tage nach seiner Ankunft im Schloß Stein bei Nürnberg, hatte er dem mutmaßlichen westdeutschen SPD-Führer mit der Hand einen sechs Seiten langen Brief geschrieben. Neben dem Lebenslauf ließ er darin entgegen seinem sonstigen Zögern wissen, er sei »entschlossen, im Frühjahr (1946) zurückzukehren, um meinen Beitrag zum Neuaufbau leisten zu können«. Außerdem wolle er seine Beziehungen »im Interesse unserer Bewegung auswerten«.[5] Auf diese Zeilen erhielt Brandt ebensowenig eine Antwort wie auf seine Vorschläge für den Einsatz der sozialdemokratischen Landesgruppe Schweden bei der politischen Erneuerung, die er Ende 1945 dem hessischen SPD-Vorsitzenden Willi Knothe zur Weiterleitung an die Parteizentrale übergeben hatte.[6] Im »Büro Dr. Schumacher« in Hannover erhielten die Zuschriften den Vermerk »Ober-/Mittelfranken« und verschwanden offenbar in der Mappe, in der die Korrespondenz mit dem für Nürnberg zuständigen Parteibezirk abgelegt wurde.

Seine Bitten und Anregungen wiederholte Brandt am 13. Januar 1946 auf drei engbeschriebenen Schreibmaschinenseiten. Außerdem forderte er Schumacher auf, ihn bei einer Nürnberg-Visite »entweder im Pressezimmer des Justizgebäudes oder im Press Camp des Faber-Schlosses in Stein« aufzusuchen. Von einer Heimkehr nach Deutschland war keine Rede mehr.[7] Vier Wochen später antwortete Herbert Kriedemann von der provisorischen Parteileitung dem

Deutschnorweger, der Brief von November sei nicht angekommen, und erwähnte, ein Treffen mit Schumacher in Nürnberg werde »vielleicht am 16. März« möglich sein.[8] Doch dieser Brief erreichte Brandt im Schloß Stein nicht mehr. Er hatte seine Tätigkeit beim Hauptkriegsverbrecherprozeß unterbrochen und reiste auf der Suche nach Reportagethemen durch die amerikanische Zone. Als er eine Ankündigung der Offenbacher Funktionärskonferenz las, fuhr er kurzerhand hin und traf Kurt Schumacher.

Über die Tagung berichtete Brandt in der skandinavischen Arbeiterpresse. Die Reportage alarmierte einen hartnäckigen Widersacher in Stockholm: Kurt Heinig. Schon Anfang Februar 1946, nach kritischen Artikeln des Journalisten über die »alten Funktionärskader« und das Ausbleiben eines »wirklichen Erneuerungsprozesses« in der SPD, hatte der Beauftragte des Sopade-Vorstandes für Schweden den Genossen Heine in London gewarnt: »Sicherlich ist Brandt geschickt. Um so notwendiger ist es, sich von ihm nicht ins Schlepptau nehmen zu lassen.«[9] Als dann der Beitrag aus Offenbach erschien, bezeichnete der Funktionär den Autor in einem Bericht an die Parteileitung als »eifrigen Agenten für seine eigenen Interessen«. Er erinnerte hinterhältig an Brandts unschöne Rolle bei der Täuschung des ehemaligen Rostocker SPD-Bezirkssekretärs und 20.-Juli-Verschwörers Willy Jesse, eines alten Bekannten Kurt Schumachers, und kompromittierte den Lübecker: »Hat er sich dort (bei der Konferenz) mit einer Mitgliedskarte der Partei legitimiert, so ist das eine Fälschung. Er gehört (in Stockholm) nur einer Splittergruppe an. Er hat systematisch in Schweden die deutsche Arbeiterbewegung beschimpft und das deutsche Volk öffentlich verachtet. Da er allerlei dunkle Verbindungen hat, ist Vorsicht am Platze.«[10] Damit war eine Kampagne eröffnet, die noch zwei Jahre später Willy Brandts Aufstieg in der SPD fast beendet hätte.

»Wir verzweifeln nicht!«

Kurt Schumacher, der nun für Willy Brandts Zukunft entscheidende Sozialdemokrat, entstammte nicht dem Proletariat. Er war 1895 als Sohn eines wohlhabenden Kaufmanns in der westpreußischen Kreisstadt Culm zur Welt gekommen. Im Ersten Weltkrieg hatte er seinen rechten Arm verloren. Anfang 1918, inzwischen Jura- und Volkswirtschaftsstudent, war er der gemäßigten »Mehrheits-SPD« beigetreten. In seiner Dissertation *Der Kampf um den Staatsgedanken in der deutschen Sozialdemokratie* verfocht er Ferdinand Lassalles Idee vom »sittlich geordneten Gemeinwesen«, das den Individuen gestatte, »eine Summe von Bildung, Macht und Freiheit zu erlangen, die ihnen als einzelne schlechthin unerreichlich wäre«.[11] Der Marxismus jedoch war für Schumacher »nicht ein starres, zeitgelöstes Dogma, sondern eine Methode zur Untersuchung der Realität«.[12] In der SPD-Fraktion des Reichstags, in den der Redakteur der Stuttgarter Parteizeitung *Schwäbische Tagwacht* 1930 einzog, gehörte er wie Brandts Lübecker Mentor Julius Leber zu einer Gruppe linkspatriotischer Neuerer, die später »militante Sozialisten« genannt wurden.[13] Die Braunhemden machte sich der Kriegsversehrte zu Todfeinden, als er ihnen »moralische und intellektuelle Verlumpung und Verlausung« sowie »die restlose Mobilisierung der menschlichen Dummheit« vorwarf, nachdem ihr Berliner Gauleiter Joseph Goebbels die SPD als »Partei der Deserteure« beschimpft hatte.[14]

Fünf Monate nach Hitlers Machtübernahme wurde Kurt Schumacher verhaftet. Sein Passionsweg begann in Berliner Gefängnissen und setzte sich in Konzentrationslagern auf dem württembergischen Heuberg, bei Ulm und ab April 1935 in Dachau fort. Nur wenige glaubten, daß er die Torturen überleben würde. Auf 42 Kilo abgemagert und somit für die Nationalsozialisten scheinbar handlungsunfähig, wurde der ledige Linke endlich im März 1943 zu seiner in Hannover wohnenden Schwester entlassen, nach dem Attentat auf Adolf Hitler aber erneut vier Wochen lang inhaftiert. Im KZ Neuengamme bei Hamburg begegnete er einstigen SPD-Funktionären aus Niedersachsen, die, wieder auf freiem Fuß, mit ihm heimlich in Verbindung blieben.

Als sich am Sonntag, dem 6. Mai 1945, elf Jahre und zehn Monate nach dem Verbot der deutschen Sozialdemokratie durch Hitler, in dem von US-Truppen eroberten Hannover wieder ein Ortsverein der SPD konstituierte, wurde Kurt Schumacher dessen Vorsitzender. Gleich mit seiner ersten Rede legte er unter dem Motto »Wir verzweifeln nicht!« den Kurs für den Neuaufbau der Sozialdemokratischen Partei in den Westzonen fest. Um die »unteilbare Dreiheit von Friede, Freiheit und Sozialismus« zu sichern, forderte der 49jährige die Verstaatlichung der Großindustrie, der Banken und des Agrarkapitals. Die SPD aber müsse »mehr sein als einer der unzähligen Trümmerhaufen, die Deutschland bedecken«.[15] In der künftigen Demokratie beanspruche sie die Führung. Eine Vereinigung mit der KPD lehnte er ab, da »die Kommunisten (...) an Rußland als Staat und an seine außenpolitischen Ziele gebunden« seien.[16]

Sein Sendungsbewußtsein und gewiß auch die Verfolgung durch die Nazis machten Kurt Schumacher zu einem charismatischen Politiker. Für Brandt war der Mann mit der ausgemergelten Gestalt, dem zerfurchten Gesicht und den bald müden, bald fanatisch leuchtenden Augen »ein dynamischer Führer und Volkstribun«. Prediger und Dichter erwähnten »so oft den Geist, der über den Körper triumphiert; im Falle Schumacher war diese meist so leicht hingesprochene Phrase gelebte Wirklichkeit«. Der geschundene Linke erschien Brandt wie vielen anderen als »Inkarnation des deutschen Elends«,[17] aber auch als ein »sich bis zum Fanatismus steigernder Willensmensch«, der die SPD zur Partei der nationalen Rettung machen wollte, »um Fehler der Vergangenheit auszumerzen«. Schumacher habe, so Brandt, beim »doppelt schwierigen« Neuaufbau der deutschen Sozialdemokratie »doppelt schnell und doppelt angestrengt« gearbeitet und sei »dreifach hart (...) gegen seine Mitarbeiter und gegen sich selbst« gewesen.

Mit dem Kriegsheimkehrer Egon Franke sowie mit Herbert Kriedemann und Alfred Nau, zwei Sekretären der ehemaligen sozialdemokratischen Reichsleitung, bildete der ehrgeizige Vorsitzende des SPD-Ortsvereins Hannover, der nach seinen Worten »mit der Politik verheiratet« war,[18] seit Mitte 1945 in Hannover das »Büro Dr. Schumacher«.[19] Als Stenotypistin kam Anfang Oktober die 26jährige Verlagskontoristin und Kriegerwitwe Annemarie Renger hinzu, die Tochter eines früheren Arbeitersport-Funktionärs,[20] die für ihren behinderten Chef mit der Zeit auch zur Krankenpflegerin, Reisebegleiterin und Lebensgefährtin wurde.

Um bei den neuen, wegen der unterbrochenen Verkehrswege isoliert entstandenen sozialdemokratischen Gruppierungen seine Grundsätze und den Anspruch auf die Führung durchzusetzen, unternahm »der Doktor« im Sommer 1945 beschwerliche Autofahrten durch die westlichen Besatzungszonen. Er hatte Erfolg. 14 der 19 provisorischen SPD-Bezirke ermächtigten ihn »zur organisatorischen und politischen Führung der Partei im gesamten Reich«.[21] Ende August verschickte er Einladungen zu einer sozialdemokratischen »Reichskonferenz« für Anfang Oktober und taktische Richtlinien zum parteiinternen Gebrauch. Darin kritisierte Schumacher kurz nach dem Potsdamer Abkommen, daß die deutsche Ostgrenze und die sowjetische Besatzungszone »zu weit nach Westen gerückt« seien, nannte die Demontagen durch die Siegermächte »reaktionär« und forderte die Erhaltung der »Reichseinheit«. Das Werben um den Mittelstand, die Intellektuellen und die Jugend erklärte er zur zentralen Aufgabe der Partei[22] und lehnte die Vereinigung mit der KPD abermals ab.

Wie Schumacher war auch Brandt ein Politiker der Tat, der »bloßes Theoretisieren« geringschätzte. Den Vorwurf einer deutschen Kollektivschuld wiesen beide gleichermaßen fest zurück.[23] Zu Staat und Nation hatten sie ein positives Verhältnis.[24] Es gab also Gemeinsamkeiten zwischen ihnen. Dennoch unterstrich Willy Brandt noch 14 Jahre nach der ersten Begegnung: »Nein, ich könnte nicht behaupten, daß ich mich mit Schumacher wesensverwandt fühlte.« Ihn störte an dem Westpreußen »die an Fanatismus grenzende Unbedingtheit, mit der er an einer einmal gefaßten Entscheidung festhielt, seine Art des Redens, die Überbetonung nationaler Gesichtspunkte«. Der Mann an der SPD-Spitze habe gefordert und nicht gebeten. »Er wog nicht Argumente gegeneinander ab, sondern schleuderte das Ergebnis seines Nachdenkens in den Zuhörerkreis – und dies mit erheblichem Stimmaufwand.« Allerdings: »Hinreichendes Verständnis für Europa und von der Welt hatte er nicht«, urteilte Brandt in seinen *Erinnerungen*, in denen von Schumacher bemerkenswert wenig die Rede ist.

Der 32jährige stimmte 1946 mit dem 18 Jahre Älteren darin überein, daß die SPD nach der Zäsur des Dritten Reichs nicht wieder-, sondern »wirklich neu« begründet werden müsse. Für Schumacher war die Partei jedoch, trotz seines Bemühens um die Verbreiterung der Basis, noch immer eine Klassenorganisation des Proletariats;[25] die Idee der Volkspartei, dem Emigranten von Skandinavien her vertraut, blieb ihm fremd. Ende 1945 stellte Brandt fest, »dass die deutsche Arbeiterbewegung in vielen Bezirken weniger ›neu‹ ist, als es den Erfordernissen der Zeit, aber auch den Erfordernissen der Werbung unter zu gewinnenden Schichten, vor allem der jungen Generation, entsprechen würde«.[26] In den ersten Monaten nach Kriegsende habe zwangsläufig

»die überalterte Funktionärs-Schicht von vor '33 fast gänzlich dominiert. So darf und kann es aber nicht bleiben«, schrieb er dem Ehepaar Enderle. Fraktionsgeist und Cliquenwirtschaft müßten bekämpft werden, und bei der Besetzung leitender Funktionen habe es »nicht nach den Bäuchen und Bärten, sondern nach den Köpfen zu gehen«. Es blieb ein Wunsch. Rückblickend zog Brandt das Fazit, 1945 sei letzten Endes »nicht viel mehr geworden als eine Wiedergründung. Es war zunächst wie bei der Hausfrau, die ja auch häufig nach dem Motto handelt: Man nehme, was man hat. Der geistige Überschuß, der erforderlich ist, um etwas wirklich zu erneuern, der war nicht hinreichend da.«

Linke Widersacher treffen aufeinander

Die von Kurt Schumacher angekündigte »Reichskonferenz« fand am 5. und 6. Oktober in Wennigsen bei Hannover statt, und zwar nach Einsprüchen der Besatzungsbehörden offiziell als Beratung von 33 führenden Sozialdemokraten aus der britischen Zone und dem Londoner Exil über den »Aufbau der Partei auf Kreisebene«. 36 Delegierte aus anderen Teilen Deutschlands und 40 Gäste durften jeweils separat nur »private Begegnungen« abhalten. Die Siegermächte beobachteten Schumacher mißtrauisch. »Sie fanden, daß er ›zu unabhängig‹ war«, stellte Brandt fest. Wie mit den Sopade-Vertretern Erich Ollenhauer, Fritz Heine und Erwin Schoettle aus London verhandelte aber Schumacher trotz der Auflagen auch mit Genossen aus Berlin.

Der emigrierte Parteivorstand, seit 1933 Treuhänder der deutschen Sozialdemokratie und folglich allein zur Beglaubigung einer neuen Organisation befugt, hatte zur Exil-KPD stets Distanz gewahrt. Er verfolgte deshalb in London seit Mitte 1945 argwöhnisch Rundfunkmeldungen über Einheitsbestrebungen der SPD in der Sowjetzone, wo die Besatzungsmacht schon am 10. Juni antifaschistische Parteien zugelassen hatte. In einem Rundschreiben pochte die Sopade-Führung Anfang September darauf, daß die Partei von unten »auf dem Boden des freiheitlichen und demokratischen Sozialismus« wiedererrichtet werde.[27] Er billigte die Aufnahme der Sozialistischen Arbeiterpartei (SAP) und des Internationalen Sozialistischen Kampfbundes (ISK) in die West-SPD,[28] für Brandt »eine Frontbegradigung«, war aber strikt gegen Fusionsgespräche mit der – zunächst übrigens zögernden – KPD. Im übrigen befürchtete das Gremium in London, die Leitung der Ost-SPD in der früheren deutschen Hauptstadt, der »Zentralausschuß« mit dem einstigen Reichstagsabgeordneten Otto Grotewohl an der Spitze, werde ihm die Führung streitig machen.

Schumachers Verhältnis zum SPD-Zentralausschuß in Berlin wurde ebenfalls von politisch-organisatorischen, aber auch von persönlichen Differenzen bestimmt. Die Ambitionen des Komitees – »Grotewohl wollte im Herbst 1945 am liebsten, von Berlin aus, für die Sozialdemokratie in ganz Deutschland sprechen«, fand Willy Brandt – wies »der Doktor« zurück, nachdem ihn die meisten Bezirke in den Westzonen mit der gesamtdeutschen Parteiführung betraut hatten. Überdies hielt er den charmanten, musisch veranlagten, nun 51jährigen Otto Grotewohl seit gemeinsamen Parlamentszeiten für einen Weichling,[29] der es zudem verstanden hatte, das Dritte Reich relativ glimpflich zu überstehen. Für unheilvoll jedoch sah Schumacher das Streben des Zentralausschusses nach einer Vereinigung der SPD mit den Kommunisten an, die von Vasallen Stalins wie Wilhelm Pieck und Walter Ulbricht geführt wurden.

In Wennigsen stoßen die Gegensätze aufeinander. Schumacher und sein Gast Grotewohl stimmen zwar in wirtschaftspolitischen Fragen überein. Die spezielle »Berliner

Linie« greift der Politiker aus Hannover jedoch in zwei anderthalbstündigen Reden an. »Wir deutschen Sozialdemokraten sind nicht britisch und nicht russisch, nicht amerikanisch und nicht französisch. Wir sind die Vertreter des deutschen arbeitenden Volkes und damit der deutschen Nation«, betont er. »Wir wollen uns nicht von einem Faktor ausnützen lassen.« Die schwache Kommunistische Partei suche einen »großen Blutspender« und wolle der SPD mit der Einheitspartei »eine kommunistische Führung aufzwingen«.[30] Otto Grotewohl beteuert dagegen seine Unabhängigkeit, trägt seine These von der SPD als »Sammellinse« deutscher Interessen gegenüber den Besatzungsmächten vor und bietet erfolglos die Aufnahme von Vertretern aus London und Hannover in das Berliner Gremium an.[31]

Zu einer heftigen Ost-West-Auseinandersetzung kommt es, als Grotewohl am Tag nach der Konferenz Schumacher in seinem Büro aufsucht. Zuletzt vereinbaren die beiden, daß »bis zur Verwirklichung der Reichseinheit und damit der Parteieinheit (...) der Zentralausschuß in Berlin als die Führung der Sozialdemokratischen Partei in der sowjetischen Besatzungszone« und »der Genosse Dr. Schumacher« als »der politische Beauftragte der drei westlichen Besatzungszonen« gelten; »möglichst häufige persönliche Rücksprache und sonstiger Kurierverkehr« sollen für Übereinstimmung sorgen.[32] Doch als der Westpreuße kurz darauf neue Vorwürfe gegen die Führung an der Spree erhebt, verzichtet sie auf den engen Kontakt.[33] Die SPD ist damit schon vor dem deutschen Staat gespalten, und der KPD in der Sowjetzone kann künftig keine nationale Führung der Sozialdemokratie kraftvoll entgegentreten.

»Grotewohl war noch nicht bereit, sich den Kommunisten zu unterwerfen, als er im Herbst 1945 in den Westen fuhr«, urteilt Willy Brandt im nachhinein. »Er erhoffte sich Entlastung durch den Plan, einen ›Reichs‹-Parteitag vorzubereiten. Schumacher hielt es für zu riskant, sich auf ein solches Manöver einzulassen, von dem er befürchtete, daß es zugunsten sowjetischer Manipulationen ausgehen würde. Ich bin mir nicht sicher, ob man dies nicht auch anders hätte angehen können.«

Das Drama um die Ost-SPD auf dem Höhepunkt

Trotz aller Enttäuschungen entwickelte die SPD zwischen Oder und Elbe hohes Selbstbewußtsein. Im November 1945 wandte sich Grotewohl öffentlich gegen die rigorosen sowjetischen Demontagen, die Abtrennung der deutschen Ostgebiete und eine linke Zwangsvereinigung durch den »Beschluß von Instanzen« in nur einer Besatzungszone. Der Kreml, der einen Rechtsruck der erstarkenden Ost-SPD und damit eine Destabilisierung seines neuen Vorfeldes in Mitteleuropa befürchtete,[34] wollte die Partei zügeln, indem sie, entgegen dem bisherigen Kurs, möglichst rasch unter das Kuratel der linientreuen KPD gebracht wurde. Moskau verfolgte dieses Ziel mit Zuckerbrot und Peitsche. Nach Wahlschlappen der Kommunisten in Ungarn und Österreich wurde der Druck seit dem Jahreswechsel 1945/46 durch Terror und Agitationskampagnen noch erhöht. Widerstand flammte auf, war aber vergebens.

Willy Brandt sah zunächst begeistert seinen alten Traum von der linken Einheit in Erfüllung gehen. Er teilte die Ansicht seines 67jährigen Landsmanns Gustav Radbruch, eines ehemaligen Reichsjustizministers, daß »nur für zwei große Parteien Platz vorhanden ist: marxistische Sozialisten und christliche Sozialisten. Die Kommunisten und Sozialdemokraten müssen sich einigen können.« Dürftig informiert, deutete Brandt die Umstände noch Anfang 1946 optimistisch: »Die Annahme, daß sich die Sozialdemokraten in

Berlin und in der Ostzone ohne weiteres kommandieren ließen, Aufrufe zu unterzeichnen, war nicht richtig. Das zeigte die freimütige Rede, die Otto Grotewohl am 20. Dezember hielt.« Er glaubte an einen Wandel der KPD. Die wachsende Gefügigkeit des Zentralausschusses aber lobte er als Folge der Einsicht, »daß Deutschland kaum wiedererstehen und existieren werde, wenn es nicht ein freundschaftliches Verhältnis zur Sowjetunion erreicht«.

Otto Grotewohl indes klagte Anfang Februar 1946 im Gespräch mit einem britischen Besatzungsbeamten über die Zerrüttung der SPD in der Sowjetzone und über stärksten Druck: Er und sein Kader würden »von russischen Bajonetten gekitzelt«.[35] Um die Vereinigung mit der KPD doch noch zu hemmen, suchte er bei Schumacher erneut Beistand für einen »Reichsparteitag«. Es war wieder erfolglos. Als er bei einer Begegnung in Braunschweig am 8. Februar zugeben mußte, daß die Parteienfusion dem Einfluß des Zentralausschusses entglitten sei,[36] riet ihm »der Doktor«, die Ost-SPD aufzulösen. Dazu war aber Grotewohl nicht befugt.[37]

»Geschmeidigkeit ist vielleicht nicht seine stärkste Seite. Seine außenpolitische Orientierung scheint ziemlich einseitig zu sein. Seine Haltung in der Frage der Einheit wirkt negativ«, urteilte Willy Brandt 1946 über Schumacher. Deplaziert fand er Bemerkungen wie, es müsse »im Guten vermieden werden, daß Eurasien Europa verschluckt«.[38] Daß der militante Sozialist, durch die NS-Diktatur traumatisiert, Schwäche gegenüber jedwedem Totalitarismus geradezu zwanghaft vermeiden wollte, war dem 32jährigen nicht bewußt. 15 Jahre danach – Brandt war nun Regierender Bürgermeister von Berlin – gab er in einem Interview zu, daß Kurt Schumacher »zweifellos klarer als die allermeisten die Gefahren sah, die in einer kommunistischen Einheitspartei lagen.« – »Auch klarer als Sie selbst?« – »Sicher.«[39]

Der letzte Akt der Tragödie um die SPD östlich der Elbe

begann am 10. Februar 1946, als Provinzfunktionäre bei einer Parteikonferenz gegen die Verzögerung des Zusammenschlusses rebellierten: »Wir machen die Vereinigung auf Landesebene!«[40] Im Osten unter Zwang und vom Westen nicht unterstützt, resignierte Grotewohl und wurde zum Kollaborateur der Stalinisten. Gustav Dahrendorf aber, im Zentralausschuß ursprünglich ein Vorkämpfer der Fusion,[41] mit dem Willy Brandt in Verbindung stand, setzte sich Mitte Februar dank englischer Hilfe in seine Heimatstadt Hamburg ab. Die beiden blieben »in freundschaftlicher Beziehung«.

Ebenfalls im Februar 1946 kam Kurt Schumacher erstmals seit 13 Jahren wieder nach Berlin. Er blieb sechs Tage lang, mit einem bewaffneten britischen Hauptmann als Beschützer.[42] Gespräche mit dem Zentralausschuß über die Zukunft der Ost-SPD scheiterten. Neue Voraussetzungen – im nachhinein auch für Brandt – schufen dagegen ein Treffen Schumachers mit Gegnern der Zwangsvereinigung und der Aufruf des Reinickendorfer Kreisvorsitzenden Franz Neumann zur Urabstimmung über die Fusion.[43] Der sowjetische Stadtkommandant verbot für seinen Bereich die von einer Funktionärsversammlung beschlossene Befragung der Parteibasis. In den drei Westsektoren jedoch votierten am 31. März drei Viertel der 32 500 dort lebenden Sozialdemokraten und lehnten zu 82 Prozent den »sofortigen Zusammenschluß« von SPD und KPD ab; fast zwei Drittel von ihnen waren freilich bei weiterer Eigenständigkeit für ein »Bündnis« mit den Kommunisten.[44] Der Held jener Tage war der 41jährige Franz Neumann.

Willy Brandt nannte 1960 den Kampf »um die Vorbereitung und Durchführung der Abstimmung die erste politische Schlacht um die Zukunft Berlins. (...) Die Gleichschaltung der Sozialdemokratischen Partei hätte die Eingliederung der Stadt in die Sowjetzone wesentlich erleichtert, wahrscheinlich zwangsläufig mit sich gebracht.« Die Rolle Franz Neumanns jedoch, nach Meinung Brandts ein »mutiger, aber zu enger Traditionalist« – der von 1952 bis 1958 sein schärfster innerparteilicher Gegner war –, wurde in dessen drei Memoiren und 1981 in seiner Rede zum 35. Jahrestag der Berliner Urabstimmung[45] auffallend flüchtig abgehandelt.

Der Widerstand von zwölf SPD-Kreisverbänden an der Spree gegen die Zwangsvereinigung zur Sozialistischen Einheitspartei Deutschlands (SED) hatte neue Propagandafeldzüge und im sowjetischen Besatzungsgebiet eine weitere Hetzjagd auf Opponenten zur Folge.[46] Erich Ollenhauer verglich in einem Brief die Ost-Berliner Verhältnisse mit denen im Frühjahr 1933 nach dem Reichstagsbrand: »Es ist genau dieselbe Situation, nur daß heute die herrschende Diktatur noch stärker ist als damals die Nazis.«[47] Die Gegner des Zusammenschlusses wurden allerdings von West-Berliner Medien und heimlich von Mitarbeitern anglo-amerikanischer Instanzen unterstützt, die offiziell mit den sowjetischen Kriegsverbündeten kooperierten. In aller Eile billigten die KPD- und SPD-Landesverbände in der Sowjetzone die Fusion. Im Westen der einstigen Hauptstadt schufen 485 Gegner der Verschmelzung die autonome Sozialdemokratische Partei Groß-Berlins mit Franz Neumann als Vorsitzendem.[48] Am Ostersonntag, dem 21. April 1946, kamen im Berliner Admiralspalast 548 SPD- und 507 KPD-Delegierte zusammen. Nach Beethovens »Fidelio«-Ouvertüre betraten Wilhelm Pieck von links und Otto Grotewohl von rechts die Bühne und gaben sich unter frenetischem Beifall die Hand – eine trügerische Geste. Die Gründung der SED erfolgte am nächsten Tag ebenso einstimmig wie die Wahl der beiden als Führer der Einheitspartei.[49] Der Kreml hatte in Mitteleuropa sein Vorfeld konsolidiert, die KPD in halb Deutschland die Sozialdemokratie unterjocht und die SPD Mitglieder, Wähler und wertvollen Besitz in der Ostzone verloren.

Der Traum von der linken Einheit endet

Hatte Willy Brandt noch im Spätherbst 1945 den in der Sowjetzone geplanten Zusammenschluß der Arbeiterparteien so freudig begrüßt, daß ihm West-Berliner Genossen deswegen später Vorwürfe machten,[50] änderte sich Anfang Februar 1946 seine Einstellung. Es sei »keine Einheitspolitik, wenn die SP die Mitglieder und Wähler stellt und die KP die Mehrheit der Leitungen«, schrieb er dem Ehepaar Enderle zu jener Zeit aus Nürnberg. Alles in allem brauche es kein Unglück zu sein, »wenn es nicht zur Verschmelzung kommt«. In seinen damals entstandenen Büchern kritisierte er das sowjetische Verbot der Urabstimmung über die Fusion und betonte, wichtiger als die Einheit der Linken sei nun die Einheit Deutschlands. In Stockholm stimmte er einer Resolution gegen das Zwangsregime in der Ostzone zu.[51] Daß er »die ›östlichen‹ Methoden eindeutig ablehne«, versicherte er Erich Ollenhauer am 7. April aus Oslo, empfahl aber, »daß wir uns vor einer einseitigen ›westlichen‹ Orientierung hüten sollten«.[52] Vier Tage später mahnte er ihn, die Partei dürfe »keinen Augenblick die gesamtdeutsche Perspektive aus den Augen verlieren«; die Isolierung der Genossen im Osten, die man »jedenfalls nicht als Verräter betrachten« könne, müsse überwunden werden. Willy Brandt hatte sich vom Traum einer linken Einheitspartei verabschiedet. Ihm war es, wie er wenig später bekräftigte, von nun an vordringlich, »die SP im Westen so stark wie möglich werden zu lassen und in ihrem Rahmen für eine möglichst fortschrittliche Politik zu wirken«.

Die Entstehung der Sozialistischen Einheitspartei führte, kein Wunder, zum Bruch zwischen Brandt und seinem früheren Mentor Jacob Walcher alias »Jim Schwab«. Der Mitbegründer der KPD von Ende 1918 und Vorsitzende der Sozialistischen Arbeiterpartei seit 1932, ein Bewunderer der Sowjetunion, der als Emigrant in Paris Einheitspläne und die von Walter Ulbricht gesteuerte Vorbereitung einer deutschen Volksfront unterstützt hatte, wurde nach Gründung der SED ihr rührigster Fürsprecher in den USA. Brandt, den er Mitte 1945 wegen des Wiedereintritts in die SPD gerüffelt hatte, ersuchte er Ende April 1946 von seinem New Yorker Exil aus, er solle »unbeschadet der heutigen Parteizugehörigkeit in Übereinstimmung mit unserer alten Parteilinie energisch und unbeirrt eintreten für die Sozialistische Einheitspartei Deutschlands«. Auf dieses Ansinnen hin habe er Walcher »eine deutliche Abfuhr« erteilt, heißt es in Willy Brandts *Erinnerungen*. Was hatte es damit auf sich?

Der Brief aus New York – der ehemalige SAP-Chef schickte ihn auch anderen – kreuzte sich mit einem Schreiben aus Oslo, in dem Brandt neue Vorwürfe des »lieben Jim« und sonstiger SAP-Funktionäre parierte: »Die Kritik wirkte auf mich wie eine Stimme aus dem Grabe.« Ausführlich wandte er sich dann der »mit undemokratischen Mitteln und teilweise sogar mit gewalttätigen Methoden« gegründeten SED zu, bei der es sich »um etwas ganz anderes handelt als das, was wir als Ergebnis unserer Einheitspolitik erstrebten«. »Strukturell fortschrittlichen Veränderungen in der Ostzone« stünden Verletzungen von Menschenrechten und die Unterdrückung der freien Meinungsbildung in der Einheitspartei gegenüber. »Die demokratischen Grundrechte und die Demokratie innerhalb der Arbeiterbewegung sind aber nicht Fragen der Zweckmäßigkeit. Sie sind grundsätzliche Fragen erster Ordnung.« Die Zwangsvereinigung festige zudem die Zonengrenzen.

Walchers Aufforderung zur Indoktrination der SPD empörte Willy Brandt vollends. Auf fünf engzeilig beschriebenen Schreibmaschinenseiten warf er dem orthodoxen Marxisten am 10. Juni 1946 im Rahmen einer harschen Kritik am Sowjetsystem vor, die deutsche Arbeiterbewegung den Interessen des Kreml unterordnen zu wollen. Nötig sei jedoch eine »unabhängige sozialistische Politik, die dem Osten lässt, was ihm gebührt, die aber keineswegs auf den Anschluß an die sozialistischen und fortschrittlichen Kräfte des Westens verzichtet«. Ferner widersprach er »Jim Schwabs« Behauptung von einer demokratischen Läuterung der Kommunisten. Eine Vereinigung nach dem Muster der SED, deren Taktieren »eine Funktion der russischen Außenpolitik« sei, lehnte er ab. Anders als die bisherige Post an Walcher beendete er dieses Schreiben kühl »Mit besten Grüßen«.[53]

Zwar schickte Brandt, ambivalent und konfliktscheu wie so oft, seinem früheren Vorbild schon am nächsten Tag versöhnliche Zeilen, in denen er ihm als »einem der besten, saubersten und klügsten Repräsentanten des revolutionären Flügels der deutschen Arbeiterbewegung« schmeichelte. Er bedauerte die Differenzen, berichtete über persönliche Dinge und hoffte, »dass wir in nicht allzu ferner Zukunft doch wieder unter einem Hut sein werden«.[54] Doch der Bruch war vollzogen. Für Brandt stand fest, schrieb er seinem Freund Herbert George, daß ihr früherer Parteichef sich endgültig der KPD und der »Moskauer Linie« zugewandt habe.[55] Walcher in New York wiederum, dem Gertrud Meyer, die gleichfalls in den USA lebende frühere Geliebte des Lübeckers, im Sommer 1946 versicherte, sein Intimus von einst verberge seine wahre Gesinnung, antwortete ihr verdrossen, es sei »leider nicht zu bezweifeln, daß Willy in der Sozialdemokratie ist, um sozialdemokratische Politik zu machen«.[56] Brandts Vorhaltungen erwiderte er mit alten Phrasen über die SPD und riet ihm, wieder einmal Lenins Traktat *Staat und Revolution* über die Anpassung der Sozialdemokratie an die Machtstrukturen des Großbürgertums zu lesen.[57] Damit brach der Briefwechsel ab.

Willy Brandt und Jacob Walcher trafen sich wieder, nachdem der Arbeiterführer im Januar 1947 nach Berlin heimgekehrt, der SED beigetreten und Chefredakteur des linientreuen Gewerkschaftsblattes *Tribüne* geworden war. Er und der Lübecker, der es inzwischen zum Presseoffizier der norwegischen Militärmission beim Alliierten Kontrollrat gebracht hatte, trafen sich mehrmals und versuchten, einander zum Frontwechsel zu überreden. Der SED-Funktionär glaubte herauszuhören, daß sein Besucher »zur SPD in größerem Gegensatz steht als zu uns«.[58] Eines Tages machte er seinem ehemaligen Vertrauten nach Rücksprache mit Wilhelm Pieck das Angebot, in der SED einen angemessenen Posten seiner Wahl einzunehmen. Brandt überhörte die Offerte geflissentlich. Als er dann Anfang 1948 Vertreter des SPD-Parteivorstandes in Berlin wurde, suchte ihn entrüstet der SED-Funktionär samt Ehefrau Hertha in seiner Wohnung auf, in dem beschlagnahmten möblierten Fünf-Zimmer-Haus Trabener Straße 74 direkt am Halensee: »Du hast mich schön hintergangen und mir nie ein wahres, offenes Wort gesagt, sonst wäre es unmöglich, daß Du jetzt diese Position einnimmst«, soll er ihm vorgeworfen haben. »Du wirst verstehen, daß unsere Wege sich ein für allemal trennen.«[59] Im Fortgehen bemerkte er spitz, wenn Schumachers Repräsentant wie überhaupt »der Westen« gezwungen sein werde, Berlin zu verlassen, würde er gern in das schöne Haus am Halensee einziehen. Die 15 Jahre lange Verbundenheit zwischen Walcher und Brandt war endgültig zerstört.

Jacob Walcher wohnte nie in dem Haus am Halensee. Er wurde 1951 als Chefredakteur der *Tribüne* geschaßt und wegen seiner führenden Rolle in der SAP sowie wegen der »Beziehung zum Agenten Brandt« als »einer der ärgsten Feinde der revolutionären Arbeiterklasse« aus der SED verbannt.[60] Nach vier Jahren rehabilitierte ihn die Partei, beschäftigte ihn aber nur noch als Hilfskraft. Walcher starb vereinsamt mit 82 Jahren am 27. März 1970. Willy Brandt hatte Berlin damals längst verlassen – um 1966 in Bonn Außenminister und 1969 Kanzler der Bundesrepublik Deutschland zu werden.

19. Kapitel
Suche nach Aufgaben
Viele Angebote und ein zögernder Bewerber

Willy Brandt hatte acht arbeitsreiche Wochen hinter sich, als er Anfang Mai 1946 von Oslo nach Hannover aufbrach, zum ersten Parteitag der SPD nach dem Krieg. In der Redaktion des *Arbeiderblad* war er wieder als Deutschland-Experte tätig gewesen. Er hatte das Manuskript seines Buches *Forbrytere og andre tyskere* (Verbrecher und andere Deutsche) vollendet und aufgrund von Unterlagen des Nürnberger Prozesses eine Broschüre über das braune Besatzungsregime in Skandinavien geschrieben, eine Analyse aktueller Probleme der deutschen Arbeiterbewegung vorgelegt und in Vorträgen weltpolitische Themen behandelt. Als »Briefbote und Kundschafter« war er beim Aufbau der humanitären Hilfe für Mitteleuropa und bei der Suche nach Verschollenen ebenso aktiv gewesen[1] wie für die SPD-Landesgruppe Schweden. Als deren »Gastdelegierter« und zugleich als Reporter linker skandinavischer Zeitungen fuhr er nun zur ersten »Gesamttagung« der neugegründeten Sozialdemokratischen Partei Deutschlands nach Hannover. Wie neun Jahre zuvor auf der Reise nach Spanien begleitete ihn sein Freund Per Monsen, der den Parteitag für andere Blätter beobachten sollte.

Brandts Aktivitäten waren von seinem Kontrahenten Kurt Heinig, dem Vertreter des Vorstandes der Exil-SPD in Schweden, mit Unmut verfolgt worden. Mitte März hatte ihn der 60jährige bei der Parteispitze angeschwärzt, er versuche, Kurt Schumacher in der nordeuropäischen Arbeiterpresse schlechtzumachen.[2] Der Zorn des ehemaligen Reichstagsabgeordneten erreichte seinen Höhepunkt, als aus

Schweden nicht allein er, sondern für die mit ihm verfeindete Landesgruppe unter dem linksradikalen Willi Seifert auch Brandt in Hannover auftreten sollte. Hinzu kam, daß der Lübecker wegen seiner norwegischen Nationalität, im Gegensatz zu Heinig als Deutscher, in den Westzonen keine Einreiseprobleme hatte. Noch am 3. Mai versuchte der verbitterte Funktionär, Brandts Teilnahme am SPD-Parteitag durch Lügen zu vereiteln: »Sollte er mit einem Mandat auftreten, so erhebe ich schon jetzt Einspruch! Er ist kein Sozialdemokrat und war nie in der deutschen Sozialdemokratie. Er ist erst vor einigen Jahren (...) hier in die Seifert-Gruppe eingetreten.«[3]

Als Willy Brandt am 9. Mai in der Tagungsstätte, der Kantine der Autofirma Hanomag AG in Hannover, ankommt, sind seine »Gefühle eher verwirrt«, und die dreitägigen Beratungen werden nach seinem Empfinden »beherrscht von einer bitteren Enttäuschung«. Anwesend sind 258 Delegierte aus den 22 westlichen SPD-Bezirken und, als »Helden der Stunde«, zwölf Mitglieder der selbständigen West-Berliner Organisation unter Franz Neumanns Führung, aber nach der erzwungenen Gründung der Sozialistischen Einheitspartei vor drei Wochen kein einziger Genosse aus der Sowjetzone. »Es drängte sich die Sorge auf, daß der Prozeß der deutschen (und europäischen) Teilung noch beschleunigt werden könnte«, blickt der SPD-Politiker 36 Jahre danach zurück. Bei der Zusammenkunft im Mai 1946 trifft übrigens Brandt, der die ihm für den Nürnberger Prozeß verpaßte Uniform eines norwegischen »Kriegskorrespondenten« trägt, einige alte Bekannte. Unter ihnen ist Archibald Fenner Brockway, den er in den dreißiger Jahren bei Tagungen linkssozialistischer Splitterparteien als überzeugten Pazifisten kennengelernt hat und der jetzt ebenfalls in militärischer Montur auftritt. Aber auch dem Ehepaar Enderle, Arno Behrisch und dem früheren Stockholmer SPD-

Ortsgruppenleiter Peter Haß begegnet der 32jährige in der Hanomag-Kantine, die die Arbeiter des Werkes in Sonderschichten instand gesetzt und festlich geschmückt haben.

Der Parteitag legitimiert die Neugründung der SPD in den Westzonen und beendet die Treuhänderschaft der Sopade, er prüft die Situation und legt Aufgaben fest. Im Mittelpunkt steht eine Rede Kurt Schumachers, der sich zum »demokratischen Staat mit sozialistischem Inhalt« bekennt.[4] Er wiederholt in prägnanten Formulierungen die schon früher verkündeten Thesen vom Marxismus, der »kein Katechismus«, doch eine probate Methode sei, vom fortdauernden Klassenkampf, von der geschichtlichen Aufgabe der Gewinnung des Mittelstandes.[5] Bei der Behandlung aktueller Probleme klingen nationalistische Töne an. Die Vertreibung der Deutschen im Osten bezeichnet Schumacher als eine Art Ausrottung und Versklavung. Er kritisiert die Besatzungsmächte scharf wegen der Industriedemontagen und fordert die Anerkennung deutscher Demokraten als »selbständige Akteure«. Die SED nennt er eine Partei zur »Verdummung von Untertanen« und zur Schaffung einer Diktatur, die Christlich-Demokratische Union ist für ihn »aufgeschwemmt«, aber nicht stark. »Die Sozialdemokratische Partei«, ruft Schumacher in einem Anflug von Hochmut am Ende seiner Rede aus, »wird der entscheidende Faktor Deutschlands, oder aus Deutschland wird ein Nichts, und Europa wird ein Herd der Unruhe und Fäulnis.«[6] Per Monsen beobachtet, wie Brandt auf die Ansprache reagiert: »Willy mochte von da an Schumacher nicht. Er sagte danach, dessen Versuch, sich als Nationalist zu gebärden, sei falsch.«[7]

Während der »Politischen Aussprache« kommt in Hannover neben 19 anderen Rednern auch Kurt Heinig zu Wort. Der Vorstandsvertreter aus Stockholm stellt linke Einheitsbestrebungen im Exil als Vorläufer der Zwangsvereinigung in der Ostzone dar: »Es fing an mit gemeinsamen Kundgebungen, dann ist man zur Bildung von Arbeitsausschüssen und sogar von Organisationen übergegangen.«[8] Brandt kann sich zu Heinigs Behauptungen nicht äußern. »Ich trat auf dem Parteitag nicht selbst auf«, teilt er seiner Freundin Rut Bergaust nach Oslo mit. »Die Dinge, mit denen ich nicht zufrieden war, konnte ich sowieso nicht geregelt bekommen. Aber es gab eine ganze Menge kleinerer Tagungen, und das Endergebnis war besser als erwartet. Es gelang mir, Schumacher dazu zu bewegen, in seiner Abschlußrede einige wichtige Fragen zu klären.«[9] Er meint, Ollenhauer habe seinen Auftritt verhindert.[10] Allerdings bleiben in Hannover 19 andere Wortmeldungen gleichfalls unberücksichtigt, als die Delegierten aus Zeitmangel für den Abbruch der Aussprache stimmen.

Nach dem Parteitag sucht Brandt Kurt Schumacher in dessen kleinem Büro in der Jacobsstraße 10 auf. Der nun offizielle SPD-Vorsitzende – die Delegierten haben ihn mit 244 von 250 gültigen Stimmen in dieses Amt gewählt[11] – ist an dem Gespräch mit dem 32jährigen interessiert.[12] Und eventuell an einer Zusammenarbeit – die Parteispitze hat schon kurz über Brandts Verwendung in Nordeuropa beraten. »Das ist ein bemerkenswerter Bursche. Sollte er heimkehren, könntest du mit ihm etwas anfangen«, sagt Schumacher seiner verwitweten Sekretärin Annemarie Renger, bevor der Genosse erscheint. Als sie 1973 dem amerikanischen Journalisten David Binder diese Episode erzählt, fügt sie hinzu: »Brandt war ein sehr gut aussehender junger Mann, der jeden für sich einnahm, ohne daß man wußte, warum. Mein Typ war er nicht. Er war Frauen gegenüber fast scheu. Kein Eroberer, sondern einer, der bei einer Frau Sicherheit sucht – nein, überhaupt kein männlicher Eroberer.«[13] Außerdem hat Frau Renger im Herbst 1946 den Eindruck, daß der Emigrant über eine Rückkehr nach Deutschland noch unschlüssig ist.

Bei der Unterredung mit Schumacher fällt tatsächlich

keine Entscheidung. Willy Brandt beschwert sich über den Auftritt Heinigs beim Parteitag und unterbreitet dem Vorsitzenden ein Exposé, wonach die Zeitschrift *Sozialistische Tribüne* in Stockholm, fern der Zensur der Besatzungsmächte, mit Unterstützung des SPD-Vorstandes als »freies Sprachorgan« weitererscheinen soll, um »im Ausland wissenswerte Informationen über den Aufbau in Deutschland zu verbreiten«. Doch Schumacher ist an dem Projekt nicht interessiert.[14] Er rät Brandt zur baldigen Heimkehr aus dem Exil und deutet an, daß der Journalist beim Aufbau der Parteipresse im Ruhrgebiet mitwirken könne. Der Deutschnorweger zögert indes und bittet um Bedenkzeit. »Es sah nicht danach aus, daß er heimkehren würde«, entsinnt sich Annemarie Renger.[15] »Der ist für uns verloren!« habe Schumacher erwidert, als sie ihn nach dem Gespräch fragt, was er von dem 32jährigen halte.[16]

Trotzdem zieht der SPD-Chef für alle Fälle Erkundigungen über den offenbar tüchtigen, doch auch umstrittenen Genossen ein. Die Antworten fallen meist positiv aus. Aufschlußreich ist die Auskunft Fritz Bauers, neben Brandt der Begründer der *Sozialistischen Tribüne*, der Schumacher versichert, der Lübecker habe über ihn »keinesfalls etwas Ungünstiges gesagt. Es gibt Genossen, die ihn für einen ›Windhund‹ halten, weil er manchmal smart ist wie ein Amerikaner. Daran ist etwas Richtiges, er ist in der Emigration ein an den Westen, insbesondere Amerika assimilierter Journalist geworden.« Brandt gewinne aber auf diese Weise »in internationalen Kreisen leicht Freunde«.[17]

Definitive berufliche Angebote hat Willy Brandt bereits während des Parteitags in Hannover erhalten. Die redaktionelle Leitung der örtlichen Parteizeitungen tragen ihm Delegierte aus seiner Geburtsstadt und aus Regensburg an. Fritz Heine, der wie Schumacher und dessen Zuarbeiter Ollenhauer, Nau und Kriedemann zum besoldeten

Vorstandsmitglied gewählt worden ist, erwähnt Arbeitsmöglichkeiten bei der Presseagentur für die amerikanische Zone. Willy Brandt geht jedoch auf keinen Hinweis ein. Er merkt, daß an der Parteispitze gegen ihn eine Aversion besteht, und er fragt sich, ob das auf seine radikalsozialistische Vergangenheit zurückzuführen ist. »Ich wollte etwas tun. Aber ich war auch vorsichtig und kritisch«, bekennt er 30 Jahre später dem amerikanischen Journalisten David Binder.[18]

»Er entschied sich gegen den Nationalismus«

Delegierte aus Mittelfranken nahmen Willy Brandt im Auto von Hannover nach Nürnberg mit, wo er dem Prozeß vor dem Internationalen Militärtribunal erneut beiwohnen wollte. Die Fahrt dauerte 19 Stunden. Trotz der Strapaze empfand der Emigrant, wie er seiner Freundin schrieb, »ein gutes Gefühl, so viele Kleinstädte und Dörfer zu sehen, die nicht von den Bomben verheert, wo die Kinder ordentlich angezogen und nicht unterernährt waren«. Im Nürnberger »Justizpalast« wurde er Ohrenzeuge von Aussagen über den furchtbaren Millionenschatz, den die SS seit 1942 im Tresor der Reichsbankzentrale aus Zahngold, Eheringen, Schmuck und Uhren ermordeter Juden angehäuft hatte.[19] Danach hörte er, wie der 70jährige ehemalige Großadmiral Erich Raeder den von ihm mitgeplanten Überfall auf Norwegen und Dänemark als Präventivschlag wegen einer drohenden anglo-französischen Invasion rechtfertigte und sich von dem Angeklagten Alfred Rosenberg, dem ideologischen Hintermann des Gewaltstreichs, distanzierte.[20] Eine Woche lang blieb Willy Brandt in Nürnberg. Dann fuhr er mit der Bahn wieder gen Norden.

Am Abend des 20. Mai 1946 sprach er in seiner Heimatstadt bei einer geschlossenen SPD-Versammlung über die

Situation des besiegten Deutschland. »Er entschied sich gegen den Nationalismus«, überlieferte Per Monsen, der seinen Freund in Lübeck wiedertraf. »Ohne Schärfe redete er über die deutschen Verpflichtungen und teilte Schumachers nationalistische Auffassung nicht. Wir waren überrascht, daß er starken Beifall erhielt, mehr als diejenigen Redner, die nationalistische Töne anschlugen.«[21] Die Lokalpresse, selbst das SPD-Blatt, nahm indes von der Veranstaltung keine Notiz. Örtliche Parteigrößen baten Brandt aber erneut, in die Hansestadt zurückzukehren. »Vielleicht tue ich das auch noch, wenngleich ich das Empfinden habe, daß es dort für mich reichlich eng werden würde«, schrieb er Walcher drei Wochen später. Da war für ihn allerdings eine verlockende überregionale Aufgabe aufgetaucht.

Anfang Juni 1945 hatten die Amerikaner und Engländer für ihre Besatzungsgebiete die Presseagentur German News Service gegründet. Aus ihr waren bald der Deutsche Presse-Dienst (dpd) mit Sitz in Hamburg für die britische und die Deutsche Allgemeine Nachrichten-Agentur (Dana) in Bad Nauheim für die US-Zone hervorgegangen. Bei letzterer gaben Kommunisten, zum Beispiel der 45jährige Zeitungsverleger Rudolf Agricola als Ausschußvorsitzender, den Ton an, wogegen Sozialdemokraten keine Schlüsselpositionen innehatten.[22] Da die SPD-Spitze zudem mit Dana-Meldungen über den Parteitag »sehr schlechte Erfahrungen« machte,[23] beschloß sie, in dieser Institution Einfluß zu gewinnen.

Als Willy Brandt am 21. Mai von Lübeck aus Schumachers Sekretariat anrief, forderte ihn der für die Presse zuständige Fritz Heine auf, sich sofort bei der Agentur in Bad Nauheim um die vakante Chefredakteursstelle zu bewerben; die SPD-Führung werde ihn unterstützen. Brandt war einverstanden und schrieb an Agricola.[24] Warum ihn die Arbeit bei der Dana »vor allem« interessierte, teilte er seinem Freund Stefan Szende nach Stockholm mit: Bei der Agentur wäre er »von Apparatleuten in Hannover (zu denen ich Schumacher nicht zähle) unabhängig, die ihre Feindschaft mir gegenüber nur zu deutlich an den Tag gelegt haben. Formell ist natürlich alles lauter Freundschaft (...). Wenn die Ollenhauers mich damit los werden wollen, so ist mir das nur recht.« Zu den Intriganten in Hannover gehörte übrigens auch Heine.

Auf der Weiterfahrt von Lübeck nach Skandinavien machte Brandt in Kiel Station, um Theodor Steltzer, den früheren Widerständler aus dem Stab des Wehrmachtsbefehlshabers in Norwegen, zu treffen. Der Mitbegründer der Ost-CDU war im Herbst 1945, nach der Rückkehr in seine schleswig-holsteinische Heimat, von der britischen Militärregierung zum Oberpräsidenten der Provinz zwischen den Meeren ernannt worden.[25] Beim Wiedersehen fragte Steltzer den Journalisten, ob er am – damals unbesoldeten – Posten des Bürgermeisters von Lübeck interessiert sei. In diesem Falle könne der 53jährige sozialdemokratische Amtsinhaber Otto Passarge, vor 1933 örtlicher Leiter der Wehrorganisation Reichsbanner, zum Polizeichef von Schleswig-Holstein berufen werden. Brandt erbat Bedenkzeit.

Wieder in Skandinavien, trat der 32jährige bei einer Versammlung der SPD-Landesgruppe in Stockholm gehörig ins Fettnäpfchen. Er behauptete während seines Berichts über den Parteitag, Erich Ollenhauer habe ihn in Hannover »nicht reden lassen«,[26] und von Widersacher Heinig sei in dessen Ansprache »die Mehrheit unserer (in Skandinavien lebenden) Parteigenossen verleumdet« worden. »Sowohl Ollenhauer wie Schumacher haben bedauert, daß Heinig die schwedischen Parteiverhältnisse auf dem Parteitag so falsch dargestellt hat.«[27] Der Deutschnorweger kritisierte ferner den Modus der Vorstandswahl, wonach es für die fünf besoldeten Posten nur fünf Kandidaten gegeben habe,[28] was zur Folge habe, daß »eine Minderheit (...) ihren Willen durchdrücken kann«. Schließlich bemängelte er, daß dem Parteivorstand keine prominenten Genossen aus Hamburg und Bayern angehörten.[29] Dies sei, meinte er privatim, das Resultat »kleinlicher Intrigen und Schiebungen«. (Im Fall Bayern wollte Schumacher die eigenmächtig entstandene Landesleitung in München nicht anerkennen[30] und hielt den Spitzenkandidaten Hoegner, einen Gesprächspartner Brandts in Nürnberg, »mehr für einen begabten Beamtentyp als für einen eigentlichen Politiker«[31].)

Willy Brandts Äußerungen meldete sein »Parteifeind« Heinig umgehend dem SPD-Vorstand. Als Fritz Heine Brandt aufforderte, seine Kritik am Wahlverfahren zu begründen,[32] gab der klein bei: Er halte die Abstimmung in Hannover für demokratisch, habe jedoch »positive Anregungen für die Zukunft« geben wollen.[33] Kurt Heinig selbst konnte anhand des Stenogramms seiner Parteitagsrede beweisen, daß er die ihm vorgeworfenen Verleumdungen gar nicht gemacht hatte.[34] Obendrein versicherte Erich Ollenhauer, »weder Schumacher noch ich hatten angesichts des Inhalts der Rede (Heinigs) einen Grund, Brandt gegenüber unser Bedauern über die Rede zum Ausdruck zu bringen«.[35] Die von ihrem Delegierten falsch informierte SPD-Landesgruppe Schweden mußte dem Widerpart Heinig das Vertrauen aussprechen, seinen Redetext veröffentlichen und sich mit seiner Gefolgschaft, der 1944 abgesplitterten Sektion Vororte, wieder vereinigen.[36] Im Zuge dieser Fusion schied Willy Brandt aus dem Vorstand in Stockholm aus. »Für mich ist nun der Fall Schweden erledigt«, teilte er Schumacher am 11. Juni mit.[37] Als er aber seine Vorwürfe gegen Heinig und gegen die Parteispitze wegen der Unterstützung ihres Vertreters wiederholte, kanzelte Erich Ollenhauer ihn in einem Brief ab: »Ich verspreche mir nichts davon, wenn wir jetzt noch einmal die Diskussion über den Stockholmer Konflikt eröffnen.«[38] Kurt Heinig aber glaubte offenbar, dem Lübecker in dieser Situation den politischen Todesstoß versetzen zu können. Brandt gehöre, schrieb er Heine, »zu jenen Typen, intelligent und gefühlsbetont, demagogisch und an gutem Leben interessiert, die man besser nicht in der deutschen Arbeiterbewegung hat«.[39]

Zeitungsartikel, Gespräche und Pakete

Nach dem Fiasko bemüht sich Willy Brandt eilig, sein Renommee beim SPD-Vorstand in Hannover zu verbessern. »Meine Berichte vom Parteitag sind von der gesamten norwegischen Arbeiterpresse gebracht worden«, meldet er Schumacher und fügt hinzu, seine ergänzenden Mitteilungen hätten die führenden Funktionäre in Oslo »mit grossem Interesse zur Kenntnis genommen«. Er unterrichtet den Parteichef über einen Stau bei der Abfertigung von Liebesgaben durch den Lübecker Zoll und über ein Gespräch mit dem schwedischen Handelsminister Gunnar Myrdal, seinem Vertrauten, über den Fischexport nach Deutschland, wodurch er seine vielfältigen Beziehungen in ein günstiges Licht rückt. Beflissen läßt der 32jährige den Antikommunisten auch wissen, daß er in der Sowjetzone beheimatete Emigranten davor gewarnt habe, bereits in Skandinavien für die SED zu werben, da dies mit der Mitgliedschaft in der SPD unvereinbar sei.[40] Vorwürfe Jacob Walchers gegen Schumacher weist er brieflich zurück und schickt dem Vorsitzenden in Hannover am nächsten Tag eine Kopie des fünfseitigen Schreibens.[41] Er verfaßt schließlich für *Arbeiderbladet* ein gefälliges Porträt des SPD-Vormanns, das Ende Juni 1946 erscheint: »Man braucht nicht mit jedem Wort, das er sagt, einverstanden zu sein, um zu begreifen, daß Schumacher eine große politische Begabung ist, (...) daß man es bei ihm mit einer starken Persönlichkeit zu tun hat.«[42]

Zur gleichen Zeit sorgt Willy Brandt dafür, daß aus Norwegen Lebensmittelpakete an deutsche KZ-Opfer und nachträglich an die Teilnehmer des ersten SPD-Parteitags geschickt werden.[43] Mit seinem Gesinnungsfreund Jacob Vogel, »Kurt« genannt, zieht er in Oslo für die Partei einen Pressedienst auf und erreicht hierfür die finanzielle Hilfe der Norske Arbeiderparti.[44] Außerdem setzt Brandt das in Hannover beschlossene Organisationsstatut um und meldet schon am 11. Juni Erich Ollenhauer, er habe demgemäß in Norwegen eine Vereinigung deutscher Sozialdemokraten gegründet.[45]

Dieses Feuerwerk an Initiative hebt tatsächlich Willy Brandts Ansehen beim SPD-Vorstand, obwohl Heinig ihn beschuldigt, in Schweden »Stinkbomben gegen Ollenhauer« zu legen.[46] Fritz Heine dankt »recht herzlich« für die Lebensmittelpakete, die »politisch wie nahrungsmässig von besonderer Bedeutung« seien,[47] und Erich Ollenhauer betraut den Emigranten mit der Überprüfung von Personen, die der Parteispitze aus Norwegen Bittbriefe geschrieben haben.[48] Doch es gibt auch Rückschläge und neuen Ärger. Der Pressedienst kommt nicht in Gang, und der Versuch, einen Konflikt zwischen Skandinaviern und Deutschen beizulegen, gelingt Brandt nicht. Den Sozialdemokratischen Verein Flensburg, der die Regierung in Kopenhagen Mitte 1946 gebeten hat, die Grenzstadt wieder, wie bis 1866, Dänemark einzuverleiben, hat Kurt Schumacher bei einer Rede in Husum kurzerhand für aufgelöst erklärt. Dieser Kraftakt weckt im Nachbarland Assoziationen mit Hitlers Drohung, Städte der Gegner »auszuradieren«. Brandt, der den Bannspruch des SPD-Chefs wegen der Hilflosigkeit in der deutschen Frage als »Ersatzhandlung« ansieht, sondiert die Situation in Flensburg und versucht dann, Schumacher »auf den Schaden hinzuweisen, den seine Übertreibungen anrichteten. Aber der Vorsitzende mag sich nicht korrigieren.« Der Streit wird erst acht Jahre später von Ollenhauer bereinigt.

Etwa vom 10. Juli 1946 an machten Willy Brandt und seine Freundin Rut gut zwei Wochen lang Urlaub, erst am Sognefjord, wo er 1933 in Høyanger seine erste Rede in Norwegen gehalten hatte, dann am Hardangerfjord, für den Lübecker »zwei der schönsten Teile Norwegens, wie geschaffen, Sorgen und Ungemach zu vergessen«. Noch anderweitig verheiratet, war allerdings für beide die persönliche Zukunft ungewiß. Brandt fürchtete überhaupt, für die Ehe nicht geschaffen zu sein, da sie seine Freiheit allzusehr einenge. »Selbstverständlich soll man sich einander anpassen, aber niemals so, daß man sich selbst aufgibt«, hatte er Rut Bergaust in einem Brief »zwischen lieben Worten« von Deutschland aus klargemacht. Auch die Freundin zögerte, unter den gegebenen Umständen an eine neue feste Bindung zu denken. Zumindest wollte sie dabei ihrem Geliebten den Vortritt lassen, was wiederum ihn irritierte.

Unklar war nach wie vor auch Willy Brandts Berufsziel. Rut Bergaust befaßte sich neuerdings in Oslo bei der Zeitschrift *Aktuell* mit Mode und »merkte, daß ich vielleicht als Journalistin weiterkommen könnte«.[49] Ihr Freund dagegen war, so erinnerte sie sich später, im Sommer 1946 noch immer unentschieden: »Was Willy wollte, wußte er selbst nicht genau.« Er dachte daran, bis zum Jahresende für *Arbeiderbladet* aus Mitteleuropa zu berichten. Aber danach? Auch die ihm in Hannover gemachten Angebote bewogen ihn nicht zu einem Entschluß. Seiner Freundin gestand er: »Ich bin schwach genug zu hoffen, daß diese Entscheidungen verschoben werden können, so daß wir einige ruhige Monate zusammen verbringen können, bevor wir die neue Periode in Angriff nehmen. Dabei weiß ich nicht, ob es richtig ist, daß ich die Frage immer wieder wegschiebe.«

Bei der Rückkehr aus dem Urlaub fand Willy Brandt in der Osloer Pension »Themis« drei Briefe vor. Fritz Heine teilte ihm mit, daß sein Gesuch in Bad Nauheim gar nicht vorliege;

da aber die dortigen US-Kontrolloffiziere sowieso nur Journalisten aus der amerikanischen Zone einstellten, habe er ihn dem Deutschen Presse-Dienst in Hamburg als Chefredakteur empfohlen.[50] In einem zweiten, neun Zeilen kurzen Schreiben jüngeren Datums bemängelte Heine, daß er keine Antwort bekomme[51] – offenbar hatte Brandt die Parteizentrale über seinen Urlaub nicht informiert. Im dritten Brief jedoch benachrichtigte ihn der amerikanische Personalchef der Dana, er habe seine Bewerbung »leider etwas verspätet« erhalten und sei »an einer Mitarbeit sehr interessiert«.[52] Der Deutschnorweger fand, wie er Heine ohne jede Entschuldigung schrieb, diesen Bescheid »etwas unklar«. Die »Frankfurter Ecke« würde ihm aber mehr zusagen als Hamburg. Weder hier noch da werde er allerdings »auf ein Minimum an Selbständigkeit« und, »auch im Hinblick auf meine norwegische Familie«, einstweilen auf die ausländische Staatsbürgerschaft verzichten.[53] Im übrigen faßte Willy Brandt nun einen Entschluß: Am 18. August reiste er nach Deutschland.

Als Reporter und Bittsteller unterwegs

In Hannover beriet der Journalist aus Oslo in der SPD-Zentrale mit Fritz Heine, wie die Bewerbungen bei den Nachrichtenagenturen forciert werden könnten, und sprach mit Kurt Schumacher, der ihn erneut zur baldigen Rückkehr aus dem Exil drängte.[54]

Danach fuhr Willy Brandt nach Hamburg, um sich beim Deutschen Presse-Dienst vorzustellen. Das Fundament der Agentur hatte der britische Starpublizist Sefton Delmer mit technischem Gerät des ehemaligen Abhördienstes der Kriegsmarine, damit vertrauten Funkern und einigen ihm aus der Vorkriegszeit bekannten deutschen Journalisten gelegt. Im Frühjahr 1946 beschäftigte dpd 330 Deutsche, darunter 35 Redakteure. Doch wie bei der Dana war kein einziger wichtiger Posten mit einem Sozialdemokraten besetzt. Die SPD-Führung hatte deshalb im Mai bei der Militärregierung »eine völlige Reform unter dem Personal des dpd« beantragt; dessen Zusammensetzung sei »absolut katastrophal«. Ihr wurden drei Stellen zugesagt.[55] Sefton Delmers Nachfolger Hans Berman, ein früherer Emigrant, hatte schon Anfang Juli an einem Gespräch mit Brandt Interesse bekundet.[56] Die Unterredung verlief erfreulich. Der Journalist »hatte den Eindruck, mir würde hier vielleicht eine sinnvolle Aufgabe angeboten«. Berman versprach, den Bewerber zu informieren, sobald die Besatzungsbehörden die Anstellung genehmigen.

In der Elbmetropole besuchte Brandt auch die Parteizeitung *Hamburger Echo*. Chefredakteur Johannes Richter machte ihn mit einem kurz zuvor auf Schumachers Fürsprache hin eingestellten parteilosen Redakteur, einem 40jährigen Sachsen, bekannt. Der schrieb, an seiner Pfeife nuckelnd, überlange außenpolitische Artikel, im persönlichen Umgang war er dagegen wortkarg. Sein Name: Herbert Wehner. Viele Genossen betrachteten ihn mißtrauisch. Der einstige Sekretär des KPD-Chefs Ernst Thälmann hatte, nach Moskau emigriert, unter dem Tarnnamen Kurt Funk als Kominternagent in West- und Nordeuropa gewirkt und war 1942 in Stockholm wegen Spionage zu einem Jahr Kerker verurteilt worden. Von Karl Mewis, dem Leiter der Exil-KPD in Schweden, als Verräter diffamiert, hatte ihn seine Partei ausgeschlossen. In die Sozialdemokratie einzutreten, zögerte er.[57] Der Lübecker fand, Wehner und er seien »ziemlich verschiedene Typen«.[58] Daß sie, wenn auch zuweilen störrisch, später ein politisches Gespann bilden würden – wer konnte das im Hochsommer 1946 ahnen?

In Bielefeld nahm Brandt anschließend an der zweiten Tagung der Gewerkschaften in der englischen Zone teil. Die

Wiedergeburt einer demokratischen Arbeitnehmervertretung in Deutschland und die Gefahr ihrer Zersplitterung hatte er schon mehrmals in skandinavischen Zeitungen behandelt. Anders als östlich der Elbe mit dem zentral gelenkten Freien Deutschen Gewerkschaftsbund war in den Westzonen durch den von den Militärregierungen angeordneten »Aufbau von unten« ein Sammelsurium lokaler Organisationsformen entstanden. Brandt warf den Besatzungsmächten deshalb »bürokratische Verständnislosigkeit« vor. Die 340 Delegierten, die vom 21. bis 23. August 1946 in der Kantine der Bielefelder Nährmittelfabrik Dr. August Oetker tagten, suchten hier Wege aus der Spaltung. Tatsächlich erlebte der Reporter aus Oslo, wie die Versammlung unter der Regie des 71jährigen Funktionärs Hans Böckler neben Forderungen nach Verstaatlichung, Gleichberechtigung und Preissenkungen das Konzept eines Deutschen Gewerkschaftsbundes als Dachorganisation autonomer »Industrieverbände« mit 263 zu 78 Stimmen für die britische Zone verabschiedete. Auch in Bielefeld lernte Brandt einen späteren Weggefährten kennen: den 58 Jahre alten Max Brauer. Aus dem US-Exil kommend, richtete er Grüße amerikanischer Arbeitersyndikate aus. Im November wurde er in Hamburg zum Bürgermeister eines Koalitionssenats aus SPD, KPD und FDP gewählt.

Bei der Deutschen Allgemeinen Nachrichten-Agentur in Bad Nauheim füllte Willy Brandt »einen der damals üblichen langen Fragebogen aus. Ich bestätigte wahrheitsgemäß, daß ich weder Mitglied der Regierung noch der NS-Partei, noch des Generalstabs gewesen sei.« Das mehrstündige Gespräch mit einem amerikanischen Kontrolloffizier verlief für den Sozialdemokraten deprimierend. Der Hauptmann wollte ihn »ganz nett« davon überzeugen, daß die Kommunisten »vernünftig« seien und daß allein einer Vereinigung der SPD mit der KPD die Zukunft gehöre.[59] Brandt hingegen kritisierte die Politik Moskaus und ließ sich nicht gegen die SPD-Führung einnehmen. Am Ende gab der Amerikaner zu erkennen, daß der Gesprächspartner für ihn »zu weit rechts, zu nahe den Ansichten Kurt Schumachers und zu negativ gegenüber den Russen« sei.[60] Die Bewerbung bei der Dana hatte sich damit erledigt.

Auf dem Weg nach Nürnberg, noch einmal zum Hauptkriegsverbrecherprozeß, sprach Brandt bei der *Rhein-Neckar-Zeitung* in Heidelberg, mit einer Auflage von 270000 Exemplaren das fünftgrößte Blatt in der US-Zone, wegen einer leitenden Position vor. Vermutlich geschah das auf Empfehlung des ultralinken Dana-Ausschußvorsitzenden Rudolf Agricola, der mit dem liberalen württemberg-badischen Kultusminister Theodor Heuss, dem späteren ersten deutschen Bundespräsidenten, und dem Verleger Hermann Knorr die Lizenz zur Herausgabe der Heidelberger Regionalzeitung besaß. Die Anfrage war freilich erfolglos.

Beim Prozeß vor dem Internationalen Militärtribunal in Nürnberg hörte Brandt am 31. August 1946 die Schlußworte der 21 Angeklagten, über deren jeweiliges Strafmaß Journalisten schon seit Monaten Wetten abschlossen.[61] Im Gerichtssaal und auf den Tribünen war kaum ein Platz frei, als die Größen des Dritten Reichs von Göring bis Fritzsche sich aufs neue für ahnungslos erklärten, Befehlsnotstand geltend machten oder dem toten Hitler alle Schuld zuschoben. Den Journalisten aus Oslo beeindruckten lediglich die Ausführungen des einstigen Rüstungsministers Albert Speer. Von allen Angeklagten habe er allein sich »zu seiner Verantwortung bekannt und, wie ich damals empfand und schrieb, im Schlußwort etwas von dem gefährlichen Mechanismus erklärt, der Technokraten zum Werkzeug des schlechthin Bösen werden läßt«. Einen Monat später sprach das Gericht zwölf Todesurteile aus, von denen zehn in der Nacht zum 16. Oktober 1946 in der Turnhalle des Nürnberger Gefängnisses durch den Strang vollstreckt wurden; Hermann Göring hatte sich vorher selbst durch Gift das Leben genommen, Martin Bormann blieb verschollen. Drei Angeklagte wurden zu lebenslänglicher, vier zu begrenzter Haft verurteilt, drei freigesprochen.

Zwei Offerten aus dem Außenministerium

»In dem gewaltigen Akkord des politischen Neuaufbaus klangen die Worte gleich einem rechten Wegweiser zur Schaffung eines sozialistisch-demokratischen Deutschlands.« Geradezu hymnisch berichtete die SPD-Zeitung *Lübecker Freie Presse* über »eine Reihe erhebender Kundgebungen«, bei der während der ersten Septemberwoche 1946 Willy Brandt und Annedore Leber, die 42jährige Witwe seines hingerichteten einstigen Mentors, in der Hansestadt an der Trave sprachen. Schon von Oslo aus hatte er den Genossen zugesagt, am Ende seiner Rundreise durch die westlichen Besatzungszonen bei ihnen über das dehnbare Thema »Die Welt und Deutschland« Reden zu halten. Wie auch Frau Leber, die in West-Berlin Mitherausgeberin der Tageszeitung *Telegraf* und prominentes SPD-Mitglied war, wollte er die Lübecker Sozialdemokraten beim Stimmenfang für die am 13. Oktober stattfindende erste Kommunalwahl nach dem Krieg unterstützen. Beide Gäste, die sich erstmals seit 14 Jahren wiedersahen, hoben in Interviews des Parteiblattes hervor, daß der Nationalismus durch europäisches Denken ersetzt und die sozialistische Planwirtschaft eingeführt werden müsse.[62] In drei Ansprachen würdigte Brandt die Sowjetunion als Weltmacht, warnte aber angesichts der SED davor, »daß wir uns zum Werkzeug einer anderen Macht hergeben«.[63] Daß ihn, wie er 1960 in seiner ersten Autobiographie behauptete, bei seiner Rede im Travemünder

Kursaal der Fischer Paul Stooß begrüßte, der ihn 1933 nach Dänemark gebracht hatte, stimmt freilich nicht.

In Lübeck und anschließend in Kiel, wo er zum zweitenmal den 60jährigen Theodor Steltzer besuchte, baten Willy Brandt erneut seine Genossen wie auch der Oberpräsident um eine rasche Heimkehr aus dem Exil. Den Vorschlag, bei der SPD in der Hansestadt die maßgebende Rolle zu übernehmen, betrachtete er freilich skeptisch. Abgesehen von der »engen« Betätigungsmöglichkeit befürchtete er Streit, weil sich schon angesichts der noch vagen Vorgespräche »verschiedene der führenden Parteifreunde wegen ihrer Positionen etwas ängstlich« benahmen. Da aber Brandt die Offerte nicht klar ablehnte, fuhren »die gutmütigen Lübecker« kurz darauf nach Hannover, um sich das Einverständnis des SPD-Vorsitzenden »für den Nachfolger von Julius Leber« zu holen. »Das hätten sie besser nicht gesagt«, meinte er in seinen *Erinnerungen*. »Leber und Schumacher hatten sich schon vor 1933 nicht gemocht.« Tatsächlich betrachtete ersterer seinen Genossen aus Stuttgart als »verbissenen doktrinären Kaffeehausmarxisten«, wie er in seiner im Gefängnis verfaßten Schrift *Die Todesursachen der deutschen Sozialdemokratie* verriet.[64] Im Spätsommer 1946 lehnte indes Schumacher den Wunsch der Lübecker nicht ab, worauf Werner Häuer seinen inzwischen nach Norwegen zurückgekehrten Jugendfreund ermunterte: »Als Nachfolger von Julius Leber kannst Du von Lübeck aus einen guten Start nehmen. Dich müssen wir haben.«

Oberpräsident Steltzer in Kiel, der infolge der Liquidation Preußens durch die Alliierten die bisherige Provinz Schleswig-Holstein gerade in ein Land mit eigener Regierung umwandelte, hatte Willy Brandt am 9. September abermals die Kandidatur um Otto Passarges Posten nahegelegt; er wollte den Lübecker Bürgermeister nun als Leiter des Polizeiressorts ins künftige Innenministerium holen. Der

Journalist schwankte jedoch wieder. Nicht nur, daß ihm das kommunale Wahlamt zu unsicher erschien, er fürchtete auch, wegen seiner Emigration auf Abneigung zu stoßen, und fragte sich, »ob es nicht eine verstandeswidrige Entscheidung ist, freiwillig ins KZ zu gehen und, was im Lübecker Fall notwendig wäre, auf eine reale Staatsbürgerschaft zugunsten einer fiktiven zu verzichten«.

In Oslo betätigt sich Willy Brandt wieder vorwiegend bei der Norwegischen Volkshilfe. Da sich die Versorgung im Land der Fjorde gebessert hat, organisiert er Lebensmittel- und Kleidungssendungen für Deutsche in Berlin und den Westzonen. Den Abend des 28. September 1946 verbringt er bei seinem elf Jahre älteren Freund Halvard Lange, einem überzeugten Sozialisten, der vor acht Monaten das Außenministerium übernommen hat, nachdem Trygve Lie, der Kritiker des Lübeckers, zum Generalsekretär der Vereinten Nationen gewählt worden ist. Der Gastgeber, übrigens ein Schwager des Brandt-Vertrauten Per Monsen, bietet dem Journalisten ohne lange Umschweife eine Tätigkeit in der norwegischen Diplomatie an: die Stelle des Presseattachés bei der Gesandtschaft in Paris. Dort soll er mindestens zwei Jahre lang die Politik beobachten und zur französischen Linken Kontakt halten.

Den Deutschnorweger reizt diese Aufgabe. Er glaubt, daß sie ein Sprungbrett für die Tätigkeit bei internationalen Organisationen sein könnte. Andererseits ist ihm klar, daß die Annahme von Langes Vorschlag eine Karriere in Deutschland ausschließt. »Nun weiß ich wirklich nicht, was ich machen soll«, schreibt er Stefan Szende nach Stockholm, der ihm sofort rät, das Angebot anzunehmen. Brandt aber zögert. »Ich habe die feige Gewohnheit, mich vor schwierigen Entscheidungen dadurch zu drücken, daß ich meiner Arbeitsneurose freien Spielraum gebe«, gesteht er Szende, vertieft sich in ein Manuskript über norwegische Aspekte des

Nürnberger Prozesses und rechtfertigt sein Zaudern mit einer »ekelhaften Erkältung«. In späteren Jahren bekommt Brandt regelmäßig im Spätherbst »eine Grippe«, wie es dann offiziell heißt – eine tagelange depressive Phase, während der er sich ungeachtet aller Termine daheim ins Bett legt, für niemanden zu sprechen ist und über Leben und Tod grübelt.[65]

Drei Wochen nach Halvard Langes Offerte sucht der 32jährige den Politiker kurz vor dessen Abreise zur UNO-Vollversammlung im Ministerium auf. Brandt ist »geneigt, Paris zu akzeptieren«. Da ändert sich plötzlich die Situation. Der Außenminister schlägt ihm vor, als Presseattaché zur norwegischen Militärmission nach Berlin zu gehen. Von dort solle er dem Außenamt über das Geschehen beim Alliierten Kontrollrat und über die wachsenden Ost-West-Spannungen berichten. Brandt überlegt nur einen Augenblick. Dann sagt er zu. »Berlin – das gab den Ausschlag«, versichert er 14 Jahre später als Regierender Bürgermeister des freien Teils der Stadt. Nicht die Geographie ist jedoch für den bedächtigen 32jährigen am 19. Oktober 1946 maßgebend, sondern nach seinem Bekunden die Möglichkeit, die Entwicklung in Mitteleuropa aus der Nähe beobachten zu können und erst dann entscheiden zu müssen, »ob ich in Deutschland bleiben oder den internationalen oder europäischen Weg gehen will«.

Wenige Tage nach seinem Entschluß trifft bei dem Journalisten ein Telegramm aus Hamburg ein. Er könne Chefredakteur des Deutschen Presse-Dienstes werden, teilt ihm darin der britische Kontrolloffizier des dpd mit. Zu spät. Willy Brandt ist mit sich im reinen: Berlin bleibt sein Ziel. In einem Aktenvermerk hält er endlich fest: »Ich habe meine Entscheidung getroffen.«

20. Kapitel
Neue Perspektiven
Aus Norwegens Militärmission ins SPD-Büro

»Einige von Euch wird es vielleicht eigenartig berühren, dass ich ›als Alliierter‹ nach Berlin gehe, zumal ich genötigt sein werde, dort teilweise in norwegischer Uniform aufzutreten. Mein Status als ›Alliierter‹ ist jedoch nichts Neues. (...) Entscheidend können nicht formelle Fragen sein, auch nicht störende Attribute, die sich aus den uns durch den Hitlerkrieg bescherten Verhältnissen ergeben. Es kommt darauf an, wo der einzelne der europäischen Wiedergeburt und damit auch der deutschen Demokratie am besten dient.« Mit einem hektographierten Rundschreiben warb Willy Brandt Anfang November 1946 bei politischen und persönlichen Freunden um Verständnis für seinen Entschluß, bis auf weiteres nicht beim Wiederaufbau Deutschlands, sondern in der norwegischen Militärmission an der Spree tätig zu sein. Er beteuerte, daß seine »innere Haltung zur deutschen sozialistischen Bewegung«, für die er auch als Presseattaché nützlich sein könne, unverändert sei. Die Lübecker Genossen tröstete er über die Abfuhr mit den Worten, er werde »die alte Hansestadt und was ich dort gelernt habe, nie vergessen, geschweige denn im Stich lassen«.[1]

Mancher Empfänger des Briefes wie der Publizist Richard Löwenthal in London, einst Vordenker der linksradikalen Gruppe Neu Beginnen, war erstaunt, daß Brandt »eine solche Rechtfertigung für nötig« hielt. Die meisten Adressaten reagierten jedoch mit Verständnis. »Wir freuen uns! In welcher Form Sie zu uns kommen, bleibt sich gleich. Wir wissen ja, als welcher sie kommen«, schrieb zum Beispiel Annedore

Leber aus der früheren Reichshauptstadt an Brandt. Wie sehr ihm an derartigem Beifall für seinen Entschluß gelegen war, beweisen Begleitbriefe zu dem Rundschreiben. Die Entscheidung für den Posten in Berlin sei ihm schwer gefallen, teilte er, die Wirklichkeit verhüllend, seinem Freund Herbert George nach England mit.² Stefan Szende beteuerte er, die Entwicklung in Mitteleuropa könne er »von Berlin aus besser verfolgen als aus einer westlichen Provinzstadt«. Seiner Freundin Rut freilich nannte er ein Motiv, über das er sonst begreiflicherweise schwieg: »Ich muß unter mein improvisiertes und vagabundierendes Leben einen Strich setzen. Ich muß einen ordentlichen Neuanfang finden und darf es nicht treiben lassen wie in den letzten Jahren.«

Nachdem die Entsendung Willy Brandts zur Militärmission in Berlin von Regierungschef Einar Gerhardsen gebilligt worden war, hatte statt des bei der UNO weilenden Außenministers Halvard Lange sein Pressesprecher Jens Schive die Details zu regeln. Der Lübecker kannte ihn aus Stockholm, wo der Beamte Sprecher der Gesandtschaft gewesen war. Daß Brandt sich nur für ein Jahr verpflichtete, hatte er bereits mit Lange vereinbart. Unklar war der Offiziersrang, den er formal als Mitglied der Militärmission erhalten mußte. Das Verteidigungsministerium billigte dem »Ziviloffizier« die Hauptmannscharge zu. Des höheren Soldes wegen bestand Brandt aber auf dem Majorsgrad. Er setzte sich dabei ebenso durch wie mit seiner Forderung nach einer »kompetenten Büroassistentin« seiner Wahl ab 1. April – der Freundin Rut.³ Im übrigen bekam er einen Diplomatenpaß, der nicht auf den Geburtsnamen Frahm, sondern auf sein Pseudonym Brandt ausgestellt war.

Mitte Dezember begann er, in Oslo seine Sachen zu packen, darunter kistenweise Briefe, Artikel und Broschüren. Mit ihnen konnte der vorsichtige Linke seinen politischen Werdegang rechtfertigen. Nach den Diffamierungen im Wahlkampf von 1965 war dieses Material die Grundlage der rehabilitierenden Dokumentation *Draußen*. Sein damaliger Mitautor und Redenschreiber Günter Struve, der spätere Programmdirektor des ARD-Fernsehens, erinnerte sich an seinen Eindruck beim Auswerten der alten Schriftstücke: »Wie hat dieser Mann früh angefangen, an seine Rolle in der Geschichte zu denken! Das waren keine literarischen Meisterwerke, aber alles war edel und richtig.«[4]

Über Weihnachten 1946 fuhren Willy Brandt und Rut Bergaust nach Kopenhagen. Die dortige britische Militärmission sollte dem frischernannten norwegischen Major – er trug Uniform mit einem ovalen Schild »Civilian Officer« am linken Ärmel – gleich nach den Feiertagen die für Deutschland nötigen Einreisepapiere aushändigen. Das Paar quartierte sich im Mittelklassehotel »Nordland« nahe dem Rathaus ein. Das Beisammensein verlief jedoch nicht ungetrübt. »Zu Beginn der verunglückten Kopenhagen-Reise machtest Du deutlich, daß ich nicht so bin, wie Du mich gern hättest«, erinnerte der 33jährige wenig später seine Freundin in einem Brief und bat sie: »Sag mir ruhig, wie schwer es sein kann, mit mir auszukommen. Ich werde mich schon verteidigen, wenn ich finde, daß Du ungerecht bist.« Zudem mußte Rut Bergaust am 29. Dezember abrupt nach Norwegen zurückkehren. Ihr tuberkulosekranker Ehemann Ole war zu Weihnachten, 28 Jahre alt, in einem Sanatorium gestorben und wurde bei Hamar beerdigt.

Willy Brandt saß noch zwei Wochen lang in Kopenhagen fest. Denn Military Entry Permit und Travel Order, die einem anglo-norwegischen Vertrag zufolge in London ausgestellt wurden, trafen nicht ein. Allmählich glaubte der Zivilmajor an eine Intrige, die ihn von dem Posten in Berlin fernhalten sollte. Zu allem Überfluß bekam er eine Erkältung, die er durch Unmengen von Tee mit Rum bekämpfte. Er las viel – Werke von Upton Sinclair, Jean-Paul Sartre und

Aldous Huxley –, ging oft ins Kino und begann, einen Kriminalroman zu schreiben, in dem er sein Schicksal verarbeiten wollte.

Vor allem gab er sich jedoch Grübeleien über die Beziehung zwischen Mann und Frau im allgemeinen sowie über das Verhältnis zwischen ihm und Rut im besonderen hin. Seine Gedanken spiegelten die ellenlangen Briefe an seine Geliebte wider, die längsten, die sie nach ihren Worten jemals bekommen hat. Gleich mit dem ersten gestand er Rut Bergaust auf zehn Seiten nicht nur erneut seine Liebe, sondern auch Gewissensbisse wegen des Scheiterns seiner Ehe, »besonders gegenüber Ninja«, seiner Tochter. Abermals zweifelte er, ob er für das Leben zu zweit geschaffen sei, zumal er meinte, »daß die Ehe in vieler Hinsicht die Liebe tötet. Man glaubt in ihr allzu leicht, daß man einen anderen ›besitzt‹«; jedenfalls dürfe nie der Trauschein »das Wesentliche werden«. Eine Woche später bewegte ihn das Thema Trennung. Er schwor der Freundin, sie auch nach einem Zerwürfnis nie zu vergessen, und hoffte, Rut werde nach einem eventuellen Bruch erkennen, »daß Du in der Zeit davor ›gewachsen‹ bist und begonnen hast, Deine Fähigkeiten mehr zu nutzen«, wobei er »die Rolle eines mitwirkenden ›Werkzeugs‹« beanspruchte. An ihrem 27. Geburtstag am 10. Januar 1947 gestand er ihr, daß er bei der ersten Begegnung mit ihr keine »bösen oder anderen Gelüste gehabt« habe. »Ein Jahr später entdeckte ich blitzartig, daß Du eine schöne Frau warst. Du hattest etwas im guten Sinne Aristokratisches an Dir, so daß Du eigentlich zwischen Blumen und schöne Musik gehörtest. Wir tanzten miteinander und umarmten uns, ehe Du nach Hause gingst. Ich glaube, da wurde die Glut entzündet, auch wenn es noch einige Zeit dauerte, bis sie entflammte.«

Mitte Januar bekam Willy Brandt endlich von der britischen Militärmission in Kopenhagen die Einreisepapiere für

Deutschland und konnte mit dem Militärzug nach Berlin aufbrechen. In Hannover nutzte Brandt die Umsteigezeit zu einem Besuch der SPD-Zentrale, die sich nun in der Nähe des Hauptbahnhofs, in der Odeonstraße 15, befand. Er wollte erkunden, wie die Parteispitze auf das Ignorieren ihrer Abgebote reagierte. Doch er traf nur Fritz Heine an, der den Verlust des Journalisten für die SPD bedauerte, den politischen Vorteil der Entscheidung aber begrüßte und eine enge Zusammenarbeit wünschte. »Na ja, Heine ist Diplomat«, schrieb Brandt seiner Freundin.

»Die Stadt des größten Elends in der Welt«

Als der Sozialdemokrat in norwegischer Uniform im Militärzug den Eisernen Vorhang bei Marienborn passierte, wurde die Teilung Deutschlands auch für ihn persönlich evident. In der Sowjetzone war weitgehend die Gleichschaltung mit der UdSSR vollzogen worden; der SED-Vorsitzende Wilhelm Pieck hatte bereits am 3. September 1946 die faktische Spaltung Deutschlands konstatiert.[5] Den Menschen in den Westzonen war um dieselbe Zeit durch eine Rede des US-Außenministers James Byrnes in Stuttgart der Schutz und die Hilfe der Vereinigten Staaten zugesichert worden.[6] Im November hatten die vier Großmächte auf ihrer Konferenz in New York die »Deutsche Frage« gar nicht mehr behandelt. Zum Jahresanfang 1947 waren die amerikanischen und britischen Besatzungsgebiete zu einem einheitlichen Wirtschaftsraum, der Bizone, verschmolzen worden.[7] »Anders als in Potsdam im Sommer 1945 vereinbart, machten die vier Mächte keine ernsten Anstrengungen, das besetzte Land als wirtschaftliche Einheit zu behandeln«, urteilte rückblickend Willy Brandt.

Als er am 17. Januar 1947 in Berlin eintraf, schien für ihn

die Stadt im Sterben zu liegen: 75 Prozent der Wohnungen waren zerstört oder schadhaft. Die Einwohner vegetierten bei Hungerrationen, Dauerfrost von minus 15 Grad und ohne Heizmaterial dahin; 285 Berliner erfroren, 55 000 erlitten Kälteschäden.[8] Mangels Lederschuhen trug die Hälfte der Feuerwehrleute beim Löschen Holzpantinen.[9] Verstorbene wurden, oft nur in Zeitungspapier gewickelt, auf Handkarren zum Friedhof geschafft. Über der Stadt hing »wie eine unbewegliche Wolke der Gestank der Verwesung«. Berlin sei »die Stadt des größten Elends in der Welt«, fand Oberst Frank Howley, der Direktor der örtlichen US-Militärregierung.[10]

Daß die Bevölkerung der ehemaligen Reichshauptstadt trotz der Not nicht resignierte, beeindruckte Brandt tief. Er entdeckte bei ihr, wie er dem britischen Journalisten Terence Prittie sagte, »die gleiche Standfestigkeit wie bei den Norwegern. Die denkbar schlimmsten Verhältnisse schienen bei beiden die besten Eigenschaften hervorzubringen.«[11] Er registrierte, daß Berlin, »verglichen mit dem westlichen Deutschland, [...] eindeutig antinazistisch und zugleich überwiegend antikommunistisch« war. Bei der Kommunalwahl am 20. Oktober 1946 hatte die SED nur 19,8 Prozent, die SPD dagegen trotz sowjetischer Schikanen 48,7 Prozent der Stimmen erhalten.[12] »Es gibt hier Not und Elend und Verwirrung und Kriminalität. Aber hier gibt es auch ein fruchtbares politisches und kulturelles Leben«, schrieb Brandt bald nach seiner Ankunft an Rut Bergaust. »Ich habe Berlin früher nie gemocht. Aber ich glaube, ich werde mich hier wohl fühlen.«

Willy Brandt war freilich den Alltagssorgen der Deutschen enthoben und wurde »bei den Norwegern in Berlin [...] sofort heimisch«. Mit drei anderen höheren Offizieren wohnte er im noblen Westend, an der Heerstraße, in einer heil gebliebenen, beschlagnahmten Villa nebst Garten und

Tennisplatz. Für Ordnung sorgte ein deutsches Hausmeister-Ehepaar, das in der Küche plakatierte Verhaltensvorschriften zu befolgen hatte. Brandt standen reichliche britische Militärrationen zu, außerdem konnte er jederzeit alliierte Restaurants oder Klubs besuchen. Selbstverständlich verfügte er mit seinen drei Kollegen über ein Auto samt Fahrer, dem Hausmeister. »Ein unnatürliches Kolonialleben«, meinte seine Freundin später.

Norwegens Militärmission existierte aufgrund eines Abkommens der Anti-Hitler-Koalition über Kontrolleinrichtungen im besiegten Deutschland. 14 andere Staaten, von China bis Luxemburg, richteten ab 1945 ebenfalls derartige Behörden in Berlin ein. Sie waren beim Alliierten Kontrollrat akkreditiert, vertraten bei ihm die Interessen ihrer Länder und boten eigenen Staatsbürgern Rechtsschutz. Da die norwegische Gesandtschaftsresidenz im Tiergarten zerstört war, befand sich die Militärmission in der Uhlandstraße 7, nahe dem Bahnhof Zoo und Kurfürstendamm. Die Dienststelle leitete der 1885 geborene Generalmajor August Tobiesen, ein Stabsoffizier, der zunächst Strategie gelehrt, dann im Osloer Verteidigungsministerium Nachschubpläne für den Ernstfall ausgearbeitet und 1940 den Zivilschutz seines Landes befehligt hatte.[13]

Willy Brandts »halb nachrichtendienstliche Tätigkeit« in Berlin siedelte sein Biograph Peter Koch zwischen »Gesprächen mit Journalisten, die seinen Zugang zu US-Zigaretten zu schätzen wußten« und abendlichen Partys an.[14] Die Wirklichkeit sah anders aus. Als der »Füllfederhaltermajor«, so nannte ihn nun sein Intimfeind Kurt Heinig,[15] in der Militärmission den Dienst antrat, bekam er nicht einmal ein eigenes Zimmer. Später wurde er »ärmlich in zwei Räumen« untergebracht, stellte sein früherer Gefährte Oddvar Aas fest.[16] Von einem politischen Einfluß Brandts, den Halvard Lange erwähnt hatte, war keine Rede. Seiner Geliebten schrieb er schon bald, es sei ein Fehler gewesen, die Stelle anzunehmen; er hätte den »›schwierigeren Weg‹ zurück nach Deutschland« einschlagen sollen.

Willy Brandts vorrangige Aufgabe war es, das Außenministerium in Oslo über Ereignisse im Kontrollrat, die Entwicklung in den vier Besatzungszonen und deutsche Pressestimmen hinsichtlich Norwegens auf dem laufenden zu halten. Auch die Norske Arbeiderparti versorgte er ab und zu mit Informationen und setzte sich bei ihr für die SPD ein.

Als politischer Beobachter war Brandt ausgesprochen fleißig. Innerhalb von zwölf Monaten sandte er dem Außenamt nicht weniger als 417 Berichte, oft mit Anlagen. »Routine und dramatische Neuigkeiten wechselten einander ab«, zog er später Bilanz. »Es war die Entstehungsgeschichte des Kalten Krieges, die ich festhielt.« Mitte 1947 sagte ihm Robert Murphy, der politische Berater von US-Militärgouverneur Lucius Clay, die Geduld der Amerikaner mit den Russen sei zwar groß, aber begrenzt, es könne »noch in diesem Jahr zum ernstesten Fall kommen«.[17] Damals begann Brandt die Methode des Modus vivendi endgültig zu verinnerlichen, jenes völkerrechtliche Verfahren der erträglichen vorläufigen Beilegung einer Streitfrage, das für ihn zum strategischen Prinzip und später zu einem Grundstein seiner Politik des »Wandels durch Annäherung« wurde.

Zutiefst von Sorgen erfüllt

Berlin, seit Kriegsende die heikelste Nahtstelle zwischen West und Ost und Sitz wichtiger alliierter Institutionen, war für weltpolitische Erschütterungen ein sensibler Seismograph. Das zeigte sich besonders 1947, als im März US-Präsident Harry Truman durch eine Doktrin über die Unterstützung freier Völker sowie drei Monate später sein Außenminister George Marshall durch ein Hilfsprogramm für den Wiederaufbau Europas sowjetische Expansionsversuche eindämmten, im Osten Ende September das Kommunistische Informationsbüro (Kominform) gegründet wurde und zwei Außenministertreffen der Siegermächte scheiterten. Als Folge der Differenzen registrierte Willy Brandt in Berlin provokante Luftmanöver der Russen und Amerikaner. Im Kontrollrat stritten sich die ehemaligen Verbündeten über die Besatzungspolitik, antisowjetische Propagandakampagnen in den Westzonen oder willkürliche Verhaftungen im Osten. Die Sozialisierung von Großbetrieben wiederum verursachte in der Alliierten Stadtkommandantur Auseinandersetzungen.[18] Spannungen zwischen den Siegermächten entstanden auch, als am 5. Juni in München eine gesamtdeutsche Konferenz der Länderministerpräsidenten bereits im Zank um die Tagesordnung platzte.[19]

Die Entwicklung bewegte Brandt zutiefst. Als damals im »Berliner Club«, einem von Amerikanern gegründeten Diskussionsforum, der CDU-Bürgermeister Ferdinand Friedensburg forderte, an einer Ost-West-Beratung über den Marshallplan sollten in Paris Deutsche aus allen vier Besatzungszonen als Beobachter teilnehmen, vergaß der in Zivil anwesende norwegische Major die gebotene Zurückhaltung und sagte, Vertreter der Sowjetzone könne er nicht als Deutsche ansehen. Auf diesem Standpunkt beharrte er auch, nachdem Friedensburg die Notwendigkeit von Kontakten über die Zonengrenzen hinweg betont hatte.[20]

Eine Affäre, die Deutsche wie Besatzer in Berlin beschäftigte und indirekt für Brandt bedeutsam wurde, ereignete sich im Frühjahr 1947. Der sozialdemokratische Oberbürgermeister Otto Ostrowski hatte mit der SED auf eigene Faust vereinbart, daß sie vier Amtsleiter ihrer Couleur aus der Kommunalverwaltung zurückziehe und die SPD sie dafür drei Monate lang mit Angriffen verschone. Die sozialdemokratischen Abgeordneten sahen darin einen Versuch, ihre Partei in Berlin »an die kommunistische Leine zu legen«,[21] und zwangen ihr Stadtoberhaupt mit Hilfe der CDU und der Liberalen zum Rücktritt. Zwischen dem sowjetischen Stadtkommandanten Generalmajor Alexander Kotikow, der für Ostrowski Partei ergriff, und den westlichen Militärbehörden kam es zu einer öffentlichen Kontroverse.[22] Zwei Monate danach wählte das Kommunalparlament den Verkehrsdezernenten Ernst Reuter mit 89 zu 17 Stimmen zum neuen Oberbürgermeister. Kotikow, der ihm antisowjetisches Verhalten vorwarf, verweigerte sein Einverständnis, und Amerikaner, Briten sowie Franzosen gaben in der Alliierten Kommandantur klein bei. Brandt war besorgt. Er bemühte sich, der Regierung in Oslo, skandinavischen Zeitungen und »einflußreichen Kreisen des Westens (...) Bedeutung und Hintergründe des Konflikts klarzumachen«. »Aber wir hatten keine klare Vorstellung davon, daß die Weigerung des Generals Kotikow den Beginn des Kalten Krieges um Berlin bedeutete«, erinnerte sich seine Gefährtin Rut.[23]

Mit Ernst Reuter war der Major aus Oslo gut bekannt. In Uniform, eine Pelzmütze auf dem Kopf, hatte Brandt schon bald nach seiner Ankunft in Berlin an einem bitterkalten Januarabend Annedore Leber, die Witwe seines hingerichteten Lübecker Mentors, in ihrem Haus in Zehlendorf besucht und »ein sehr lohnendes Gespräch in einem ungewöhnlich kultivierten Heim« geführt, wie er seiner Freundin schrieb. Katharina Leber, die 17jährige Tochter der SPD-Politikerin und Zeitungsherausgeberin, hatte sich sofort in den »netten und hübschen Mann mit dem Grübchenlächeln« verguckt.[24] Frau Leber führte ein gastliches Haus, bei ihr traf sich abends viel Prominenz – von Kurt Schumacher und Annemarie Renger, wenn sie in Berlin waren, bis zum SED-Vorsitzenden Otto Grotewohl, vom Regisseur Jürgen Fehling bis zum Kabarettisten Werner Finck. Dann und wann kam nun auch Brandt hinzu und sang nach ein, zwei Gläschen Alkohol Seemannslieder. »Er war sehr unmusikalisch«, entsinnt sich die Tochter des Hauses, »aber der Vortrag war gut, ich war ganz verliebt.« Bei diesen Abenden fand sich auch häufig ein stämmiger Mann mit großem Kopf, schütterem Haar und müden Augenlidern ein: Annedore Liebers 57jähriger Nachbar und Parteifreund Professor Dr. Ernst Reuter.

Der Kapitänssohn aus Nordschleswig und promovierte Philosoph blickte auf einen wechselvollen Lebensweg zurück.[25] 1918 war er nach der russischen Kriegsgefangenschaft Lenins Volkskommissar für die Wolgadeutschen gewesen und nach der Heimkehr Generalsekretär der KPD, nach dem Parteiausschluß Redakteur beim SPD-Blatt *Vorwärts*, danach als Stadtrat Modernisierer des Berliner Verkehrswesens und ab 1931 Oberbürgermeister von Magdeburg. Das NS-Regime sperrte den Sozialdemokraten im KZ Lichtenburg ein. 1935 wieder frei, floh er mit Hilfe der Quäker nach England, wurde Berater des türkischen Wirtschaftsministeriums und erhielt 1938 in Ankara eine Professur für Städtebau. Aus dem Exil in Anatolien kehrt er im November 1946 auf Wunsch der SPD-Führung nach Berlin zurück.

Willy Brandt fühlte gleich »im ersten Augenblick, daß Reuter und ich uns gut verstehen«. Der Professor habe in Denken und Handeln Immanuel Kants Ethik mit sozialistischen Ideen vereint, »an allgemeinen menschlichen Zielen in einem vereinten Europa« sich orientiert und in der SPD eine potentielle Volkspartei gesehen. Im übrigen verspürte Willy Brandt für den »Türken« tiefe persönliche Zuneigung. Reuter »hatte etwas von einem alten Baum, der vielen Stürmen getrotzt hat und um den man sich gerne lagert, weil man sich da so geborgen fühlt«, heißt es in seiner ersten Autobiographie. Mit dem Mann, der von Ende 1948 bis zu seinem Tod im Frühherbst 1953 als Bürgermeister West-Berlin regiert hat, sei er »fast ein Herz und eine Seele« gewesen. Der um Ausgleich bemühte Reformer, ein Gegenpol zum Willensmenschen Kurt Schumacher, habe ihm die »stärkste Erfahrung mit sozialdemokratischer Führerschaft« vermittelt. Es sei »inhaltlich nicht unzutreffend«, konstatierte der Lübecker, ihn als »Reuters Mann« zu bezeichnen.

Willy Brandt war 1947, wie sich der englische Reporter Terence Prittie erinnert, »ein schlanker schüchterner junger Mann, der in Ausdruck und Gespräch im allgemeinen sehr ernst wirkte, aber sich auch gern entspannt gab, scherzte und lebensfroh war. Von der frivolen Seite der ›alliierten Besatzung‹ hielt er sich fern«: von gönnerhaftem Getue gegenüber hungernden Deutschen, üppigen Trinkgelagen ausländischer Journalisten und dem blühenden Schwarzmarkt.[26] »Er war damals kolossal eifrig, pflichtbewußt und scharf antikommunistisch. Besonders eindrucksvoll: seine Aufrichtigkeit und seine Auffassungsgabe für politische Zusammenhänge«, bezeugte Louis Wiesner, der als Agent des US-Geheimdienstes OSS den Werdegang des Deutschnorwegers seit 1943 beobachtet hatte.[27] Für Erich Brost, einen zehn Jahre älteren Journalisten aus Danzig, der in Berlin den SPD-Vorstand repräsentierte, war Brandt »ein frischer Typ«.[28] Der Rechtssozialist, ein England-Emigrant, hatte 1945/46 als britischer Zivilmajor am Aufbau des demokratischen Zeitungswesens im Rhein-Ruhr-Gebiet mitgewirkt. Den Genossen aus Oslo versorgte er in der Viersektorenstadt mit SPD-Material. Ihre enge Bekanntschaft sollte, wie sich bald herausstellte, für Brandt folgenreich werden.

Natürlich suchte der norwegische Presseattaché auch in anderen politischen Lagern Kontakte. Von der Spitze der

Ost-CDU lernte er Jakob Kaiser und Ernst Lemmer kennen, zwei frühere rechte Gewerkschafter. Mit dem jovialen Lemmer freundete er sich an. Im linken Spektrum interessierte sich Willy Brandt zwangsläufig für die Sozialistische Einheitspartei. Außer dem heimgekehrten Jacob Walcher war hier Karl Mewis, nun Sekretär für Agitation in der SED-Landesleitung Groß-Berlin, sein Gesprächspartner. Der Apparatschik, dessen zwielichtige Art er in Spanien und Schweden erlebt hatte, behauptete später, der Lübecker in Uniform habe ihm bei Besuchen gelobt, er werde sich »mit aller Konsequenz für die Vereinigung der beiden Arbeiterparteien einsetzen«.[29] Brandt dementierte diese Darstellung als wahrheitswidrig: »So kann man die Dinge auf den Kopf stellen!« Dem SED-Chef Wilhelm Pieck begegnete Brandt, als er im Frühjahr 1947 den Chefredakteur einer rechten Osloer Zeitung wegen eines Interviews begleitete. Nach einem dürren Dialog fragte der Journalist nach neueröffneten Konzentrationslagern in der Ostzone. Der 71jährige »kommunistische Hindenburg« begriff den Sinn der Frage nicht und antwortete treuherzig: »Wenn Sie wüßten, was ich da an Briefen bekomme – von Genossen, deren Söhne verschwunden sind! Aber wir haben da nichts zu sagen. Das liegt ganz allein bei den sowjetischen Stellen.« Am Schluß bat er den konservativen Chefredakteur, »die Genossen in Norwegen« zu grüßen, was der ironisch zusicherte.

»Im Brennpunkt und doch ziemlich isoliert«

Am Morgen des 8. April 1947, am Osterdienstag, schloß Willy Brandt auf dem Hauptbahnhof in Kopenhagen seine Freundin Rut Bergaust in die Arme. Beide trugen Uniform. Die 27jährige war von Norwegens Außenministerium als Assistentin der Militärmission in Berlin angestellt worden, und zwar nicht etatgemäß im Gefreiten-, sondern im Fähnrichsrang. Ihr Freund hatte ihr zu dieser Forderung geraten, weil er, der Major, sonst nicht mit ihr zusammen im Offizierskasino essen könne. Mit einem Sack Kurierpost, elf eigenen Koffern, Taschen, Kartons und Wolldecken war sie von Oslo aus seit 24 Stunden unterwegs gewesen. Brandt war ihr aus Berlin entgegengereist.

In den letzten Wochen hatte er seine Freundin, die noch bei der Zeitschrift *Aktuell* tätig gewesen war, in langen Briefen auf die »brutale Welt außerhalb des Nordens« vorbereitet: »Du wirst viele Beweise dafür sehen, daß wir uns in Wirklichkeit nicht weit von der Barbarei entfernt haben.« In Oslo hatten Bekannten sie davor gewarnt, sich in das deutsche Chaos zu stürzen. Doch sie war bereit, alle Brücken hinter sich abzubrechen: »Ich wollte dort sein, wo Willy war.«[30] Das Elend in Berlin raubte ihr dann aber den Atem. Für die Metropole, »die Leiche einer Stadt«, empfand sie »keine Liebe auf den ersten Blick«, gab sie später zu.

In der norwegischen Militärmission tippte Frau Fähnrich werktags von 9 bis 15.30 Uhr Briefe, wertete Zeitungen aus und hielt das Archiv in Ordnung. Sie sei ihm eine große Hilfe gewesen, versicherte Brandt. Die Freizeit verbrachten die beiden in alliierten Klubs. Rut Bergaust hauste in einem karg möblierten Zimmer der zur Vertretung gehörenden Offiziersmesse, wo auch Missionschef Generalmajor Tobiesen und seine Ehefrau Ingjerd wohnten. Der anfangs »sehr herzliche und zuvorkommende« Umgang änderte sich, als sie nach einiger Zeit zu Brandt in die Heerstraße zog. Frau Tobiesen fand das unschicklich, und ihr Mann fürchtete um den guten Ruf der Dienststelle. Er redete dem Zivilmajor unter vier Augen ins Gewissen und warnte ihn vor möglichen Konsequenzen für seine Karriere. Brandt erwiderte, er nehme an, daß Außenminister Halvard Lange über sein Verhältnis mit der Sekretärin Bescheid wisse, da er sein

Freund sei. »Am selben Abend lud mich die Generalsgattin ein, mit ihr im Garten hinter der Messe Erdbeeren zu pflücken, und alles war wie vorher«, erzählte Rut Bergaust. Ärger anderer Art bekam sie wegen eines Artikels für *Aktuell* über die »Deutschenmädchen«, über die norwegischen Geliebten von Besatzungssoldaten, die nun, daheim verachtet, oft mit einem Kind in einem Lager am Rande von Berlin lebten. Der Bericht löste kontroverse Reaktionen der Leser und den Protest des Journalistenverbandes in Oslo aus, der sich darüber empörte, daß eine Staatsangestellte Reportagen schrieb.

»In Berlin lernte ich viele Dinge mit anderen Augen sehen«, bekannte Rut Bergaust.[31] Die Frau, die für Per Monsen »eine Proletarierin mit Grundschulbildung, doch immer eine Dame« war,[32] bekam Respekt vor den Menschen an der Spree, die es fertigbrachten, »in all ihrem Nachkriegselend über sich zu lachen. Ich fand das erstaunlich und fühlte mich sehr wohl mit ihnen.«[33] Deutsch lernte sie bei Begegnungen mit lokalen Politikern und Redakteuren, zu denen Willy Brandt sie mitnahm, und durch Gespräche mit Tierfreunden auf der Straße, nachdem sie sich für einige Stangen Zigaretten, damals die stärkste »Währung« in Mitteleuropa, aus einem Zwinger des Zoologischen Gartens eine schwarze Pudelhündin gekauft hatte. Doch natürlich bekam Rut Bergaust auch die rauhe Seite der Berliner zu spüren. Eine Blumenfrau weigerte sich, ihr einen Strauß zu verkaufen, weil sie eine alliierte Uniform trug.[34]

Ein besonderes Ereignis für Willy Brandt und seine Freundin war zu Pfingsten 1947 der Besuch des ersten Konzerts, das die Berliner Philharmoniker seit Kriegsende unter der Leitung von Wilhelm Furtwängler gaben. Den großen Dirigenten hatte Brandt schon 1936 während seiner Untergrundtätigkeit an der Spree erlebt. Als nun der wegen seiner Nähe zum NS-Staat umstrittene Künstler im Filmtheater

»Titania-Palast« ans Pult trat, erhob sich das deutsche Publikum, und am Schluß »nahmen die Ovationen kein Ende«.³⁵ Es war, wie der Verleger Gottfried Berman Fischer fühlte, eine »politische Demonstration in Anwesenheit der Besatzungsoffiziere, die in der ersten Reihe saßen«.³⁶ Auch Rut Bergaust lehnte danach allzu hohe Ansprüche an Menschen in Zwangslagen ab: »Ich glaube, es ist leicht, vom Ausland aus Leuten vorzuschreiben, wie sie sich unter einer Diktatur verhalten sollen. Für die Betroffenen ist alles komplizierter.«³⁷

Um dieselbe Zeit stellte Willy Brandt der Mutter und dem Stiefvater in Lübeck seine Freundin vor und fuhr mit ihr Ende Juni 1947 zum 2. Parteitag der SPD nach Nürnberg, an dem er als norwegischer Presseattaché, teilnahm. Höhepunkt war die zweistündige Rede des am Ende total erschöpften Kurt Schumacher, der seine »Magnettheorie« verkündete: Die Einheit Deutschlands sei zu erreichen, indem die Bizone zum Florieren gebracht werde und auf die Besatzungsgebiete der Russen und Franzosen »unwiderstehliche« Anziehungskraft ausübe.³⁸ Brandt war in Nürnberg so eifrig bei der Sache, daß der Gastdelegierte der Norske Arbeiderparti, John Sanness, ein Bekannter aus Mot-Dag-Zeiten, ihm scherzhaft sagte, für ihn müsse »in der SPD-Führung wohl bald Platz sein«. Von Franken aus reisten der Zivilmajor und seine Geliebte in Uniform nach Prag, wo sie den Schauspieler Valter Taub, ihren Gefährten aus dem Stockholmer Exil, trafen. Die Stadt im sowjetischen Einzugsbereich »war voller Leben«. Für Brandt schien hier die Kooperation mit den Kommunisten »die persönliche Freiheit nicht zu gefährden, was hoffen ließ, daß der Gegensatz zwischen Ost und West einen Ausgleich finden könnte«. Es war eine Illusion. Gerade in jenen Tagen zwang Stalin den tschechoslowakischen Staats- und KP-Chef Klement Gottwald in Moskau, die bereits angekündigte Annahme der Marshallplanhilfe zu widerrufen. Zehn Monate später wurde das Land nach einem kommunistischen Putsch zur »Volksdemokratie«.

In der zweiten Augusthälfte machten Willy Brandt und Rut Bergaust in Norwegen Urlaub. Bei einer Zusammenkunft in Oslo merkte Inge Scheflo, daß sich sein Freund in »so etwas wie einem Gewissenskonflikt« befand. Anders als bisher riet er ihm, wieder Deutscher zu werden, um mehr für Europa tun zu können.[39] Auch Außenminister Halvard Lange bemerkte bei seinem Intimus eine Identitätskrise. Brandt gab zwar zu, daß ihn der Posten in Berlin nicht ausfülle, versicherte aber, ein Einstieg in die deutsche Politik sei für ihn »nicht aktuell«. In Wirklichkeit war Brandt endgültig klargeworden, daß ihn »das Nurbetrachten der Dinge nicht befriedigen« konnte,[40] daß er jedoch »nicht zu lange warten (durfte), wenn ich mich wieder in die deutschen Dinge einfügen will«.[41] Insbesondere in Berlin könne er »nicht Norweger sein«: »Hier ließ sich das Gewissen nicht damit beruhigen, daß man hic und da jemand mit einem Paket half. Denn hier saß man mitten im deutschen Schicksal und mußte ganz dabei sein!«[42] Beeindruckt hatte ihn auch ein Appell der gesamtdeutschen Ministerpräsidentenkonferenz in München, der die politischen Emigranten zur Mitarbeit aufgerufen hatte.

Nach dem Urlaub erhielt der 33jährige in Berlin drei Offerten für eine berufliche Veränderung. Gunnar Myrdal, sein Vertrauter aus dem schwedischen Exil, der in Genf Generaldirektor der Wirtschaftskommission der Vereinten Nationen geworden war, bot ihm telefonisch an, die Öffentlichkeitsarbeit seiner Behörde zu leiten. Es wurde vereinbart, Einzelheiten bei einer Begegnung in der Schweiz zu erörtern. Ernst Reuter wiederum bot ihm an, das Presseamt des Berliner Magistrats zu übernehmen. Der Deutschnorweger aber schob beide Angebote auf die lange Bank. Denn im Oktober ergab sich eine andere verlockende Möglichkeit.

Einstieg in die deutsche Politik

Erich Brost, seit Februar 1947 in Berlin der Vertreter der SPD-Führung, und zwar vor allem bei den Besatzungsmächten, war »sehr oft anderer Meinung als Kurt Schumacher« und lehnte dessen autoritären Stil ab.[43] Als ihm die britische Militärregierung die Lizenz zur Herausgabe eines parteiunabhängigen Blattes an der Ruhr – der späteren *Westdeutschen Allgemeinen Zeitung* – anbot, griff er zu. Dem frustrierten Brandt riet er, seinen Parteiposten zu übernehmen. Brost hielt den 33jährigen partiell für einen linken Bohemien, aber für ebenso klug wie unabhängig,[44] und die Zusammenarbeit mit ihm war erfreulich verlaufen. Der Presseattaché, hatte der SPD Kontakte in Skandinavien besorgt, Ratschläge erteilt und für die Wiederaufnahme in die Zweite Internationale den Beistand der Norske Arbeiderparti vermittelt.[45] Brandt reizte die Aufgabe: »Verbindungsmann, das interessierte mich. Ich mußte dazu nicht lange verführt werden.«[46] Er sah »einen Wirkungskreis, in dem ich helfen konnte, Verständnis und Unterstützung für eine vernünftige Deutschlandpolitik zu gewinnen, aber auch die Möglichkeit zur Mitarbeit im Berliner Parteileben«. Mitte Oktober schlug Brost dem SPD-Vorstand Willy Brandt als seinen Nachfolger vor.

Kurt Schumacher, der zu den Besatzungsmächten ein gespanntes Verhältnis hatte, war mit der Lösung aus Zweckmäßigkeit einverstanden. »Brandt kann uns mit seinen guten Beziehungen zu den Alliierten in Berlin nützlich sein«, sagte der Parteiführer zu Annemarie Renger.[47] Im Beisein von Propagandachef Fritz Heine kam es Anfang November in Hannover zu einem Gespräch mit dem Lübecker über seine künftige Aufgabe. Dabei versicherte er, als Repräsentant der SPD-Leitung stets deren Kurs zu vertreten. Er bat aber darum, bei Meinungsverschiedenheiten der Parteispitze seine Ansicht darlegen zu können. Schumacher bezeichnete das als »Selbstverständlichkeit«: In Hannover werde »die Weisheit auch nicht mit Löffeln gefressen«. Über den Lebenslauf des Kandidaten wurde nicht gesprochen, sondern nur noch über eine Nordeuropa-Reise des Parteivorsitzenden Anfang Dezember.

Dessen Besuch in Norwegen und Schweden, den in Berlin Willy Brandt und in Stockholm sein Gegenspieler Kurt Heinig vorbereitet hatten, war ein Fiasko. Die bedächtigen Skandinavier waren über Kurt Schumachers aggressive Reden »mehr als befremdet« und betrachteten ihn als Nationalisten und blindwütigen Antibolschewisten.[48] Für Brandt aber verlief die Visite fatal, weil Heinig ihn bei dem Politiker aus Hannover ständig hinterrücks als »illegalen Schieber«, »Geschäftemacher« und »Agenten der Kominform« verleumdete.[49] Als eine Presseagentur am 1. Dezember meldete, daß der 33jährige aus der norwegischen Militärmission in das Berliner Büro der SPD-Führung wechsle, nahmen die Intrigen noch zu. In Briefen an den Parteivorstand hieß es, der einstige SAP-Funktionär sei jetzt mehr Norweger als Deutscher und »ein verkappter SED-Mann«.[50]

Ungeschickt heizte Willy Brandt die Machenschaften noch an, indem er in schwedischen Zeitungen unter dem Pseudonym E. Carlsson einen Konflikt zwischen Schumacher und dem ehemaligen sozialdemokratischen Reichstagspräsidenten Paul Löbe breittrat.[51] Der 71jährige war aus dem außenpolitischen Ausschuß der SPD verbannt worden, weil er einen Aufruf des Berliner CDU-Bürgermeisters Ferdinand Friedensburg zur Bildung einer gesamtdeutschen Repräsentation mitunterzeichnet hatte. »Carlsson« kritisierte die Rigorosität des Parteichefs und bezeichnete als dessen »schwachen Punkt, daß seine politische Geschmeidigkeit gegenüber dem rhetorischen Feuerwerk zu kurz kommt«.[52] Heinig schickte dem SPD-Vorstand sofort eine Übersetzung des Kommentars und merkte an, dessen Autor sei »absolut egozentrisch« und werde sich »nie in eine Organisation oder in demokratische Beschlüsse einfügen«.[53] Als Erich Brost am 22. Dezember 1947 von einer Besprechung aus Hannover nach Berlin zurückkehrte, teilte er Brandt mit, daß seine Anstellung fraglich sei. Die endgültige Entscheidung werde bei einem Gespräch mit ihm am 10. Januar fallen.

Für Willy Brandt ist die Situation prekär. Am 7. November hat er den bei der UNO in New York weilenden Außenminister Lange per Eilbrief und kurz darauf dessen Behörde in Oslo gebeten, ihn am Jahresende aus norwegischen Diensten zu entlassen: Er wolle in Zukunft »dabei mithelfen, daß Deutschland nach Europa zurückgeführt wird«. Gunnar Myrdals Angebot schlägt er einen Tag später aus und dankt der Norwegischen Arbeiterpartei für alles, was sie ihm »auf den ferneren Weg mitgegeben« habe. Freundin Rut steht hinter seinem Entschluß, versucht aber, aufkommende Sorgen bei Kinobesuchen zu vergessen.[54] Auch Freunde sind informiert und gratulieren ihm bereits. Und nun die enttäuschende Nachricht aus Hannover!

Am Tag vor Heiligabend 1947 bittet Brandt »etwas gereizt« den »lieben Genossen Schumacher« in einem langen Brief um eine rasche Entscheidung: »Es wäre besser, einen Schlußstrich zu ziehen, als einen unklaren Zustand andauern zu lassen«, schreibt er. Er stehe »zu den Grundsätzen des demokratischen Sozialismus im allgemeinen und zu der Politik der deutschen Sozialdemokratie im besonderen«, behalte sich aber im Zweifelsfall ein eigenes Urteil vor, auch gegenüber »dem ersten Mann der Partei«. Er sehne sich nach aktivem Einsatz, wolle sich jedoch nicht aufdrängen: »Ich stehe zur Sache und zu meinem Wort.« (Siehe Dokument S. 434) Wie schon so oft befindet sich der Lübecker an einem Kreuzweg.

Willy Brandt hatte sein Leben vor der endgültigen Rückkehr nach Deutschland »eine Entdeckungsreise durch die Welt« genannt. Es glich jedoch eher dem Vortasten durch ein Labyrinth. Sein Werden zum Staatsmann verlief nicht planvoll und geradlinig, vielmehr schlug er immer wieder verschlungene Wege ein, die sich oft als Sackgassen erwiesen und ihn zum Neubeginn zwangen. In der linken Splitterpartei SAP, beim Kungeln mit der Mot-Dag-Sekte in Norwegen und an der Seite der spanischen Randgruppe POUM, aber auch grundsätzlich als Emigrant aus dem Dritten Reich befand sich der Sproß einer Lübecker Proletarierfamilie ein ums andere Mal auf der Seite der politisch Schwachen. Intrigen, brüchige Bündnisse und fragwürdige Aktionen, die er im Ringen mit machtvollen Parteiapparaten wie zum Beispiel denen der SPD, der Norwegischen Arbeiterpartei oder der Kommunisten unternahm, schadeten seinem Ruf und hemmten sein Vorankommen zusätzlich.

Andererseits formte sich die Persönlichkeit Willy Brandts gerade durch den langsamen Aufstieg mit seinen vielen Irrwegen und Konflikten besonders intensiv. Der Sozialist aus Lübeck wurde nicht nur in frühen Jahren wegen seiner unehelichen Geburt, sondern vor allem durch spätere Ereignisse zu einem stark auf sich bezogenen, hochsensiblen Menschen. Das Doppelleben im Exil als politisch tätiger Willy Brandt und amtlich registrierter Herbert Frahm, der Zwang zur Tarnung, ständige Wechselfälle und zahlreiche persönliche Enttäuschungen potenzierten seine Vorsicht, was ihn wiederum prinzipiell zögern ließ, seine Verschlossenheit steigerte und ein kompliziertes, leicht verletzbares Gefühlsleben prägte. Daß ihn noch als erfolgreichen Staatsmann regelmäßig Selbstzweifel, Apathie und schwere Depressionen befielen,[55] fand selbst seine Ehefrau rätselhaft. Durch den wechselvollen Werdegang schärfte Brandt aber auch seinen Instinkt, verfeinerte das Gespür für Zeitströmungen und erfuhr nachhaltig die Bedeutung des Zufalls.[56] Er lernte aus Fehlern, wann selbstbewußtes Warten auf eine bessere Chance, wie bei der Suche nach einer Lebensaufgabe in den Jahren 1946 und 1947, zweckmäßiger ist als übereiltes Agieren. »Der aus Büchern erworbene Reichtum fremder Erfahrung heißt Gelehrsamkeit. Eigene Erfahrung ist Weisheit. Das kleinste Kapitel von dieser ist mehr wert als Millionen von jener«, betonte Gotthold Ephraim Lessing.[57] Genau das galt für Willy Brandt.

Bedächtig verhielt er sich auch im privaten Bereich. In seiner Kindheit »unbehaust«, wie er selbst schrieb, suchte er Liebe, die ihm Zärtlichkeit und Zuneigung, Begehren und Sexualität, aber auch einen Freiraum und Anerkennung bot. Das Scheitern seiner ersten Ehe bedrückte ihn, obwohl er es mit der Treue zwischen Mann und Frau selbst nicht so genau nahm. Die Beziehung zu Rut Bergaust wurde von ihm jahrelang durch Selbstanalysen und Prüfungen der Partnerin, Bedenken und quälende Gespräche belastet. Nur zögernd entschloß er sich zu einer festen Bindung mit der Frau aus Hamar. »Am besten hat Brandt wahrscheinlich an ihr gefallen, daß sie sich nach ihm richtete, ihrerseits aber keine Ansprüche an ihn stellte«, meinte der Brite Terence Prittie. »Das entsprach seinem Wunsch nach Unabhängigkeit und einem Leben, das genau nach seinen Wünschen und Plänen verlief.«[58]

Insbesondere für seine politische Karriere aber sammelte Willy Brandt durch Umwege und Kämpfe, durch Exil, Intrigen und Sinneswandel mehr Erfahrungen als die allermeisten deutschen Sozialisten. Gerade das intensive Erleben radikaler Gesellschaftsentwürfe und Handlungskonzepte bestärkte ihn allmählich, entschlossen für eine freiheitliche Grundordnung einzutreten, und verlieh seiner Forderung »Mehr Demokratie wagen« persönliche Überzeugungskraft. Die vielen Konfrontationen auf dem Weg durch das Labyrinth seines Lebens machten ihm aber auch den Vorteil gesunder Kompromisse bewußt; die Suche nach einem Modus videndi bei Kontroversen gehörte noch im Alter ebenso zu seinem Naturell wie das »kräftige Sowohl-Als-auch«. In Skandinavien lernte er den Nutzen von Beziehungsgeflechten, von »Seilschaften«, kennen, und auf seinen Reisen trat er, vom Belgier Paul Henri Spaak bis zu Jomo Kenyatta aus Kenia, mit Politikern der Zukunft in Kontakt. Zugleich erwarb er frühzeitig Weltläufigkeit, die einige Linke als »Smartheit« deuteten.[59] Der geweitete Blick erleichterte indes die Abkehr von Dogmen, die Desillusionierung über die zunächst bewunderte Sowjetunion und das Entstehen eigener Zukunftsvisionen. Die Summe all dessen war die Voraussetzung dafür, daß Brandt später im Denken nationale Hürden überwand, neue Wege im Ausgleich mit dem Osten einschlug und globale Aufgaben wie den Vorsitz der Sozialistischen Internationale oder der Nord-Süd-Kommission für Entwicklungsfragen übernehmen und meistern konnte.

Willy Brandts Reifungsprozeß in der Lebensphase, die dieses Buch umfaßt, veränderte jedoch nicht allein seine politische Einstellung. Immer stärker kam eine sittliche Komponente hinzu. »Ich habe auch gelernt, was christliche Ethik für das praktisch-politische Handeln bedeuten kann«, gestand 1961 der linke Staatsmann. Der Wandel zeigte sich in seinem Engagement bei Hilfswerken in Norwegen und nach Kriegsende bei humanitären Aktionen für notleidende Deutsche. Die Gesinnung wurde an der Spitze seiner Werteskala von der Verantwortung abgelöst.[60] 1972 proklamierte er als SPD-Chef ganz und gar die »Compassion«, die »Bereitschaft zum Mitleiden« mit dem Nächsten, als sozialdemokratische Tugend. Nicht zuletzt diese Verknüpfung von Politik und Ethik aber schuf im Unterbewußtsein seiner Anhänger das Charisma Willy Brandts.

Ende 1947 steht also der Lübecker wieder an einem

Kreuzweg. Doch sein Brief vom 23. Dezember »klärt die Luft«, er muß Kurt Schumacher in Hannover nicht mehr Rede und Antwort stehen. Zwar gibt dessen Intimus Siegmund Neumann über Brandt noch ein vernichtendes Urteil ab und bezeichnet ihn als teilweise ungeeignet für den Posten in Berlin.[61] Schumacher läßt aber wissen, ihn interessierten »die alten Geschichten« nicht mehr.[62] Am 15. Januar 1948 wählt der SPD-Vorstand Willy Brandt zu seinem Vertreter in der Viersektorenstadt. Sechs Tage später tritt der Lübecker sein neues Amt »mit viel Tatendrang und noch mehr Optimismus« an. Er ist damit, formal noch Norweger, faktisch nach Deutschland zurückgekehrt. Mit Freundin Rut zieht er in das zuvor von Erich Brost bewohnte Haus am Halensee ein. Beide leben nun wie alle Deutsche von kargen Rationen, die der Nachfolger in der Militärmission, ihr Freund Per Monsen, ab und zu durch ein Lebensmittelpaket aufbessert.[63] Unter der Mitgliedsnummer 9/156/48 tritt Willy Brandt dem SPD-Landesverband Groß-Berlin bei. Er engagiert sich dort und im Parteivorstand. Ihn erwarten neue schwierige politische Aufgaben und neue Auseinandersetzungen. Aber auf dem Weg zum Staatsmann auch neue Chancen.

Der weitere Lebensweg

21. Januar 1948: Willy Brandt nimmt die Arbeit als Berliner Vertreter des SPD-Vorstandes auf. Sein erster Bericht betrifft den Kontrollrat, den Lastenausgleich und den Besuch norwegischer Linker.[1] Bis Ende der Tätigkeit im November 1949 verfaßt er 372 Dossiers.[2]

24. Juni 1948–12. Mai 1949: Sowjetische Blockade West-Berlins und anglo-amerikanische »Luftbrücke«. Brandt leistet »einen Beitrag als Organisator und Redner«.[3]

1. Juli 1948: Schleswig-Holsteins Landesregierung bürgert den in Lübeck geborenen »Norweger Herbert Ernst Karl Frahm, genannt Willy Brandt« ein. Am 11. August 1949 berechtigt ihn das Berliner Polizeipräsidium, sich ausschließlich Willy Brandt zu nennen.

4. September 1948: Eheschließung in Berlin mit Rut Bergaust, geb. Hansen, nach der Scheidung von seiner ersten Frau Carlota im Herbst vorigen Jahres.

4. Oktober 1948: Geburt des Sohnes Peter – bei Nacht und bei Stromsperre. Er wird Geschichtsprofessor.

30. November 1948: Getrennte Magistrate in Ost- und in West-Berlin. Damit erfolgt auf Druck der SED die Teilung. Brandt erscheint »der Stadtstreich wenig tragisch«.[4]

7. Dezember 1948: Die Stadtverordnetenversammlung von West-Berlin wählt Ernst Reuter zum Oberbürgermeister. Er wird Willy Brandts Förderer und Freund.

8. Mai 1949: Auf dem Landesparteitag der Berliner SPD tritt Brandt in einer programmatischen Rede für das »Skandi-

navische Modell« des Sozialismus ein. Reuters Bitte, Verkehrsdezernent zu werden, lehnt er ab.[5]
14. August 1949: Erste Bundestagswahl. Sie ist in Berlin untersagt. Brandt wird von den West-Stadtverordneten als einer von acht Politikern in das Bonner Parlament entsandt. Dort behandelt er bis 1957 Berliner, gesamtdeutsche und außenpolitische Fragen.
1. Januar 1950: Willy Brandt wird Chefredakteur der Tageszeitung *Berliner Sozialdemokrat* (ab April: *Berliner Stadtblatt*). Sie wird 1951 bei sinkender Auflage eingestellt.
5. Dezember 1950: Brandt im Berliner Abgeordnetenhaus. Er unterstützt Reuters Allparteienregierung.
3. Juni 1951: Geburt des Sohnes Lars. Er wird Künstler und Literat.
25. Mai 1952: Bei der Wahl des Berliner SPD-Chefs unterliegt Brandt als Ernst Reuters Kandidat dem Amtsinhaber Franz Neumann mit 93 zu 193 Stimmen.
20. August 1952: Kurt Schumacher, 56 Jahre alt, stirbt in Bonn an Kreislaufversagen. Sein Nachfolger an der Spitze der SPD wird Erich Ollenhauer.
17. Juni 1953: Volksaufstand in der DDR. »Das Ringen um die Wiedervereinigung in Freiheit hat den Vorrang vor allen anderen Projekten außenpolitischer Art«, betont Willy Brandt Anfang Juli im Bundestag.
6. September 1953: Brandt wird auch in den zweiten Bundestag delegiert. Ab jetzt im Fraktionsvorstand.
29. September 1953: Ernst Reuter stirbt mit 64 Jahren in Berlin. Brandt hält eine der Gedenkreden.
Januar 1954: Auf Einladung der Regierung in Washington reist Willy Brandt mit anderen SPD-Funktionären vier Wochen lang durch die Vereinigten Staaten.
11. Januar 1955: Brandt wird mit 36 zu 25 Stimmen als Nachfolger Otto Suhrs (SPD) zum Präsidenten des Berliner Abgeordnetenhauses gewählt. Er eröffnet jede Sit-

zung mit dem Satz: »Ich bekunde unseren unbeugsamen Willen, daß Deutschland mit seiner Hauptstadt Berlin wiedervereinigt werden muß.«

1955/56: Richard Löwenthal und Brandt schreiben eine 758 Seiten umfassende Biographie Ernst Reuters.

5. November 1956: Nach einer West-Berliner Kundgebung gegen die Niederwerfung des ungarischen Volksaufstandes verhindert Willy Brandt, daß eine wütende Menge in den Ostsektor eindringt, dessen Polizei Schießbefehl hat.[7] Er erringt weltweit Ansehen.

3. Oktober 1957: Das Abgeordnetenhaus wählt Willy Brandt nach dem Tod von Otto Suhr mit 86 zu 10 Stimmen zum Regierenden Bürgermeister von Berlin.

12. Januar 1958: Willy Brandt wird Berliner SPD-Vorsitzender. Bei der dritten Kandidatur gegen Franz Neumann erhält er 163 zu 124 Stimmen.

Mitte 1958–1963: Präsident des Deutschen Städtetages.

27. November 1958: Brandt protestiert gegen das Ultimatum des Kremls, West-Berlin binnen sechs Monaten in eine entmilitarisierte Freie Stadt umzuwandeln.

13.–15. November 1959: Godesberger Programm. Die SPD wird Volkspartei. Brandt begrüßt den Reformkurs.[8]

13. August 1961: Die DDR riegelt West-Berlin durch eine Mauer ab. Brandt schlägt dem amerikanischen Präsidenten John F. Kennedy vor, die US-Garnison zu verstärken und die Berlinfrage der UNO vorzulegen.

7. Oktober 1961: Sohn Matthias wird geboren. Er wird Schauspieler.

26. Juni 1963: US-Präsident Kennedy besucht für sieben Stunden die Viersektorenstadt.

15. Juli 1963: In der Evangelischen Akademie Tutzing stellt Brandts Presseamtsleiter Egon Bahr nach »gemeinsamen Überlegungen« das Prinzip »Wandel durch Annäherung« als Leitlinie einer neuen Ostpolitik vor.[9]

18. Dezember 1963: Ein Abkommen mit der DDR über den Besuch von West-Berlinern bei Verwandten im Ostsektor tritt in Kraft. Brandts 50. Geburtstag.

16. Februar 1964: Willy Brandt wird mit 320 von 334 Stimmen als Nachfolger des am 14. Dezember 1963 gestorbenen Erich Ollenhauer zum SPD-Vorsitzenden gewählt. Bis 1986 wird er alle zwei Jahre in diesem Amt bestätigt.

19. September 1965: Bei der Wahl zum fünften Bundestag Niederlage als Kanzlerkandidat wie schon 1961.

1. Dezember 1966: Kurt Georg Kiesinger (CDU) löst Ludwig Erhard als Kanzler ab. Brandt wird Vizekanzler und Außenminister einer CDU/CSU/SPD-Regierung.

3. August 1969: Brandts Mutter Martha Kuhlmann stirbt.

21. Oktober 1969: Der sechste Bundestag wählt Willy Brandt mit 251 zu 235 Stimmen zum Bundeskanzler. Er leitet eine SPD/FDP-Koalition. Nach 39 Jahren ist wieder ein Sozialdemokrat deutscher Regierungschef.

28. Oktober 1969: In der Regierungserklärung versichert Brandt: »Wir wollen mehr Demokratie wagen.« In Deutschland gebe es zwei Staaten, die »trotz besonderer Beziehungen füreinander nicht Ausland sind«.[10]

19. März 1970: Treffen von Bundeskanzler Willy Brandt mit DDR-Ministerpräsident Willi Stoph in Erfurt. Die Bevölkerung jubelt dem Gast zu. Am 21. Mai folgt eine Begegnung in Kassel. Das Ergebnis ist dürftig.

12. August 1970: In Moskau unterzeichnen Bundeskanzler Brandt und der sowjetische Regierungschef Alexej Kossygin einen Gewaltverzichtvertrag. Der außenpolitische Spielraum der Bundesrepublik wächst.

7. Dezember 1970: Willy Brandts Kniefall in Warschau bei der Kranzniederlegung am Mahnmal für die Opfer des Ghettoaufstands von 1943: »Ich tat, was Menschen tun, wenn die Sprache versagt.« Vertrag mit Polen über die Anerkennung der Oder-Neiße-Grenze.

3. September 1971: Viermächteabkommen über den Status von Berlin. Moskau garantiert freien Verkehr.

20. Oktober 1971: Für seine Versöhnungspolitik wird Willy Brandt vom Osloer Nobelpreiskomitee unter Vorsitz von Aase Lionæs, seiner Übersetzerin von 1933, als viertem Deutschen der Friedensnobelpreis zuerkannt.[11] Er nimmt ihn am 10. Dezember entgegen.

28. Januar 1972: Umstrittener Radikalenerlaß. Extremisten dürfen nicht im öffentlichen Dienst angestellt werden.

27. April 1972: Konstruktives Mißtrauensvotum gegen Willy Brandt im Bundestag. Rainer Barzel (CDU) fehlen zwei Stimmen zum Regierungswechsel.

19. November 1972: SPD-Sieg bei Neuwahl, zu der es kam, nachdem Brandt bei einer Vertrauensfrage im Bundestag vorsätzlich mit 233 zu 248 Stimmen unterlag.

1. Dezember 1972: Unterzeichnung des Grundlagenvertrags mit der DDR. Er setzt gutnachbarliche Beziehungen und Hoheitsabgrenzungen fest.

25. September 1973: SPD-Fraktionschef Herbert Wehner kritisiert Brandt in Moskau öffentlich als »entrückt« und »abgeschlafft«: »Er badet gern lau.«[12]

26. September 1973: Willy Brandt spricht als erster deutscher Kanzler vor der UNO, der die Bundesrepublik seit dem 18. September angehört.

11. Dezember 1973: Der Deutsch-Tschechoslowakische Vertrag wird nach großen Schwierigkeiten in Prag unterschrieben. Münchner Abkommen von 1938 nichtig.

6. Mai 1974: Wegen der Spionageaffäre um seinen persönlichen Referenten Günter Guillaume tritt Willy Brandt als Bundeskanzler zurück. Seine zweite Amtszeit ist wenig erfolgreich gewesen. Nachfolger wird der bisherige Finanzminister Helmut Schmidt (SPD).

Juli 1975: Auf Einladung des Kremls einwöchige Reise mit Ehefrau Rut durch Rußland.

26. November 1976: Brandt wird in Genf zum Präsidenten der Sozialistischen Internationale gewählt. Seine Amtsdauer wird bis 1990 alle zwei Jahre verlängert.

9. Dezember 1977: Gründung der Kommission für internationale Entwicklungsfragen (Nord-Süd-Kommission) unter Brandts Vorsitz auf Schloß Gymnich.

November 1978: Schwerer Herzinfarkt des 64jährigen.

10. Juni 1979: Willy Brandt wird in das erste Europäische Parlament gewählt.

März 1980: Der 360-Seiten-Bericht der Nord-Süd-Kommission *Das Überleben sichern* erscheint. Ein zweiter Report *Hilfe in der Weltkrise* folgt Anfang 1983.

16. Dezember 1980: Willy Brandt wird von seiner zweiten Ehefrau Rut geschieden. Es ist ihre letzte Begegnung.

17. September 1982: In Bonn zerbricht die sozialliberale Koalition. Helmut Kohl (CDU) bildet am 1. Oktober eine Regierung aus CDU, CSU und FDP.

9. Dezember 1983: Willy Brandt heiratet kurz vor seinem 70. Geburtstag die 33 Jahre jüngere Historikerin und Journalistin Brigitte Seebacher.

November 1984: In New York wird Brandt mit dem Dritte-Welt-Preis des Commonwealth ausgezeichnet.

November 1985: Albert-Einstein-Friedenspreis in Washington an Willy Brandt verliehen.

23. März 1987: Rücktritt als SPD-Vorsitzender im Verlauf eines Streites um die von ihm als Pressesprecherin vorgeschlagene parteilose Griechin Margarita Mathiopoulos. Seit 14. Juni SPD-Ehrenvorsitzender.

Spätsommer 1989: Willy Brandt veröffentlicht im Ullstein Verlag seine *Erinnerungen*.

10. November 1989: Am Tag nach dem Fall der DDR-Mauer sagt Brandt bei einer Kundgebung in Berlin: »Jetzt wächst zusammen, was zusammengehört.«

8. November 1990: Nach einer Kuweit-Krise erreicht

Brandt beim irakischen Diktator Saddam Hussein die Freilassung von 193 Geiseln, darunter 138 Deutschen.

Herbst 1991: Krebsoperation in der Universitätsklinik Köln, der am 22. Mai 1992 eine zweite folgt.

12. März 1992: Brandts letzte Rede im Bundestag. Er befürwortet die Aufarbeitung der SED-Vergangenheit.

14. März 1992: Rücktritt vom Vorsitz der Sozialistischen Internationale. Sein Nachfolger wird der ehemalige französische Regierungschef Pierre Mauroy.

8. Oktober 1992, 16.35 Uhr: 78 Jahre alt, stirbt Willy Brandt in Unkel bei Bonn an Darmkrebs. Nach einem Staatsakt im Reichstag wird er auf dem Waldfriedhof Berlin-Zehlendorf neben dem Grab von Ernst Reuter bestattet.

Dokumente

»Die Fröhlichkeit verging uns nicht«

Februar 1927: Der erste Artikel – über eine Wanderung[1]

In den Osterferien 1926 hatte ich mit 3 Freunden abgemacht, einen Ausflug nach der Travequelle in Gieselrade zu machen. Obgleich uns unsere Eltern von der großen Tour abgeraten hatten, verließen wir singend unsere Heimatstadt. Bald hatten wir Stockelsdorf hinter uns liegen und kamen über Pohnsdorf nach Kurau. Dort aßen wir Frühstück. Die auf meinem Kocher gebratenen Spiegeleier mundeten uns ausgezeichnet, und mit »Frei und froh« zogen wir weiter. Mittags waren wir in Ahrensbök, obgleich wir dachten, um diese Zeit schon am Ziel zu sein. Wir hatten schon über 20 Kilometer hinter uns.

Endlich, nach einem zirka 30 Kilometer langen Marsch sahen wir die Mühle des Ortes Gieselrade. Nach einer kurzen Zeit waren wir da. Da die Travequelle aber mehr einem Moorloch als dem, was sie ist, gleicht, glaubten mir meine Kameraden erst, nachdem wir einen Einwohner gefragt hatten, daß dies das Ziel unserer Tour sei. Das Mittag(essen), bestehend aus einer Suppe und fetten Bratkartoffeln mit Eiern, mundete uns vortrefflichich. Jeder aß so viel Brot zu, daß er satt war. Es war bereits 4 Uhr, als wir den Ort wieder verließen.

Wir marschierten in einem ziemlichen Eiltempo, das wir aber einstellen mußten, als kurz hinter Ahrensbök ein Kamerad schlapp machte. Wir mußten jetzt zwar langsamer gehen; aber die Fröhlichkeit verging uns trotzdem nicht, und

Auf der Wanderung.

Zeichnung: Herbert Fr.

singend näherten wir uns dem Heimatorte. Kurz vor Kurau baten wir einen vorüberfahrenden Mann, unsern erschlafften Freund mitzunehmen. Als dieser es tat, konnten wir unser altes Eiltempo wieder einsetzen. Als wir durch Stockelsdorf kamen, war es schon dunkel, und wir waren froh, als wir nach unserm 60 Kilometer langen Marsch zu Hause in Lübeck ausruhen konnten.

Herbert Fr., 13 Jahre

»Vorbereiten für den politischen Kampf«

August 1929: Leitlinien für die Arbeit der Roten Pioniere[2]

Bei den großen Unterschieden, die zwischen den einzelnen (SAJ-)Gruppen vorhanden sind, ist es schwer, eine engumrissene Linie für unsere Arbeit überhaupt zu ziehen. Eines dürfen wir jedenfalls nicht vergessen, daß wir als junge Sozialisten uns vorbereiten müssen für den politischen Kampf, daß wir immer an uns arbeiten müssen, um uns zu vervollkommnen, und nicht etwa unsere Zeit nur mit Tanz, Spiel- und Singabenden ausfüllen. Dann müssen wir in den Gruppen viel mehr dahin arbeiten, daß wir wirkliche Gemeinschaften werden. Gemeinsame Arbeit und gemeinsame Freude müssen die Leitworte der Gruppen sein. (...)

Das Wichtigste ist nun die Bildungsarbeit. Unsere Gruppen müssen orientiert sein über die Entwicklung der proletarischen Jugendbewegung. Sie müssen sich immer wieder beschäftigen mit der SAJ und ihren Forderungen: Jugendschutz und Jugendrecht. Wir müssen sprechen über die Geschichte der sozialistischen Arbeiterbewegung, über unsere Führer. Dann über Partei, Gewerkschaften und Genossenschaften, über Kinderfreunde und die anderen Arbeiterorganisationen. Daneben müssen wir uns, besonders in den Älteren-Gruppen, mit den politischen Tagesfragen beschäftigen. Auch das Gebiet der Arbeiterdichtung gibt viel Stoff für unsere Abende. Und dann bleibt noch unendlich viel übrig, eben »Allgemeinbildung«. Wir werden uns für die meisten dieser Themen ältere Genossen als Referenten holen. Trefft aber auch dabei eine gewisse Auswahl! (...)

Nun einiges, das besonders die Jüngeren interessieren wird: Über Wandern und Wandertechnik, gesundheitliche Fragen beim Wandern, Orientierung, Kartenlesen, Pfeifsignale und Blockzeichnen. Dann über allerhand Praktisches wie Knotenknüpfen usw. und vor allem über die erste Hilfe bei Unglücksfällen. Auch hierzu möglichst erfahrene Genossen holen (Touristenverein, Arbeitersamariter). Aber wenn die Vorträge und Besprechungen nicht ohne Nutzen vorübergehen sollen, dann ist allen Gruppen zu empfehlen, daß sie sich Arbeitsbücher anschaffen. Jeder Genosse trägt dann jedesmal das Besprochene in sein Arbeitsbuch ein. (...)

Sonntagabend wird man dann Zeit zum Spielen, Tanzen und Singen haben. Laßt uns aber darauf achten, daß wir nicht jeden Kitsch übernehmen. Das ist sowohl bei den Liedern als auch bei den Spielen zu beachten. Auch Leseabende (Dialekt, Lustiges) können eingeschoben werden. Aber sucht guten Stoff aus. Doch alles kann nichts Gescheites werden, wenn wir nicht eine gute Funktionärsschulung betreiben, wenn wir nicht überall die Gruppenführer schulen, damit sie überhaupt imstande sind, mit den Gruppen fruchtbare Arbeit zu leisten. (...) Freundschaft!

Herbert Frahm, SAJ – Karl Marx

»Nur immer feste gebrüllt«

März 1930: Kritische Sätze über die Hitlerjugend[3]

Täglich weiß die Presse vom Terror derer um Hitler zu berichten. Täglich werden Überfälle auf Arbeiter gemeldet. Und wer sind zumeist die ausführenden Organe der »nationalen« Helden? Aufgeputschte Jugendliche, benebelt durch blöde Phrasen. Wenn auch die Hitlerjugend in Lübeck nur ein kleiner Verein von höheren Schülern und Kaufmannslehrlingen ist, so überschreitet doch die Herausforderung dieser Clique gegenüber Jungarbeitern oft das Maß des Erträglichen.

Jugend begeisterte sich von jeher für die Freiheitsideale. Wo auch immer das unterdrückte Volk um seine Freiheit kämpfte, stand die Jugend in vorderster Kampfeslinie. Aber leider läßt sich heute Jugend in ihrer Begeisterung für das Neue mißbrauchen von Leuten, deren politischen Anstand man nicht gering genug einschätzen kann. Die Hetzartikel von ein paar Obernazis in der Revolverpresse und das, was ihre Wanderprediger vom Rednerpult in den Saal posaunen, ist die geistige Nahrung der Hitlerjugend. Eine eigene Meinung braucht man, nach einem Ausspruch des Lübecker Hitlerjugendführers, nicht zu haben. Nur immer feste gebrüllt, dann wird das »Dritte Reich« schon kommen. (...) Und dann muß natürlich ein »starker Mann« an die Spitze! Ja, diktiert wollen sie werden. Sie fühlen sich nicht stark genug, sich selbst zu regieren, diese »Auch-Sozialisten«. (...)

»Jugend ist die Flamme der Revolution.« Vor kurzer Zeit wollte sich der Hitlerjugendführer in einer Kundgebung dieses Wort Karl Liebknechts zu eigen machen. Aber er hat kein Recht dazu, sagt er doch »Revolution« und meint Putschismus. Die Jugend wird immer vorne stehen im Kampf um die Neugestaltung. Besonders gilt das heute für das Jungproletariat. Die Jungarbeiterschaft läßt sich aber nicht mißbrauchen für romantischen Putschismus. (...)

Herbert Frahm

»Mit Vater und Mutter sprechen«

Mai 1930: Gedanken über Jugendbewegung und Elternhaus[4]

Elternhaus! Das Wort bedeutet viel, auch für unsere sozialistische Jugendbewegung. Ich will versuchen, heute den Anlaß zu geben zu einer Diskussion über unser Verhältnis zum Elternhaus und seine Auswirkung auf unsere Bewegung.

Karl Marx schreibt im »Kommunistischen Manifest«: »Worauf beruht die gegenwärtige, die bürgerliche Familie? Auf dem Kapital, auf dem Privaterwerb. Vollständig entwickelt existiert sie nur für die Bourgeoisie; aber sie findet ihre Ergänzung in der erzwungenen Familienlosigkeit der Proletarier.«[5] Danach würde sich vielleicht erübrigen, von einer »proletarischen Familie« zu sprechen. Denn die Familie ist ja nach Karl Marx wirtschaftlich begründet. Dem Proletarier fehlt dieses Fundament und damit die Voraussetzung der Familienbildung. Aber wir treffen mit dieser Bezeichnung nur einen Teil derjenigen Elternhäuser, die wir zu unserer Betrachtung kennen müssen. Karl Marx kannte nur die vollproletarische Schicht. Heute steht daneben noch eine Schicht von aufgestiegenen und aufsteigenden Arbeitern. Dazu kommt eine Schicht der zum Proletariat werdenden Kleinbürger. (…)

Wir müssen erkennen, daß sich der junge Genosse, der aus einem ausgeprägt proletarischen Haushalt kommt, anders in der Gemeinschaft verhalten wird als der Genosse aus einer gehobenen Arbeiterfamilie. Der Jugendliche aus dem vollproletarischen Haushalt sucht Anlehnung. Und das ist leicht erklärlich, denn im Elternhaus wird er sie meistens nicht finden können. Woher kommt es, daß Jugendliche aus unsern Gruppen ein ganz anderes Leben führen als ihre gleichaltrigen Kameraden aus ihrer Straße? Es kommt daher, daß die Jugendbewegung den Genossen einen Halt gibt, einen Halt, den die Kameraden aus der Straße nicht haben. Die Jugendlichen des vollproletarischen Haushalts werden sich also leicht in die Gemeinschaft einordnen. Das ist für die Bewegung wichtig, wenn wir auch erkennen müssen, daß diese Genossen sich nicht so leicht an Ordnung und Disziplin gewöhnen können. Aber auch das ist erklärlich, denn durch die Zustände der proletarischen Klasse wird sicher nicht das Gefühl für diese Voraussetzungen der Gemeinschaft geschaffen.

Wir hatten dann gesagt, daß wir auch nicht die Schicht derer vergessen dürfen, die langsam verproletarisiert werden. Wir haben es hier mehr mit Einzelmenschen zu tun, die sich nicht leicht mit der Gemeinschaft befreunden werden. Es liegt im Wesen der herabsteigenden Schicht, daß diese Jugendgenossen etwas unbeholfen sind, daß sie mit der Wirklichkeit in Konflikt geraten. Das ist keine persönliche Schwäche, sondern typisch für eine breite Schicht von Proletariern. Diesen Einzelmenschen wird das zuerst imponieren, was sich über den Rahmen der Gemeinschaftsabende erhebt, also die großen Gemeinschaftserlebnisse. Hier muß angeknüpft werden zur Erziehung zum Gemeinschaftsgedanken.

Dann ist da noch die große Schicht der gehobenen Arbeiter. Der Jugendgenosse aus diesen Haushalten wird freier, selbstsicherer, manchmal freilich auch überheblich sein. Diese Genossen werden in der Gemeinschaft zunächst viele Schwierigkeiten zu überwinden haben. Aber sie werden am ehesten verstandesmäßig den Wert der Gemeinschaft erfassen. (...)

Eines muß uns von Anfang an klar sein, daß es nicht genügt, in unsern Gemeinschaften Erziehung im Sinne unserer Weltanschauung zu betreiben, sondern daß es nötig ist, an das Elternhaus heranzukommen! Wir wollen versuchen, den scharfen Gegensatz, der allgemein zwischen jung und alt besteht, zu überbrücken. (...) Unsere Jugendgenossen sollen mit ihrem Vater und ihrer Mutter darüber sprechen, was unsere Bewegung bedeutet. (...) Die Eltern sollten den Geist der Jugend verstehen, diesen vorwärtsstürmenden Feuergeist, unbelastet durch »Erfahrung«, »Erkenntnis« usw. Die Eltern sollten duldsamer sein. Vor allem aber: Sie sollten mehr Vertrauen zur Jugend haben! Sie sollten sich dessen sicher sein, daß wir alles vergelten werden dadurch, daß wir es schaffen werden! Freundschaft!

Herbert Frahm

»Wir sind echt revolutionär«

Juli 1930: Ein Bekenntnis zum orthodoxen Marxismus[6]

Wir können Ungerechtigkeit vertragen; denn wir sind nicht »radikal-romantisch«, sondern echt revolutionär in dem Sinne, wie es unser Karl Liebknecht einmal gesagt hat: »Das Geschlecht des Proletariats ist zum Kampf geboren, Kampf ist sein Schicksal, und zum Kampf muß es erzogen werden.« Jede Kritik an den Taten der Ebert und Noske wird (von der SPD) mit Ausschlußdrohung beantwortet. Aber das ändert nichts daran, daß für uns Karl Liebknecht und Rosa Luxemburg als wahre Klassenkämpfer gefallen sind. Sie sind unser Vorbild, und wir halten ihnen die Treue, die sie dem Sozialismus stets gehalten haben. Und Rache allen, die die Tat ausgeführt haben oder sie beschönigen. Das ist der Gedanke unseres Luxemburg-Liebknecht-Liedes. Und das ist der Gedanke, aus dem heraus wir Gedenkfeiern veranstalten und Gruppen nach diesen Vorkämpfern nennen.

An der Republik hat das Bürgertum nur so lange ein Interesse, als es ihm darin gut geht. So ist die Republik heute noch eine Waffe in der Hand des Bürgertums gegen das Proletariat. Deshalb dürfen wir keine Anbeter dieser Republik werden. Für eine wirkliche Demokratie zu kämpfen, ist unsere Aufgabe. Denn: »Es ist die historische Aufgabe des Proletariats, wenn es zur Macht gelangt, an Stelle der bürgerlichen die sozialistische Demokratie zu schaffen, nicht jegliche Demokratie abzuschaffen« (Rosa Luxemburg). (...)

Wir bilden keine kommunistischen Zellen, aber wir nehmen das Recht in Anspruch, alle Handlungen und Beschlüsse der Partei kritisch zu betrachten. Wir versprechen dabei, daß es nicht bei der Kritik bleiben soll, sondern daß wir tüchtig mit anpacken wollen, wo es nötig ist. Den Älteren aber rufen wir zu: Versteh diese Jugend oder euer Kampf ist umsonst gewesen.

Herbert Frahm, Lübeck

»Nötig ist etwas mehr Toleranz«

September 1930: Kontroverse mit der älteren Generation[7]

Pionierarbeit? fragen unsere alten Genossen. Ja, was habt ihr denn damit bis jetzt erreicht? Nun, erreicht haben wir, daß wir in anderthalbjähriger Arbeit, in ernstem Diskutieren und

Experimentieren den Grundstein gelegt haben für einen jetzt einsetzenden langsamen aber sicheren Aufstieg der Lübecker Sozialistischen Arbeiterjugend. Die Pioniere haben mehr als einmal mit recht harten Besen ihre Stuben ausgefegt und haben dabei manchmal auch Sauberes weggeräumt. Für die Alten war das der Grund zu »schweren Bedenken«, für uns war das gut! Wir haben aus all dem gelernt. [...] Die Pioniere sind nach manchem mißlungenen Versuch zurückgekommen zur planvollen Arbeit in den kleinen Gemeinschaften, zu kameradschaftlicher Zusammenarbeit trotz taktischer Meinungsverschiedenheiten. Und das ist das Entscheidende! Alles in allem: Es geht vorwärts, aufwärts mit festem Schritt.

Aber das Tempo des Vorwärtsschreitens bestimmen wir nicht allein. Das Tempo bestimmt auch ihr alle, Parteigenossen. Von eurer Kameradschaft wird es mit abhängen, ob aus der Entwicklung etwas werden soll. (...) Seid kameradschaftlich! Erkennt endlich, daß in politischer Hinsicht in unserer Organisation etwas mehr Toleranz am Platze ist. Erkennt auch andere Anschauungen neben eurer an. Dabei herrscht ja auch meistens bei den Parteigenossen noch vollkommene Unklarheit über die Gedankengänge dieser »radikalen Jugendlichen«. Es kann zum Beispiel die Jugend mit vollem Recht den Satz »Republik, das ist nicht viel, Sozialismus ist das Ziel!« zu ihrer Parole machen, ohne damit die Republik als Kampfobjekt der Alten zu verkennen. (...)

Wir hoffen kameradschaftliche Mitkämpfer zu finden. Die mit den »ewigen Erfahrungen und Abgeklärtheiten« und andern Alterserscheinungen mögen zu Hause bleiben. Sie werden nicht den Willen zur Kameradschaft aufbringen können. Aber mit allen andern, die noch wissen, daß sie auch einmal jung gewesen sind, mit allen, denen etwas liegt an einer heranwachsenden roten Avantgarde, alle die sind uns als Freunde und Berater willkommen. (...)

Herbert Frahm

»Träume werden ausgeträumt«

Oktober 1931: Zeitungsglosse als Zeichen der inneren Krise[8]

Ein kühler Tag, aber der Sonnenschein läßt uns nicht gleich an den Oktober denken. Ein kühlerer Abend, sternenklar, und der gerötete Mond spiegelt sich im Wasser. Solche Tage und Nächte hat der Oktober auch. Aber sie sind nicht seine eigentlichen Stimmungsträger. Die Sonne tagelang nicht zu sehen, wenn sie kommt, bringt sie ihren Nebelflor mit. Grauer Tag, grauerer Abend, dunkle Nacht. Wind, der mit den gelben Blättern umherfegt, der durch die halbkahlen Äste streicht. Solche Tage und Nächte hat der Oktober mehr. Und sie sind seine eigentlichen Stimmungsträger. Dann träumen wir mit den Traum der enteilten Fülle und Schönheit.

Herbst ist Abschluß. Was im Frühling aufgrünte, was im Sommer heranreifte, alles was blühte und sproß – jetzt ist es abgeschlossen. Die sattgrünen Zweige, nahezu kahl sind sie jetzt, und die Blätter liegen im Dreck. (...) In meiner Seele klingt wieder, was die Natur singt. Wie unsere Brust sich im Frühling hebt und wir neue Hoffnung schöpfen, so klingt auch der Herbst in uns wider. Die welken Blätter wirbeln drüben in der Allee, in mir klingt das welke Hoffen. Einst prangten die Blätter, nun fallen sie nieder, noch einmal scheint vielleicht die Sonne auf sie und läßt sie golden schimmern. Bald aber werden sie zu Staub zerfallen. Neues Leben aber ist im Stamm wieder im Entstehen. So fallen auch vom Baum des Lebens die Blätter, die früher prangten. Sie zerfallen, während neues Leben wieder entsteht. Hoffnungen, die einst so voll waren, fahren dahin, werden in Staub zertreten, neue Hoffnungen werden innerlich geboren. Träume werden ausgeträumt, aber neue Bilder sind im Entstehen.

Das ist ein Trost, daß wir wissen, der kahle Ast dieses Herbstes wird wieder und wieder grünen. Und die welke Hoffnung in uns wird wieder und wieder anschwellen. Aber wenn ich mich jetzt ans Fenster stelle und frage: wo ist das erträumte, so sehnlichst erhoffte Glück?, dann trommelt der Regen zur Antwort ans Fenster.

Felix (= Herbert Frahm)

[Zehn Tage nach Erscheinen dieses Artikels verließ der 17jährige die SPD und trat der linksradikalen Sozialistischen Arbeiterpartei (SAP) bei.]

»Der SPD am wenigsten nahe«

Januar 1932: Trügerische Hoffnungen auf eine neue Partei[9]

In den wenigen Wochen, die wir seit der Gründung der SAP miteinander marschiert sind, hat sich in uns allen ein Wandlungsprozeß vollzogen. Wo diese Wandlung noch nicht fertig ist, müssen wir nachhelfen. Es handelt sich um die Wandlung von der SPD-Opposition zur richtungsweisenden revolutionär-sozialistischen Arbeiterpartei. Zuerst nach der Gründung haben wir uns doch vielleicht noch als ein Stück Sozialdemokratie empfunden. Nun geht es aber darum, daß alle Genossen lernen, auf eigenen Füßen zu stehen! Wenn man so sagen will, war unsere Aufgabe in der SPD leichter. Wir stellten dann und wann, die wenigen führenden Linken etwas häufiger als wir in den Ortsgruppen, die Linie der marxistischen Opposition heraus. Dabei waren wir aber auf kleinere Kreise beschränkt. Es ging ja vor der Spaltung gerade darum, an die Massen heranzukommen. Und diese Aufgabe ist nun von uns als Partei in viel stärkerem Maße zu leisten: zu allem die klare marxistische Linie aufzuzeigen.

Der Wandlungsprozeß in uns hat sich so weit vollzogen, daß wir der SPD nicht mehr näher stehen als irgendeiner anderen proletarischen Partei. Im Gegenteil, vielleicht stehen wir der SPD am wenigsten nahe. Nun hat ein Teil unserer Genossen – und selbst kommt man ja jeden Tag in die Versuchung – seine Aufgabe darin gesehen, in demselben Maße, in dem wir von der Sozialdemokratischen Partei Abstand gewannen, nur verstärkt auf sie zu schimpfen. (...) Unsere Aufgabe ist aber eine ganz andere. Wir wollen den Arbeitern Klarheit verschaffen, was ist und – was sein wird. (...) Was am Tage der Revolution zu geschehen hat, wie der sozialistische Aufbau sich vollziehen soll, das aufzuzeigen fehlte uns in der SPD die nötige Freiheit, auch die nötige Freiheit von der SPD-Ideologie. (...) Dem Gedanken des Rätestaates ist ein neuer Inhalt zu geben. Ganz konkrete Fragen der Sozialisierung sind zu diskutieren und durchzuarbeiten, damit nicht wieder in einem großen Augenblick ein kleines Geschlecht seine Aufgabe verkennt. Unsere Aufgabe ist, revolutionärer Vortrupp zu sein, Klarheit auf dem Marsch und Klarheit im Ziel.

Herbert Frahm, Lübeck

»Maifeiern der Zerrissenheit«

Mai 1932: Appell zur politischen Einheit der Arbeiterschaft[10]

Der 1. Mai liegt hinter uns. Zum 44. Mal seit 1889. Welcher Weg liegt hinter dem deutschen Proletariat seit jener Pariser Proklamation im Jahr 1889. Ein Weg von der kleinen Kampfgemeinschaft des Sozialistengesetzes zur wuchtigen Masse. Aber zur Masse, in die das Gift des Hoffens auf das gute Herz des Klassengegners sich einschlich. (...) Dieser 1. Mai fiel in eine Zeit der ernstesten Mahnung für das deutsche Proletariat. Ungeheure Not, Krieg und Faschismus drohen. Die gilt es abzuwehren. Aber es gilt mehr. Mai heißt

Kampf. Kämpfer gilt es zu finden für den Sozialismus. Dazu bedarf es des einigen, geschlossenen Aufmarsches des gesamten klassenbewußten Proletariats. Wo war der? Wenige Aufmärsche des einigen Proletariats fanden an diesem 1. Mai statt. In der erdrückenden Zahl von Orten marschierten die Fraktionen der Arbeiterbewegung – soweit sie marschieren durften – getrennt auf. Alle – hoffentlich – vom Geiste des 1. Mai erfüllt. Aber doch zusammen genommen gegen den Geist des 1. Mai. Denn wenn der 1. Mai Kampf bedeutet, und in unsern Tagen dieser Kampf einzig und allein geführt werden kann von der einigen Arbeiterklasse, dann richten sich Demonstrationen der Uneinigkeit gegen den Geist des 1. Mai. (...)

Seit dem vorigen Jahr hat sich vieles geändert, aber vieles ist ebenso geblieben. (...) Jede Partei-Bürokratie, die den einigen Mai-Aufmarsch verhinderte, schändete den Namen des Proletariats. Das Jahr 1932 mit all seiner Folge von Ereignissen und Zuständen mahnt zur Einigkeit. Das deutsche Proletariat hat diese Mahnung noch nicht verstanden. Der 1. Mai 1932 sah hundertmal mehr Familien-Ausmärsche und Parteihaßdemonstrationen als einheitliche Kampfgelöbnisse des Proletariats. Hätten doch die Maifeierkomitees statt »Proletarier aller Länder, vereinigt euch« zunächst lieber »Proletarier Deutschlands, vereinigt euch« auf die Maifeierabzeichen geschrieben!

Große Aufgaben werden nicht von heute auf morgen erreicht. Aber sie müssen vorbereitet werden. Und es ist eine große Aufgabe, den 1. Mai wieder zu dem zu machen, was er sein sollte. Das sei wenigstens die Mahnung nach dem Tag. Der »Angriff«[11] meinte, dieses Jahr seien die letzten »roten Maifeiern« gewesen. Wir meinen und wollen darum kämpfen, daß dieses Jahr waren: die letzten Maifeiern der Zerrissenheit der deutschen Arbeiterklasse.

Herbert Frahm, Lübeck

»Hoffnungslosigkeit und bittere Not«

April 1933 im Exil: Warum Hitler die Jugend gewann[12]

Die deutsche Jugend marschiert zum grossen Teil mit Adolf Hitler. Die deutsche Jugend hofft auf Adolf Hitler. Warum?

Die wirtschaftliche Not ist immer stärker geworden, nirgends zeigte sich ein Ausweg. Vor der deutschen Jugend stand die eine »grosse« Zukunft: stempeln, einreihen in das graue Heer der Hoffnungslosigkeit und der bitteren Not. Und das andere, das besonders die Jugend der höheren Schulen und der Universitäten betraf: Mit der wachsenden wirtschaftlichen Not, mit anderen Worten mit dem Zusammenbruch der kapitalistischen Wirtschaftsordnung, geht zusammen der Niederbruch der bürgerlichen Kultur. (...) Die Grenzen der konservativen Disziplin gelten nicht mehr. Der Liberalismus endet im Aufhören jeder Schuldisziplin, im amerikanischen Sportfimmel, in der Verkitschung der Literatur, der Musik, des Films, in der sexuellen Auswegslosigkeit. Altes ist zusammengebrochen. Der Massstab der vorigen Generation ist hinfällig geworden. Da liegt es nahe, Folge und Ursache miteinander zu verwechseln. Also stimmt die Jugend ein, wenn andere rufen: Schuld ist die Republik, schuld ist der »Marxismus«, schuld sind Parlamentarismus, Demokratie, Arbeiterbewegung, schuld sind die Juden, schuld ist Versailles. (...)

Hitler regiert seit 12 Wochen. Niemand erwartet, dass er schon seinen nationalen Sozialismus verwirklicht hat. Aber wo sind auch nur die Anfänge einer Besserung? Das einzige, was in diesen Wochen gründlich gemacht wurde, das ist die rücksichtslose Ausrottung und Mundtotmachung der Funktionäre der Arbeiterbewegung (...). Aber der Nationalsozialismus hat noch mehr gebracht: Lohnsenkungen setzen ein, Fett wird teurer – und neue Orden werden eingeführt, für die Schulen werden neue Geschichtsbücher beraten. Nirgends sind die Anfänge einer wirklichen Arbeitsbeschaffung durch den Nationalsozialismus zu sehen. (...)

Die deutsche Jugend hat vom Nationalsozialismus keine Arbeit, keine geistige Freiheit zu erwarten. Die Jugend in anderen Ländern darf sich nicht demselben Irrglauben hingeben, auf den ein grosser Teil der deutschen Jugend hereingefallen ist. Es gibt nur einen Ausweg nach vorwärts, das ist der sozialistische Ausweg aus der kapitalistischen – und faschistischen! – Barbarei, die Befreiung der körperlichen und geistigen Arbeit von der vernichtenden Ausbeutung. Es gibt nur einen geschichtlich vorwärtstreibenden Faktor zur Erreichung dieses Zieles, das ist der proletarische Klassenkampf. Es gibt nur ein Mittel der Brechung der Unterdrückung, das ist die proletarische Revolution.

Willy Brandt

»Die Aufgabe, die brennt«

Oktober 1933: Kritik an der Norwegischen Arbeiterpartei[13]

Wir müssen uns klar darüber sein, dass wir es bei der NAP (= Norwegische Arbeiterpartei) mit einer typisch rechtszentristischen Partei zu tun haben, die durch ihre Politik die revolutionäre Entwicklung in Norwegen hemmt und in der entscheidenden Situation nicht in der Lage ist, dem norwegischen Proletariat die Führung im Kampf um die Eroberung der Macht zu geben. Das ist die entscheidende Seite. Die andere Seite ist die, dass die NAP etwa 90 000 Proleten hinter sich hat (allerdings zum grössten Teil durch kollektiven Anschluss von Gewerkschaften), dass sich unter diesen Mitgliedermassen tausende revolutionärer Proletarier befinden, die in einer Reihe von bedeutenden Aktionen der letzten Jahre ihrem Kampfwillen Ausdruck gegeben haben. (...)

Die durch die Krise radikalisierte Kleinbauernschaft organisatorisch zu erfassen, hat die Arbeiterpartei nicht verstanden. Zwar hat die NAP die Mehrheit der Arbeiterklasse hinter sich. Der Sieg der Arbeiterklasse oder des Faschismus (in Norwegen) steht oder fällt aber mit der Entscheidung des Kleinbauerntums, der Wald- und Landarbeiter und der Fischer. Ein Anschluss dieser Massen an die Arbeiterbewegung ist nur durch eine revolutionäre Krisenpolitik zu erreichen. Die vollzogene Gewinnung des entscheidenden Teils dieser Schichten bedeutet aber andererseits die Weiterdrängung zum Kampf um die Macht. (...)

Die Arbeiter, die in Norwegen die Revolution machen werden, stehen heute zum überwiegenden Teil in der NAP. Dort muss man sie gewinnen. In den Gewerkschaften, in Parteivereinen, in Jugendgruppen regt sich die Opposition. Diese Opposition zusammenzufassen, ihr ein klares Ziel zu geben, sie positiv im Kampf um die Arbeiter der NAP einzusetzen, das ist die Aufgabe, die brennt. Bei der Herausbildung einer neuen Gruppierung in der norwegischen Arbeiterbewegung spielt die Organisation Mot-Dag eine wesentliche Rolle. Sie besteht aus etwa 100 Intellektuellen, hat eine eigene Zeitschrift, den führenden politischen Verlag in Norwegen und beherrscht eine Reihe von Intellektuellenorganisationen. (...) Eine Schwäche Mot-Dags ist meiner Ansicht nach die noch nicht genügende Verbindung mit der Arbeiterschaft. (...)

Es ist unmöglich, schon heute die kommenden Gruppierungen zu erkennen. Es ist auch noch unmöglich, zu sagen, ob es dabei zu einem Kampf um die NAP oder um die Abtrennung des linken Flügels gehen wird. Heute gilt es erst einmal, diesen linken Flügel zu formieren. (...) Tatsache ist, dass zwischen den Mot-Dag-Genossen und mir über die

Fragen der weiteren Arbeit in Norwegen weitgehende
Uebereinstimmung besteht und dass wir uns auf engste
ergänzende Zusammenarbeit eingestellt haben. Jetzt kommt
es darauf an, abzuwägen, ob der Bruch (mit der NAP) international notwendig ist. Wichtig ist weiter, sich ernsthaft in die norwegische Lage hinein zu versetzen und nicht
schematisch, sondern beweglich die Fragen der Herausbildung der neuen norwegischen Arbeiterbewegung zu
erörtern. Man vergesse dabei nicht, dass das in Oslo gemacht werden muss.

»Im Stalinismus liegt die Schuld«

Oktober 1933: Vorwürfe gegen Kreml und Komintern[14]

Wir haben an Hand konkreten Materials aufgezeigt, dass die
Politik der KPD und der KI (= Kommunistischen Internationale, Komintern) in Deutschland nach dem Sieg des Faschismus noch katastrophaler ist, als sie vorher war. Die Verantwortung muss ins Zentrum gelegt werden: (...) Die
Schuld fuer die falsche Politik der deutschen Kominternsek-
tion in der Fuehrung der Komintern liegt in der Fuehrung
der Kommunistischen Partei der Sowjet-Union, im Stalinismus. Die Politik des Stalinismus hat zum ersten Abschluss
eines wirtschaftlichen und politischen Freundschaftsvertra-
ges mit Hitler-Deutschland seitens der Sowjetunion gefuehrt, zu neuen Millionenaufträgen der Russen an die Hen-
ker der deutschen Arbeiterklasse. Der Stalinismus hat zur
deutschen Niederlage gefuehrt, er hat mit dieser Niederlage
aber auch den politischen Zusammenbruch erlitten.

Ohne und gegen die stalinistische Kominternbuerokratie,
ohne und gegen die stalinistische KPD-Fuehrung wird der
Neuaufbau vollzogen werden muessen. (...) Aber mit den

Tausenden mutiger revolutionärer Arbeiter, auch wenn sie heute noch nicht den politischen Bankrott der Komintern erkannt haben. (...)

W. B.

»Nach Regeln illegaler Tätigkeit«

Februar 1934: Intrigen in Oslo gegen die Führung der DNA[15]

In demselben Masse, wie die Parteileitung der NAP (= Norwegische Arbeiterpartei) immer deutlicher und unverhuellter den rein sozialdemokratischen Kurs einschlaegt, waechst unsere Pflicht, alles zu stuetzen und voranzutreiben, was der Ausbildung einer starken und bewussten Opposition in Norwegen dient. Ich habe in den letzten Monaten in einem guten Zusammenarbeitsverhaeltnis mit den Mot-Dag-Genossen gestanden, ohne mich dadurch von der Arbeit in der NAP abzuwenden. Im Gegenteil bin ich Mitglied der NAP durch eine Jugendabteilung und trete als NAP-Mitglied bei passenden internen Situationen auf. Auch fuer unsere unmittelbare Arbeit – finanzielle Hilfe, Zeitungsvertrieb usw. – stellte sich schnell heraus, dass wir von der Parteifuehrung nur Hindernisse in den Weg gestellt bekommen und schon dafuer eine enge Zusammenarbeit mit oppositionellen Gruppierungen einleiten mussten. Diese Verbindungen bestehen zu einer Reihe massgebender Partei-, Gewerkschafts- und Jugendfunktionaere, sowohl in Oslo wie in der Provinz. In erster Linie musste sich meine Arbeit aber – auf Grund einer Reihe »objektiver und subjektiver« Faktoren – auf den Jugendverband der NAP, Arbeidernes Ungdomsfylking, einstellen.

Ende des vorigen Jahres bildeten wir in Oslo ein Oppositionskomitee, das sich aus mehreren opp(ositionellen)

AUF-Leuten und aus Mot-Dag-Genossen zusammensetzte. Die Arbeit war zunaechst eine ziemlich zufaellige, ausserdem musste sie natuerlich eine sehr vorsichtige sein und mit allen Regeln illegaler Taetigkeit betrieben werden. Die Verbindungen wuchsen. Im Januar unternahm ich zwei Reisen in die Provinz. Sie dienten der Organisierung der Oppositionsarbeit in den wichtigsten Landesteilen. Der legale Rahmen war eine Kursustournee, die wir aber allein organisieren mussten, weil die Partei- und Jugendleitung meine Vermittlung zu Vortraegen oder Kursen ablehnen. Im Verlauf der Reise war ich in Rjukan, Skien, Kristiansand, Stavanger und Bergen (...) Ausserdem haben wir in einer opp(ositionellen) Provinzzeitung, »Soerlandet« (Redakteur Scheflo), eine woechentliche Jugendseite, die das legale Forum der Opposition sein soll.

Die Partei- und Jugendleitung tappen bisher ziemlich vollstaendig im Dunkeln. Die erreichten Ergebnisse sind erfreulich, wenn man bedenkt, dass es noch vor einem halben Jahr nichts von einer organisierten Opposition gab. (...)

W. B.

»Zur Abgrenzung gezwungen«

Mai 1935: Wie es zum Bruch mit der Gruppe Mot Dag kam[16]

Seit Ende des vorigen Jahres haben wir uns wiederholt in unserer (SAP-)Zelle (in Oslo) mit der MD(= Mot Dag)-Frage beschäftigt. Die Konklusion unserer Behandlung trug ich auf der erweiterten AZ(= Auslandszentrale)-Sitzung im Februar (in Paris) vor. Dort wurde unsere Auffassung unterstrichen und uns aufgetragen, unser Verhältnis zu MD zu lockern und die entscheidende Arbeit in der NAP (= Norwegische Arbeiterpartei) zu verrichten. Nach meiner Rückkehr musste ich einige Arbeiten für MD einstellen. Das führte zu einer sehr kühlen Haltung der Gruppe uns gegenüber. (...)

Die entscheidende Zuspitzung geschah dann in Verbindung mit den Diskussionen um die Regierungsbildung der Arbeiterpartei. Auf einer Mitgliederversammlung im April behandelte man die Fragen und nahm einen Standpunkt ein, der nur auf eine Rückendeckung der Regierung hinauslaufen konnte. Damals beschränkte ich mich auf verhältnismässig vorsichtige Kritik. (...) Dann kam die 1.-Mai-Nummer (der Zeitschrift) Mot Dags: Die schon vorher kritisierte Haltung war nun schriftlich festgelegt. Wir waren gezwungen, mit unseren linken Freunden im Jugendverband uns davon abzugrenzen. Wir nahmen diese Abgrenzung auch auf der Mitgliederversammlung am 5.5. vor. Unsere Kritik wurde dort als »ultralinke Verdrehungskunst« abgetan.

Das Resultat der Versammlung war, dass (Erling) Falk uns zu sich bat und uns mitteilte, wir könnten nur dann weiter an den Mitgliederversammlungen teilnehmen, falls wir bereit wären, uns der politischen Auffassung und der organisatorischen Disziplin MDs zu unterwerfen. Das mussten wir sowohl aus Verbundenheit gegenüber der SAP wie aus Verbundenheit unserer linken Freunde in der NAP einfach ablehnen. (...) Am 16. hat Falk mich zu sich gebeten und hat mir mitgeteilt, dass sie angesichts des Konflikts (in dem Held [= Heinz Epe] sich loyal auf unsere Seite stellte, was auch von Max [Strobl] zu sagen ist) nicht weiter an der Sekretariatsarbeit des Int(ernationalen) Jugendbüros teilnehmen könnten und aus dem Sekretariat austreten müssten. Vorher wolle er noch an Jim [= Walcher] schreiben. Der Brief Falks bedeutet nach dem Verbot der Teilnahme an Mitgliederversammlungen den faktischen Bruch zwischen uns und MD.

Willy

»Realpolitik in der Kriegsfrage«

Juli 1936: Zwischen Klassenkampf und Treue zur UdSSR[17]

Der Lösung der vor uns liegenden Probleme kommen wir nicht näher dadurch, dass wir uns auf alte Thesen berufen. Revolutionäre Realpolitik und nicht wirklichkeitsfremder Dogmatismus – in der Kriegsfrage vor allem. Die reale Lage aber ist heute zweifellos anders als 1914. Die Sowjetunion existiert nahezu 20 Jahre, entfaltet in gigantischer Weise ihre Produktivkräfte neben einer verfaulenden kapitalistischen Welt. Seit dem Bestehen der Sowjetunion war es für alle Revolutionäre eindeutig klar, dass der Sowjetstaat sich mit allen Kräften verteidigen und, wo erforderlich, den revolutionären Krieg führen müsse. Für die Proletarier der kapitalistischen Welt ergab sich die unbedingte Pflicht zum Schutz des Sowjetstaats, im Kriegsfall durch Lenkung ihres ganzen Kampfes gegen den Kriegsapparat der kapitalistischen Mächte. (…)

Durch die Schwächung der internationalen revolutionären Arbeiterbewegung – an der die durch die Führung der SU (= Sowjetunion) bestimmte Kominternpolitik ihr gerüttelt Mass Schuld trägt – musste sich aber die Sowjetunion in neuer Weise auf Bündnisse mit imperialistischen Mächten einlassen, um den Krieg hinauszuschieben. Worauf es nun ankommt, ist, zu verhindern, dass durch die Unterordnung der internationalen Arbeiterbewegung unter die aussenpolitischen Notwendigkeiten der Sowjetunion der Kampf um die gesellschaftliche Macht hintangestellt wird. Revolutionäre Sozialisten (…) müssen die Grundursachen der Kriegsgefahr weiter in den Gegensätzen in der verfallenden kapitalistischen Welt suchen. Sie können sich darum in keinem Fall zu Bundesgenossen ihrer kapitalistischen Regierungen oder zum Anwalt des Völkerbundes machen. (…)

Um die schwierigste Frage der Haltung der Arbeiterklasse

in den mit der Sowjetunion verbündeten Ländern richtig beantworten zu können, muss man zunächst Klarheit darüber schaffen, dass die Parolen der Verwandlung des imperialistischen Krieges in den Krieg um die Eroberung der gesellschaftlichen Macht und die des revolutionären Defaitismus nicht identisch sind. Der konsequente Defaitismus – d.h. nach den Leninschen Definierungen nicht nur Inkaufnahme, sondern planmässiges Hinsteuern auf die Niederlage des eigenen Landes – hat für unsere Situation seine erhöhte Bedeutung in den Ländern der Antisowjetfront. Demhingegen bleibt in den anderen Ländern die Parole der Verwandlung des Krieges bestehen. Die Arbeiterklasse hat in diesen Ländern die Aufgabe, an allen Fronten für die Veränderung des Kriegscharakters zu kämpfen, d.h. den Krieg in einen revolutionären Krieg an der Seite der SU zu verwandeln. Von dort her sind die besonderen Formen des Klassenkampfes, die gesamte soziale Durchackerung aufzurollen. Die Aufgaben können nur gelöst werden, wenn eine breite Bewegung geschaffen und mit revolutionärer Klarheit erfüllt wird.

Zur Mobilisierung der breiten Massen ist es von grösster Bedeutung, ihnen die notwendigen Schritte aus den unmittelbaren eigenen Interessen abzuleiten. Daher spielt auch die Anknüpfung an die nationale Frage eine grosse Rolle.

W. B.

»Linke Einheit jetzt erst recht«

Oktober 1936: Schauprozeß in Moskau bereitet Probleme[18]

Wir müssen die im Augenblick zentralste Frage klar stellen: Müssen die Moskauer Ereignisse[19] unsere Einstellung gegenüber dem Einheitsproblem ändern? Es können sich Stimmungen geltend machen, die die durch die Kominternpolitik der letzten Periode[20] geschaffenen Verhältnisse für nicht mehr bestehend halten und die Ausrichtung unserer Politik auf den schärfsten unversöhnlichen Kampf gegen die von den Russen geleitete Komintern befürworten, ohne irgendwelche Beteiligung an gemeinsamen Handlungen oder gar Organisationen. Wir geben die genau entgegengesetzte Antwort: Jetzt erst recht müssen wir zum vordersten Bannerträger der Einheit werden. (...)

Das, was in der SU (= Sowjetunion) vor sich geht, darf nicht bagatellisiert oder übergangen werden. Aber wir können nicht mit moralischer Entrüstung zu parieren versuchen, obgleich es auch angebracht sein könnte, bestimmten moralischen Formen der revolutionären Arbeiterbewegung wieder Geltung zu verschaffen. Wir dürfen nicht einen Ultimatismus zulassen, der die Abgrenzung vom Moskauer Prozess zur Grenze unserer Einheitspolitik machen würde. Die ernste internationale Lage, die Entscheidung über Leben oder Tod, zwingt uns zu grösster Verantwortlichkeit. (...) Wir haben nicht nur die Aufgabe, das Banner des Marxismus nach mehreren Fronten zugleich zu verteidigen. Diese Aufgabe ist schon schwer genug. Wir müssen sie ernst und entschlossen übernehmen, zusammen mit den besten Elementen der KI (= Kommunistische Internationale, Komintern), mit den Unabhängigen, mit den heute am schlimmsten enttäuschten sozialdemokratischen Linken. Vor allem aber haben wir die Pflicht darüber zu wachen, dass die Zertrümmerung der Ansätze proletarischer Einheitsentwicklung nicht gelingt. Viele parteikommunistische Genossen in allen Ländern, die den Moskauer Prozess in Schutz nehmen, weil sie meinen, sonst die SU aufgeben zu müssen, werden bereit sein, dem Rückfall in den »Sozialfaschismus«[21] aktiven Widerstand entgegenzusetzen. Sie werden auch die Notwendigkeit der Unabhängigkeit von Moskau leichter einsehen. (...)

Willy Brandt

»Alte Grenzen abgetragen«

November 1936: Erfahrungen aus dem Berliner Untergrund[22]

In der Einheitsfrage wurde Mart(in) (= Willy Brandt) am stärksten überrascht, da er davon ausgegangen war, die besonderen Verhältnisse im Reich würden sich als Elemente gegen die Revidierung unserer bisherigen Haltung geltend machen. Es zeigte sich aber im Gegenteil, daß praktische Arbeit und Atmosphäre hier schon von den eigenen Erfahrungen her die Voraussetzungen für die neue Aufgabenstellung (= Einheit der Linken) geschaffen hatten. Die Freunde haben die Veränderungen erkannt, die hiesigen Bedingungen haben auch – nicht nur bei uns – dazu geführt, daß ein gut Teil der alten Gruppengrenzen abgetragen worden sind.

Natürlich macht man den positiven Einsatz für die Einheit abhängig davon, daß wir uns pol(itisch) rühren können (also innere Demokratie) und vor allem, daß man für das Reich kein Zusamenwerfen der versch(iedenen) Gruppierungen vornehmen kann, sondern daß die Einheit organisch wachsen muß. (...) Gleichzeitig aber drängen die i(llegalen) Bedingungen und die nahe Kriegsarbeit gebieterisch zur Vereinheitlichung der Antikräfte. (...)

Martins andere Überraschung (...) war die Haltung der Freunde zur d(eutschen) Perspektive. Er hatte angenommen, daß Auffassungen vom kurz bevorstehenden Zusammenprall der Kräfte möglicherweise als »Emigr(anten)phantasien« aufgefaßt werden könnten. Im Gegenteil zeigte sich aber, daß gerade hier alle Freunde, die darüber eine Meinung haben, fast übereinstimmend mit recht kurzer Perspektive, d.h. Krieg im kommenden Jahr rechnen. Gründe: a) die gewaltige Zuspitzung der internat(ionalen) Gegensätze, wie sie sich insbesondere am Beispiel der spanischen Ereignisse zeigt (...), b) die sich dauernd mehr zusammenballenden inneren Schwierigkeiten. (...) Wir sehen die Dinge aber so, daß man auf jeden Fall über die nächsten Monate noch ohne Krieg hinweg möchte. Die innere Lage ist keineswegs die günstigste, wirtschaftlich ist vieles noch vorzubereiten und vor allem braucht man einige wesentliche militärische Erneuerungen und die Ausbildung des zweiten Jahrganges. (...) Herzliche Grüße

Marianne (= Willy Brandt)

»Uns fehlt ein eingearbeitetes Heer«

März 1937: Brandt als Kriegsberichterstatter in Spanien[23]

Am Mittwoch wird der Stosstrupp alarmiert. Er soll am frühen Morgen eine Attacke gegen 2 Hügel unternehmen, die Huesca vorgelagert und von beträchtlicher strategischer Bedeutung sind. Sie liegen direkt bei dem vielumkämpften Irrenhaus von Huesca. Die Attacke bezweckt, die festgefrorene Front zu erschüttern.

Es ist schwarze Nacht. Wo die Transportautos halten, trennen wir uns vom Trupp. Das Batallón de choque (= Sturmbataillon) geht seitlich in unsere Stellungen, die Ausgangspositionen für den Handstreich. Wir suchen zusammen mit Kameraden aus dem Stab einen Ort auf, von dem wir das gesamte Gelände vor Huesca und die Stadt selbst übersehen können. Kurz vor 5 Uhr geht es los. Unsere Grenaderos haben die Attacke eingeleitet. Sie belegen die Spitze des Hügels mit Handgranaten, nachdem sie unbemerkt so weit heraufkamen. Das Platzen der Granaten leitet unmittelbar zu Gewehr- und Maschinengewehrfeuer über. Gerade, wie es soweit hell ist, dass man das Feld übersehen kann, heben sich die beiden ersten der Kameraden, die einen der beiden Hügel nehmen, wie Silhouetten vom Himmel ab, als sie am höchsten Punkt sind. Das eigentliche Ziel der Attacke ist erreicht. 50 Mann der faschistischen Truppen müssen ins Gras beissen.

Inzwischen ist es heller Tag geworden. Vor unseren Augen liegt Huesca in den Händen der Faschisten. Hoch ragt der Kirchturm aus dem Stadtbild heraus. Darin sitzt der fasch(istische) Stab der Huescafront. Auch hier sind es deutsche Offiziere, die die Leitung haben. (…)

Von Coma, dem Hügel, wo sich unsere Kameraden verteidigen, trennen uns nur gut 1000 Meter. Es wird 7 Uhr, und jetzt setzt die faschistische Artillerie ein. Der erste Schnee landet hundert Meter links, der 2. knapp rechts von uns, dann geht er auf das umkämpfte Coma. Nach jedem Einschlag steigt eine schwarze Dreckwolke auf. Auch unsere Artillerie hinter uns setzt ein, unterstützt durch die an uns angrenzende Ascasobrigade.[24] Aber die Faschisten treffen besser. Sie haben das bessere Material, und sie haben vor allem genug. Unsere Kameraden sind nicht nur der schweren Artillerie der Faschisten ausgesetzt, sie bekommen nicht nur Gewehrfeuer von drei Seiten und die Peitschenschläge der MGs. Ihnen werden auch Gewehrgranaten geschickt. Und doch halten sie durch. Es geht ein paar Stunden. Dann tauchen 6 faschist(ische) Flieger auf, 3 Jäger und 3 Bomber. Sie kreisen über uns und werfen Bomben. Sie belegen mit grosser Präzision unsere Stellung auf dem fraglichen Hügel und unsere Reservestellung. Unmittelbar nach den Fliegern folgt mörderisches Feuer durch Minenwerfer. Danach müssen die unseren zurück. Ich hatte Zweifel, ob einer von ihnen wiederkommen werde.

Wir haben wenig Munition, kaum Maschinengewehre, wir haben hier keine Flieger entgegenzustellen, wir haben keine Gewehrgranaten und Minenwerfer. Und uns fehlt auch die Unmenschlichkeit unserer Gegner. Mit eignen Augen habe ich gesehen, wie sie an diesem Vormittag an einem bestimmten Punkt der Strasse jedesmal dann mit Kanonen schossen, wenn sie eine Ambulanz sichteten, die unsere Verwundeten abtransportierte oder aus dem Lazarett zurückkam. Uns fehlt auch ein eingearbeitetes Heer. Das Batallón de choque ist eine der wenigen Spezialabteilungen. In ihm tut eine Reihe von ausl(ändischen) Genossen aufopfernde Dienste. Die Masse unserer Milizanos setzt sich aus freiwillig gekommenen, prächtigen Menschen zusammen. Die haben wir den Faschisten voraus. Aber wir können nicht mit einem Wall von Leibern standhalten.

»Nicht für den Krieg agitiert«

Oktober 1939: Deutsche Linke im Exil und der Weltbrand[25]

Man kann sagen, daß die deutschen Sozialisten von der außenpolitischen Entwicklung nicht überrascht worden sind. Diejenigen, die im Dritten Reich lebten (...), wurden immer mehr davon überzeugt, daß die nationalsozialistische Politik zum Krieg führen würde. Sie konnten hoffen, daß der Krieg zum Zusammenbruch des jetzigen Regimes führen würde. Aber gleichzeitig würde er das ganze deutsche Volk treffen (...). Gerade diese Frage ist für viele Sozialisten zu einem Gewissenskonflikt geworden. Sie waren sich über das Grauen des Krieges im klaren, aber sie sahen keine Chance, diese Gefahr von innen her abwehren zu können.

Es ist die gleiche Problemstellung, der die deutsche Emigration gegenübergestanden hat. In den Gruppen, die am wenigsten Kontakt mit der Heimat hatten (...), rechnete man so, daß man (durch einen Krieg) nichts zu verlieren, aber alles zu gewinnen habe. Es muß jedoch festgestellt werden, daß dieser Stimmung immer ein bestimmter Widerstand von verantwortlicher sozialistischer Seite begegnet ist. Die deutschen Sozialisten haben im Laufe dieser Jahre gegen den Nazismus agitiert. Aber sie haben nicht für Krieg gegen Deutschland agitiert. Sie haben geschrieben und gesagt, daß die nazistische Expansion aufgehalten werden muß. Ihre Informationen durch die Freunde in Deutschland zeigten deutlich, daß die nachgiebige Politik, die die Westmächte führten, immer wieder die innere Opposition gegen das NS-Regime geschwächt hat. (…)

F. Franke (= Willy Brandt)

»Not kennt kein Gebot«

April 1942: Willy Brandts Gedanken zur Guerilla-Taktik[26]

Die Haager Konvention (von 1907) ist zwar noch immer gültig, aber die Beachtung ihrer Bestimmungen ließ sich (…) nicht durchsetzen. Der alles erfassende Krieg hat diese kleinen Ansätze einer zwischenstaatlichen Rechtsordnung erstickt. Die totalitären Regime erkennen in Wirklichkeit nur das »Völkerrecht« an, das mit ihren eigenen Machtinteressen übereinstimmt. Man kann dann logischerweise nicht erwarten, daß Nationen, die sich für das Recht, zu atmen, schlagen, erst fragen sollen, ob die Methoden, die sie im Kampf um die Wiedergewinnung ihrer Freiheit anwenden, mit einem Völkerrecht im Einklang stehen, das nur auf dem Papier existiert.

Der Krieg unserer Tage hat die Grenzen zwischen den kämpfenden Armeen und der Zivilbevölkerung in entscheidenden Punkten aufgehoben. (…) Die 35 Jahre alten Bestimmungen des Völkerrechts liefern keine haltbare Grundlage für die Guerillakriege unserer Tage. Ebensowenig gilt eine moralische Wertung, die Guerilla-Einheiten mit

Räuberbanden, Partisanen mit Meuchelmördern gleichsetzt. Jedes Volk mit echtem Freiheitswillen wird Bedenken dagegen überwinden, alle zweckdienlichen Kampfformen gegen einen Feind anzuwenden, der ihm seine Freiheit genommen hat oder gerade nimmt, auch wenn der Gegner diese Kampfformen als irregulär oder unmoralisch bezeichnet. An dem Volk, das der Ansicht ist, es könne keinen Befreiungskampf führen, weil seine reguläre Armee ausgeschaltet wurde, ist etwas nicht in Ordnung. Die Geschichte wird es mit Verachtung strafen.

Ist das eine Rechtfertigung »unmenschlicher« Kampfmethoden, die zahllose unbeteiligte Menschen der Vergeltung des Gegners ausliefern? Hier ist nicht die Rede von Rechtfertigung oder Verurteilung. Man darf dabei jedenfalls auf gar keinen Fall übersehen, daß die als unmenschlich abgestempelten Kampfmethoden des Guerilliakrieges niemals der allererste Schritt sind. Sie stehen immer in einem weitaus größeren Zusammenhang, und es fragt sich, ob nicht die Repressalien mit mehr Recht als das unmenschliche Element zu bezeichnen sind. Was ist unmenschlicher: Wenn Bomben auf wehrlose Individuen abgeworfen werden oder wenn Scharen opferbereiter Männer, oft unter Leitung kluger Anführer, zum Angriff auf feindliche Truppen übergehen? (...)

Eine ernste Notlage gilt als mildernder Umstand, wenn ein Mensch das Gesetz übertritt: Not kennt kein Gebot. Die Not eines ganzen Volkes kann zu Taten führen, die vielleicht im Widerspruch zu völkerrechtlichen Regeln stehen. Was will man diesen Menschen erwidern, wenn sie behaupten, keine Rücksicht auf Paragraphen nehmen zu können, weil es um ihr Lebensrecht, um Sein oder Nichtsein einer Nation geht? Und die meisten von ihnen behaupten ja noch mehr, nämlich daß sie es seien, die gegen die Rechtlosigkeit kämpfen. (...)

»Erhebung breiter Volksschichten«

April 1944: Spekulationen über Widerstand und Kriegsende[27]

Das meiste spricht dafür, daß die militärische Niederlage eine Erhebung breiter Volksschichten auslösen wird. Viele werden bestrebt sein, die Naziorganisation so schnell wie möglich zu zerstören, viele werden die Erneuerung der Meinungs-, Organisations- und Pressefreiheit fordern. In diesem Sinne wird die Erhebung demokratisch sein, der revolutionäre Prozeß wird sich aber ausweiten. Einige Gruppen werden wissen wollen, was mit denen geschehen soll, die den Nazis zur Macht verholfen und ihre Politik unterstützt haben. Ein Anliegen wird darin bestehen, den Grundbesitz der Junker zu beschlagnahmen und aufzuteilen oder gemeinschaftlich zu verwalten. Im Umgang mit der preußischen Militärclique wird es schwierig sein, die Disziplin zwischen Mannschaften und Offizieren zu erhalten. Beamte, Richter und Polizisten werden ihrer Posten enthoben, inhaftiert oder getötet werden.

Eine demokratische Revolution zieht soziale Konsequenzen nach sich, die akzeptiert werden müssen. Die Mitverantwortung der Schwerindustrie und der Hochfinanz für Nazismus und Krieg steht außer Zweifel. Um die Macht des deutschen Monopolkapitals zu brechen, müssen Kartelle usw. kollektiviert werden. In den Fabriken nazistischer Eigentümer werden Arbeiter die Betriebsführung möglicherweise im Namen eines sich noch bildenden Staatsapparats übernehmen. (...)

Der deutsche Widerstand besitzt Stützen vor allem in der Arbeiterschaft, in Bereichen der Kirche und unter den Intellektuellen. Die katholische Opposition ist in Süddeutschland, diejenige der Werktätigen in Nordwestdeutschland und Berlin, an der Ruhr, in Sachsen und Schlesien am stärksten.

Verhängnisvollerweise läßt es sich nicht ändern, daß die Bombardierung der deutschen Industrie gerade jene Gebiete trifft, in denen der verborgene Widerstand am stärksten ist.

Intellektuelle aus dem politischen Untergrund gegen Hitler werden nach dem Kriege rar sein, vor allem solche, die sich in den internationalen Verhältnissen auskennen. Heimkehrende Emigranten werden in der Arbeiterbewegung eine größere Rolle spielen als in konservativen Gruppierungen. (...)

»Universelle Krise der Demokratie«

Mai 1944: Willy Brandt weist Vansittarts Thesen zurück[28]

Es wird behauptet, daß die Unterscheidung zwischen Deutschen und Nazis eine Fiktion sei. So gut wie alle Deutschen seien Nazis. Die nazistische Ideologie und Politik seien ein logisches Ergebnis der deutschen Entwicklung und ein einwandfreies Spiegelbild der deutschen Mentalität. Der Krieg komme ausschließlich von »der Herrschsucht, die im deutschen Volkscharakter liegt« (Vansittart). (...)

Eines der Hauptargumente gegen diese Ansicht ist, daß die Krise der Demokratie universell ist und daß der Faschismus keine deutsche Einzelerscheinung ist. Er ist das Ergebnis der Gegensätze der kapitalistischen Gesellschaft. In Italien, von dessen Volkscharakter man gewöhnlich ganz andere Vorstellungen hegt, kam der Faschismus zehn Jahre früher an die Macht als in Deutschland. Faschistische Bewegungen mit Massenzulauf traten in Ungarn und Portugal, Finnland, Spanien und in mehreren anderen Ländern auf. In Frankreich erzielten faschistische Kräfte bereits vor dem Zusammenbruch (1940) einen bedeutenden Einfluß.

Seinen stärksten und gefährlichsten Exponenten erhielt der Faschismus jedoch in Deutschland. Das bedeutet nicht, sagen die Gegner des Vansittartismus, daß der Nazismus der Ausdruck eines unveränderlichen deutschen Nationalcharakters ist. Er erhielt jedoch ein besonderes nationales Gepräge. Man braucht nicht die Rassenlehre anzuerkennen, um einzusehen, daß gemeinsame geschichtliche Erfahrungen, Sprache, Religion, wirtschaftliche und soziale Verhältnisse, klimatische und topographische Bedingungen besondere nationale Züge schaffen. Die militaristische Tradition ist zweifellos dem Nazismus zugute gekommen. Von einer Reihe deutscher Schriftsteller sind Nationalismus, Autoritätsverehrung und Rassenmystizismus gezüchtet worden, und diese prägten bis zu einem gewissen Grad den Unterricht in den Schulen. Gewöhnlich überschätzt man jedoch die Bedeutung des ideologischen Diebesgutes des Nazismus. Und man übersieht oft, daß das, was man die ideologischen Wurzeln des Faschismus nennt, in den meisten Ländern zu finden ist.

In erster Linie erklären soziale Verhältnisse den Sieg des Nazismus. Man vergißt leicht, daß Deutschland ein rückständiges Land war, als es plötzlich in die imperialistische Politik geriet. Seine nationale Sammlung erfolgte zu einem sehr späten Zeitpunkt, (...) und der Spannungszustand wurde stärker als an anderen Stellen, weil die Arbeiterbewegung früh zum Gegenpol der Reaktion wurde. (...) Die deutsche Demokratie war schwach verankert, aber deutsche Demokraten kämpften nicht ohne Erfolg gegen das »böse« Deutschland. (...)

»Energien nicht nutzlos verpuffen«

September 1945: Warum Rückkehr in die Sozialdemokratie?[29]

Wir sind der Meinung, daß der von uns vollzogene Schritt jenen Standort angibt, von dem aus sich die früheren Mitglieder der SAP und die mit der SAP Sympathisierenden überall in Deutschland in den Wiederaufbau der politischen Arbeiterbewegung einordnen sollten. Laßt uns hierbei betonen, daß wir uns nach wie vor engstens mit den Kadern der SAP verbunden fühlen. Eintritt in die Sozialdemokratie bedeutet auf Grund der heute gegebenen Bedingungen nicht die Preisgabe unserer Erfahrungen, sondern die kontinuierliche Weiterentwicklung jener Politik, die von der SAP in der kurzen Periode der legalen Existenz und von ihren Kadern auch in der Periode der Illegalität geführt wurde. Die Berechtigung der in der Vergangenheit von uns an der kraftlosen Tolerierungspolitik der SPD und dem ultralinken Kurs (der KPD) geübten Kritik ist nicht nur geschichtlich erwiesen. Sie wird von weiten Kreisen dieser beiden Parteien anerkannt. (…)

Es kommt nun darauf an, daß unsere guten, in der Illegalität, den Konzentrationslagern und im Exil gehärteten Kader den richtigen Einsatz beim Wiederaufbau der Bewegung finden, daß ihre wertvollen Energien nicht nutzlos verpuffen. (…) Von dem, was von uns in einer anderen Lage entwickelt wurde, ist vieles auch heute durchaus noch haltbar. Aber von einer für die heutige Situation ausreichenden und die Sonderexistenz berechtigenden SAP-Plattform kann nicht die Rede sein. (…) Wenn aber die totale Einheit nicht zu verwirklichen ist und die Bildung einer dritten Partei nicht in Frage kommt, so müssen wir uns für Einordnung in eine der beiden Parteien (SPD und KPD) entscheiden. Dafür kommt unserer Meinung nach nur die Sozialdemokratie in Frage. Ungeachtet dessen, wie richtig im einzelnen die von der KPD vertretenen Forderungen sein mögen, scheint uns keine Gewähr dafür zu bestehen, in ihrem Rahmen einen demokratischen, durch die Verhältnisse und den Willen der Mitglieder bestimmten Prozeß der Klärung durchführen zu können. Diese Gewähr ist bei der SPD in einem höheren Maße gegeben.

»Schuld und Verantwortung«

März 1946: Eine Mahnung an die besiegten Deutschen[30]

Die Deutschen müssen Verantwortung tragen. Verantwortung ist jedoch nicht dasselbe wie Schuld. (...) Die Verantwortung muß differenziert werden, sie muß an der richtigen Stelle geltend gemacht werden. Und die Schuldfrage muß die individuellen Verbrecher sowie ihre kriminellen Gruppen und Organisationen treffen.

Wenn man klargemacht hat, daß man die Deutschen nicht von etwas freisprechen will, woran sie beteiligt waren, hat man das Recht, darauf hinzuweisen, daß die Verantwortung nicht auf Deutschland und das deutsche Volk beschränkt werden kann. Die deutsche Demokratie, die in Wirklichkeit nur fünf ruhige Jahre von 1924/25 bis 1929/30 erlebte, machte durch ihre Uneinigkeit, Nachgiebigkeit und Unfähigkeit Bankrott. War das aber nicht genau dasselbe, was sich von 1933 bis 1939 in internationalem Maßstab wiederholte? Die Deutschen müssen ihre Verantwortung tragen. Es dient jedoch keinem vernünftigen Zweck, sie zu »Prügelknaben« für Verhältnisse zu machen, auf die sie keinen Einfluß hatten.

Die Nazis in Deutschland und anderen Ländern sind schuldig, wie auch die Gruppen der Junker, Großindustriellen, Generäle, Bürokraten und Professoren, die daran beteiligt waren, den Terror und den Krieg zu entfesseln. Diese Gruppen müssen ausgeschaltet werden, es muß ihnen ihr gesellschaftlicher Einfluß genommen werden. Die Nazigegner – die wirklichen, demokratischen Nazigegner, nicht die Desperados des Antinazismus und die späten Opportunisten – sind nicht schuldig. Sie können sich jedoch nicht der Mitverantwortung dafür entziehen, daß Hitler an die Macht kam. (...) Zwischen den Nazis und den Nazigegnern steht die Masse der mehr oder weniger Indifferenten. Ihre Verantwortung ist groß. Es hat aber keinen Sinn, ihnen übermäßige Schuld aufzuladen. Allerdings gibt es auch keinen Grund, sie nicht hören zu lassen – bis sie es begreifen –, welche Verantwortung sie sich gerade durch ihre Gleichgültigkeit und Untertänigkeit zugezogen haben. Ich bin nicht davon überzeugt, daß man das durch Strafmaßnahmen erreicht, die vielleicht neuen Haß erzeugen. Ich finde aber ganz und gar nicht, daß es jemandem erspart bleiben sollte, die Filme aus Buchenwald und Belsen zu sehen. Nicht um ihn zum Eingeständnis zu bringen, daß das etwas ist, was er persönlich getan hat, sondern um rücksichtslos zu enthüllen, was er ermöglicht hat.

»Wissen, was Freiheit bedeutet«

Juni 1946: Der Brief, der den Bruch mit Walcher besiegelt[31]

Ich muss noch einmal die Auffassung unterstreichen, die ich in meinem Brief vom 30. April (an Walcher) zum Ausdruck brachte: »Die Freude über strukturell fortschrittliche Veränderungen in der Ostzone wird dadurch wesentlich getrübt, dass jene »Demokratie neuen Typs« praktiziert wird, die mit den demokratischen Grundrechten herzlich wenig gemein hat und sogar die elementaren Forderungen der demokratischen Meinungsbildung in der Arbeiterbewegung beiseiteschiebt. Die Grundrechte und die Demokratie innerhalb der Arbeiterbewegung sind aber nicht Fragen der Zweckmäßigkeit. Sie sind grundsätzliche Fragen erster Ordnung.« (…)

Du hast ganz recht, dass Freiheit, Demokratie und Humanität sich im neuen Deutschland nie werden wirklich entfalten können, wenn es der Arbeiterklasse nicht gelingt, das

Land von den Nazis und ihren Hintermännern zu säubern, einen verlässlichen Staats- und Verwaltungsapparat aufzubauen und die Struktur der Wirtschaft grundlegend zu ändern. Aber es kommt darüberhinaus darauf an, dass man weiss, was »Freiheit, Menschenwürde und andere schöne Dinge« beinhalten, dass man an diesem Inhalt mit fanatischer Entschlossenheit festhält und sich dagegen sichert, im revolutionären Prozess zur Abtötung dessen beizutragen, was zu erkämpfen man sich vorgenommen hat. Darum kann ich mich nicht Eurer Forderung anschliessen, »wir sollen uns nicht durch Räsonieren über die zur Anwendung gelangten Methoden vom Begreifen des Kerns der Sache abhalten lassen«. Die »Methoden«, über die nicht mehr räsoniert werden soll, waren es doch, die seinerzeit dazu führten, dass für Dich und Deinesgleichen in der Komintern kein Platz mehr war.[32] (…)

Damit sind wir bei der Haltung zur SU (= Sowjetunion) angelangt. Mir will scheinen, dass unsere Auffassungen zu diesem Punkt beträchtlich voneinander abweichen. Für Dich repräsentiert die SU das sozialistische Moment in der internationalen Politik. Ich gehe demhingegen nicht von einer einfachen Interessensolidarität zwischen der SU und der deutschen resp. internationalen Arbeiterbewegung aus. (…) Die axiomatische Behauptung, dass die kollektive Umformung der Wirtschaft zwangsläufig eine Befreiung des Menschen nach sich ziehen werde, ist durch die Entwicklung nicht bestätigt worden. Es ist offenbar, dass die Verstaatlichung der Produktionsmittel (oder andere Formen der Kollektivierung) nicht automatisch zu »höheren Formen der Demokratie« führt, sondern dass es dazu einer besonderen und ganz entschiedenen willensmässigen Anstrengung bedarf. Man kann nur hoffen, dass es (…) in der sowjetischen Welt gelingen wird, die Rückentwicklungen im »Überbau« durch eine freiheitliche Entwicklung abzulösen.

»Niemals ein einfacher Jasager«

Dezember 1947: Brandt will von Kurt Schumacher Klarheit[33]

Als mich Gen(osse) Brost (im Oktober 1947) in Euerm Auftrag fragte, ob ich die hiesige Vertretung uebernehmen koennte, war ich in Hannover kein unbeschriebenes Blatt. Die Genossen kannten meinen politischen Werdegang. Sie wussten, dass Heinig kaum eine Gelegenheit verpasst, ueber mich »aufzuklaeren«. Das hindert also nicht, mich mit der fraglichen Position zu betrauen. Waehrend der Skandinavienreise (Schumachers Anfang Dezember 1947) haben dann Heinig und andere mit der Giftspritze gearbeitet – und das ist anscheinend nicht ganz ohne Wirkung geblieben. Vor ein paar Wochen war ich bei Erich Brost mit den fuehrenden Berliner Genossen beisammen. Franz Neumann liess mich wissen, dass in Emigrantenkreisen u.a. der Vorwurf erhoben wuerde, ich sei ein »Geschaeftemacher«. Ich habe den Berlinern erklaert, was hinter dieser Verleumdung steckt: der blasse Neid. Nur in den ersten Wochen all meiner Auslandsjahre brauchte ich von Unterstuetzung zu leben. Nachher konnte ich mich mit journalistischer Arbeit durchschlagen und waehrend der letzten Jahre sogar anstaendig leben. Ich war im Gegensatz zu anderen kein Aussenseiter. Ich hatte Erfolg. Das haben mir einige – denen ich ausserdem noch viel zu jung war – bis auf den heutigen Tag nicht verzeihen koennen. (...)

Ich habe nie verschwiegen, dass ich seinerzeit Anhaenger einer einheitlichen sozialistischen Partei war, die unabhaengig sein und auf demokratischer Grundlage stehen sollte. Der Streit um diese Frage ist ueberholt. Ich habe in einer Reihe anderer Fragen meine Meinung geaendert und habe nicht den geringsten Grund, das zu verheimlichen oder mich dessen zu schaemen (...). Lassen Sie mich in unmissverstaendlicher Weise erklaeren: Ich stehe zu den Grundsaetzen des demokratischen Sozialismus im allgemeinen und zur Politik der deutschen Sozialdemokratie im besonderen. Ich behalte mir vor, mir ueber neu auftauchende Fragen selbst den Kopf zu zerbrechen. Und ich werde nie im Voraus Ja sagen zu jeder Einzelformulierung, auch wenn sie vom ersten Mann der Partei gepraegt wird. (...)

Gestatten Sie mir, Ihnen zu versichern, dass ich niemals ein einfacher Jasager gewesen bin und es hoffentlich auch nie werde. Aber ich habe seit langem gelernt, mich einzuordnen und von dem mir einmal zugewiesenen Platz aus mit voller Kraft fuer unsere Sache zu wirken. Nach den vielen Jahren der Vorbereitung und des Kommentierens sehne ich mich nach aktivem Einsatz. Es waere mir umso leichter, eine verantwortliche Arbeit fuer die Partei zu uebernehmen, da ich von Ihrer Forderung weiss, eine erneuerte deutsche Sozialdemokratie zu formen. Tradition bedeutet viel. Aber die Ehrfurcht vor dem Ueberlieferten darf nie soweit gehen, dass man – wie etwa Heinig – Fehler und Irrtuemer der Vergangenheit nicht eingestehen will. Wie sollte dann eine Partei innerlich wachsen koennen? Und wie sollte sie den Kampf um die junge Generation mit Erfolg bestehen koennen? (...)

Wenn tatsaechlich aus mir unbekannten Gründen entscheidende Bedenken aufgetaucht sind, ist es besser, wir sprechen nicht mehr von diesem Projekt. Ich zweifle nicht daran, dass ich mich auch auf einem anderen Gebiet nuetzlich betaetigen koennte (...) Seien Sie nicht boese, lieber Genosse Schumacher, wenn der Brief etwas gereizt klingen sollte. Im Grunde soll damit nichts anderes gesagt werden als: Ich will mich nicht aufdraengen, ich sehe keine Veranlassung mich zu verteidigen, aber ich stehe zur Sache und zu meinem Wort.

Ihr Willy Brandt

Abkürzungsverzeichnis

AA   Auswärtiges Amt [in Berlin]
Antifa Antifaschismus, antifaschistisch
AUF   Arbeidernes Ungdomsfylking (Arbeiter-Jugendschar) [Norwegen]
AZ   Auslandszentrale
DDR   Deutsche Demokratische Republik
DNA   Det norske Arbeiderparti (Norwegische Arbeiterpartei)
Gestapo Geheime Staatspolizei [im Dritten Reich]
IAG   Internationale Arbeitsgemeinschaft [linkssozialistischer Parteien]
IMT   Internationales Militärtribunal [Gerichtshof Nürnberg 1945/1946]
ISK   Internationaler Sozialistischer Kampfbund
ITF   Internationale Transportarbeiter-Föderation
KGF   Kampfgemeinschaft gegen den Faschismus
KI   Kommunistische Internationale, Komintern [Dritte Internationale]
KJV   Kommunistischer Jugendverband
KP   Kommunistische Partei, kommunistisch
KPO   Kommunistische Partei – Opposition [in Deutschland]
KZ   Konzentrationslager
NKWD   Narodny Komissariat Wnutrennych Del (Volkskommissariat für Innere Angelegenheiten) [Sowjetunion, 1934–1946]

NS	Nationalsozialismus, nationalsozialistisch
NSDAP	Nationalsozialistische Deutsche Arbeiterpartei
ONA	Overseas News Agency [amerikanische Presseagentur]
OSS	Office of Strategic Services (Amt für strategische Dienste) [Geheimdienst der USA]
PCE	Partido Comunista de España (Kommunistische Partei Spaniens)
POUM	Partido Obrero de Unificación Marxista (Arbeiterpartei der marxistischen Vereinigung) [Spanien]
PSOE	Partido Socialista Obrero Español (Sozialistische Arbeiterpartei Spaniens)
PSUC	Partit Socialista Unificat de Catalunya (Sozialistische Einheitspartei Kataloniens)
SA	Sturmabteilung [Gliederung der NSDAP]
SAI	Sozialistische Arbeiterinternationale [Zweite Internationale]
SAJ	Sozialistische Arbeiterjugend [der SPD]
SAP	Sozialistische Arbeiterpartei Deutschlands
SBZ	Sowjetische Besatzungszone [in Deutschland]
SED	Sozialistische Einheitspartei Deutschlands [in der DDR]
SIS	Secret Intelligence Service (Geheimer Nachrichtendienst) [Großbritannien]
SJV	Sozialistischer Jugendverband [der SAP]
Sopade	Sozialdemokratische Partei Deutschlands [im Exil]
SPÖ	Sozialdemokratische Partei Österreichs
SS	Schutzstaffel [Gliederung der NSDAP]
UdSSR	Union der Sozialistischen Sowjetrepubliken
USPD	Unabhängige Sozialdemokratische Partei Deutschlands [1917–1922]
ZK	Zentralkomitee

Anmerkungen

1. Kapitel

1 Lübecker Adreßbuch 1914, S. 748.
2 Ev.-luth. Kirche Lübeck, Taufregister St. Lorenz 1914.
3 Lindlau, S. 37.
4 Fundstellen bei Willy Brandt: Mein Weg nach Berlin, S. 27–33; Bundeskanzler Brandt. Reden und Interviews, S. 332f.; Links und frei, S. 12–14, S. 20f.; ... wir sind nicht zu Helden geboren, S. 93ff.; Erinnerungen, S. 85–89.
5 Weltwoche, 3.10.1973, S. 9.
6 Siegerist, S. 26ff.
7 Der Spiegel, 22.12.1986, S. 83.
8 Winter, S. 54.
9 Bezirksamt Harburg, Amt für Zentrale Meldeangelegenheiten.
10 Lindlau, S. 82.
11 Ebd., S. 143.
12 Weltwoche, 3. 10. 1973, S. 9.
13 Domarchiv Ratzeburg, Ev.-luth. Gem. Kalkhorst, Taufregister 1894.
14 Zeitschrift für Ethnologie, 1884, S. 59.
15 Pastorat Klütz, Chronik, S. 116.
16 Domarchiv Ratzeburg, Ev.-luth. Gem. Klütz, Taufregister 1877ff.
17 Domarchiv Ratzeburg, Ev.-luth. Gem. Kalkhorst, Taufregister 1894.
18 Prittie, S. 23.
19 Schreiber/Simon, S. 109.
20 Prittie, S. 23.
21 Herms Draht, S. 102.
22 Weltwoche, 3.10.1973, S. 9.
23 Mecklenburgisches Landeshauptarchiv, Gut Bothmer, Acta Ludwig Frahm.
24 Drägerwerk, Personalpapiere Ludwig Heinrich Karl Frahm.
25 Krankenbuchlager Berlin, Unterlagen Ludwig Frahm.
26 Drägerwerk, Aufstellung vom 7.12.1920 (Weihnachtsgratif.).

27 Harpprecht, S. 38.
28 Fetscher, S. 71.
29 Ebd., S. 100.
30 Archiv Hansestadt Lübeck, Disziplinarkammer 1924, DK No. 8/25.
31 Lübecker Nachrichten, 20.2.1972, S. 25.
32 Drägerwerk, Akte Betriebsrat.
33 Der Spiegel, 11.8.1965, S. 32.
34 Brandt brachte in Mein Weg nach Berlin, S. 32, das Geschehen von 1923 irrtümlich mit der Ermordung Walther Rathenaus am 24.6.1922 in Zusammenhang.
35 Drägerwerk, Firmenchronik, S. 24.

2. Kapitel

1 Prittie, S. 25.
2 Fundstellen bei Willy Brandt: Mein Weg nach Berlin, S. 33–38, S. 41; Plädoyer für die Zukunft, S. 16; Bundeskanzler Brandt. Reden und Interviews, S. 68, S. 332 f.; Links und frei, S. 23–26, S.30–37; ... wir sind nicht zu Helden geboren, S.91 ff., S. 99; Erinnerungen, S. 85–90, S. 438.
3 Schreiber/Simon, S. 109.
4 Archiv Hansestadt Lübeck, Schulen, Johanneum, 221, Jg. 1932.
5 Binder, D., S. 21.
6 Harpprecht, S. 44.
7 Löwenstein, S. 13.
8 Lübecker Volksbote, 12.12.1928, »Lübecker Kinderfreund«.
9 Archiv Hansestadt Lübeck, Schulen, Johanneum, 221, Jg. 1932; von Großheimsche Realschule, 19, Buchstabe F.
10 Der Spiegel, 21.2.1962, S. 88.
11 Auskunft von Brandts Halbbruder Günter Kuhlmann 1994.
12 Lübecker Volksbote, 2.4.1928, 1. Beilage, S. 1.
13 Lübeckische Blätter, 1931, S. 253.
14 1872–1972. Festschrift Johanneum, S. 29 f., S. 70.
15 Stern, 27.2.1972, S. 25 f.
16 1872–1972. Festschrift Johanneum, S. 7.
17 Deutsche Akademie, S. 5 f.
18 Ebd., S. 12.
19 Lübecker Nachrichten, 27.2.1972, S. 25.
20 Koch, S. 48.
21 Zum Beispiel Dollinger, S. 15.

22 Bolesch/Leicht, S. 23.
23 Schröck, S. 44.
24 LA Berlin, Rep. 200, Nr. 27.2, Interview des SFB, Transkript, S. 3.
25 Lübecker Nachrichten, 29.2.1972, S. 11.
26 Stern, 27.2.1972, S. 26.
27 Ebd.
28 Dehmel, S. 35f.
29 Archiv Hansestadt Lübeck, Schulen, Zeugnisse Johanneum, 221, Jg. 1932.
30 LA Berlin, Rep. 200, Nr. 27.2, Interview des SFB, Transkript, S. 7.
31 Harpprecht, S. 34f.
32 Stern, 27.2.1972, S. 130.
33 Gaus, S. 33.
34 Ebd., S. 32.
35 Auskunft von Brandts Jugendfreund Karl Tess 1995.
36 Stern, 27.2.1972, S. 130.
37 Auskunft von Brandts Jugendgefährten Rudolf Wilken 1995.
38 Lübecker Nachrichten, 29.2.1972, S. 11.
39 Archiv Hansestadt Lübeck, Schulen, Johanneum, 99, Jg. 1932.
40 Archiv Hansestadt Lübeck, Schulen, Johanneum, 221, Jg. 1932.
41 LA Berlin, Rep. 200, Nr. 27.2, Interview des SFB, Transkript, S. 3f.

3. Kapitel

1 Weltwoche, 3.10.1973, S. 9.
2 Ebd.
3 Fundstellen bei Willy Brandt: Mein Weg nach Berlin, S. 35–46, S. 58, S. 66; Bundeskanzler Brandt. Reden und Interviews, S. 62; Links und frei, S. 9f., S. 26–29, S. 38–43, S. 57f., S. 117, S. 168; … wir sind nicht zu Helden geboren, S. 70, S. 78, S. 95; Erinnerungen, S. 88–93, S. 497.
4 Mann, Th., Werke, Bd. XII, S. 278.
5 Lübecker Volksbote, 15.12.1928, S. 1.
6 Luxemburg, S. 52ff.
7 Auskunft von Brandts Jugendgefährten Bruno Römer 1994.
8 Eine Analyse der Gedenkreden Willy Brandts: Fetscher, S. 19ff.
9 Fetscher, S. 150f.
10 Lübecker Volksbote, 31.12.1929, »Stimme der Jugend«.
11 Der Führer, 1928, Heft 3, S. 33ff.

12 Lübecker Volksbote, 17.12.1929, »Stimme der Jugend«.
13 Arbeiter-Jugend, 1931, S. 173.
14 Lübecker Volksbote, 27.8. und 3.12.1929, »Stimme der Jugend«.
15 Lübecker Nachrichten, 23.2.1972, S. 12.
16 Das freie Wort, 20.7.1930, S. 13 f.
17 Seydewitz, S. 280.
18 Arbeiter-Jugend, 1931, S. 173.
19 Lübecker Volksbote, 29.7.1929, »Rote Falken«, 6.8.1929, 1. Beilage.
20 Auskunft von Brandts Jugendgefährten Christian Häuer 1995.
21 Lübecker Volksbote, 16.7. und 24.7.1930, jeweils 1. Beilage, S. 1.
22 Dollinger, S. 17.
23 Binder, D., S. 27; Herms Draht, S. 101 f.
24 Schmidt, I., S. 20 ff.
25 Auskunft von Brandts Jugendgefährten Bruno Römer 1994.
26 Lübecker Volksbote, 24.9.1930, »Stimme der Jugend«.
27 Auskunft Rudolf Wilken 1995.
28 Bolesch/Leicht, S. 25 f.
29 Brandt bei Beck, D., S. 20.
30 Auskunft von Brandts Jugendgefährten Bruno Römer 1994.
31 Lübecker Freie Presse, 8.1.1950, S. 1.
32 Auskunft von Julius Lebers Tochter Katharina Christiansen 1994.
33 Lübecker Volksbote, 12.11.1923, S. 1.
34 Leber, S. 84.
35 Lübecker Volksbote, 9.3.1932, S. 1.
36 Auskunft von Brandts Jugendgefährten Christian Häuer 1995.
37 Berkandt, S. 9 f.
38 Das freie Wort, 15.6.1930, S. 22.
39 LA Berlin, Rep. 200, Nr. 27.2, Interview des SFB, Transkript, S. 6.
40 Lübecker Volksbote, 13.8.1930, 1. Beilage, S. 2.
41 Ebd., 26.8. und 28.8.1931, jeweils 1. Beilage, S. 2.
42 Augstein, S. 12 f.
43 Lübecker Nachrichten, 15.3.1972, S. 25.
44 Zum Beispiel Koch, S. 61.
45 LA Berlin, Rep. 200, Nr. 27.2, Interview des SFB, Transkript, S. 5.
46 Lübecker Volksbote, 12.11.1930, 1. Beilage, S. 1.
47 Ebd., 6.2.1931, 1. Beilage, S. 1.

48 Stalin, Bd. VI, S. 253.
49 Die kommunistische Internationale, März 1930, S. 142.
50 Buber-Neumann, S. 328.
51 Norddeutsche Zeitung, 6.5.1931, S. 5, 25.5.1931, S. 2, 28.5.1931, S. 5, 25.6.1931, S. 7.

4. Kapitel

1 Fundstellen bei Willy Brandt: Mein Weg nach Berlin, S. 36f., S. 44, 46–67; Draußen, S. 63, S. 282, S. 341f.; Links und frei, S. 20, S. 27, S. 32–44, S. 47–69, S. 71, S. 238; ... wir sind nicht zu Helden geboren, S. 74, S. 100–102; Erinnerungen, S. 91–98.
2 Lübecker Nachrichten, 5.3.1972, S. 25; Stern, 27.2.1972, S. 130.
3 Norddeutsche Zeitung, 12.6.31, S. 7.
4 Lübecker Volksbote, 28.1.1931, 1. Beilage, S. 1.
5 Ebd., 17.7. und 29.7.1931, jeweils 1. Beilage, S. 1.
6 Archiv Hansestadt Lübeck, Schulen, Johanneum, 99, Jg. 1932.
7 Die Fackel, 9.10.1931, S. 1f.
8 Lübecker Volksbote, 23.10.1931, S. 1f.
9 Norddeutsche Zeitung, 27.10.1931, S. 5.
10 Lübecker Volksbote, 23.10.1931, S. 1f.
11 Auskunft von Brandts Jugendgefährten Heinrich Bruhn 1995.
12 Sozialistische Arbeiter-Zeitung, 3.5.1932, S. 7, 7.11.1931, S. 12.
13 Die Welt, 23.11.1957, »Das Forum der Welt«.
14 Kerr, S. 182.
15 Drechsler, S. 160.
16 Honeckers erste Ehefrau von 1946 bis Mitte 1947: Charlotte Schanuel.
17 Niemann, S. 132.
18 Stern, 13.12.1973, S. 49.
19 Archiv Hansestadt Lübeck, Schulen, Johanneum, 221, Jg. 1932.
20 Ebd., S. 99.
21 Die Paraphe der Anmerkung, »Kl. L.« = Klassenlehrer, weist entgegen Brandt, W. [1982], S. 32, nicht auf Schulrektor Stodte hin.
22 Archiv Hansestadt Lübeck, Schulen, Johanneum, 99, Jg. 1932, Abiturarbeiten.
23 Seebacher-Brandt [1988], S. 281ff.; Herrmann/Emmrich, S. 648.
24 Siehe hier S. 272ff.
25 manager magazin, 8/1977, S. 17.
26 Szende, S. 161ff.; Vorholt, S. 161ff.
27 Auskunft von Brandts Jugendgefährten Heinrich Bruhn 1995.

28 Archiv Hansestadt Lübeck, NSA IV 1 B 5 Nr. 18; Lübecker General-Anzeiger, 27.5.1933, 1. Beilage, S. 1.
29 Landgericht Hamburg, Aktenzeichen 4713/64 – 1941 KNS 1-64.
30 Norddeutsche Zeitung, 7.2.1933, S. 1.
31 Archiv Hansestadt Lübeck, NSA IV 1 B 5 Nr. 18; Lübecker General-Anzeiger, 27.5.1933, 1. Beilage, S. 1; Lübeckische Blätter, 5.3.1983, S. 69 ff.
32 Beck/Schoeller, S. 242, S. 245.
33 Auskunft Christian Häuer 1995.
34 IG Metall, Zentralbibliothek, GKN 4.24, Bezirksberichte, S. 3.
35 W. Brandt in Quick, 4.1.1961, S. 8.
36 Zum Beispiel ABAB-SAP Oslo, Mappe 208, Brandt-Walcher 8.8.1933, 18.8.1933, 31.8.1933.
37 Laut Sächsischem Hauptstaatsarchiv ist die Lokalität des SAP-Parteitags 1933 nicht mehr feststellbar.
38 IG Metall, Zentralbibliothek, GKN 4.24, Aussprache, S. 3.
39 Ebd., Bezirksberichte, S. 3.
40 Ebd., Resolution, S. 6.
41 Lehmann, S. 92.
42 Imberger, S. 102.
43 Lübecker General-Anzeiger, 24.3.1933, 2. Beilage, S. 2.
44 Lübecker Nachrichten, 10.3.1972, S. 11.
45 W. Brandt in Quick, 4.1.1961, S. 8.
46 Schröck, S. 57.
47 Die Welt, 23.11.1957, »Das Forum der Welt«.
48 Lübecker Nachrichten, 10.3.1972, S. 11.
49 Lehmann, S. 90 ff.
50 PAAA Bonn, R 99 716, Staatspolizei Kiel, 28.4.1938.
51 Reichsgesetzblatt I, 3.4.1933.
52 Lübecker Nachrichten, 10.3.1972, S. 11.
53 Stern, 27.2.1972, S. 132.
54 Lübecker Morgen, 3.6.1961, S. 3.
55 Wetterdienst Hamburg, 3.4.1933.
56 Lübecker Morgen, 3.6.1961, S. 3.
57 Ebd.
58 Ebd., 8.5. und 3.6.1961, S. 3.
59 Stern, 27.2.1972, S. 133.

5. Kapitel

1 Fundstellen bei Willy Brandt: Mein Weg nach Berlin, S. 67–75, S. 82 f., S. 141 f; Draußen, S. 223 ff., S. 354, S. 360; Links und frei, S. 69–101, S. 121–124, S. 163 f., S. 167 f., S. 189; Erinnerungen, S. 97–102, S. 497.
2 Hill (Hrsg.), S. 72.
3 Augstein (Hrsg.), S. 12 f.
4 Bolesch/Leicht, S. 36.
5 Lorenz [1989], S. 290 f.
6 ABAB-SAP Oslo, Mappe 208, Brandt-Walcher 18.8.1933. Der Authentizität wegen wird bei Zitaten die Orthographie der Briefe und Publikationen Brandts und seiner Zeitgenossen erhalten, so daß z.B. æ für ä, ø für ö, ue für ü usw. stehen bleiben.
7 Lorenz [1989], S. 26.
8 Skjinsberg, S. 42; Lorenz [1992], S. 108.
9 W. Brandt in Quick, 4.1.1961, S. 8.
10 Gaus, S. 43.
11 Lorenz [1992], S. 252, S. 258.
12 Lorenz [1989], S. 209; SAPMO-BArch Berlin, RY 1/I 2/3/367, Bericht 14.5.1941, S. 4 f.
13 Schmidt, I., S. 21.
14 Lorenz [1989], S. 53; Schönhoven/Staritz (Hrsg.), S. 217.
15 Loock, S. 43.
16 ABAB-SAP Oslo, Mappe 208, Brandt-Walcher 25.5. und 6.6.1933, S. 1.
17 Ebd.
18 ABAB-SAP Oslo, Mappe 10, Rundschreiben 3, S. 3.
19 Lorenz [1989], S. 119 f.
20 ABAB-SAP Oslo, Mappe 208, Brandt-Walcher 5.12.1933.
21 Ebd., 18.8.1933.
22 Lorenz [1989], S. 47.
23 ABAB-SAP Oslo, Mappe 208, »Karl«–»Liebe Freunde« 31.10.1933.
24 Ebd., Walcher-Brandt 23.8.1933, S. 2.
25 Ebd., Mappe 10, Rundschreiben 6.10.1933, Anlage 1, S. 8.
26 Ebd., Mappe 208, Brandt-Walcher 7.11.1933, S. 2.
27 Ebd., Mappen 208 und 210, Brandt-Walcher 3.10.1933, S. 2, und 7.7.1934, S. 1.
28 Ebd., Mappe 208, Brandt-Parteivorstand 7.11. und 3.10.1933, S. 3.
29 Ebd., Walcher-Brandt 14.11.1933, S. 1, 9.12.1933, S. 1; Stock/Walcher, S. 126.

30 Nach Peter Merseburgers Brandt-Biographie, S. 91, liegt Laren »nahe der deutschen Grenze«. In dem Buch wurden für die Zeit bis Ende 1947 insgesamt 57 Sachfehler festgestellt, von der Rolle der Roten Pioniere [S. 29] bis zu den Intrigen gegen Brandt bei Kurt Schumacher [S. 255 ff.]. Legenden werden übernommen, wichtige Vorgänge aber nur kursorisch behandelt.
31 Z.B. in Brandt, W. [1982], S. 124.
32 Die neue Front, 1. und 2. März-Ausgabe 1934; Internationales Jugend-Bulletin, Juni 1934, S. 10f.
33 Siehe hier oben, S. 91.
34 PAAA Bonn, MF 1802, C 2 und R 99716.
35 ABAB-SAP Oslo, Mappe 209, Brandt-Walcher 20.3.1934, S. 1.
36 Ebd., Bericht 10.4.1934.
37 Ebd., Brandt-Walcher 27.5.1934, S. 2.
38 Ebd., »Zur Situation« 11.4.1934.
39 Ebd., Brandt-Walcher 14.5.1934, S. 1; Binder, D., S. 55.
40 Ebd., Mappen 209, 210, 211, Brandt-Walcher 19.5.1934, S. 1, 25.10.1934, S. 1, 18.5.1935, S. 4f.

6. Kapitel

1 Widerstand und Verfolgung in Remscheid, S. 21.
2 ABAB-SAP Oslo, Mappe 209, Brandt-Walcher 6.6.1934, S. 4.
3 Internationale Jugendinformation der I.K.L., Anfang Juli 1935, S. 3.
4 Writings of Leon Trotsky, S. 232.
5 Fundstellen bei Willy Brandt: Mein Weg nach Berlin, S. 70–84, S. 103; Draußen, S. 222, S. 279, S. 341; Links und frei, S. 74–82, S. 96, S. 101–115, S. 124, S. 196, S. 211, S. 229, S. 247; Die Nobelpreiskampagne für Carl von Ossietzky, S. 5f., S. 24; Erinnerungen, S. 87, S. 102–107, S. 143.
6 Seebacher-Brandt [1984], S. 200; SAPMO-BArch Berlin, RY 1/I 4/1/42; An das ZK des K.J.V.D 29.6.1936, S. 4; Marxistische Tribüne, Oktober 1936, S. 31.
7 ABAB-SAP Oslo, Mappe 2, Konferenzprotokoll 4.–9.3.1934, S. 73 und S. 184.
8 Pöppel, S. 96.
9 Lorenz [1992], S. 82.
10 BA Koblenz, R 58, Bd. 78, Marxistische Bewegung 1937, 13(f).
11 ABAB-SAP Oslo, Mappe 213, Brandt-Walcher 13.1.1936, S. 1; Mappe 208, Brandt-Walcher 3.10.1933, S. 3.

12 PAAA Bonn, MF 5971, G 9.
13 Szende, S. 59f., S. 63.
14 Lehmann, S. 103, S. 138.
15 ABAB-SAP Oslo, Mappen 209f., Walcher-Brandt 21.6. und 2.11.1934.
16 LA Berlin, Rep. 200, Nr. 27.2, Interview des SFB, Transkript, S. 7.
17 Prittie, S. 81.
18 Lorenz [1989], S. 246.
19 Prittie, S. 51.
20 Petersen (Hrsg.), S. 187.
21 Auskunft von Günter Kuhlmann 1994.
22 ABAB-SAP Oslo, Mappe 211, Brandt-Walcher 10.4.1935, S. 1.
23 Lorenz [1992], S. 11.
24 Kampfbereit, Februar 1937, S. 2ff.
25 ABAB-SAP Oslo, Mappe 150, Jgd. M.B. 28.4.1934, S. 2.
26 Forschungsstelle für die Geschichte des Nationalsozialismus in Hamburg, Mappe 358-4, Blachstein-»Heiner« 28.3.1938, S. 1.
27 ABAB-SAP Oslo, Mappe 211, Brandt-Walcher 25.3.1935, S. 2.
28 Ebd., Mappe 6, Sitzungsprotokoll Februar 1935, S. 26.
29 Ebd., Mappe 211, Rundschreiben 18.5.1935, S. 1, S. 2, S. 6ff.
30 Ebd., Mappe 212, Brandt-Walcher 1.7.1935, S. 1.
31 Dort, Mitte April 1935, S. 4.
32 ABAB-SAP Oslo, Mappe 211, Konferenz in Stockholm (21.–22.4.[1935]), S. 5f.
33 Lehmann, S. 141.
34 Marshall, S. 14.
35 ABAB-SAP Oslo, Mappe 211, Brandt-Walcher 25.3.1935, S. 1.
36 Ebd., Konferenz in Stockholm (21.–22.4.[1935]), S. 5.
37 Ebd., Brandt-Walcher 25.3.1935, S. 1f.
38 Lorenz [1992], S. 89f., Anm. 368.
39 ABAB-SAP Oslo, Mappe 215, Bericht 5.1.1937, S. 1.
40 Der Spiegel, 7.8.1995, S. 136.
41 IfZ München, ED 192/3, Bl. 6f., Bl. 13ff., Bl. 9f., Bl. 17f. Bei der Bücherverbrennung am 10.5.1933 war auch von Ossietzky angeprangert und sein Schrifttum in die Flammen geworfen worden.
42 IfZ München, ED 192/3, Bl. 18.
43 Aus Politik und Zeitgeschichte, 4.10.1969, S. 28.
44 Ebd., S. 30; Der Spiegel, 29.1.1964, S. 8.
45 PAAA Bonn, MF 5971, G 9, Gesandtschaft Oslo, A III 307-08, Bl. 101ff.

46 ABAB-SAP Oslo, Mappe 214, Ewald [= Dinkla]-Walcher 10.12.1936, Walcher-Ewald 17.12.1936.
47 Lorenz [1992], S. 91.
48 Aus Politik und Zeitgeschichte, 4.10.1969, S. 32.

7. Kapitel

1 Pöppel, S. 103.
2 Binder, D., S. 73.
3 Fundstellen bei Willy Brandt: Mein Weg nach Berlin, S. 84–96; Draußen, S. 67, S. 69, S. 187; Links und frei, S. 117, S. 129f., S. 143–147, S. 171–185, S. 191–197, S. 215; ... wir sind nicht zu Helden geboren, S. 104, S. 109, S. 112; Erinnerungen, S. 107 bis 116, S. 121.
4 ABAB-SAP Oslo, Mappe 216, Walcher-Brandt 9.8.1937, S. 2.
5 AdsD Bonn, Emigration – Sopade, Film 29, Mappe 190, Notiz über die Besprechung im Hotel Lutetia; Langkau-Alex, S. 86ff.
6 Vorholt, S. 170.
7 Neue Front, Anfang Oktober 1935, Beilage, S. 1.
8 BA Koblenz, R 58, Bd. 3, Polizei Chemnitz, Bl. 125f. und Bd. 355, II A 4, Die Volksfront, Bl. 22.
9 Kohnen, S. 148.
10 Freudenhammer/Vater, S. 71.
11 SAPMO-BArch Berlin, RY 1/I 2/3/367, Emigration in Norwegen.
12 ABAB-SAP Oslo, Mappe 212, Brandt-Walcher 29.12.1935, S. 3f.
13 Marxistische Tribüne, Oktober 1936, S. 29f.; ABAB-SAP Oslo, Mappe 7, Nr. 20, Sitzungsprotokoll 21.5.1936, S. 5.
14 ABAB-SAP Oslo, Mappe 215, Brandt-Walcher 21.1.1937, S. 2.
15 IfZ München, Zs 2077, Interview Ackerknecht, S. 8.
16 ABAB-SAP Oslo, Mappe 216, Brandt-Auslandszentrale 27.12.1937, S. 2.
17 Buschak, S. 203 und S. 324.
18 ABAB-SAP Oslo, Mappe 7, Nr. 20, Sitzungsprotokoll 21.5.36, S. 17f.
19 Prittie, S. 61f.
20 Binder, D., S. 71.
21 ABAB-SAP Oslo, Mappe 114, »Metro« [= Berlin]-»Liebe Freunde« 26.6.1936.
22 Ebd., Mappe 115, Brandt-Walcher 14.8.1936, S. 1.

23 Ebd., Walcher-»Liebe Freunde« 20.10.1936, S. 1.
24 Ebd.
25 Augstein (Hrsg.), S. 13.
26 Prittie, S. 66f.
27 Hans Otto starb 1937 an einer Bauchspeicheldrüsen-Entzündung.
28 ABAB-SAP Oslo, Mappe 115, »Marianne«-»Liebe Freunde« 29.11.1936, S. 10.
29 Ebd., H.H. [= Buchheister]-»L.F.« 19.11.1936.
30 Ebd.
31 Marxistische Tribüne, März 1937, S. 30f.
32 Drechsler, S. 348; Vorholt, S. 172.
33 IfZ München, Zs 2077, Interview Ackerknecht, S. 10.
34 Bremer, S. 208, Anm. 7.
35 ABAB-SAP Oslo, Mappe 3, Nr. 1, Protokoll Parteikonferenz Januar 1937, S. 6.
36 Ebd., S. 14ff.
37 ABAB-SAP Oslo, Mappe 16a, Anhang zum Rundschreiben 22.1.1937, S. 1f.
38 Ebd., Mappe 3, Nr. 5, Ausführungen Willys, S. 2.
39 Ebd., Mappe 215, Brandt-Walcher 21.1.1937, S. 1.
40 Ebd.
41 Stern, C., S. 73.
42 ABAB-SAP Oslo, Mappe 215, Brandt-Walcher 21.1.1937, S. 1.
43 Degen/Ahrens (Hrsg.), S. 62.
44 ABAB-SAP Oslo, Mappe 215, Walcher-Brandt 3.2.1937.
45 Binder, D., S. 65.
46 Schmidt, I., S. 22f.
47 ABAB-SAP Oslo, Mappe 215, Bericht 7.2.1937, S. 2.
48 Neue Front, Mitte Februar 1937, S. 2.
49 ABAB-SAP Oslo, Mappe 215, Brandt-Ausschuß Paris 15.2.1937, S. 1f.
50 SAPMO-BArch Berlin, RY 1/I 2/3/367, Emigration in Norwegen.
51 ABAB-SAP Oslo, Mappe 216, Meyer-Walcher 12.9.1937.

8. Kapitel

1 Koestler, S. 346.
2 Regler, S. 377.
3 Hemingway, S. 208.

4 Fundstellen bei Willy Brandt: Ein Jahr Krieg und Revolution in Spanien, S. 1, S. 10, S. 15 f., S. 21 ff., S. 32 f.; Mein Weg nach Berlin, S. 97–105; Draußen, S. 185–220, S. 280 f.; Links und frei, S. 215–260; ... wir sind nicht zu Helden geboren, S. 110; Erinnerungen, S. 85, S. 116–121.
5 ABAB-SAP Oslo, Mappe 215, Walcher-Brandt 3.2.1937.
6 Stern, 13.12.1973, S. 52 f.
7 Ebd., S. 52.
8 Trinkgelder hatte schon vor 1930 der Militärdiktator Miguel Primo de Rivera verboten.
9 Stern, 13.12.1973, S. 52 f.
10 Thalmann, S. 137.
11 Wie 5, Mappe 165, Brandt-Parteileitung 31.3.1937, S. 1.
12 Buschak, S. 246 f.
13 ABAB-SAP Oslo, Mappe 165, Brandt-Parteileitung 31.3.1937, S. 1 und Mappe 16, SAP-Führung Rundschreiben 11/37 Ende Mai 1937, S. 4 f.
14 Schaffranek, S. 699.
15 Mühlen, S. 59.
16 SAPMO-BArch Berlin, DY 30/IV 2/11/251, »Betr. Willy Brandt« 3.1.1949, S. 1.
17 ABAB-SAP Oslo, Mappe 165, Brandt-Parteileitung 31.3.1937, S. 4.
18 Der Spiegel, 15.3.1961, S. 27 f.
19 ABAB-SAP Oslo, Mappe 16 b, Zur Spanien-Frage, S. 3; Tosstorff, S. 239, S. 242.
20 ABAB-SAP Oslo, Mappe 16 b, Zur Spanien-Frage, S. 5 f.
21 Orwell, S. 246 ff.
22 AdsD Bonn, Nachlaß Blachstein, Box 20, Über Spanien, S. 36.
23 Binder, D., S. 66 (auch zu Wehner).
24 ABAB-SAP Oslo, Mappe 165, Brandt-Parteileitung 31.3.1937, S. 1 ff.
25 Spanische Revolution, Nr. 2, S. 3.
26 ABAB-SAP Oslo, Mappe 16 b, Zur Spanien-Frage, S. 6.
27 Der Spiegel, 15.3.1961, S. 28.
28 Krivitzky, S. 119; Gorkin, S. 113 f.
29 AdsD Bonn, Emigration Sopade, Film 32, Mappe 214, An das Exekutivkomitee der S.A.I., S. 1 f.
30 Mühlen, S. 168 f.
31 AdsD Bonn, Emigration – Sopade, Film 32, Mappe 214, An das Exekutivkomitee der S.A.I., S. 4 f.; Buschak, S. 261.

32 AdsD Bonn, Emigration – Sopade, Film 32, Mappe 214, An das Exekutivkomitee der S.A.I., S. 7; Mühlen, S. 172 f.; Krivitzky, S. 192.
33 Mühlen, S. 57, S. 59; ABAB-SAP Oslo, Brandt-Walcher 31.3.1937, S. 3 f.
34 Tosstorff, Anhang, S. 119, Anm. 78.
35 Gorkin, S. 16, Fußnote 127.
36 Auskunft von Torolf Elster 1994.
37 Italiaander, S. 192 ff.
38 Kirsch (Hrsg.), S. 295.
39 Thalmann, S. 193.
40 Gorkin, S. 75 f.; Tosstorff, S. 205 f.
41 ABAB-SAP Oslo, Mappe 16 b, Zur Spanien-Frage, S. 20.
42 Ebd., S. 17.
43 Orwell, S. 207.
44 Tosstorff, S. 218 f.
45 Hemingway, S. 308 f.
46 ABAB-SAP Oslo, Mappe 16 b, Zur Spanien-Frage, S. 20.
47 Gorkin, S. 75 f.; Tosstorff, S. 205 f.
48 ABAB-SAP Oslo, Mappe 165, Protokoll Sitzung Barcelona 9.5.1937, S. 1, S. 4 ff.
49 Buschak, S. 324; Schaffranek, S. 698 f.
50 Thalmann, S. 197.
51 ABAB-SAP Oslo, Mappe 16 b, Bericht Sitzung Letchworth 8.–12.8.1937, S. 7.
52 Gorkin, S. 176 ff.
53 Schaffranek, S. 693.
54 AdsD Bonn, Nachlaß Blachstein, Box 20, Über Spanien, S. 37.
55 ABAB-SAP Oslo, Mappe 16 b, Bericht Sitzung Letchworth 8.–12.8.1937, S. 1.
56 Parseval, S. 5.
57 (Anonym) Willy Brandt. 50 Jahre Klassenzusammenarbeit, S. 5.
58 ABAB-SAP Oslo, Mappe 153, »Harald«/»Christa«-Zentrale Auslandsstelle des SJV 30.4.1937.
59 Prittie, S. 77 f.
60 Schaffranek, S. 701.
61 ABAB-SAP Oslo, Mappe 16 b, Bericht Sitzung Letchworth 8.–12.8.1937, S. 7.
62 Kampfbereit, 15.9.1937, S. 16 ff.

9. Kapitel

1 Fundstellen bei Willy Brandt: Mein Weg nach Berlin, S. 82, S. 105–114, S. 378; Draußen, S. 69, S. 280–282, S. 319–323; Links und frei, S. 78, S. 116f., S. 146ff., S. 158–163, S. 167, S. 261 bis 267; ... wir sind nicht zu Helden geboren, S. 96, S. 108; Erinnerungen, S. 85, S. 120–122, S. 4.
2 ABAB-SAP Oslo, Mappe 214, Walcher-»Trudel« [= Gertrud Meyer] 7.12.1936.
3 Ebd., Mappe 216, Walcher-»Trudel« 20.8.1937, S. 1.
4 Ebd., G. Meyer-»Jim« [= Walcher] 12.9.1937, S. 1.
5 Ebd., 2.10.1937, S. 1.
6 Vogt, S. 45.
7 ABAB-SAP Oslo, Mappe 216, Brandt-Walcher 8.12.1937.
8 Ebd., Mappe 231, Protokoll Nordische Herbst-Konferenz 1937, S. 6.
9 Ebd., Mappe 216, Brandt-Parteileitung 19.10.1937, S. 1f.
10 Ebd., Parteileitung-Winther [= Buchheister] 29.12.1937.
11 Lorenz [1989], S. 211 und S. 214f.
12 ABAB-SAP Oslo, Mappe 216, Brandt-Gruppe Oslo 4.11.1937.
13 Ebd., »John« [= Wassermann]-»Liebe Freunde« vor dem 8.12.[1937], S. 6ff.
14 Ebd., Winther-»Liebe Freunde« 12.12.[1937].
15 Lorenz [1989], S. 217.
16 Foitzik, S. 208; Lorenz [1989], S. 218f.
17 Modern Records Centre, University of Warwick, 159/3/C/a/52, Brandt-Fimmen 26.11.1937, Fimmen-Brandt 7.1.1938.
18 IWK, 1994, S. 534ff. und S. 549ff.
19 Telemark arbeiderblad, 28.9.1938, S. 1, S. 5.
20 Lorenz [1989], S. 266f.
21 Willy Brandt. Personalbibliographie, S. 18ff.
22 Lorenz [1989], S. 243, S. 325, Anm. 74.
23 ABAB-SAP Oslo, Mappe 216, Brandt-»Liebe Freunde« 27.12.1937, S. 7.
24 Kampfbereit, 15.9.1937, S. 1f.
25 Bremer, S. 225f.
26 ABAB-SAP Oslo, Mappe 216, Walcher-Brandt/G. Meyer 20.12.1937.
27 Ebd., Mappe 16 b, Bericht über die AdMer Reise 27.12.1937, S. 2f.
28 Ebd., Mappe 216, Rundschreiben W.B. 27.12.1937; Kampfbereit, 15.9.1937, S. 1.

29 Buschak, S. 294 ff.
30 Foitzik, S. 208.
31 Buschak, S. 297 f.
32 AdsD Bonn, Nachlaß Buttinger, Box 10, Brandt-österreichische Sozialisten 15. 9. 1938.
33 BA Koblenz, R 58, Bd. 425, Bl. 143 ff. Für einen »direkten Kontakt« Brandt-Nehru (Brandt, W. [1989], S. 418) gibt es keine Belege.
34 Seebacher-Brandt [1984], S. 139 und S. 200 f.
35 Lorenz [1989], S. 206.
36 PAAA Bonn, MF 1802, C 2.
37 ABAB-SAP Oslo, Mappe 215, Brandt-Walcher 21. 1. 1937, S. 2.
38 Lehmann, S. 121 f.
39 Ebd., S. 78.
40 PAAA Bonn, R 99716, Staatspolizei Kiel-Geheimes Staatspolizeiamt 28. 4. 1938, S. 1.
41 Ebd., Gesandtschaft Oslo-Geheimes Staatspolizeiamt 9. 6. 1938.
42 Ebd., Formular 18. 7. 1938.
43 Süddeutsche Zeitung, 3. 3. 1961, S. 1.
44 Lehmann, S. 126. Wolfgang Duckart war seit 1937 NSDAP-Mitglied Nr. 4 156 420.
45 Stern, 13. 12. 1973, S. 52.
46 Evensmo, S. 24.
47 Lorenz [1992], S. 166.
48 ABAB-SAP Oslo, Mappe 216, Brandt-Walcher 29. 9. 1937, S. 2 und 2. 10. 1937, S. 2.
49 Higgins, S. 278 f.
50 Auskunft der Lübecker Autorin I. Schmidt 1995.
51 Higgins, S. 333.
52 Prittie, S. 62 f.; Stern, C., S. 29.
53 Higgins, S. 279, S. 319.
54 Eicke (Hrsg.), S. 288 f.
55 Marshall, S. 24.
56 Vorholt, S. 253 f.
57 Stern, C., S. 28 f.; SAPMO-BArch Berlin, RY 1/I 2/3/367, Emigration in Norwegen 14. 5. 1941, S. 2.

10. Kapitel

1 Fundstellen bei Willy Brandt: Krieg in Norwegen, S. 7, S. 17f., S. 41f., S. 67f., S. 139; Mein Weg nach Berlin, S. 115–140; Draußen, S. 12–22, S. 90–96, S. 124, S. 227f., S. 254, S. 375, Anm. 1; Links und frei, S. 265–306; Erinnerungen, S. 123–127.
2 Vorholt, S. 256.
3 Bremer, S. 253.
4 Lorenz [1989], S. 271.
5 Foitzik, S. 115, Anm. 217.
6 IWK, 1988, S. 234ff.
7 Lorenz [1989], S. 268.
8 RA Stockholm, Statens utlänningskommission, Centraldossié Frahm, Protokoll polisförhör 2.7.1940, S. 3f.
9 Lorenz [1989], S. 272.
10 Es handelte sich um das unter englischer Flagge fahrende polnische U-Boot »Orzel«.
11 Prittie, S. 96.
12 Der Prozeß gegen die Hauptkriegsverbrecher, XXXIV, S. 281 und S. 271 (066 C, 064 C).
13 Loock, S. 281f.
14 Evensmo, S. 169.
15 Bohn, S. 128.
16 Brandt, R. [1992], S. 41.
17 Larsen, S. 546; Lorenz [1992], S. 322.
18 Italiaander, S. 195.
19 Stern, 13.12.1973, S. 53f.
20 Hvem er hvem? (1964), S. 20.
21 Stern, 13.12.1973, S. 53f.
22 Der Spiegel, 9.10.1957, S. 20.
23 Hvem er hvem? (1964), S. 572. Bei Brandt [1982], S. 303, wird die Ehefrau irrtümlich Friis-Stang genannt.
24 Binder, D., S. 80.
25 Lehmann, S. 144.
26 Lorenz [1989], S. 319, Anm. 1; Der Spiegel, 26.10.1992, S. 7f.
27 Lorenz [1989], S. 332, Anm. 104.
28 RA Stockholm, Centraldossié Frahm, Protokoll polisförhör 2.7.1940, S. 1.
29 Ebd., S. 3. Von 1896 bis 1960 verkehrte eine Schmalspurbahn Sørumsand-Bjørkelangen-Skulerud.
30 RA Stockholm, Centraldossié Frahm, Protokoll polisförhör 2.7.1940, S. 3.

11. Kapitel

1 RA Stockholm, Statens utlänningskommission, Centraldossié Frahm, Protokoll polisförhör 2.7.1940, S. 1 f.
2 Prittie, S. 102 f.
3 RA Stockholm, Statens utlänningskommission, Centraldossié Frahm, Protokoll polisförhör 2.7.1940, S. 4.
4 Fundstellen bei Willy Brandt: Norwegens Freiheitskampf 1940–1945, S. 91, S. 99; Mein Weg nach Berlin, S. 140–154; Draußen, S. 20, S. 124, S. 249 f., S. 285 f.; Links und frei, S. 210, S. 306–327, S. 341; ... wir sind nicht zu Helden geboren, S. 98 f.; Erinnerungen, S. 128–131; Personalbibliographie, S. 33; Willy Brandt. Berliner Ausgabe, Bd. II, S. 26.
5 In: Brandt, W. [1982], S. 319 und in: ders. [1989], S. 128 wird die Internierung falsch auf August datiert.
6 RA Stockholm, Centraldossié Frahm, Protokoll polisförhör 2.7.1940, S. 1 ff., S. 4.
7 IfZ München, ED 223, S. 56, S. 119 ff.
8 Ebd., S. 93 f., S. 120.
9 Frankfurter Rundschau, 9.3.1961, S. 2.
10 RA Stockholm, Centraldossié Frahm, Frahm-Socialstyrelsen 23.7.1940, 30.7.1940.
11 Ebd., 30.7.1940, Schlußvermerk.
12 IfZ München, ED 223, S. 121.
13 Gaus, S. 40.
14 Marshall, S. 21.
15 Lie, S. 308 f.
16 Scott, S. 508.
17 Petersen (Hrsg.), S. 96.
18 Die Zeit, 5.9.1997, S. 14 f.
19 Walter, Bd. II, S. 154 ff.
20 Picker, S. 66, S. 418.
21 Scott, S. 506.
22 Pöppel, S. 197 ff.
23 Statens offentliga utredningar 1946: 93 – Socialdepartementet, S. 25 und S. 124 ff.
24 Lehmann, S. 146.
25 PAAA Bonn, MF 1887, D 10 und E 7.
26 Statens offentliga utredningar 1946: 93 – Socialdepartementet, S. 192 f.
27 Petersen (Hrsg.), S. 96; Pöppel, S. 202.
28 Kreisky, S. 316.

29 Szende, S. 229.
30 RA Stockholm, Centraldossié Frahm, Frahm-Socialstyrelsen 30.7.1940.
31 Semjonow, S. 130.
32 RA Stockholm, Allmänna Säkerhetstjänsten, F 5 DC:16, Frahm-»Lieber Jacob« 29.6.1942, S. 2.
33 Prittie, S. 104.
34 Kreisky, S. 349.
35 Stern, C., S. 31.
36 RA Stockholm, Allmänna Säkerhetstjänsten, F 5 DC:16, Berichte für Overseas News Agency, New York.
37 Der Spiegel, 13.9.1999, S. 64.
38 RA Stockholm, Centraldossié Frahm, Eilantrag Frahm-Socialstyrelsen 20.12.1940.
39 Vogt, S. 45.
40 Binder, D., S. 84f.
41 Evensmo, S. 24; Binder, D., S. 84.
42 Evensmo, S. 24.
43 Loock, S. 547ff.; Funke, S. 703.
44 Prittie, S. 104.
45 Kreisky, S. 349.
46 Marshall, S. 20.
47 RA Stockholm, Centraldossié Frahm, Frahm-Socialstyrelsen 20.12.1940, Randnotiz.
48 RA Stockholm, Allmänna Säkerhetstjänsten, F 5 DC:16, »Karl« (= Brandt)-»Kjære Finn« 15.4.1941.
49 RA Stockholm, Kommission 984, F 2:16, AD 378; RA Stockholm, Statens utlänningskommission, Centraldossié Frahm, Protokoll polisförhör 2.7.1940, S. 1f.
50 Kreisky, S. 359f.
51 RA Stockholm, Kommission 984, F 2:16, AD 378; RA Stockholm, Statens utlänningskommission, Centraldossié Frahm, Protokoll polisförhör 2.7.1940, S. 1f.
52 RA Stockholm, Allmänna Säkerhetstjänsten, F 5 DC:16, »Karl« (= Brandt)-»Kjære Finn« 15.4.1941.
53 Auskunft von Ninja Frahm 1995.
54 Binder, D., S. 86.
55 RA Stockholm, Allmänna Säkerhetstjänsten, F 5 DC:16, Frahm-»Lieber Jacob« 29.6.1942, S. 2.
56 Binder, D., S. 87.
57 Prittie, S. 116; RA Stockholm, Allmänna Säkerhetstjänsten, F 5 DC:16, Frahm-»Lieber Jacob« 29.6.1942, S. 2.

58 Ulricehamns tidning, 18.12.1994, S. 17.
59 RA Stockholm, Allmänna Säkerhetstjänsten, F 5 DC:16, Frahm-»Lieber Jacob« 29.6.1942, S. 1.
60 Prittie, S. 116.

12. Kapitel

1 Fundstellen bei Willy Brandt: Guerillakrig, S. 6–8; Norwegens Freiheitskampf, S. 59–62, S. 142; Mein Weg nach Berlin, S. 142 f., S. 146–149, S. 160 f., S. 217; Draußen, S. 24 f., S. 106 f., S. 136 ff., S. 174–183, S. 226–229, S. 247–250, S. 268 f., S. 376 f., Anm. 18 f.; Links und frei, S. 235, S. 326 f., S. 357, S. 383; Erinnerungen, S. 131; Personalbibliographie, S. 47, S. 51 und S. 54
2 Fundstellen bei Rut Brandt: Freundesland, S. 24 f., S. 35–62.
3 BZ, 19.9.1960, S. 4.
4 Prittie, S. 119.
5 Ebd., S. 83.
6 Herms Draht, S. 108.
7 Auskunft von Ninja Frahm 1995.
8 RA Stockholm, Allmänna säkerhetstjänsten, F 5 DC:16, Frahm-»Lieber Jacob« 29.6.1942, S. 1.
9 SAPMO-BArch Berlin, DY 30/IV 2/11/251, »Willy Brandt und die SAP in Stockholm« 27.9.1948, S. 1.
10 Glückauf, S. 406 f.
11 AdsD Bonn, Nachlaß S. Neumann, Box 12, Mappe 23, »Zu Willy Brandt« 31.12.1947, S. 3.
12 Funke (Hrsg.), S. 698 und S. 701 f.
13 Loock, S. 552 f. und S. 555 f.
14 Ebd., S. 550 und S. 557.
15 RA Stockholm, Allmänna säkerhetstjänsten, F 5 DC:16, Frahm-»Kjære Hein [= Heinz Thelen] og Friedel« 8.3.1943, S. 1.
16 AdsD Bonn, Nachlaß S. Neumann, Box 12, Mappe 23, »Zu Willy Brandt« 31.12.1947, S. 3.
17 Engholm, S. 12.
18 BZ, 5.10.1960, S. 4.
19 IWK, 1994, S. 555.
20 Meddelande från Arbetarrörelsens Arkiv, Nr. 14–15, S. 59.
21 Herms Draht, S. 107.
22 BA Koblenz, R 58, Nr. 337, V-Person 0454 27.11.1942, 23.1.1943.
23 SAPMO-BArch Berlin, DY 30/IV 2/11/251, »Betr.: Willy Brandt«, 3.1.1949, S. 1.

24 Frederik [1961], S. 165.
25 IWK, 1994, S. 555f.
26 Frankfurter Rundschau, 5.3.1961, S. 2.
27 IWK, 1994, S. 554f.
28 Müssener, S. 330.
29 RA Stockholm, Allmänna säkerhetstjänsten, F 5 DC:16, Frahm-»Lieber Jacob« 29.6.1942, S. 1.
30 Binder, D., S. 87.
31 Z.B. Frederik [1977], S. 298ff.
32 Anonyme Auskunft von Stockholmer Sozialdemokraten.
33 Müssener, S. 548.
34 RA Stockholm, Allmänna säkerhetstjänsten, F 5 DC:16, »Karl« [= Brandt]-»Kjære Finn« 15.4.1941.
35 SAPMO-BArch Berlin, DY 30/IV 2/11/251, »Betr.: Willy Brandt«, 3.1.1949, S. 1.
36 Z.B. Frederik [1977], S. 303.
37 Jerlin, S. 15.
38 RA Stockholm, Allmänna säkerhetstjänsten, F 5 DC:16, Frahm-»Kjære Hein og Friedel« 8.3.1943, S. 1.
39 Friheten, Nr. 22/1943, S. 1; Ny Dag, 22.6.1943, S. 2; 14.8.1943, S. 2.
40 Norges krig, Bd. II, S. 398ff.
41 Binder, D., S. 82.
42 Birnbaum, S. 171.
43 Grebing [1984], S. 38; Lorenz u.a. (Hrsg.) [1998], S. 222f.
44 RA Stockholm, Allmänna säkerhetstjänsten, F 5 DC:16, Frahm-»Kjære Hein og Friedel« 8.3.1943, S. 2.
45 Misgeld, S. 58, Anm. 23.
46 Binder, D., S. 82.
47 Ebd., S. 88.
48 Prittie, S. 119.
49 Ebd., S. 141.
50 Die Zeit, 21.8.1982, S. 60.
51 Prittie, S. 141.
52 Binder, D., S. 93f.

13. Kapitel

1 Binder, D., S. 93.
2 RA Stockholm, Allmänna säkerhetstjänsten, F 5 DC:16, Frahm-»Kjære Hein [= Heinz Thelen] og Friedel« 8.3.1943, S. 1.

3 Fundstellen bei Willy Brandt: Efter segern, S. 42, S. 51 f., S. 93, S. 174; Mein Weg nach Berlin, S. 155–160, S. 185 f.; Draußen, S. 13 f., S. 21 ff., S. 126 ff., S. 136–158, S. 288–313; Links und frei, S. 336–346, S. 350–360; Erinnerungen, S. 16, S. 132 ff., S. 143 f.; Personalbibliographie, S. 53.
4 Lie, S. 308.
5 Paul, E., S. 4.
6 Bracher u.a. (Hrsg.), Bd. I, S. 288 f.
7 Neue Volkszeitung, 14.10.1944, S. 1.
8 Misgeld, S. 58, Anm. 25.
9 Günsche/Lantermann, S. 116.
10 Misgeld, S. 50 ff. und S. 58, Anm. 27.
11 Szende, S. 256; Misgeld, S. 50.
12 Fetscher, S. 301.
13 Paul, E., S. 5.
14 Szende, S. 257 f.
15 Prittie, S. 117.
16 Misgeld, S. 72.
17 Ebd., S. 181 f.
18 Glückauf, S. 395.
19 Misgeld, S. 59, Anm. 36, S. 182.
20 Paul, E., S. 6.
21 Kreisky, S. 351.
22 Misgeld, S. 84, S. 90.
23 Ebd., S. 84.
24 Marx/Engels, Bd. XVI, S. 13.
25 Szende, S. 260.
26 Paul, E., S. 9; Misgeld, S. 107, Anm. 134.
27 Ebd., S. 111 und S. 116.
28 Vorholt, S. 279 f.
29 Paul, E., S. 9; Misgeld, S. 87; AdsD Bonn, Emigration – Sopade, Film 12, Mappe 83, Ollenhauer-Heinig 3.10.1944, S. 2.
30 Misgeld, S. 88 f.
31 ARAB Stockholm, Myrdals arkiv, Heinig-Alva Myrdal 28.4.1943.
32 IfZ München, ED 203, Bd. 3, Heinig-»Lieber Hans« 7.7.1945, S. 1 f.
33 Misgeld, S. 88.
34 IfZ München, ED 203, Bd. 3, Heinig-»Lieber Hans« 13.5.1943, S. 1.
35 Seebacher-Brandt [1984], S. 267.
36 Müssener, S. 139; Misgeld, S. 109.

37 IfZ München, ED 203, Bd. 3, Heinig-»Lieber Hans« 25.6.1943, S. 1 und 20.9.1944, S. 1.
38 Müssener, S. 143.
39 ARAB Stockholm, Heinigs arkiv, Korrespondens, Vol. 1, Heinig-Bromme 5.7.1943, S. 1, 18.6.1943, S. 1 und 18.10.1943, S. 2.
40 ARAB Stockholm, Heinigs arkiv, Korrespondens, Vol. 1, Heinig-Bromme 2.6.1943 und 18.6.1943, S. 1.
41 Paul, E., S. 13; Müssener, S. 248.
42 AdsD Bonn, Emigration – Sopade, Film 7, Mappe 52, Heinig-Vogel 30.8.1944, S. 1.
43 Paul, E., S. 13; Günsche/Lantermann, S. 115f.
44 Lendvai/Ritschel, S. 103f.; Sozialistische Tribüne, März 1945, S. 2.
45 Szende, S. 260.
46 Gerhardsen, S. 113f.
47 Hilberg, S. 710.
48 Die Welt, 14.8.1972, S. 5.
49 Gaus, S. 44.
50 RA Stockholm, Allmänna säkerhetstjänsten, F 5 DC:16, Rundbrief 30.6.1942, S. 3.
51 Müssener, S. 174.
52 Ebd., S. 102.
53 Pöppel, S. 215.
54 Grebing (Hrsg.) [1984], S. 14.
55 Müssener, S. 173f.
56 Schmidt, W., S. 37f.
57 Szende, S. 262; Müssener, S. 249.
58 Misgeld, S. 88f.
59 Fetscher, S. 192.

14. Kapitel

1 Stern, 13.12.1973, S. 53.
2 Fundstellen bei Willy Brandt: Forbrytere og andre tyskere, S. 124; Mein Weg nach Berlin, S. 160–175; Draußen, S. 71f., S. 107–122, S. 126ff., S. 313; Links und frei, S. 345f., S. 355–375; Erinnerungen, S. 27, S. 135–139; Willy Brandt. Berliner Ausgabe, Bd. II, S. 209, S. 340, Anm. 57.
3 Fundstelle bei Rut Brandt: Freundesland, S. 66f.

4 Auskünfte von Ninja Frahm 1995.
5 SAPMO-BArch Berlin, DY 30/IV 2/11/251, »Betr. Willy Brandt«, 3.1.1949, S. 2.
6 Andrew/Mitrochin, S. 542; [Anonym] Zwischen Oslo und Berlin, S. 8.
7 Frederik [1977], S. 330 und S. 318.
8 Aftonbladet, 14.12.1966, S. 2.
9 Der Spiegel, 15.2.1961, S. 27.
10 Lansburgh, S. 150 ff.
11 Marquardt-Bigman, S. 99 ff.; Heideking/Mauch (Hrsg.), S. 87, Anm. 100.
12 IWK, 1994, S. 559.
13 Lansburgh, S. 152.
14 Der Spiegel, 13.9.1999, S. 61 und S. 66 f.
15 Glückauf, S. 406 f.
16 SAPMO-BArch Berlin, Sg Y 30/1244/1, Erinnerungen Mewis, S. 73.
17 Stern, C., S. 33.
18 Misgeld, S. 107, Anm. 133.
19 Binder, D., S. 97.
20 Andrew/Mitrochin, S. 541. Die Vergabe eines Codenamens durch den sowjetischen Geheimdienst war kein Anzeichen einer Agententätigkeit. Auch US-Präsident Roosevelt und der britische Premier Churchill erhielten Pseudonyme.
21 Andrew/Mitrochin, S. 29 und S. 541 f.
22 Ebd., S. 542.
23 Herms Draht, S. 238.
24 Der Spiegel, 28.2.1977, S. 46.
25 Die Welt, 14.11.1981, S. 4.
26 Marquardt-Bigman, S. 67 ff.
27 Fleischhauer, S. 238.
28 NA College Park, Record Group 059, 862.01/9-244, File 4027 2.9.1944, S. 1.
29 Der Spiegel, 13.9.1999, S. 61.
30 Herms Draht, S. 230 f.; Misgeld, S. 101, Anm. 77.
31 NA Washington, Record Group 226, Entry 100, FNB-INT-13 GE-928, W. Brandts Einschätzung 25.9.1943.
32 Herms Draht, S. 237.
33 NA College Park, Record Group 059, 862.01/598, File 3142 11.4.1944, S. 2.
34 Ebd., 862.01/639, File 3399 22. 5. 1944, S. 6.
35 Der Spiegel, 11.2.1980, S. 34 (Faksimile).

36 NA College Park, Record Group 059, 862.01/9-244, File 4027 2.9.1944, S. 1; Herms Draht, S. 231f.
37 NA Washington, Record Group 226, Entry 100, FNB-INT-13 GE-928, W. Brandts Einschätzung 25.9.1943.
38 NA College Park, Record Group 059, 862.01/639, File 3399 22.5.1944, S. 2.
39 Der Spiegel, 28.2.1977, S. 46.
40 NA College Park, Record Group 059, 862.01/9-244, File 4027 2.9.1944, S. 2.
41 Die Welt, 10.5.1974, S. 3.
42 Der Spiegel, 11.2.1980, S. 32ff.
43 Lehmann, S. 227f.
44 Herms Draht, S. 230f.
45 NA College Park, Record Group 059, 862.01/639, File 3399 22.5.1944, S. 1.
46 Ebd., 862.01/9-244, File 4027 2.9.1944, S. 1.
47 Ebd., 840.50/10-644, File 4221 6.10.1944, 1f.
48 Regjeringen og hjemmefronten under krigen, S. 320; Steltzer, S. 140.
49 Steltzer, S. 155.
50 Ebd., S. 134, S. 142 und S. 145.
51 Widerstandsarchiv Marburg, Aussage Prof. M. Skodvin (Oslo) 10.4.1965.
52 Beck, D., S. 20.
53 Ebd.
54 Prittie, S. 118.
55 Müssener, S. 252.
56 VfZ, Heft 3, 1970, S. 275.
57 Finker, S. 161f.
58 VfZ, Heft 3, 1963, S. 215 und Heft 1, 1998, S. 11.
59 Sykes, S. 363.
60 Heideking/Mauch (Hrsg.), S. 20f.
61 Inga Almstrom wird in Veröffentlichungen oft als Inga Kempe bezeichnet. Diesen Namen trug sie jedoch erst seit 1957, nach ihrer zweiten Eheschließung.
62 VfZ, Heft 3, 1970, S. 275f.
63 Trott zu Solz, S. 179; Sykes, S. 341ff.
64 VfZ, Heft 3, 1970, S. 281 und S. 289ff.
65 Fleischhauer, S. 238f.; Finker, S. 165f.
66 Fleischhauer, S. 238.
67 Semjonow, S. 146; Kleist [1950], 239ff.; Fleischhauer, S. 240ff.
68 Trott zu Solz, S. 186; Sykes, S. 365.

69 Fleischhauer, S. 236.
70 Steltzer, S. 170 ff.
71 Beck, D., S. 20.
72 AdsD Bonn, Emigration – Sopade, Film 8, Mappe 58, Jesse-Paul 30.11.1944, S. 2.
73 Information, Dezember 1944, S. 7 f.
74 SAPMO-BArch Berlin, DY 30/IV 2/11/251, »Betr. Willy Brandt«, 3.1.1949, S. 2.
75 AdsD Bonn, Emigration – Sopade, Film 8, Mappe 58, »Schultz« [= Jesse]-Ollenhauer 2.2.1945, S. 1.
76 Ebd., Jesse-Paul 30.11.1944, S. 1 f.
77 Ebd., Mappe 58, »Schultz«-Ollenhauer 2.2.1945, S. 4.
78 IfZ München, ED 203, Bd. 3, Heinig-Reinowski 21.2.1945, S. 2.
79 AdsD Bonn, Emigration – Sopade, Film 8, Mappe 58, »Schultz«-Ollenhauer 2.2.1945, S. 4 und undat. Erklärung Jesses, S. 1.
80 Ebd., undatierte Erklärung Jesses, S. 1.
81 Müssener, S. 252 f.
82 AdsD Bonn, Emigration – Sopade, Film 8, Mappe 58, Jesse-Paul 30.11.1944, S. 2; Müssener, S. 253.
83 Ebd., »Schultz«-Ollenhauer 2.2.1945, S. 2.
84 Ebd., Jesse-Paul 30.11.1944, S. 3, und »Schultz«-Ollenhauer 2.2.1945, S. 4.
85 Ebd., Jesse-Paul 30.11.1944, S. 3.
86 Der Spiegel, 13.9.1999, S. 67.
87 AdsD Bonn, Emigration – Sopade, Film 8, Mappe 58, »Schultz«-Ollenhauer 2.2.1945, S. 3; Müssener, S. 252.
88 Ebd., Jesse-Ollenhauer 20.6.1945, 1 f.

15. Kapitel

1 AdsD Bonn, Emigration – Sopade, Film 12, Mappe 84, Ollenhauer-Heinig 14.12.1944, S. 2.
2 Müssener, 139 ff.; AdsD Bonn, Emigration – Sopade, Film 12, Mappe 83, Ollenhauer-Ilgner 14.12.1944, S. 1.
3 Müssener, S. 171.
4 Seebacher-Brandt [1984], S. 253 ff.
5 Lorenz u. a. (Hrsg.) [1998], S. 222.
6 Bremer, S. 270 (dort auch Anm. 7).
7 Müssener, S. 119 ff., S. 139 f.
8 Grebing (Hrsg.) [1984], S. 37.

9 Müssener, S. 173; Grebing (Hrsg.) [1984], S. 39; Lorenz u.a. (Hrsg.) [1998], S. 225.
10 Vorholt, S. 179.
11 ARAB Stockholm, Nachlaß Heinig, Korrespondens Vol. 1, Heinig-Brandt 31.10.1944.
12 Müssener, S. 145f.
13 AdsD Bonn, Emigration – Sopade, Film 7, Mappe 52, Heinig-Ollenhauer 4.11.1944, S. 1.
14 IfZ München, ED 203, Bd. 3, Heinig-Reinowski 2.11.1944, S. 1; ARAB Stockholm, Nachlaß Heinig, Korrespondens Vol. 1, Heinig-Bromme 11.11.1944, S. 1.
15 AdsD Bonn, Emigration – Sopade, Film 7, Mappe 52, Heinig-Ollenhauer 13.11.1944; ARAB Stockholm, Nachlaß Heinig, Korrespondens Vol. 1, Heinig-Bromme 22.11.1944, S. 1.
16 Forschungsstelle für die Geschichte des Nationalsozialismus in Hamburg, Mappe 358–15, undatierter Brief »Lieber Paul«, S. 3.
17 IfZ München, OMGUS-Akten, POLAD/ 729/35, American Legation Stockholm, File 5168 28.2.1945, S. 1, S. 2 und S. 4; Müssener, S. 148ff.
18 ARAB Stockholm, Sozialdemokratische Partei in Schweden, Vol. 3, Rundschreiben 1944–1945, Telegramm des Parteivorstands, S. 1.
19 AdsD Bonn, Emigration – Sopade, Film 12, Mappe 84, Ollenhauer-Heinig 14.12.1944, S. 2.
20 Sozialistische Tribüne, Mai 1945, S. 4f., und Februar 1945, S. 3f.
21 Jerlin, S. 19.
22 Fundstellen bei Willy Brandt: Der zweite Weltkrieg, S. 11ff.; Norwegens Freiheitskampf 1940–1945, S. 99, S. 126–134; Mein Weg nach Berlin, S. 175–184; Draußen, S. 46f., S. 51, S. 271f., S. 312f., S. 387ff.; Links und frei, S. 349, S. 375–383; Erinnerungen, S. 139–142; Personalbibliographie, S. 55ff.; Willy Brandt. Berliner Ausgabe, Bd. II, S. 215ff., S. 231ff.
23 Paul, E., S. 15.
24 ARAB Stockholm, Acc. 69/049, Abich, Korrespondenz/Protokolle, Rundschreiben Landesleitung der S.P.D. 5.5.1945.
25 Szende, S. 262.
26 Fundstellen bei Rut Brandt: Freundesland, S. 67–71, 296f.; Wer an wen sein Herz verlor, S. 27f.
27 Domarus, Bd. II.2, S. 2250.
28 Szende, S. 262.
29 Paul, E., S. 15.
30 Pöppel, S. 217.

31 ARAB Stockholm, Korrespondens Vol. 1, Heinig-Bromme 26.5.1945, S. 2 und Acc. 69/049, Abich, Korrespondenz/Protokolle, Rundschreiben Landesleitung der S.P.D. 5.5.1945.
32 Oven, S. 106 f.
33 Die Weltwoche, 3.10.1973, S. 9.
34 Binder, D., S. 98.
35 Steltzer, S. 159.
36 AdsD Bonn, Emigration – Sopade, Nachlaß Schumacher, Mappe 168, Bericht 5.3.1949.
37 Ebd., Mappe 64, Brandt-Ollenhauer 29.7.1946, S. 1; ARAB Stockholm, Acc. 69/049, Abich, Korrespondenz/Protokolle, Rundschreiben Landesleitung der S.P.D. 27.7.1945, S. 1.
38 Prittie, S. 123.
39 Dagens Nyheter, 13.–30.7.1945, Serie »Norge i övergångstid«.
40 Sozialistische Tribüne, Juli 1945, S. 6 f.
41 Ebd., September 1945, S. 1 ff.
42 Prittie, S. 124; ARAB Stockholm, Acc. 69/049, Abich, Korrespondenz/Protokolle, Rundschreiben Landesleitung der S.P.D. 28.8.1945, S. 1.
43 Lorenz u. a. (Hrsg.) [1998], S. 227.
44 Prittie, S. 125.
45 Lorenz u. a. (Hrsg.) [1998], S. 443, Anm. 67.
46 IfZ München, ED 213/27, Korrespondenz, Bauer-Frank 20.8.1945, S. 1.
47 Frederik [1977], S. 331.
48 Petersen (Hrsg.), S. 98.
49 Lehmann, S. 157 und S. 170 f.; IWK, 1988, S. 330 und S. 336.
50 Pöppel, S. 228; IWK, 1994, S. 559.
51 AdsD Bonn, Emigration – Sopade, Film 8, Mappe 58, Jesse-Ollenhauer 20.6.1945, S. 1.
52 Müssener, S. 99, S. 104 f.
53 BZ, 6.10.1960, S. 6 und 7.10.1960, S. 6.
54 Bremer, S. 287; Grebing (Hrsg.) [1984], S. 21; Vorholt, S. 280.
55 Röder, S. 292 f.
56 Lorenz u. a. (Hrsg.) [1998], S. 223; Grebing (Hrsg.) [1984], S. 18 und S. 51.
57 LA Berlin, Rep. 200, Nr. 27.2, Interview des SFB, Transkript, S. 12
58 Der Spiegel, 7.11.1988, S. 43 f.
59 LA Berlin, Rep. 200, Nr. 27.2, Interview des SFB, Transkript, S. 12.
60 Lorenz u. a. (Hrsg.) [1998], S. 413.

16. Kapitel

1 Brandts Angaben über das Datum des Fluges nach Deutschland schwanken in seinen Memoiren zwischen September und November 1945. Der korrekte Starttermin ergibt sich aus seinem Brief vom 7.11.1945 an Jacob Walcher.
2 Fundstellen bei Willy Brandt: Forbrytere og andre tyskere, S. 320; Mein Weg nach Berlin, S. 187–191; Draußen, S. 58, S. 341; Links und frei, S. 383–397, S. 403, S. 412; ... wir sind nicht zu Helden geboren, S. 57; Erinnerungen, S. 142 ff.; Willy Brandt. Berliner Ausgabe, Bd. II, S. 252.
3 Fundstellen bei Rut Brandt: Freundesland, S. 72 f.; Wer an wen sein Herz verlor, S. 21 f., S. 28 ff.
4 Eckardt, S. 116.
5 Bundesminister für Vertriebene, Flüchtlinge und Kriegsgeschädigte (Hrsg.), Bd. I, S. 52.
6 Ebd., S. 51.
7 Marquardt-Bigman, S. 172, S. 182.
8 Droste Geschichts-Kalendarium, Bd. 3/I, S. 68, S. 76, S. 108.
9 Brandt, P., S. 106; Marquardt-Bigman, S. 173 f., S. 176 f., S. 194 f.
10 Dorn, S. 40.
11 Marßolek/Ott, S. 329 f.
12 Bremer, S. 270.
13 Brandt, P., S. 101 ff.
14 Ebd., S. 105 f., S. 412 ff.
15 Leonhard, S. 389 ff.
16 Lösche/Walter, S. 139.
17 Brandt, P., S. 184.
18 Grebing (Hrsg.) [1983], S. 322 f.
19 Dorn, S. 10 f.; Kaisen, S. 175.
20 Stern, 23.12.1973, S. 54.
21 Bundesminister für Vertriebene, Flüchtlinge und Kriegsgeschädigte (Hrsg.), Bd. I, S. 1, Beiheft, S. 363 f.; Schreiber, A., S. 6 ff.
22 Auskunft von Günter Kuhlmann 1995.
23 Schröck, S. 123.
24 Siehe hier S. 206.
25 Auskunft von Günter Kuhlmann 1994; Stern, 27.2.1972, S. 132.
26 Ebd., 27.2.1972, S. 132.
27 Schreiber, A., S. 6.
28 Stern, 27.2.1972, S. 132.
29 Auskunft von Günter Kuhlmann 1995.
30 Auskunft von Günter Kuhlmann 1994.

31 Auskunft von Christian Häuer 1995.
32 Dickens, S. 330 f.
33 Binder, G., S. 66.
34 Ebd., S. 68, S. 71.
35 ARAB Stockholm, Sozialdemokratische Partei in Schweden, Vol. 3, Mitteilungen 1/1946, S. 5.
36 Droste Geschichts-Kalendarium, Bd. 3/I, S. 68, S. 76, S. 108; Bundesminister für Vertriebene (Hrsg.) Bd. II.2, S. 58.
37 ARAB Stockholm, Sozialdemokratische Partei in Schweden, Vol. 3, Mitteilungen 1/1946, S. 1.
38 Malter, S. 18.
39 Taylor, S. 262.
40 Lippe, S. 121, S. 233 und S. 484.
41 Taylor, S. 263.
42 New York Herald Tribune, 8. 12. 1945, S. 5.
43 Lippe, S. 265 f.
44 Taylor, S. 263 f.
45 Süskind, S. 19.
46 Heydecker/Leeb, S. 112; Koch, S. 162.
47 Wolf, M., S. 50 f.
48 Mann, E., S. 214 ff.
49 Lühe, S. 21.

17. Kapitel

1 Kästner, S. 323 f.; Andrus, S. 114.
2 Der Prozeß gegen die Hauptkriegsverbrecher, Bd. II, S. 30 f.
3 Andrus, S. 112 f.
4 Taylor, S. 203.
5 Fundstellen bei Willy Brandt: Forbrytere og andre tyskere, S. 9–12, S. 29–31, S. 41, S. 78, S. 141, S. 149, S. 154, S. 163, S. 173, S. 232, S. 319 f.; Mein Weg nach Berlin, S. 123 f., S. 191 ff., S. 202; Draußen, S. 372 f.; Links und frei, S. 210, S. 396, S. 398, S. 403 bis 414, S. 427; ... wir sind nicht zu Helden geboren, S. 106 f.; Erinnerungen, S. 144 ff.; Willy Brandt. Berliner Ausgabe, Bd. II, S. 70 f.
6 Sozialistische Tribüne, Dezember 1945, S. 3.
7 Prittie, S. 128.
8 Der Prozeß gegen die Hauptkriegsverbrecher, Bd. II, S. 120 f.
9 Ebd., S. 128.
10 Ebd., S. 150.

11 Taylor, S. 227; Andrus, S. 133 ff.
12 ARAB Stockholm, Sozialdemokratische Partei in Schweden, Vol. 3, Mitteilungen 1/1946, S. 4.
13 Tatsachen – Argumente, April 1961, S. 1 ff.
14 Taylor, S. 234 f. und S. 237; Churchill, I.2, S. 226 ff. und S. 239.
15 Arbeiderbladet, 5.12.1945, S. 7.
16 Heydecker/Leeb, S. 113; Lippe, S. 43; Taylor, S. 214.
17 ARAB Stockholm, Sozialdemokratische Partei in Schweden, Vol. 3, Mitteilungen 1/1946, S. 2.
18 Ebd.
19 Der Prozeß gegen die Hauptkriegsverbrecher, Bd. XVI, S. 617, S. 531, S. 552 ff. und S. 557 ff.
20 Arbeiderbladet, 5.12.1945, S. 7 und 22.11.1945, S. 1.
21 Lippe, S. 64.
22 Binder, D., S. 106.
23 Stock/Walcher, S. 139.
24 Gemeint ist die rechtsextreme, vom Dritten Reich geförderte Sudetendeutsche Partei (1,3 Millionen Mitglieder), die der Bankbeamte Konrad Henlein führte.
25 Fundstellen bei Rut Brandt: Freundesland, S. 71–74; Wer an wen sein Herz verlor, S. 24 ff., S. 31 f.
26 Koch, S. 162.
27 Stock/Walcher, S. 138 f.
28 AdsD Bonn, Nachlaß Schumacher, Mappe 64, Brandt-Schumacher 13.1.1946, S. 2 f.
29 Ebd., Brandt-Schumacher 19.11.1945 und 13.1.1946.
30 Ebd., S. 1.
31 Grebing (Hrsg.) [1984], S. 59.
32 AdsD Bonn, Nachlaß Schumacher, Mappe 64, Brandt-Schumacher, 13.1.1946, S. 1.
33 Ebd.
34 ARAB Stockholm, Sozialdemokratische Partei in Schweden, Vol. 3, Mitteilungen 1/1946, S. 4.
35 Ebd., S. 2.
36 Meissner, S. 79.
37 Krohn u. a. (Hrsg.), Sp. 654.
38 AdsD Bonn, Nachlaß Schumacher, Mappe 64, Brandt-Ollenhauer 7.4.1946, S. 1.
39 Arbeiderbladet, 13.3.1946, S. 1 und S. 10; 9.3.1946, S. 1 und S. 14; Morgon-Tidningen, 6.2.1946, S. 6.
40 BZ, 7.10.1960, S. 6.
41 Ebd.

42 Ebd.
43 ARAB Stockholm, Sozialdemokratische Partei in Schweden, Vol. 3, Mitteilungen 2–3/1946, S. 5.
44 Ebd.
45 Ebd., Mitteilungen 4–5/1946, S. 4.
46 Grebing (Hrsg.) [1984], S. 21f.
47 AdsD Bonn, Nachlaß Schumacher, Mappe 65, Heine-Heinig 4.9.1946.
48 Quick, 4.1.1961.
49 Kleist [1973], S. 20ff. und S. 35.
50 BArch-SAPMO, DY 30/3 IV, 2/202–586, Lewin-Matern 19.8.1963 samt Beilagen.
51 Frederik [1961], S. 171.
52 Die »Entnazifizierung« in der SBZ hat schätzungsweise 70000 Todesopfer, darunter auch Antifaschisten, gefordert; siehe Die Zeit, 12.7.1991, S. 64.
53 AdsD Bonn, Nachlaß Schumacher, Mappe 65, Heinig-Heine 10.7.1946, S. 2.
54 Ebd., Mappe 64, Brandt-Ollenhauer 7.4.1946, S. 3.
55 Ebd., S. 4.

18. Kapitel

1 Lübecker Post, 27.3.1946, S. 1.
2 AdsD Bonn, Nachlaß Schumacher, Mappe 64, Brandt-Ollenhauer 7.4.1946, S. 1.
3 Fundstellen bei Willy Brandt: Forbrytere og andre tyskere, S. 242, S. 252, S. 256–259; Mein Weg nach Berlin, S. 194–201, S. 213; Draußen, S. 327–330; Links und frei, S. 413–425; Erinnerungen, S. 20, S. 26; Willy Brandt. Berliner Ausgabe, Bd. IV, S. 85.
4 AdsD Bonn, Parteivorstand Nr. 01634, Rundschreiben 16.2.1946.
5 Ebd., Nachlaß Schumacher, Mappe 64, Brandt-Schumacher 19.11.1945, S. 1ff.
6 Ebd., Brandt-Schumacher 13.1.1946, S. 1.
7 Ebd., S. 1ff.
8 Ebd., Kriedemann-Brandt 12.2.1946.
9 ARAB Stockholm, Nachlaß Heinig, Vol. 25, Heinig-Heine 8.2.1946.
10 AdsD Bonn, Nachlaß Schumacher, Mappe 65, Bericht Heinigs 9.3.1946.

11 Schumacher [1973], S. 29.
12 Schumacher/Ollenhauer/Brandt, S. 3.
13 Fichter, S. 46f.
14 Scholz/Oschilewski, Bd. II, S. 23f.
15 Schumacher/Ollenhauer/Brandt, S. 37f., S. 33f., S. 32.
16 Albrecht (Hrsg.) [1985], S. 229.
17 Gaus, S. 45.
18 Ashkenasi, S. 14.
19 Seebacher-Brandt [1984], S. 314.
20 Renger, S. 69ff.
21 Heine, F., S. 53.
22 Albrecht (Hrsg.) [1985], S. 256ff.
23 Osterroth/Schuster, S. 27.
24 Nach-Denken, S. 42.
25 Albrecht (Hrsg.) [1985], S. 303.
26 Sozialistische Tribüne, Dezember 1945, S. 2.
27 Osterroth/Schuster, S. 19.
28 Grebing (Hrsg.) [1984], S. 18f. und S. 54ff.
29 Seebacher-Brandt [1984], S. 282.
30 Albrecht (Hrsg.) [1985], S. 311.
31 Ebd., S. 101ff.; Bouvier/Schulz (Hrsg.), S. 37.
32 Albrecht (Hrsg.) [1985], S. 322.
33 Gniffke, S. 97f.
34 Leonhard, S. 434f.; Kaden, S. 190f.
35 Steininger, S. 164.
36 Kaden, S. 233; Bouvier/Schulz (Hrsg.), S. 41.
37 Germer, S. 132.
38 Scholz/Oschilewski, Bd. II, S. 67f.
39 Der Spiegel, 15.3.1961, S. 30.
40 Gniffke, S. 142f.
41 Dahrendorf, S. 117f.
42 Gniffke, S. 152.
43 Kaden, S. 247ff.
44 Bouvier, S. 62.
45 Fetscher (Hrsg.), S. 239ff.
46 Binder, D., S. 109; Schulz, S. 55.
47 Matthias, S. 718.
48 Germer, S. 164f.; Kaden, S. 259ff.
49 Leonhard, S. 446ff.
50 Stern, C., S. 40.
51 ARAB Stockholm, Sozialdemokratische Partei in Schweden, Vol. 3, Mitteilungen 4–5/1946, S. 1.

52 AdsD Bonn, Nachlaß Schumacher, Mappe 64, Brandt-Ollenhauer 7.4.1946, S. 4.
53 Ebd., Brandt-Walcher 10.6.1946, S. 1 ff.
54 Stock/Walcher, S. 143 f.
55 Prittie, S. 136.
56 Stock/Walcher, S. 144.
57 Bremer, S. 288.
58 Stock/Walcher, S. 148 f.
59 Ebd., S. 149.
60 Ebd., S. 248 f.

19. Kapitel

1 Fundstellen bei Willy Brandt: Mein Weg nach Berlin, S. 199, S. 201–204; Draußen, S. 339–344; Links und frei, S. 165, S. 398 bis 401, S. 407, S. 413, S. 417 ff., S. 422 ff., S. 431; Erinnerungen, S. 146–148; Willy Brandt. Berliner Ausgabe, Bd. II, S. 305 f., S. 316–320, S. 366.
2 AdsD Bonn, Nachlaß Schumacher, Mappe 65, Heinig-Sander 13.3.1946.
3 Ebd., Heinig-Sander 3.5.1946.
4 Kaden, S. 272 f.
5 Albrecht (Hrsg.) [1985], S. 385 ff.
6 Ebd., S. 418.
7 Binder, D., S. 110 f.
8 Müssener, S. 155.
9 Fundstellen bei Rut Brandt: Freundesland, S. 74–76, S. 192; Wer an wen sein Herz verlor, S. 34–36.
10 AdsD Bonn, Nachlaß Schumacher, Mappe 65, Heinig-Heine 10.7.1946, S. 1.
11 Kurt Schumacher wurde auf dem Parteitag in Hannover nicht mit 244 von 245 Stimmen gewählt, wie Renger, S. 113, und Merseburger [1995], S. 335, behaupten.
12 Renger, S. 114.
13 Binder, D., S. 111.
14 ARAB Stockholm, Sozialdemokratische Partei in Schweden, Vol. 3, Mitteilungen 4–5/1946, S. 2; Müssener, S. 158 f.
15 Binder, D., S. 111.
16 Renger, S. 114.
17 AdsD Bonn, Nachlaß Schumacher, Mappe 64, F. Bauer-Schumacher, 23.5.1946.

18 Binder, D., S. 111.
19 Der Prozeß gegen die Hauptkriegsverbrecher, Bd. XXXIII, S. 570 ff. (3944-PS) und S. 584 ff. (3951-PS).
20 Lippe, S. 273 ff.
21 Binder, D., S. 112.
22 Albrecht (Hrsg.) [1999], S. 15.
23 AdsD Bonn, Nachlaß Schumacher, Mappe 64, Heine-Brandt 28. 5. 1946.
24 Ebd., Brandt-Heine 21. 5. 1946.
25 Steltzer, S. 174 ff.
26 ARAB Stockholm, Sozialdemokratische Partei in Schweden, Vol. 3, Mitteilungen 6–7/1946, S. 4.
27 ARAB Stockholm, Nachlaß Heinig, Vol. 20, Heinig-Ollenhauer 4. 9. 1946, S. 1.
28 Albrecht (Hrsg.) [1999], S. XVI.
29 AdsD Bonn, Nachlaß Schumacher, Mappe 64, Brandt-Heine 6. 7. 1946, S. 1.
30 Hoegner, S. 229 f.
31 Matthias, S. 719.
32 AdsD Bonn, Nachlaß Schumacher, Mappe 64, Heine-Brandt 19. 6. 1946.
33 Ebd., Brandt-Heine 6. 7. 1946, S. 2.
34 IfZ München, ED 203, Bd. 3, Heinig-Reinowski 4. 10. 1946, S. 2.
35 Müssener, S. 155.
36 ARAB Stockholm, Nachlaß Heinig, Vol. 20, Heinig-Ollenhauer 4. 9. 1946, S. 1.
37 AdsD Bonn, Nachlaß Schumacher, Mappe 64, Brandt-Schumacher 11. 6. 1946, S. 1.
38 Ebd., S. 1 f., Ollenhauer-Brandt 10. 7. 1946.
39 Ebd., Mappe 65, Heinig-Heine 10. 7. 1946.
40 Ebd., Mappe 64, Brandt-Schumacher 11. 6. 1946, S. 1 f.
41 Ebd., Brandt-Walcher 10. 6. 1946, S. 5, Brandt-Schumacher 11. 6. 1946, S. 2.
42 Arbeiderbladet, 27. 6. 1946, S. 7.
43 AdsD Bonn, Nachlaß Schumacher, Mappe 64, Brandt-Ollenhauer 11. 6. 1946.
44 Ebd., Brandt-Heine 11. 6. 1946, Brandt-Ollenhauer 3. 7. 1946, S. 1.
45 Ebd., Brandt-Ollenhauer 11. 6. 1946.
46 Ebd., Mappe 65, Heinig-Heine 10. 7. 1946, S. 1.
47 Ebd., Mappe 64, Heine-Brandt 19. 6. 1946.
48 Ebd., Brandt-Ollenhauer 3. 7. 1946, S. 1.

49 BZ, 7.10.1960, S. 6.
50 AdsD Bonn, Nachlaß Schumacher, Mappe 64, Heine-Brandt 11.7.1946.
51 Ebd., Heine-Brandt 20.7.1946.
52 Ebd., Brandt-Heine 5.8.1946.
53 Ebd., Brandt-Heine 29.7.1946 und 5.8.1946.
54 Binder, D., S. 113.
55 Albrecht (Hrsg.) [1999], S. 36, S. 14.
56 AdsD Bonn, Nachlaß Schumacher, Mappe 64, Heine-Brandt 11.7.1946.
57 Herbert Wehner trat am 8.10.1946 in Hamburg der SPD bei.
58 Gaus, S. 46.
59 Prittie, S. 137.
60 Binder, D., S. 115.
61 Süskind, S. 112.
62 Lübecker Freie Presse, 7.9.1946, S. 3.
63 Ebd., 4.9.1946, S. 3.
64 Beck/Schoeller (Hrsg.), S. 233.
65 Stern, C., S. 74.

20. Kapitel

1 Fundstellen bei Willy Brandt: Mein Weg nach Berlin, S. 207 bis 231, S. 268; Plädoyer für die Zukunft, S. 16; Draußen, S. 334, S. 343–364; Links und frei, S. 177f., S. 411f., S. 422–436; ... wir sind nicht zu Helden geboren, S. 57; Erinnerungen, S. 20, S. 119, S. 148ff., S. 304; Willy Brandt. Berliner Ausgabe, Bd. II, S. 47, S. 319–326, und Bd. IV, S. 80–90.
2 Prittie, S. 137f.
3 Fundstellen bei Rut Brandt: Freundesland, S. 76–93, S. 192; Wer an wen sein Herz verlor, S. 32, S. 36–47.
4 Koch, S. 183.
5 Staritz, S. 204ff.
6 Dokumente der Deutschen Politik, Bd. VI, S. 130ff.
7 Benz, S. 53.
8 Der Spiegel, 1.5.1989, S. 149.
9 Ebd., 4.1.1947, S. 2.
10 Ebd.
11 Prittie, S. 140.
12 Brandt/Korber/Uhlitz, S. 10.
13 Hvem er Hvem? 1950, S. 613f.

14 Koch, S. 182.
15 IfZ München, ED 203, Bd. 3, Heinig-Reinowski 10.11.1948, S. 2.
16 Binder, D., S. 115.
17 AdsD Bonn, Nachlaß Schumacher, Mappe 165, Bericht Brost 24.7.1947.
18 Der Spiegel, 6.9.1947, S. 1f.
19 Benz, S. 65.
20 Merkur, Heft 296, 1972, S. 1253.
21 Brandt/Löwenthal, S. 376.
22 Senat von Berlin (Hrsg.), S. 209ff.; Der Spiegel, 26.4.1947, S. 6.
23 BZ, 11.10.1960, S. 6.
24 Mitteilung von Katharina Christiansen, geb. Leber, 1994.
25 Biographisches Handbuch der deutschsprachigen Emigration, Bd. I, S. 600.
26 Prittie, S. 138.
27 Binder, D., S. 116.
28 Andrzejewski/Rinklage, S. 144.
29 BArch-SAPMO Berlin, Sg Y 30, Nr. 1244/1, Erinnerungen Mewis, S. 27f.
30 BZ, 8.10.1960, S. 5.
31 Ebd., 11.10.1960, S. 6.
32 Binder, D., S. 118.
33 BZ, 10.10.1960, S. 5.
34 Ebd.
35 Ebd., 11.10.1960, S. 6.
36 Berman Fischer, S. 289.
37 BZ, 11.10.1960, S. 6.
38 Albrecht (Hrsg.) [1985], S. 491ff.
39 Prittie, S. 141f.
40 LA Berlin, Rep. 200, Nr. 27.2, Interview des SFB, Transkript, S. 13.
41 Gaus, S. 42.
42 Die Welt, 23.11.1957, »Das Forum der Welt«.
43 Andrzejewski/Rinklage, S. 144f.
44 Koch, S. 186.
45 AdsD Bonn, Nachlaß Schumacher, Mappe 165, Berichte Brost, 25.2.1947, S. 3 und 10.5.1947.
46 Binder, D., S. 121.
47 Ebd.
48 Pöppel, S. 229.
49 Schmidt, W., S. 51.

50 Binder, D., S. 122.
51 Brandt versicherte Schumacher am 23.12.1947, der Artikel stamme von seiner norwegischen Verlobten. Er habe ihn »natürlich gesehen und zum Teil wesentlich beeinflußt und verbessert«.
52 ARAB Stockholm, Nachlaß Heinig, Vol. 25, Heinig-PV 4.1.1948 Anhang.
53 Ebd., Vol. 20, Heinig-Schumacher 6.12.1947, S. 1 f.
54 BZ, 12.10.1960, S. 5.
55 Stern, C., S. 74.
56 Der Spiegel, 15.3.1961, S. 31.
57 Lessing, Bd. II, S. 705.
58 Prittie, S. 141.
59 AdsD Bonn, Nachlaß Schumacher, Mappe 64, F. Bauer-Schumacher 23.5.1946.
60 Über Ethik: Weber, S. 175 f.
61 AdsD Bonn, Nachlaß S. Neumann, Box 12, Mappe 23, »Zu Willy Brandt« 31.12.1947, S. 3.
62 Schmidt, W., S. 53.
63 Koch, S. 189.

Der weitere Lebensweg

1 AdsD Bonn, Nachlaß Schumacher, Mappe 166, Bericht Brandt 21.1.1948.
2 Ebd., Mappe 169, Bericht Brandt 20.11.1949.
3 Fundstellen bei Willy Brandt: Programmatische Grundlagen des demokratischen Sozialismus, S. 1 ff.; Mein Weg nach Berlin, S. 252, S. 313 f., S. 316 ff.; Erinnerungen, S. 11, S. 28, S. 73, S. 157, S. 214, S. 224 ff., S. 310 ff., S. 370 ff.; ... was zusammengehört, S. 36.
4 AdsD Bonn, Nachlaß Schumacher, Mappe 167, Bericht Brandt 2.12.1948.
5 Franz-Neumann-Archiv Berlin, X 12, Brandt-Reuter 16.5.1949, S. 1.
7 Der Spiegel, 9.10.1957, S. 24.
8 Harpprecht, S. 37.
9 Bahr, S. 153 ff.
10 Stern, C., S. 93, S. 100.
11 Fundstelle bei Rut Brandt: Freundesland, S. 247 f.
12 Der Spiegel, 8.10.1973, S. 27.

Dokumente

1 Lübecker Volksbote, 22.2.1927, »Der Lübecker Kinderfreund«.
2 Ebd., 27.8.1929, letzte Seite (unpag.).
3 Ebd., 11.3.1930, »Stimme der Jugend«.
4 Ebd., 6.5.1930, »Stimme der Jugend«.
5 Marx/Engels, Bd. IV, S. 478.
6 Das freie Wort, 20.7.1930, S. 13 f.
7 Lübecker Volksbote, 24.9.1930, »Stimme der Jugend«.
8 Ebd., 7.10.1931, 1. Beilage, S. 1.
9 Sozialistische Arbeiter-Zeitung, 17.1.1932, S. 3.
10 Ebd., 3.5.1932, S. 7.
11 Tageszeitung der Berliner NSDAP.
12 Norsk Gymnasiastblad (Oslo), April/Mai 1933, S. 3 ff.
13 ABAB-SAP Oslo, Mappe 10, Rundschreiben Nr. 6, Anlage.
14 ARAB Stockholm, Personarkivfragment Brandt, 10.10.1933, S. 71 f. Willy Brandts Kritik betraf die schon am 24.6.1931 vom Kabinett Brüning vereinbarte und am 3.5.1933 lediglich ratifizierte Verlängerung des Berliner Vertrages zwischen dem Deutschen Reich und der Sowjetunion vom 24.4.1926 über ihre freundschaftlichen Beziehungen und die strikte Neutralität bei einem Konflikt mit einem dritten Staat.
15 ABAB-SAP Oslo, Mappe 209, Bericht 2.2.1934, S. 1 f.
16 Ebd., Mappe 211, Brandt-Auslandszentrale 18.5.1935, S. 1 f.
17 Marxistische Tribüne, Juli 1936, S. 13 ff.
18 Ebd., Oktober 1936, S. 25 f.
19 Der Prozeß gegen Sinowjew, Kamenew und 14 Mitangeklagte vom 19. bis 24.8.1936 in Moskau.
20 Gemeint: die Volksfrontpolitik.
21 Gemeint: die These der Stalinisten, daß die SPD durch ihre Politik im Prinzip die NSDAP unterstützt.
22 ABAB-SAP Oslo, Mappe 115, »Marianne« [= Brandt]-»Liebe Freunde« [= Parteivorstand], 29.11.1936, S. 4 ff.
23 Ebd., Mappe 168, »Attacke an der Front von Hueska«, März [1937], S. 1 f.
24 Joaquín Ascaso war Vorsitzender der Anarchisten in Aragon.
25 Det 20de århundre, 1939, S. 268 ff. Übersetzung nach Brandt, W. [1966], S. 95 f.
26 Brandt, Willy, Guerillakrieg.
27 NA College Park, Record Group 059, 862.01/598, File 3142 11.4.1944. Übersetzt von Martin Wein unter Berücksichtigung von Brandt, W. [1966], S. 117 ff.

28 Efter segern, S. 201, S. 213 f. Übersetzung nach Brandt, W. [1966], S. 139, S. 152 f.
29 IfZ München, Fb 200/2 sowie Grebing (1984), S. 43 ff.
30 Forbrytere og andre tyskere, S. 29 f. Übersetzung nach Brandt, W. [1966], S. 129 ff.
31 AdsD Bonn, Nachlaß Schumacher, Mappe 64, Brandt-Walcher, 10. 6. 1946, S. 2 f.
32 Jacob Walcher, Ende 1918 Mitbegründer der KPD und Teilnehmer mehrerer Komintern-Tagungen, wurde am 14. 12. 1928 wegen »Rechtsabweichung« aus der Partei ausgeschlossen.
33 Willy Brandt. Berliner Ausgabe, Bd. IV, S. 83 ff., Schreiben vom 23. 12. 1947.

Archive

Arbeiderbevegelsens Arkiv og Bibliotek, Oslo [ABAB Oslo]
Arbetarrörelsens Arkiv och Bibliotek, Stockholm [ARAB Stockholm]
Archiv der Hansestadt Lübeck
Archiv der sozialen Demokratie der Friedrich-Ebert-Stiftung, Bonn [AdsD Bonn]
Archiv der Sozialistischen Arbeiterpartei im Exil, Oslo (auf Mikrofilmen auch im AdsD Bonn) [ABAB-SAP, Oslo]
Bezirksamt Harburg, Amt für Zentrale Meldeangelegenheiten, Hamburg
Bundesarchiv, Berlin [BArch Berlin]
Bundesarchiv, Koblenz [BArch Koblenz]
Der Bundesbeauftragte für die Unterlagen des Staatssicherheitsdienstes der ehemaligen Deutschen Demokratischen Republik, Zentralarchiv, Berlin [BUSt Berlin]
Domarchiv, Ratzeburg
Drägerwerk AG, Firmenarchiv, Lübeck
Evangelisch-lutherischer Kirchenkreis Lübeck, Archiv
Forschungsstelle für die Geschichte des Nationalsozialismus in Hamburg
Franz-Neumann-Archiv, Berlin
IG Metall, Zentralbibliothek, Frankfurt (Main)
Institut für Zeitgeschichte, München [IfZ München]
Krankenbuchlager Berlin
Landesarchiv Berlin [LA Berlin]
Landesarchiv Schleswig-Holstein, Schleswig
Mecklenburgisches Landeshauptarchiv, Schwerin
Modern Records Centre, University of Warwick
National Archives, College Park (Maryland/USA) [NA College Park]
National Archives, Washington [NA Washington]
Parlamentsarchiv des Deutschen Bundestages, Bonn
Pastorat der evangelisch-lutherischen Gemeinde Klütz
Politisches Archiv des Auswärtigen Amtes der Bundesrepublik Deutschland, Bonn [PAAA Bonn]

Riksarkivet, Oslo [RA Oslo]
Riksarkivet, Stockholm [RA Stockholm]
Sächsisches Hauptstaatsarchiv, Dresden
Der Stern, Textarchiv, Hamburg
Stiftung Archiv der Akademie der Künste, Berlin
Stiftung Archiv der Parteien und Massenorganisationen der DDR im Bundesarchiv, Berlin [BArch-SAPMO Berlin]
Widerstandsarchiv im Institut für Politikwissenschaft an der Philipps-Universität Marburg
Zentralmieterrat Lübeck, Archiv

Bibliographie

Bücher

1872–1972. Festschrift Johanneum zu Lübeck. Neusprachliches und mathematisch-naturwissenschaftliches Gymnasium für Jungen; Johanneum, Lübeck 1972

Albrecht, Willy (Hrsg.): Kurt Schumacher. Reden – Schriften – Korrespondenz 1945–1952 = Internationale Bibliothek, Bd. 107; J. H. W. Dietz Nachf., Berlin/Bonn 1985

Albrecht, Willy (Hrsg.): Die SPD unter Kurt Schumacher und Erich Ollenhauer 1946 bis 1963. Sitzungsprotokolle der Spitzengremien, Bd. I: 1946 bis 1948; J.H.W. Dietz Nachf., Bonn 1999

Andrew, Christopher/Mitrochin, Wassili: Das Schwarzbuch des KGB. Moskaus Kampf gegen den Westen; Propyläen, Berlin 1999

Andrus, Burton C.: The Infamous of Nuremberg; L. Frewin, London 1969

Andrzejewski, Marek/Rinklage, Hubert: »Man muß doch informiert sein, um leben zu können«. Erich Brost. Danziger Redakteur, Mann des Widerstandes, Verleger und Chefredakteur der »Westdeutschen Allgemeinen Zeitung«; J.H.W. Dietz Nachf., Bonn 1997

[Anonym]: Tyskland under hakekorset; Det norske Arbeiderpartis forlag, Oslo 1933

[Anonym]: Zur Nachkriegspolitik deutscher Sozialisten; Arbetarnes Tryckeri, Stockholm 1944

[Anonym]: Willy Brandt – 50 Jahre Klassenzusammenarbeit im Interesse des Imperialismus = Reihe Neue Arbeiterpresse, 5; Arbeiterpresse Verlags- und Vertriebsgesellschaft, Essen 1987

[Anonym]: Zwischen Oslo und Berlin – Ein Mann namens Karl Frahm; o.V., Berlin um 1958

Ashkenasi, Abraham: Reformpartei und Außenpolitik. Die Außenpolitik der SPD Berlin Bonn; Westdeutscher Verlag, Köln/Opladen 1968

Augstein, Rudolf (Hrsg.): 100 Jahre Hitler; Spiegel-Verlag R. Augstein, Hamburg 1989

Bahr, Egon: Zu meiner Zeit; K. Blessing, München 1996

Beck, Dorothea: Julius Leber. Sozialdemokrat zwischen Reform und Widerstand; W.J. Siedler, Berlin 1983

Beck, Dorothea/Schoeller, Wilfried (Hrsg.): Julius Leber. Schriften, Reden, Briefe; A. Leber, München 1976

Benz, Wolfgang: Die Gründung der Bundesrepublik. Von der Bizone zum souveränen Staat = Geschichte der neuesten Zeit, Bd. 23 (dtv 4523); Deutscher Taschenbuch Verlag, München 1984

Berkandt, Jan Peter: Willy Brandt. Schicksalsweg eines deutschen Politikers; Verlag für Literatur und Zeitgeschehen, Hannover 1961

Bermann Fischer, Gottfried: Bedroht – bewahrt. Weg eines Verlegers; S. Fischer, Frankfurt (Main) 1967

Bernecker, Walther L.: Krieg in Spanien 1936–1939; Wissenschaftliche Buchgesellschaft, Darmstadt 1991

Binder, David: The Other German. Willy Brandt's Life and Times; The New Republic Book Company, Washington D.C. 1975

Binder, Gerhart: Deutschland seit 1945. Eine dokumentierte gesamtdeutsche Geschichte in der Zeit der Teilung; Seewald, Stuttgart 1969

Biographisches Handbuch der deutschsprachigen Emigration nach 1933, Bd. I: Politik, Wirtschaft, Öffentliches Leben; K.G. Saur, München/New York/London/Paris 1980

Birnbaum, Immanuel: Achtzig Jahre dabeigewesen. Erinnerungen eines Journalisten; Süddeutscher Verlag, München 1974

Bohn, Robert (Hrsg.): Deutschland, Europa und der Norden. Ausgewählte Probleme der nord-europäischen Geschichte im 19. und 20. Jahrhundert = Historische Mitteilungen. Im Auftrag der Ranke-Gesellschaft, Vereinigung für Geschichte im öffentlichen Leben e.V., hrsg. von Michael Salewski und Jürgen Elvert, Beiheft 6; Steiner, Stuttgart 1993

Bolesch, Hermann Otto/Leicht, Hans Dieter: Der lange Marsch des Willy Brandt; H. Erdmann, Tübingen/Basel 1970

Bouvier, Beatrix: Ausgeschaltet! Sozialdemokraten in der Sowjetischen Besatzungszone und in der DDR 1945–1953 = Forschungsinstitut der Friedrich-Ebert-Stiftung, Reihe Politik- und Gesellschaftsgeschichte, Bd. 45; J.H.W. Dietz Nachf., Bonn 1996

Bouvier, Beatrix/Schulz, Horst-Peter (Hrsg.): »... die SPD aber aufgehört hat zu existieren«. Sozialdemokraten unter sowjetischer Besatzung; J.H.W. Dietz Nachf., Bonn 1991

Bracher, Karl Dietrich/Eschenburg, Theodor/Fest, Joachim C./Jäckel, Eberhard (Hrsg.): Geschichte der Bundesrepublik

Deutschland, Bd. 1; Deutsche Verlags-Anstalt/F.A. Brockhaus, Stuttgart/Wiesbaden 1983

Brandt, Peter: Antifaschismus und Arbeiterbewegung. Aufbau, Ausprägung, Politik in Bremen 1945/46; H. Christians, Hamburg 1976

Brandt, Rut: Freundesland. Erinnerungen; Hoffmann und Campe, Hamburg 1992

Brandt, Rut: Wer an wen sein Herz verlor; P. List, München 2001

Brandt, Willy: Hvorfor har Hitler seiret i Tyskland? Arbeiderpartiets Gymnasiastgruppe, Oslo 1933

[Brandt, Willy]: Ein Jahr Krieg und Revolution in Spanien. Referat des Gen. Brandt auf der Sitzung der erweiterten Partei-Leitung der SAP Anfang Juli 1937; o.V., Paris 1937

Brandt, Willy: Guerillakrig, A. Bonniers, Stockholm 1942

Brandt, Willy: Krieg in Norwegen. 9. April–9. Juni 1940; Europa Verlag, Zürich 1942

Brandt, Willy: Efter segern. Diskussioner om krigs- och fredsmålen (Översättning från författarens norska manuskript av Olov Janson); A. Bonniers, Stockholm 1944

Brandt, Willy: Der zweite Weltkrieg. Ein kurzer Überblick; Komitee für demokratischen Wiederaufbau (SDU), Stockholm 1945

Brandt, Willy: Forbrytere og andre tyskere; H. Aschehoug, Oslo 1946

Brandt, Willy: Norwegens Freiheitskampf 1940-1945; Auerdruck, Hamburg 1948

Brandt, Willy: Programmatische Grundlagen des demokratischen Sozialismus. Rede auf dem 6. Landesparteitag der Berliner SPD am 8. Mai 1949; im Eigenverlag, Berlin 1949

Brandt, Willy: Mein Weg nach Berlin, aufgezeichnet von Leo Lania; Kindler, München 1960

Brandt, Willy: Plädoyer für die Zukunft. Zwölf Beiträge zur deutschen Frage = Sammlung Res publica, Bd. 5; Europäische Verlagsanstalt, Frankfurt (Main) 1961

Brandt, Willy: Draußen. Schriften während der Emigration, hrsg. von Günter Struve; Kindler, München 1966

Brandt, Willy: Über den Tag hinaus. Eine Zwischenbilanz; Hoffmann und Campe, Hamburg 1974

Brandt, Willy: Links und frei. Mein Weg 1930–1950; Hoffmann und Campe, Hamburg 1982

Brandt, Willy: ... wir sind nicht zu Helden geboren. Ein Gespräch über Deutschland mit Birgit Kraatz; Diogenes, Zürich 1986

Brandt, Willy: Die Nobelpreiskampagne für Carl von Ossietzky. Mit den Briefen an Konrad Reisner und Hilde Walter, hrsg. von

Wilhelm Büttemeyer = Oldenburger Universitätsreden, Nr. 20; Bibliotheks- und Informationssystem der Universität Oldenburg, Oldenburg 1988

Brandt, Willy: Erinnerungen. Erweiterte Ausgabe; Ullstein, Berlin/Frankfurt (Main) 1989

Willy Brandt. Personalbibliographie, zusammengestellt von Ruth Großgart, Hermann Rösch-Sondermann, Rüdiger Zimmermann und Horst Ziska; Bibliothek der sozialen Demokratie/Bibliothek der Friedrich-Ebert-Stiftung, Bonn-Bad Godesberg 1990

Brandt, Willy: ... was zusammengehört = Dietz-Taschenbuch, 55; J.H.W. Dietz Nachf., Bonn 1993

Willy Brandt. Berliner Ausgabe. Bd. 1: Hitler ist nicht Deutschland. Jugend in Lübeck – Exil in Norwegen 1928–1949, bearbeitet von Einhart Lorenz; Bd. 2: Zwei Vaterländer. Deutsch-Norweger im schwedischen Exil – Rückkehr nach Deutschland 1940–1947, bearbeitet von Einhart Lorenz; Bd. 4: Auf dem Weg nach vorn. Willy Brandt und die SPD 1947–1972, bearbeitet von Daniela Münkel; J.H.W. Dietz, Nachf., Bonn 2000 ff.

Brandt, Willy/Korber, Horst/Uhlitz, Otto: Von Bonn nach Berlin. Eine Dokumentation zur Hauptstadtfrage; arani, Berlin 1957

Brandt, Willy/Löwenthal, Richard: Ernst Reuter. Ein Leben für die Freiheit. Eine politische Biographie; Kindler, München 1957

Bremer, Jörg: Die Sozialistische Arbeiterpartei Deutschlands (SAP). Untergrund und Exil 1933–1945 = »campus«-Forschung, Bd. 35; Campus, Frankfurt (Main)/New York 1978

Brockhaus Enzyklopädie in zwanzig Bänden sowie Ergänzungen; F.A. Brockhaus, Wiesbaden 1966 ff.

Broué, Pierre/Témime, Émile: Revolution und Krieg in Spanien; Suhrkamp, Frankfurt (Main) 1968

Buber-Neumann, Margarete: Kriegsschauplätze der Weltrevolution. Ein Bericht aus der Praxis der Komintern 1919–1943; H. Seewald, Stuttgart 1967

Bundeskanzler Brandt. Reden und Interviews; Hoffmann und Campe, Hamburg 1971

Bundesminister für Vertriebene, Flüchtlinge und Kriegsgeschädigte. Dokumente deutscher Kriegsschäden. Die geschichtliche und rechtliche Entwicklung, Bde. 1 und 2.2; o.V., Bonn 1958 ff.

Buschak, Willy: Das Londoner Büro. Europäische Linkssozialisten in der Zwischenkriegszeit; Stichting Internationaal Instituut vor Sociale Geschiedenis, Amsterdam 1985

Churchill, Winston S.: Der Zweite Weltkrieg. Memoiren, Bd. 1 = Ullstein Buch 33054; Ullstein, Frankfurt /Main)/Berlin/Wien 1985
Current Biography, Jg. 1946; The H.G. Wilson Comp., New York 1946

Dahrendorf, Gustav: Der Mensch, das Maß aller Dinge. Reden und Schriften zur deutschen Politik 1945–1954; Verlagsgesellschaft deutscher Konsumgesellschaften mbH, Hamburg 1955
Degen, Hans-Jürgen/Ahrens, Helmut (Hrsg.): Wir sind es leid, die Ketten zu tragen ... Antifaschisten im Spanischen Bürgerkrieg; E. Jakobsohn, Berlin 1979
Dehmel, Richard: Dichtungen, Briefe, Dokumente, hrsg. von Paul Johannes Schindler; Hoffmann und Campe, Hamburg 1963
Deutsche Akademie der Künste zu Berlin/Anger, Sigrid (Hrsg.): Heinrich Mann 1871–1950. Werk und Leben in Dokumenten und Bildern; Aufbau-Verlag, Berlin (DDR)/Weimar 1971
Deutsche Bibliothek Frankfurt am Main, Sammlung Exilliteratur: Die Presse der Sozialistischen Arbeiterpartei Deutschlands im Exil 1933–1939. Eine analytische Bibliographie = Sonderveröffentlichungen der Deutschen Bibliothek, Nr. 8; C. Hanser, München/Wien 1981
Deutsche Biographische Enzyklopädie, hrsg. von Walther Killy, diverse Bände; K.G. Saur, München/New Providence/London/Paris 1995 ff.
Deutsche Brüder. Zwölf Doppelporträts; Rowohlt Berlin, Berlin 1994
Dickens, Arthur Geoffrey: Lübeck Diary; V. Gollancz, London 1947
Dokumente der Deutschen Politik und Geschichte von 1848 bis zur Gegenwart, Bd. VI: Deutschland nach dem Zusammenbruch 1945; Dokumenten-Verlag, Berlin 1951
Dollinger, Hans: Willy! Willy! Der Weg des Menschen und Politikers Willy Brandt. Eine biographische Dokumentation; W. Heyne, München 1970
Domarus, Max: Hitler. Reden und Proklamationen 1932–1945. Kommentiert von einem deutschen Zeitgenossen, 3 Bde.; R. Löwit, Wiesbaden 1973
Dorn, Walter L.: Inspektionsreise in der US-Zone. Notizen, Denkschriften und Erinnerungen aus dem Nachlaß übersetzt und herausgegeben von Lutz Niethammer = Schriftenreihe der Vierteljahrshefte für Zeitgeschichte, Nr. 26; Deutsche Verlags-Anstalt, Stuttgart 1973

Drechsler, Hanno: Die Sozialistische Arbeiterpartei Deutschlands (SAPD). Ein Beitrag zur Geschichte der deutschen Arbeiterbewegung am Ende der Weimarer Republik = Marburger Abhandlungen zur Politischen Wissenschaft, Bd. 2; A. Hain, Meisenheim am Glan 1965

Droste Geschichts-Kalendarium. Chronik deutscher Zeitgeschichte. Politik, Wirtschaft, Kultur, Bde. 1-3/II; Droste, Düsseldorf 1982 ff.

Eberts, Erich: Arbeiterjugend 1904–1945. Sozialistische Erziehungsgemeinschaft – Politische Organisation = Quellen und Beiträge zur Geschichte der Jugendbewegung, Bd. 20; dipa, Frankfurt (Main) 1980

Eckardt, Felix von: Ein unordentliches Leben. Lebenserinnerungen; Econ, Düsseldorf/Wien 1976

Eicke, Dieter (Hrsg.): Tiefenpsychologie, Bd. 3: Die Nachfolger Freuds; Beltz, Weinheim/Basel 1982

Engholm, Björn (Hrsg.): Abschied. Dank an Willy Brandt; Schüren, Marburg 1992

Erdmann, Karl Dietrich: Die Weimarer Republik = Gebhardt Handbuch der deutschen Geschichte, Bd. 19, hrsg. von Herbert Grundmann; Deutscher Taschenbuch Verlag, München 1991

Evensmo, Sigurd: Inn i din tid; Gyldendal Norsk Forlag, Oslo 1976

Fetscher, Iring (Hrsg.): Geschichte als Auftrag. Willy Brandts Reden zur Geschichte der Arbeiterbewegung = Internationale Bibliothek, Bd. 123; J. H. W. Dietz Nachf., Berlin/Bonn 1981

Fichter, Tilman: Die SPD und die Nation. Vier sozialdemokratische Generationen zwischen nationaler Selbstbestimmung und Zweistaatlichkeit; Ullstein, Berlin/Frankfurt (Main) 1993

Finker, Kurt: Der 20. Juli 1944. Militärputsch oder Revolution?; Dietz, Berlin (DDR) 1994

Fleischhauer, Ingeborg: Die Chance des Sonderfriedens. Deutsch-sowjetische Geheimgespräche 1941–1945; W. J. Siedler, Berlin 1986

Foitzik, Jan: Zwischen den Fronten. Zur Politik, Organisation und Funktion linker politischer Kleinorganisationen im Widerstand 1933 bis 1939/40 unter besonderer Berücksichtigung des Exils = Reihe Politik und Gesellschaftsgeschichte, Bd. 16; Verlag Neue Gesellschaft, Bonn 1986

Frederik, Hans: Die Kandidaten; Humboldt-Verlag, München/Inning 1961

Frederik, Hans: Volksfront. Der taktische Einsatz der Sowjetunion, um mit Hilfe der Einheitsfrontaktionen zwischen Sozialdemokraten und Kommunisten und der Bündnispolitik mit bürgerlichen Regierungen die materielle und politische Weltordnung des Westens abzulösen; Verlag Politisches Archiv, Landshut 1977

Freudenhammer, Alfred/Vater, Karlheinz: Herbert Wehner. Ein Leben mit der Deutschen Frage; C. Bertelsmann, München 1978

Funke, Manfred (Hrsg.): Hitler, Deutschland und die Mächte. Materialien zur Außenpolitik des Dritten Reiches; Droste, Düsseldorf 1977

Gaus, Günter: Zur Person. Porträts in Frage und Antwort; Deutscher Taschenbuch Verlag, München 1965

Gerhardsen, Einar: Felleskap i krig og fred. Erindringer 1940–45; Tiden Norske Forlag, Oslo 1970

Germer, Karl J.: Von Grotewohl bis Brandt. Ein dokumentarischer Bericht über die SPD in den ersten Nachkriegsjahren; Verlag Politisches Archiv, Landshut 1974

Gesamtverzeichnis des deutschsprachigen Schrifttums (GV) 1911–1965, diverse Bde.; K.G. Saur, München/New York/London/Paris 1976 ff.

Geschichte in Quellen, Bd. VI: Weltkriege und Revolutionen 1914–1945; Bd. VII: Die Welt seit 1945, hrsg. von Wolfgang Lautemann und Manfred Schlenke; Bayerischer Schulbuch-Verlag, München 1970, 1980

Glückauf, Erich: Begegnungen und Signale. Erinnerungen; Verlag Neues Leben, Berlin (DDR) 1976

Gniffke, Erich W.: Jahre mit Ulbricht; Verlag Wissenschaft und Politik, Köln 1966

Gorkin, Julián: Stalins langer Arm. Die Vernichtung der freiheitlichen Linken im spanischen Bürgerkrieg; Kiepenheuer & Witsch, Köln 1980

Grebing, Helga (Hrsg.): Lehrstücke in Solidarität. Briefe und Biographien deutscher Sozialisten 1945–1949 = Quellen und Darstellungen zur Zeitgeschichte, Bd. 23; Deutsche Verlags-Anstalt, Stuttgart 1983

Grebing, Helga (Hrsg.): Entscheidung für die SPD. Briefe und Aufzeichnungen linker Sozialisten 1944–1948 = Biographische Quellen zur deutschen Geschichte nach 1945, Bd. 2; R. Oldenbourg, München 1984

Grebing, Helga: Willy Brandt – Ein Leben für Freiheit und Sozialismus (Vortrag) = Schriftenreihe der Bundeskanzler-Willy-

Brandt-Stiftung, Heft 4; Bundeskanzler-Willy-Brandt-Stiftung, Berlin 1999

Gründler, Gerhard E./Manikowsky, Arnim von: Das Gericht der Sieger. Der Prozeß gegen Göring, Heß u.a.; G. Stalling, Oldenburg/Hamburg 1967

Günsche, Karl-Ludwig/Lantermann, Klaus: Kleine Geschichte der Sozialistischen Internationale; Verlag Neue Gesellschaft, Bonn-Bad Godesberg 1977

Handbuch des Deutschen Bundestages. 1. Legislaturperiode, hrsg. von Fritz Sänger; J.G. Cotta Nachf., Stuttgart 1952

Harpprecht, Klaus (Hrsg.): Willy Brandt. Porträt und Selbstporträt; Kindler, München 1970

Hegel, Georg Wilhelm Friedrich: Sämtliche Werke. Jubiläumsausgabe in zwanzig Bänden, Bd. 11: Vorlesungen über die Philosophie der Geschichte, hrsg. von Hermann Glockner; F. Frommann, Stuttgart 1939

Heideking, Jürgen/Mauch, Christof (Hrsg.): USA und deutscher Widerstand. Analysen und Operationen des amerikanischen Geheimdienstes im Zweiten Weltkrieg; A. Francke, Tübingen/Basel 1993

Heine, Friedrich: Dr. Kurt Schumacher. Ein demokratischer Sozialist europäischer Prägung = Persönlichkeit und Geschichte, Bd. 52; Musterschmidt, Göttingen/Zürich/Frankfurt 1969

Heine, Heinrich: Werke, 1. Bd.: Gedichte; Insel Verlag, Frankfurt (Main) 1968

Hemingway, Ernest: Wem die Stunde schlägt; G.B. Fischer, Berlin/Frankfurt (Main) 1968

Heraus zum Kampf! Dokumente zur Geschichte der Arbeiterbewegung in Lübeck 1866–1949. Bearbeitet von Ingrid Bounin, hrsg. von der Verwaltungsstelle Lübeck der Industriegewerkschaft Metall; o.V., Lübeck 1987

Herrmann, Ursula/Emmrich, Volker u.a.: August Bebel. Eine Biographie; Dietz, Berlin (DDR) 1989

Herms Draht, Viola: Willy Brandt. Prisoner of his Past; Chilton Book, Radnor (Pa./USA) 1975

Heydecker, Joe J./Leeb, Johannes: Der Nürnberger Prozeß. Bilanz der Tausend Jahre; Kiepenheuer & Witsch, Köln/Berlin 1962

Higgins, Mary Boyd (Hrsg.): Wilhelm Reich. Jenseits der Psychologie. Briefe und Tagebücher 1934–1939; Kiepenheuer & Witsch, Köln 1996

Hilberg, Raul: Die Vernichtung der europäischen Juden. Die Gesamtgeschichte des Holocaust; Olle & Wolter, Berlin 1982
Hill, Leonidas E. (Hrsg.): Die Weizsäcker-Papiere 1933–1950; Propyläen, Berlin/Frankfurt (Main)/Wien 1974
Hoegner, Wilhelm: Der schwierige Außenseiter. Erinnerungen eines Abgeordneten, Emigranten und Ministerpräsidenten; Isar-Verlag, München 1959
Hvem er Hvem? (1934), (1950), (1964), (1973), hrsg. von Bjørn Steenstrup; H. Aschehoug, Oslo 1964

Imberger, Elke: Widerstand »von unten«. Widerstand und Dissens aus den Reihen der Arbeiterbewegung und der Zeugen Jehovas in Lübeck und Schleswig-Holstein 1933–1945; K. Wachholtz, Neumünster 1991
Italiaander, Rolf: Akzente eines Lebens; C. Schünemann, Bremen 1970

Jerlin, Yvonne: Willy Brandt – Die Stockholmer Jahre 1940–1945; Stockholms Universitet, Stockholm 1978

Kaden, Albrecht: Einheit oder Freiheit. Die Wiedergründung der SPD 1945/46; J. H. W. Dietz Nachf., Hannover 1964
Kästner, Erich: Gesammelte Schriften, Bd. 5: Vermischte Beiträge; Kiepenheuer & Witsch, Köln/Berlin o. J.
Kaisen, Wilhelm: Meine Arbeit, mein Leben; P. List, München 1967
Kerr, Alfred: Die Diktatur des Hausknechts und Melodien (Nachdruck); Konkret Literatur Verlag, Hamburg 1981
Kirsch, Hans-Christian (Hrsg.): Der Spanische Bürgerkrieg in Augenzeugenberichten; K. Rauch, Düsseldorf 1967
Kleist, Peter: Zwischen Hitler und Stalin. 1939–1945. Aufzeichnungen; Athenäum, Bonn 1950
Kleist, Peter: Wer ist Willy Brandt? Eine Antwort in Selbstzeugnissen; National-Verlag, Rosenheim 1973
Klempin, Ulrich: 75 Jahre Mieterverein Lübeck; Deutscher Mieterbund/Mieterverein Lübeck, Lübeck 1995
Klotzbach, Kurt: Der Weg zur Staatspartei. Programmatik, praktische Politik und Organisation der deutschen Sozialdemokratie 1945 bis 1965; J. H. W. Dietz Nachf., Berlin/Bonn 1982
Koch, Peter: Willy Brandt. Eine politische Biographie; Ullstein, Berlin/ Frankfurt (Main) 1988
Koestler, Arthur: Die Geheimschrift. Bericht eines Lebens. 1932 bis 1940; K. Desch, Wien/München/Basel 1954

Kohnen, Peter: Deutschland, deine SPD. Die Frustrierten und die Manipulierten; Verlag politisches Archiv, München 1972

Konferenzen und Verträge. Vertrags-Ploetz, ein Handbuch geschichtlich bedeutsamer Zusammenkünfte und Vereinbarungen, Teil II, Bd. 4 A: Neueste Zeit 1914–1959; A.G. Ploetz, Würzburg 1959

Krause, Werner u. a.: Willy Brandt. Ein politisches Leben 1913–1992. Katalog zu einer Ausstellung des Archivs der sozialen Demokratie der Friedrich-Ebert-Stiftung, Friedrich-Ebert-Stiftung, Bonn 1993

Kreisky, Bruno: Zwischen den Zeiten. Erinnerungen aus fünf Jahrzehnten; W.J. Siedler, Berlin 1986

Krivitsky, Walter G.: Ich war in Stalins Dienst!; de Lange, Amsterdam 1940

Krohn, Claus-Dieter/Mühlen, Patrik von zur/Paul, Gerhard/Winkler, Lutz (Hrsg.) unter redaktioneller Mitarbeit von Elisabeth Kohlhaas: Handbuch der deutschsprachigen Emigration 1933–1945; Wissenschaftliche Buchgesellschaft, Darmstadt 1998

Langkau-Alex, Ursula: Volksfront für Deutschland? Bd. I: Vorgeschichte und Gründung des »Ausschusses zur Vorbereitung einer deutschen Volksfront« 1933–1936; Syndikat, Frankfurt (Main) 1977

Lansburgh, Werner: Feuer kann man nicht verbrennen. Erinnerungen eines Berliners; Ullstein, Frankfurt (Main)/Berlin 1990

Larsen, Karen: A History of Norway; Princeton University Press, Princeton 1970

Leber, Annedore/Brandt, Willy/Bracher, Karl Dietrich (Hrsg.): Das Gewissen entscheidet. Bereiche des deutschen Widerstandes von 1933–1945 in Lebensbildern; Mosaik Verlag, Berlin/Frankfurt (Main) 1957

Leber, Julius: Ein Mann geht seinen Weg. Schriften, Reden und Briefe von Julius Leber, hrsg. von seinen Freunden; Mosaik-Verlag, Berlin-Schöneberg/Frankfurt (Main) 1952

Lehmann, Hans Georg: In Acht und Bann. Politische Emigration, NS-Ausbürgerung und Wiedergutmachung am Beispiel Willy Brandts; C.H. Beck, München 1976

Lendvai, Paul/Ritschel, Karl: Heinz Kreisky. Porträt eines Staatsmannes; P. Zsolnay, Wien/Hamburg und Econ, Düsseldorf/Wien 1972

Lenz, Gertrud: Willy Brandt 1913–1992. Eine Ausstellung der Friedrich-Ebert-Stiftung aus Anlaß des 80. Geburtstages, Bonn

6. Dezember 1993–94. Februar 1994; Friedrich-Ebert-Stiftung, Bonn 1993

Leonhard, Wolfgang: Die Revolution entläßt ihre Kinder; Kiepenheuer & Witsch, Köln 1955

Lessing, Gotthold Ephraim: Werke in drei Bänden, Bd. II; Winkler, München 1969

Lie, Trygve: Med England i ildlinjen. 1940–1942; Tiden Norske Forlag, Oslo 1956

Lindlau, Dagobert (Hrsg.): Dieser Mann Brandt ... Gedanken über einen Politiker von 35 Wissenschaftlern, Künstlern und Schriftstellern; Kindler, München 1972

Lippe, Viktor von der: Nürnberger Tagebuchnotizen November 1945 bis Oktober 1946; F. Knapp, Frankfurt (Main) 1951

Lösche, Peter/Walter, Franz: Die SPD. Klassenpartei – Volkspartei – Quotenpartei. Zur Entwicklung der Sozialdemokratie von Weimar bis zur deutschen Vereinigung; Wissenschaftliche Buchgesellschaft, Darmstadt 1992

Löwenstein, Kurt: Sozialistische Erziehung als gesellschaftliche Forderung der Gegenwart. Referat; Freier Schulverlag, Berlin 1930

Loock, Hans-Dietrich: Quisling, Rosenberg und Terboven. Zur Vorgeschichte und Geschichte der nationalsozialistischen Revolution in Norwegen = Quellen und Darstellungen zur Zeitgeschichte, Bd. 18; Deutsche Verlags-Anstalt, Stuttgart 1970

Lorenz, Einhart: Willy Brandt in Norwegen. Die Jahre des Exils 1933 bis 1940; Neuer Malik Verlag, Kiel 1989

Lorenz, Einhart: Exil in Norwegen. Lebensbedingungen und Arbeit deutschsprachiger Flüchtlinge 1933–1943 = Nordeuropäische Studien, Bd. 7; Nomos, Baden-Baden 1992

Lorenz, Einhart/Misgeld, Klaus/Müssener, Helmut/Petersen, Hans Uwe (Hrsg.): Ein sehr trübes Kapitel? Hitlerflüchtlinge im nordeuropäischen Exil 1933 bis 1950 = IZRG-Schriften, Bd. 2; Ergebnisse Verlag, Hamburg 1998

Lübeckisches Adreßbuch für 1913 [ff.]; M. Schmidt, Lübeck 1913 ff.

Lühe, Irmela von der: Erika Mann. Eine Biographie; Campus, Frankfurt (Main)/New York 1994

Luxemburg, Rosa: Die russische Revolution, hrsg. von Peter Blachstein; F. Oetinger, Hamburg 1948

Malter, Wilhelm: Mittelfranken. Nürnberger Umland; Glock & Lutz, Nürnberg 1974

Mann, Erika: Briefe und Antworten, Bd. 1: 1922–1950, hrsg. von Anna Zaneo Prestel; edition spangenberg, München 1984

Mann, Thomas: Gesammelte Werke, Bde. XI und XII; S. Fischer, Frankfurt (Main) 1960

Marquardt-Bigman, Petra: Amerikanische Geheimdienstanalysen über Deutschland 1942–1949 = Studien zur Zeitgeschichte, Bd. 45; R. Oldenbourg, München 1995

Marshall, Barbara: Willy Brandt. Eine politische Biographie = Schriftenreihe Extremismus & Demokratie, Bd. 6; Bouvier, Bonn 1993

Marßolek, Inge/Ott, René: Bremen im 3. Reich. Anpassung, Widerstand, Verfolgung; C. Schünemann, Bremen 1986

Marx, Karl/Engels, Friedrich: Werke, diverse Bde., hrsg. vom Institut für Marxismus-Leninismus beim ZK der SED; Dietz, Berlin (DDR) 1957-1968

Matthias, Erich (Hrsg.): Mit dem Gesicht nach Deutschland. Eine Dokumentation über die sozialdemokratische Emigration. Aus dem Nachlaß von Friedrich Stampfer, ergänzt durch andere Überlieferungen; Droste, Düsseldorf 1968

Meissner, Boris: Rußland, die Westmächte und Deutschland. Die sowjetische Deutschlandpolitik 1943–1953; Nölke, Hamburg 1953

Merseburger, Peter: Der schwierige Deutsche. Kurt Schumacher. Eine Biographie; Deutsche Verlags-Anstalt, Stuttgart 1995

Merseburger, Peter: Willy Brandt. 1913–1992. Visionär und Realist; Deutsche Verlags-Anstalt, Stuttgart/München 2002

Mewis, Karl: Im Auftrag der Partei. Erlebnisse im Kampf gegen die faschistische Diktatur; Dietz, Berlin (DDR) 1971

Misgeld, Klaus: Die »Internationale Gruppe demokratischer Sozialisten« in Stockholm 1942–1945. Zur sozialistischen Friedensdiskussion während des Zweiten Weltkrieges = Studia Historica Upsaliensis, Vol. 79, sowie Schriftenreihe des Forschungsinstituts der Friedrich-Ebert-Stiftung, Bd. 126; Verlag Neue Gesellschaft, Bonn-Bad Godesberg 1976

Mühlen, Patrik von zur: Spanien war ihre Hoffnung. Die deutsche Linke im Spanischen Bürgerkrieg 1936 bis 1939; Verlag Neue Gesellschaft, Bonn 1983

Müssener, Helmut: Exil in Schweden. Politische und kulturelle Emigration nach 1933; C. Hanser, München 1974

Nach-Denken. Kurt Schumacher und seine Politik (Symposion am 30.10.1995 aus Anlaß des 100. Geburtstags von Kurt Schuma-

cher); Haus der Geschichte der Bundesrepublik Deutschland/Argon Verlag, Berlin 1996
Niemann, Heinz (Hrsg.): Auf verlorenem Posten? Zur Geschichte der Sozialistischen Arbeiterpartei. Zwei Beiträge zum Linkssozialismus in Deutschland von Helmut Arndt und Heinz Niemann; Dietz, Berlin 1991
Norges krig 1940–45, Bde. 1–3; Oslo 1947–50.

Orwell, George: Mein Katalonien; Rütten + Loening, München 1964
Osterroth, Franz/Schuster, Dieter: Chronik der deutschen Sozialdemokratie, Bde. II und III; J.H.W. Dietz Nachf., Berlin/Bonn 1978
Oven, Wilfred von: Wer war Goebbels? Biographie aus der Nähe; F.A. Herbig, München/Berlin 1987

Parseval, A.N. von (Hrsg.): Rotbuch. Wer ist Willy Brandt? Wer ist Herbert Wehner? o.V., München 1972
Paul, Ernst: Die »Kleine Internationale« in Stockholm; Verlag Neue Gesellschaft, Bielefeld 1961
Petersen, Hans Uwe (Hrsg.): Hitlerflüchtlinge im Norden. Asyl und politisches Exil 1933–1945 = Veröffentlichung des Beirats für Geschichte der Arbeiterbewegung und Demokratie in Schleswig-Holstein, Bd. 7; Neuer Malik Verlag, Kiel 1991
Petrowsky, Werner: Lübeck – eine andere Geschichte. Einblicke in Widerstand und Verfolgung in Lübeck 1933–1945; Selbstverlag des Arbeitskreises Geschichte der Lübecker Arbeiterbewegung, Lübeck 1986
Picker, Henry: Hitlers Tischgespräche im Führerhauptquartier; Ullstein, Frankfurt (Main)/Berlin 1989
Ploetz, Karl: Auszug aus der Geschichte, 26. Auflage; A.G. Ploetz, Würzburg 1960
Pöppel, Walter: Deutschlands verlorene Jahre 1933–1945; Författares Bokmaskin, Stockholm 1986
Prittie, Terence: Willy Brandt. Biographie; Goverts Krüger Stahlberg, Frankfurt (Main) 1973
Der Prozeß gegen die Hauptkriegsverbrecher vor dem Internationalen Militärgerichtshof. Nürnberg, 14. November 1945 – 1. Oktober 1946, diverse Bde.; Internationaler Militärgerichtshof, Nürnberg 1949

Regenten und Regierungen der Welt. »Minister-Ploetz«, Teil II, Bd. 4; A.G. Ploetz, Würzburg 1964

Regjeringen og hjemmefronten under krigen. Aktstykker, hrsg. vom Storting; Oslo 1948

Regler, Gustav: Das Ohr des Malchus. Eine Lebensgeschichte; Kiepenheuer & Witsch, Köln/Berlin 1958

Renger, Annemarie: Ein politisches Leben. Erinnerungen; Deutsche Verlags-Anstalt, Stuttgart 1993

Röder, Werner: Die deutschen sozialistischen Exilgruppen in Großbritannien. Ein Beitrag zur Geschichte des Widerstandes gegen den Nationalsozialismus; Verlag für Literatur und Zeitgeschehen, Hannover 1968

Schaffranek, Hans: Kurt Landau und der Bolschewismus - Umrisse einer politischen Biographie; Dissertation Geisteswissenschaftliche Fakultät, Universität Wien, Wien 1987

Schmidt, Ina: Widerstand – Protest – Verweigerung von Lübeckerinnen in der Zeit des Nationalsozialismus 1933–1945; Aranat, Lübeck 1995

Schmidt, Wolfgang: Kalter Krieg, Koexistenz und kleine Schritte. Willy Brandt und die Deutschlandpolitik 1948–1963; Westdeutscher Verlag, Wiesbaden 2001

Schönhoven, Klaus/Staritz, Dieter (Hrsg.): Sozialismus und Kommunismus im Wandel. Hermann Weber zum 65. Geburtstag; Bund-Verlag, Köln 1993

Scholz, Arno/Oschilewski, Walther G. (Hrsg.): Turmwächter der Demokratie. Ein Lebensbild von Kurt Schumacher, 3 Bde.; arani, Berlin 1952–1954

Schreiber, Albrecht: Als vom Himmel Feuer fiel. Lübecks Passion im Luftkrieg 1942; Lübecker Nachrichten, Lübeck 1982

Schreiber, Hermann/Simon, Sven: Willy Brandt. Anatomie einer Veränderung; Econ, Düsseldorf/Wien 1970

Schröck, Rudolf: Willy Brandt. Eine Bildbiographie; Heyne, München 1991

Schulz, Klaus-Peter: Adenauers Gegenspieler. Begegnungen mit Kurt Schumacher und Sozialdemokraten der ersten Stunde; Herder, Freiburg (Breisgau)/Basel/Wien 1989

Schumacher, Kurt: Der Kampf um den Staatsgedanken in der deutschen Sozialdemokratie, hrsg. von Friedrich Holtmeier; W. Kohlhammer, Stuttgart/Berlin/Köln/Mainz 1973

Schumacher, Kurt/Ollenhauer, Erich/Brandt, Willy: Der Auftrag des demokratischen Sozialismus; Verlag Neue Gesellschaft, Bonn-Bad Godesberg 1972

Scott, Franklin D.: Sweden. The Nation's History; Southern Illinois University Press, Carbondale/Edwardsville (USA) 1988

Seebacher-Brandt, Brigitte: Ollenhauer. Biedermann und Patriot; W.J. Siedler, Berlin 1984

Seebacher-Brandt, Brigitte: Bebel. Künder und Kärrner im Kaiserreich; J.H.W. Dietz Nachf., Berlin/Bonn 1988

Semjonow, Wladimir S.: Von Stalin bis Gorbatschow. Ein halbes Jahrhundert in diplomatischer Mission 1939–1991; Nicolaische Verlagsbuchhandlung, Berlin 1995

Senat von Berlin (Hrsg.) Berlin. Behauptung von Freiheit und Selbstverwaltung 1946–1948 = Schriftenreihe zur Berliner Zeitgeschichte, Bd. 2; H. Spitzing, Berlin 1959

Seydewitz, Max: Es hat sich gelohnt zu leben. Lebenserinnerungen eines alten Arbeiterfunktionärs, Bd. 1; Dietz, Berlin (DDR) 1976

Siegerist, Joachim: Willy Brandt ohne Maske. Neue Enthüllungen; M. Deter, Bremen 1989

Sirges, Thomas/Mühlhaus, Birgitte (Hrsg.): Willy Brandt. Ein deutsch-norwegisches Politikerleben im 20. Jahrhundert = Osloer Beiträge zur Germanistik, Bd. 30; P. Lang, Frankfurt (Main)/Berlin/Bern/Bruxelles/New York/Oxford/Wien 2002

Simon, Christian: Ausländische Einrichtungen in Berlin – Standorte, Funktion und innerstädtische Verflechtung; (Prüfungsarbeit) Berlin 1991

Skjønsberg, Harald: En flyktningepolitikk utvikles. Norsk politikk overfor tyske flyktninger 1933–1940; Universität Oslo, Oslo 1981

Stalin, Jossif Wissarionowitsch: Werke, Bd. 6: 1924; Dietz, Berlin (DDR) 1952

Staritz, Dietrich: Die Gründung der DDR. Von der sowjetischen Besatzungsherrschaft zum sozialistischen Staat = Deutsche Geschichte der neuesten Zeit, Bd. 24 (dtv 4524); Deutscher Taschenbuch Verlag, München 1984

Steininger, Rolf: Deutsche Geschichte 1945–1961. Darstellung und Dokumente in zwei Bänden; Fischer Taschenbuch Verlag, Frankfurt (Main) 1983

Steltzer, Theodor: Sechzig Jahre Zeitgenosse; P. List, München 1966

Stern, Carola: Willy Brandt = rororo-Bildmonographie, Nr. 232; Rowohlt Taschenbuch Verlag, Reinbek bei Hamburg 1992

Stock, Ernst/Walcher, Karl: Jacob Walcher (1887–1970). Gewerkschafter und Revolutionär zwischen Berlin, Paris und New York = Biographien europäischer Antifaschisten, hrsg. von Ulla Plener, Bd. 4; trafo Verlag, Berlin 1998

Süskind, Wilhelm Emanuel: Die Mächtigen vor Gericht. Nürnberg 1945/46 an Ort und Stelle erlebt; P. List, München 1963

Svenska män och kvinnor, diverse Bde.; A. Bonniers, Stockholm 1942 ff.

Sykes, Christopher: Adam von Trott. Eine deutsche Tragödie; E. Diederichs, Düsseldorf/Köln 1969

Szende, Stefan: Zwischen Gewalt und Toleranz. Zeugnisse und Reflexionen eines Sozialisten; Europäische Verlagsanstalt, Frankfurt (Main)/Köln 1975

Taddey, Gerhard (Hrsg.): Lexikon der deutschen Geschichte; A. Kröner, Stuttgart 1983

Taylor, Telford: Die Nürnberger Prozesse. Hintergründe, Analysen und Erkenntnisse aus heutiger Sicht; W. Heyne, München 1994

Thalmann, Paul: Wo die Freiheit stirbt. Stationen eines politischen Kampfes; Walter, Olten/Freiburg (Breisgau) 1974

Tosstorff, Reiner: Die POUM im spanischen Bürgerkrieg; isp-Verlag, Frankfurt (Main) 1987

Treue, Wolfgang: Deutsche Parteiprogramme 1861–1954 = Quellensammlung zur Kulturgeschichte, Bd. 3; Musterschmidt, Göttingen/Frankfurt (Main)/Berlin 1954

Trott zu Solz, Clarita von: Adam von Trott zu Solz. Eine Lebensbeschreibung = Schriften der Gedenkstätte Deutscher Widerstand, Reihe B: Quellen und Berichte, Bd. 2; Edition Hentrich, Berlin 1994

Vem är det. Svensk biografisk handbok 1975; P. A. Norstedt & Söners, Stockholm 1974

Vogt, Johan: Aksel Sandemose. Minner, brev, betraktninger; Det Schønbergske Forlag, København 1973

Vorholt, Udo: Die Sowjetunion im Urteil des sozialdemokratischen Exils 1933 bis 1945. Eine Studie des Exilparteivorstandes der SPD, des Internationalen Sozialistischen Kampfbundes, der Sozialistischen Arbeiterpartei und der Gruppe Neu Beginnen = Europäische Hochschulschriften, Reihe XXXI (Politikwissenschaft), Bd. 174; P. Lang, Frankfurt (Main)/ Bern/New York/Paris 1991

Walter, Hans Albert: Deutsche Exilliteratur 1933–1950, Bd. 2: Europäisches Appeasement und überseeische Asylpraxis; J.B. Metzler, Stuttgart 1984

Weber, Max: Soziologie. Weltgeschichtliche Analysen. Politik = Kröners Taschenausgabe, Bd. 229; A. Kröner, Stuttgart 1964

Wesemann, Fred: Kurt Schumacher. Ein Leben für Deutschland; Herkul, Frankfurt (Main) 1952
Widerstand und Verfolgung in Remscheid 1933–1945, Bd. 2; Ronsdorfer Zeitung, Wuppertal 1986
Winter, Ingelore: Der Adel; F. Molden, Wien/München/Zürich/New York 1981
Wolf, Markus: Spionagechef im geheimen Krieg; P. List, München 1997
Writings of Leon Trotsky 1934–35, ed. by George Breitman and others; Pathfinder Press, New York 1972

Zeitschriften, Tageszeitungen und Pressedienste

Aftonbladet, 137. Jg.; Stockholms Tidningen AB, Stockholm 1966
Arbeiderbladet. Hovedorgan for Det norske Arbeiderparti, diverse Jahrgänge; Oslo 1933 ff.
Arbeiter-Jugend, diverse Jahrgänge; Berlin 1924, 1930 f.
Aus Politik und Zeitgeschichte. Beilage zur Wochenzeitung »Das Parlament«, Jge. 1969 f.; Bundeszentrale für politische Bildung, Bonn 1969 f.

BZ, September/Oktober 1960; Ullstein, Berlin 1960

Dagens Nyheter, 81. Jg. ff.; A. Bonniers, Stockholm 1944 ff.
Damals. Das Geschichtsmagazin, diverse Ausgaben; Damals-Verlag, Gießen 1982 ff./Deutsche Verlags-Anstalt, Stuttgart 1990 ff.

Exilforschung. Ein internationales Jahrbuch, Bd. 8; edition text + kritik, München 1990

Die Fackel. Sozialistische Wochenzeitung. Organ der Sozialistischen Arbeiterpartei Deutschlands, Jg. 1931; Freie Verlagsgesellschaft, Berlin 1931
Frankfurter Rundschau. Unabhängige Tageszeitung, diverse Jahrgänge; Druck- und Verlagshaus Frankfurt, Frankfurt (Main) 1961 ff.
Das freie Wort. Sozialdemokratisches Diskussionsorgan, Jg. 1930; Freie-Wort Verlag A. Haberlag, Berlin 1930
Friheten, Jg. 1943; Norske kommunistiske parti, o. O. 1943
Der Führer. Monatsschrift für Führer und Helfer der Arbeiterjugendbewegung, 8. Jg.; Berlin 1928

Information; hrsg. von Kurt Heinig, Stockholm 1944
Internationale Jugendinformation der I. K. L. (Bolschewiki-Leninisten), 1. Jg.; o.V., Kopenhagen 1935
Internationale Presse-Korrespondenz für Politik, Wirtschaft und Arbeiterbewegung, deutsche Ausgabe, 11. und 12. Jg.; Internationale Presse-Korrespondenz, Wien 1931 f.
Internationales Jugend-Bulletin, hrsg. vom Internationalen Büro revolutionärer Jugendorganisationen, 1. und 2. Jg., maschinenschriftlich; o.V., Oslo 1934/Stockholm 1935
IWK. Internationale wissenschaftliche Korrespondenz zur Geschichte der deutschen Arbeiterbewegung, diverse Jahrgänge; Historische Kommission zu Berlin, Berlin 1985 ff.

Jgd. M. B. [= Jugend Mitteilungsblatt], hrsg. von der Zentralen Auslandsstelle des Sozialistischen Jugendverbandes Deutschlands, 1. Jg. ff.; o.V., Oslo 1934 ff.
Jugend-Korrespondenz, hrsg. von der Zentralen Auslandsstelle des Sozialistischen Jugendverbandes Deutschlands, 2. Jg., maschinenschriftlich; Oslo 1935

Kampfbereit. Funktionärsblatt des Sozialistischen Jugendverbandes Deutschlands, 1. Jg.; o.V., Oslo 1937
Die Kommunistische Internationale. Zeitschrift des Exekutivkomitees der Kommunistischen Internationale. 11. Jg.; C. Hoym Nachf., Hamburg 1930

Lübecker Freie Presse, Jge. 1946 und 1950; Verlag Lübecker Freie Presse, Lübeck 1946, 1950
Lübecker General-Anzeiger, diverse Jahrgänge; Ch. Coleman, Lübeck 1923 ff.
Lübecker Morgen, Jg. 1961; Wullenwever-Druck Heine KG., Lübeck 1961
Lübecker Nachrichten, diverse Jahrgänge; Lübecker Nachrichten, Lübeck 1969 ff.
Lübecker Post, Jg. 1945 f.; hrsg. von der britischen Militärregierung, Lübeck 1945 f.
Lübecker Volksbote. Tageszeitung für das arbeitende Volk, diverse Jahrgänge; F. Meyer/ab 1929: Wullenwever-Druckverlag, Lübeck 1913 ff.
Lübeckische Blätter. Zeitschrift der Gesellschaft zur Beförderung gemeinnütziger Tätigkeiten, diverse Jahrgänge; H.G. Rathgens/ab 1958: M. Schmidt-Römhild, Lübeck 1983

manager magazin, 1977; manager magazin Verlagsgesellschaft, Hamburg 1977

Marxistische Tribüne für Politik und Wirtschaft, Jge. 1931 f.; Laub, Berlin 1931 ff.

Marxistische Tribüne. Diskussionsblätter der S.A.P., hrsg. von der Sozialistischen Arbeiterpartei Deutschlands, 1. Jg. f.; o.V., Paris 1936 f.

Meddelande från Arbetarrörelsens Arkiv och Bibliotek, Jg. 1980; Haninge Föreningstryck, Haninge 1980

Merkur. Deutsche Zeitschrift für europäisches Denken, Jg. 1972; Heller & Wegner, Baden-Baden 1947 ff.

Mitteilungsblætter der Zentralen Auslandsstelle des S.J.V.D.; o.V., Oslo Ende 1933

Munzinger-Archiv. Internationales Biographisches Archiv, diverse Lieferungen; Archiv für publizistische Arbeit, Ravensburg 1972 ff.

[Die] Neue Front, 2. Jg. ff.; Sozialistische Arbeiterpartei Deutschlands, Paris 1934 ff.

Neue Volks-Zeitung, Jg. 1944; New York 1944

New York Herald Tribune, 111. Annual; New York Herald Tribune, New York 1945

Norddeutsche Zeitung. Organ der KPD für die Werktätigen der Wasserkante, Jg. 1931; Zeitungsverlag Groß-Hamburg, Altona 1931

Nordwoche. Schleswig-Holsteins Wochenzeitung, Jg. 1969; Wullenwever, Lübeck 1969

Norsk Gymnasiastblad, Jg. 1933; Arbeiderpartiets Gymnasiastgruppe, Oslo 1933

Ny Dag, Jg. 1943; 3.

Quick. Illustrierte Wochenzeitschrift, 14. Jg.; Th. Martens & Co, München 1961

Reichsgesetzblatt, Teil I, Jg. 1933; Reichsverlagsamt, Berlin 1933

SAZ. Sozialistische Arbeiter-Zeitung. Tageszeitung der Sozialistischen Arbeiterpartei/ab 1.1.1932: Zentralorgan der Sozialistischen Arbeiterpartei Deutschlands, 1931 f.; Freie Verlagsgesellschaft, Berlin 1931 f.

Sozialistische Jugend, hrsg. von der Zentralen Auslandsstelle des Sozialistischen Jugendverbandes Deutschlands, 1. Jg. ff.; o.V., Oslo 1937 ff.

Sozialistische Tribüne, Jge. 1945 f.; Landesleitung der SPD in Schweden, Stockholm 1945 f.
Die spanische Revolution (Sección Alemana), Jg. 1937; Nova Ibèria, Barcelona 1937
Der Spiegel. Das deutsche Nachrichten-Magazin, diverse Jahrgänge; Spiegel-Verlag R. Augstein, Hamburg 1947 ff.
Stern. Das deutsche Magazin, diverse Jahrgänge; Gruner + Jahr, Hamburg 1972 ff.
Süddeutsche Zeitung, diverse Jahrgänge; Süddeutscher Verlag, München 1982 ff.

Tatsachen – Argumente, hrsg. vom Vorstand der SPD, Bonn 1961
Telemark arbeiderblad. Organ for Det norske Arbeiderparti i Telemark fylke, Jg. 1938; Skien 1938
Det 20de århundre, tidskrift for Det norske Arbeiderparti; Det norske Arbeiderpartis forlag, Oslo 1939 f.

Ulricehamns tidning, Jge. 1993 f.; Ulricehamn (Schweden) 1993 f.

Vaterstädtische Blätter, Jge. 1976 und 1981; Vaterstädtische Vereinigung Lübeck von 1949, Lübeck 1976, 1981
VfZ. Vierteljahrshefte für Zeitgeschichte, diverse Jahrgänge; R. Oldenbourg, München 1963 ff.

Die Welt. Unabhängige Tageszeitung für Deutschland, diverse Jahrgänge; Die Welt, Bonn/Hamburg/Berlin 1957 ff.
Die Weltwoche, Jg. 1973; Zürich 1973

Die Zeit. Wochenzeitung für Politik, Wirtschaft, Handel und Kultur, diverse Jahrgänge; KG Zeitverlag G. Bucerius, Hamburg 1968 ff.
Zeitschrift für Ethnologie. Organ der Berliner Gesellschaft für Anthropologie, Ethnologie und Urgeschichte. 16. Bd. (1884); A. Asher, Berlin 1884

Rundfunk und Fernsehen

SDR, Süddeutscher Rundfunk, Fernsehsendung »Annedore und Julius Leber – Eltern im Widerstand«, 5. 1. 1995
N 3, Norddeutscher Rundfunk, Fernsehserie »Dänemark und Norwegen im Krieg«, 3 Teile

Personenregister

Aas, Oddvar 237, 318, 373
Abendroth, Hermann 12
Abramowitsch, Raphael 163 bis 165
Ackerknecht, Erwin 140f., 148f., 151
Adenauer, Konrad 12, 188, 297
Agricola, Rudolf 353, 362
Albrecht, Karl 68
Alfons XIII., spanischer König 154
Almstrom, Inga 268, 270, 461
Alshut, Anna 11, 19
Andersen-Nexö, Martin 49
Anderson, Jack 259
Angerer, Georg 103, 204
Andrésen, Georg 315
Ascaso, Joaquín 475
Azaña, Manuel 166

Bahr, Egon 393
Balchen, Bernt 281
Barzel, Rainer 395
Bauer, Fritz 250, 252, 279, 290, 320
Bauer, Otto 151
Baumann, Edith 73, 87, 108, 120–122
Beaumarchais, Pierre Augustin Caron de 16
Bebel, August 10, 25–27, 50, 54, 65–67, 76, 275f.
Beck, Ludwig 269
Beethoven, Ludwig van 342
Behm, Ernst 251

Behrisch, Arno 86, 291, 302, 318, 348
Belasz, Bela 55
Benes, Eduard 239
Berg, Pål 227, 286
Bergaust, Ole 223f., 235, 253f., 369
Bergaust, Rut, *siehe* Brandt, Rut
Berggrav, Eyvind 266, 286
Berman, Hans 360
Berman Fischer, Gottfried 382
Bernadotte, Folke Graf 281f.
Berneri, Camillo 168
Bernstein, Eduard 26, 34
Binder, David 230, 236, 350, 352
Bismarck, Otto Fürst von 26, 44, 49, 66
Blachstein, Peter 127, 136, 151, 159, 161, 169, 175
Blair, Eric, *siehe* Orwell, George
Blum, Léon 141, 248
Bobzien, Franz 110, 112
Böckler, Hans 361
Boehm, Vilmos 244, 256, 283
Böhme, Franz 281, 285
Böll, Heinrich 11
Borgersen, Per 205, 217
Bormann, Martin 306, 311, 363
Bothmer-Lauenbrück, Ludwig Graf 12, 16, 23
Brandt, Lars 392
Brandt, Matthias 393
Brandt, Peter 391
Brandt, Rut 22, 223, 235f., 253f., 284f., 287, 292f., 296,

318–321, 324 f., 350, 352, 358, 368–374, 376, 379–383, 386 bis 388, 390 f., 395 f.
Brandt, Wilhelm Liborius Ph. 161
Branting, Hjalmar 34
Bratland, Per 324 f.
Bratteli, Trygve 102, 281
Brauer, Max 361
Braun, Otto 78
Braune, Heinrich 52 f.
Brecht, Bert 189
Brockway, Archibald Fenner 104, 348
Bromme, Paul 68, 247, 277
Bronstein, Lew, *siehe* Trotzki, Leo
Brost, Erich 378, 384, 386, 390, 434
Brügmann, Rudolf 82
Brüning, Heinrich 475
Bruhn, Hans 88
Bruhn, Heinrich 72, 85 f., 91
Bryh, Dag 202
Bucharin, Nikolai 183
Buchheister, Werner 144 f., 147, 175, 178
Bull, Brynjulf 121
Bull jun., Edvard 125
Buttinger, Joseph 183
Byrnes, James F. 323, 371

Cappelen, Johan 124, 202, 204
Carlsson, Oluf 273
Carstens, Otto 12
Catchpool, Corder 132
Chamberlain, Neville 193, 211, 267
Churchill, Winston S. 205, 239, 280, 323, 460
Cincinnatus, Lucius Quinctius 300
Clay, Lucius D. 374
Companys, Lluis 166
Comte, Auguste 123
Cooper, James Fenimore 58

Dahl, Nils Kåre 119
Dahlem, Franz 164, 170
Dahrendorf, Gustav 319, 341
Darré, Walter 145
Dehmel, Richard 43
Delmer, Sefton 359 f.
Diamant, Max 144, 149–151, 156, 159, 162, 165, 183, 234
Diaz, José 168
Dinkla, Emil 127, 152, 177, 179
Döblin, Alfred 291
Dönitz, Karl 285, 316 f.
Doriot, Jacques 127
Dorn, Walter 300
Dos Passos, John 309
Dostojewski, Fjodor 267
Dreyer, Hans 43
Duckart, Wolfgang 188
Duff Cooper, Alfred 239
Dshugaschwili, Jossif Wissarionowitsch, *siehe* Stalin, Josef

Ebert, Friedrich 53, 404
Eckardt, Felix von 297
Edberg, Rolf 230
Edler, Jonny 28
Ehlers, Adolf 300, 306
Ehrenburg, Ilja 124, 309
Einstein, Albert 73, 187, 396
Eisenhower, Dwight D. 285
Elsner, Willi 72
Elster, Torolf 105, 124, 215, 288
Enderle, August 80, 86, 129, 150, 180, 215, 230, 250 f., 256, 276, 278, 286, 291, 295–300, 304, 320, 336, 343, 348

Enderle, Irmgard 80, 149, 215f., 250f., 276, 291, 295–299, 301, 304, 320, 336, 343, 348
Engels, Friedrich 25f.
Epe, Heinz 117, 124, 417
Erhard, Ludwig 394
Ernst August, Herzog von Braunschweig 9
Evensmo, Sigurd 189, 218
Ewert, Ernst, *siehe* Frahm, Ernst
Ewert, Hans 15
Ewert, Martha, *siehe* Frahm, Martha
Ewert, Wilhelmine, *siehe* Frahm, Wilhelmine
Faber-Castell, Roland Graf 307f., 330
Fabian, Walter 87, 110, 128, 138, 141, 148f., 151
Falk, Erling 106f., 128f., 210, 417
Falkenhorst, Nikolaus von 198, 201
Fallaci, Oriana 11, 286
Fehling, Jürgen 377
Fehlis, Heinrich 281, 286
Fenichel, Otto 126
Feuchtwanger, Lion 73
Fimmen, Edo 179f.
Finck, Werner 377
Fischer, Hermann 161
Flagel, Luise 31
Forstner, Günter von 9
Frahm, Carlota 22, 191, 196 bis 199, 204–206, 216f., 219, 221 bis 223, 225, 235f., 253f., 391
Frahm, Dora 24, 30, 37, 45
Frahm, Ernst 11, 16f., 19, 23, 125
Frahm, Gottlieb 22
Frahm, Herbert = Brandt, Willy

Frahm, Ludwig 10f., 16–18, 22 bis 33, 36–38, 41, 45, 49f., 58, 67, 70, 77, 91, 125
Frahm, Martha 10, 12, 14–24, 31, 33, 37, 46f., 49, 91, 125, 290, 296, 301–304, 318, 320, 382, 394
Frahm, Ninja 216f., 219, 221f., 236, 253f., 370
Frahm, Sophia 23
Frahm, Wilhelmine 15–17, 23
Franco, Francisco 127, 155, 158, 161f., 173, 183, 229
Franke, Egon 334
Frederik, Hans 229, 255, 291, 327
Friedensburg, Ferdinand 375, 385
Friedländer, Otto 250, 279, 286, 291
Friedrich I. Barbarossa, Kaiser 76
Friedrich II., Kaiser 76
Fritzsche, Hans 311, 362
Frölich, Paul 80, 84, 86–89, 111, 138, 149f., 183, 234
Frölich, Rose, *siehe* Wolfstein, Rose
Furtwängler, Wilhelm 145, 381

Gaasland, Gunnar 136, 143, 151, 153, 171, 187, 189
Gable, Clark 235
Gauguin, Paul 166, 201
Gauguin, Paul René 100, 166f., 201f.
Gaulle, Charles de 205, 280
Geldmacher, Wolfgang 265
Georg V., englischer König 9
George, Herbert 189, 197, 222, 276, 290, 345, 368
Gerhardsen, Einar 196, 218, 248, 290, 295, 324, 368

Gerlach, Hellmut von 132
Gide, André 120
Gjedde, Ovo 206
Globke, Hans 188
Glückauf, Erich 226, 256
Goebbels, Joseph 133, 240, 306, 311, 332
Göring, Hermann 134, 311f., 317, 362f.
Goethe, Johann Wolfgang von 75
Goldenberg, Boris 165, 184f., 194, 293
Goldenberg, Rosa 185
Goldstein, Hans 112
Gorkin, Julián 127, 165, 169f.
Gottgetreu, Erich 61
Gottwald, Klement 382
Goya, Francisco 153
Grass, Günter 15
Gregorowitsch, Jakow 329
Grotewohl, Otto 337–342, 377
Guillaume, Günter 395
Gumbel, Emil 124
Gun, Nerin E. 262
Gustaf V., schwedischer König 213, 322

Häuer, Christian 57, 60, 85
Häuer, Karl 85
Häuer, Werner 85, 364
Håkon VII., norwegischer König 198, 200, 203, 224
Halifax, Edward Frederick Wood, Earl of 267
Hamel, Paula 144
Hamsun, Knut 133
Hansen, Andreas 223
Hansen, Magnhild 223, 292
Hansen, Oskar 95, 283
Hansen, Rut, *siehe* Brandt, Rut
Hanssen, Cornelius 134

Hansson, Per Albin 212f.
Harth, Adam 119, 288
Hartmann, Walter 121
Haß, Peter 278, 348
Hedin, Sven 213
Hegel, Georg Wilhelm Friedrich 25, 187, 267
Heilmann, Ernst 61
Heine, Fritz 326, 329, 331, 336, 351, 353–358, 371, 384
Heine, Paula 19–21
Heinemeier, Wilhelm 78
Heinig, Kurt 246f., 252, 275, 277f., 291, 331, 347–351, 354 bis 358, 373, 385, 434
Hemingway, Ernest 153, 168
Henlein, Konrad 318
Hermlin, Stephan 309
Hertz, Paul 185
Herz, Alfred 163
Heuss, Theodor 59, 362
Higgins, Marguerite 296, 309
Hildebrandt, Friedrich 63
Hilferding, Rudolf 66
Himmler, Heinrich 271, 281f., 306
Hindenburg, Paul von Beneckendorff und von 66, 78, 81, 120, 379
Hitler, Adolf 13, 32, 41, 46, 48, 50, 56, 59–61, 63–67, 73, 77, 81–84, 86f., 90f., 95, 97–99, 101f., 109, 113, 115, 118, 120, 122, 125, 133f., 136f., 140, 145–147, 173, 177, 179f., 183f., 186–188, 192f., 195, 197f., 200, 203f., 207, 210 bis 214, 221, 224–226, 232f., 238, 242, 248f., 252, 255, 257f., 261, 263, 265, 267–271, 274, 281–285, 288f., 298, 302, 305f., 311, 313f., 317, 321 bis

323, 325, 327, 332 f., 357, 362, 367, 373, 401, 411, 414, 431
Hjartøy, Henrik 101
Hodann, Max 79, 124
Hoegner, Wilhelm 323, 355
Hoel, Sigurd 115, 242, 283
Hölderlin, Friedrich 267
Honecker, Erich 74
Hoose, Heinz 112
Hopffe, Günter 140
Howley, Frank L. 372
Hussein, Saddam 397
Huxley, Aldous 370

Jackson, Robert H. 314
Jacob, Berthold 125, 131 f.
Järte, Otto 233
Jaksch, Wenzel 245
Janson, Olov 229, 231, 234, 250, 256
Jesse, Willy 272–274, 331
Johannsen, Johannes 90, 92
Johansson, Harry 267 f.
Johnson, Eyvind 228, 234
Johnson, Herschel V. 263 f., 273
Jonas, Kurt 99, 102 f., 109
Jones, Elwyn 316
Jouhaux, Léon 185

Kästner, Erich 309
Kaisen, Wilhelm 300–302, 306
Kaiser, Jakob 379
Kaltenbrunner, Ernst 311, 321
Kamenew, Lew B. 140, 475
Kant, Immanuel 377
Karl Eduard von Sachsen-Coburg und Gotha, Herzog 213, 322
Karniol, Maurycy 248
Kautsky, Karl 34
Keitel, Wilhelm 321

Kempe, Inga, *siehe* Almstrom, Inga
Kennedy, John F. 393
Kenyatta, Jomo 185, 389
Kerr, Alfred 73
Kiesinger, Kurt Georg 394
Klaus, Walter 103
Kleibömer, Anna 17
Kleist, Peter 270
Knoeringen, Waldemar von 185
Knorr, Hermann 362
Knothe, Willi 320, 330
Knudsen, Helge 322
Knudsen, Konrad 217
Koch, Peter 40, 373
Köhler, Max 80, 87, 108, 120, 122, 234, 293
Koestler, Arthur 153, 185
Kohl, Helmut 396
Kollontai, Alexandra 256, 259, 269 f.
Kollwitz, Käthe 73
Konstad, Leif 188
Kossygin, Alexej 394
Kotikow, Alexander G. 376
Kramer, Walter 47, 76
Kreisky, Bruno 214 f., 219 f., 241, 243, 247, 252, 256, 284
Kriedemann, Herbert 330, 334, 351
Krüger, Heinrich 17
Krupp von Bohlen und Halbach, Gustav 79, 311
Kühn, Joachim 186
Kuhlmann, Emil 19, 37, 125, 302–304, 382
Kuhlmann, Günter 37, 303 f.
Kuhlmann, Martha, *siehe* Frahm, Martha
Kutz, August 53

Lamming, Norman 242, 257
Landau, Kurt 169f., 173
Lang, Joseph 194
Lange, Alfred 226
Lange, August 281
Lange, Christian 133 f.
Lange, Halvard 100, 102, 133, 196, 209, 215, 281, 365 f., 368, 373, 383, 386
Largo Caballero, Francisco 155, 160, 169
Lassalle, Ferdinand 25 f., 332
Lawrence, Geoffrey 312
Leber, Annedore 363, 367 f., 376
Leber, Julius 11 f., 59–61, 65, 68, 70–73, 81–84, 108, 266 f., 269 bis 272, 318 f., 332, 364
Leber, Katharina 376 f.
Lehmann, Hans Georg 90, 129, 263
Lemmer, Ernst 379
Lenin, Wladimir Iljitsch, eigentlich Uljanow, Wladimir Iljitsch 69, 80, 140, 148, 152, 160, 267, 345, 377, 419
Lessing, Gotthold Ephraim 388
Lessing, Theodor 125
Levi, Paul 50
Ley, Robert 306, 311
Lie, Trygve 121, 210, 237, 240, 290, 365
Liebermann, Kurt 112, 121 f.
Liebknecht, Karl 26, 53, 61, 402, 404 f.
Liebknecht, Wilhelm 26
Linder, Gösta 208
Lionæs, Aase 100, 102, 104, 395
Littschwager, Gerhard 188
Loe, Eric 233
Löbe, Paul 385
Löwenstein, Kurt 35, 54, 83

Löwenthal, Richard 141 f., 185, 367, 393
London, Jack 49
Lorenz, Einhart 97
Lortzing, Albert 38
Lotzow, Luise 10
Lunden, Mimi Sverdrup 133
Lundqvist, Martin 213, 221
Luxemburg, Rosa 26, 50, 53, 57, 69, 80, 300, 405

Malraux, André 120
Mann, Erika 309
Mann, Golo 291
Mann, Heinrich 39, 138, 184, 187
Mann, Thomas 39, 50, 187, 309
Marcuse, Herbert 260
Mariani, Dino 173
Markscheffel, Günter 142
Marshall, Barbara 129, 191, 219
Marshall, George C. 375
Martinsen, Arthur 223 f., 254
Martinsen, Martha 223 f.
Marx, Karl 25 f., 50, 92, 115, 244, 267, 401–403
Mathiopoulos, Margarita 396
Matz, Helene, *siehe* Möller, Helene
Maurín, Jeanne 173
Maurín, Joaquín 157 f., 173
Mauroy, Pierre 397
McEwan, David 268
Mehrlein, Fritz 29
Meinen, Wilhelm 79, 82
Merseburger, Peter 445
Mewis, Karl 159, 163 f., 170, 229, 231, 254, 256, 258, 271, 360, 379
Meyer, Friedrich 56
Meyer, Gertrud 22, 56, 79, 85, 91, 103 f., 107, 122–126, 131,

136, 143, 149, 151f., 171, 175f., 178, 189–191, 345
Meyer, Håkon 195
Meyer, Otto Friedrich 175f., 179
Meyer, Sophia *siehe* Frahm, Sophia
Michaelis, Walter 123, 127, 146, 175, 177
Moe, Finn 96f., 111–113, 115, 124, 130, 193, 220f.
Möller, Gustaf 220
Möller, Heinz 13f.
Möller, Helene 13
Möller, Jochim 13
Möller, John 13f.
Möller, Marie 13
Moltke, Helmuth James Graf von 265, 288
Moltke, Joachim Wolfgang Graf von 287f.
Monsen, Per 100, 151, 153f., 156, 161, 218, 347, 349, 353, 365, 387, 390
Morgenthau, Henry 239
Mowinckel, Johan Ludwig 99, 109, 129
Müller-Franken, Hermann 66, 76
Münzenberg, Willi 138
Müssener, Helmut 211
Munck, Ebbe 256
Murphy, Robert 374
Mussolini, Benito 137, 155
Myrdal, Alva 212, 234, 252, 293
Myrdal, Gunnar 212, 234, 269, 283f., 356, 383, 386

Napoleon I., französischer Kaiser 9, 59, 153, 232
Natzke, Fritz 72

Nau, Alfred 334, 351
Naujock, August 82, 90
Negrín, Juan 107f.
Neher, Carola 187
Nehru, Jawaharlal 185
Nerman, Ture 167f.
Neumann, Franz 341f., 348, 392f., 434
Neumann, Franz Leopold 260
Neumann, Siegmund 226, 228, 390
Nielsen, Gunnar 123, 186
Nielsen, Marie 37
Niemöller, Martin 261, 322
Nikolaus II., russischer Zar 9
Nilsson, Torsten 130, 234, 252
Nin, Andrés 157, 170
Nippus, Hauptmann der Wehrmacht 203f.
Noack, Herbert 103, 179
Noske, Gustav 53, 404
Nygaardsvold, Johan 129f., 198, 222, 227, 281

Øverland, Arnulf 115, 281
Olaf, norwegischer Kronprinz 282
Ollenhauer, Erich 51, 118, 174, 185f., 246, 275–279, 328f., 336, 342f., 350f., 354f., 357, 392, 394
Ording, Aake Anker 111f., 117, 121
Ording, Arne 111
Orwell, George 156, 161
Ossietzky, Carl von 49, 73, 131 bis 135, 152, 446
Osterloh, Hertha, *siehe* Walcher, Hertha
Ostrowski, Otto 375f.
Otto, Hans 35, 146, 448

Padley, Walter 124, 172
Papen, Franz von 78
Passarge, Otto 354, 364
Paul, Ernst 209, 241, 245, 252, 273, 280, 284, 291
Paul, Herbert 248
Pauls, Eilhard Erich 42 f., 75 f.
Paulson, Robert 214
Peters, Emil 63, 71, 85, 88–91, 119, 304 f.
Pfeffer, Siegfried 110
Pieck, Wilhelm 140, 337, 342, 346, 371, 379
Plessen, Graf von (Ritter) 12, 16
Pöppel, Walter 136, 284, 291
Pogoreloff, Wladimir 11
Portela, Luis 160
Primo de Riviera, Miguel 449
Prittie, Terence 236, 313, 372, 378, 388

Quisling, Vidkun 98, 196 f., 199 f., 204, 216, 226, 233, 246, 266, 282, 286, 294

Radbruch, Gustav 339
Radek, Karl 80, 152
Raeder, Erich 197, 316 f., 321, 352
Rambow, Hermann 270
Rank, Gerd André 12 f.
Rath, Willi 82 f.
Rathenau, Walther 439
Rediess, Wilhelm 282 f., 286
Regler, Gustav 153, 161
Reich, Wilhelm 124, 175, 189 bis 191
Reimann, Hermann 90
Rein, Mark 163–165
Rein, Raphael, *siehe* Abramowitsch, Raphael
Reisner, Konrad 132

Remarque, Erich Maria 49
Renger, Annemarie 334, 350 f., 376, 384
Reuter, Ernst 376–378, 383, 391 bis 393, 397
Richter, Johannes 360
Riess, Curt 309
Rinser, Luise 15
Römer, Bruno 57, 60
Rolland, Romain 120
Roosevelt, Franklin D. 205, 239, 280, 460
Rosenberg, Alfred 145, 316 f., 321, 352
Rosenfeld, Kurt 69, 79 f., 84, 86
Rovira Canales, José 160

Sahlmann, Dora, *siehe* Frahm, Dora
Sala, Rodríguez 167
Sanness, John 382
Sartre, Jean Paul 369
Schäfer, Margot 127, 202
Schanuel, Charlotte 442
Scharmer, Friedrich 39, 42 f.
Scharp, Konrad 57, 72
Scheflo, Inge 215–217, 219 f., 287, 383
Scheflo, Olav 108, 130, 154, 215, 416
Scheyer, Eugen 159
Schiller, Friedrich von 33
Schive, Jens 233, 368
Schmidt, Helmut 395
Schoettle, Erwin 336
Schröck, Rudolf 302
Schroers, Johannes 298
Schumacher, Kurt 97, 259, 319, 329–341, 346 f., 349–351, 353 bis 357, 359 f., 364, 376, 378, 382, 384–386, 390, 392, 434 f., 445, 470, 474

Schwartz, Theodor 33
Schwarz, Hans Paul 175–177, 179
Schwarz, Waltraud 37
Schweichler, Oskar 29
Scott, John 242, 260 f., 263, 269
Seebacher-Brandt, Brigitte 396
Seemann, Lilly 85
Seifert, Willi 278, 348
Semjonow, Wladimir 214, 259, 270
Sender, Toni 256, 260
Sesé, Antoni 168
Seweriin, Alf Christian 199
Seweriin, Rakel 124, 199
Seydewitz, Max 53, 69 f., 79 f., 84, 86 f.
Shawcross, Hartley 316
Shirer, William 308
Sickert, Magda 59
Siegerist, Joachim 12
Sievers, Max 176
Simon, Josef 323
Sinclair, Upton 369
Sinowjew, Grigori J. 140, 475
Sklarek, Gebrüder 66
Sluzki, Abram 163
Söderman, Harry 281
Solano, Wilebaldo 151
Solmitz, Fritz 60 f., 83
Spaak, Paul-Henri 127, 389
Spångberg, August 167, 208 f.
Speer, Albert 313, 317, 362
Stalin, Josef, eigentlich Dshugaschwili, Jossif Wissarionowitsch 64 f., 137, 140, 142, 152, 163, 177, 183, 192, 224, 229, 233, 239, 245, 280, 289, 312 f., 323, 337, 382
Stampfer, Friedrich 239
Stang, Fredrik 134
Stang, Nicolay 204

Stauffenberg, Claus Graf Schenk von 263, 270
Steltzer, Theodor 265–267, 271, 273, 288, 354, 364
Sternberg, Fritz 101, 149
Sterner, Richard 248
Stodte, Hermann 38, 47
Stören, Finn 282
Stooß, Paul 91–93, 364
Stoph, Willi 394
Strahle, Einar 229, 256
Strobl, Max 417
Struve, Günter 369
Stuckart, Wilhelm 188
Stülcken, Alfred 10
Suhr, Otto 392 f.
Sundelewitsch, Nicolas 164 f.
Szende, Stefan 120–122, 148, 214 f., 241, 251, 272 f., 277, 284, 291, 353, 365, 368

Tarnow, Fritz 215, 246–250, 267, 272–274, 278, 291, 320
Taub, Valter 215, 237, 256, 259, 382
Taurei, Bernhard 130, 179
Taylor, Telford 308
Tennant, Peter 229
Terboven, Josef 218, 226 f., 281 f., 286
Thälmann, Ernst 360
Thallaug, Axel 134
Thalmann, Paul 156, 167
Thelen, Heinz 227
Thiis-Stang, Ragna 204
Thörnell, Olof 213
Thoma, Alfred 317
Thomas, James 80, 87
Thorkildsen, Anna Carlota, *siehe* Frahm, Carlota
Tobiesen, August 373, 380
Tobiesen, Ingjerd 380 f.

Torp, Oscar 96, 99, 107–109, 113–115, 122, 124, 129–131
Tranmæl, Martin 96, 100, 108, 129, 134, 193, 199f., 209, 215, 220, 235, 237f., 240f., 244, 257, 269f., 328
Traven, B. 49
Trott zu Solz, Adam von 267 bis 271, 273
Trotzki, Leo eigentlich Bronstein, Lew Dawidowitsch 64, 74, 109f., 113, 117, 128, 150
Truman, Harry 374
Tucholsky, Kurt 49, 292

Ulbricht, Walter 138, 299, 328, 337, 344

Vagts, Erich 298, 300
Vandervelde, Émile 34
Vansittart, Robert 238–240, 428
Viktoria Adelheid von Sachsen-Coburg und Gotha, Herzogin 322
Viktoria Luise, preußische Prinzessin 9
Völtzer, Friedrich 119
Vogel, Jacob 176, 287, 357
Vogel, Kurt, siehe Vogel, Jacob
Vogt, Johan 176, 217
Vorrink, Koos 248
Vougt, Allan 273
Vuori, Eero 185

Walcher, Georg 318
Walcher, Hertha 142, 346
Walcher, Jacob 80f., 86f., 106 bis 111, 114, 117, 123, 126, 128f., 137f., 141f., 147–151, 153f., 162, 176–179, 182, 192, 194, 215, 222, 226, 230, 234, 259, 290, 292f., 318, 343–346, 353, 356, 362, 417, 432, 465, 476
Walter, Bruno 309
Walter, Hilde 132, 134
Wannow, Kurt 134
Wassermann, Paul 149, 175–179, 291
Wegner, Horst 41
Wehner, Herbert 138f., 161, 360, 395, 472
Weiss, Alfred 61
Weizsäcker, Ernst von 95
Weizsäcker, Richard von 95
Welker, Bion 301
Wentz, Louis-Ferdinand 41
West, Rebecca 309
Wetrow, Michail 258
Wiesner, Louis 378
Wigger, Heinrich 91, 304
Wilken, Rudolf 36, 42, 45–48, 53, 57
Winkler, Ernst 290
Winter, Ingelore 12
Wishengrad, Hyman 216, 249
Wissell, Rudolf 38
Wolf, Friedrich 124
Wolf, Markus 309
Wolfstein, Rose 111, 150

Zweig, Arnold 138
Zweiling, Klaus 87, 108, 120 bis 122

Bildnachweis

Arbeiderbevegelsens Arkiv og Bibliotek (ABAB), Oslo: 7, 8, 9
Archiv der sozialen Demokratie der Friedrich-Ebert-Stiftung, Bonn: 1, 2, 4, 5, 6, 11, 12
dpa: 13
Landesarchiv Berlin: 14
Ullstein Bilderdienst, Berlin: 3, 10

Biographien von Frauen über Frauen

SABINE KEBIR
Helene Weigel
Abstieg in den Ruhm
Als »lärmendste Schauspielerin Berlins« machte sich Helene Weigel in den zwanziger Jahren einen Namen, als Bertolts Brechts »Primadonna im proletarischen Gewand« erlangte sie Weltruhm. Sabine Kebir, bekannt durch provokante Studien über Brecht und seine Mitarbeiterinnen, rekonstruiert das Bild einer ungewöhnlichen Frau, die sich in der Kunst und in ihrem Leben als couragierte Avantgardistin weiblicher Emanzipation behauptete. »Eine erstklassige Biographie.«
TAGESSPIEGEL
Biographie. 425 Seiten. 28 Abbildungen. AtV 1820

GEORGIA VAN DER ROHE
La donna è mobile
Mein bedingungsloses Leben
Genug war nie genug in diesem Leben voller Extravaganz: Georgia van der Rohe, als Tochter des bedeutenden Architekten Mies van der Rohe 1914 in Berlin geboren, machte als Tänzerin, Schauspielerin und Filmregisseurin international Karriere. Ihre Memoiren zeugen vom Leben einer Frau, die ihren Leidenschaften bedingungslos folgte und dennoch immer autonom blieb. »Die Geschichte einer leidenschaftlichen und klugen Frau.«
ELLE
381 Seiten. 34 Abbildungen. AtV 1876

KATJA BEHLING
Martha Freud
Die Frau des Genies
Eine bemerkenswerte Frau (1861 bis 1951), die durch ihre Treue und Standfestigkeit zum Gelingen dessen beitrug, was unter dem Namen »Psychoanalyse« von Wien ausging. A. W. Freud erinnert sich seiner Großmutter als einer Persönlichkeit, die mit Umsicht und Tatkraft das Unternehmen Berggasse 19 steuerte.
Mit einem Vorwort von A. W. Freud. 266 Seiten. Mit 26 Abbildungen. AtV 1858

DOROTHEA VON TÖRNE
Brigitte Reimann
Einfach wirklich leben
Brigitte Reimann ist zur Symbolfigur eines unangepaßten, leidenschaftlichen Lebensstils geworden. Wie war sie wirklich? Dorothea von Törne geht in ihrer anschaulichen Biographie den wichtigsten Stationen dieses kurzen Lebens nach.
»Sie hat exzessiv gelebt, voller Unrast und Verlangen nach Liebe, ihre Lebenskerze war an beiden Enden angezündet – wer leuchten will, muß brennen.«
BERLINER ZEITUNG
Biographie. Mit 23 Fotos. 300 Seiten. AtV 1652